공사
공단

인·적성검사

핵심통합서

시대에듀

2026 최신판 시대에듀 공사공단 인·적성검사 핵심통합서

Always with you

사람의 인연은 길에서 우연하게 만나거나 함께 살아가는 것만을 의미하지는 않습니다.
책을 펴내는 출판사와 그 책을 읽는 독자의 만남도 소중한 인연입니다.
시대에듀는 항상 독자의 마음을 헤아리기 위해 노력하고 있습니다. 늘 독자와 함께하겠습니다.

자격증·공무원·금융/보험·면허증·언어/외국어·검정고시/독학사·기업체/취업
이 시대의 모든 합격! 시대에듀에서 합격하세요!
www.youtube.com ▶ 시대에듀 ▶ 구독

PREFACE
머리말

정부는 2017년부터 NCS(국가직무능력표준) 기반의 채용제도를 본격적으로 시행하고 있으며, 현재 대부분의 공사공단에서는 불필요한 스펙 대신 지원자의 직무능력을 중심으로 채용하고 있다. 이처럼 NCS를 도입함에 따라 공사공단의 필기시험은 직무평가 위주로 진행되고 있지만, 인·적성검사를 평가하는 곳도 있으며, NCS 문제의 풀이 과정을 살펴보면 인·적성검사 문제의 학습을 간과할 수는 없다. 따라서 공사공단 필기시험을 준비하는 수험생들은 인·적성검사를 학습함으로써 필기시험에 대한 기초를 다지고 빠르게 풀어내는 연습을 할 필요가 있다.

이에 시대에듀에서는 단 한 권으로 공사공단 필기시험 합격을 위한 좋은 길잡이가 될 수 있도록 다음과 같은 특징을 가진 도서를 출간하였다.

도서의 특징

❶ 기출복원문제를 통한 출제 유형 확인!
- 2025년 주요 공기업 NCS 및 대기업 적성검사 기출복원문제를 수록하여 기업별 필기시험 출제경향을 파악할 수 있도록 하였다.

❷ 직무능력검사 핵심이론 및 적중예상문제를 통한 실력 상승!
- 직무능력검사(언어/수리/추리/지각) 핵심이론 및 적중예상문제를 수록하여 필기시험을 체계적으로 학습할 수 있도록 하였다.

❸ 상식 적중예상문제를 통한 빈틈없는 학습!
- 상식(일반/역사/경제·경영/과학·IT·공학) 적중예상문제를 수록하여 다양한 유형의 필기시험에 완벽히 대비할 수 있도록 하였다.

❹ 다양한 콘텐츠로 최종 합격까지!
- 공사공단 채용 가이드와 면접 기출질문을 수록하여 채용 전반에 대비할 수 있도록 하였다.
- 온라인 모의고사를 무료로 제공하여 필기시험을 준비하는 데 부족함이 없도록 하였다.

끝으로 본 도서를 통해 공사공단 채용을 준비하는 모든 수험생 여러분이 합격의 기쁨을 누리기를 진심으로 기원한다.

SDC(Sidae Data Center) 씀

NCS 문제 유형 소개 _{NCS TYPES}

PSAT형

| 수리능력

04 다음은 신용등급에 따른 아파트 보증률에 대한 사항이다. 자료와 상황에 근거할 때, 갑(甲)과 을(乙)의 보증료의 차이는 얼마인가?(단, 두 명 모두 대지비 보증금액은 5억 원, 건축비 보증금액은 3억 원이며, 보증서 발급일로부터 입주자 모집공고 안에 기재된 입주 예정 월의 다음 달 말일까지의 해당 일수는 365일이다)

- (신용등급별 보증료)=(대지비 부분 보증료)+(건축비 부분 보증료)
- 신용평가 등급별 보증료율

구분	대지비 부분	건축비 부분				
		1등급	2등급	3등급	4등급	5등급
AAA, AA	0.138%	0.178%	0.185%	0.192%	0.203%	0.221%
A$^+$		0.194%	0.208%	0.215%	0.226%	0.236%
A$^-$, BBB$^+$		0.216%	0.225%	0.231%	0.242%	0.261%
BBB$^-$		0.232%	0.247%	0.255%	0.267%	0.301%
BB$^+$ ~ CC		0.254%	0.276%	0.296%	0.314%	0.335%
C, D		0.404%	0.427%	0.461%	0.495%	0.531%

※ (대지비 부분 보증료)=(대지비 부분 보증금액)×(대지비 부분 보증료율)×(보증서 발급일로부터 입주자 모집공고 안에 기재된 입주 예정 월의 다음 달 말일까지의 해당 일수)÷365
※ (건축비 부분 보증료)=(건축비 부분 보증금액)×(건축비 부분 보증료율)×(보증서 발급일로부터 입주자 모집공고 안에 기재된 입주 예정 월의 다음 달 말일까지의 해당 일수)÷365

- 기여고객 할인율 : 보증료, 거래기간 등을 기준으로 기여도에 따라 6개 군으로 분류하며, 건축비 부분 요율에서 할인 가능

구분	1군	2군	3군	4군	5군	6군
차감률	0.058%	0.050%	0.042%	0.033%	0.025%	0.017%

〈상황〉

- 갑 : 신용등급은 A$^+$이며, 3등급 아파트 보증금을 내야 한다. 기여고객 할인율에서는 2군으로 선정되었다.
- 을 : 신용등급은 C이며, 1등급 아파트 보증금을 내야 한다. 기여고객 할인율은 3군으로 선정되었다.

① 554,000원
② 566,000원
③ 582,000원
④ 591,000원
⑤ 623,000원

특징
▶ 대부분 의사소통능력, 수리능력, 문제해결능력을 중심으로 출제(일부 기업의 경우 자원관리능력, 조직이해능력을 출제)
▶ 자료에 대한 추론 및 해석 능력을 요구

대행사
▶ 엑스퍼트컨설팅, 커리어넷, 태드솔루션, 한국행동과학연구소(행과연), 휴노 등

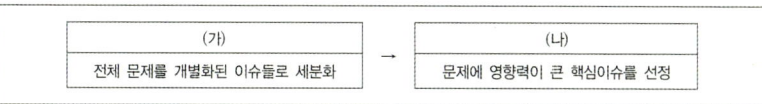

모듈형

> **│ 문제해결능력**
>
> **41** 문제해결절차의 문제 도출 단계는 (가)와 (나)의 절차를 거쳐 수행된다. 다음 중 (가)에 대한 설명으로 적절하지 않은 것은?
>
> | (가) | → | (나) |
> |---|---|---|
> | 전체 문제를 개별화된 이슈들로 세분화 | | 문제에 영향력이 큰 핵심이슈를 선정 |
>
> ① 문제의 내용 및 영향 등을 파악하여 문제의 구조를 도출한다.
> ② 본래 문제가 발생한 배경이나 문제를 일으키는 메커니즘을 분명히 해야 한다.
> ③ 현상에 얽매이지 말고 문제의 본질과 실제를 봐야 한다.
> ④ 눈앞의 결과를 중심으로 문제를 바라봐야 한다.
> ⑤ 문제 구조 파악을 위해서 Logic Tree 방법이 주로 사용된다.

특징
- ▶ 이론 및 개념을 활용하여 푸는 유형
- ▶ 채용 기업 및 직무에 따라 NCS 직업기초능력평가 10개 영역 중 선발하여 출제
- ▶ 기업의 특성을 고려한 직무 관련 문제를 출제
- ▶ 주어진 상황에 대한 판단 및 이론 적용을 요구

대행사
- ▶ 인트로맨, 휴스테이션, ORP연구소 등

피듈형(PSAT형 + 모듈형)

> **│ 자원관리능력**
>
> **07** 다음 자료를 근거로 판단할 때, 연구모임 A~E 중 세 번째로 많은 지원금을 받는 모임은?
>
> 〈지원계획〉
> - 지원을 받기 위해서는 한 모임당 5명 이상 9명 미만으로 구성되어야 한다.
> - 기본지원금은 모임당 1,500천 원을 기본으로 지원한다. 단, 상품개발을 위한 모임의 경우는 2,000천 원을 지원한다.
> - 추가지원금
>
> | 등급 | 상 | 중 | 하 |
> |---|---|---|---|
> | 추가지원금(천 원/명) | 120 | 100 | 70 |
>
> ※ 추가지원금은 연구 계획 사전평가결과에 따라 달라진다.
> - 협업 장려를 위해 협업이 인정되는 모임에는 위의 두 지원금을 합한 금액의 30%를 별도로 지원한다.

특징
- ▶ 기초 및 응용 모듈을 구분하여 푸는 유형
- ▶ 기초인지모듈과 응용업무모듈로 구분하여 출제
- ▶ PSAT형보다 난도가 낮은 편
- ▶ 유형이 정형화되어 있고, 유사한 유형의 문제를 세트로 출제

대행사
- ▶ 사람인, 스카우트, 인크루트, 커리어케어, 트리피, 한국사회능력개발원 등

주요 공기업 적중 문제 TEST CHECK

코레일 한국철도공사

교통사고 ▶ 키워드

※ 다음은 K국의 교통사고 사상자 2,500명에 대해 조사한 자료이다. 이어지는 질문에 답하시오. **[3~4]**

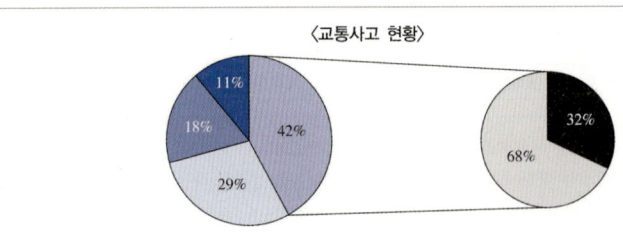

〈교통사고 현황〉

- 사륜차와 사륜차
- 사륜차와 이륜차
- 사륜차와 보행자
- 이륜차와 보행자
- 사망자
- 부상자

※ 사상자 수와 가해자 수는 같다.

〈교통사고 가해자 연령〉

구분	20대	30대	40대	50대	60대 이상
비율	38%	21%	11%	8%	( )

※ 교통사고 가해자 연령 비율의 합은 100%이다.

03 다음 중 자료에 대한 설명으로 옳지 않은 것은?

① 교통사고 가해자 연령에서 60대 이상의 비율은 30대보다 높다.
② 사륜차와 사륜차 교통사고 사망사건의 가해자가 모두 20대라고 할 때, 20대 가해건수의 35% 이상을 차지한다.
③ 이륜차와 관련된 교통사고의 가해자 연령대가 모두 30대 이하라고 할 때, 30대 이하 가해건수의

한국전력공사

빈칸 삽입 ▶ 유형

03 다음 중 빈칸에 들어갈 단어로 옳지 않은 것은?

- 학생은 선생님의 지시가 잘못되었다고 생각했지만, 그에게 _____ 하기로 했다.
- 그는 부하를 자신에게 _____ 시키기 위해 폭력을 휘두르기도 했다.
- 우리 조상은 자연의 섭리에 _____ 하며 그와 조화를 이루는 삶을 영위했다.
- 그는 현실의 모순을 외면하고 체제에 _____ 하며 살았다.
- 신도들은 사이비 교주에게 _____ 하여 그의 말이라면 무엇이든 믿고 따랐다.

① 순응 ② 순종
③ 복종 ④ 맹종
⑤ 체청

국민건강보험공단

당뇨병 ▶ 키워드

05 다음 글을 읽고 이어질 내용을 논리적 순서대로 바르게 나열한 것은?

> AIDS(Acquired Immune Deficiency Syndrome)는 HIV(Human Immunodeficiency Virus)의 감염으로 인해 일어나는 증후군으로서, HIV에 의해 면역세포가 파괴되어 정상적인 면역력을 갖지 못하게 되는 상태를 말한다. HIV 감염 몇 년 후에 면역세포가 일정량 이상 파괴된 상태를 AIDS라 부른다. 따라서 대부분의 감염자는 AIDS보다는 HIV 감염으로 부르는 것이 정확하다.

(가) HIV에 감염되면 몇 주 내에 감염 초기증상이 발생할 수 있으나, 이는 HIV 감염에서만 일어나는 특이한 증상이 아니므로 증상을 가지고 HIV 감염을 논하기는 어렵다. 의사들의 의견 또한 이러하며, 검사만이 HIV 감염여부에 대해 알 수 있는 통로라고 한다.
(나) 그럼에도 불구하고 HIV는 현재 완치될 수 없는 병이며 감염자에게 심대한 정신적 고통을 주게 되므로, HIV를 예방하기 위해서 불건전한 성행위를 하지 않는 것이 가장 중요하다 할 것이다.
(다) HIV의 감염은 일반적으로 체액과 체액의 교환으로 이루어지는데, 일반적으로 생각하는 성행위에 의한 감염은 이러한 경로로 일어난다. 대부분의 체액에는 HIV가 충분히 있지 않아, 실제로는 성행위 중 상처가 나는 경우의 감염확률이 높다고 한다.
(라) 이와 같은 경로를 거쳐 HIV 감염이 확인되어도 모든 사람이 AIDS로 진행하는 것은 아니다. 현재 HIV는 완치는 불가능하지만 당뇨병과 같이 악화를 최대한 늦출 수 있는 질병으로서, 의학 기술의 발전으로 약을 잘 복용한다면 일반인과 같이 생활할 수 있다고 한다.

건강보험심사평가원

식별 코드 ▶ 유형

03 A사원은 전세버스 대여를 전문으로 하는 여행업체인 S사에 근무하고 있다. 지난 10년 동안 상당한 규모로 성장해 온 S사는 현재 보유하고 있는 버스의 현황을 실시간으로 파악할 수 있도록 식별 코드를 부여하였다. 식별 코드 부여 방식과 자사보유 전세버스 현황이 다음과 같을 때, 옳지 않은 것은?

〈식별 코드 부여 방식〉

[버스등급] - [승차인원] - [제조국가] - [모델번호] - [제조연월]

버스등급	코드	제조국가	코드
대형버스	BX	한국	KOR
중형버스	MF	독일	DEU
소형버스	RT	미국	USA

[예] BX - 45 - DEU - 15 - 2310
2023년 10월 독일에서 생산된 45인승 대형버스 15번 모델

〈자사보유 전세버스 현황〉

BX - 28 - DEU - 24 - 1308	MF - 35 - DEU - 15 - 0910	RT - 23 - KOR - 07 - 0628
MF - 35 - KOR - 15 - 1206	BX - 45 - USA - 11 - 0712	BX - 45 - DEU - 06 - 1105
MF - 35 - DEU - 20 - 1110	BX - 41 - DEU - 05 - 1408	RT - 16 - USA - 09 - 0712
RT - 25 - KOR - 18 - 0803	RT - 25 - DEU - 12 - 0904	MF - 35 - KOR - 17 - 0901

주요 대기업 적중 문제 TEST CHECK

삼성

추리 ▶ 배열하기·묶기·연결하기

01 S사의 기획부 A대리는 회의를 위해 8인용 원탁에 부서원들을 다음 〈조건〉에 따라 배치한다고 할 때, H부장의 오른쪽에 앉는 사람은?

조건
- S사의 기획부는 A대리, B대리, C대리, D과장, E과장, F팀장, G팀장, H부장으로 구성되어 있다.
- 동일 직급끼리는 마주 보거나 이웃하여 앉을 수 없다.
- B대리는 D과장의 오른쪽에 앉는다.
- F팀장은 대리 직급과 마주 보고 앉는다.
- D과장은 F팀장과 이웃하여 앉을 수 없다.
- G팀장은 A대리의 왼쪽에 앉는다.
- E과장은 F팀장과 이웃하여 앉는다.

① A대리　　　　② C대리
③ D과장　　　　④ F팀장
⑤ G팀장

SK

언어이해 ▶ 추론적 독해

01 다음 글을 읽고 추론한 내용으로 가장 적절한 것은?

EU는 1995년부터 철제 다리 덫으로 잡은 동물 모피의 수입을 금지하기로 했다. 모피가 이런 덫으로 잡은 동물의 것인지, 아니면 상대적으로 덜 잔혹한 방법으로 잡은 동물의 것인지 구별하는 것은 불가능하다. 그렇기 때문에 EU는 철제 다리 덫 사용을 금지하는 나라의 모피만 수입하기로 결정했다. 이런 수입 금지 조치에 대해 미국, 캐나다, 러시아는 WTO에 제소하겠다고 위협했다. 결국 EU는 WTO가 내릴 결정을 예상하여, 철제 다리 덫으로 잡은 동물의 모피를 계속 수입하도록 허용했다.
또한 1998년부터 EU는 화장품 실험에 동물을 이용하는 것을 금지했을 뿐만 아니라, 동물실험을 거친 화장품의 판매조차 금지하는 법령을 채택했다. 그러나 동물실험을 거친 화장품의 판매 금지는 WTO 규정 위반이 될 것이라는 유엔의 권고를 받았다. 결국 EU의 판매 금지는 실행되지 못했다.
한편 그 외에도 EU는 성장 촉진 호르몬이 투여된 쇠고기의 판매 금지 조치를 시행하기도 했다. 동물복지를 옹호하는 단체들이 소의 건강에 미치는 영향을 우려해 호르몬 투여 금지를 요구했지만, EU가 쇠고기 판매를 금지한 것은 주로 사람의 건강에 대한 염려 때문이었다. 미국은 이러한 판매 금지 조치에 반대하며 EU를 WTO에 제소했고, 결국 WTO 분쟁패널로부터 호르몬 사용이 사람의 건강을 위협한다고 믿을 만한 충분한 과학적 근거가 없다는 판정을 이끌어 내는 데 성공했다. EU는 항소했다. 그러나 WTO의 상소 기구는 미국의 손을 들어주었다. 그럼에도 불구하고 EU는 금지 조치를 철회하지 않았다. 이에 미국은 1억 1,600만 달러에 해당하는 EU의 농업 생산물에 100% 관세를 물리는 보복 조치를 발동했고 WTO는 이를 승인했다.

① EU는 환경의 문제를 통상 조건에서 최우선적으로 고려한다.
② WTO는 WTO 상소기구의 결정에 불복하는 경우 적극적인 제재조치를 취한다.
③ WTO는 사람의 건강에 대한 위협을 방지하는 것보다 국가 간 통상의 자유를 더 존중한다.

LG

언어이해 ▶ 주제 · 제목찾기

※ 다음 글의 주제로 가장 적절한 것을 고르시오. [1~3]

Easy
01

> 우리 민족은 처마 끝의 곡선, 버선발의 곡선 등 직선보다는 곡선을 좋아했고, 그러한 곡선의 문화가 곳곳에 배어있다. 이것은 민요의 경우도 마찬가지이다. 서양 음악에서 '도'가 한 박이면 한 박, 두 박이면 두 박, 길든 짧든 같은 음이 곧게 지속되는데 우리 음악은 '시김새'에 의해 음을 곧게 내지 않고 흔들어 낸다. 시김새는 어떤 음높이의 주변에서 맴돌며 가락에 멋을 더하는 역할을 하는 장식음이다. 시김새란 '삭다'라는 말에서 나왔다. 그렇기 때문에 시김새라는 단어가 김치 담그는 과정에서 생겨났다고 볼 수 있다. 김치를 담글 때 무나 배추를 소금에 절여 숨을 죽이고 갖은 양념을 해서 일정 기간 숙성시켜 맛을 내듯, 시김새 역시 음악가가 손과 마음으로 삭여냈을 때 맛이 드는 것과 비슷하기 때문이다. 이 때문에 시김새가 '삭다'라는 말에서 나온 것으로 본다. 더욱이 같은 재료를 썼는데도 집집마다 김치 맛이 다르고, 지방에 따라 양념을 고르는 법이 달라 다른 맛을 내듯 시김새는 음악 표현의 질감을 달리하는 핵심 요소이다.

① 민요에서 볼 수 있는 우리 민족의 곡선 문화
② 시김새에 의한 민요의 특징
③ 시김새의 정의와 어원
④ 시김새와 김치의 공통점
⑤ 시김새에서 김치의 역할

CJ

창의수리 ▶ 비율

19 C사에 지원한 남학생과 여학생의 비율은 3 : 2였다. 지원자 중 합격자의 남녀 비율은 5 : 2이고, 불합격자의 남녀 비율은 4 : 3이라고 한다. 전체 합격자 수가 280명일 때, 지원자 중 여학생은 총 몇 명인가?

① 440명　　　　　② 480명
③ 540명　　　　　④ 560명
⑤ 640명

도서 200% 활용하기 STRUCTURES

기출복원문제로 출제경향 파악

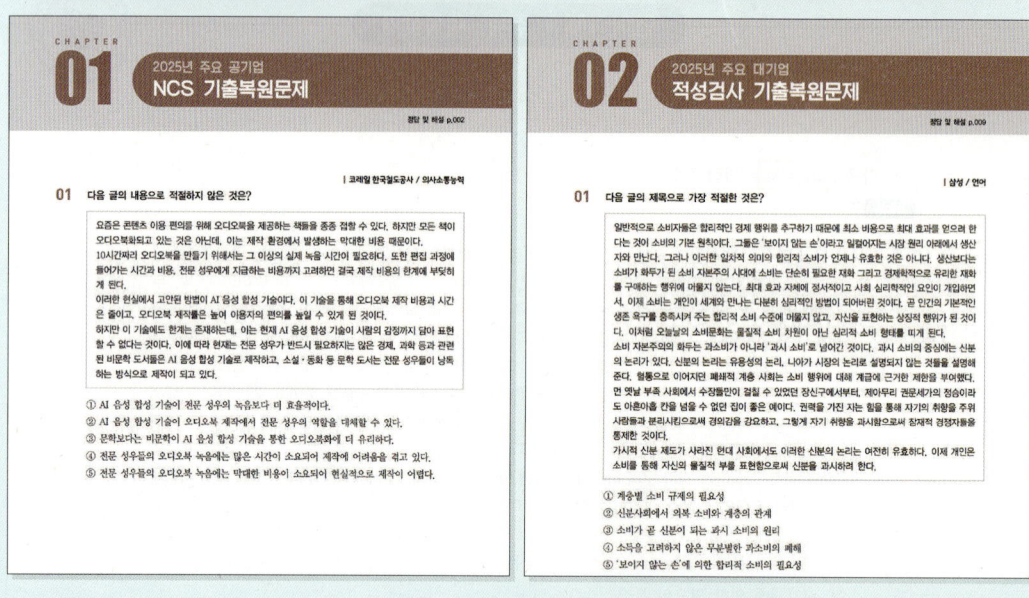

▶ 2025년 주요 공기업 NCS 및 대기업 적성검사 기출복원문제를 통해 기업별 필기시험 출제경향을 파악할 수 있도록 하였다.

핵심이론 + 적중예상문제로 체계적 학습

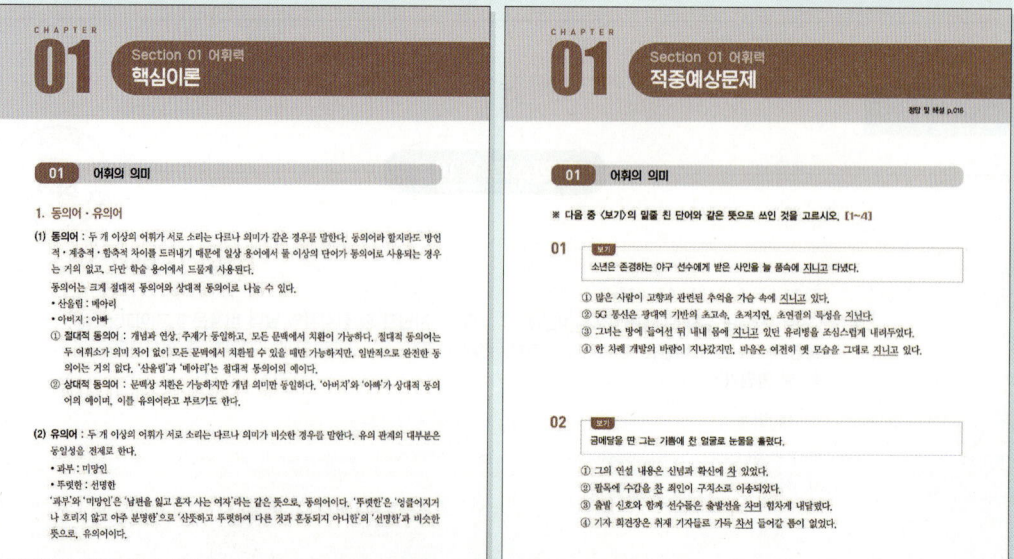

▶ 직무능력검사(언어/수리/추리/지각) 핵심이론 및 적중예상문제를 수록하여 체계적으로 학습할 수 있도록 하였다.

합격의 공식 Formula of pass | 시대에듀 www.sdedu.co.kr

상식 적중예상문제로 빈틈없는 학습

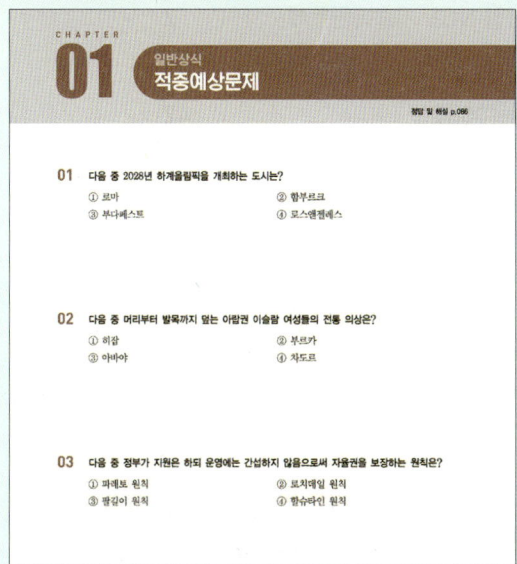
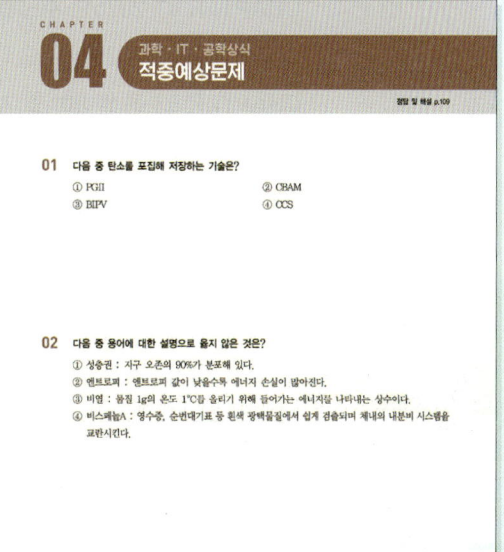

▶ 상식(일반/역사/경영·경제/과학·IT·공학) 적중예상문제를 수록하여 다양한 상식 문제에 대비할 수 있도록 하였다.

인성검사부터 면접까지 한 권으로 최종 마무리

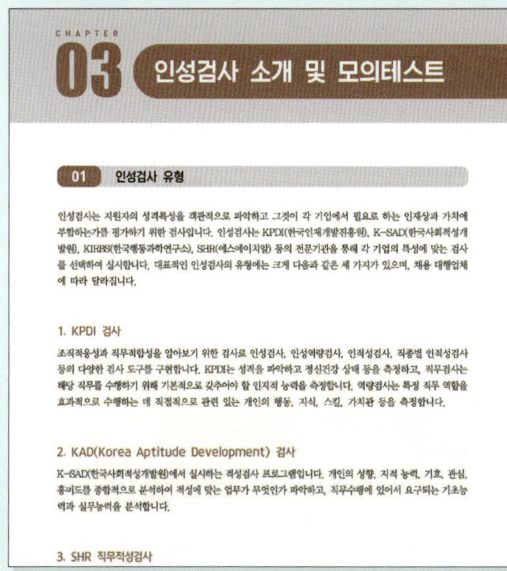
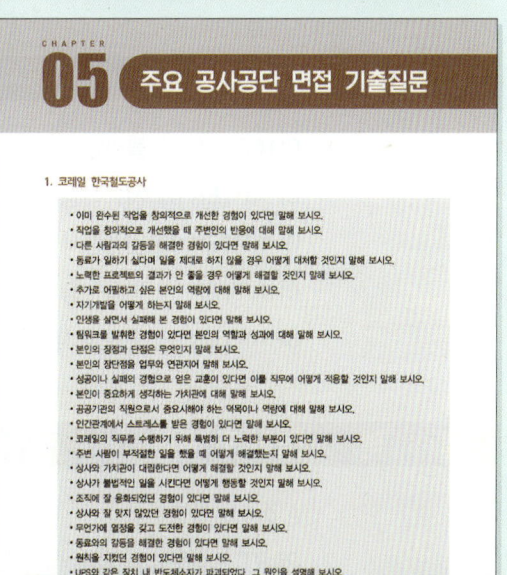

▶ 인성검사 모의테스트를 수록하여 인성검사 유형 및 문항을 확인할 수 있도록 하였다.
▶ 주요 공사공단 면접 기출질문을 통해 실제 면접에서 나오는 질문을 미리 파악하고 대비할 수 있도록 하였다.

이 책의 차례 CONTENTS

Add+ | 특별부록

CHAPTER 01 2025년 주요 공기업 NCS 기출복원문제 — 2
CHAPTER 02 2025년 주요 대기업 적성검사 기출복원문제 — 23
CHAPTER 03 꼭 알아야 할 기출유형 50선 — 42

PART 1 | 직무능력검사

CHAPTER 01 언어능력검사 — 2
CHAPTER 02 수리능력검사 — 104
CHAPTER 03 추리능력검사 — 151
CHAPTER 04 지각능력검사 — 177

PART 2 | 상식

CHAPTER 01 일반상식 — 210
CHAPTER 02 역사상식 — 220
CHAPTER 03 경제·경영상식 — 234
CHAPTER 04 과학·IT·공학상식 — 246

PART 3 | 채용 가이드

CHAPTER 01 블라인드 채용 소개 — 258
CHAPTER 02 서류전형 가이드 — 260
CHAPTER 03 인성검사 소개 및 모의테스트 — 267
CHAPTER 04 면접전형 가이드 — 274
CHAPTER 05 주요 공사공단 면접 기출질문 — 284

별 책 | 정답 및 해설

Add+ 특별부록 — 2
PART 1 직무능력검사 — 16
PART 2 상식 — 86

Add+
특별부록

CHAPTER 01 2025년 주요 공기업 NCS 기출복원문제
CHAPTER 02 2025년 주요 대기업 적성검사 기출복원문제
CHAPTER 03 꼭 알아야 할 기출유형 50선

※ 기출복원문제는 수험생들의 후기를 통해 시대에듀에서 복원한 문제로 실제 문제와 다소 차이가 있을 수 있으며, 본 저작물의 무단전재 및 복제를 금합니다.

CHAPTER 01

2025년 주요 공기업
NCS 기출복원문제

정답 및 해설 p.002

| 코레일 한국철도공사 / 의사소통능력

01 다음 글의 내용으로 적절하지 않은 것은?

> 요즘은 콘텐츠 이용 편의를 위해 오디오북을 제공하는 책들을 종종 접할 수 있다. 하지만 모든 책이 오디오북화되고 있는 것은 아닌데, 이는 제작 환경에서 발생하는 막대한 비용 때문이다.
> 10시간짜리 오디오북을 만들기 위해서는 그 이상의 실제 녹음 시간이 필요하다. 또한 편집 과정에 들어가는 시간과 비용, 전문 성우에게 지급하는 비용까지 고려하면 결국 제작 비용의 한계에 부딪히게 된다.
> 이러한 현실에서 고안된 방법이 AI 음성 합성 기술이다. 이 기술을 통해 오디오북 제작 비용과 시간은 줄이고, 오디오북 제작률은 높여 이용자의 편의를 높일 수 있게 된 것이다.
> 하지만 이 기술에도 한계는 존재하는데, 이는 현재 AI 음성 합성 기술이 사람의 감정까지 담아 표현할 수 없다는 것이다. 이에 따라 현재는 전문 성우가 반드시 필요하지는 않은 경제, 과학 등과 관련된 비문학 도서들은 AI 음성 합성 기술로 제작하고, 소설·동화 등 문학 도서는 전문 성우들이 낭독하는 방식으로 제작이 되고 있다.

① AI 음성 합성 기술이 전문 성우의 녹음보다 더 효율적이다.
② AI 음성 합성 기술이 오디오북 제작에서 전문 성우의 역할을 대체할 수 있다.
③ 문학보다는 비문학이 AI 음성 합성 기술을 통한 오디오북화에 더 유리하다.
④ 전문 성우들의 오디오북 녹음에는 많은 시간이 소요되어 제작에 어려움을 겪고 있다.
⑤ 전문 성우들의 오디오북 녹음에는 막대한 비용이 소요되어 현실적으로 제작이 어렵다.

| 코레일 한국철도공사 / 수리능력

02 K시의 전철 요금은 1회 탑승 시 1,500원이며, 오전 6시 30분 이전에 탑승할 경우 20%의 할인이 적용된다. K시에 사는 A씨는 전철을 이용하여 한 달간 총 22일의 출근과 퇴근을 할 예정이다. 한 달 전철 요금을 62,000원 이하로 유지하려면 A씨가 할인을 받아야 하는 날은 최소 며칠이어야 하는가?(단, A씨는 오후 6시에 회사에서 퇴근한다)

① 12일   ② 13일
③ 14일   ④ 15일
⑤ 16일

03 다음 수식을 계산한 결과는 $\dfrac{q}{p}$의 기약분수 형태로 나타낼 수 있으며, p와 q는 서로소이다. 이때, $p+q$의 값은?

$$\dfrac{18 \times (15^2 + 12 + 3)}{90^2 - 2 \times 45 \times 4} + 1$$

① 90
② 100
③ 110
④ 120
⑤ 130

04 다음은 철도사업을 수행하는 K공사에 대한 SWOT 분석 결과이다. 기회(Opportunity)요인에 해당하는 사례를 〈보기〉에서 모두 고르면?

보기

㉠ 신재생 관련 법안 개정으로 인한 철도 이용객 수 증가
㉡ 높은 국내 철도망 운영 노하우
㉢ 도시철도에 대한 민간투자의 확대
㉣ 정부의 교통요금 동결 정책 지속
㉤ 직원 수 부족으로 인해 저조한 고객 만족도
㉥ 글로벌 공동 철도 프로젝트 참여

① ㉠, ㉡, ㉤
② ㉠, ㉢, ㉥
③ ㉡, ㉢, ㉣
④ ㉡, ㉤, ㉥
⑤ ㉢, ㉤, ㉥

05 다음은 한국철도공사의 문제해결 사례이다. 〈보기〉의 사례와 문제해결 방법을 바르게 짝지은 것은?

> **보기**
>
> ㉠ 한국철도공사는 65세 이상의 노인을 위한 복지 정책으로 노인 무임승차제도를 실시하고 있다. 그러나 한국철도공사의 재정문제와 더불어 이용자 세대별 형평성 문제로 인해 무임승차 혜택에 대해 이용자들의 갈등이 첨예해졌다. 이 문제를 해결하기 위해 A차장은 노인 이용자 대표를 한국철도공사에 초청하여 노인 무임승차제도 혜택 축소를 목적으로 합의점을 찾기 위한 토론회를 개최하였다.
>
> ㉡ 최근 한국철도공사의 고객센터에는 노인들이 매표 키오스크를 사용하기 불편하다는 불만이 자주 들어오고 있다. A센터장은 직원들에게 이 사실을 알리고, 노인 이용자가 편하게 키오스크를 사용할 수 있는 방법을 모색하기 위해 노인 역할극 및 브레인스토밍을 통해 아이디어를 모으도록 유도하였다. 그 결과 직원들의 아이디어를 결합하여 키오스크를 조작하는 동안 잠시 기대어 앉을 수 있는 간이 의자와 주요 기능을 크게 강조하는 방안이 채택되어 노인 이용자들이 편하게 이용할 수 있게 되었다.
>
> ㉢ 신입사원 B는 철도회사 업무에 익숙하지 않아 발생하는 실수로 팀 내부에서 갈등을 일으키고 있다. 이를 해결하기 위해 A팀장은 B사원에게 철도업무에서 실수가 있을 때, 어떤 상황이 일어날 수 있는지 넌지시 이야기하며 헷갈리는 일이 있을 때는 팀원들의 도움을 받는 것이 좋다고 조언하였고, 다른 팀원들에게는 신입사원 시절에는 모두가 실수가 많았다며 B사원이 업무에 빨리 적응할 수 있도록 도와달라고 격려하였다. 이후 B사원과 다른 팀원들의 노력으로 B사원은 빠르게 업무에 적응하게 되었다.

	㉠	㉡	㉢
①	소프트 어프로치	하드 어프로치	퍼실리테이션
②	소프트 어프로치	퍼실리테이션	하드 어프로치
③	하드 어프로치	소프트 어프로치	퍼실리테이션
④	하드 어프로치	퍼실리테이션	소프트 어프로치
⑤	퍼실리테이션	소프트 어프로치	하드 어프로치

06 다음 중 빈칸에 들어갈 단어로 가장 적절한 것은?

> 정조는 애민주의를 _____ 하며 백성들을 위한 정책을 펼쳤다.

① 표징(表徵)
② 표집(標集)
③ 표방(標榜)
④ 표류(漂流)
⑤ 표리(表裏)

07 다음 글의 주제로 가장 적절한 것은?

> 온실가스를 적게 배출하면서도 높은 경제성을 가진 원자력 발전소는 원전에서 나오는 방사성 물질의 차단이나, 외부 오염물질의 유입을 방지하기 위한 강력한 공기조화시스템(공조시스템)이 필요하다. 특히 공기 중으로 떠다닐 수 있는 에어로졸 형태의 방사성 물질 크기는 1~10μm 정도의 아주 작은 물질이지만, 높은 밀도의 방사성 기체는 인체에 치명적일 수 있으며, 환경 오염문제 또한 발생할 수 있다. 따라서 원자력 발전소의 공조시스템에는 이러한 미립자를 걸러내기 위하여 헤파필터(HEPA Filter)를 사용하고 있다.
>
> 헤파필터는 'High Efficiency Particulate Air Filter'의 약자로, 공기 중의 아주 미세한 입자까지 효과적으로 걸러내는 고성능 필터이다. 일상 생활에서는 주로 공기청정기, 진공청소기, 에어컨 등에 사용되며, 0.3μm 크기의 입자(MPPS; Most Penetrating Particle Size)를 99.97% 이상 포획할 수 있는 고성능 필터이다. 헤파필터는 주로 유리섬유나 폴리프로필렌 같은 합성섬유로 만들어지는데, 0.5~2.0μm의 섬유가 불규칙하게 얽혀 있는 거미줄 구조로 구성되어 있다. 오염물질이 포함된 공기가 헤파필터를 통과할 때, 헤파필터의 간격보다 큰 오염물질은 걸러지고 그보다 작은 오염물질은 공기 흐름을 따라 진행하다 섬유에 닿아 달라붙게 된다. 헤파필터는 등급에 따라 E10(85%), E11(95%), E12(99.5%), H13(99.75%), H14(99.975%) 등으로 나뉘며, 등급이 높을수록 더 작은 입자까지 더 많이 걸러낼 수 있다. 특히 H13 이상을 트루 헤파필터라고 부르며 원자력 발전소의 경우 H13 이상의 트루 헤파필터를 사용하는 등 일반적인 산업용 필터보다 더욱 엄격한 기준을 충족해야 한다.
>
> 이처럼 헤파필터는 원자력 발전소의 안전을 지키는 핵심 장치로 방사성 입자와 미세먼지, 바이러스까지도 효과적으로 제거하는 중요한 역할을 한다. 특히 헤파필터의 정화 성능을 보장하기 위하여 ASME AG-1이나 KEPIC-MH 등 국내외에서 기술기준을 정해 시설, 유지, 보수 등 관리법의 기준을 제시하고 있으며, 엄격한 안전관리가 필요한 원자력 발전소 특성상 없어서는 안 될 중요한 안전 설비이다.

① 헤파필터의 여과 원리
② 헤파필터의 등급별 성능
③ 방사성 물질의 위험과 대처 방법
④ 원자력 발전소에서의 헤파필터의 역할
⑤ 원자력 발전소의 발전 효율과 미래 전망

08 다음은 J식당의 메뉴에 따른 판매가격과 재료비 및 고정비용에 대한 자료이다. 손익분기점을 넘기 위해 필요한 판매량이 가장 많은 메뉴는?

<J식당 메뉴의 판매가격·재료비·고정비용>

(단위 : 원)

구분	판매가격	재료비	고정비용
제육볶음	10,000	2,000	2,800,000
오징어볶음	12,000	2,000	3,300,000
돈가스	9,000	1,500	2,600,000
라면	6,000	800	1,800,000
고등어구이	11,000	2,000	3,100,000

※ 판매가격과 재료비는 1인분당 비용임
※ 손익분기점을 넘기 위해서는 순이익(판매가격−재료비)이 고정비용을 초과해야 함

① 제육볶음 ② 오징어볶음
③ 돈가스   ④ 라면
⑤ 고등어구이

09 다음 중 J공사 직원들이 본회의를 시작할 수 있는 가장 빠른 시각은?

> J공사의 직원들은 공사 프로젝트 회의를 1시간 동안 진행하려고 한다. 회의 시작 30분 전에는 반드시 회의실에서 회의 준비를 해야 하며, 본회의 이후 30분 동안 회의록을 작성해야 한다. 회의 준비, 본회의, 회의록 작성은 다음 조건에 따라 연속적으로 이루어져야 한다.
> - 회의실은 오전 9시부터 오후 6시 사이에 사용할 수 있다.
> - J공사의 점심시간은 12:00~13:00로 이 시간에는 회의 및 준비, 회의록 작성이 불가능하다.
> - 참석자 중 1명은 15:00~16:00에 외부 미팅이 있어 이 시간에는 회의 및 준비, 회의록 작성이 불가능하다.
> - 현재 회의실은 10:00~10:30, 14:00~14:30에 이미 예약되어 사용할 수 없다.

① 오전 9시 30분 ② 오전 11시
③ 오후 1시 ④ 오후 4시
⑤ 오후 4시 30분

10 다음은 J국가자격 필기시험 결과에 대한 자료이다. 합격한 사람은 모두 몇 명인가?

〈J국가자격 필기시험 결과〉

(단위 : 점)

구분	필기시험				가점
	객관식 1과목	객관식 2과목	논술형	약술형	
A	85	52	61	57	6
B	75	71	67	81	-
C	67	81	72	54	2
D	87	72	57	48	5
E	66	82	58	78	-

※ 한 과목이라도 50점 이하 득점 시 과락 처리
※ 전체 평균 점수에 가점을 합하여 70점 이상 득점 시 합격

① 1명 ② 2명
③ 3명 ④ 4명
⑤ 5명

11 다음 글을 읽고 추론한 내용으로 적절하지 않은 것은?

> 만성질환이란 증상이 극심하지는 않지만 오래 지속되는 질환인 탓에 삶의 질을 저하시키고, 관리를 소홀히 할 경우 합병증의 발생으로 사망까지 이를 수 있어 운동이나 식이 등 꾸준한 관리가 필요한 질환을 말한다.
> 만성질환에는 당뇨·천식·심장병·허리통증 등이 있다. 만성질환이라 하더라도 모든 운동이 좋은 것은 아니며, 질환별로 또 환자의 상태에 따라 맞는 운동 방법과 강도는 천차만별이다.
> 당뇨병의 경우 인슐린 분비량이 없거나 또는 적어 인슐린이 혈당을 낮추는 기능을 정상적으로 수행할 수 없는 상태를 말한다. 따라서 혈당 조절에 효과적인 유산소 운동을 통해 인슐린이 더 효율적으로 사용되도록 하여 혈당 수치를 낮출 수 있다. 또한 규칙적인 유산소 운동은 심혈관계를 향상시켜 심장 건강을 개선시킬 수 있다.
> 운동 중 또는 운동 후에 호흡곤란과 반복적이고 발작적인 기침이 나타날 수 있는 천식의 경우 운동 시 각별히 주의하여야 한다. 특히 건조하거나 찬 공기가 있는 환경에서 운동하거나 갑작스레 격렬한 운동을 할 경우 천식 발작이 일어날 수 있다. 따라서 수영과 같이 건조하지 않고 심장박동이나 호흡수가 급격히 증가하지 않는 환경에서 운동하는 것이 도움이 될 수 있다.
> 허리 통증의 경우는 유산소 운동보다는 코어 운동이 도움이 된다. 코어 운동을 통해 척추 주위의 근육이 강화되면서 척추를 지지하는 힘이 늘어나 허리 통증이 감소되는 것이다.

① 당뇨 환자는 달리기나 등산, 수영과 같은 운동을 하는 것이 혈당 개선에 도움이 된다.
② 규칙적인 걷기 운동은 당뇨 환자와 심장병 환자의 질환을 개선시킬 수 있다.
③ 천식 환자는 심장박동 및 호흡수를 증가시키는 달리기나 줄넘기보다는 등산이 좋다.
④ 허리 통증을 가진 환자에게는 허리의 중심 부위를 강화시키는 플랭크나 브릿지와 같은 운동이 좋다.

| 국민건강보험공단 / 의사소통능력

12 다음은 보건의료 빅데이터 심포지엄의 발표 순서이다. 이를 참고할 때, 각 발표자의 자료 준비로 적절하지 않은 것은?

〈2024년 보건의료 빅데이터 활용 성과공유 심포지엄〉

1부 : 빅데이터·AI 기반 건강보험 서비스 혁신
1. 인공지능(AI) 기술을 통해 공단이 어떻게 데이터 기반의 가입자 맞춤형 서비스를 제공하고, 보험자의 역할을 보다 강화할 수 있을지에 대한 비전
   - ○○대병원 A교수
2. 'sLLM(소형 언어 모델)을 활용한 건강보험 내·외부 서비스 향상'을 주제로 인공지능(AI) 기술을 통한 고객 서비스와 업무 효율성 증대 사례
   - ○○대 B교수
3. 공단이 보유한 방대한 건강보험 데이터를 어떻게 인공지능(AI)을 통해 분석하고 활용할 수 있는지에 대한 방안
   - 공단 C실장(빅데이터연구개발실)

2부 : 건강보험 빅데이터를 활용한 우수 연구 성과
1. 야간 인공조명이 인간의 건강에 미치는 영향에 대한 분석 결과
   - ○○대 D교수
2. 결핵 빅데이터인 국가결핵통합자료원(K-TB-N Cohort) 구축을 통해 국가 결핵 관리 정책·사업의 효과를 평가, 정책을 수립·보완할 근거를 생산
   - ○○청 E과장
3. 병원 내에서 발생하는 폐렴 데이터의 분석을 통해, 이를 예방하기 위한 실효성 있는 병원 내 감염관리 체계 마련 필요성 제시
   - 공단 F팀장(빅데이터연구개발실)

① A교수 : 사람과의 직접 대면이 아닌 인공지능 기술로 대체할 수 있는 공단의 서비스에 대한 자료가 필요하겠군.
② B교수 : 인공지능 기술을 활용해 건강보험 서비스를 이용한 고객과 공단 근로자에게 편리성 및 효율성에 대한 설문조사를 진행해야겠군.
③ D교수 : 자연광에만 주로 노출된 사람과 자연광과 더불어 인공조명에 많이 노출된 사람의 건강상태를 비교할 수 있는 자료가 필요하겠군.
④ F팀장 : 병원 내 병동별 폐렴 발생 현황과 주로 발병하는 연령대에 대한 조사가 필요하겠군.

※ 다음은 K국의 지역별 및 5대 업종별 기업 현황에 대한 자료이다. 이어지는 질문에 답하시오. [13~14]

〈K국의 조사 지역별 기업 현황〉

(단위 : 개소)

구분	대기업	중소기업	5인 미만	법인			기타	합계
					사단법인	재단법인		
수도권	5,000	10,000	200,000	60,000	50,000	( )	5,000	( )
강원권	500	2,000	10,000	1,000	500	( )	500	( )
충청권	2,000	3,000	30,000	2,500	( )	800	500	( )
호남권	3,000	5,000	30,000	3,000	( )	1,000	1,000	( )
영남권	3,000	5,000	20,000	2,500	1,500	( )	500	( )
합계	13,500	25,000	290,000	69,000	55,700	13,300	7,500	405,000

※ 조사 기업 종류는 대기업, 중소기업, 5인 미만, 법인, 기타만 존재함
※ 조사 지역은 수도권, 강원권, 충청권, 호남권, 영남권으로만 구성함

〈K국의 5대 업종별 기업 현황〉

(단위 : 개소)

구분	대기업	중소기업	5인 미만	법인		기타
				사단법인	재단법인	
IT업	6,000	5,000	30,000	3,000	2,000	1,000	500
건설업	2,000	5,000	70,000	4,000	3,000	1,000	300
운송업	1,000	9,000	100,000	7,000	5,000	2,000	200
마케팅업	1,000	1,000	30,000	7,000	5,000	2,000	500
제조업	1,000	2,000	5,000	8,000	5,000	3,000	500
합계	11,000	22,000	235,000	29,000	20,000	9,000	2,000

13 다음 중 자료에 대한 설명으로 옳지 않은 것은?

① 조사 지역별 법인 기업에서 사단법인이 차지하는 비율이 세 번째로 높은 지역은 영남권이다.
② 5대 업종의 대기업 중 IT업에 속하지 않는 기업의 수는 수도권 지역 기타 기업의 수와 같다.
③ 조사 지역에서 대기업이 20% 증가하고, 중소기업이 10% 감소한다면 전체 기업 수는 증가한다.
④ 조사 지역의 재단법인 중 강원권 재단법인이 차지하는 비율은 조사 지역의 대기업 중 강원권 대기업이 차지하는 비율보다 크다.

14 다음은 자료를 토대로 작성한 보고서이다. 이에 대한 내용으로 옳지 않은 것은?

〈기업 현황 보고서〉

① 조사 지역의 전체 기업 중 5인 미만인 기업은 70% 이상을 차지하고 있으며, 이는 중소기업 수의 10배 이상이다. 특히, 5인 미만인 기업은 수도권에 밀집되어 있는데 ② 조사 지역의 5인 미만 기업 중 수도권이 차지하는 비율 또한 60% 이상이다.
모든 지역에 걸쳐 대기업보단 중소기업이, 중소기업보단 5인 미만 기업의 수가 많았는데, 5인 미만 기업 수 대비 대기업의 수는 영남권이 가장 높았다. 5대 업종만을 분석했을 때 역시 대기업보단 중소기업이, 중소기업보단 5인 미만 기업이 많았으며, 사단법인이 재단법인보다 많았다. ③ 이에 따라 자료의 조사 지역의 전체 기업 중 5대 업종에 해당하지 않는 기업도 앞선 순서와 동일하였다. 또한 ④ 조사 지역의 전체 기업 중 운송업에 해당하는 기업 비율은 5인 미만 기업이 중소기업보다 높았다.

| 국민건강보험공단 / 문제해결능력

15 다음은 K사의 신입사원 선발 조건이다. 〈보기〉의 지원자 중 최고득점자와 최저득점자를 바르게 연결한 것은?

〈K사 신입사원 선발 조건〉

- 다음과 같은 항목에 따른 점수를 합산하여 최종점수(100점 만점)을 산정하여 점수가 가장 높은 지원자 2명을 신입사원으로 선발한다.
  - 학위점수(30점 만점)

학위	학사	석사	박사
점수(점)	18	25	30

  - 어학능력점수(20점 만점)

어학시험점수 (300점 만점)	0점 이상 50점 미만	50점 이상 150점 미만	150점 이상 220점 미만	220점 이상
점수(점)	8	14	17	20

  - 면접점수(30점 만점)

면접	미흡	보통	우수
점수(점)	18	24	30

  - 실무경험점수(20점 만점)

총 인턴근무 기간	4개월 미만	4개월 이상 8개월 미만	8개월 이상 12개월 미만	12개월 이상
점수(점)	12	16	18	20

보기

구분	학위	어학시험점수	면접	총 인턴근무 기간
A	학사	228	우수	8개월
B	석사	204	보통	11개월
C	학사	198	보통	9개월
D	박사	124	미흡	3개월

	최고득점자	최저득점자
①	A	B
②	A	D
③	B	C
④	C	D

| 건강보험심사평가원 / 의사소통능력

16 다음 글을 읽고 추론한 내용으로 적절하지 않은 것은?

> 개인의 DNA 내에 있는 특정 유전자의 변화 또는 돌연변이는 질병을 유발한다. 우성 유전은 한 쌍의 대립 유전자 중 하나만 있어도 그 특성이 발현되는 반면, 열성 유전은 두 쌍 모두 열성일 때 그 특성이 나타난다. 유전성 질병의 발생 원인은 다양하며, 단일 유전자 변이에 의해 유발되거나 복수의 유전자와 환경 요인의 상호작용으로 발생할 수 있다.
>
> 유전자 이상으로 발생하는 낫적혈구 빈혈은 부모 양쪽 모두에게서 낫적혈구 유전자를 물려받은 사람에게 관찰되는 질환이다. 정상적인 적혈구가 둥글납작한 형태를 가졌다면, 낫적혈구 빈혈 환자의 적혈구는 낫 모양이나 초승달 모양을 가지고 있다.
>
> 낫적혈구는 생존 기간이 짧고, 세포 자체가 딱딱하고 서로 잘 달라붙는 특성 때문에 얇은 혈관의 통과가 어려워 혈류를 막히게 하고 이로 인해 조직으로의 산소 공급을 방해해 신체 기관의 손상을 발생시키기도 한다. 이 때문에 각 기관은 산소를 효율적으로 전달받지 못해 쉽게 피로해지고 황달 증상이 생기기도 하며, 심각해지면 폐의 혈관이 막혀 호흡까지 어려워진다. 그러나 현재까지 이 질환의 치료방법은 타인의 혈액을 수혈받는 조혈모세포 이식이 유일하다.
>
> 낫적혈구 빈혈 환자는 정기적인 수혈이 필요한데, 적혈구의 수명은 약 120일 정도로 짧으며 수혈 받은 혈액 속에는 젊은 적혈구뿐만 아니라 늙은 적혈구도 섞여 있어 실제로는 120일이 되기 전에 수혈받은 적혈구의 수명이 끝나 더 빈번한 수혈이 필요하다. 하지만 혈액 공급 부족 문제로 이마저도 쉽지 않은 게 현실이다.
>
> 이러한 혈액 공급 부족 상황을 해결하고자 영국에서는 인공혈액의 임상 시험이 시작되었다. 인공혈액의 경우 실제 사람의 혈액과 달리 모두 젊은 적혈구로 구성되어 있어 120일 동안 온전히 그 기능을 다할 수 있을 것으로 예상돼 수혈의 빈도도 감소할 것으로 예측된다.

① 낫적혈구 빈혈은 열성 유전되는 질환이다.
② 낫적혈구는 모세혈관에서의 통과가 어렵다.
③ 낫적혈구 빈혈 환자는 최소 4개월의 한 번씩 수혈을 받아야 한다.
④ 인공혈액으로 수혈을 받을 경우 수혈을 받는 주기가 길어질 것이다.

| 건강보험심사평가원 / 수리능력

17 A와 B는 둘레가 9km인 호수를 달리고 있다. 둘은 같은 방향으로 달릴 때 1시간 30분 만에 만나고, 반대 방향으로 달릴 때 30분 만에 만난다고 한다. A가 B를 업으면 A는 원래 자신의 이동 속도보다 2km/h 느리게 달리게 되고, B가 A를 업으면 B는 원래 자신의 이동 속도보다 1km/h 느리게 이동한다. A가 B를 업고 호수 절반을 달린 뒤, B가 A를 업고 나머지 절반을 달렸을 때, 걸린 시간은? (단, 업는 시간, 가속도 등 제시된 조건 이외의 사항은 고려하지 않는다)

① 72분 ② 81분
③ 96분 ④ 102분

※ 다음은 K공사의 A ~ D부서에 대한 외부·내부평가 결과에 대한 자료이다. 이어지는 질문에 답하시오.
[18~20]

〈외부평가 점수 기준표〉

구분	세부 평가 항목별 점수	평가 반영 비율
프로젝트 목표 달성률	백분율로 평가하여 그 수치만큼 점수로 환산(80% → 80)	35%
업무 프로세스 효율	높음(100), 약간 높음(80), 약간 낮음(60), 낮음(40)	20%
고객 및 민원 대응	매우 만족(100), 만족(75), 보통(50), 불만족(25), 매우 불만족(0)	20%
규정 준수 및 책임성	모범 사례(100), 기본 준수(75), 개선 필요(50)	25%

〈내부평가 점수 기준표〉

(단위 : 점)

구분	세부 평가 항목별 점수					평가 반영 비율
	매우 높음	높음	보통	낮음	매우 낮음	
예산관리 효율	100	80	60	40	20	20%
근무자 성과	100	75	50	25	0	30%
직원 만족도	100	80	60	40	20	15%
내부 협업 수준	100	85	70	55	40	35%

〈부서별 외부평가 결과〉

구분	프로젝트 목표 달성률	업무 프로세스 효율	고객 및 민원 대응	규정 준수 및 책임성
A부서	78%	약간 높음	만족	기본 준수
B부서	91%	약간 낮음	불만족	모범 사례
C부서	84%	약간 높음	만족	개선 필요
D부서	71%	높음	보통	기본 준수

〈부서별 내부평가 결과〉

구분	예산관리 효율	근무자 성과	직원 만족도	내부 협업 수준
A부서	낮음	보통	낮음	보통
B부서	낮음	보통	매우 높음	높음
C부서	낮음	매우 높음	높음	낮음
D부서	높음	낮음	보통	높음

〈최종 평가 점수 산정 방법〉
- 항목별 점수에 평가 반영 비율을 적용한 뒤 합산하여 외부평가 총점과 내부평가 총점을 구한다.
- 외부평가 총점과 내부평가 총점에 6 : 4의 비율을 적용하여 최종 평가 점수를 구한다.

18 다음 중 최종 평가 점수가 가장 높은 부서는?

① A부서
② B부서
③ C부서
④ D부서

19 다음 〈보기〉에서 위 자료에 대한 설명으로 옳은 것을 모두 고르면?

> **보기**
> ㉠ 모든 부서는 내부평가 총점보다 외부평가 총점이 더 높다.
> ㉡ 외부평가와 내부평가 총점이 가장 많이 차이나는 부서는 D부서이다.
> ㉢ 최종 평가 점수가 가장 높은 부서와 가장 낮은 부서의 점수 차이는 5점 이하이다.
> ㉣ 외부평가와 내부평가의 최종 평가 점수 반영 비율이 5 : 5라면 최종 평가 점수가 가장 높은 부서는 B부서이다.

① ㉠, ㉡
② ㉠, ㉢
③ ㉡, ㉢
④ ㉡, ㉣

20 K공사에서 최종 평가 점수가 4등인 부서의 내부평가 총점에 가점을 부여하려고 한다. 최종 평가 점수가 4등인 부서가 3등이 되기 위해서 필요한 가점은 최소 몇 점인가?(단, 내부평가 총점에 부여하는 가점은 자연수로 한다)

① 2점
② 4점
③ 8점
④ 16점

21 다음 글과 관련 있는 한자성어로 가장 적절한 것은?

> A씨는 대학 졸업 후 창업에 도전하기로 결심했다. 그는 자신의 아이디어에 확신을 가지고 작은 카페를 열었지만, 예상치 못한 문제들이 끊임없이 발생했다. 위치 선정이 잘못되었고, 경쟁이 치열했으며, 운영 경험 부족으로 인해 손님을 끌어들이지 못했다. 결국 1년 만에 카페는 문을 닫아야 했고, A씨는 큰 빚과 좌절감 속에서 실패를 받아들여야 했다.
> 하지만 A씨는 실패를 통해 얻은 교훈을 놓치지 않았다. 그는 자신이 부족했던 점들을 분석하며 경영과 마케팅에 대해 더 깊이 공부하기 시작했다. 또한 카페를 운영하며 쌓은 고객 관리 경험과 식음료 산업에 대한 이해를 바탕으로 새로운 방향을 모색했다. 그러던 중, 그는 소규모 카페 운영자들이 겪는 어려움 해소를 돕기 위해 전문 컨설팅 서비스를 제공하는 사업 아이디어를 떠올렸다.
> A씨는 이전의 실패를 발판 삼아 철저히 준비한 끝에 컨설팅 회사를 설립했다. 그의 서비스는 소규모 카페 운영자들에게 실질적인 도움을 제공하며 빠르게 입소문을 탔고, 사업은 성공적으로 성장했다.

① 전화위복(轉禍爲福)
② 사필귀정(事必歸正)
③ 일취월장(日就月將)
④ 우공이산(愚公移山)

22 다음 글의 내용으로 적절하지 않은 것은?

> 큐비트(Qubit)는 양자 컴퓨터에서 정보를 저장하고 처리하는 기본 단위이다. 기존의 컴퓨터가 정보를 0과 1로 이루어진 비트(Bit)로 표현하는 것과 달리, 큐비트는 양자역학의 특성을 활용해 더 복잡하고 강력한 방식으로 정보를 다룬다.
>
> 큐비트는 0과 1의 상태를 동시에 가질 수 있는 양자 중첩 특성을 가지고 있다. 양자 중첩이란 빛이 입자와 파동 2가지 상태를 가진 것과 마찬가지로 미시적 세계에서 여러 양자 상태가 동시에 존재할 수 있는 현상을 뜻하며, 측정하기 전까지는 양자 상태를 정확히 파악할 수 없고 관측과 동시에 상태가 결정되는 것을 의미한다. 이처럼 큐비트 또한 측정하기 전까지 0과 1의 상태를 동시에 가진 중첩 상태가 유지되며 측정 시에는 0 또는 1 중 하나의 값으로 확정된다. 이를 통해 큐비트는 병렬 계산을 가능하게 만들어 복잡한 문제를 빠르게 해결할 수 있다.
>
> 또한 두 개 이상의 큐비트가 양자 얽힘 상태에 있으면, 한 큐비트의 상태가 다른 큐비트의 상태와 즉각적으로 연결된다. 이에 따라 한 큐비트가 측정되면 얽혀 있는 다른 큐비트의 상태 또한 자동으로 결정되므로 큐비트 간의 빠른 정보 전달과 협력 계산을 가능하게 한다.
>
> 양자 컴퓨터에 사용되는 큐비트는 다양한 방식으로 개발되고 있으며 대표적인 방식은 초전도 회로, 이온 트랩, 광자, 스핀 등이 있다. 초전도 회로는 전기적 초전도체를 활용해 양자 상태를 생성하고, 이온 트랩은 전기장으로 이온을 가두고 조작한다. 광자는 빛 입자를 이용한 정보 저장 및 전송에 사용되며, 스핀은 전자의 스핀 상태를 활용한다.
>
> 큐비트는 기존 컴퓨터보다 훨씬 더 많은 정보를 처리할 수 있다. 예를 들어, 20개의 큐비트를 활용하면 2^{20}, 즉 약 100만 개의 상태를 동시에 표현할 수 있다. 이는 암호 해독이나 복잡한 시뮬레이션 같은 문제에서 기존 컴퓨터보다 월등히 빠른 성능을 발휘한다. 하지만 현재 기술로는 큐비트를 안정적으로 유지하고 제어하는 데 한계가 있다. 환경적 요인으로 인해 양자 상태가 쉽게 붕괴되기 때문에 이를 극복하기 위한 연구가 활발히 진행 중이다.
>
> 큐비트는 양자역학의 원리를 기반으로 기존 컴퓨터와는 완전히 다른 방식으로 정보를 처리한다. 중첩과 얽힘 같은 특성 덕분에 복잡한 계산 문제를 해결하는 데 강력한 도구가 될 수 있지만, 기술적 도전 과제도 많다. 앞으로 양자 컴퓨팅 기술이 발전하면 큐비트를 활용한 혁신적인 응용이 더욱 확대될 것으로 기대된다.

① 큐비트의 값은 측정과 동시에 정해진다.
② 큐비트는 정보를 0와 1의 2진수로 나타내는 것이다.
③ 큐비트는 측정하기 전까지는 양자 중첩 상태로 존재한다.
④ 4개의 큐비트를 활용하면 16번의 상태를 동시에 표현할 수 있다.

23 다음은 J공사의 컴퓨터 비밀번호 규칙에 대한 글이다. 〈보기〉 중 J공사 비밀번호 규칙에 맞지 않는 것은 모두 몇 개인가?

> J공사의 직원들은 업무를 시작하기 위해 컴퓨터에 직원별 비밀번호를 입력해야 한다. 직원들의 비밀번호는 9자리의 숫자와 문자로 구성되어 있다. 첫 번째 자리는 직원 종류별 코드로 정직원은 1, 계약직은 2, 파견직은 3이 부여된다. 두 번째 자리부터는 직원별 입사일이 YYMMDD 방식으로 부여된다. 이후 데이터의 진위 여부를 확인하기 위해 체크데이터로 앞의 숫자를 모두 더한 뒤, 2를 뺀 값에 해당하는 알파벳이 대문자로 부여된다. 마지막으로 비밀번호 식별의 용이성을 위해 첫 번째 자리의 숫자와 동일한 숫자가 부여된다.

보기
- 3011210F3
- 2981111U2
- 3051231M3
- 1241215N2
- 4200817T4
- 1942131S1
- 1840624W1
- 1211014H1
- 2210830P2
- 2191229Z2

① 2개 ② 3개
③ 4개 ④ 5개

※ 다음은 J기업의 본사와 부속 공장 간의 도로에 대한 자료이다. 이어지는 질문에 답하시오. **[24~25]**

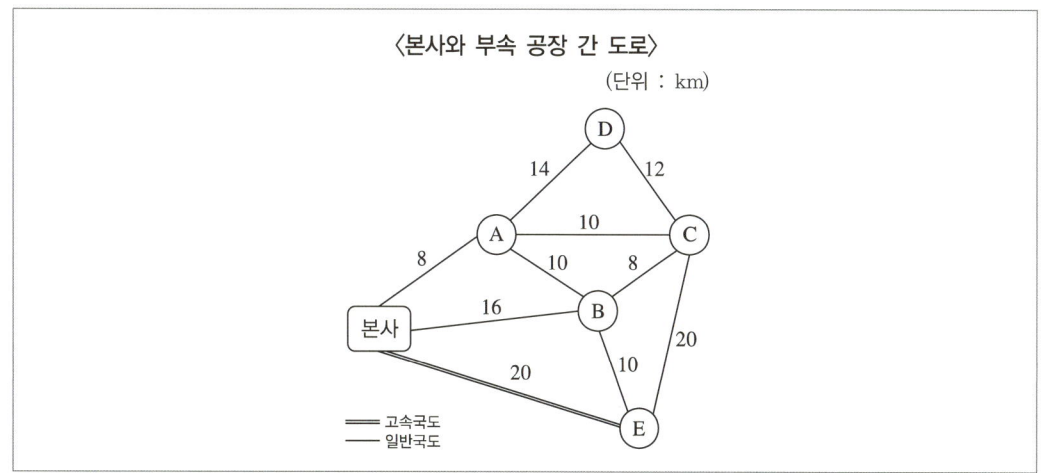

| 한국중부발전 / 자원관리능력

24 S대리는 본사에서 출발하여 모든 부속 공장을 방문한 뒤, 본사로 복귀하려고 한다. S대리가 일반국도만을 이용한다면, 최단거리는 몇 km인가?(단, 한 번 방문한 공장은 다시 방문하지 않는다)

① 72km ② 76km
③ 80km ④ 84km

| 한국중부발전 / 자원관리능력

25 S대리는 회사로부터 교통비를 지원받아 고속국도를 이용할 수 있게 되었다. S대리가 고속국도를 이용하여 모든 부속 공장을 방문한 뒤, 본사로 복귀할 때의 최단거리는 고속국도를 이용하지 않을 때의 최단거리와 몇 km 차이가 나는가?(단, 한 번 방문한 공장은 다시 방문하지 않는다)

① 6km ② 8km
③ 10km ④ 12km

26 다음 중 단어의 뜻이 나머지와 다른 것은?

① 호도(糊塗)　　　　　　　② 맹아(萌芽)
③ 무마(撫摩)　　　　　　　④ 은폐(隱蔽)

27 K고등학교의 운동장은 윗변이 20m, 밑변이 50m, 높이가 20m인 등변 사다리꼴 형태이다. 운동장의 가장자리에 2m마다 의자를 놓고 학생을 앉힐 때, 의자에 앉을 수 있는 학생의 수는?

① 59명　　　　　　　　　② 60명
③ 61명　　　　　　　　　④ 62명

28 다음 중 제시된 자료를 그래프로 바르게 변환한 것은?(단, 모든 그래프의 단위는 GWh이다)

〈K-water 한강유역 대수력 발전소 연간 발전량〉

(단위 : GWh)

구분	2019년	2020년	2021년	2022년	2023년	2024년
소양강댐	347	551	314	600	430	490
충주댐	484	769	574	680	706	759

①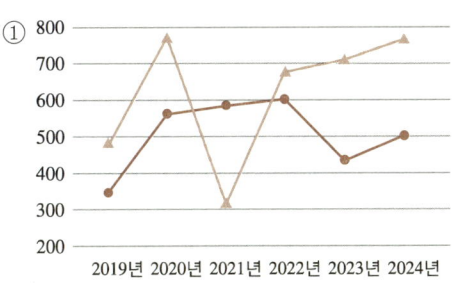

②

③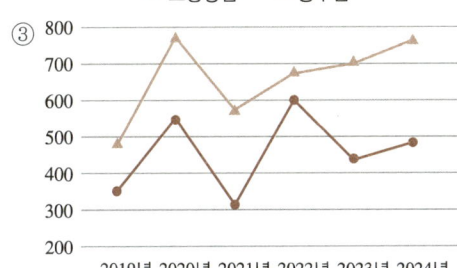

④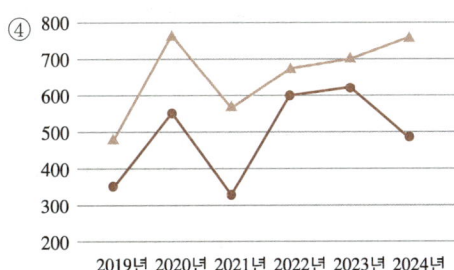

29 다음 중 효율적이고 합리적인 인사관리 원칙 중 해당 직무 수행에 가장 적합한 인재를 배치해야 한다는 원칙으로 옳은 것은?

① 단결의 원칙
② 공정 인사의 원칙
③ 종업원 안정의 원칙
④ 적재적소 배치의 원칙

30 다음 사례에서 나타나는 물적자원관리의 원칙으로 옳은 것은?

> 편의점 점장인 A씨는 상품의 판매량과 입고량을 파악하여 많이 팔리고 많이 들어오는 상품은 출입구에 가깝게 위치시켰으며, 적게 팔려서 주문할 양이 적은 상품은 매장 안쪽에 배치하여 상품의 입·출하가 원활하게 이루어지도록 하였다.

① 동일성의 원칙
② 유사성의 원칙
③ 회전대응의 원칙
④ 기호화의 원칙

CHAPTER 02 2025년 주요 대기업 적성검사 기출복원문제

| 삼성 / 언어

01 다음 글의 제목으로 가장 적절한 것은?

> 일반적으로 소비자들은 합리적인 경제 행위를 추구하기 때문에 최소 비용으로 최대 효과를 얻으려 한다는 것이 소비의 기본 원칙이다. 그들은 '보이지 않는 손'이라고 일컬어지는 시장 원리 아래에서 생산자와 만난다. 그러나 이러한 일차적 의미의 합리적 소비가 언제나 유효한 것은 아니다. 생산보다는 소비가 화두가 된 소비 자본주의 시대에 소비는 단순히 필요한 재화 그리고 경제학적으로 유리한 재화를 구매하는 행위에 머물지 않는다. 최대 효과 자체에 정서적이고 사회 심리학적인 요인이 개입하면서, 이제 소비는 개인이 세계와 만나는 다분히 심리적인 방법이 되어버린 것이다. 곧 인간의 기본적인 생존 욕구를 충족시켜 주는 합리적 소비 수준에 머물지 않고, 자신을 표현하는 상징적 행위가 된 것이다. 이처럼 오늘날의 소비문화는 물질적 소비 차원이 아닌 심리적 소비 형태를 띠게 된다.
>
> 소비 자본주의의 화두는 과소비가 아니라 '과시 소비'로 넘어간 것이다. 과시 소비의 중심에는 신분의 논리가 있다. 신분의 논리는 유용성의 논리, 나아가 시장의 논리로 설명되지 않는 것들을 설명해 준다. 혈통으로 이어지던 폐쇄적 계층 사회는 소비 행위에 대해 계급에 근거한 제한을 부여했다. 먼 옛날 부족 사회에서 수장들만이 걸칠 수 있었던 장신구에서부터, 제아무리 권문세가의 정승이라도 아흔아홉 칸을 넘을 수 없던 집이 좋은 예이다. 권력을 가진 자는 힘을 통해 자기의 취향을 주위 사람들과 분리시킴으로써 경외감을 강요하고, 그렇게 자기 취향을 과시함으로써 잠재적 경쟁자들을 통제한 것이다.
>
> 가시적 신분 제도가 사라진 현대 사회에서도 이러한 신분의 논리는 여전히 유효하다. 이제 개인은 소비를 통해 자신의 물질적 부를 표현함으로써 신분을 과시하려 한다.

① 계층별 소비 규제의 필요성
② 신분사회에서 의복 소비와 계층의 관계
③ 소비가 곧 신분이 되는 과시 소비의 원리
④ 소득을 고려하지 않은 무분별한 과소비의 폐해
⑤ '보이지 않는 손'에 의한 합리적 소비의 필요성

02 다음 제시된 문단을 논리적 순서대로 바르게 나열한 것은?

(가) 반도체 산업은 4차 산업혁명과 함께 더욱 중요한 위치를 차지하고 있다. 인공지능, 사물인터넷, 자율주행차, 5G 통신 등 첨단 기술의 발전에 따라 반도체의 수요와 역할이 지속적으로 확대되고 있다. 앞으로도 반도체는 고성능, 저전력, 소형화 등 다양한 기술적 진보를 이끌며 미래 산업의 핵심 동력으로 자리매김할 전망이다. 이에 따라 반도체 기술의 연구와 개발, 인재 양성의 중요성도 더욱 커지고 있다.

(나) 이러한 반도체는 그 기능에 따라 여러 종류로 나뉘는데, 가장 대표적인 것이 메모리 반도체이다. 메모리 반도체는 데이터를 저장하고 기억하는 역할을 하는 반도체로 컴퓨터, 스마트폰 등 다양한 전자기기에서 정보를 임시로 저장하거나 장기적으로 보관하는 데 사용된다. 대표적인 메모리 반도체는 DRAM, NAND Flash, ROM 등이 있으며 대량 생산에 적합하여 제조 공정이 비교적 단순하다.

(다) 반도체는 도체와 절연체의 중간 성질을 가진 물질로 주로 실리콘, 게르마늄 등이 널리 사용된다. 이러한 물질은 순수한 상태에서는 전기가 거의 흐르지 않지만, 불순물을 첨가하거나 열, 빛, 전압 등의 외부 자극을 가하면 전기 전도도가 크게 변하는데 이러한 성질 덕분에 반도체는 전자제품의 핵심 부품으로 활용되며, 현대 산업과 일상생활에서 필수적인 역할을 한다.

(라) 반면 시스템 반도체는 정보를 저장하는 것이 아니라 연산, 제어, 신호 변환 등 다양한 정보를 처리하는 기능을 담당한다. 시스템 반도체는 비메모리 반도체라고도 불리며, 대표적으로 중앙처리장치(CPU), 그래픽처리장치(GPU) 등이 있다. 이들 반도체는 컴퓨터, 스마트폰, 자동차, 가전제품 등에서 두뇌 역할을 하며, 복잡한 계산과 제어를 실시간으로 수행한다. 시스템 반도체는 메모리 반도체에 비해 설계가 복잡하고 다양한 기능이 집적되어 있어 제조 공정이 복잡하고 정밀도가 높은 특징이 있다.

① (가) – (다) – (나) – (라)
② (가) – (다) – (라) – (나)
③ (다) – (가) – (라) – (나)
④ (다) – (나) – (라) – (가)
⑤ (다) – (라) – (가) – (나)

03 S전자에서는 냉장고 3대, 세탁기 4대, 청소기 2대 중 3대를 신제품 행사에 전시하려고 한다. 이때, 적어도 1대는 냉장고를 전시할 확률은?(단, 모든 가전제품은 서로 다른 모델이다)

① $\dfrac{12}{21}$ ② $\dfrac{13}{21}$

③ $\dfrac{14}{21}$ ④ $\dfrac{5}{7}$

⑤ $\dfrac{16}{21}$

04 다음은 A~D사의 연간 매출액에 대한 자료이다. 연간 매출액이 일정한 증감률을 보인다고 할 때, 빈칸에 들어갈 수는?

〈A~D사의 연간 매출액〉

(단위 : 백억 원)

구분		2019년	2020년	2021년	2022년	2023년	2024년
A사	매출액	300	350	400	450	500	550
	순이익	9	10.5	12	13.5	15	16.5
B사	매출액	200	250	200	250	200	250
	순이익	4	7.5	4	7.5	4	7.5
C사	매출액	250	350	300	400	350	450
	순이익	5	10.5	12	20		31.5
D사	매출액	350	300	250	200	150	100
	순이익	7	6	5	4	3	2

※ (순이익)=(매출액)×(이익률)

① 21 ② 23

③ 25 ④ 27

⑤ 29

05 제시된 명제가 모두 참일 때, 다음 중 빈칸에 들어갈 명제로 가장 적절한 것은?

- S사의 메신저는 모두 보안 네트워크를 사용한다.
- S사의 신입은 모두 S사의 메신저만 사용한다.
- _____

① S사의 신입이 아니면 보안 네트워크를 사용하지 않는다.
② 메신저가 보안 네트워크를 사용하면 모두 S사의 메신저이다.
③ S사의 신입이 사용하는 메신저는 모두 보안 네트워크를 사용한다.
④ 메신저가 보안 네트워크를 사용하지 않으면 모두 S사의 메신저이다.
⑤ S사의 메신저를 사용하지 않는 직원은 모두 보안 네트워크를 사용한다.

06 다음 도형의 규칙을 보고 물음표에 들어갈 도형으로 알맞은 것을 고르면?

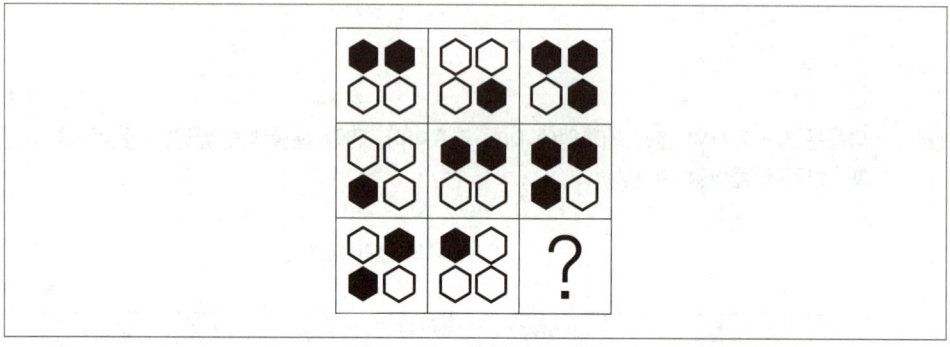

① 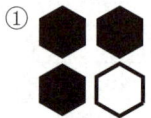 ②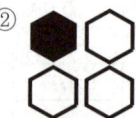

③ 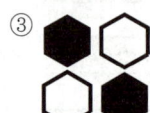 ④

⑤

07 다음 글의 내용으로 적절하지 않은 것은?

> 대상포진은 일상에서 흔히 접할 수 있는 질환 중 하나로, 특히 면역력이 약해진 사람들에게서 자주 발생한다. 대상포진에 걸리게 되면 평소 건강하다고 느끼던 사람도 어느 날 갑자기 극심한 통증과 함께 피부에 띠 모양의 발진이 나타나면서 일상생활에 큰 불편을 겪게 된다. 대상포진은 한 번쯤 들어봤을 법한 이름이지만, 실제로 어떤 질환인지, 왜 생기는지 그리고 어떻게 치료할 수 있는지에 대해 제대로 아는 경우는 많지 않다.
> 대상포진은 수두 – 대상포진 바이러스에 의해 발생한다. 과거에 수두에 걸린 적이 있다면 대상포진 바이러스가 몸속 신경절에 잠복해 있다가 면역력이 약해지는 시기에 다시 활성화되는데, 이때 신경을 따라 피부로 퍼지면서 띠 모양의 발진과 수포, 심한 통증을 유발한다. 주로 몸통이나 얼굴 한쪽에 국한되어 나타나는 것이 특징이며, 통증이 매우 심해 잠을 이루기 힘들 정도로 일상생활에 악영향을 준다. 대상포진은 60세 이상의 고령자, 만성질환자, 과로 또는 스트레스로 인해 면역력이 저하된 사람들에게서 더 흔하게 발생한다.
> 대상포진이 생기면 가능한 한 빨리 항바이러스제 투여 등의 치료를 시작해야 한다. 항바이러스제를 발진이 생긴 뒤 3일 이내에 복용하는 것은 바이러스가 더 퍼지는 것을 막고, 증상을 빨리 가라앉히는 데 큰 도움이 된다. 대상포진의 치료가 어려운 것은 특유의 신경통 때문인데, 적절하고 빠른 조치는 이러한 신경통도 줄여주는 효과가 있다. 그러나 통증이 심한 경우에는 진통제를 함께 써야 하며, 필요한 경우 마취와 같은 신경차단술을 병행하기도 한다. 특히 치료를 받는 동안에는 충분한 휴식과 영양 섭취, 감염된 부위의 청결 유지가 필수적이다.
> 대상포진은 예방이 무엇보다 중요하다. 50세 이상 성인이나 면역력이 약한 사람은 대상포진 예방접종을 통해 발병 위험을 크게 줄일 수 있다. 한 번의 접종으로 상당 기간 대상포진에 대한 면역력을 유지할 수 있기 때문에 예방접종은 고령층이나 만성질환자에게 적극 권장된다. 또한 평소 규칙적인 운동과 균형 잡힌 식사, 충분한 휴식 등 생활습관 개선을 통해 면역력을 강화하는 것도 대상포진 예방에 도움이 된다. 이처럼 대상포진은 누구에게나 찾아올 수 있지만, 예방과 관리로 충분히 극복할 수 있는 질환이다.

① 60세 이하인 사람도 대상포진에 쉽게 감염될 수 있다.
② 이전에 수두에 걸리지 않으면 대상포진에 걸리지 않는다.
③ 생활습관 개선을 통해 면역력을 강화하는 것은 대상포진 예방에 큰 도움이 된다.
④ 당뇨 등의 만성질환으로 인해 면역력이 저하된 사람일 경우 대상포진 예방접종이 필요하다.
⑤ 대상포진은 눈에 띄지 않지만 오랜 기간 진행될 경우 통증을 유발하므로 사전에 검진이 필요하다.

08 다음 글을 읽고 추론할 수 있는 내용으로 가장 적절한 것은?

> 한국의 고령화는 세계에서 가장 빠른 속도로 진행되고 있다. 2025년에는 65세 이상 인구 비중이 20%를 넘어서며 본격적인 초고령사회에 진입한다. 이에 따라 과거에는 노년층이 경제의 주변부로 여겨졌지만, 최근에는 '그레이 르네상스'라는 말이 나올 정도로 시니어층이 소비와 사회 변화를 이끄는 주체로 떠오르고 있다. 특히 경제력과 건강을 갖춘 '액티브 시니어', 디지털 환경에 익숙한 '디지털 시니어' 등 다양한 모습의 노년층이 등장하면서 시니어 산업이 새로운 성장 동력으로 주목받고 있다.
> 시니어 산업은 매우 다양한 분야로 세분화된다. 먼저, 시니어 하우징 분야에서는 전통적인 실버타운을 넘어 자립 생활이 가능한 시니어 레지던스, 커뮤니티형 주거단지 등 다양한 주거형태가 등장하고 있다. 이들의 주거공간은 단순 거주 기능을 넘어 건강관리, 취미활동, 커뮤니티 형성 등 삶의 질을 높이는 서비스를 결합해 제공한다. 자산관리와 금융 분야도 빠르게 성장 중이다. 은퇴설계, 연금, 자산관리 서비스 등 시니어의 경제적 안정과 맞춤형 금융 상품에 대한 수요가 크게 늘고 있다.
> 건강관리와 요양·돌봄 분야 역시 시니어 산업의 핵심이다. 만성질환 관리, 건강식품, 의료기기, 원격진료 등 헬스케어 산업이 빠르게 발전하고 있으며, 방문요양, 돌봄 로봇, 스마트 모니터링 시스템 등 첨단 기술을 접목한 돌봄 서비스도 확산되고 있다. 특히 최근에는 웨어러블 기기를 통해 건강 데이터를 실시간으로 수집·분석하고, 이상 징후를 즉시 의료진이나 가족에게 알리는 시스템 등 인공지능과 사물인터넷을 활용한 스마트 헬스케어 서비스가 주목받고 있다.
> 여가와 문화, 교육 분야도 시니어 산업에서 빠질 수 없다. 여행, 평생교육, 취미활동, 문화예술 프로그램 등 시니어의 자기계발과 사회참여를 지원하는 다양한 서비스가 주목받고 있으며 최근에는 시니어 맞춤형 여행상품, 온라인 강좌, 문화예술 동아리 등이 인기를 끌고 있다. 마지막으로 고령층의 사회 참여와 일자리 창출도 중요한 이슈다. 단순한 생계형 일자리에서 벗어나 전문성과 경험을 살리는 것을 주요 목적으로 멘토링, 사회공헌 등의 활동이 각광받고 있다.
> 시니어 산업은 앞으로도 시장 규모가 지속적으로 성장할 것으로 전망된다. 고령화가 가져올 사회적 도전과 함께 기술 융합과 서비스 혁신을 통해 새로운 기회가 계속해서 창출될 것이다. 사회적 돌봄 인프라 강화, 디지털 격차 해소 등 해결해야 할 과제도 많지만, 시니어 산업은 결국 한국 사회의 미래를 이끌 중요한 산업이 될 것으로 전망된다.

① 요양원 운영은 대표적인 시니어 하우징 사업이다.
② 갈수록 심해지는 고령화는 시니어 산업의 성장을 이끌어 낼 것이다.
③ 시니어 사업은 디지털 격차로 인해 전통적인 기술이 선호되는 사업이다.
④ 그레이 르네상스는 첨단 기기를 잘 다루는 노년층이 등장하면서 시작되었다.
⑤ 고령층 일자리 창출 사업의 목적은 노인의 자립을 위한 생계형 일자리 제공이다.

| SK / 수리

09 A씨는 S산 입구에서 정상으로 향하는 등산로를 이용해 시속 1.8km의 속력으로 등산하였고, 정상에서 30분 휴식한 뒤 올라왔던 등산로를 통해 시속 2.4km의 속력으로 하산하였다. 등산에 총 4시간이 소요되었을 때, A씨가 이용한 등산로의 거리는?(단, A씨의 등산 및 하산 속력은 각각 일정하게 유지되었다고 가정한다)

① 3.0km ② 3.2km
③ 3.4km ④ 3.6km
⑤ 3.8km

| SK / 수리

10 다음 수열에서 120번째 항의 값은?

$$\frac{2}{3} \quad \frac{2}{5} \quad \frac{2}{7} \quad \frac{2}{9} \quad \cdots$$

① $\frac{2}{121}$ ② $\frac{2}{123}$
③ $\frac{2}{231}$ ④ $\frac{2}{239}$
⑤ $\frac{2}{241}$

| SK / 추리

11 다음 글의 내용이 참일 때, 항상 참인 것은?

> 만일 A정책이 효과적이라면, 부동산 수요가 조절되거나 공급이 조절된다. 만일 부동산 가격이 적정 수준에서 조절된다면, A정책이 효과적이라고 할 수 있다. 그리고 만일 부동산 가격이 적정 수준에서 조절된다면, 물가 상승이 없다는 전제하에서 서민들의 삶이 개선된다. 부동산 가격은 적정 수준에서 조절된다. 그러나 물가가 상승한다면, 부동산 수요가 조절되지 않고 서민들의 삶도 개선되지 않는다. 물론 물가가 상승한다는 것은 분명하다.

① 서민들의 삶이 개선된다.
② 부동산 공급이 조절된다.
③ A정책이 효과적이라면, 물가가 상승하지 않는다.
④ A정책이 효과적이라면, 부동산 수요가 조절된다.
⑤ A정책이 효과적이라도, 부동산 가격은 적정 수준에서 조절되지 않는다.

| SK / 추리

12 2인조 도난 사건에 대한 용의자로 A ~ E 5명이 지목되었다. 이 중 거짓을 말하는 사람이 단 1명일 때, 범인 2명을 모두 고르면?

> • A : B가 범인이면, D도 범인이다.
> • B : 범인 중 1명은 진실을 말하고 있다.
> • C : E는 범인이다.
> • D : C의 진술이 참이라면, B는 범인이다.
> • E : 나는 범인이 아니고, A가 범인이다.

① A, B ② A, C
③ B, D ④ B, E
⑤ D, E

| LG / 언어

13 다음 글의 제목으로 가장 적절한 것은?

> 감시용으로만 사용되는 CCTV가 최근에 개발된 신기술과 융합되면서 그 용도가 점차 확대되고 있다. 대표적인 것이 인공지능(AI)과의 융합이다. CCTV가 지능을 가지게 되면 단순 행동 감지에서 벗어나 객체를 추적해 행위를 판단할 수 있게 된다. 단순히 사람의 눈을 대신하던 CCTV가 사람의 두뇌를 대신하는 형태로 진화하고 있는 셈이다.
> 인공지능을 장착한 CCTV는 범죄현장에서 이상 행동을 하는 사람을 선별하고, 범인을 추적하거나 도주 방향을 예측해 통합관제센터로 통보할 수 있다. 또 수상한 사람의 행동 패턴에 따라 지속적인 추적이나 감시를 수행하고, 차량번호 및 사람 얼굴 등을 인식해 관련 정보를 분석해 제공할 수 있다.
> 한국전자통신연구원(ETRI)에서는 CCTV 등의 영상 데이터를 활용해 특정 인물이 어떤 행동을 할지를 사전에 예측하는 영상분석 기술을 연구 중인 것으로 알려져 있다. 인공지능 CCTV는 범인 추적뿐만 아니라 자연재해를 예측하는 데 사용할 수도 있다. 장마철이나 국지성 집중호우 때 홍수로 범람하는 하천의 수위를 감지하는 것은 물론 산이나 도로 등의 붕괴 예측 등 다양한 분야에 적용될 수 있기 때문이다.

① 인공지능과 사람의 공존 ② AI와 융합한 CCTV의 진화
③ 범죄를 예측하는 CCTV ④ CCTV와 AI의 현재와 미래
⑤ 당신을 관찰한다, CCTV의 폐해

14 다음 글의 빈칸에 들어갈 내용으로 가장 적절한 것은?

> 최근 경제·시사 분야에서 빈번하게 등장하는 단어인 탄소배출권(CER; Certified Emission Reduction)에 대한 개념을 이해하기 위해서는 먼저 교토메커니즘(Kyoto Mechanism)과 탄소배출권거래제(Emission Trading)를 알아둘 필요가 있다.
>
> 교토메커니즘은 지구 온난화의 규제 및 방지를 위한 국제 협약인 기후변화협약의 수정안인 교토 의정서에서, 온실가스를 보다 효과적이고 경제적으로 줄이기 위해 도입한 세 유연성체제인 '공동이행제도', '청정개발체제', '탄소배출권거래제'를 묶어 부르는 것이다.
>
> 이 중 탄소배출권거래제는 교토의정서 6대 온실가스인 이산화탄소, 메테인, 아산화질소, 과불화탄소, 수소불화탄소, 육불화황의 배출량을 줄여야 하는 감축의무국가가 의무감축량을 초과 달성하였을 경우에 그 초과분을 다른 국가와 거래할 수 있는 제도로, _____.
>
> 결국 탄소배출권이란 현금화가 가능한 일종의 자산이자 가시적인 자연보호성과인 셈이며, 이에 따라 많은 국가 및 기업에서 탄소배출을 줄임과 동시에 탄소감축활동을 통해 탄소배출권을 획득하기 위해 동분서주하고 있다. 특히 기업들은 탄소배출권을 확보하는 주요 수단인 청정개발체제 사업을 확대하는 추세인데, 청정개발체제 사업은 개발도상국에 기술과 자본을 투자해 탄소배출량을 줄였을 경우에 이를 탄소배출량 감축목표달성에 활용할 수 있도록 한 제도이다.

① 6대 온실가스 중에서도 특히 이산화탄소를 줄이기 위해 만들어진 제도이다.
② 교토메커니즘의 세 유연성체제 중에서도 가장 핵심이 되는 제도라고 할 수 있다.
③ 다른 감축의무국가를 도움으로써 획득한 탄소배출권이 사용되는 배경이 되는 제도이다.
④ 의무감축량을 준수하지 못한 경우에도 다른 국가로부터 감축량을 구입할 수 있는 것이 특징이다.
⑤ 다른 국가를 도왔을 때, 그로 인해 줄어든 탄소배출량을 감축목표량에 더할 수 있는 것이 특징이다.

15 세탁기는 세제 용액의 농도를 0.9%로 유지해야 가장 세탁이 잘된다. 농도가 0.5%인 세제 용액 2kg에 세제를 4스푼 넣었더니, 농도가 0.9%인 세제 용액이 됐다. 이때, 물 3kg에 세제를 몇 스푼 넣으면 농도가 0.9%인 세제 용액이 되겠는가?

① 12스푼　　　　　　　　　② 12.5스푼
③ 13스푼　　　　　　　　　④ 13.5스푼
⑤ 14스푼

16 다음은 L중학교 한 학급의 수학 성적을 조사한 자료이다. 이 학급 수학 성적의 평균과 표준편차를 바르게 연결한 것은?

〈L중학교 한 학급의 수학 성적〉

(단위 : 명)

수학 성적	도수
45점 이상 55점 미만	2
55점 이상 65점 미만	9
65점 이상 75점 미만	27
75점 이상 85점 미만	11
85점 이상 95점 미만	1

　　평균　　표준편차　　　　　　평균　　표준편차
① 60점　　6명　　　　　② 60점　　8명
③ 70점　　6명　　　　　④ 70점　　8명
⑤ 70점　　10명

17 공금 횡령 사건과 관련해 갑~정 4명이 참고인으로 소환되었다. 이들 중 갑, 을, 병은 소환에 응하였으나 정은 응하지 않았다. 다음 〈조건〉이 모두 참일 때, 귀가 조치된 사람을 모두 고르면?

> **조건**
> - 참고인 4명 가운데 1명이 단독으로 공금을 횡령했다.
> - 소환된 갑~병 가운데 1명만 진실을 말했다.
> - 갑은 '을이 공금을 횡령했다.', 을은 '내가 공금을 횡령했다.', 병은 '정이 공금을 횡령했다.'라고 진술했다.
> - 위 정보로부터 공금을 횡령하지 않았음이 명백히 파악된 사람은 모두 귀가 조치되었다.

① 갑
② 병
③ 갑, 을
④ 갑, 병
⑤ 갑, 을, 병

18 A~D 4명은 한 아파트에 살고 있다. 이 아파트는 1층, 2층, 층별로 1호, 2호로 구성되어 있다. 다음 〈조건〉을 따를 때, 〈보기〉 중 옳은 것을 모두 고르면?

> **조건**
> - 각 집에는 1명씩만 산다.
> - D는 2호에 살고, A는 C보다 위층에 산다.
> - B와 C는 서로 다른 호수에 산다.
> - A와 B는 이웃해 있다.

> **보기**
> ㉠ 1층 1호 – C
> ㉡ 1층 2호 – B
> ㉢ 2층 1호 – A
> ㉣ 2층 2호 – D

① ㉠, ㉡
② ㉠, ㉢
③ ㉡, ㉢
④ ㉡, ㉣
⑤ ㉠, ㉡, ㉢, ㉣

19 다음 글의 중심 내용으로 가장 적절한 것은?

> 최근에 사이버공동체를 중심으로 한 시민의 자발적 정치 참여 현상이 많은 관심을 끌고 있다. 이러한 현상과 관련하여 A의 연구가 주목받고 있다. A의 연구에 따르면 공동체의 구성원이 됨으로써 얻게 되는 '사회적 자본'은 시민사회의 성숙과 민주주의 발전을 가져오는 원동력이다. 공동체에 대한 자발적 참여를 통해 사회 구성원 간의 상호 의무감과 신뢰, 구성원들이 공유하는 규칙과 관행, 사회적 유대 관계와 같은 사회적 자본이 늘어나면, 사회 구성원 간의 협조적인 행위가 가능하게 된다고 보았다. 더 나아가 자원봉사와 같이 공동체 참여도가 높은 사람이 투표할 가능성이 높고 정부 정책에 대한 의견 개진도 활발해지는 등 정치 참여도가 높아진다고 주장하였다.
> 몇몇 학자들은 A의 이론을 적용하여 면대면 접촉에 따른 인간관계의 산물인 사회적 자본이 사이버공동체에서도 충분히 형성될 수 있다고 보았다. 그리고 사이버공동체에서 사회적 자본의 증가는 정치 참여 역시 활성화할 것으로 기대했다. 하지만 이러한 기대와 달리 정치 참여가 활성화되지 않았다. 요즘 젊은이들을 보면 각종 사이버공동체에 자발적으로 참여하는 수준은 높지만 투표나 다른 정치 활동에는 무관심하거나 심지어 정치를 혐오하기도 한다. 이런 측면에서 A의 주장은 사이버공동체가 활성화된 오늘날에는 잘 맞지 않는다.
> 이러한 이유 때문에 오늘날 사이버공동체를 중심으로 한 정치 참여를 더 잘 이해하기 위해서 '정치적 자본' 개념의 도입이 필요하다. 정치적 자본은 사회적 자본의 구성 요소와는 달리 정치 정보의 습득과 이용, 정치적 토론과 대화, 정치적 효능감 등으로 구성된다. 정치적 자본은 사회적 자본과 마찬가지로 공동체 참여를 통해서 획득되지만, 정치 과정에의 관여를 촉진한다는 점에서 사회적 자본과는 구분될 필요가 있다. 사회적 자본만으로 정치 참여를 기대하기 어렵고, 사회적 자본과 정치 참여 사이를 정치적 자본이 매개할 때 비로소 정치 참여가 활성화된다.

① 사이버공동체에의 자발적 참여 증가는 정치 참여를 활성화시킨다.
② 사이버공동체의 특수성으로 인해 시민들의 정치 참여가 어렵게 되었다.
③ 사회적 자본이 많은 사회는 정치 참여가 활발하기 때문에 민주주의가 실현된다.
④ 사회적 자본은 정치적 자본을 포함하기 때문에 그 자체로 정치 참여의 활성화를 가져온다.
⑤ 사이버공동체를 통해 축적된 사회적 자본에 정치적 자본이 더해질 때 정치 참여가 활성화된다.

20. 다음 제시된 글을 논리적 순서대로 바르게 나열한 것은?

(가) 이 방식을 활용하면 공정의 흐름에 따라 제품이 생산되므로 자재의 운반 거리를 최소화할 수 있어 전체 공정 관리가 쉽다.

(나) 그러나 기계 고장과 같은 문제가 발생하면 전체 공정이 지연될 수 있고, 규격화된 제품 생산에 최적화된 설비 및 배치 방식을 사용하기 때문에 제품의 규격이나 디자인이 변경되면 설비 배치 방식을 재조정해야 한다는 문제가 있다.

(다) 제품을 효율적으로 생산하기 위해서는 생산 설비의 배치가 중요하다. 설비의 효율적인 배치란 자재의 불필요한 운반을 최소화하고, 공간을 최대한 활용하면서 적은 노력으로 빠른 시간에 제품을 생산할 수 있도록 설비를 배치하는 것이다.

(라) 그중에서도 제품별 배치(Product Layout) 방식은 생산하려는 제품의 종류는 적지만 생산량이 많은 경우에 주로 사용된다. 제품별로 완성품이 될 때까지의 공정 순서에 따라 설비를 배열해 부품 및 자재의 흐름을 단순화하는 것이 핵심이다.

① (가) – (다) – (나) – (라)
② (다) – (가) – (라) – (나)
③ (다) – (라) – (가) – (나)
④ (라) – (나) – (다) – (가)
⑤ (라) – (다) – (나) – (가)

21. 철수와 영희가 둘레가 1.5km인 공원 산책길을 걷고자 한다. 같은 출발점에서 동시에 출발하여 서로 반대 방향으로 걷기 시작하였다. 철수는 60m/min, 영희는 90m/min의 속력으로 걸을 때, 두 사람이 만나는 것은 출발한 지 몇 분 후인가?

① 4분 후
② 5분 후
③ 6분 후
④ 8분 후
⑤ 10분 후

22 일정한 규칙으로 수를 나열할 때, 빈칸에 들어갈 알맞은 수는?

| $\frac{1}{2}$ | $\frac{6}{8}$ | $\frac{11}{32}$ | $\frac{16}{128}$ | ( ) |

① $\frac{20}{128}$
② $\frac{21}{256}$
③ $\frac{21}{512}$
④ $\frac{22}{1,024}$
⑤ $\frac{24}{1,024}$

23 다음 〈조건〉에 따라 A~E 5명이 일렬로 나란히 자리에 앉는다고 할 때, 바르게 추론한 것은?(단, 자리의 순서는 왼쪽부터 첫 번째 자리로 한다)

조건
- D는 A의 바로 왼쪽에 앉는다.
- B와 D 사이에 C가 있다.
- A는 마지막 자리가 아니다.
- A와 B 사이에 C가 있다.
- B는 E의 바로 오른쪽에 앉는다.

① C는 A의 왼쪽에 앉을 수 있다.
② C는 E의 오른쪽에 앉을 수 있다.
③ C는 두 번째 자리에 앉을 수 있다.
④ D는 두 번째 자리에 앉을 수 있다.
⑤ E는 네 번째 자리에 앉을 수 있다.

24 다음 도식의 기호들은 일정한 규칙에 따라 도형을 변화시킨다. 〈보기〉의 규칙을 찾고 ?에 들어갈 알맞은 도형을 고르면?(단, 주어진 조건이 두 가지 이상일 때 모두 일치해야 Yes로 이동한다)

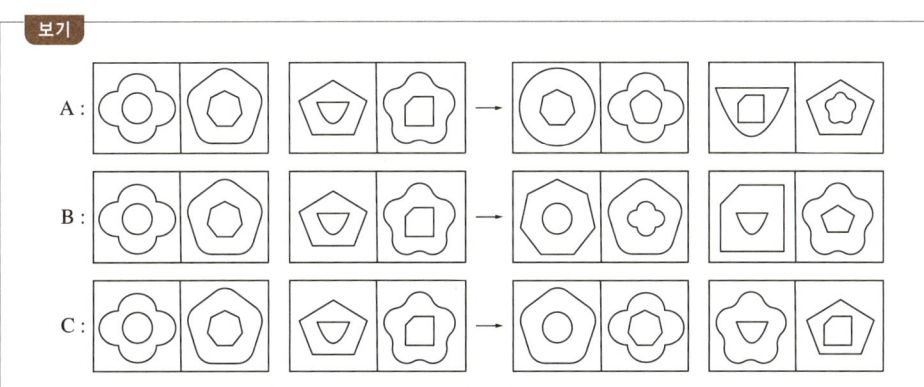

○ : 외부도형의 모양이 처음과 같으면 Yes, 다르면 No
□ : 내부도형의 모양이 처음과 같으면 Yes, 다르면 No
△ : 외부・내부도형의 모양이 처음과 같으면 Yes, 다르면 No

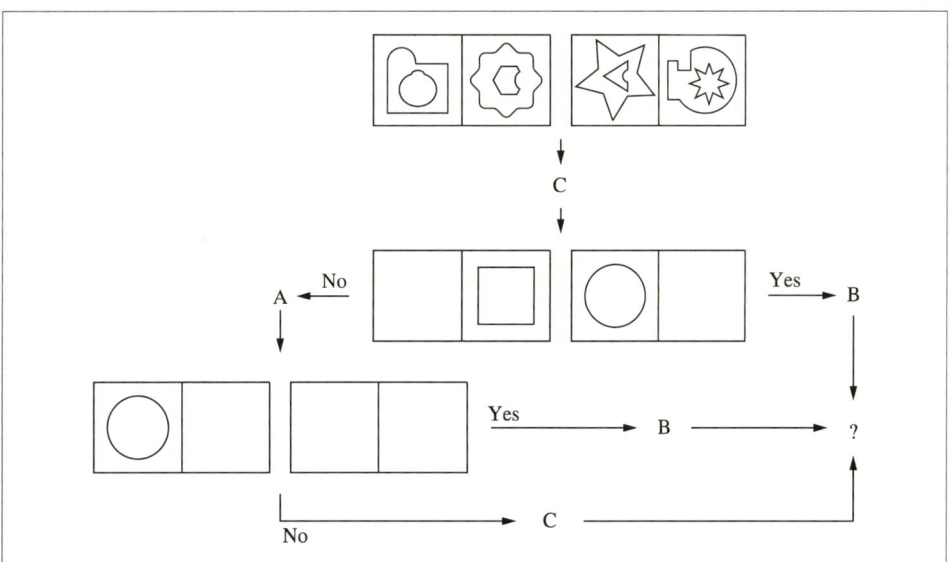

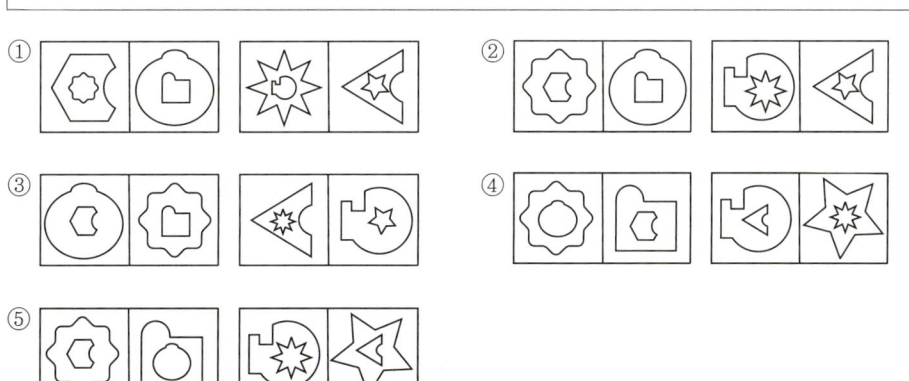

25 다음 글의 중심 내용으로 가장 적절한 것은?

> BMO 금속과 광업 관련 연구 보고서에 따르면 최근 가격 강세를 지속해 온 알루미늄, 구리, 니켈 등 산업 금속들의 4분기 중 공급부족 심화와 가격 상승세가 전망된다. 산업 금속이란, 산업에 필수적으로 사용되는 금속들을 말하는데, 앞서 제시한 알루미늄, 구리, 니켈뿐만 아니라 비교적 단단한 금속에 속하는 은이나 금 등도 모두 산업에 많이 사용될 수 있는 금속이므로 산업 금속의 카테고리에 속한다고 할 수 있다. 이러한 산업 금속은 물품을 생산하는 기계의 부품으로써 필요하기도 하고, 전자제품 등의 소재로 쓰이기도 하기 때문에 특정 분야의 산업이 활성화되면 특정 금속의 가격이 뛰거나 심각한 공급난을 겪기도 한다.
>
> 금융투자업계에 따르면 최근 전 세계적인 경제 회복 조짐과 함께 탈탄소 추세, 즉 '그린 열풍'에 따른 수요 증가로 산업 금속 가격이 초강세이다. 런던금속거래소에서 발표한 자료에 따르면 올해 들어 지난달까지 알루미늄은 20.7%, 구리가 47.8%, 니켈은 15.9% 각각 가격이 상승했다. 자료에서도 알 수 있듯이 구리 수요를 필두로 알루미늄, 니켈 등 전반적인 산업 금속 섹터의 수요량이 증가하였다. 이는 전기자동차 산업의 확충과 관련이 있다. 전기자동차의 핵심적인 부품인 배터리를 만드는 데에 구리와 니켈이 사용되기 때문이다. 이때, 배터리 소재 중 니켈의 비중을 높이면 배터리의 용량을 키울 수 있으나 배터리의 안정성이 저하된다. 기존의 전기자동차 배터리는 니켈의 사용량이 높았기 때문에 더욱 안정성 문제가 제기되어 왔다. 그래서 연구 끝에 적정량의 구리를 배합하는 것이 배터리 성능과 안정성을 모두 향상하기 위해서 중요하다는 것을 밝혀내었다. 구리가 전기자동차 산업의 핵심 금속인 셈이다.
>
> 이처럼 전기자동차와 배터리 등 친환경 산업에 필수적인 금속들의 수요는 증가하는 반면 세계 각국의 환경 규제 강화로 인해 금속의 생산은 오히려 감소하고 있기 때문에 산업 금속에 대한 공급난과 가격 인상이 우려되고 있다.

① 세계적인 '그린 열풍' 현상 발생의 원인
② 필수적인 산업 금속 공급난으로 인한 문제
③ 전기자동차의 배터리 성능을 향상하는 기술
④ 탈탄소 산업의 대표 주자인 전기자동차 산업
⑤ 전기자동차 확충에 따른 구리 수요 증가 상황

26. 다음 글의 빈칸에 들어갈 내용으로 가장 적절한 것은?

> 중세 이전에는 예술가와 장인의 경계가 분명치 않았다. 화가들도 당시에는 왕족과 귀족의 주문을 받아 제작하는 일종의 장인 취급을 받아왔다. 근대에 접어들면서 예술은 독창적인 창조 활동으로 존중받게 되었고, 아름다움의 가치를 만들어내는 예술가들의 독창성이 인정받게 된 것이다. 그리고 이 가치의 중심에 작가가 있다. 작가가 담으려 했던 의도, 그것이 바로 아름다움을 창조하는 예술의 가치인 셈이다. 예술 작품은 작가의 의도를 담고 있고, 작가의 의도가 없다면 작품은 만들어질 수 없다. 이것이 작품에 포함된 작가의 권위를 인정해야 하는 이유이다.
>
> 또한 예술은 예술가가 표현하고자 하는 것을 창작해 내는 그 과정 자체로 완성되는 것이지 독자의 해석으로 완성되는 게 아니다. 설사 작품을 감상하고 해석해 줄 독자가 없어도 예술은 그 자체로 가치 있는 법이다. 예술가는 독자를 위해 작품을 창작하는 것이 아니라 자신의 열정과 열망으로 표현하고자 하는 바를 표현하는 것이다. 물론 예술 작품을 해석하고 이해하는 데에 독자의 역할도 분명 존재하고 필요한 것이 사실이다. 하지만 그렇다고 해도 이는 예술적 가치가 있는 작품에서 파생된 이차적인 활동이지 작품을 새롭게 완성하는 창조 활동이라고 보기 어렵다. 따라서 독자의 수용과 이해는 _____

① 권위가 높은 작가의 작품에서 더욱 다양하게 나타난다.
② 작가의 의도와 작품을 왜곡하지 않는 범위에서 이루어져야 한다.
③ 작품이 만들어진 시대적 배경과 문화적 배경을 고려하여야 한다.
④ 독자가 가지고 있는 작품에 대한 사전 정보에 따라 다르게 나타날 것이다.
⑤ 작품에 담긴 아름다움의 가치를 독자가 나름대로 해석하는 활동으로 볼 수 있다.

27. A기차와 B기차가 36m/s의 일정한 속력으로 달리고 있다. 600m 길이의 터널을 완전히 지나는 데 A기차가 25초, B기차가 20초 걸렸다면 각 기차의 길이가 바르게 짝지어진 것은?

	A기차	B기차		A기차	B기차
①	150m	120m	②	200m	130m
③	200m	150m	④	300m	100m
⑤	300m	120m			

28 다음은 대륙별 인터넷 이용자 수에 대한 자료이다. 이에 대한 설명으로 옳지 않은 것은?

〈대륙별 인터넷 이용자 수〉
(단위 : 백만 명)

구분	2017년	2018년	2019년	2020년	2021년	2022년	2023년	2024년
중동	66	86	93	105	118	129	141	161
유럽	388	410	419	435	447	466	487	499
아프리카	58	79	105	120	148	172	193	240
아시아・태평양	726	872	988	1,124	1,229	1,366	1,506	1,724
아메리카	428	456	483	539	584	616	651	647
독립국가연합	67	95	114	143	154	162	170	188

① 2024년 아프리카의 인터넷 이용자 수는 2020년 대비 2배 증가했다.
② 2023년 대비 2024년의 인터넷 이용자 수가 감소한 대륙은 한 곳이다.
③ 2024년 중동의 인터넷 이용자 수는 2017년 대비 9천5백만 명이 늘었다.
④ 대륙별 인터넷 이용자 수의 1・2・3순위는 2024년까지 계속 유지되고 있다.
⑤ 전년 대비 아시아・태평양의 인터넷 이용자 수의 증가량이 가장 큰 해는 2018년이다.

29 다음 도형의 규칙을 보고 ?에 들어갈 도형으로 알맞은 것을 고르면?

①
②
③
④
⑤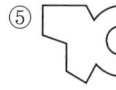

30 다음 도형은 일정한 규칙을 가지고 변화하고 있다. ?에 들어갈 도형으로 알맞은 것을 고르면?

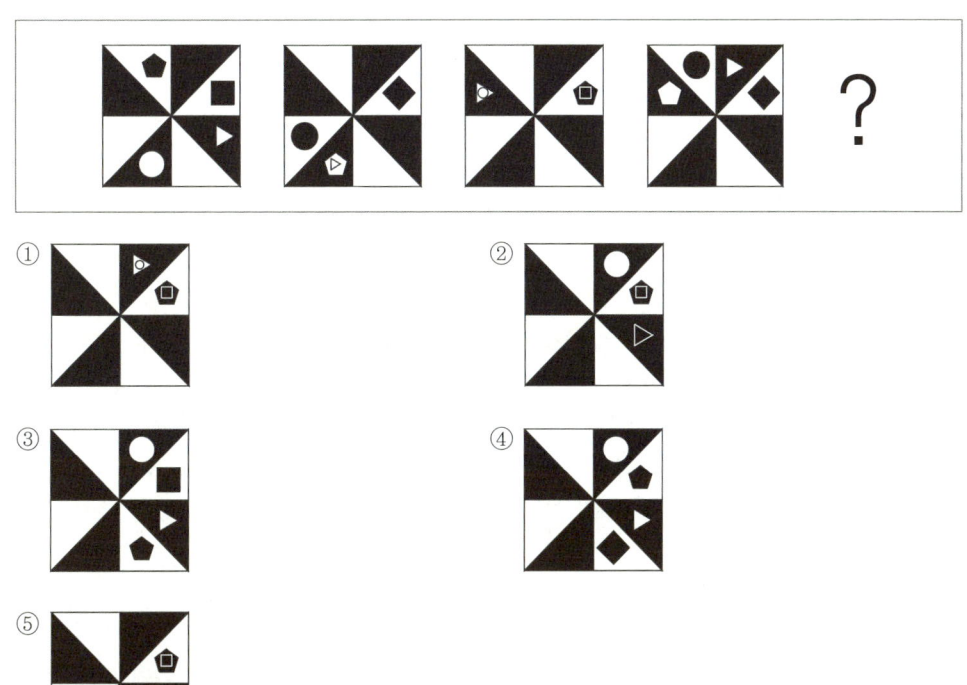

CHAPTER 03 꼭 알아야 할 기출유형 50선

01 언어유추능력

어휘력

어휘력은 풍부한 어휘를 갖고, 이를 활용하면서 그 단어의 의미를 정확히 이해하고, 이미 알고 있는 단어와 문장 내에서의 쓰임을 바탕으로 단어의 의미를 추론하며 의사소통 시 정확한 표현력을 구사할 수 있는 능력을 측정하는 영역이다. 일반적인 문제 유형에는 동의어 / 반의어 찾기, 어휘의 의미 찾기 및 빈칸 넣기 등을 들 수 있다. 그렇기 때문에 대표적인 동의어와 반의어 및 어휘들은 반드시 암기해 두고 실전문제를 통해 순발력을 길러 두어야 한다.

기출유형 01

다음 제시된 단어와 같거나 유사한 의미를 가진 것은?

촉망

① 사려 ② 기대
③ 환대 ④ 부담

《 정답 및 해설 》

해설
- 촉망(屬望) : 잘되기를 기대하거나 그런 대상
- 기대(期待) : 어떤 일이 원하는 대로 이루어지기를 바라면서 기다림

오답분석
① 사려(思慮) : 어떤 일에 대하여 깊이 생각함 또는 그런 생각
③ 환대(歡待) : 정성껏 맞이하여 후하게 대접함
④ 부담(負擔) : 의무나 책임을 짐

정답 ②

기출유형 02

다음 중 짝지어진 어휘 사이의 관계가 나머지와 다른 것은?

① 괄시 – 후대
② 비호 – 보호
③ 숙려 – 숙고
④ 속박 – 농반

> **《 정답 및 해설 》**
>
> **해설** '괄시(恝視)'는 '업신여겨 하찮게 대함'이라는 뜻이므로 '아주 잘 대접함'이라는 뜻의 '후대(厚待)'와 반의 관계이다.
>
> **오답분석** ② · ③ · ④ 유의 관계이다.
>
> **정답** ①

기출유형 03

다음 글의 밑줄 친 부분과 같은 의미로 쓰인 것은?

> 모든 일에는 다 <u>때</u>가 있는 법이다.

① 아무 <u>때</u>나 방문해도 괜찮을까요?
② 아직은 <u>때</u>가 아니므로 조용히 기다려야 한다.
③ <u>때</u>를 자주 거르면 소화 기능이 떨어질 수 있다.
④ 반려동물을 위한 병원을 선택할 <u>때</u> 고려해야 할 점은 무엇인가?

> **《 정답 및 해설 》**
>
> **해설** 제시문과 ②의 '때'는 '좋은 기회나 알맞은 시기'라는 의미이다.
>
> **오답분석** ① 시간의 어떤 순간이나 부분
> ③ 끼니 또는 식사 시간
> ④ 어떤 경우
>
> **정답** ②

기출유형 04

다음 중 제시된 단어의 관계와 다른 것은?

> 표리부동 – 양두구육, 진퇴 – 거취

① 영고성쇠 – 새옹지마
② 팔방미인 – 능소능대
③ 누란지세 – 맥수지탄
④ 와신상담 – 호시탐탐

> **정답 및 해설**
>
> **해설** 제시된 단어는 유의 관계이다. 따라서 이와 다른 것은 ③이다.
> - 표리부동 : 마음이 음흉하고 불량하여 겉과 속이 다름을 이르는 말
> - 양두구육 : '양의 머리를 걸어 놓고 개고기를 판다.'는 뜻으로, 겉보기만 그럴듯하게 보이고 속은 변변하지 아니함을 이르는 말
> - 진퇴 : 앞으로 나아가고 뒤로 물러남, 직위나 자리에서 머물러 있음과 물러남을 이르는 말
> - 거취 : 버림과 취함을 이르는 말
> - 누란지세 : '층층이 쌓아 놓은 알의 형세'라는 뜻으로, 몹시 위태로운 형세를 비유적으로 이르는 말
> - 맥수지탄 : 고국의 멸망을 한탄함을 이르는 말
>
> **정답** ③

기출유형 05

다음 제시된 의미를 가진 단어는?

> 야위거나 메말라 윤기가 없고 조금 거칠다.

① 살망하다
② 조쌀하다
③ 까칠하다
④ 해쓱하다

> **정답 및 해설**
>
> **오답분석** ① 살망하다 : 아랫도리가 가늘고 어울리지 않게 조금 길다.
> ② 조쌀하다 : 늙었어도 얼굴이 깨끗하고 맵시 있다.
> ④ 해쓱하다 : 얼굴에 핏기가 없고 파르께하다.
>
> **정답** ③

우리말 어법

우리말 어법은 표준화된 말의 규칙을 제대로 알고, 이를 활용하여 일상생활의 언어생활까지 가능한지 능력을 측정하는 영역이다. 표준어, 맞춤법, 로마자·외래어 표기법 등의 기본적인 수준의 문제들이 출제되며, 난도 높은 유형의 문제도 출제될 수 있으므로 소홀히 할 수 없는 영역이다. 우리말에 대한 소양이 어느 정도의 수준에 이르렀다고 해도 언제나 완벽하게 어법과 맞춤법을 바르게 지켜 쓰기는 힘든 것이 사실이고, 단기간에 습득하는 것 또한 매우 어려운 일이다. 그렇기 때문에 정확한 기본 지식을 지니고, 실전문제를 가능한 한 많이 풀어봐야 한다.

기출유형 06

다음 중 밑줄 친 부분의 맞춤법이 옳은 것은?

① 그는 긴 여행에 체력이 <u>부쳤다</u>.
② 아버지께서 <u>목거리</u>를 사오셨다.
③ 한약을 <u>다릴</u> 때는 불 조절이 중요하다.
④ 그의 초라한 모습이 내 호기심에 불을 <u>땅겼다</u>.

〈 정답 및 해설 〉

오답분석
② 목거리 → 목걸이
③ 다릴 → 달일
④ 땅겼다 → 당겼다

정답 ①

기출유형 07

다음 중 밑줄 친 부분이 어법에 맞고 가장 자연스러운 문장은?

① 요즈음 <u>어떻게</u> 공부하고 있어?
② 이 일을 <u>어떡해</u> 처리하지?
③ 오늘밤 집에 혼자 있는데 <u>어떻게</u>.
④ 저작권 문제에 대해 <u>어떡해</u> 생각하니?

〈 정답 및 해설 〉

해설
- 어떻게 : '어떠하다'가 줄어든 '어떻다'에 어미 '-게'의 결합
- 어떡해 : '어떻게 해'가 줄어든 말

오답분석
②·④ 어떡해 → 어떻게 : '의견, 성질, 형편, 상태가 어찌 되어 있다.'라는 의미로, '어떻게'가 옳다.
③ 어떻게 → 어떡해

정답 ①

기출유형 08

다음 중 띄어쓰기가 옳지 않은 것은?

① "어디, 나한테 덤벼들어 봐라!"
② 하늘을 보니 비가 올듯도 하다.
③ 신발이 그만 물에 떠내려가 버렸다.
④ 나는 책을 읽어도 보고 했으나 머릿속에 들어오지 않았다.

> **정답 및 해설**
>
> **해설** '듯'은 의존 명사이므로 앞에 오는 관형형 '올'과 띄어 써야 한다.
>
> **정답** ②

관용적 표현

관용적 표현은 관용어, 속담, 한자성어 등의 의미를 정확하게 알고, 이를 적절하게 사용할 수 있는가를 측정하는 영역이다. 관용어에서는 단어 개개의 의미는 크게 중요하지 않으며, 사전적 의미와 관계없이 두 단어의 결합으로 전혀 새로운 의미를 형성하므로 모르는 관용어라도 문장이나 상황 속에서 유추해 낼 수 있는 능력을 길러야 한다. 속담은 상황에 맞는 속담을 찾는 부분에 중점을 두고 학습을 해야 한다. 한자와 한자성어는 단독으로 제시되어 단순한 뜻풀이를 묻는 유형보다는 특정 상황을 제시하고 그 상황에 적절한 표현을 고르거나 완성하는 문제 유형이 자주 출제된다. 따라서 단순히 외우기보다는 그와 관련된 속담, 어휘 등을 연관시켜 정리해 두는 것이 필요하다.

기출유형 09

다음 속담의 빈칸에 공통으로 들어갈 단어로 가장 적절한 것은?

- 얌전한 _____ 부뚜막에 먼저 올라간다.
- 정승 날 때 _____ 난다.

① 고양이　　　　　　　　② 강아지
③ 소　　　　　　　　　　④ 돼지

> **정답 및 해설**
>
> **해설** 첫 번째 속담에서는 '얌전한 고양이 부뚜막에 먼저 올라간다.'와 '얌전한 강아지 부뚜막에 먼저 올라간다.'가 가능하므로 '고양이'와 '강아지' 둘 다 적절하다. 그러나 두 번째 속담에서는 '정승 날 때 강아지 난다.'가 적절하므로 두 속담의 빈칸에 공통으로 들어갈 단어로는 ②가 가장 적절하다.
>
> **정답** ②

기출유형 10

다음 글과 가장 관련 있는 속담은?

> 아무리 쉬운 일이라도 힘을 들여 이용하지 아니하면 소용이 없다.

① 소 잃고 외양간 고친다.
② 뚝배기보다 장맛이 좋다.
③ 개똥도 약에 쓰려면 없다.
④ 부뚜막의 소금도 집어넣어야 짜다.

정답 및 해설

오답분석 ① 소 잃고 외양간 고친다 : 일이 이미 잘못된 뒤에는 손을 써도 소용이 없음을 이르는 말
② 뚝배기보다 장맛이 좋다 : 겉모양은 보잘것없으나 내용은 훨씬 훌륭함을 이르는 말
③ 개똥도 약에 쓰려면 없다 : 평소에 흔하던 것도 막상 긴하게 쓰려고 구하면 없다는 말

정답 ④

기출유형 11

다음 중 '일이 잘못된 후 후회한다.'의 의미를 가진 한자성어가 아닌 것은?

① 만시지탄(晚時之歎)
② 망양보뢰(亡羊補牢)
③ 서제막급(噬臍莫及)
④ 고성낙일(孤城落日)

정답 및 해설

해설 '고성낙일'은 '외딴 성과 서산에 지는 해'라는 뜻으로, 세력이 다하고 남의 도움이 없는 매우 외로운 처지를 이르는 말이다.

오답분석 ① 만시지탄 : 시기가 늦었음을 안타까워하는 탄식을 이르는 말
② 망양보뢰 : '양을 잃고 우리를 고친다.'는 뜻으로, 실패한 뒤에 뉘우쳐도 소용이 없음을 비유적으로 이르는 말
③ 서제막급 : '배꼽을 물려고 하여도 입이 닿지 않는다.'는 뜻으로, 일이 그릇된 뒤에는 후회하여도 아무 소용이 없음을 비유적으로 이르는 말

정답 ④

02 언어추리능력

> **언어추론**
> 언어추론에서는 단어의 관계와 속성, 단어나 문장이 두 가지 이상의 의미로 해석되는 중의적 표현, 단어에 내포된 의미 및 상징, 장문의 구조와 이해 등 제시된 단어 또는 문장의 관계나 속성을 빨리 파악해서 적용하는 능력을 측정한다. 또한, 매우 다양한 기준으로 어휘를 분류하기 때문에 고정관념에서 벗어나서 다양한 사고를 가지고 접근해야 한다. 여러 문제를 풀어 보면서 가능한 한 많은 단어의 관계와 속성 그리고 제시문과 문장의 내용을 통해 그 뜻을 파악하는 것이 중요하다.

기출유형 12

다음 중 중의적 의미를 가지지 않는 문장은?

① 이 작품은 이러한 주목에 값한다.
② 철수는 택시를 안 탔다.
③ 선배는 영수와 철수를 때려 주었다.
④ 작은 시내의 조약돌이 아름답다.

> **〈 정답 및 해설 〉**
>
> **오답분석** ② 철수는 택시를 타지 않고 다른 것을 탔다.
>   철수가 택시를 타지 않았다.
> ③ 선배는 영수와 / 철수를 때려 주었다.
>   선배는 / 영수와 철수를 때려 주었다.
> ④ '작은 시내'의 조약돌(시내가 작다)
>   작은 '시내의 조약돌'(조약돌이 작다)
>
> **정답** ①

기출유형 13

다음 제시된 단어의 대응관계로 볼 때, 빈칸에 들어갈 단어로 가장 적절한 것은?

> 부채 : 선풍기 = 인두 : _____

① 분무기
② 다리미
③ 세탁소
④ 세탁기

> **〈 정답 및 해설 〉**
>
> **해설** 부채와 선풍기는 같은 기능을 가지고, 인두와 다리미도 같은 기능을 가진다.
>
> **정답** ②

기출유형 14

다음 제시된 9개의 단어 중 3개의 단어를 통해 공통적으로 연상되는 단어로 가장 적절한 것은?

까치	건망증	백아절현
망운지정	이별	스승
벗	각골난망	비둘기

① 효도
② 은혜
③ 우정
④ 기억

> **정답 및 해설**
>
> **해설** 까치, 스승, 각골난망을 통해 '은혜'를 연상할 수 있다.
>
> **정답** ②

기출유형 15

다음 시에서 죽은 아이를 비유한 보조관념으로 해석할 수 있는 것은?

> 밤에 홀로 유리를 닦는 것은 외로운 황홀한 심사이어니, 고운 폐혈관(肺血管)이 찢어진 채로 아아, 너는 산(山)새처럼 날아갔구나.

① 유리
② 폐혈관
③ 너
④ 새

> **정답 및 해설**
>
> **해설** 주어진 시는 정지용의 「유리창」으로, 자식을 잃은 젊은 아버지의 비통한 심경을 주제로 하면서 그것을 절제된 언어와 시적 형상으로 객관화하여 나타냈다. 이 시에서는 죽은 아이의 영혼을 한 마리의 가련한 새로 비유하였다.
>
> **오답분석** ① 유리 : 서정적 자아를 그리워하는 대상과 단절시킴과 동시에 별(죽은 아이의 영혼)과 영상으로 대면하게 하는 매개체, 즉 창 안(삶)과 밖(죽음)을 단절시키는 동시에 연결해주는 매개 역할을 한다.
> ② 폐혈관 : 죽음을 형상화하는 대상이다.
> ③ 너 : 죽은 아이를 의미한다.
>
> **정답** ④

논리추론

논리추론은 일반논리, 논리구조, 논리적 이해, 오류 등으로 구성되며, 일반논리는 논리 영역 중 출제 빈도가 높은 부분이므로 중점적으로 볼 필요가 있다. 일반논리는 복잡한 포함 관계나 순서를 묻는 유형의 문제가 많으므로 부등호나 벤다이어그램을 그리며 문제에 접근하면 보다 쉽게 해결할 수 있다. 논리구조는 글의 전체적인 흐름을 바탕으로 문단이나 부분의 역할, 특징 등 글의 짜임을 논리적으로 분석하는 능력이 필요하다. 논리적 이해와 오류는 제시문을 통해 그 타당성 여부를 검증한 후 내용을 이끌어 내면 근거가 될 부분을 쉽게 찾을 수 있으므로 평상시 비판적이고 논리적인 관점으로 글을 읽는 연습을 충분히 해 두어야 한다.

기출유형 16

다음 글의 내용으로 가장 적절한 것은?

> 독일의 발명가 루돌프 디젤이 새로운 엔진에 대한 아이디어를 내고 특허를 얻은 것은 1892년의 일이었다. 1876년 오토가 발명한 가솔린 엔진의 효율은 당시에 무척 떨어졌으며, 가동 비용도 많이 드는 단점이 있었다. 디젤의 목표는 고효율의 엔진을 만드는 것이었고, 그의 아이디어는 훨씬 더 높은 압축 비율로 연료를 연소시키는 것이었다.
> 일반적으로 가솔린 엔진은 기화기에서 공기와 연료를 먼저 혼합하고, 그 혼합 기체를 실린더 안으로 흡입하여 압축한 후, 점화 플러그로 스파크를 일으켜 동력을 얻는다. 이러한 과정에서 문제는 압축 정도가 제한된다는 것이다. 만일 기화된 가솔린에 너무 큰 압력을 가하면 멋대로 점화되어 버리는데, 이것이 엔진의 노킹 현상이다. 공기를 압축하면 뜨거워진다는 것은 알려져 있던 사실이다. 디젤 엔진의 기본 원리는 실린더 안으로 공기만을 흡입하여 피스톤으로 강하게 압축시킨 다음, 그 압축 공기에 연료를 분사하여 저절로 착화가 되도록 하는 것이다. 따라서 디젤 엔진에는 점화 플러그가 필요 없는 대신, 연료 분사기가 장착되어 있다. 또 압축 과정에서 디젤 엔진은 최대 12:1의 압축 비율을 갖는 가솔린 엔진보다 훨씬 더 높은 25:1 정도의 압축 비율을 갖는다. 압축 비율이 높다는 것은 그만큼 효율이 좋다는 것을 의미한다.
> 사용하는 연료의 특성도 다르다. 디젤 연료인 경유는 가솔린보다 훨씬 무겁고 점성이 강하며 증발하는 속도도 느리다. 왜냐하면 경유는 가솔린보다 훨씬 더 많은 탄소 원자가 길게 연결되어 있기 때문이다. 일반적으로 가솔린은 5~10개, 경유는 16~20개의 탄소를 가진 탄화수소들의 혼합물이다. 한편, 경유는 가솔린보다 에너지 밀도가 높다. 1갤런의 경유는 약 1억 5,500만 줄(Joule)의 에너지를 가지고 있지만, 가솔린은 1억 3,200만 줄을 가지고 있다. 이러한 연료의 특성들이 디젤 엔진의 높은 효율과 결합되면서, 디젤 엔진은 가솔린 엔진보다 좋은 연비를 내게 되는 것이다.
> 발명가 디젤은 디젤 엔진이 작고 경제적인 엔진이 되어야 한다고 생각했지만, 그의 생전에는 크고 육중한 것만 만들어졌다. 하지만 그 후 디젤의 기술적 유산은 이 발명가가 꿈꾼 대로 널리 보급되었다. 디젤 엔진은 원리상 가솔린 엔진보다 더 튼튼하고 고장도 덜 난다. 디젤 엔진은 연료의 품질에 민감하지 않고 연료의 소비 면에서도 경제성이 뛰어나 오늘날 자동차 엔진용으로 확고한 자리를 잡았다. 환경론자들이 걱정하는 디젤 엔진의 분진 배출 문제도 필터 기술이 나아지면서 점차 극복되고 있다.

① 디젤 엔진은 가솔린 엔진보다 내구성이 뛰어나다.
② 디젤 엔진은 가솔린 엔진보다 먼저 개발되었다.
③ 가솔린 엔진은 디젤 엔진보다 분진을 많이 배출한다.
④ 디젤 엔진은 가솔린 엔진보다 연료의 품질에 민감하다.

> ⟨ 정답 및 해설 ⟩

해설 마지막 문단을 통해 디젤 엔진은 원리상 가솔린 엔진보다 더 튼튼하고 고장도 덜 나는 것을 알 수 있다.

오답분석 ② 가솔린 엔진은 1876년에, 디젤 엔진은 1892년에 등장했다.
③ 디젤 엔진에는 분진을 배출하는 문제가 있다. 그러나 디젤 엔진과 가솔린 엔진 중 어느 것이 분진을 더 많이 배출하는지를 언급한 내용은 없다.
④ 디젤 엔진은 연료의 품질에 민감하지 않다.

정답 ①

기출유형 17

제시된 명제가 모두 참일 때, 다음 중 빈칸에 들어갈 내용으로 가장 적절한 것은?

- A팀장은 B과장보다 야근을 1시간 더 했다.
- C대리는 B과장보다 야근을 30분 덜 했다.
- D차장은 C대리보다 야근을 10분 더 했다.
그러므로 _____

① B과장은 C대리보다 야근을 덜 했다.
② C대리는 B과장보다 야근을 더 했다.
③ 네 사람 중 D차장이 가장 먼저 퇴근했다.
④ 네 사람 중 A팀장이 야근을 가장 오래 했다.

> ⟨ 정답 및 해설 ⟩ ④

해설
- A팀장의 야근 시간은 B과장의 야근 시간보다 60분 많다.
- C대리의 야근 시간은 B과장의 야근 시간보다 30분 적다.
- D차장의 야근 시간은 B과장의 야근 시간보다 20분 적다.
따라서 C대리<D차장<B과장<A팀장이다.

정답 ④

기출유형 18

다음 글의 제목으로 가장 적절한 것은?

> 대부분의 사람들이 주식 투자를 하는 목적은 자산을 증식하는 것이지만, 항상 이익을 낼 수는 없으며 이익에 대한 기대에는 언제나 손해에 따른 위험이 동반된다. 이러한 위험을 줄이기 위해서 일반적으로 투자자는 포트폴리오를 구성하는데, 이때 전반적인 시장 상황에 상관없이 나타나는 위험인 '비체계적 위험'과 시장 상황에 연관되어 나타나는 위험인 '체계적 위험' 두 가지를 동시에 고려해야 한다.
>
> 비체계적 위험이란 종업원의 파업, 경영 실패, 판매의 부진 등 개별 기업의 특수한 상황과 관련이 있는 것으로 '기업 고유 위험'이라고도 한다. 기업의 특수 사정으로 인한 위험은 예측하기 어려운 상황에서 돌발적으로 일어날 수 있는 것들로, 여러 주식에 분산투자함으로써 제거할 수 있다. 즉, 어느 회사의 판매 부진에 의한 투자 위험은 다른 회사의 판매 신장으로 인한 투자 수익으로 상쇄할 수가 있으므로 서로 상관관계가 없는 종목이나 분야에 나누어 투자해야 한다. 따라서 여러 종목의 주식으로 이루어진 포트폴리오를 구성하는 경우, 그 종목 수가 증가함에 따라 비체계적 위험은 점차 감소하게 된다.
>
> 반면에 체계적 위험은 시장의 전반적인 상황과 관련한 것으로, 예를 들면 경기 변동, 인플레이션, 이자율의 변화, 정치 사회적 환경 등 여러 기업들에게 공통적으로 영향을 주는 요인들에서 기인한다. 체계적 위험은 주식 시장 전반에 관한 위험이기 때문에 비체계적 위험에 대응하는 분산투자의 방법으로도 감소시킬 수 없으므로 '분산 불능 위험'이라고도 한다.
>
> 그렇다면 체계적 위험에 대응할 수 있는 방법은 없을까? '베타 계수'를 활용한 포트폴리오 구성에 의해 투자자는 체계적 위험에 대응할 수 있다. 베타 계수란 주식 시장 전체의 수익률의 변동이 발생했을 때 이에 대해 개별 기업의 주가 수익률이 얼마나 민감하게 반응하는가를 측정하는 계수로, 종합주가지수의 수익률이 1% 변할 때 개별 주식의 수익률이 몇 % 변하는가를 나타낸다. 베타 계수는 주식 시장 전체의 변동에 대한 개별 주식 수익률의 민감도로 설명할 수 있는데, 만약 종합주가지수의 수익률이 1% 증가(또는 감소)할 때 어떤 주식 A의 수익률이 0.5% 증가(또는 감소)한다면, 주식 A의 베타 계수는 0.5가 된다. 이때, 주식 B의 수익률은 2% 증가(또는 감소)한다면 주식 B의 베타 계수는 2가 된다. 그러므로 시장 전체의 움직임에 더욱 민감하게 반응하는 것은 주식 B이다.
>
> 따라서 투자자는 주식 시장이 호황에 진입할 경우 베타 계수가 큰 종목의 투자 비율을 높이는 반면, 불황이 예상되는 경우에는 베타 계수가 작은 종목의 투자 비율을 높여 위험을 최소화할 수 있다.

① 비체계적 위험과 체계적 위험의 사례 분석
② 비체계적 위험을 활용한 경기 변동의 예측 방법
③ 비체계적 위험과 체계적 위험을 고려한 투자 전략
④ 종합주가지수 변동에 민감한 비체계적 위험의 중요성

> **정답 및 해설**
>
> **해설** 제시문은 주식에 투자할 때 나타나는 비체계적 위험과 체계적 위험에 대해 각각 설명하고, 이러한 위험에 대응하는 방법도 함께 설명하고 있으므로 글의 제목으로는 ③이 가장 적절하다.
>
> **정답** ③

기출유형 19

아프리카의 어느 나라에 A ~ E 다섯 부족이 있다. A부족은 매우 호전적이어서 기회만 있으면 다른 부족을 침공하려고 한다. 다음 명제를 근거로 A부족이 침공할 부족을 모두 고르면?

- A부족은 E부족을 침공하지 않는다.
- A부족이 D부족을 침공하지 않는다면 B부족을 침공한다.
- A부족은 C부족을 침공하거나 E부족을 침공한다.
- A부족이 C부족을 침공한다면 D부족은 침공하지 않는다.

① B부족
② C부족
③ B부족과 C부족
④ B부족과 D부족

> **정답 및 해설**
>
> **해설** 첫 번째와 세 번째 명제를 통해 A부족이 E부족을 침공하지 않고, C부족을 침공할 것을 알 수 있고, 마지막 명제를 통해 D부족을 침공하지 않는다는 것을 알 수 있다. D부족을 침공하지 않기 때문에 B부족을 침공할 것이므로 A부족이 침공할 부족은 B부족과 C부족이다.
>
> **정답** ③

기출유형 20

다음 제시된 문장을 논리적 순서대로 바르게 나열한 것은?

- (가) 그래서 부모나 교사로부터 영향을 받을 가능성이 큽니다.
- (나) 이는 성인이 경험을 통해서 자신의 판단력을 향상시킬 수 있는 데 비해 청소년은 그럴 기회가 별로 없기 때문입니다.
- (다) 대다수 청소년은 정치적 판단 능력이 성숙하지 않습니다.
- (라) 따라서 청소년에게 정치적 판단에 대한 책임을 지우기 전에 이를 감당할 수 있도록 돕는 것이 우선이라고 봅니다.

① (다) – (가) – (나) – (라)
② (다) – (가) – (라) – (나)
③ (다) – (나) – (라) – (가)
④ (다) – (라) – (가) – (나)

> **정답 및 해설**
>
> **해설** (다)는 문제에 대한 주장으로, 그 뒤에 '그래서'로 이어지는 주장에 따른 결과 (가)가 나와야 한다. 그 결과에 대한 이유는 (나)에서 제시되며, 이는 문맥의 흐름과 '때문입니다.'라는 표현을 통해 알 수 있다. 마지막으로 주장에 대한 결론을 제시해야 하는데 (라)에서 '따라서'라는 결론을 나타내는 부사어를 사용하여 주장을 정리하고 있다.
>
> **정답** ①

기출유형 21

다음 글의 빈칸에 들어갈 내용으로 가장 적절한 것은?

> 사회가 변하면 사람들은 그때까지의 생활을 그대로 수긍하지 못한다. 새로운 생활에 맞는 새로운 언어를 필요로 하게 된다. 그 언어가 자연스럽게 육성되기를 기다릴 수도 있지만, 사람들은 대개 외국으로부터 그러한 개념의 언어를 빌려오려고 한다. 돈이나 기술을 빌리는 것에 비하면 언어는 대가 없이 빌려 쓸 수 있으므로 대개는 제한 없이 외래어를 차용한다. 이처럼 _____ 광복 이후 우리 사회에서 외래어가 넘쳐나는 것은 그간 우리나라의 고도성장과 결코 무관하지 않다.

① 외래어의 증가는 사회의 팽창과 함께 진행된다.
② 새로운 언어는 사회의 변화를 선도하기도 한다.
③ 외래어가 증가하면 범람한다는 비판을 받게 된다.
④ 새로운 언어는 인간의 욕망을 적절히 표현해 준다.

〈 정답 및 해설 〉

해설 빈칸의 다음 문장에서 '외래어가 넘쳐나는 것은 그간 우리나라의 고도성장과 결코 무관하지 않다.'라고 했다. 즉, '사회의 성장과 외래어의 증가는 관계가 있다.'라는 의미이므로 이를 포함하는 일반적 진술이 빈칸에 위치해야 한다.

정답 ①

기출유형 22

다음 사례에서 범하고 있는 오류는?

> 이번 '한국 : 일본' 축구 경기는 꼭 이겨야 하니까 너는 경기 중계방송을 보면 안 돼. 네가 중계방송을 볼 때마다 꼭 우리나라가 졌잖아.

① 잘못된 인과관계의 오류
② 대중에 호소하는 오류
③ 성급한 일반화의 오류
④ 논점 일탈의 오류

〈 정답 및 해설 〉

해설 아무런 관련이 없는 일을 인과관계로 추리하는 '잘못된 인과관계의 오류(원인 오판의 오류)'를 범하고 있다.

정답 ①

03 기초수리능력

기초수리는 기본적인 사칙연산이나 단순계산, 수의 대소비교 등에 관한 문제가 출제되고 있다. 난이도는 높지 않으나, 짧은 시간 안에 많은 문제를 해결해야 하므로 연산 순서와 계산을 정확하게 하는 연습을 통해 계산 도중 발생할 수 있는 오류를 방지해야 한다.

기출유형 23

다음 중 빈칸에 들어갈 수로 옳은 것은?

$$1.5 \times (\quad) \div 2 + 1 = 4$$

① 2
② 3
③ 4
④ 5

> **정답 및 해설**
>
> **해설** $(\quad) = (4-1) \times 2 \div 1.5 = 4$
>
> **정답** ③

기출유형 24

다음 계산식의 빈칸에 들어갈 수의 합은?

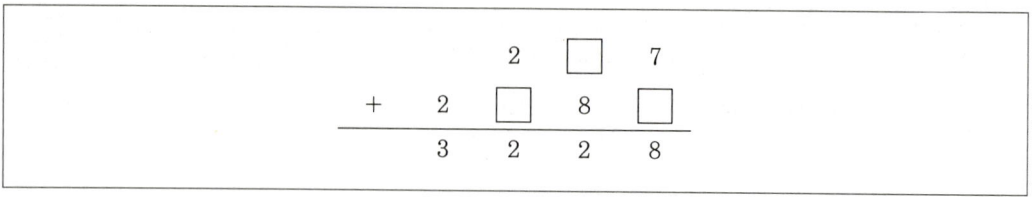

① 11 ② 12
③ 13 ④ 14

> **정답 및 해설**
>
> **해설**
>
> ```
>       2   4   7
>   + 2 9   8   1
>   ─────────────
>     3 2   2   8
> ```
>
> ∴ 9+4+1=14
>
> **정답** ④

기출유형 25

다음 중 ○ 안에 들어갈 사칙연산 기호로 옳은 것은?

$$12□4○6□3=1$$

① +
② −
③ ×
④ ÷

> **정답 및 해설**
>
> **해설** $12÷4-6÷3=1$
>
> **정답** ②

기출유형 26

다음 중 A, B의 대소 관계로 옳은 것은?

$$A=(-1)^{n+1}×(-1)^{n-1},\ B=(-1)^{n-3}×(-1)^{n+2}$$

① A>B
② A<B
③ A=B
④ 알 수 없다.

> **정답 및 해설**
>
> **해설**
> - $(-1)^n = \begin{cases} -1 : n\text{은 홀수} \\ 1 : n\text{은 짝수} \end{cases}$
> - $2n,\ 4n,\ 6n,\ \cdots$: 항상 짝수
>
> $A=(-1)^{n+1}×(-1)^{n-1}=(-1)^{n+1+n-1}=(-1)^{2n}$
> → $2n$은 짝수이므로 A=1
> $B=(-1)^{n-3}×(-1)^{n+2}=(-1)^{n-3+n+2}=(-1)^{2n-1}$
> → $2n$이 짝수이므로 $2n-1$은 홀수이다. 즉, B=−1
> ∴ A>B
>
> **정답** ①

04 응용수리능력

> 응용수리는 일상생활과 연관된 농도·나이·작업시간·가격·거리·속도 등을 구하는 방정식 문제, 동전의 앞뒷면·주사위 눈의 수 등의 확률 문제가 주로 출제된다. 경우의 수를 하나하나 따져서 풀어도 되지만, 공식을 알고 있으면 더 빠르고 쉽게 해결할 수 있으므로 꼭 암기하도록 하자.

기출유형 27

수정이는 부서 사람들과 함께 놀이공원을 방문하려고 한다. 이 놀이공원의 입장료는 1인당 16,000원이며, 정가에서 25% 할인된 금액에 10인 단체 티켓을 구매할 수 있다. 이때 부서원이 몇 명 이상일 때부터 단체 티켓 2장을 구매하는 것이 더 유리해지는가?(단, 부서원은 10명 이상이다)

① 15명 ② 16명
③ 17명 ④ 18명

〈정답 및 해설〉

해설 10인 단체 티켓 가격은 $10 \times 16,000 \times 0.75 = 120,000$원이다.
놀이공원에 방문하는 부서원 수를 x명이라 하자.
부서원이 10명 이상이라면 10인 단체 티켓 1장과 개인 티켓을 구매하는 방법이 있고, 10인 단체 티켓 2장을 구매하는 방법이 있다.
단체 티켓 2장을 구매하는 것이 더 유리하기 위해서는
$16,000 \times (x-10) > 120,000$
∴ $x > 17.5$
따라서 부서원이 18명 이상일 때 10인 단체 티켓 2장을 구매하는 것이 더 유리하다.

정답 ④

기출유형 28

A씨에게는 배우자와 자녀 2명이 있다. 배우자에게는 자녀의 상속분보다 50%를 더 상속할 때 총상속금이 7억 원이라면, 배우자가 받을 상속금은 얼마인가?

① 1억 원 ② 2억 원
③ 3억 원 ④ 4억 원

〈정답 및 해설〉

해설 자녀 1명이 받을 상속금을 x억 원이라 하면, 배우자가 받을 상속은 $1.5x$억 원이다.
$2x + 1.5x = 7$
∴ $x = 2$
따라서 배우자가 받을 상속금은 $1.5 \times 2 = 3$억 원이다.

정답 ③

기출유형 29

지하철 1호선과 3호선을 운행하는 두 기관사는 A역에서 오전 6시 30분에 운행을 같이 시작한다. 1호선 기관사는 A역에 30분마다, 3호선 기관사는 A역에 40분마다 정차한다. 기관사들이 오후 12시부터 1시 사이 A역에 같이 정차하는 시각에 만나 점심을 먹기로 하였을 때, 점심을 먹는 시각과 운행을 시작하고 점심시각까지 A역에 같이 정차하는 횟수로 옳은 것은?(단, 정차하는 횟수에서 처음 출발 시각은 제외하고, 점심시각은 포함한다)

	점심시각	정차하는 횟수		점심시각	정차하는 횟수
①	12:00	3번	②	12:00	4번
③	12:30	3번	④	12:30	4번

〈 정답 및 해설 〉

해설 1·3호선 기관사가 A역에서 같이 정차하는 시각은 30분과 40분의 최소공배수인 120분, 즉 2시간마다 만난다. 지하철 1호선과 3호선은 6시 30분에 출발하여 1시 전까지 A역에 3번을 같이 정차한다. 이 중에서 점심을 같이 먹기로 한 시각은 오후 12시부터 1시 사이이므로 12시 30분이 된다. 따라서 점심시각은 12시 30분이며, 운행을 시작하고 점심시각까지 같이 정차하는 횟수는 3번임을 알 수 있다.

정답 ③

기출유형 30

어느 해의 5월 달력에서 금요일의 날짜를 모두 더한 값이 66이다. 이 달의 일요일 날짜를 모두 더한 값은?

① 74　　　　　　　　　　　　② 75
③ 81　　　　　　　　　　　　④ 82

〈 정답 및 해설 〉

해설 첫 번째 금요일을 x일이라 하면
$x+(x+7)+(x+14)+(x+21)=66$
→ $4x+42=66$
∴ $x=6$
첫째 주 일요일 : 1일
둘째 주 일요일 : 1+7=8일
　　　　⋮
다섯째 주 일요일 : 1+28=29일
∴ 1+8+15+22+29=75

정답 ②

기출유형 31

둘레가 10km인 공원이 있다. 어느 지점에서 민수와 민희는 서로 반대 방향으로 걷기 시작했다. 민수의 속력이 시속 3km, 민희의 속력이 시속 2km일 때, 둘은 몇 시간 후에 만나는가?

① 1시간　　　　　　　　　　② 2시간
③ 2시간 30분　　　　　　　　④ 2시간 50분

> **〈 정답 및 해설 〉**
>
> **해설**　(민수의 이동 거리)+(민희의 이동 거리)=10km
> 　　　둘이 x시간 후에 만난다고 하면, 두 사람의 이동 시간은 같으므로
> 　　　$3x+2x=10$
> 　　　$\therefore x=2$
>
> **정답** ②

기출유형 32

농도 8%의 소금물 20g을 증발시켜 농도 10%의 소금물을 만들었다. 이때 증발된 물의 양은?

① 1g　　　　　　　　　　② 2g
③ 3g　　　　　　　　　　④ 4g

> **〈 정답 및 해설 〉**
>
> **해설**　증발시킨 소금물을 xg이라 하면, 물이 증발해도 소금의 양은 변함이 없으므로
> 　　　$\dfrac{8}{100} \times 20 = \dfrac{10}{100} \times (20-x)$
> 　　　→ $160 = 200 - 10x$
> 　　　$\therefore x=4$
>
> **정답** ④

기출유형 33

다음 중 A~E 다섯 명이 일렬로 설 때, A와 B가 양 끝에 서는 경우의 수는?

① 6가지
② 12가지
③ 24가지
④ 32가지

> **정답 및 해설**
>
> **해설**
> ⅰ) A○○○B인 경우
>   A와 B는 자리가 정해져 있으므로 C, D, E만 일렬로 세우면 된다.
>   → 3×2×1=6가지
> ⅱ) B○○○A인 경우
>   마찬가지로 C, D, E만 일렬로 세우면 된다.
>   → 3×2×1=6가지
> ∴ 6+6=12가지
>
> **정답** ②

기출유형 34

다음 중 A~C 세 명의 친구가 가위바위보를 할 때, 세 번 안에 승자와 패자가 가려질 확률은?

① $\dfrac{1}{2}$
② $\dfrac{1}{3}$
③ $\dfrac{1}{21}$
④ $\dfrac{26}{27}$

> **정답 및 해설**
>
> **해설** (세 번 안에 승패가 가려질 확률)=1-(세 번 모두 승패가 가려지지 않을 확률)이므로 한 번의 가위바위보 시행에서 세 사람이 낼 수 있는 경우의 수는 3×3×3=27가지이고, 그중 승패가 나오지 않는 경우의 수는 모두 같은 것을 내는 경우(3가지), 모두 다른 것을 내는 경우(6가지)로 총 9가지이다. 그러므로 한 번의 시행에서 승패가 가려지지 않을 확률은 $\dfrac{9}{27}=\dfrac{1}{3}$이다.
>
> ∴ (세 번 안에 승자와 패자가 가려질 확률)=$1-\left(\dfrac{1}{3}\right)^3=\dfrac{26}{27}$
>
> **정답** ④

05 자료해석능력

자료해석에서는 제시된 통계자료, 데이터 수치, 그래프 등을 신속하고 정확하게 분석하는 능력을 평가한다. 즉, 기초적인 계산 능력과 수치자료로부터 정확한 의사결정을 내리거나 추론하는 능력을 측정하고자 한다. 도표, 그래프 등 실생활에서 접할 수 있는 수치자료를 제시하여 필요한 정보를 선별적으로 판단·분석하고, 대략적인 수치를 빠르고 정확하게 계산하는 유형이다. 이런 유형의 문제를 해결할 때는 문제에서 제시한 조건의 최우선순위와 전체 구조를 파악하는 것이 관건이고, 불필요한 정보나 한 번 사용한 정보는 지워가면서 남아 있는 정보를 활용하여 문제를 해결하는 것이 좋다.

기출유형 35

다음은 분기별 모바일 뱅킹 서비스 이용 실적에 대한 자료이다. 이에 대한 설명으로 옳지 않은 것은?

〈모바일 뱅킹 서비스 이용 실적〉

(단위 : 천 건, %)

구분	2024년				2025년
	1분기	2분기	3분기	4분기	1분기
조회 서비스	817	849	886	1,081	1,106
자금이체 서비스	25	16	13	14	25
합계	842(18.6)	865(2.7)	899(3.9)	1,095(21.8)	1,131(3.3)

※ ( )는 전 분기 대비 증가율임

① 조회 서비스 이용 실적은 매 분기마다 계속 증가하였다.
② 자금이체 서비스 이용 실적은 2024년 2분기에 감소하였다가 다시 증가하였다.
③ 2024년 2분기의 조회 서비스 이용 실적은 전 분기 대비 3만 2천 건 증가하였다.
④ 모바일 뱅킹 서비스 이용 실적의 전 분기 대비 증가율이 가장 높은 분기는 2024년 4분기이다.

정답 및 해설

해설 자금이체 서비스 이용 실적은 2024년 3분기에도 감소하였다.

오답분석 ① 조회 서비스 이용 실적은 매 분기마다 계속 증가한 것을 확인할 수 있다.
③ 2024년 2분기 조회 서비스 이용 실적은 849천 건이고, 전 분기의 이용 실적은 817천 건이므로 849-817=32, 즉 3만 2천 건 증가하였다.
④ 모바일 뱅킹 서비스 이용 실적의 전 분기 대비 증가율이 가장 높은 분기는 2024년 4분기인 것을 확인할 수 있다.

정답 ②

기출유형 36

다음은 A병원 사망자 1,500명의 사망원인에 대한 자료이다. 이에 대한 설명으로 옳은 것은?

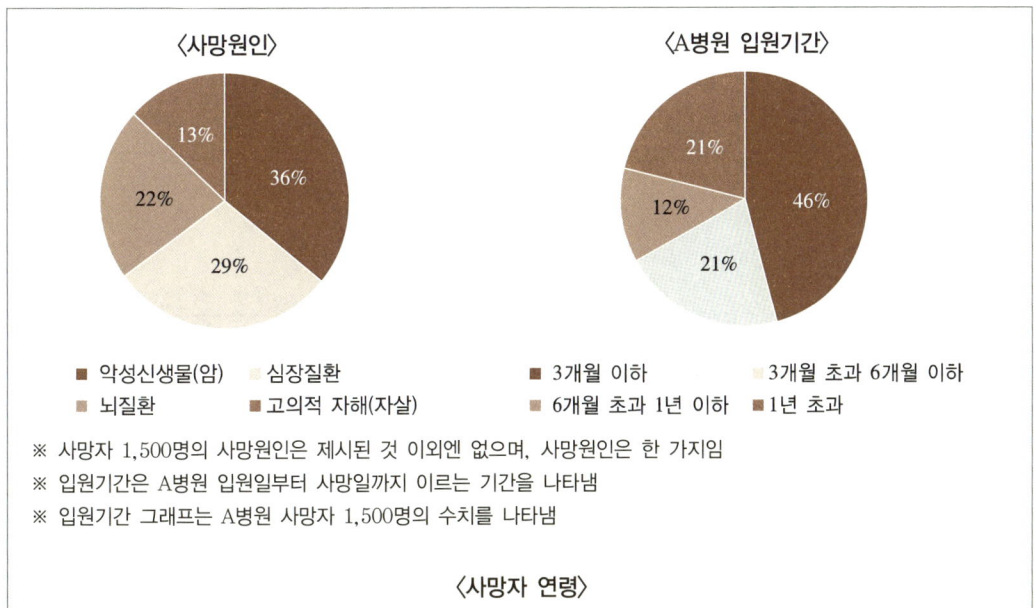

① 20대 사망자 비율이 30대 사망자 비율의 2배라고 할 때, 20대 사망자 수는 40대 사망자 수보다 많다.
② 10대와 20대 사망원인 전체가 자살이라고 할 때, 자살로 인한 20대 사망자 수는 80명 이상이어야 한다.
③ 자살로 인한 사망자 전체 입원기간이 3개월 이하라면, 이는 전체 3개월 이하인 사망자 수의 30% 이상이다.
④ 입원기간이 1년 초과인 사망자 전체가 암으로 인해 사망했다면, 이는 전체 암으로 인한 사망자 수의 55% 이상을 차지한다.

정답 및 해설

해설 입원기간이 1년 초과인 사망자는 1,500×0.21=315명, 암으로 인한 사망자 수는 1,500×0.36=540명으로 $\frac{315}{540} \times 100 ≒ 58\%$이다. 따라서 55% 이상을 차지한다.

오답분석 ① 20대와 30대 사망자 비율의 합은 24%이다. 20대 사망자 비율이 30대 사망자 비율의 2배라고 한다면, 20대 사망자 비율은 16%이다. 이는 40대 사망자 비율보다 낮으므로 사망자 수 또한 적다.
② 자살로 인한 사망자 수는 1,500×0.13=195명, 10대 사망자 수는 1,500×0.08=120명이다. 10대와 20대 사망자 모두 자살이라고 할 때, 20대 사망자 수는 195−120=75명 이하여야 한다.
③ 자살로 인한 사망자 수는 1,500×0.13=195명, 입원기간이 3개월 이하인 사망자 수는 1,500×0.46=690명이다. 따라서 $\frac{195}{690} \times 100 ≒ 28\%$이므로 30% 미만이다.

정답 ④

기출유형 37

다음은 소득, 성별, 나이, 교육수준을 이용하여 구한 소득 결정 원인의 모형식이다. Y는 백만 원 단위로 나타낸 월 소득이고, AGE는 나이, GENDER는 남자가 1, 여자가 0이며, HIGH는 최종학력이 고졸이면 1, 아니면 0, COL은 최종학력이 대졸 이상이면 1, 아니면 0을 의미할 때, 30세 석사졸업 남자의 월 소득은?

$$Y = -0.91 + 0.05\text{AGE} + 0.65\text{GENDER} + 0.39\text{HIGH} + 0.98\text{COL}$$

① 222만 원
② 233만 원
③ 245만 원
④ 261만 원

〈정답 및 해설〉

해설 $Y = -0.91 + (0.05 \times 30) + (0.65 \times 1) + (0.39 \times 0) + (0.98 \times 1) = 2.22$
따라서 30세 석사졸업 남자의 월 소득은 222만 원이다.

정답 ①

기출유형 38

다음은 전년 동월 대비 2025년 상반기의 특허 심사건수 증감 및 등록률 증감 추이에 대한 자료이다. 이에 대한 설명으로 옳지 않은 것을 〈보기〉에서 모두 고르면?

〈특허 심사건수 증감 및 등록률 증감 추이(전년 동월 대비)〉

(단위 : 건, %p)

구분	2025년 1월	2025년 2월	2025년 3월	2025년 4월	2025년 5월	2025년 6월
심사건수 증감	125	100	130	145	190	325
등록률 증감	1.3	-1.2	-0.5	1.6	3.3	4.2

보기

㉠ 전년 동월 대비 등록률은 2025년 3월에 가장 많이 낮아졌다.
㉡ 2025년 6월의 심사건수는 325건이다.
㉢ 2025년 5월의 등록률은 3.3%이다.
㉣ 2024년 1월의 심사건수가 100건이라면, 2025년 1월의 심사건수는 225건이다.

① ㉠
② ㉠, ㉡
③ ㉢, ㉣
④ ㉠, ㉡, ㉢

정답 및 해설

해설 ㉠ 전년 동월 대비 등록률은 2025년 2월에 가장 많이 낮아진 것을 확인할 수 있다.
㉡ 제시된 자료의 심사건수는 전년 동월 대비 325건 증가하였다는 의미일 뿐이므로 2025년 6월의 심사건수는 알 수 없다.
㉢ 제시된 자료의 등록률은 전년 동월 대비 3.3%p 증가하였다는 의미일 뿐이므로 2025년 5월의 등록률은 알 수 없다.

오답분석 ㉣ 2024년 1월의 심사건수가 100건이라면, 2025년 1월의 심사건수는 전년 동월 대비 125건이 증가했으므로 100+125=225건으로 옳은 설명이다.

정답 ④

06 추리능력

수·문자추리
수추리는 일정한 규칙에 따라 숫자를 배열하여 흐름을 파악하는 것으로, 여기서 규칙이란 결국 숫자의 반복에 의해 나타나는 법칙성을 말한다. 이런 유형은 반복된 숫자가 어떤 규칙에 따라 변하는지를 빠르게 파악하는 것이 관건이다. 문자추리 또한 숫자와의 연계를 통한 규칙성을 파악하는 유형이 주로 출제된다.

기출유형 39

다음과 같이 일정한 규칙으로 수를 나열할 때, 빈칸에 들어갈 수로 옳은 것은?

27　81　9　27　3　(　)

① 6　　　　　　　　　　　② 7
③ 8　　　　　　　　　　　④ 9

> **정답 및 해설**
>
> **해설**　앞의 항에 ×3, ÷9가 반복되는 수열이다.
> 　　　　따라서 (　)=3×3=9이다.
>
> **정답** ④

기출유형 40

다음 중 빈칸에 들어갈 수로 옳은 것은?

| 7♡5=2, 3♡13=6, 11♡23=4, 15♡8=(　　) |

① 2　　　　　　　　　　　　　　② 3
③ 4　　　　　　　　　　　　　　④ 5

> **정답 및 해설**
>
> **해설** $a♡b$: $a+b$의 일의 자리 수
> - 7♡5= → 7+5=12의 일의 자리 수는 2
> - 3♡13=6 → 3+13=16의 일의 자리 수는 6
> - 11♡23=4 → 11+23=34의 일의 자리 수는 4
> - 15♡8=3 → 15+8=23의 일의 자리 수는 3
>
> **정답** ②

기출유형 41

다음은 일정한 규칙에 의해 나열된 문자이다. 빈칸에 들어갈 알맞은 문자는?

| ㅅ　ㅂ　ㅇ　ㅁ　ㅈ　ㄹ　(　) |

① ㄴ　　　　　　　　　　　　　　② ㄷ
③ ㅊ　　　　　　　　　　　　　　④ ㅋ

> **정답 및 해설**
>
> **해설**
>
> | ㅅ | ㅂ | ㅇ | ㅁ | ㅈ | ㄹ | (ㅊ) |
> |---|---|---|---|---|---|---|
> | 7 | 6 | 8 | 5 | 9 | 4 | (10) |
>
> 홀수 항은 +1, 짝수 항은 -1인 수열이다.
>
> **정답** ③

기출유형 42

다음은 일정한 규칙으로 나열한 수열이다. 빈칸에 들어갈 알맞은 수는?

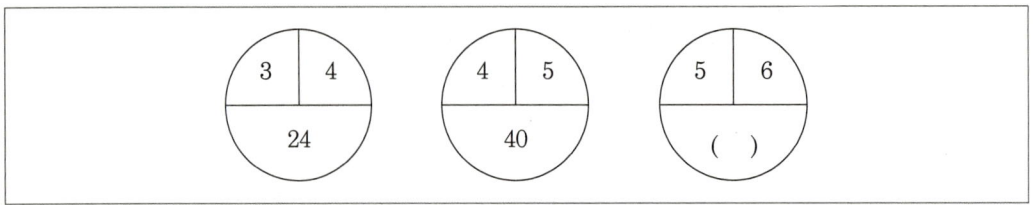

① 30
② 55
③ 60
④ 90

> **정답 및 해설**
>
> **해설**
>
>
>
> $2a \times b = c$
> ∴ $2 \times 5 \times 6 = 60$
>
> 정답 ③

도형·일반추리

도형·일반추리에서는 수추리 이외의 주어진 그림이나 도형의 코드변화를 추리하여 다른 그림이나 도형과 관계되는 코드를 고르면 된다. 규칙이 복잡하지 않으므로 일일이 계산을 할 필요 없이 서로의 연관성만 찾아내면 쉽게 풀 수 있다.

기출유형 43

다음과 같이 일정한 규칙으로 도형을 나열할 때, 물음표에 들어갈 도형으로 옳은 것은?

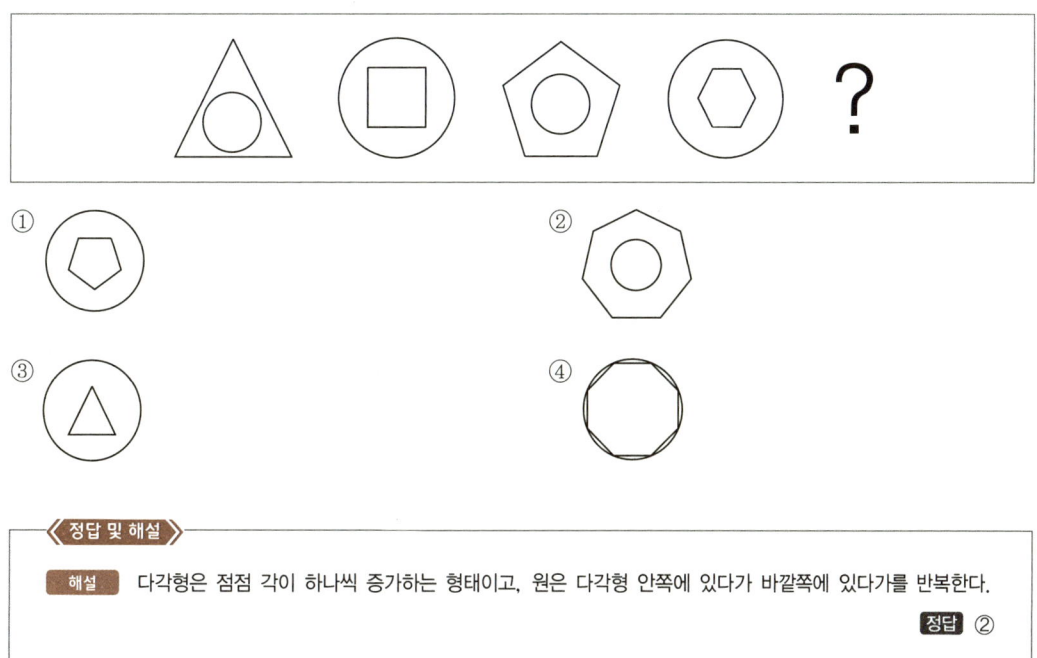

〈 정답 및 해설 〉

해설 다각형은 점점 각이 하나씩 증가하는 형태이고, 원은 다각형 안쪽에 있다가 바깥쪽에 있다가를 반복한다.

정답 ②

기출유형 44

다음 도형 내부의 기호들은 일정한 패턴을 가지고 변화한다. 다음 중 ?에 들어갈 도형은?

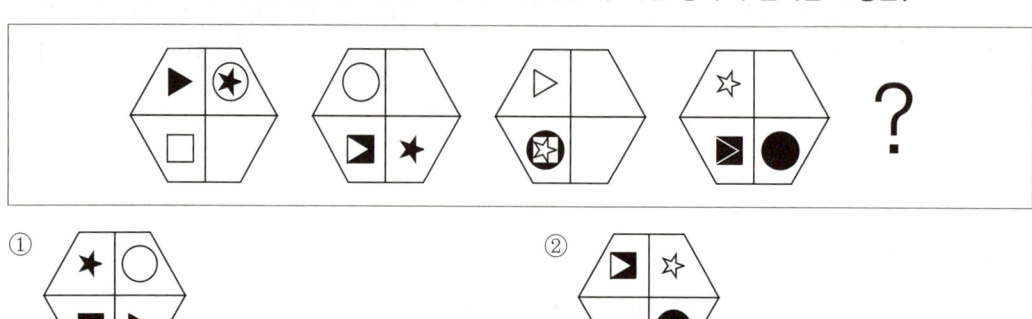

① 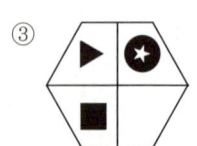   ②

③   ④

《 정답 및 해설 》

해설 도형 내부의 기호들은 오른쪽으로 변할 때 각각의 규칙을 가지고 이동한다. ★은 시계 방향으로 한 칸 이동, ○은 시계 반대 방향으로 한 칸 이동, ▶은 상하로 이동을 하며, ■은 제자리에 고정이다. 도형의 자리가 겹쳐질 경우, 해당 도형은 색 반전을 하게 된다. 따라서 주어진 마지막 도형을 기준으로 마지막에 들어갈 도형에 ★은 시계 방향으로 한 칸, ○은 시계 반대 방향으로 한 칸, ▶은 위로 한 칸 이동하게 되고, ■은 제자리이다.

정답 ④

07 공간지각능력

공간지각에서는 입체도형이나 주사위의 전개도를 보고 어떤 도형인지 파악하거나 숫자를 고르는 유형, 블록의 개수를 묻는 유형에서부터 겉넓이를 구하는 형태의 문제 등이 출제된다. 짧은 시간 안에 많은 문제들을 풀어내기 위해서는 문제지를 이리저리 돌리지 말고, 입체도형이나 전개도를 머릿속으로 회전해 보거나 그려볼 수 있는 방법을 미리 연습해 두어야 한다.

기출유형 45

다음 제시된 도형을 회전하였을 때, 나올 수 있는 도형은?

① 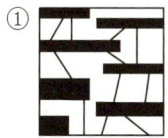 ②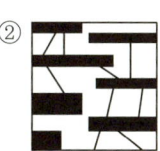

③  ④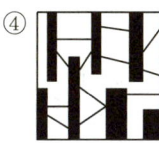

〈정답 및 해설〉

해설 ①은 제시된 도형을 시계 반대 방향으로 90° 회전한 것이다.

정답 ①

기출유형 46

회전축을 중심으로 평면도형을 회전시켰을 때, 다음과 같은 회전체가 나타나는 것은?

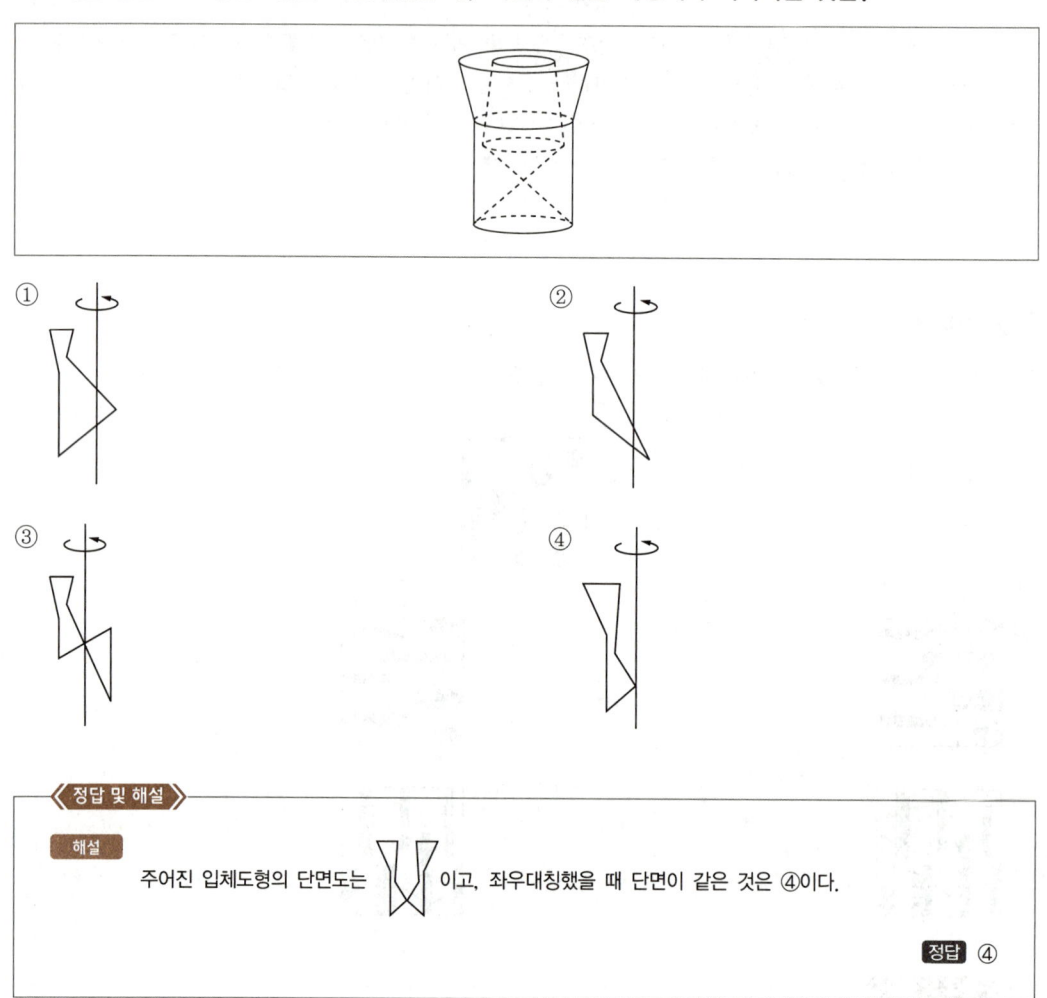

해설 주어진 입체도형의 단면도는 ＼／ 이고, 좌우대칭했을 때 단면이 같은 것은 ④이다.

정답 ④

기출유형 47

다음 제시된 전개도를 접었을 때, 나타나는 입체도형으로 옳은 것은?

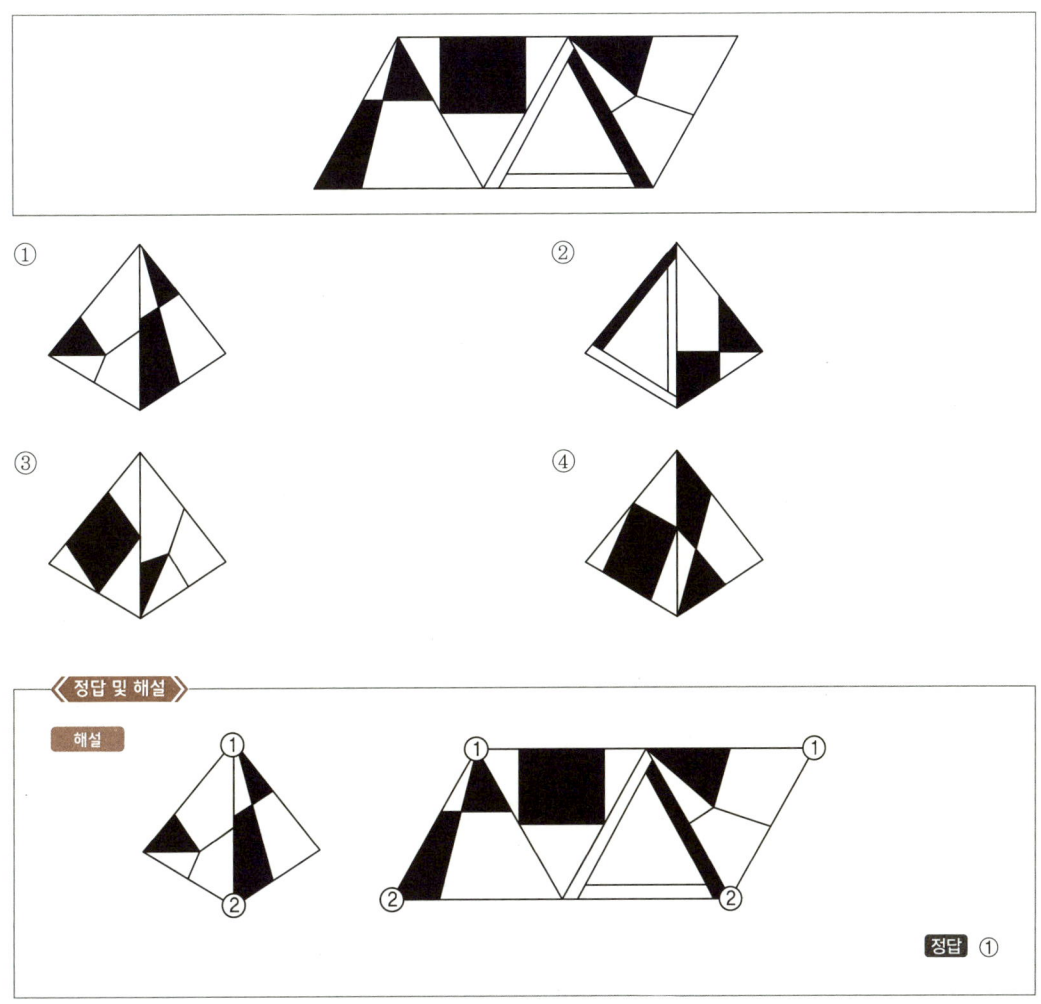

기출유형 48

다음 제시된 도형을 만들 때 필요한 블록의 개수는?(단, 보이지 않는 곳은 블록이 있다고 가정한다)

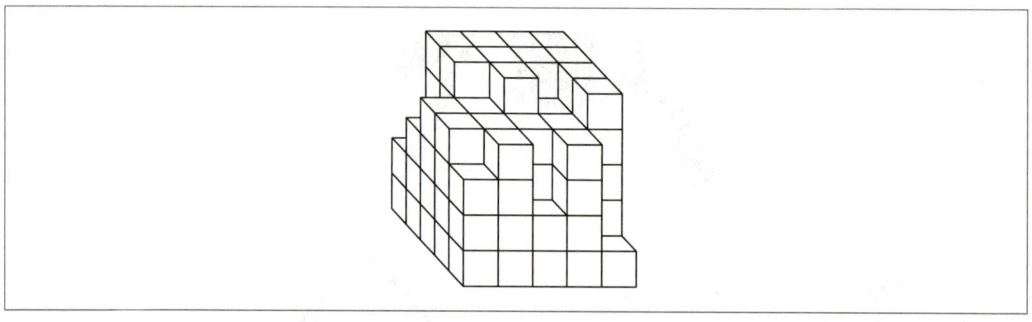

① 97개
③ 107개
② 102개
④ 112개

> **정답 및 해설**
>
> **해설**
> - 1층 : 5×5=25개
> - 2층 : 25−1=24개
> - 3층 : 25−3=22개
> - 4층 : 25−5=20개
> - 5층 : 25−14=11개
> ∴ 25+24+22+20+11=102개
>
> **정답** ②

08 사무지각능력

사무지각에서는 주로 문자나 기호·숫자 등을 나열하고 같거나 다른 문자나 기호·숫자를 찾는 유형, 기본 문장과 비교하여 다른 문장 찾기 등의 문제가 출제된다. 짧은 시간 안에 많은 문제를 풀려다 보면 마음이 급해져 자칫 실수할 수 있다. 복잡하게 나열된 기호나 문자·숫자열을 정확히 파악하기 위해서는 전체를 한 번에 보려고 하지 말고 일정한 개수씩 나눠서 비교하는 방식으로 풀어야 실수 없이 정확하게 해결할 수 있다.

기출유형 49

다음 제시된 문자와 다른 것은?

so mister grunt scampered

① so mister grunt scampered   ② so mister grunt scampered
③ so mister grunt scampared   ④ so mister grunt scampered

《 정답 및 해설 》

해설   scamp<u>a</u>red → scamp<u>e</u>red

정답 ③

기출유형 50

다음 제시된 단어와 같은 단어의 개수는?

땅콩

땀콤	땀콩	땅공	땅콜	땅콩	땅콤	땅꽁	땅콩	땀꽁	땅꽁
땀콤	땀콩	땅공	땅콩	땀콩	땅공	땀콩	땅콩	탐꼼	땅깡
땅콤	딸콩	땅캉	땅꼴	땅꼼	땅쿵	땅꽁	땅콩	탕꽁	땅껑

① 4개 ② 5개
③ 6개 ④ 7개

《정답 및 해설》

해설 땀콤 땀콩 땅공 땅콜 <u>땅콩</u> 땅콤 땅꽁 <u>땅콩</u> 땀꽁 땅꽁
땀콤 땀콩 땅공 <u>땅콩</u> 땀콩 땅공 땀콩 <u>땅콩</u> 탐꼼 땅깡
땅콤 딸콩 땅캉 땅꼴 땅꼼 땅쿵 땅꽁 <u>땅콩</u> 탕꽁 땅껑

정답 ①

PART 1
직무능력검사

CHAPTER 01 언어능력검사
CHAPTER 02 수리능력검사
CHAPTER 03 추리능력검사
CHAPTER 04 지각능력검사

Section 01 어휘력
핵심이론

01 어휘의 의미

1. 동의어 · 유의어

(1) **동의어** : 두 개 이상의 어휘가 서로 소리는 다르나 의미가 같은 경우를 말한다. 동의어라 할지라도 방언적 · 계층적 · 함축적 차이를 드러내기 때문에 일상 용어에서 둘 이상의 단어가 동의어로 사용되는 경우는 거의 없고, 다만 학술 용어에서 드물게 사용된다.
동의어는 크게 절대적 동의어와 상대적 동의어로 나눌 수 있다.
- 산울림 : 메아리
- 아버지 : 아빠

① **절대적 동의어** : 개념과 연상, 주제가 동일하고, 모든 문맥에서 치환이 가능하다. 절대적 동의어는 두 어휘소가 의미 차이 없이 모든 문맥에서 치환될 수 있을 때만 가능하지만, 일반적으로 완전한 동의어는 거의 없다. '산울림'과 '메아리'는 절대적 동의어의 예이다.

② **상대적 동의어** : 문맥상 치환은 가능하지만 개념 의미만 동일하다. '아버지'와 '아빠'가 상대적 동의어의 예이며, 이를 유의어라고 부르기도 한다.

(2) **유의어** : 두 개 이상의 어휘가 서로 소리는 다르나 의미가 비슷한 경우를 말한다. 유의 관계의 대부분은 동일성을 전제로 한다.
- 과부 : 미망인
- 뚜렷한 : 선명한

'과부'와 '미망인'은 '남편을 잃고 혼자 사는 여자'라는 같은 뜻으로, 동의어이다. '뚜렷한'은 '엉클어지거나 흐리지 않고 아주 분명한'으로 '산뜻하고 뚜렷하여 다른 것과 혼동되지 아니한'의 '선명한'과 비슷한 뜻으로, 유의어이다.

2. 반의어

반의어(反意語)는 둘 이상의 단어에서 의미가 서로 짝을 이루어 대립하는 경우, 즉 어휘의 의미가 서로 대립하는 단어를 말하며, 이러한 어휘들의 관계를 반의 관계라고 한다. 한 쌍의 단어가 반의어가 되려면, 두 어휘 사이에 공통적인 의미 요소가 있으면서도 동시에 하나의 의미 요소만 서로 달라야 한다.
반의어는 반드시 한 쌍으로만 존재하는 것이 아니라, 다의어(多義語)이면 그에 따라 반의어가 여러 개로 달라질 수 있다. 즉, 하나의 단어에 대하여 여러 개의 반의어가 있을 수 있다.
- 남성 : 여성
- 벗다 : 입다, (모자를) 쓰다, (양말을) 신다, (시계를) 차다

'남성'과 '여성'은 둘 다 '사람'이라는 공통 요소가 있지만, '성(性)'이라는 다른 의미 요소가 있고, '벗다'는 '입다, 쓰다, 신다, 차다'라는 여러 개의 반의어가 있을 수 있다.
반의어에는 상보 반의어와 정도 반의어, 관계 반의어, 방향 반의어가 있다.
- 있다 : 없다
- 크다 : 작다
- 부모 : 자식
- 위 : 아래

(1) **상보 반의어** : 한쪽 말을 부정하면 다른 쪽 말이 되는 반의어이며, 중간항은 존재하지 않는다. '있다'와 '없다'가 상보적 반의어이며, '있다'와 '없다' 사이의 중간 상태는 존재할 수 없다.

(2) **정도 반의어** : 한쪽 말을 부정하면 반드시 다른 쪽 말이 되는 것이 아니며, 중간항을 갖는 반의어이다. '크다'와 '작다'가 정도 반의어이며, 크지도 작지도 않은 중간이라는 중간항을 갖는다.

(3) **관계 반의어** : 관계 반의어는 상대가 존재해야만 자신이 존재할 수 있는 반의어이다. '부모'와 '자식'이 관계 반의어의 예이다.

(4) **방향 반의어** : 동작의 진행 방향이 대립되는 데서 생겨난, 즉 맞선 방향을 전제로 해 관계나 이동의 측면에서 대립하는 단어의 쌍이 방향 반의어이며, '위'와 '아래'가 방향 반의어의 예이다.

3. 다의어

하나의 소리가 둘 이상의 다르면서도 서로 연관된 의미를 가지고 있는 어휘들의 관계를 '다의 관계'라고 하고, 다의 관계에 있는 어휘를 '다의어'라고 한다. 다의어는 그 단어가 지니는 기본적인 뜻 이외에 문맥에 따라 다른 뜻으로 쓰인다.

(1) **다의어의 특징**
① 낱말의 의미들 사이에는 상호 연관성이 있다.
② 다의어에는 하나의 중심 의미가 있다.
③ 여러 개의 주변 의미를 가진다.
④ 국어사전에서는 하나의 표제어 안에 번호로 구분한다.

> **자주 출제되는 문제 유형**
> ㉠ 철수는 숲 속에서 길을 잃고 한참을 헤매었다.
> ㉡ 종적을 감춘 성수를 찾을 길이 없다.
> ㉢ 그는 출장 가는 길에 고향에 들렀다.

㉠의 '길'은 '걷거나 탈것을 타고 어느 곳으로 가는 노정(路程)'으로, 기본적인 의미의 '길'이고, ㉡의 '길'은 '방법이나 수단'의 의미이고, ㉢은 '어떠한 일을 하는 도중이나 기회'를 의미한다. 즉, 다의어는 하나의 단어 형태가 여러 가지의 의미를 지니는 단어이다.

4. 동음이의어

두 개 이상의 단어가 우연히 같은 소리를 가지고 있으나, 의미가 다른 어휘들의 관계를 '동음이의 관계'라고 하고, 동음이의 관계에 있는 어휘를 '동음이의어'라고 한다.

(1) 특징
① 낱말의 의미들 사이에 상호 연관성이 없다.
② 국어사전에서는 각각의 단어를 별개의 표제어로 다루고 있다.

(2) 동음이의어의 의미 구별
① 문맥과 상황에 따라 구별할 수 있다.
② 말소리의 길고 짧음으로 구별할 수 있다.
③ 보충하여 쓴 한자를 통해 의미를 구별할 수 있다.

> **자주 출제되는 문제 유형**
> ㉠ 그는 <u>배</u>가 나와 걷기 힘들었다.
> ㉡ 태풍 때문에 <u>배</u>가 뜨지 못했다.
> ㉢ 아람이는 물이 많고 단 <u>배</u>를 좋아한다.

㉠의 '배'는 '사람이나 동물의 몸에 있는 곳'이고, ㉡의 '배'는 '사람이나 짐 따위를 싣고 물 위로 떠다니도록 만든 물건'이고, ㉢의 '배'는 '배나무의 열매'를 의미한다.

5. 상·하위어

두 개의 어휘 중에서 하나의 의미가 다른 하나의 의미를 포함하고 있을 때, 포함하는 어휘의 관계를 '상위 관계'라고 하며, 상위 관계에 있는 어휘를 '상위어'라고 하고, 포함되는 어휘의 관계를 '하위 관계'라고 하며, 하위 관계에 있는 어휘를 '하위어'라고 한다. 즉, 단어 A의 의미가 다른 단어 B의 의미 전체를 포함할 때 단어 A를 상위어라고 하고 단어 B를 하위어라고 한다.
- 과일 – 사과
- 사과 – 풋사과

'과일'은 '사과'의 '상위어'이며, '사과'는 '과일'의 '하위어'이고, '사과'는 '풋사과'의 '상위어'이고, '풋사과'는 '사과'의 '하위어'이다.

> **자주 출제되는 유형**
> - 두 단어의 의미 관계가 가장 이질적인 것
> - 두 낱말 간의 관계가 다른 것
> - 분류 방식이 나머지와 다른 것

02 알맞은 어휘

1. 나이에 관련된 어휘

- 충년(沖年) : 10세 안팎의 어린 나이
- 지학(志學) : 15세가 되어 학문에 뜻을 둠
- 약관(弱冠) : 남자 나이 20세, 여자는 묘령(妙齡), 묘년(妙年), 방년(芳年), 방령(芳齡) 등
- 이립(而立) : 30세, 인생관이 섰다고 함 – 『논어』
- 불혹(不惑) : 40세, 세상일에 미혹되지 않음을 뜻함
- 지천명(知天命) : 50세, 하늘의 뜻을 깨달음
- 이순(耳順) : 60세, 경륜이 쌓이고 사려와 판단이 성숙하여 남의 어떤 말도 거슬리지 않음
- 화갑(華甲) : 61세, 회갑(回甲), 환갑(還甲). 육십갑자의 '갑(甲)'으로 되돌아온다는 뜻
- 진갑(進甲) : 62세, 환갑의 이듬해, 또는 그해의 생일
- 고희(古稀) : 70세, 두보의 「곡강시(曲江詩)」에서 유래, 사람의 나이 70세는 예부터 드문 나이라는 뜻
- 희수(喜壽) : 77세, '喜'자의 초서체 '㐂'자가 '七十七'과 비슷한 데서 유래
- 산수(傘壽) : 80세, '傘'자를 파자(破字)하면 '八十'이 되는 데서 유래
- 미수(米壽) : 88세, '米'자를 파자하면 '八十八'이 되는 데서 유래
- 졸수(卒壽) : 90세, '卒'의 초서체 '卆(졸)'자를 파자하면 '九十'이 되는 데서 유래
- 망백(望百) : 91세, 100세를 바라봄
- 백수(白壽) : 99세, '백(百)'에서 '일(一)'을 빼면 '백(白)'이 되는 데서 유래
- 상수(上壽) : 100세, 사람의 수명 중 최상의 수명
- 기이(期頤) : 100세, 사람의 수명은 100년으로서 기(期)로 함
- 다수(茶壽) : 108세, '茶'자를 파자하면 '十'이 두 개라서 '二十'이고, 아래 '八十八'이니 합하면 108이 됨
- 천수(天壽) : 120세, 병 없이 늙어서 죽음을 맞이하면 하늘이 내려 준 나이를 다 살았다는 뜻

2. 단위에 관련된 어휘

(1) 척도 단위

① 길이
- 자 : 한 치의 열 배, 약 30.3cm
- 마장 : 주로 5리나 10리가 못되는 몇 리의 거리를 일컫는 단위
- 발 : 두 팔을 펴 벌린 길이

- 길 : 사람의 키의 한 길이, 또는 여덟 자(2.4m) 혹은 열 자(3m)
- 치 : 길이를 재는 단위. 한 자의 1/10
- 간(間) : 길이를 재는 단위(한 간은 6자임)
- 뼘 : 엄지손가락과 다른 손가락을 완전히 펴서 벌렸을 때에 두 끝 사이의 거리
- 긴 : 윷놀이에서 자기의 말로 남의 말을 쫓아 잡을 수 있는 거리

② 넓이
- 갈이 : 소 한 마리가 하루에 갈 수 있는 넓이를 나타내는 단위. 약 2,000평
- 단보(段步) : 논밭의 넓이. 1단보는 남한에서는 300평(991.74m^2), 북한에서는 30평(99.174m^2)
- 마지기 : 논밭의 넓이의 단위(볍씨 한 말의 모 또는 씨앗을 심을 만한 넓이). 논은 150~300평, 밭은 100평
- 목 : 세금을 매기기 위한 논밭의 넓이 단위로서, 그 넓이는 시대에 따라 달랐다.
- 되지기 : 논밭의 넓이를 헤아리는 단위(볍씨 한 되의 모 또는 씨앗을 심을 만한 넓이). 한 마지기의 1/10
- 줌 : 논밭 넓이의 단위. 세금을 계산할 때 썼다. 한 줌은 한 뭇의 10분의 1로, 그 넓이는 시대에 따라 달랐다.

③ 부피
- 홉 : 곡식 같은 것들을 재는 단위(180밀리리터). 또는 그 그릇. 한 되의 1/10
- 되 : 곡식, 액체 등의 분량을 헤아리는 단위. 홉의 열 배, 즉 열 홉의 단위
- 되들이 : 한 되를 담을 수 있는 분량이라는 뜻으로, 한 홉의 1/10의 양
- 말 : 곡식, 액체, 가루 따위의 부피를 재는 단위. 한 말은 한 되의 열 배로 약 18리터에 해당
- 춤 : 가늘고 긴 물건을 한 손으로 쥘 만한 분량
- 덩저리 : 뭉쳐서 쌓은 물건의 부피
- 부룻 : 무더기로 놓인 물건의 부피
- 조짐 : 쪼갠 장작을 사방 6자 부피로 쌓은 양

④ 무게
- 돈 : 무게의 단위. 3.75그램이며, 한 돈은 한 냥의 10분의 1, 한 푼의 열 배에 해당
- 푼 : 약 0.375그램이며, 0.1돈에 해당
- 대푼쭝 : 한 푼의 무게
- 냥 : 수관형사(수사) 밑에 쓰는 돈(엽전). 또는 중량의 단위의 하나(약 37.5그램)
- 냥쭝 : 한 냥의 무게
- 돈쭝 : 한 돈의 무게. 약이나 금, 은 등의 무게를 다는 저울의 단위. 무게의 단위
- 수동이 : 광석의 무게 단위로, 37.5kg에 해당함

(2) 묶음 단위
- 가락 : 가느스름하고 기름하게 토막 친 엿가락과 같은 물건의 낱개를 세는 단위
- 가리 : 곡식, 장작더미의 수효를 세는 단위
- 가마 : 쌀가마니처럼 물건을 담는 가마니를 세는 말
- -가웃 : 되, 말, 자의 수를 셀 때 사용된 단위의 약 절반 정도의 분량을 뜻하는 접미사
- 가지 : 어떤 기준에 따라 구별 짓는 낱낱의 부류를 이르는 말
- 갓 : 비웃·굴비 따위의 10마리, 고사리·고비 따위의 10모숨
- 모숨 : 한 줌 안에 들어올 만한 길고 가느다란 물건의 분량

- 강다리 : 쪼갠 장작 100개비를 한 단위로 이르는 말
- 거리 : 오이, 가지 등의 50개
- 고랑배미 : 밭고랑이나 논배미(논두렁으로 둘러싸인 구역)를 세는 단위
- 고리 : 소주 열 사발을 한 단위로 이르는 말
- 그루 : 식물, 특히 나무를 세는 단위. 또는 한 해에 같은 땅에 농사짓는 횟수
- 깃 : 무엇을 나눌 때 각자의 앞으로 돌아올 한몫=노느몫
- 꼭지 : 모숨을 지어 잡아 맨 긴 물건을 세는 단위. 또는 실의 길이를 재는 단위(약 6.6m)
- 꾸러미 : 달걀 10개를 꾸리어 싼 것. 꾸리어 싼 것을 세는 단위
- 꿰미 : 노끈 같은 것으로 꿰어서 다루는 물건을 세는 단위
- 끗 : 접쳐서 파는 피륙의 길이를 나타내는 단위. 또는 노름 등에서 셈치는 점수
- 끼 : 밥을 먹는 횟수를 셀 때 쓰는 말
- 낱 : 셀 수 있는 물건의 하나하나를 세는 단위
- 닢 : 잎, 쇠붙이로 만든 돈. 가마니같이 납작한 물건을 낱낱의 뜻으로 세는 말
- 담불 : 벼 백 섬을 세는 단위
- 대 : 담배를 피우는 분량. 또는 때리는 매의 횟수를 세는 단위
- 되사 : 말을 단위로 하여 셀 때에 남는 한 되가량의 분량
- 떨기 : 무더기진 풀, 꽃 따위의 식물을 세는 단위
- 마투리 : 한 가마나 한 섬에 차지 못하고 남는 양
- 모춤 : 볏모나 모종을 3~4움큼씩 묶은 단
- 못가새 : 3~4움큼으로 가새모춤한 모의 매 움큼
- 무지 : 무더기로 쌓인 더미나 그것을 세는 단위
- 묶음 : 묶어 놓은 덩이를 세는 단위
- 뭇 : 생선 10마리, 미역 10장, 자반 10개를 이르는 단위
- 바리 : 마소의 등에 잔뜩 실은 짐을 세는 단위
- 벌 : 옷, 그릇 따위의 짝을 이룬 한 덩이를 세는 단위를 이르는 말
- 사리 : 윷놀이에서 나오는 모나 윷을 세는 말
- 새 : 피륙의 날을 세는 단위. 한 새는 날실 여든 올
- 섬 : 한 말의 열 갑절, 즉 10말
- 섬지기 : 볍씨 한 섬의 모나 씨앗을 심을 만한 넓이로, 한 마지기의 10배. 논은 약 2,000평, 밭은 약 1,000평
- 섭수 : 볏짚의 수량 단위. 잎나무의 수량 단위
- 손 : 물건을 한 손으로 집어 낼 때 한 번 집는 수량
- 쌈 : 바늘 24개의 분량, 피륙을 다듬기 알맞은 분량으로 싼 덩이
- 오가재비 : 굴비나 자반 준치 따위를 다섯 마리씩 한 줄에 엮은 단위
- 우리 : 기와를 세는 단위. 기와 2,000장
- 임 : 머리 위에 인 물건을 세는 단위
- 자래 : 쌍으로 된 생선의 알주머니를 세는 데 쓰이는 단위
- 접 : 과일, 무, 배추, 마늘 등 채소 따위의 100개를 이르는 단위
- 죽 : 옷, 신, 그릇 따위의 10벌을 이르는 말
- 줄 : 사람이나 물건의 죽 늘어선 열을 세는 말

- 짐 : 사람의 등이나 지게에 한 번 질 수 있는 물건의 단위
- 쾌 : 북어 20마리를 세는 단위. 또는 엽전 10냥
- 토리 : 실 뭉치를 세는 말
- 톳 : 김 100장씩을 한 묶음으로 묶은 덩이(경우에 따라서는 40장씩 묶기도 한다)
- 편거리 : 인삼을 한 근씩 잘 때 그 개수를 세는 말

3. 호칭어와 지칭어에 관련된 어휘

호칭어는 상대방을 부를 때 쓰는 말이고, 지칭어는 상대방을 가리킬 때 쓰는 말이다.

(1) 시댁 식구
① 남편의 형 : 아주버님, 시숙
② 남편의 누나 : 형님
③ 남편의 여동생 : 아가씨
④ 남편의 동생(시동생) : 도련님(미혼), 서방님(기혼)
⑤ 남편 형의 아내 : 형님
⑥ 남편 누나의 남편 : 아주버님
⑦ 남편 여동생의 남편 : 서방님
⑧ 남편 남동생의 아내 : 동서

(2) 처가 식구
① 아내의 오빠 : 처남(나이가 적을 경우), 형님(나이가 많을 경우)
② 아내의 남동생 : 처남
③ 아내의 언니 : 처형
④ 아내의 여동생 : 처제
⑤ 아내 오빠의 아내 : 처남댁, 아주머니
⑥ 아내 언니의 남편 : 형님(나이가 많을 경우), 동서(나이가 적을 경우)
⑦ 아내 남동생의 부인 : 처남댁
⑧ 아내 여동생의 남편 : 동서

(3) 기타
① 돌아가신 아버지를 남에게 지칭할 때 : 선친(先親), 선군(先君), 망부(亡父)
② 돌아가신 어머니를 남에게 지칭할 때 : 선비(先妣), 선자(先慈), 망모(亡母)
③ 남의 아버지를 지칭할 때 : 춘부장(椿府丈)
④ 남의 어머니를 지칭할 때 : 자당(慈堂)
⑤ 돌아가신 남의 아버지를 지칭할 때 : 선대인(先大人)
⑥ 돌아가신 남의 어머니를 지칭할 때 : 선대부인(先大夫人)

4. 접속어

접속어는 단어와 단어, 구절과 구절, 문장과 문장을 이어 주는 구실을 하는 문장 성분이다.

(1) **순접 관계** : 앞의 내용을 순조롭게 받아 연결시켜 주는 역할
　　예 그리고, 그리하여, 그래서, 이와 같이, 그러므로 등

(2) **역접 관계** : 앞의 내용과 상반된 내용을 이어 주는 역할
　　예 그러나, 그렇지만, 하지만, 그래도, 반면에 등

(3) **인과 관계** : 앞뒤의 문장을 원인과 결과로, 또는 결과와 원인으로 연결시켜 주는 역할
　　예 그래서, 따라서, 그러므로, 왜냐하면 등

(4) **환언 · 요약 관계** : 앞 문장을 바꾸어 말하거나 간추려 짧게 말하며 이어 주는 역할
　　예 즉, 요컨대, 바꾸어 말하면, 다시 말하면 등

(5) **대등 · 병렬 관계** : 앞 내용과 뒤의 내용을 대등하게 이어 주는 역할
　　예 또는, 혹은, 및, 한편 등

(6) **전환 관계** : 뒤의 내용이 앞의 내용과는 다른, 새로운 생각이나 사실을 서술하여 화제를 바꾸어 이어 주는 역할
　　예 그런데, 한편, 아무튼, 그러면 등

(7) **예시 관계** : 앞 문장에 대한 구체적인 예를 들어 설명하며 이어 주는 역할
　　예 예컨대, 이를테면, 가령, 예를 들어 등

03 술어 파악

- 가다 : 가늠이 가다, 금이 가다, 녹이 가다, 눈길이 가다, 맛이 가다, 살로 가다, 소식이 가다, 주름이 가다, 봄이 가다, 수긍이 가다, 큰돈이 가다 등
- 갖다(가지다) : 권력을 갖다, 모임을 갖다, 애착을 갖다, 집을 갖다, 교제를 갖다, 자식을 갖다, 관심을 갖다, 불만을 갖다 등
- 놀다 : 나사가 놀다, 태아가 놀다, 물고기가 놀다, 손가락이 놀다, 곱사춤을 놀다, 주사위를 놀다, 방해를 놀다, 싱겁게 놀다, 돈이 놀다 등
- 담다 : 쌀을 담다, 항아리에 담다, 마음을 담다, 정성을 담다, 경치를 화폭에 담다 등
- 닦다 : 이를 닦다, 땀을 닦다, 길을 닦다, 행실을 닦다, 기반을 닦다, 터를 닦다, 학업을 닦다, 호적을 닦다 등

- 두다 : 책상 위에 두다, 영향 아래 두다, 자식을 두다, 쌀밥에 팥을 두다, 버선에 솜을 두다, 사람을 두다, 본진을 두다, 위원회를 두다, 초점을 두다, 염두에 두다, 인정을 두다, 대학에 적을 두다, 목적을 두다, 강을 앞에 두다, 간격을 두다, 시간을 두다, 비서를 두다, 바둑을 두다, 세상과 거리를 두다 등
- 두르다 : 치마를 두르다, 담을 두르다, 팔을 두르다, 기름을 두르다, 마을을 두르다, 사람을 두르다 등
- 들다 : 짐을 들다, 칼이 들다, 날이 들다, 사랑에 들다, 잠이 들다, 병이 들다, 습관이 들다, 새집에 들다, 돈이 들다, 단풍이 들다, 함정에 들다 등
- 먹다 : 밥을 먹다, 담배를 먹다, 귀가 먹다, 마음을 먹다, 나이를 먹다, 겁을 먹다, 뇌물을 먹다, 습기를 먹다, 우승을 먹다, 골을 먹다, 화장이 먹다, 좀이 먹다, 잊어 먹다 등
- 무겁다 : 머리가 무겁다, 세금이 무겁다, 몸이 무겁다, 마음이 무겁다, 걸음이 무겁다, 분위기가 무겁다, 죄가 무겁다, 책임이 무겁다, 슬픔이 무겁다 등
- 묻다 : 정답을 묻다, 잉크가 묻다, 책임을 묻다, 거름을 묻다, 비밀을 묻다, 얼굴을 묻다, 침대에 묻다 등
- 받다 : 선물을 받다, 세금을 받다, 귀염을 받다, 벌을 받다, 물건을 받다, 공을 받다, 죄를 받다, 햇빛을 받다, 도전을 받다, 손님을 받다, 칼을 받다, 선창을 받다, 알을 받다, 꽃씨를 받다, 술을 받다, 버선볼을 받다, 물을 욕조에 받다, 옷이 받다, 고기가 몸에 받다, 화장품이 받다, 사진이 받다 등
- 벗다 : 고통을 벗다, 옷을 벗다, 배낭을 벗다, 누명을 벗다, 때를 벗다, 허물을 벗다, 얼굴을 벗다, 관복을 벗다 등
- 부리다 : 수단을 부리다, 멋을 부리다, 욕심을 부리다, 꾀를 부리다, 수작을 부리다, 일꾼을 부리다, 차를 부리다, 활을 부리다, 재주를 부리다, 부두에 부리다 등
- 사다 : 책을 사다, 돈을 사다, 공로를 사다, 사람을 사다, 의심을 사다, 저녁을 사다, 원성을 사다, 호감을 사다 등
- 새다 : 비가 새다, 불빛이 새다, 소리가 새다, 돈이 새다, 정보가 새다, 날이 새다 등
- 쓰다 : 이름을 쓰다, 편지를 쓰다, 곡을 쓰다, 약에 쓰다, 인부를 쓰다, 빚을 쓰다, 시간을 쓰다, 힘을 쓰다, 턱을 쓰다, 애를 쓰다, 억지를 쓰다, 반말을 쓰다 등
- 오다 : 느낌이 오다, 기회가 오다, 평화가 오다, 무리가 오다, 허리에 오다, 여름이 오다, 추위가 오다, 졸음이 오다, 밤길을 오다, 전학을 오다, 밝아 오다, 일해 오다 등
- 읽다 : 글을 읽다, 신문을 읽다, 성경을 읽다, 황순원을 읽다, 악보를 읽다, 사태를 읽다, 감정을 읽다, 수를 읽다 등
- 잇다 : 가업을 잇다, 말을 잇다, 끈을 잇다, 줄을 잇다, 생계를 잇다, 꼬리를 잇다 등
- 짓다 : 밥을 짓다, 약을 짓다, 시를 짓다, 말을 짓다, 한숨을 짓다, 죄를 짓다, 매듭을 짓다, 결론을 짓다, 이름을 짓다, 짝을 짓다, 미소를 짓다 등
- 잡다 : 멱살을 잡다, 고기를 잡다, 개를 잡다, 주도권을 잡다, 한밑천을 잡다, 단서를 잡다, 범행 현장을 잡다, 기회를 잡다, 말꼬리를 잡다, 장땡을 잡다, 손님을 잡다, 균형을 잡다, 음을 잡다, 초안을 잡다, 말머리를 잡다, 자세를 잡다, 불길을 잡다, 마음을 잡다, 균형을 잡다, 물을 잡다, 담보물로 잡다, 기간을 잡다, 방향을 잡다 등
- 적다 : 답을 적다, 번호를 적다, 잔술서를 적다, 가계부를 적다 등
- 주다 : 먹이를 주다, 시간을 주다, 혜택을 주다, 임무를 주다, 고통을 주다, 연줄을 주다, 암시를 주다, 눈길을 주다, 주사를 주다, 힘을 주다, 마음을 주다 등
- 지다 : 짐을 지다, 바람을 지다, 오라를 지다, 은혜를 지다, 책임을 지다, 빚을 지다 등
- 찍다 : 도장을 찍다, 잉크를 찍다, 연지 곤지를 찍다, 마침표를 찍다, 벽돌을 찍다, 책을 찍다, 문자를 찍다, 영화를 찍다, 답을 찍다, 후보를 찍다, 신랑감으로 찍다 등

- 취하다 : 휴식을 취하다, 연락을 취하다, 자세를 취하다, 돈을 취하다, 잠에 취하다, 분위기에 취하다, 사람에 취하다, 말에 취하다 등
- 치다 : 공을 치다, 손뼉을 치다, 볼링을 치다, 못을 치다, 전보를 치다, 꼬리를 치다, 헤엄을 치다, 사기를 치다, 점을 치다, 촌수로 치다, 커튼을 치다, 벼락이 치다, 기름을 치다 등
- 켜다 : 통나무를 켜다, 바이올린을 켜다, 고치를 켜다, 엿을 켜다 등
- 크다 : 키가 크다, 신발이 크다, 책임이 크다, 재목이 크다, 소리가 크다, 액수가 크다, 실망이 크다, 통이 크다, 담이 크다, 가능성이 크다, 크게 나누다, 결심이 크다, 업적이 크다, 키가 크다 등
- 타다 : 배를 타다, 나무를 타다, 틈을 타다, 바람을 타다, 썰매를 타다, 그네를 타다, 연줄을 타다 등
- 털다 : 이불을 털다, 호주머니를 털다, 은행을 털다, 과거를 털다 등
- 트다 : 길을 트다, 난장을 트다, 마음을 트다, 거래를 트다, 말을 트다 등
- 튼튼하다 : 밧줄이 튼튼하다, 몸이 튼튼하다, 국가 경제가 튼튼하다, 이데올로기가 튼튼하다 등
- 틀다 : 몸을 틀다, 수도꼭지를 틀다, 라디오를 틀다, 일을 틀다, 머리를 틀다, 가마니를 틀다, 솜을 틀다, 똬리를 틀다, 가부좌를 틀다, 진로를 틀다 등
- 틀리다 : 답이 틀리다, 잠자기는 틀리다, 인간이 틀리다 등
- 파다 : 땅을 파다, 도장을 파다, 목둘레선을 파다, 진상을 파다, 손톱을 파다, 책을 파다, 젖을 파다, 호적을 파다 등
- 팔다 : 땅을 팔다, 사람을 팔다, 정신을 팔다, 이름을 팔다, 나라를 팔다, 쌀을 팔다 등
- 풀다 : 보따리를 풀다, 화를 풀다, 회포를 풀다, 문제를 풀다, 피로를 풀다, 의심을 풀다, 물감을 풀다, 꿈을 풀다, 코를 풀다, 말을 풀다 등
- 품다 : 알을 품다, 가슴에 은장도를 품다, 냉기를 품다, 기상을 품다, 앙심을 품다, 의문을 품다 등
- 펴다 : 날개를 펴다, 주름살을 펴다, 허리를 펴다, 뜻을 펴다, 돗자리를 펴다, 계엄령을 펴다, 세력을 펴다 등
- 피다 : 꽃이 피다, 숯이 피다, 얼굴이 피다, 먹구름이 피다, 형편이 피다, 향기가 피다, 보푸라기가 피다, 웃음이 피다, 곰팡이가 피다, 잉크가 피다 등
- 하다 : 운동을 하다, 나무를 하다, 얼굴을 하다, 술을 하다, 목걸이를 하다, 문학을 하다, 주인공을 하다, 급제를 하다, 반지를 하다, 얼굴값을 하다, 떡 주무르듯 하다, 양자로 하다, 만나기로 하다 등
- 하얗다 : 눈이 하얗다, 얼굴이 하얗다 등
- 헐다 : 울타리를 헐다, 독을 헐다, 수표를 헐다 등
- 헤어지다 : 일행과 헤어지다, 부부가 헤어지다, 구슬들이 헤어지다, 입술이 헤어지다 등
- 흐르다 : 시간이 흐르다, 바지가 흐르다, 물이 흐르다, 방향으로 흐르다, 구름이 흐르다, 촌티가 흐르다, 윤기가 흐르다, 달빛이 흐르다, 땀이 흐르다 등
- 흔들다 : 손을 흔들다, 천지를 흔들다, 집안을 흔들다, 마음을 흔들다, 정계를 흔들다 등
- 흘리다 : 물을 흘리다, 돈을 흘리다, 정보를 흘리다, 웃음을 흘리다, 피를 흘리다, 말씀을 흘리다, 글씨를 흘리다 등
- 힘들다 : 어렵고 힘들다, 끝내기 힘들다, 인간관계가 힘들다, 참기 힘들다 등
- 힘쓰다 : 학업에 힘쓰다, 남을 위해 힘쓰다, 독립에 힘쓰다 등

CHAPTER 01

Section 01 어휘력
적중예상문제

정답 및 해설 p.016

01 어휘의 의미

※ 다음 중 〈보기〉의 밑줄 친 단어와 같은 뜻으로 쓰인 것을 고르시오. [1~4]

01

> **보기**
> 소년은 존경하는 야구 선수에게 받은 사인을 늘 품속에 <u>지니고</u> 다녔다.

① 많은 사람이 고향과 관련된 추억을 가슴 속에 <u>지니고</u> 있다.
② 5G 통신은 광대역 기반의 초고속, 초저지연, 초연결의 특성을 <u>지닌다</u>.
③ 그녀는 방에 들어선 뒤 내내 몸에 <u>지니고</u> 있던 유리병을 조심스럽게 내려두었다.
④ 한 차례 개발의 바람이 지나갔지만, 마을은 여전히 옛 모습을 그대로 <u>지니고</u> 있다.

02

> **보기**
> 금메달을 딴 그는 기쁨에 <u>찬</u> 얼굴로 눈물을 흘렸다.

① 그의 연설 내용은 신념과 확신에 <u>차</u> 있었다.
② 팔목에 수갑을 <u>찬</u> 죄인이 구치소로 이송되었다.
③ 출발 신호와 함께 선수들은 출발선을 <u>차며</u> 힘차게 내달렸다.
④ 기자 회견장은 취재 기자들로 가득 <u>차서</u> 들어갈 틈이 없었다.

03

> **보기**
> 그는 오랜만에 만난 그녀가 괜한 고집을 부리고 있다는 생각이 <u>들었다</u>. 하지만 10년 만의 재회에 그는 그녀의 비위를 거스를 필요를 느끼지 못했다. 그냥 웃을 뿐이었다.

① 아이가 감기가 <u>들어</u> 요즘 병원에 다닌다.
② 그는 선잠이 <u>들었다가</u> 이상한 소리에 잠이 깼다.
③ 좋은 생활 습관이 <u>들면</u> 자기 발전에 도움이 된다.
④ 이 일을 시작했을 때 우리는 불길한 예감이 <u>들었다</u>.

04

> 보기
> 자기의 재주를 인정해 주지 않을 때면 공연이 계속되는 중이라도 그는 마술 도구가 든 가방 하나를 들고 거칠 것 없이 단체를 떠났다.

① 칡덩굴이 밭에 거친다.
② 고등학교를 거쳐 대학을 간다.
③ 가장 어려운 문제를 해결했으니 특별히 거칠 문제는 없다.
④ 기숙사 학생들의 편지는 사감 선생님의 손을 거쳐야 했다.

※ 다음 제시된 단어의 유의어를 고르시오. [5~6]

05

지도

① 목도   ② 보도
③ 감독   ④ 정독

06

는개

① 작달비   ② 안개비
③ 개부심   ④ 그믐치

※ 다음 제시된 단어의 반의어를 고르시오. [7~10]

07

| 든직하다 |

① 붓날다　　　　　　② 사랑옵다
③ 무덕지다　　　　　④ 얄망궂다

08

| 용이하다 |

① 이해하다　　　　　② 난해하다
③ 분별하다　　　　　④ 무난하다

09

| 통합 |

① 종합　　　　　　　② 총괄
③ 통제　　　　　　　④ 분리

10

| 불신 |

① 신뢰　　　　　　　② 신경
③ 불치　　　　　　　④ 거짓

※ 다음 중 〈보기〉의 밑줄 친 단어와 같은 뜻으로 쓰인 것을 고르시오. [11~15]

11

보기
일시 중지 합의를 통해 시간을 <u>벌고</u> 문제 해결을 위한 중간지점을 모색해야 한다.

① 이번만큼 큰돈을 <u>벌</u> 수 있는 기회는 없다.
② 작은 말다툼 이후 둘의 사이가 <u>벌기</u> 시작했다.
③ 소작농 김 씨는 이번에 논 일곱 마지기를 <u>벌었다</u>.
④ 내일 저녁을 얻어먹기로 했으니 저녁값은 <u>벌겠어</u>.

12

보기
그 사고 이후 일주일에 한 번씩 물리치료를 <u>받으러</u> 다닌다.

① 그녀는 어딜 가나 사랑을 <u>받는</u> 사람이다.
② 며칠 밤을 샜더니 화장이 잘 <u>받지</u> 않는다.
③ 그는 이번 생일선물로 시계를 <u>받기</u>로 했다.
④ 어제부터 전화기가 고장 나 전화를 <u>받지</u> 못했다.

13

보기
희대의 사기꾼을 쳐다보는 국민들의 눈에는 분노가 <u>끓었다</u>.

① 보일러를 언제부터 켰는지 방바닥이 펄펄 <u>끓는다</u>.
② 마지막으로 500mL의 물을 붓고 펄펄 <u>끓이면</u> 완성됩니다.
③ 유통기한이 이틀 지난 우유를 마셨더니 배 속이 부글부글 <u>끓는다</u>.
④ 강 교수의 가슴 속에는 끝내지 못한 연구에 대한 열정이 <u>끓고</u> 있다.

14
> 보기
> 앞으로 이태만 더 고생하면 논 몇 마지기는 잡을 수 있을 것 같다.

① 한밑천을 잡다.
② 밧줄을 잡고 올라가다.
③ 그는 개를 잡아 개장국을 끓였다.
④ 심야에는 택시를 잡기가 다른 시간대보다 더 어렵다.

15
> 보기
> 그의 얼굴 표정에서 비장한 결심을 읽을 수 있었다.

① 오늘의 수업에선 만해 한용운을 읽었다.
② 정수는 오늘 학교에서 책을 또박또박 읽어 칭찬을 받았다.
③ 심상치 않은 분위기 속에서 그는 맞은편 애인의 표정을 읽었다.
④ 부리나케 달려온 김대리는 허겁지겁 보고서를 읽고 회의실로 향했다.

※ 다음 중 〈보기〉의 밑줄 친 단어와 반대되는 의미를 가진 것을 고르시오. [16~17]

16
> 보기
> 오늘 나는 비번이다.

① 당번   ② 비근
③ 비견   ④ 번망

17
> 보기
> 순전히 타의에 의해 우리 팀의 목표를 설정하였다.

① 자의   ② 고의
③ 과실   ④ 임의

※ 다음 중 〈보기〉의 밑줄 친 단어와 같은 의미로 쓰인 것을 고르시오. [18~23]

18

> 보기
>
> 큰 사고를 친 유명 아이돌 가수는 검찰에서 조사를 받게 되었다.

① 머리를 너무 짧게 쳤는지 목이 허전한 느낌이 든다.
② 우리 집 개는 낯선 사람을 봐도 꼬리를 치느라 바쁘다.
③ 마침내 시도 때도 없이 거짓말을 치는 남자친구와 헤어졌다.
④ 일이 너무 풀리지 않자 점을 치기 위해 용하다는 무당을 찾아갔다.

19

> 보기
>
> 그녀의 빡빡한 여행 일정에는 커피 한 잔 마실 사이가 없었다.

① 가까운 친구 사이일수록 돈 계산을 철저히 해야 한다.
② 야근을 피하려면 그렇게 놀고 있을 사이가 없을 텐데?
③ 어렵게 잡은 벌레가 잠깐 방심한 사이에 도망가 버렸다.
④ 이번에는 아차산과 망우산 사이에 있는 용마산에 오르기로 하였다.

20

> 보기
>
> 청소를 하고 나니 등이 땀에 축축하게 절었다.

① 김장이 잘되려면 배추를 미리 소금에 절여야 한다.
② 그는 새벽까지 마신 술에 절어 집에 들어가지 못했다.
③ 사고가 났는지 다리를 절면서 걸어가는 사람을 보았다.
④ 차 수리를 하고 나니 연료가 세는지 작업복이 연료에 절어 있었다.

21
> 보기
> 어제 본 퀴즈의 정답을 드디어 풀었다.

① 범인을 찾기 위해 방범대원을 풀었다.
② 사우나에 가서 여행의 노독을 풀었다.
③ 성난 강아지의 화를 풀기 위해 간식을 주었다.
④ 이 문제는 너무 복잡해서 차분히 풀어 나가야 한다.

22
> 보기
> 분노를 누르다.

① 자동차의 경적을 누르다.
② 그는 화를 누르지 못하고 버럭 소리를 질렀다.
③ 우리나라 축구팀이 일본 팀을 누르고 우승했다.
④ 법에서까지 우리를 이렇게 누르기만 하면 살길이 막막해진다.

23
> 보기
> 일의 가닥을 잡다.

① 한밑천을 잡다.
② 사건의 단서를 잡다.
③ 나는 개구리를 잡아다가 닭에게 먹였다.
④ 심야에는 택시를 잡기가 다른 시간대보다 더 어렵다.

※ 다음 중 〈보기〉의 ㉠~㉣에서 설명하고 있는 단어를 바르게 짝지은 것을 고르시오. [24~25]

24

보기
㉠ 알맞지 않게 쓰거나 나쁜 일에 씀
㉡ 일정한 기준이나 한도를 넘어서 함부로 씀
㉢ 잘못 사용함
㉣ 정해진 용도의 범위를 벗어나 아무 데나 함부로 씀

	㉠	㉡	㉢	㉣
①	악용	난용	오용	남용
②	악용	남용	오용	난용
③	오용	난용	악용	남용
④	오용	남용	악용	난용

25

보기
㉠ 일정한 목적이나 기능에 맞게 씀
㉡ 쓸 곳. 또는 쓰이는 바
㉢ 알맞게 이용하거나 맞추어 씀
㉣ 어떠한 현상을 일으키거나 영향을 미침

	㉠	㉡	㉢	㉣
①	적용	작용	사용	소용
②	적용	작용	소용	사용
③	사용	소용	적용	작용
④	사용	소용	작용	적용

02 알맞은 어휘

26 다음 밑줄 친 단어 중 수량이 가장 적은 것은?

① 굴비 <u>두 갓</u>
② 명주 <u>한 필</u>
③ 탕약 <u>세 제</u>
④ 달걀 <u>한 꾸러미</u>

27 다음 글의 빈칸 ㉠, ㉡에 들어갈 단어를 바르게 짝지은 것은?

> 나는 시장에서 북어 한 ㉠ 와/과 오징어 두 ㉡ 을/를 샀다.

	㉠	㉡
①	쾌	축
②	쌈	축
③	쾌	타래
④	마리	쾌

28 다음 글의 빈칸 ㉠~㉢에 들어갈 단어를 바르게 짝지은 것은?

> 일회용 플라스틱 용기와 각종 플라스틱 제품에는 삼각형 모양의 마크와 숫자가 새겨져 있다. 우리는 이 숫자를 통해 플라스틱 제품에 사용된 플라스틱의 종류를 알 수 있다. ㉠ 5번은 질량이 가볍고 내구성이 강한 폴리프로필렌으로, 내열 온도가 매우 높아 고온에서 변형되거나 호르몬을 배출하지 않는다. ㉡ 주로 컵이나 도시락, 주방 소도구 등을 만들 때 사용된다. 6번의 폴리스티렌은 성형성이 우수해 활용하기 쉽고 가벼워 주로 요구르트병으로 만들어진다. ㉢ 내열 온도가 70~90℃로 내열성이 약해 뜨거운 것이 닿으면 쉽게 녹으며, 재활용도 어려워서 환경을 위해서 사용하지 않는 것이 좋다.

	㉠	㉡	㉢
①	그러나	즉	반면에
②	한편	그러므로	그리고
③	한편	그러므로	또한
④	예를 들어	그래서	그러나

29 다음 단위 중 성격이 다른 것은?

① 홉
② 되
③ 섬
④ 푼

30 다음 중 나이를 나타내는 한자어와 그에 해당하는 나이가 잘못 연결된 것은?

① 약관(弱冠) – 20세
② 불혹(不惑) – 30세
③ 이순(耳順) – 60세
④ 백수(白壽) – 99세

31 다음 글의 현주가 밑줄 친 '남동생'과 '언니'를 부를 때 쓰는 말로 옳은 것은?

> 현주의 아버지는 결혼한 <u>남동생</u>이 있고, 어머니는 <u>언니</u>가 있다.

① 작은아버지 – 이모
② 삼촌 – 외숙모
③ 작은아버지 – 외숙모
④ 고모부 – 이모

32 다음 글의 빈칸 ㉠~㉣에 들어갈 단어를 바르게 짝지은 것은?

> 귤동마을 지나 다산초당이 있는 다산을 오르자면 갑자기 청신한 바람이 답사객의 온몸을 휘감고 돈다. ㉠ 들어서 하늘이 감추어진 대밭과 아름드리 소나무가 ㉡ 자라 초당으로 오르는 길은 언제나 어둡고 서늘하다. 이것도 올봄에 갔더니 높은 데서 지시했는지 대밭도 솔밭도 시원스레 속아내서 ㉢ 훤해졌는데 그래도 ㉣ 울창했던 것인지라 청신한 공기에는 변함이 없었다.

	㉠	㉡	㉢	㉣
①	촘촘히	빽빽이	워낙에	겨우
②	무성히	촘촘히	겨우	미처
③	빽빽이	무성히	미처	자못
④	빽빽이	무성히	자못	워낙에

33 다음 중 24절기 순서상 시기가 가장 앞선 것은?

① 청명 ② 경칩
③ 입추 ④ 상강

34 다음 제시된 단어에서 수(數)와 연관된 단어를 찾아 그 수를 모두 합하면?

이립, 작심삼일, 수백(垂白), 일편단심, 백지화

① 103 ② 104
③ 203 ④ 204

35 다음 글의 밑줄 친 단어의 나이를 모두 합한 수는?

충년(沖年)의 나이에 학문의 길을 걷기 시작한 영수는 꾸준히 노력하여 약관(弱冠)의 나이에 유명 대학에 입학하였으며, 꾸준히 정진하여 지천명(知天命)의 나이에 발표한 논문이 세계적으로 유명세를 탔다.

① 60 ② 70
③ 80 ④ 90

03 술어 파악

36 다음 글의 빈칸에 들어갈 단어로 가장 적절한 것은?

> 그는 한 번에 정확하게 정답을 _____.

① 맞췄다
② 맞혔다
③ 마쳤다
④ 마췄다

37 다음 글의 밑줄 친 한자어의 순우리말로 가장 적절한 것은?

> 전쟁 직후 국가가 나아갈 방향에 대해 다양한 사상과 이념이 <u>각축</u>하고 있었다.

① 얽히다
② 대들다
③ 붐비다
④ 겨루다

38 〈보기〉의 뜻을 참고할 때, 다음 글의 빈칸에 들어갈 말로 가장 적절한 것은?

> 부모형제가 _____.

보기
1. 처지가 좋지 못해 몹시 힘들다.
2. 일이 몹시 피곤할 정도로 힘들다.

① 궁벽하다
② 고단하다
③ 외따름하다
④ 으슥하다

39 다음 글의 밑줄 친 단어와 바꿔 사용할 수 있는 단어로 가장 적절한 것은?

> 최저임금법 시행령 제5조 제1항 제2호 및 제3호는 주 단위 또는 월 단위로 지급된 임금에 대해 1주 또는 월의 소정근로시간 수로 나눈 금액을 시간에 대한 임금으로 규정하고 있다. 그러나 최저임금 산정을 위한 소정근로시간 수에 대해 고용노동부와 대법원의 해석이 <u>어긋나</u> 눈길을 끈다. 고용노동부는 소정근로시간에 유급주휴시간을 포함하여 계산하여 통상임금 산정기준 근로시간 수와 동일하게 본 반면, 대법원은 최저임금 산정을 위한 소정근로시간 수에 유급주휴시간을 제외하고 산정하였다.

① 배치되어 ② 도치되어
③ 대두되어 ④ 전도되어

※ 다음 중 〈보기〉의 빈칸에 공통으로 사용할 수 있는 단어로 가장 적절한 것을 고르시오. **[40~41]**

40
> **보기**
> • 벼슬길에 _____
> • 기차에 _____
> • 사전에 _____

① 타다 ② 오르다
③ 뛰어들다 ④ 나서다

41
> **보기**
> • 우리 팀 선수들은 서로 마음을 _____
> • 그는 가뭄 때 자기 논에만 물꼬를 _____
> • 나이도 동갑이니 우리 말을 _____ 지내자.

① 주다 ② 열다
③ 내다 ④ 트다

42 다음 중 '잡다'가 목적어로 취할 단어로 적절하지 않은 것은?

① 전파　　　　　　　　② 능력
③ 증거　　　　　　　　④ 정권

※ 다음 중 〈보기〉에서 설명하는 단어로 가장 적절한 것을 고르시오. **[43~44]**

43
> **보기**
> 깊이 생각하여 이치를 깨달아 알아내다.

① 취득하다　　　　　　② 터득하다
③ 침해하다　　　　　　④ 출몰하다

44
> **보기**
> 모자라거나 부족한 것을 보충하여 완전하게 하다.

① 복구하다　　　　　　② 보완하다
③ 복제하다　　　　　　④ 보류하다

45 다음 중 밑줄 친 부분에 사용할 수 있는 단어로 적절하지 않은 것은?

> • 좋은 성적을 _____ 하려면 열심히 공부해야 한다.
> • 돌풍이 불어 흩어진 물건들을 재빨리 _____ 하였다.
> • 그는 남의 아이들까지 _____ 하느라 고생이 많았다.

① 포획　　　　　　　　② 획득
③ 양육　　　　　　　　④ 수습

CHAPTER 01

Section 02 우리말 어법
핵심이론

01 한글 맞춤법, 표준어, 띄어쓰기

1. 한글 맞춤법

(1) 자모
  ① 한글 자모의 수는 스물넉 자로 하고, 그 순서와 이름은 다음과 같이 정한다.
    ㄱ(기역) ㄴ(니은) ㄷ(디귿) ㄹ(리을) ㅁ(미음) ㅂ(비읍) ㅅ(시옷) ㅇ(이응) ㅈ(지읒) ㅊ(치읓) ㅋ(키읔)
    ㅌ(티읕) ㅍ(피읖) ㅎ(히읗)
    ㅏ(아) ㅑ(야) ㅓ(어) ㅕ(여) ㅗ(오) ㅛ(요) ㅜ(우) ㅠ(유) ㅡ(으) ㅣ(이)
  ② 두 개 이상의 자모를 어울러서 적되, 그 순서와 이름은 다음과 같이 정한다.
    ㄲ(쌍기역) ㄸ(쌍디귿) ㅃ(쌍비읍) ㅆ(쌍시옷) ㅉ(쌍지읒)
    ㅐ(애) ㅒ(얘) ㅔ(에) ㅖ(예) ㅘ(와) ㅙ(왜) ㅚ(외) ㅝ(워) ㅞ(웨) ㅟ(위) ㅢ(의)
  ③ 사전에 올릴 적의 자모 순서는 다음과 같이 정한다.
    ㉠ 자음
      ㄱ ㄲ ㄴ ㄷ ㄸ ㄹ ㅁ ㅂ ㅃ ㅅ ㅆ ㅇ ㅈ ㅉ ㅊ ㅋ ㅌ ㅍ ㅎ
    ㉡ 모음
      ㅏ ㅐ ㅑ ㅒ ㅓ ㅔ ㅕ ㅖ ㅗ ㅘ ㅙ ㅚ ㅛ ㅜ ㅝ ㅞ ㅟ ㅠ ㅡ ㅢ ㅣ

(2) 소리
  ① 된소리 : 한 단어 안에서 뚜렷한 까닭 없이 나는 된소리는 다음 음절의 첫소리를 된소리로 적는다.
    예 소쩍새, 움찔, 깍두기 등
  ② 구개음화 : 'ㄷ, ㅌ' 받침 뒤에 종속적 관계를 가진 '-이(-)'나 '-히-'가 올 적에는, 그 'ㄷ, ㅌ'이 'ㅈ, ㅊ'으로 소리 나더라도 'ㄷ, ㅌ'으로 적는다.
    예 해돋이[해도지], 굳이[구지], 맏이[마지] 등
  ③ 'ㄷ'소리 받침 : 'ㄷ' 소리로 나는 받침 중에서 'ㄷ'으로 적을 근거가 없는 것은 'ㅅ'으로 적는다.
    예 덧저고리, 돗자리, 웃어른 등
  ④ 모음
    ㉠ '계, 례, 몌, 폐, 혜'의 'ㅖ'는 'ㅔ'로 소리나는 경우가 있더라도 'ㅖ'로 적는다.
      예 계수[계수], 사례[사례], 혜택[혜택] 등
      다만, 다음 말은 본음대로 적는다.
      예 게송, 게시판, 휴게실 등
    ㉡ '의'나 자음을 첫소리로 가지고 있는 음절의 'ㅢ'는 'ㅣ'로 소리나는 경우가 있더라도 'ㅢ'로 적는다.
      예 무늬[무니], 씌어[씨어], 본의[본이] 등

⑤ 두음법칙
　㉠ 한자음 '녀, 뇨, 뉴, 니'가 단어 첫머리에 올 적에는, 두음법칙에 따라 '여, 요, 유, 이'로 적는다.
　　예 여자[녀자], 연세[년세], 요소[뇨소] 등
　　• 단어의 첫머리 이외의 경우에는 본음대로 적는다.
　　　예 남녀(男女), 당뇨(糖尿), 은닉(隱匿) 등
　　• 접두사처럼 쓰이는 한자가 붙어서 된 말이나 합성어에서, 뒷말의 첫소리가 'ㄴ' 소리로 나더라도 두음법칙에 따라 적는다.
　　　예 신여성(新女性), 공염불(空念佛), 남존여비(男尊女卑) 등
　㉡ 한자음 '랴, 려, 례, 료, 류, 리'가 단어의 첫머리에 올 적에는, 두음법칙에 따라 '야, 여, 예, 요, 유, 이'로 적는다.
　　예 양심[량심], 역사[력사], 이발[리발] 등
　　• 단어의 첫머리 이외의 경우에는 본음대로 적는다.
　　　예 개량(改良), 수력(水力), 급류(急流) 등
　　• 모음이나 'ㄴ' 받침 뒤에 이어지는 '렬, 률'은 '열, 율'로 적는다.
　　　예 나열[나렬], 분열[분렬], 전율[전률] 등
　　• 접두사처럼 쓰이는 한자가 붙어서 된 말이나 합성어에서, 뒷말의 첫소리가 'ㄴ' 또는 'ㄹ' 소리로 나더라도 두음법칙에 따라 적는다.
　　　예 역이용(逆利用), 연이율(年利率), 열역학(熱力學) 등
　㉢ 한자음 '라, 래, 로, 뢰, 루, 르'가 단어의 첫머리에 올 적에는, 두음법칙에 따라 '나, 내, 노, 뇌, 누, 느'로 적는다.
　　예 낙원[락원], 노인[로인], 뇌성[뢰성] 등
　　• 단어의 첫머리 이외의 경우에는 본음대로 적는다.
　　　예 쾌락(快樂), 극락(極樂), 지뢰(地雷) 등
　　• 접두사처럼 쓰이는 한자가 붙어서 된 단어는 뒷말을 두음법칙에 따라 적는다.
　　　예 상노인(上老人), 중노동(重勞動), 비논리적(非論理的) 등
⑥ 겹쳐 나는 소리 : 한 단어 안에서 같은 음절이나 비슷한 음절이 겹쳐 나는 부분은 같은 글자로 적는다.
　예 눅눅하다[눙눅하다], 꼿꼿하다[꼿곳하다], 씁쓸하다[씁슬하다] 등

(3) 형태
　① 사이시옷
　　㉠ '순우리말+순우리말'의 형태로 합성어를 만들 때 앞말에 받침이 없을 경우
　　　• 뒷말의 첫소리가 된소리로 나야 한다.
　　　　예 귓밥(귀+밥), 나뭇가지(나무+가지), 쇳조각(쇠+조각) 등
　　　• 뒷말의 첫소리가 'ㄴ, ㅁ'이고, 그 앞에서 'ㄴ' 소리가 덧나야 한다.
　　　　예 아랫마을(아래+ㅅ+마을), 뒷머리(뒤+ㅅ+머리), 잇몸(이+ㅅ+몸) 등
　　　• 뒷말의 첫소리 모음 앞에서 'ㄴㄴ' 소리가 덧나야 한다.
　　　　예 깻잎[깬닙], 나뭇잎[나문닙], 댓잎[댄닙] 등

ⓛ '순우리말＋한자어' 혹은 '한자어＋순우리말'의 형태로 합성어를 만들 때 앞말에 받침이 없을 경우
  • 뒷말의 첫소리가 된소리로 나야 한다.
    예 콧병[코뼝], 샛강[새깡], 아랫방[아래빵] 등
  • 뒷말의 첫소리가 'ㄴ, ㅁ'이고, 그 앞에서 'ㄴ' 소리가 덧나야 한다.
    예 훗날[훈날], 제삿날[제산날], 툇마루[퇸마루] 등
  • 뒷말의 첫소리 모음 앞에서 'ㄴㄴ' 소리가 덧나야 한다.
    예 가욋일[가왼닐], 예삿일[예산닐], 훗일[훈닐] 등
ⓒ 한자어＋한자어로 된 두 음절의 합성어 가운데에서는 다음 6개만 인정한다.
  예 곳간(庫間), 숫자(數字), 횟수(回數), 툇간(退間), 셋방(貰房), 찻간(車間)

② 준말
  ㉠ 단어의 끝모음이 줄어지고 자음만 남은 것은 그 앞의 음절에 받침으로 적는다.
    예 엊그저께(어제그저께), 엊저녁(어제저녁), 온갖(온가지) 등
  ㉡ 체언과 조사가 어울려 줄어지는 경우에는 준 대로 적는다.
    예 그건(그것은), 그걸로(그것으로), 무얼(무엇을) 등
  ㉢ 모음 'ㅏ, ㅓ'로 끝난 어간에 '-아/-어, -았-/-었-'이 어울릴 적에는 준 대로 적는다.
    예 가(가아), 갔다(가았다), 폈다(펴었다) 등
  ㉣ 모음 'ㅗ, ㅜ'로 끝난 어간에 '-아/-어, -았-/-었-'이 어울려 'ㅘ/ㅝ, 왔/웠'으로 될 적에는 준 대로 적는다.
    예 꽜다(꼬았다), 쐈다(쏘았다), 쒔다(쑤었다) 등
  ㉤ 'ㅣ' 뒤에 '-어'가 와서 'ㅕ'로 줄 적에는 준 대로 적는다.
    예 가져(가지어), 버텨(버티어), 치여(치이어) 등
  ㉥ 'ㅏ, ㅕ, ㅗ, ㅜ, ㅡ'로 끝난 어간에 '-이-'가 와서 각각 'ㅐ, ㅖ, ㅚ, ㅟ, ㅢ'로 줄 적에는 준 대로 적는다.
    예 쌔다(싸이다), 폐다(펴이다), 씌다(쓰이다) 등
  ㉦ 'ㅏ, ㅗ, ㅜ, ㅡ' 뒤에 '-이어'가 어울려 줄어질 적에는 준 대로 적는다.
    예 보여(보이어), 누여(누이어), 트여(트이어) 등
  ㉧ 어미 '-지' 뒤에 '않-'이 어울려 '-잖-'이 될 적과 '-하지' 뒤에 '않-'이 어울려 '찮-'이 될 적에는 준 대로 적는다.
    예 그렇잖은(그렇지 않은), 만만찮다(만만하지 않다), 변변찮다(변변하지 않다) 등
  ㉨ 어간의 끝음절 '하'의 'ㅏ'가 줄고 'ㅎ'이 다음 음절의 첫소리와 어울려 거센소리로 될 적에는 거센소리로 적는다.
    예 간편케(간편하게), 연구토록(연구하도록), 흔타(흔하다) 등
    • 'ㅎ'이 어간의 끝소리로 굳어진 것은 받침으로 적는다.
      예 아무렇다 – 아무렇고 – 아무렇지 – 아무렇든지
    • 어간의 끝음절 '하'가 아주 줄 적에는 준 대로 적는다.
      예 거북지(거북하지), 생각건대(생각하건대), 넉넉지 않다(넉넉하지 않다) 등
  ㉩ 다음과 같은 부사는 소리대로 적는다.
    예 결단코, 기필코, 무심코, 하여튼, 요컨대 등

③ '-쟁이', '-장이'
　㉠ 그것이 나타내는 속성을 많이 가진 사람은 '-쟁이'로 적는다.
　　예 거짓말쟁이, 욕심쟁이, 심술쟁이 등
　㉡ 그것과 관련된 기술을 가진 사람은 '-장이'로 적는다.
　　예 미장이, 대장장이, 토기장이 등

틀리기 쉬운 어휘
- 너머 : 높이나 경계로 가로막은 사물의 저쪽
　넘어 : 일정한 시간, 시기, 범위 따위에서 벗어나 지나다.
- 띄다 : 눈에 보이다.
　띠다 : 빛깔이나 성질을 가지다.
- 틀리다 : 바라거나 하려는 일이 순조롭게 되지 못하다.
　다르다 : 비교가 되는 두 대상이 서로 같지 아니하다.
- 가리키다 : 어떤 방향이나 대상을 집어서 보이거나 말하거나 알리다.
　가르치다 : 상대편에게 지식이나 기능, 이치 따위를 깨닫거나 익히게 하다.
- 금새 : 물건의 값
　금세 : 지금 바로
- 어느 : 여럿 가운데 대상이 되는 것이 무엇인지 물을 때 쓰는 말
　여느 : 그 밖의 예사로운. 또는 다른 보통의
- 늘이다 : 본디보다 더 길게 하다.
　늘리다 : 길이나 넓이, 부피 따위를 본디보다 커지게 하다.
- -던지 : 막연한 의문이 있는 채로 그것을 뒤 절의 사실이나 판단과 관련시킬 때
　-든지 : 나열된 동작이나 상태, 대상 중에서 어느 것이든 선택될 수 있음을 나타낼 때
- 부치다 : 일정한 수단이나 방법을 써서 상대에게로 보내다.
　붙이다 : 맞닿아 떨어지지 않게 하다.
- 삭이다 : 긴장이나 화가 풀려 마음이 가라앉다.
　삭히다 : 김치나 젓갈 따위의 음식물이 발효되어 맛이 들다.
- 일절 : 아주, 전혀, 절대로의 뜻
　일체 : 모든 것, 모든 것을 다

---

2. 표준어 규정

(1) 자음

① 거센소리를 가진 형태의 단어를 표준어로 삼는다.
　예 끄나풀, 살쾡이, 나팔꽃 등
② 거센소리로 나지 않는 형태의 단어를 표준어로 삼는다.
　예 가을갈이, 거시기, 분침 등
③ 어원에서 멀어진 형태로 굳어져서 널리 쓰이는 것은, 그것을 표준어로 삼는다.
　예 강낭콩, 사글세, 고샅 등

④ 다음 단어들은 의미를 구별함이 없이, 한 가지 형태만을 표준어로 삼는다(다만, '둘째'는 십 단위 이상의 서수사에 쓰일 때에 '두째'로 한다).
  예 돌, 둘째, 빌리다 등
⑤ 수컷을 이르는 접두사는 '수-'로 통일한다.
  예 수꿩, 수나사, 수소 등
  ㉠ 다음 단어의 접두사는 '숫-'으로 한다.
    예 숫양, 숫염소, 숫쥐
  ㉡ 다음 단어에서는 접두사 다음에서 나는 거센소리를 인정한다.
    예 수캉아지, 수퇘지, 수평아리, 수키와 등

(2) 모음
① 양성 모음이 음성 모음으로 바뀌어 굳어진 단어는 음성 모음 형태를 표준어로 삼는다.
  예 깡충깡충, 발가숭이, 오뚝이 등
  ※ 다만, 어원 의식이 강하게 작용하는 단어에서는 양성 모음 형태를 그대로 표준어로 삼는다.
  예 부조, 사돈, 삼촌 등
② 'ㅣ' 역행 동화현상에 의한 발음은 원칙적으로 표준 발음으로 인정하지 아니하되, 그러한 동화가 적용된 형태를 표준어로 삼는다.
  예 풋내기, 냄비, 동댕이치다 등
③ 모음이 단순화한 형태의 단어를 표준어로 삼는다.
  예 괴팍하다, 미루나무, 으레, 케케묵다 등
④ 모음의 발음 변화를 인정하여, 발음이 바뀌어 굳어진 형태의 단어를 표준어로 삼는다.
  예 깍쟁이, 상추, 허드레 등
⑤ '위-, 윗-, 웃-'
  ㉠ '위'를 가리키는 말은 '위-'로 적는 것이 원칙이다.
    예 위층, 위쪽, 위턱 등
  ㉡ '위-'가 뒷말과 결합하면서 된소리가 되거나 'ㄴ'이 덧날 때는 '윗-'으로 적는다.
    예 윗입술, 윗목, 윗눈썹 등
  ㉢ 아래, 위의 대립이 없는 낱말은 '웃-'으로 적는다.
    예 웃돈, 웃어른, 웃옷 등
⑥ 한자 '구(句)'가 붙어서 이루어진 단어는 '귀'로 읽는 것을 인정하지 아니하고, '구'로 통일한다.
  예 구절(句節), 시구(詩句), 인용구(引用句) 등
  ※ 다음의 단어들은 '귀'로 발음되는 형태를 표준어로 삼는다.
  예 귀글, 글귀

(3) 단수 표준어
비슷한 발음의 몇 형태가 쓰일 경우, 그 의미에 아무런 차이가 없고 그중 하나가 더 널리 쓰이면 그 한 형태만을 표준어로 삼는다.
  예 귀고리, 꼭두각시, 우두커니, 천장 등

(4) 복수 표준어

① 다음 단어는 앞의 것을 원칙으로 하고, 뒤의 것도 허용한다.
   예 네 – 예, 쇠고기 – 소고기 등
② 어감의 차이를 나타내는 단어 또는 발음이 비슷한 단어들이 다 같이 널리 쓰이는 경우에는, 모두를 표준어로 삼는다.
   예 거슴츠레하다 – 게슴츠레하다, 고까 – 꼬까, 고린내 – 코린내 등
③ 한 가지 의미를 나타내는 형태 몇 가지가 널리 쓰이며 표준어 규정에 맞으면, 모두를 표준어로 삼는다.
   예 넝쿨 – 덩굴, 민둥산 – 벌거숭이산, 살쾡이 – 삵, 어림잡다 – 어림치다, 옥수수 – 강냉이 등

3. 띄어쓰기

① 조사는 그 앞말에 붙여 쓴다.
   예 꽃이, 꽃마저, 웃고만 등
② 의존명사는 띄어 쓴다.
   예 아는 것이 힘이다, 나도 할 수 있다, 먹을 만큼 먹어라 등
③ 단위를 나타내는 명사는 띄어 쓴다.
   예 한 개, 열 살, 집 한 채 등
   단, 순서를 나타내는 경우나 숫자와 어울려 쓰이는 경우에는 붙여 쓸 수 있다.
   예 삼학년, 육층, 80원 등
④ 수를 적을 적에는 '만(萬)' 단위로 띄어 쓴다.
   예 십이억 삼천사백오십육만 칠천팔백구십팔 → 12억 3456만 7898
⑤ 두 말을 이어 주거나 열거할 적에 쓰이는 말들은 띄어 쓴다.
   예 국장 겸 과장, 열 내지 스물, 청군 대 백군 등
⑥ 단음절로 된 단어가 연이어 나타날 적에는 붙여 쓸 수 있다.
   예 그때 그곳, 좀더 큰것, 한잎 두잎 등
⑦ 보조용언은 띄어 씀을 원칙으로 하되, 경우에 따라 붙여 씀도 허용한다.
   예 불이 꺼져 간다. / 불이 꺼져간다. 비가 올 성싶다. / 비가 올성싶다. 등
⑧ 성과 이름, 성과 호 등은 붙여 쓰고, 이에 덧붙는 호칭어, 관직명 등은 띄어 쓴다.
   예 채영신 씨, 최치원 선생, 충무공 이순신 장군 등
⑨ 성명 이외의 고유명사는 단어별로 띄어 씀을 원칙으로 하되, 단위별로 띄어 쓸 수 있다.
   예 대한 중학교 / 대한중학교, 시대 고시 / 시대고시 등
⑩ 전문 용어는 단어별로 띄어 씀을 원칙으로 하되, 붙여 쓸 수 있다.
   예 만성 골수성 백혈병 / 만성골수성백혈병 등

02 순우리말, 로마자 · 외래어 표기법

1. 순우리말

- 가납사니 : 쓸데없는 말을 잘하는 사람, 또는 말다툼을 잘하는 사람
- 가시버시 : 부부
- 가욋길 : 기준이나 필요 밖의 길, 즉 안 가도 되는 길
- 개밥바라기 : 저녁에 서쪽 하늘에 보이는 금성
- 고뿔 : 감기
- 고샅 : 마을의 좁은 골목길, 좁은 골짜기의 사이
- 구성지다 : 천연덕스럽고 구수하다.
- 길섶 : 길의 가장자리
- 날포 : 하루 남짓한 동안
- 높바람 : 북풍, 된바람
- 느루 : 한번에 몰아치지 않고 시간을 길게 늦추어 잡아서
- 는개 : 안개보다 조금 굵고 이슬비보다 조금 가는 비
- 달포 : 한 달 남짓
- 댓바람 : 단번에, 지체하지 않고, 곧
- 도투락 : 어린아이의 머리댕기
- 될성부르다 : 잘될 가망이 있다.
- 뜨악하다 : 마음에 선뜻 내키지 않다.
- 마뜩하다 : 제법 마음에 들다.
- 마파람 : 남풍, 남쪽에서 불어오는 바람
- 마수걸이 : 첫 번째로 물건을 파는 일
- 무서리 : 처음 오는 묽은 서리
- 미리내 : 은하수
- 미쁘다 : 진실하다.
- 방짜 : 품질이 좋은 놋쇠를 부어 내어 다시 두드려 만든 놋그릇
- 벼리다 : 날이 무딘 연장을 불에 달구어서 두드려 날카롭게 만들다.
- 부아나다 : 분한 마음이 일어나다.
- 사금파리 : 사기그릇의 깨진 작은 조각
- 사시랑이 : 가냘픈 사람이나 또는 물건
- 샛바람 : 동풍을 달리 이르는 말
- 생인손 : 손가락 끝에 나는 종기
- 설피다 : 짜거나 엮은 것이 성기고 거칠다.
- 시나브로 : 모르는 사이에 조금씩 조금씩
- 아람 : 탐스러운 가을 햇살을 받아서 저절로 충분히 익어 벌어진 과실

- 애오라지 : '겨우'를 강조하여 이르는 말
- 어깃장 : 짐짓 어기대는 행동
- 어줍다 : 말이나 동작이 부자연하고 시원스럽지 않다. 손에 익지 않아 서투르다.
- 입씻이 : 다른 말을 못하도록 또는 비밀이 새지 않도록 주는 돈이나 물건
- 자맥질 : 물속에 들어가서 떴다 잠겼다 하며 팔다리를 놀리는 짓
- 저어하다 : 두려워하다.
- 주전부리 : 때를 가리지 않고 군음식을 자주 먹는 입버릇
- 치사랑 : 손윗사람에 대한 사랑
- 하늬바람 : 서풍
- 함초롬하다 : 가지런하고 곱다.
- 해거름 : 해가 거의 넘어갈 무렵
- 헛물켜다 : 이루어지지 않을 일을 두고, 꼭 되려니 하고 헛되이 애를 쓰다.

2. 로마자 표기법

(1) 자음

ㄱ	ㄲ	ㅋ	ㄷ	ㄸ	ㅌ	ㅂ	ㅃ	ㅍ	ㅈ	ㅉ	ㅊ	ㅅ	ㅆ	ㅎ	ㅁ	ㄴ	ㅇ	ㄹ
g/k	kk	k	d/t	tt	t	b/p	pp	p	j	jj	ch	s	ss	h	m	n	ng	r/l

(2) 모음

ㅏ	ㅐ	ㅑ	ㅒ	ㅓ	ㅔ	ㅕ	ㅖ	ㅗ	ㅘ	ㅙ	ㅚ	ㅛ	ㅜ	ㅝ	ㅞ	ㅟ	ㅠ	ㅡ	ㅢ	ㅣ
a	ae	ya	yae	eo	e	yeo	ye	o	wa	wae	oe	yo	u	wo	we	wi	yu	eu	ui	i

(3) 표기상 유의점

① 음운변화가 일어날 때에는 변화의 결과에 따라 적는다.
　㉠ 자음 사이에서 동화작용이 일어나는 경우
　　예 신문로(Sinmunno), 왕십리(Wangsimni), 신라(Silla) 등
　㉡ 'ㄴ, ㄹ'이 덧나는 경우
　　예 학여울(Hangnyeoul), 알약(Allyak) 등
　㉢ 구개음화가 일어나는 경우
　　예 해돋이(Haedoji), 같이(Gachi), 맞히다(Machida) 등
　㉣ 'ㄱ, ㄷ, ㅂ, ㅈ'이 'ㅎ'과 합하여 거센소리로 소리 나는 경우(단, 된소리는 반영하지 않음)
　　예 좋고(Joko), 잡혀(Japyeo), 압구정(Apgujeong), 낙동강(Nakdonggang) 등
② 발음상 혼동의 우려가 있을 때에는 음절 사이에 붙임표(-)를 쓸 수 있다.
　예 중앙(Jung-ang), 반구대(Ban-gudae), 해운대(Hae-undae) 등

③ 고유명사는 첫소리를 대문자로 적는다.
  예 부산(Busan), 세종(Sejong) 등
④ 인명은 성과 이름의 순서로 쓰되 띄어 쓴다.
  예 민용하(Min Yongha), 송나리(Song Na-ri), 홍빛나(Hong Bit-na) 등
⑤ '도·시·군·구·읍·면·리·동'의 행정구역 단위와 거리를 지칭하는 '가'는 'do, si, gun, gu, eup, myeon, ri, dong, ga'로 적고, 그 앞에는 붙임표(-)를 넣는다.
  예 도봉구(Dobong-gu), 종로 2가[Jongno 2(i)-ga]
⑥ 자연지물명, 문화재명, 인공축조물명은 붙임표(-) 없이 붙여 쓴다.
  예 속리산(Songnisan), 경복궁(Gyeongbokgung), 촉석루(Chokseongnu) 등
⑦ 인명, 회사명, 단체명 등은 그동안 써온 표기를 쓸 수 있다.
⑧ 학술, 연구, 논문 등 특수 분야에서 한글 복원을 전제로 표기할 경우에는 한글 표기를 대상으로 적는다.
  예 짚(Jip), 붓꽃(Buskkoch), 조랑말(Jolangmal) 등

3. 외래어 표기법

(1) 외래어 표기법의 기본 원칙
① 외래어는 국어의 현용 24자모만으로 적는다.
② 외래어의 1음운은 원칙적으로 1기호로 적는다.
③ 외래어의 받침에는 'ㄱ, ㄴ, ㄹ, ㅁ, ㅂ, ㅅ, ㅇ'만을 적는다.
④ 파열음 표기에는 된소리를 쓰지 않는 것을 원칙으로 한다.
⑤ 이미 굳어진 외래어는 관용을 존중하되, 그 범위와 용례는 따로 정한다.

(2) 틀리기 쉬운 외래어 표기
- 액세서리(○) / 액세사리(×)
- 바비큐(○) / 바베큐(×)
- 비스킷(○) / 비스켓(×)
- 케이크(○) / 케익(×)
- 초콜릿(○) / 초콜렛(×)
- 소시지(○) / 소세지(×)
- 워크숍(○) / 워크샵(×)
- 팸플릿(○) / 팜플렛(×)
- 앙케트(○) / 앙케이트(×)
- 콘텐츠(○) / 컨텐츠(×)
- 컬렉션(○) / 콜렉션(×)
- 앙코르(○) / 앵콜(×)
- 마니아(○) / 매니아(×)
- 로열(○) / 로얄(×)

03 높임법

1. 주체 높임법

(1) **직접 높임** : '-시-(선어말 어미), -님(접미사), -께서(조사)'에 의해 실현된다.
   예 어머니, 선생님께서 오십니다.

(2) **간접 높임** : '-시-(선어말 어미)'를 붙여 간접적으로 높인다.
   예 할아버지는 연세가 많으시다.

2. 상대 높임법

(1) **격식체** : 공식적이고 직접적이며, 딱딱하고 단정적인 느낌을 준다.
   ① 해라체(아주낮춤) : '-ㄴ다, -는다, -다, -는구나, -느냐, -냐, -어라/아라, -자'
      예 빨리 자거라. 일찍 일어나야 한다.
   ② 하게체(예사낮춤) : '-네, -이, -ㄹ세, -는구먼, -로구먼, -는가, -ㄴ가, -게, -세'
      예 이리 와서 앉게. 자네 혼자 왔나?
   ③ 하오체(예사높임) : '-(으)오, -(으)소, -는구려, -구려, -(으)ㅂ시다'
      예 어서 나오시오. 무얼 그리 꾸물거리시오?
   ④ 합쇼체(아주높임) : '-ㅂ니다, -ㅂ(습)니다, -ㅂ니까, -ㅂ(습)니까, -십시오, -시지요'
      예 어서 오십시오. 자주 들르겠습니다.

(2) **비격식체** : 부드럽고 친근하며 격식을 덜 차리는 경우에 쓰인다.
   ① 해체(두루낮춤) : '-어/아, -야, -군'
      예 어서 빨리 가. 가방 놓고 앉아.
   ② 해요체(두루높임) : '-어/아요, -군요'
      예 안녕히 계세요. 이따 또 오겠어요.

3. 객체 높임법

말하는 이가 객체, 곧 문장의 목적어나 부사어를 높이는 높임법
예 드리다, 뵙다, 모시다, 여쭙다 등

4. 공손법과 압존법

(1) **공손법** : 말하는 이가 자신을 낮추는 공손한 표현을 써서 결과적으로 상대방을 높이는 높임법
   예 변변치 못한 물건이지만, 정성을 생각하셔서 받아 주시옵소서.
(2) **압존법** : 주체를 높여야 하지만, 듣는 이가 주체보다 높은 경우에는 높임을 하지 않는 것
   예 할아버지, 아버지가 오고 있어요.

CHAPTER 01

Section 02 우리말 어법
적중예상문제

정답 및 해설 p.025

01 한글 맞춤법, 표준어, 띄어쓰기

01 다음 중 밑줄 친 단어의 표기가 옳은 것은?
① <u>먹을만큼만</u> 접시에 담도록 해.
② <u>가만이</u> 앉아 눈을 감고 상상해 봐.
③ 그는 한숨을 내쉬며 담배에 불을 <u>붙였다</u>.
④ 그녀가 우산을 <u>바쳐</u> 들고 빗속을 걸어갔다.

※ 다음 중 밑줄 친 단어의 표기가 옳지 않은 것을 고르시오. [2~3]

02 ① <u>널빤지</u>로 궤짝을 짰다.
② 그는 쥐꼬리만 한 수입으로 <u>근근히</u> 살아간다.
③ <u>어차피</u> 죽을 바엔 밥이라도 배불리 먹고 싶다.
④ 우리는 오래전부터 가족들끼리도 <u>익히</u> 알고 지내는 사이이다.

03 ① 어제는 <u>왠지</u> 피곤한 하루였다.
② 점심을 먹은 뒤 바로 <u>설겆이</u>를 했다.
③ 용감한 시민의 제보로 진실이 <u>드러났다</u>.
④ 바리스타<u>로서</u> 자부심을 가지고 커피를 내렸다.

04 다음 중 어휘의 사용이 옳은 것은?

① 열심히 하는 것은 좋은데 촛점이 틀렸다.
② 라면 곱배기를 먹었더니 배가 너무 부르다.
③ 몸이 너무 약해서 보약을 다려 먹어야겠다.
④ 뚝배기에 담겨 나와서 시간이 지나도 식지 않았다.

05 다음 중 띄어쓰기가 옳지 않은 것은?

① 남자같이 생겼다.
② 호랑이같은 힘이 난다.
③ 불꽃같은 형상이 나타났다.
④ 저 자동차와 같이 가면 된다.

06 다음 중 밑줄 친 부분의 띄어쓰기가 모두 옳은 것은?

① 일과 여가 <u>두가지를</u> 어떻게 <u>조화시키느냐하는</u> 문제는 항상 인류의 관심대상이 되어 왔다.
② <u>내로라하는</u> 영화배우 중 내 고향 출신도 상당수 된다. 그래서 자연스럽게 영화배우를 꿈꿨고, <u>그러다 보니</u> 영화는 내 생활의 일부가 되었다.
③ 최선의 세계를 만들기 위해서는 <u>무엇 보다</u> 이 세계에 있는 모든 대상이 지닌 성질을 정확하게 <u>인식해야 만</u> 한다.
④ 실기시험은 까다롭게 <u>심사하는만큼</u> 준비를 철저히 해야 한다. <u>한 달 간</u> 실전처럼 연습하면서 시험에 대비하자.

07 다음 중 ㉠과 ㉡에 들어갈 단어를 바르게 짝지은 것은?

- 매년 10만여 명의 ㉠ <u>뇌졸중 / 뇌졸증</u> 환자가 발생하고 있다.
- 그의 변명이 조금 ㉡ <u>꺼림직 / 꺼림칙 / 꺼림칫</u>했으나, 한번 믿어보기로 했다.

	㉠	㉡		㉠	㉡
①	뇌졸중	꺼림칙	②	뇌졸증	꺼림직
③	뇌졸중	꺼림칫	④	뇌졸증	꺼림직

08 다음 단어 중 긴소리가 아닌 것은?

① 눈[雪][눈 :]   ② 말[言][말 :]
③ 밤[栗][밤 :]   ④ 시[時][시 :]

09 다음 글의 밑줄 친 부분에 대한 맞춤법 수정 방안으로 옳지 않은 것은?

> 옛것을 <u>본받는</u> 사람은 옛 자취에 <u>얽메이는</u> 것이 문제이다. 새것을 만드는 사람은 이치에 <u>합당지</u> 않은 것이 걱정이다. 진실로 능히 옛것을 변화할 줄 알고, 새것을 만들면서 법도에 맞을 수만 있다면 지금 글도 <u>옛글 만큼</u> 훌륭하게 쓸 수 있을 것이다.

① 본받는 → 본 받는
② 얽메이는 → 얽매이는
③ 합당지 → 합당치
④ 옛글 만큼 → 옛글만큼

10 다음은 표준어 규정 중의 일부이다. (가) ~ (라)에 대한 예시로 옳지 않은 것은?

> (가) 기술자에게는 '-장이', 그 외에는 '-쟁이'가 붙는 형태를 표준어로 삼는다.
> (나) 준말이 널리 쓰이고 본말이 잘 쓰이지 않는 경우에는, 준말만을 표준어로 삼는다.
> (다) '웃-' 및 '윗-'은 명사 '위'에 맞추어 '윗-'으로 통일하지만, '아래, 위'의 대립이 없는 단어는 '웃-'으로 발음되는 형태를 표준어로 삼는다.
> (라) 양성 모음이 음성 모음으로 바뀌어 굳어진 단어는 음성 모음 형태를 표준어로 삼는다.

① (가) - '소금쟁이'를 표준어로 삼고, '소금장이'를 버림
② (나) - '솔개'를 표준어로 삼고, '소리개'를 버림
③ (다) - '웃도리'를 표준어로 삼고, '윗도리'를 버림
④ (라) - '깡충깡충'을 표준어로 삼고, '깡총깡총'을 버림

11 다음 중 복수 표준어인 것은?

① 귓머리 – 귀밑머리
② 천둥 – 우뢰
③ 옥수수 – 강냉이
④ 죽더기 – 죽데기

12 다음 중 복수 표준어가 아닌 것은?

① 무우 – 무
② 토담 – 흙담
③ 고린내 – 코린내
④ 쇠고기 – 소고기

13 다음 〈보기〉에서 밑줄 친 단어의 표기가 옳지 않은 것을 모두 고르면?

> **보기**
> ㉠ 일이 하도 많아 밤샘 작업이 <u>예삿일</u>로 되어 버렸다.
> ㉡ 아이는 <u>등굣길</u>에 문구점에 잠깐 들른다.
> ㉢ 반지하 <u>전셋방</u>에서 살림을 시작한 지 10년 만에 집을 장만하였다.
> ㉣ <u>조갯살</u>로 국물을 내어 칼국수를 끓이면 시원한 맛이 일품이다.
> ㉤ 우리는 저녁을 어디서 먹을까 망설이다가 만장일치로 <u>피잣집</u>에 갔다.

① ㉠, ㉡
② ㉠, ㉢
③ ㉡, ㉣
④ ㉢, ㉤

※ 다음 글의 밑줄 친 ㉠~㉣에 대한 맞춤법 수정 방안으로 옳지 않은 것을 고르시오. [14~15]

14

그쪽에서 물건 하나를 ㉠ 맞아 주었으면 해요. 그건 우리 할머니의 ㉡ 유품이예요. 저는 할머니의 ㉢ 유언에 따라 당신에게 그것을 전해야 할 책임을 느껴요. 할머니께서는 본인의 생각을 저에게 누차 말씀하신 바 있기 때문이죠. 부디 당신이 할머니가 품었던 호의를 거절하지 않기를 바라요. 아시다시피 할머니는 결코 말씀이 많으신 분은 아니었지요. 당신께서 생전에 표현하지 못했던 심정이 거기에 절실히 아로새겨져 있을 ㉣ 거예요.

① ㉠은 문맥상 적절한 단어인 '맡아'로 수정해야 한다.
② ㉡은 옳지 않은 표기이므로 '유품이에요.'로 수정해야 한다.
③ ㉢의 '유언'은 문맥상 비슷한 단어인 '유지(遺志)'로 바꾸어 쓸 수 있다.
④ ㉣은 의존명사 '것'에 '-에요'가 결합한 것이므로 '거에요'로 수정해야 한다.

15

최근 비만에 해당하는 인구가 증가하고 있다. 비만은 다른 질병들을 ㉠ 유발할 수 있어 주의를 필요로 ㉡ 하는 데, 특히 학생들의 비만이 증가하여 제일 큰 문제가 되고 있다. 학생들의 비만 원인으로 교내 매점에서 판매되는 제품에 설탕이 많이 함유되어 있음이 거론되고 있다. 예를 들어 매점의 주요 판매 품목인 탄산음료, 빵 등은 다른 제품들에 비해 설탕 함유량이 높다. 학생들의 비만 문제를 해결하기 위한 방안으로 매점에서 판매되는 설탕 함유량이 높은 제품에 설탕세를 ㉢ 메겨서 학생들의 구매를 억제하자는 주장이 있다.
영국의 한 과학자는 생쥐에게 일정 기간 동안 설탕을 주입한 후 변화를 관찰하여 설탕이 비만에 상당한 영향력을 미치고 있으며, 운동 능력도 저하시킬 수 있다는 실험 결과를 발표하였다. 권장량 이상의 설탕은 비만의 주요한 요인이 될 수 있고, 이로 인해 다른 질병에 노출될 가능성도 ㉣ 높이는 것이다. 이렇게 비만을 일으키는 주요한 성분 중 하나인 설탕이 들어간 제품에 대해 그 함유량에 따라 부과하는 세금을 '설탕세'라고 한다. 즉, 설탕세는 설탕 함유량이 높은 제품의 가격을 올려 소비를 억제하기 위한 방법이라고 할 수 있다.

① ㉠은 사동의 뜻을 가진 '유발시킬'로 수정해야 한다.
② ㉡의 '-ㄴ데'는 연결 어미로 '하는데'와 같이 붙여 써야 한다.
③ ㉢은 잘못된 표기이므로 '매겨서'로 수정해야 한다.
④ ㉣은 피동의 뜻을 가진 '높아지는'으로 수정해야 한다.

02 순우리말, 로마자·외래어 표기법

16 다음 글의 빈칸에 들어갈 단어로 옳은 것은?

> 수지는 친구들과 장난을 치다 _____를 밟아 발바닥에 상처를 입었다.

① 주전부리 ② 사시랑이
③ 마수걸이 ④ 사금파리

※ 다음 중 밑줄 친 단어의 쓰임이 옳지 않은 것을 고르시오. [17~18]

17 ① 그는 아무것도 없는 창고를 바라보며 <u>엉기정기</u> 서 있었다.
② 그는 화가 나면 아무에게나 <u>귀둥대둥</u> 굴어 대는 버릇이 있다.
③ 눈물이 고인 채 도로를 바라보니 불빛이 <u>어룽어룽</u>하게 보였다.
④ 그는 어릴 때부터 <u>씨억씨억</u>하게 잘 놀고 이따금 싸움도 하였다.

18 ① 여름이 되자 포도나무에 포도가 <u>알음알음</u> 열렸다.
② 빨랫줄에 널어놓은 차렵이불이 <u>너붓너붓</u> 펄럭인다.
③ 작은 것까지 <u>옴니암니</u> 따지는 사람은 약간 피곤하다.
④ 큰일이 닥쳤을 때 침착한 사람과 <u>겅둥겅둥</u>하는 사람이 있다.

19 다음 중 로마자 표기가 옳은 것은?

① 신라 → Silla
② 팔당 → Palttang
③ 홍빛나 → Hong Binna
④ 설악산 → Seorak-San

20 다음 중 로마자 표기가 옳지 않은 것은?

① 벚꽃(Beotkkot)
② 대관령(Daegwallyeong)
③ 묵호(Mukho)
④ 족고(Jokko)

※ 다음 중 외래어 표기법이 옳지 않은 것을 고르시오. [21~23]

21 ① 아웃렛(Outlet) ② 피에로(Pierrot)
　　　③ 모짜르트(Mozart) ④ 콘텐츠(Contents)

22 ① 로봇(Robot) ② 로켓(Rocket)
　　　③ 소시지(Sausage) ④ 트럼펠(Trumpet)

23 ① 플루트(Flute) ② 샵(Shop)
　　　③ 인디언(Indian) ④ 초콜릿(Chocolate)

※ 다음 중 순우리말로 옳은 것을 고르시오. [24~25]

24 ① 시장 ② 외투
　　　③ 고뿔 ④ 지병

25 ① 날포 ② 제복
　　　③ 정장 ④ 화장

03 높임법

※ 다음 중 높임법의 쓰임이 적절하지 않은 것을 고르시오. [26~30]

26
① 다음 손님 들어가실게요.
② 어머니는 할머니를 정성으로 모셨다.
③ 아버지, 할아버지께서 방으로 오시래요.
④ 어려운 내용은 선생님께 여쭤워 보았다.

27
① (관중들을 향해) 조용히 하세요.
② (선생님께) 아직 저를 기억하시나요?
③ (옛 제자에게) 우선 여기 앉아 보게.
④ (웃어른이) 그 문제는 선생님한테 물어봐.

28
① 그분은 할머니의 친구야.
② 선배님께서는 댁에 계신다.
③ 저는 감자를 즐겨 먹습니다.
④ 시청자 여러분, 안녕하십니까?

29
① 할머니, 많이 잡수세요.
② 철수야, 선생님이 빨리 오래.
③ 할아버지께서는 아직 귀가 밝으십니다.
④ 오늘 오후에 선생님께서는 수업이 있으시다.

30
① 할머니께서는 아직 귀가 밝습니다.
② 나는 할아버지를 모시고 경로당에 갔다.
③ 종대야, 우리 같이 아침마다 신문을 읽자.
④ 교장 선생님의 축하 말씀이 있으시겠습니다.

CHAPTER 01

Section 03 관용적 표현
핵심이론

01 관용어

관용적 표현이란 일상생활에서 사용되는 말과는 달리, 본래의 뜻과 비슷한 말로 대체해서 쓰는 표현으로, 재미있게 돌려 말할 때 쓰인다. 그중 관용어는 우리말의 특유한 표현 방법의 하나로, 일반적으로 습관이 되어 사용되고 있는 말로 문법에 맞지는 않으나 오랫동안 습관이 되어 널리 쓰이는 말을 가리킨다. 특히 관용적 표현을 구성하고 있는 어휘 중에 신체어와 관련한 표현이 많다. 신체 어휘가 다양한 내포적 의미를 가지면서 은유적 활용의 모습으로 쉽게 나타날 수 있기 때문이다.

1. 특징
- 중간에 다른 성분을 추가하기 어렵다.
- 결합된 단어들의 기본적인 의미와는 관련이 없다.
- 일반적인 표현보다 표현의 효과가 크다.
- 언어를 사용하는 사람들의 문화를 반영하므로, 그 언어를 사용하는 사람이 아니면 관용어의 의미를 이해하기 어렵다.

2. '손'과 관련한 관용어의 예
- 손을 끊다 : 교제나 거래 따위를 중단하다.
- 손에 땀을 쥐다 : 아슬아슬하여 마음이 조마조마하도록 몹시 애달다.
- 손에 잡힐 듯하다 : 매우 가깝게 또는 또렷하게 보이다.
- 손을 내밀다 : 무엇을 달라고 요구하거나 구걸하다.
- 손을 떼다 : 하던 일을 중도에서 그만두다.
- 손이 맵다 : 일하는 솜씨가 야무지다.
- 손에 익다 : 다루는 폼이 익숙하다.

주로 관용적 표현의 의미를 정확하게 알고, 이를 적절하게 사용할 수 있는가를 묻는 유형으로 출제된다. 관용어에서는 사전적 의미와는 다른 새로운 의미가 형성되므로, 단어 개개의 의미는 크게 중요하지 않다.

02 속담

속담은 예로부터 민간에 전해져 오는 쉬운 격언이나 정언(교훈적인 말)으로, 풍자, 비판, 교훈 등의 의미를 내포한 구절을 말한다. 단순히 속담의 의미만을 묻지 않고 나머지와 거리가 먼 속담을 찾거나 한자성어와 같이 묻는 문제가 많으며, 문맥에 알맞게 유추하거나 비판하는 형태의 문제 유형이 출제되므로 상황에 알맞은 속담을 찾는 연습이 필요하다.

1. 속담의 특징

① 속담에는 옛날 사람들의 생각과 지혜가 담겨 있다.
② 속담에는 소중한 교훈이 담겨 있어서 우리에게 가르침을 준다.
③ 속담을 통해 옛날 사람의 생활 모습을 알 수 있다.
④ 조상들의 지혜가 담겨 과학적인 내용과 관련이 깊은 속담도 있다.
⑤ 간결하면서도 많은 의미를 담고 있어, 잘 활용하면 큰 효과를 올릴 수 있다.

> **자주 출제되는 유형**
> - 속담에 대한 이해가 올바른 것
> - 밑줄 친 부분의 속담과 의미상 관련 없는 것
> - 속담의 의미가 나머지와 거리가 먼 것
> - 빈칸에 올 수 없는 속담
> - 속담의 뜻을 바르게 풀이하지 못한 것
> - 속담을 통해 연상되는 의미로 적절하지 않은 것
> - 원래의 속담이 말하고자 하는 바가 유지되기 어려운 것

특히 한자성어와 관련하여 출제되는 경우는 한자성어의 의미를 모르면 풀 수 없는 경우가 많으므로, 속담의 의미와 같은 뜻을 지닌 한자성어를 함께 공부해 두는 것이 좋다. 속담 역시 어휘력이 풍부하고 많이 알수록 문제 해결에 도움이 되므로, 여러 가지 유형의 문제를 풀어 봄으로써 대비하는 것이 필요하다.

2. 주요 속담

- 감투가 커도 귀가 짐작이라 : 귀를 가늠하여 감투의 크기를 짐작할 수 있다는 뜻으로, 어떤 사물의 내용을 어느 정도 자신 있게 짐작할 수 있음을 비유적으로 이르는 말
- 고양이 우산 쓴 격 : 격에 어울리지 않는 꼴불견을 비유적으로 이르는 말
- 고욤이 감보다 달다 : 작은 것이 큰 것보다 오히려 알차고 질이 좋을 때 이르는 말
- 금년 새 다리가 명년 소 다리보다 낫다 : 앞으로 어찌 될지 모르는 큰 것보다는 비록 적지만 당장 눈앞에서 얻을 수 있는 것이 더 이롭다는 말

- 꽃은 목화가 제일이다 : 겉치레보다는 실속이 중요하다는 말
- 남의 일을 보아 주려거든 삼 년 내 보아 주어라 : 남의 상가 일을 보아 주려면 삼 년 제사까지 보아 주라는 뜻으로, 남의 일을 도와주려거든 끝까지 도와주어야 함을 비유적으로 이르는 말
- 내 미락 네 미락 : 책임을 지지 아니하려고 서로 미적거린다는 말
- 닫는 말에 채찍질한다고 경상도까지 하루에 갈 것인가 : 일을 부지런히 힘껏 하고 있는 사람에게 일을 재촉한다고 해도 일이 잘되지 않음을 이르는 말
- 닷새를 굶어도 풍잠 멋으로 굶는다 : 체면 때문에 곤란을 무릅씀을 비유적으로 이르는 말
- 도랑에 든 소, 쌀독에 앉은 쥐, 산 호랑이의 눈썹도 그리울 게 없다, 가을비는 떡비라 : 모두 풍족한 상태를 뜻함
- 도련님은 당나귀가 제격이라 : 제격에 맞게 물건을 쓰거나 행동해야 어울림
- 말에 실었던 짐을 벼룩 등에 실을까? : 힘과 능력이 없는 사람에게 무거운 책임을 지울 수는 없음을 비유적으로 이르는 말
- 목석도 땀 날 때 있다 : 건강한 사람이라도 아플 때가 있다는 말
- 밥 한 알이 귀신 열을 쫓는다 : 귀신이 붙은 듯이 몸이 쇠약해졌을 때라도 충분히 먹고 제 몸을 돌보는 것이 건강을 회복하는 가장 빠른 길임을 비유적으로 이르는 말
- 벌거벗고 환도 차기 : 격에 어울리지 많아 매우 어색하게 보임
- 병 자랑은 하여라 : 병이 들었을 때는 자기가 앓고 있는 병을 자꾸 이 사람 저 사람에게 말하여 고칠 길을 물어보아야 좋은 치료 방법을 찾을 수 있다는 말
- 봉황불에 산적 굽기 : 일을 무성의하게 닥치는 대로 하여 좋은 성과를 거두지 못하는 경우를 비유적으로 이르는 말
- 빠른 바람에 굳센 풀을 안다 : 드센 바람 속에 꿋꿋이 서 있는 굳센 풀을 알아낼 수 있다는 뜻으로, 마음의 굳은 의지와 절개는 시련을 겪고 나서 더 뚜렷하게 나타난다는 말
- 삼 년 벌던 논밭도 다시 돌아보고 산다 : 삼 년 동안이나 제가 일구던 논밭도 제가 사게 되니 다시 이것저것 따져 보고서야 사게 된다는 뜻으로, 이미 잘 알고 있는 일이라도 정작 제가 책임을 맡게 되면 다시 한번 이것저것 따져 보게 됨을 비유적으로 이르는 말. 또는 조심스럽게 하나하나 다 따져 보아 자신에게 손해가 없으면 그때 일을 진행하여야 함을 이르는 말
- 송도 계원(契員) : 낮은 지위나 작은 세력을 믿고 남을 멸시하는 사람을 비유적으로 이르는 말. 조선 시대 중신인 한명회가 송도에서 벼슬을 할 때 동료들이 친목계를 맺으면서 한명회는 미천하다고 계원으로 받아 주지 않았는데 그 뒤 한명회가 출세를 하여 높은 지위에 오르자 동료들이 크게 후회했다는 이야기에서 유래한다.
- 송도 말년의 불가사리라 : 고려 말에 불가사리라는 괴물이 나타나 못된 짓을 많이 하였으나 죽이지 못하였다는 이야기에서 나온 말로, 몹시 무지하고 못된 짓을 하는 자를 비유적으로 이르는 말
- 송도 부담짝 : 송도 장사꾼의 부담짝이라는 뜻으로, 남이 모를 값진 물건이 가득 들어 있는 짐짝을 비유적으로 이르는 말

- 송도 오이 장수 : 이익을 더 많이 보려다가 그만 기회를 놓쳐 헛수고만 하고 오히려 낭패를 보게 된 사람을 비유적으로 이르는 말. 송도의 오이 장수가 시세에 따라 서울과 의주를 돌았으나, 가는 곳마다 시세가 떨어져 개성에 되돌아왔을 때에는 오이가 곯고 썩어 쓸모가 없어졌다는 이야기에서 유래한다.
- 송도가 망하려니까 불가사리가 나왔다 : 어떤 좋지 못한 일이 생기기 전에 불길한 징조가 나타남을 비유적으로 이르는 말. 고려가 망하게 되었을 때 송도에 불가사리가 나타나서 못된 장난질을 하였다는 전설에서 유래한다.
- 솥은 검어도 밥은 검지 않다 : 겉이 훌륭해 보이지 않아도 속은 훌륭한 경우를 비유적으로 이르는 말
- 숲이 깊어야 도깨비가 나온다 : 자기에게 덕망이 있어야 사람들이 따르게 됨을 비유적으로 이르는 말. 또는 일정한 바탕이나 조건이 갖추어져야 그것에 합당한 내용이 따르게 됨을 비유적으로 이르는 말
- 시집가는 데 강아지 따르는 것이 제격이라 : 조금도 어색하지 아니하고 서로 어울리어 격에 맞는다는 말
- 오뉴월 (자주) 감투도 팔아먹는다 : 먹을 것이 궁한 때인 오뉴월에는 팔 수 없는 (자주) 감투까지 판다는 뜻으로, 물품을 가리지 아니하고 모든 것을 다 팖을 비유적으로 이르는 말. 또는 집안 살림이 궁하여 도무지 무엇 하나 팔아먹을 만한 것이 없다는 말
- 오소리감투가 둘이다 : 어떤 일에 주관하는 자가 둘이 있어 서로 다툼이 생긴 경우를 비유적으로 이르는 말(오소리감투＝오소리 털가죽으로 만든 벙거지)
- 의가 좋으면 세 어이딸이 도토리 한 알을 먹어도 시장 멈춤은 한다 : 사이 좋은 어머니와 두 딸처럼 서로 사이가 좋고 마음이 맞는 사람끼리는 어떤 힘든 상황 가운데서도 별 불평 없이 서로가 도우며 잘 지낸다는 말. '어이딸'은 어미와 딸을 아울러 이르는 말
- 일은 할 탓이고 도지개는 맬 탓이다 : 일의 능률은 자기 하기 나름임을 비유적으로 이르는 말
- 잰 놈 뜬 놈만 못하다 : 일은 빨리 마구 하는 것보다 천천히 성실하게 하는 것이 더 낫다는 말
- 제 인심 좋으면 초나라 가달도 사귄다 : 저만 착하고 인심 좋으면 몹시 험상궂고 심보가 사납기로 이름 난 초나라의 가달조차도 잘 사귈 수 있다는 뜻으로, 마음씨만 고우면 누구라도 잘 사귈 수 있음을 비유적으로 이르는 말
- 주먹 맞은 감투(라) : 아주 쭈그러져서 다시는 어찌할 도리가 없이 된 모양을 이르는 말. 또는 잘난 체하다가 핀잔을 듣고 무안해 아무 말 없이 있는 사람을 비유적으로 이르는 말
- 짖는 개는 여위고 먹는 개는 살찐다 : 늘 울상을 하고 모든 것이 다 제 마음에 맞지 아니하여 불평을 늘어놓거나 지나치게 신경질이 많으면 살이 내리고 건강에 해로움을 비유적으로 이르는 말
- 크고 단 참외 : 겉보기도 좋고 실속도 있어 마음에 드는 물건을 비유적으로 이르는 말
- 큰일이면 작은 일로 두 번 치러라 : 어렵고 힘든 일은 한 번에 하는 것보다 조금씩 나누어서 하는 것이 낫다는 것을 비유적으로 이르는 말
- 파총 벼슬에 감투 걱정한다 : 하찮은 파총 주제에 감투 걱정을 한다는 뜻으로, 별로 대단치 아니한 일을 맡고도 시끄럽게 자랑하고 다니며 하지 않아도 될 걱정을 하는 경우를 비유적으로 이르는 말
- 할아버지 감투를 손자가 쓴 것 같다 : 의복 따위가 너무 커서 보기에 우스운 경우를 비유적으로 이르는 말
- 후처에 감투 벗어지는 줄 모른다 : 후처에게 반해서 체면도 돌보지 않음을 비꼬는 말

03 한자

한자는 일상생활에서 많이 쓰이는 어휘로, 대체로 한자의 뜻이나 올바른 한자 표기, 독음 등을 묻기보다는 한자의 구성이나 쓰임이 다른 것, 한자와 고유어의 구별, 비슷한 한자의 관계 등을 묻는 문제가 주로 출제된다.

> **자주 출제되는 유형**
> - 밑줄 친 한자가 나머지 셋과 다른 것
> - 한자어의 구성이 나머지 셋과 다른 것
> - 동일한 한자가 반복된 것
> - 한자의 독음이 잘못된 것
> - 다음 중 한자어인 것
> - 한자어와 고유어의 연결이 바르지 않은 것
> - 제시된 한자어와 의미 구조가 같은 것
> - 밑줄 친 한자어를 적절하게 바꾸어 쓴 것

㉠ 忌日 – 제삿날, 畢竟 – 마침내
㉡ • 天地, 興亡, 建壞
　• 洗濯, 海洋, 試驗
㉢ • 기사, 변호사, 변리사 – 士
　• 강사, 의사, 교사 – 師
　• 판사, 검사, 감사 – 事

㉠에서 기일(忌日)은 해마다 돌아오는 제삿날을 뜻하고, 필경(畢竟)은 '끝장에 가서는', 즉 '마침내'의 의미이다. ㉡에서 천지(天地)와 흥망(興亡), 건괴(建壞)는 한자가 반의어이고, 세탁(洗濯), 해양(海洋), 시험(試驗)은 유의어이다. ㉢ 기사(技士), 변호사(辯護士), 변리사(辨理士)는 선비 사(士)를 쓰고, 강사(講師), 의사(醫師), 교사(敎師)는 스승 사(師)를 쓰고, 판사(判事), 검사(檢事), 감사(監事)는 일 사(事)를 쓴다. 선비 사(士)는 일을 처리할 재능이 있는 사람을 뜻하고, 스승 사(師)는 전문적인 기예를 닦은 사람이고, 일 사(事)는 맡겨진 일에 전념하는 사람이다.

한자와 관련된 문제유형은 기본적으로 한자를 알지 못하면 문제를 풀기가 어렵다. 또한, 우리나라 어휘의 특성상 한자를 모르면 뜻을 이해할 수 없는 어휘도 상당수이므로 기본적인 한자 표기와 뜻, 올바른 쓰임 등은 반드시 이해하고 넘어가야 한다. 모르는 한자가 있는 경우, 반드시 한자의 뜻을 확인하고, 활용 어휘 역시 함께 파악해 두면 출제되는 문제를 해결하는 데 큰 어려움이 없을 것이다.

04 한자성어

1. 한자성어

한자성어도 속담과 마찬가지로 단순히 의미를 묻는 문제보다는 다른 지문과 연계하여 출제하거나 그 상황에 맞는 한자성어 표현을 고르는 문제 유형의 출제 비중이 높아지고 있다. 또한, 주제별 한자성어 및 한자성어의 뜻과 관련지어 대체할 수 있는 속담이나 어휘 등을 파악하는 유형이 출제되고 있으므로 한자성어의 뜻을 정리해 두는 것도 중요하지만, 관련 한자성어나 앞뒤 문맥에 맞는 한자성어, 또는 관련 속담이나 어휘 등을 유추하는 연습이 필요하다.

> **자주 출제되는 유형**
> - 한자성어와 속담의 연결이 바르지 않은 것
> - 한자성어 중 교훈적 의미가 다른 것
> - 한자성어에 등장한 수의 합
> - 신문 기사의 내용을 가장 잘 표현한 한자성어
> - 빈칸에 들어갈 한자성어로 적절하지 않은 것

㉠ 목불식정(目不識丁) : 낫 놓고 기역 자도 모른다.
㉡ • 塞翁之馬, 吉凶禍福, 苦盡甘來 : 인생의 굴곡
　• 累卵之危, 百尺竿頭, 風前燈火 : 위험한 처지
㉢ (一口二言)+(十匙一飯)=14

㉠은 목불식정(目不識丁), 즉 '고무래를 보고도 정자를 알지 못한다.'는 의미로, 그에 걸맞은 속담은 아주 무식함을 비유적으로 이르는 말인 '낫 놓고 기역 자도 모른다.'가 있다. ㉡에서 새옹지마(塞翁之馬), 길흉화복(吉凶禍福), 고진감래(苦盡甘來)의 한자성어는 '인생에는 변화가 많아서 예측하기가 힘들다.'는 뜻이고, 누란지위(累卵之危), 백척간두(百尺竿頭), 풍전등화(風前燈火)의 한자성어는 '어려운 상황에서 더 어려움, 즉 위태로움'을 이르는 말이다. ㉢에서 '일구이언(一口二言)'은 1과 2, '십시일반(十匙一飯)'은 10과 1이므로 전부 더하면 14가 된다.

2. 주요 한자성어

- 각주구검(刻舟求劍) : 융통성 없이 현실에 맞지 않는 낡은 생각을 고집하는 어리석음을 이르는 말. 초나라 사람이 배에서 칼을 물속에 떨어뜨리고 그 위치를 뱃전에 표시하였다가 나중에 배가 움직인 것을 생각하지 않고 칼을 찾았다는 데서 유래한다.
- 간담상조(肝膽相照) : 서로 속마음을 털어놓고 친하게 사귐
- 감언이설(甘言利說) : 귀가 솔깃하도록 남의 비위를 맞추거나 이로운 조건을 내세워 꾀는 말
- 거행불민(擧行不敏) : 명령을 시행함이 민첩하지 못함
- 건건비궁(蹇蹇匪躬) : 임금에게 충성하며 자신의 이익을 돌보지 않음
- 격물치지(格物致知) : 실제 사물의 이치를 연구하여 지식을 완전하게 함
- 견물생심(見物生心) : 어떠한 실물을 보게 되면 그것을 가지고 싶은 욕심이 생김
- 견토지쟁(犬兎之爭) : 개와 토끼의 다툼이라는 뜻으로, 두 사람의 싸움에 제3자가 이익을 봄을 이르는 말

- 경이원지(敬而遠之) : 공경하되 가까이하지는 않음. 겉으로는 공경하는 체하면서 실제로는 꺼리어 멀리함
- 경황실색(驚惶失色) : 놀라고 두려워 얼굴색이 달라짐
- 계고지력(稽古之力) : 옛일을 자세히 살피어 공부하는 노력이라는 뜻으로, 학문이 넓고 지식이 많음을 이르는 말
- 계림일지(桂林一枝) : 대수롭지 않은 출세를 이르는 말. 중국 진(晉)나라의 극선(郤詵)이 현량과에 제일(第一)로 천거되었으나 이에 만족하지 않고 겨우 계수나무 숲에서 나뭇가지 하나를 얻었을 뿐이라고 말한 데에서 유래한다. 또는 사람됨이 출중하면서도 청빈하고 겸손함을 이르는 말
- 고립무원(孤立無援) : 고립되어 구원을 받을 데가 없음
- 고진감래(苦盡甘來) : 쓴 것이 다하면 단 것이 온다는 뜻으로, 고생 끝에 즐거움이 옴을 이르는 말
- 곤이지지(困而知之) : 삼지(三知)의 하나로, 도(道)를 애써 공부하여 깨달음을 이르는 말
- 공사다망(公私多忙) : 공적·사적인 일 등으로 매우 바쁨
- 공휴일궤(功虧一簣) : 산을 쌓아 올리는데 한 삼태기의 흙을 게을리하여 완성을 보지 못한다는 뜻으로, 거의 이루어진 일을 중지하여 오랜 노력이 아무 보람도 없게 됨을 비유적으로 이르는 말
- 과감무쌍(果敢無雙) : 일을 딱 잘라 결정하는 성질이 있고 용감하기가 짝이 없음
- 과옥죄인(科獄罪人) : 과거 시험에서 부정을 저지른 죄인
- 관절지폐(關節之弊) : 세력가에게 뇌물을 주어 청탁하는 폐단
- 관중규표(管中窺豹) : 대롱 구멍으로 표범을 보면 표범의 얼룩점 하나밖에 보이지 않는다는 뜻으로, 견문과 학식이 좁음을 이르는 말
- 관포지교(管鮑之交) : 관중과 포숙의 사귐이란 뜻으로, 우정이 아주 돈독한 친구 관계를 이르는 말
- 교언영색(巧言令色) : 아첨하는 말과 알랑거리는 태도
- 교우이신(交友以信) : 세속 오계의 하나로, 벗을 사귐에 믿음으로써 함을 이르는 말
- 교칠지교(膠漆之交) : 아주 친밀하여 서로 떨어질 수 없는 교분을 이르는 말. 중국 당나라의 시인인 백거이가 친구 원미지(元微之)에게 보낸 편지에서 유래한다.
- 구밀복검(口蜜腹劍) : 입에는 꿀이 있고 배 속에는 칼이 있다는 뜻으로, 말로는 친한 듯하나 속으로는 해칠 생각이 있음을 이르는 말
- 구체이미(具體而微) : 형체는 대충 갖추었으나 보잘것없고 불완전함
- 구혈미건(口血未乾) : 서로 피를 마시며 맹세할 때 입에 묻은 피가 아직 마르지 않았다는 뜻으로, 맹세한 지가 오래되지 않음을 이르는 말
- 국천척지(跼天蹐地) : 머리가 하늘에 닿을까 염려하여 몸을 구부리고 땅이 꺼질까 염려하여 조심조심 걷는다는 뜻으로, 두려워 몸 둘 바를 모르는 모양을 이르는 말
- 군신유의(君臣有義) : 오륜(五倫)의 하나로, 임금과 신하 사이의 도리는 의리에 있음을 이른다.
- 군위신강(君爲臣綱) : 삼강(三綱)의 하나로, 신하는 임금을 섬기는 것이 근본임을 이른다.
- 권상요목(勸上搖木) : 나무에 오르게 하고 흔든다는 뜻으로, 남을 부추겨 놓고 낭패를 보도록 방해함을 이르는 말
- 권학강문(勸學講文) : 학문을 권장하여 공부에 힘쓰게 함
- 근근자자(勤勤孜孜) : 매우 부지런하고 꾸준함
- 금란지계(金蘭之契) : 친구 사이의 매우 두터운 정을 이르는 말 = 금란지교(金蘭之交)
- 금석지교(金石之交) : 쇠나 돌처럼 굳고 변함없는 사귐
- 금석지약(金石之約) : 쇠나 돌처럼 굳고 변함없는 약속

- 금성옥진(金聲玉振) : 사상이나 언론이 세상에 널리 알려져 존중받게 됨
- 기서일가(機杼一家) : 스스로 연구하여 독특하고 훌륭한 문장이나 언론 따위를 지어냄
- 기인여옥(其人如玉) : 인품이 옥과 같이 맑고 깨끗한 사람 또는 옥과 같이 아름다운 여자
- 기초청려(奇峭淸麗) : 산이 가파르고 기이하며, 맑고 아름다움
- 기호지세(騎虎之勢) : 호랑이를 타고 달리는 형세라는 뜻으로, 이미 시작한 일을 중도에서 그만둘 수 없는 경우를 비유적으로 이르는 말
- 길흉화복(吉凶禍福) : 길흉과 화복을 아울러 이르는 말
- 나열춘추(羅列春秋) : 책을 많이 벌여 놓고 공부함을 이르는 말. 유교 경서(經書)의 하나인 〈춘추〉를 벌여 놓는다는 데서 유래한다.
- 남비징청(攬轡澄淸) : 말의 고삐를 잡아 천하를 맑게 한다는 뜻으로, 관리가 되어 어지러운 정치를 새롭게 바로잡아 보겠다는 큰 뜻을 비유적으로 이르는 말
- 노안비슬(奴顔婢膝) : 남자 종의 아첨하는 얼굴과 여자 종의 무릎걸음이라는 뜻으로, 하인처럼 굽실거리는 얼굴로 비굴하게 알랑대는 태도를 비유적으로 이르는 말
- 노주지분(奴主之分) : 종과 주인의 나뉨이라는 뜻으로, 매우 거리가 있어 바뀌어 설 수 없는 대인 관계를 이르는 말
- 누란지세(累卵之勢) : 층층이 쌓아 놓은 알의 형세라는 뜻으로, 몹시 위태로운 형세를 비유적으로 이르는 말＝누란지위(累卵之危)
- 능언앵무(能言鸚鵡) : 말은 잘하나 실제 학문은 없는 사람을 이르는 말
- 다전선고(多錢善賈) : 밑천이 넉넉하면 장사를 잘할 수 있음을 이르는 말
- 단금지교(斷金之交) : 쇠라도 자를 만큼 강한 교분이라는 뜻으로, 매우 두터운 우정을 이르는 말
- 단금지교(斷琴之交) : 매우 친밀한 우정이나 교제를 이르는 말. 예전에 중국의 백아가 자기의 거문고 소리를 듣고 그 음(音)을 이해한 종자기를 유일한 친구로 삼았는데, 종자기가 죽자 거문고의 줄을 끊어 평생 손을 대지 않았다는 데서 유래한다.＝지음(知音)
- 단사표음(簞食瓢飮) : 대나무로 만든 밥그릇에 담은 밥과 표주박에 든 물이라는 뜻으로, 청빈하고 소박한 생활을 이르는 말
- 단표누항(簞瓢陋巷) : 누항에서 먹는 한 그릇의 밥과 한 바가지의 물이라는 뜻으로, 선비의 청빈한 생활을 이르는 말. 여기서 '누항'은 좁고 지저분하며 더러운 거리, 또는 자기가 사는 거리나 동네를 겸손하게 이르는 말
- 담호호지(談虎虎至) : 호랑이도 제 말을 하면 온다는 뜻으로, 이야기에 오른 사람이 마침 그 자리에 나타남을 이르는 말
- 대간사충(大姦似忠) : 아주 간사한 사람은 아첨하는 수단을 교묘히 부려 마치 충성하는 사람과 같아 보임
- 대담부적(大膽不敵) : 담력이 크고 용감하여 대적할 자가 없음
- 대변여눌(大辯如訥) : 말을 잘하는 사람은 함부로 지껄이지 아니하여 도리어 말이 서투른 것처럼 보임
- 대안지화(對岸之火) : 강 건너 불이라는 뜻으로, 어떤 일이 자기에게는 아무 관계도 없다는 듯이 무관심함을 이르는 말
- 도비심력(徒費心力) : 마음과 힘을 헛되이 쓴다는 뜻으로, 부질없이 아무 보람이 없는 일에 애를 씀을 이르는 말
- 독학고루(獨學孤陋) : 스승이 없이, 또는 학교에 다니지 아니하고 혼자서 공부한 사람은 견문이 넓지 못하여 생각이 좁고 천박함

- 동병상련(同病相憐) : 같은 병을 앓는 사람끼리 서로 가엾게 여긴다는 뜻으로, 어려운 처지에 있는 사람끼리 서로 가엾게 여김을 이르는 말
- 득롱망촉(得隴望蜀) : 농(隴)을 얻고서 촉(蜀)까지 취하고자 한다는 뜻으로, 만족할 줄을 모르고 계속 욕심을 부리는 경우를 비유적으로 이르는 말. 후한(後漢)의 광무제가 농(隴) 지방을 평정한 후에 다시 촉(蜀) 지방까지 원하였다는 데에서 유래한다.
- 마이동풍(馬耳東風) : 동풍이 말의 귀를 스쳐 간다는 뜻으로, 남의 말을 귀담아듣지 아니하고 지나쳐 흘려버림을 이르는 말
- 막역지우(莫逆之友) : 서로 거스름이 없는 친구라는 뜻으로, 허물이 없이 아주 친한 친구를 이르는 말
- 만권시서(萬卷詩書) : 아주 많은 책
- 망망감여(茫茫堪輿) : 아득하게 넓은 천지
- 망양보뢰(亡羊補牢) : 양을 잃고 우리를 고친다는 뜻으로, 이미 어떤 일을 실패한 뒤에 뉘우쳐도 아무 소용이 없음을 이르는 말
- 망자계치(亡子計齒) : 죽은 자식 나이 세기라는 뜻으로, 이미 그릇된 일은 생각하여도 아무 소용이 없음을 이르는 말
- 망중투한(忙中偸閑) : 바쁜 가운데서도 한가한 겨를을 얻어 즐김 늑 한중진미(閑中眞味)
- 맹호복초(猛虎伏草) : 사나운 범이 풀숲에 엎드려 있다는 뜻으로, 영웅은 일시적으로 숨어 있어도 때가 되면 세상에 드러나게 마련이라는 말
- 면종복배(面從腹背) : 겉으로는 복종하는 체하면서 내심으로는 배반함
- 명재경각(命在頃刻) : 거의 죽게 되어 곧 숨이 끊어질 지경에 이름
- 목불식정(目不識丁) : 아주 간단한 글자인 '丁'자를 보고도 그것이 '고무래'인 줄을 알지 못한다는 뜻으로, 아주 까막눈임을 이르는 말
- 무명소졸(無名小卒) : 세상에 이름이 알려지지 않은 보잘것없는 사람
- 무사분주(無事奔走) : 하는 일 없이 공연히 바쁨
- 무위지치(無爲之治) : 성인의 덕이 지극히 커서 아무 일을 하지 않아도 천하가 저절로 잘 다스려짐
- 문경지교(刎頸之交) : 서로를 위해서라면 목이 잘린다 해도 후회하지 않을 정도의 사이라는 뜻으로, 생사를 같이할 수 있는 아주 가까운 사이, 또는 그런 친구를 이르는 말. 중국 전국 시대의 인상여(藺相如)와 염파(廉頗)의 고사에서 유래하였다.
- 문질빈빈(文質彬彬) : 겉모양의 아름다움과 속내가 서로 잘 어울림
- 미생지신(尾生之信) : 우직하여 융통성이 없이 약속만을 굳게 지킴을 비유적으로 이르는 말. 중국 춘추 시대에 미생(尾生)이라는 자가 다리 밑에서 만나자고 한 여자와의 약속을 지키기 위하여 홍수에도 피하지 않고 기다리다가 마침내 익사하였다는 고사에서 유래한다.
- 민간질고(民間疾苦) : 정치의 부패나 변동 따위로 백성이 받는 괴로움
- 박람강기(博覽強記) : 여러 가지의 책을 널리 많이 읽고 기억을 잘함
- 방휼지쟁(蚌鷸之爭) : 도요새가 조개와 다투다가 다 같이 어부에게 잡히고 말았다는 뜻으로, 대립하는 두 세력이 다투다가 결국은 구경하는 다른 사람에게 득을 주는 싸움을 비유적으로 이르는 말
- 백악구비(百惡具備) : 사람의 됨됨이가 고약하여 온갖 나쁜 점은 다 갖추고 있음
- 백의단충(白意丹衷) : 깨끗하고 정성 어린 마음
- 백척간두(百尺竿頭) : 100자나 되는 높은 장대 위에 올라섰다는 뜻으로, 몹시 어렵고 위태로운 지경을 이르는 말

- 부급종사(負笈從師) : 책 상자를 지고 스승을 따른다는 뜻으로, 먼 곳에 있는 스승을 찾아서 공부하러 감을 이르는 말
- 부부유별(夫婦有別) : 오륜(五倫)의 하나로, 남편과 아내 사이의 도리는 서로 침범하지 않음에 있음을 이르는 말
- 부위부강(夫爲婦綱) : 삼강(三綱)의 하나로, 아내는 남편을 섬기는 것이 근본임을 이르는 말
- 부위자강(父爲子綱) : 삼강(三綱)의 하나로, 아들은 아버지를 섬기는 것이 근본임을 이르는 말
- 부자유친(父子有親) : 오륜(五倫)의 하나로, 아버지와 아들 사이의 도리는 친애에 있음을 이르는 말
- 불감앙시(不敢仰視) : 두려워서 감히 쳐다보지 못함
- 붕우유신(朋友有信) : 오륜(五倫)의 하나로, 벗과 벗 사이의 도리는 믿음에 있음을 이른다.
- 붕정만리(鵬程萬里) : 산을 넘고 내를 건너 아주 멂. 또는 아주 양양한 장래를 비유적으로 이르는 말
- 비도산고(悲悼酸苦) : 손아랫사람의 죽음을 당해 몹시 슬프고 마음이 아픔
- 비이장목(飛耳長目) : 먼 데서 일어나는 일을 능히 듣고 보는 귀와 눈. 널리 여러 가지 정보를 모아 사물을 명확하게 판단하는 능력 또는 견문을 넓히는 서적을 비유적으로 이르는 말
- 빈이무원(貧而無怨) : 가난하지만 남을 원망하지 않음
- 빙탄지간(氷炭之間) : 얼음과 숯의 사이라는 뜻으로, 서로 맞지 않아 화합하지 못하는 관계를 이르는 말＝빙탄불용(氷炭不容)
- 사군이충(事君以忠) : 세속 오계의 하나로, 충성으로써 임금을 섬김을 이르는 말
- 사면초가(四面楚歌) : 아무에게도 도움을 받지 못하는, 외롭고 곤란한 지경에 빠진 형편을 이르는 말. 초나라 항우가 사면을 둘러싼 한나라 군사 쪽에서 들려오는 초나라의 노랫소리를 듣고 초나라 군사가 이미 항복한 줄 알고 놀랐다는 데서 유래한다.
- 사목지신(徙木之信) : 나라를 다스리는 사람은 백성을 속이지 않는다는 데서, 백성에 대한 신임을 밝히는 일을 이르는 말. 중국 진(秦)의 상앙(商鞅)이 법령을 개정하려 할 때, 수도 남문의 큰 나무를 북문으로 옮기는 백성에게 상금을 걸었는데, 이를 옮기는 사람이 있자 약속대로 포상하여 법령을 신뢰할 수 있음을 보인 데서 유래한다.
- 사상누각(沙上樓閣) : 모래 위에 세운 누각이라는 뜻으로, 기초가 튼튼하지 못하여 오래 견디지 못할 일이나 물건을 이르는 말
- 사생계활(死生契闊) : 죽고 사는 것을 같이하기로 약속하고 동고동락함
- 사친이효(事親以孝) : 세속 오계의 하나로, 어버이를 섬기기를 효도로써 함을 이르는 말
- 산명수려(山明水麗) : 산과 물이 맑고 깨끗하다는 뜻으로, 산수의 경치가 아름다움
- 산명수자(山明水紫) : 산과 물이 맑고 자줏빛으로 선명하다는 뜻으로, 산수의 경치가 맑고 아름다움
- 산자수명(山紫水明) : 산은 자줏빛이고 물은 맑다는 뜻으로, 경치가 아름다움
- 산중재상(山中宰相) : 산중에 은거하면서 나라에 중대한 일이 있을 때만 나와 일을 보는 사람을 비유적으로 이르는 말. 중국 양(梁)나라의 도홍경이 산속에 살면서 나라에 대사(大事)가 있을 때는 늘 참여했다는 데서 유래한다.
- 살생유택(殺生有擇) : 세속 오계의 하나로, 살생하는 데에 가림이 있다는 뜻으로, 살생을 함부로 하지 말고 가려서 해야 함을 이르는 말
- 상사불망(相思不忘) : 서로 그리워하여 잊지 못함
- 상산구어(上山求魚) : 산 위에 올라가 물고기를 구한다는 뜻으로, 도저히 불가능한 일을 굳이 하려 함을 비유적으로 이르는 말
- 상풍패속(傷風敗俗) : 풍속을 문란하게 함. 또는 부패하고 문란한 풍속

- 새옹지마(塞翁之馬) : 인생의 길흉화복은 변화가 많아서 예측하기가 어렵다는 말. 옛날에 새옹(변방에 사는 노인이라는 뜻)이 기르던 말이 오랑캐 땅으로 달아나서 노인이 낙심하였는데, 그 후에 달아났던 말이 준마를 한 필 끌고 와서 그 덕분에 훌륭한 말을 얻게 되었으나 아들이 그 준마를 타다가 떨어져서 다리가 부러졌으므로 노인이 다시 낙심하였는데, 그로 인하여 아들이 전쟁에 끌려 나가지 아니하고 죽음을 면할 수 있었다는 이야기에서 유래한다. = 새옹득실(塞翁得失)
- 생이지지(生而知之) : 삼지(三知)의 하나로, 도(道)를 스스로 깨달음을 이르는 말
- 생자필멸(生者必滅) : 불교에서 생명이 있는 것은 반드시 죽는다는 뜻으로, 존재의 무상(無常)을 이르는 말
- 선공무덕(善供無德) : 부처에게 공양을 잘하여도 아무 공덕이 없다는 뜻으로, 남을 위하여 힘을 썼으나 그것에 대한 소득이 없음을 이르는 말
- 선위설사(善爲說辭) : 말을 재치 있게 잘함 = 영아이치(伶牙俐齒)
- 설상가상(雪上加霜) : 눈 위에 서리가 덮인다는 뜻으로, 난처한 일이나 불행한 일이 잇따라 일어남을 이르는 말
- 성인지미(成人之美) : 남의 훌륭한 점을 도와 더욱 완전하게 함
- 소중유검(笑中有劍) : 웃는 마음속에 칼이 있다는 뜻으로, 겉으로는 웃고 있으나 마음속에는 해칠 마음을 품고 있음을 이르는 말
- 송죽지절(松竹之節) : 소나무같이 꿋꿋하고 대나무같이 곧은 절개
- 수수실색(垂首失色) : 머리를 숙이고 얼굴색을 잃음. 즉 낙심하여 당황함
- 수어지교(水魚之交) : 물이 없으면 살 수 없는 물고기와 물의 관계라는 뜻으로, 아주 친밀하여 떨어질 수 없는 사이를 비유적으로 이르는 말
- 수왕지절(水旺之節) : 오행(五行)에서 수기(水氣)가 왕성한 계절. 겨울을 이르는 말
- 수의고고(守義枯槁) : 굳게 절의를 지켜 자기 몸의 안일을 돌보지 않음
- 수주대토(守株待兎) : 한 가지 일에만 얽매여 발전을 모르는 어리석은 사람을 비유적으로 이르는 말. 중국 송나라의 한 농부가 우연히 나무 그루터기에 토끼가 부딪쳐 죽은 것을 잡은 후, 또 그와 같이 토끼를 잡을까 하여 일도 하지 않고 그루터기만 지키고 있었다는 데서 유래한다.
- 숙맥불변(菽麥不辨) : 콩인지 보리인지를 구별하지 못한다는 뜻으로, 사리 분별을 못 하고 세상 물정을 잘 모름을 이르는 말
- 숙호충비(宿虎衝鼻) : 자는 호랑이의 코를 찌른다는 뜻으로, 가만히 있는 사람을 공연히 건드려서 화를 입거나 일을 불리하게 만듦을 이르는 말
- 승두지리(升斗之利) : 됫박만 한 이익, 또는 파리 머리만 한 이익이라는 뜻으로, 얼마 되지 않는 이익을 이르는 말
- 승영구구(蠅營狗苟) : 파리가 분주하게 날아다니며 구하고 개가 구차하게 구한다는 뜻으로, 작은 이익에 악착스럽게 덤빔을 비유적으로 이르는 말
- 시도지교(市道之交) : 시장과 길거리에서 이루어지는 교제라는 뜻으로, 단지 이익만을 위한 교제를 이르는 말
- 신호지세(晨虎之勢) : 굶주린 새벽 호랑이의 기세라는 뜻으로, 매우 맹렬한 기세를 이르는 말
- 심산맹호(深山猛虎) : 깊은 산속의 사나운 범이라는 뜻으로, 매우 사나운 위세나 그런 위세를 가진 사람을 이르는 말
- 아유경탈(阿諛傾奪) : 지위나 권세가 있는 사람에게 아첨하여 남의 지위를 빼앗음
- 아유편파(阿諛偏頗) : 아첨하여 한쪽으로 치우침

- 아전인수(我田引水) : 자기 논에 물 대기라는 뜻으로, 자기에게만 이롭게 되도록 생각하거나 행동함을 이르는 말
- 안분지족(安分知足) : 편안한 마음으로 제 분수를 지키며 만족할 줄을 앎
- 양두구육(羊頭狗肉) : 양의 머리를 걸어 놓고 개고기를 판다는 뜻으로, 겉보기만 그럴듯하게 보이고 속은 변변하지 않음을 이르는 말
- 양호대치(兩虎對峙) : 두 마리의 범이 서로 맞서서 버틴다는 뜻으로, 힘이 센 두 편이 맞서 버팀을 비유적으로 이르는 말
- 어궤조산(魚潰鳥散) : 물고기의 창자가 썩고 새 떼가 흩어진다는 뜻으로, 나라가 내부에서 부패하여 백성이 살길을 찾아 뿔뿔이 흩어짐을 이르는 말
- 여리박빙(如履薄氷) : 살얼음을 밟는 것과 같다는 뜻으로, 아슬아슬하고 위험한 일을 비유적으로 이르는 말
- 연목구어(緣木求魚) : 나무에 올라가서 물고기를 구한다는 뜻으로, 도저히 불가능한 일을 굳이 하려 함을 비유적으로 이르는 말
- 연함호두(燕頷虎頭) : 제비 비슷한 턱과 범 비슷한 머리라는 뜻으로, 먼 나라에서 봉후(封侯)가 될 상(相)을 이르는 말
- 염량주의(炎涼主義) : 세력이 좋은 편으로 아첨하여 따르는 기회주의적인 태도나 경향
- 영고성쇠(榮枯盛衰) : 인생이나 사물의 번성함과 쇠락함이 서로 바뀜
- 영용무쌍(英勇無雙) : 영특하고 용감하기가 비길 데 없음
- 오부녕자(惡夫佞者) : 아첨하는 사람을 미워함
- 옥모경안(玉貌鏡顔) : 옥같이 아름답고 거울같이 맑은 얼굴
- 외첨내소(外諂內疎) : 겉으로는 아첨하면서 속으로는 해치려 함
- 요동지시(遼東之豕) : 요동의 돼지라는 뜻으로, 견문이 좁아 세상일을 모르고 저 혼자 득의양양함을 이르는 말. 옛날 요동의 어떤 돼지가 머리가 흰 새끼를 낳자, 이를 신기하게 여긴 주인이 임금에게 바치려고 하동(河東)으로 가지고 갔다가 그곳 돼지는 모두 머리가 흰 것을 보고 부끄러워서 돌아왔다는 데서 유래한다.
- 요요무문(寥寥無聞) : 명예나 명성이 보잘것없어 남에게 알려지지 않음
- 욕교반졸(欲巧反拙) : 잘 만들려고 너무 기교를 다하다가 도리어 졸렬한 결과를 보게 되었다는 뜻으로, 너무 잘하려 하면 도리어 잘되지 않음을 이르는 말
- 용가봉생(龍茄鳳笙) : 맑고 깨끗하고 아름다운 소리를 내는 악기를 이르는 말
- 용양호박(龍攘虎搏) : 용처럼 세차게 물리치고 범처럼 세차게 친다는 뜻으로, 맹렬히 싸우는 모양을 이르는 말
- 용왕매진(勇往邁進) : 거리낌 없이 용감하고 씩씩하게 나아감
- 용전분투(勇戰奮鬪) : 있는 힘을 다하여 용감하게 싸움
- 우국봉공(憂國奉公) : 나랏일을 근심하고 염려하며 나라를 위해 힘을 다함
- 우이독경(牛耳讀經) : 쇠귀에 경 읽기라는 뜻으로, 아무리 가르치고 일러 주어도 알아듣지 못함을 이르는 말
- 운룡풍호(雲龍風虎) : 구름을 타고 하늘로 오르는 용과 바람을 타고 달리는 범이라는 뜻으로, 의기와 기질이 서로 맞거나 성주(聖主)가 현명한 신하를 얻음을 이르는 말
- 웅담준론(雄談峻論) : 뛰어난 언변과 날카롭고 바른 언론
- 웅맹탁특(雄猛卓特) : 웅장하고 용맹하며 탁월하고 특출함

- 웅비지사(雄飛之士) : 용맹스럽고 날랜 군사
- 원실돈오(圓實頓悟) : 조금도 결함이 없는 완전한 모든 진리를 문득 깨달음
- 월견폐설(越犬吠雪) : 어리석고 식견이 좁은 사람이 예삿일을 보고도 크게 놀람을 비유적으로 이르는 말. 중국 월나라는 날씨가 따뜻하여 눈이 내리는 일이 드물었기 때문에 눈을 처음 본 개들이 두려워 짖었다는 데서 유래한다.
- 월광독서(月光讀書) : 달빛으로 책을 읽는다는 뜻으로, 집이 가난하여 고학함을 비유적으로 이르는 말
- 유방백세(流芳百世) : 꽃다운 이름이 후세에 길이 전함
- 유수도식(遊手徒食) : 아무 일도 하지 않고 놀고먹음
- 유유자적(悠悠自適) : 속세를 떠나 아무 속박 없이 조용하고 편안하게 삶
- 유취만년(遺臭萬年) : 더러운 이름을 후세에 오래도록 남김
- 육지행선(陸地行船) : 육지에서 배를 저으려 한다는 뜻으로, 안 되는 일을 억지로 하려고 함을 비유적으로 이르는 말
- 을야지람(乙夜之覽) : 임금이 밤에 독서하는 일. 임금이 낮에는 정사를 보고 자기 전인 을야(乙夜), 곧 밤 9시부터 11시까지 책을 읽는다고 하여 생겨난 말
- 의동일실(義同一室) : 한집안 식구처럼 정의가 두터움
- 이란투석(以卵投石) : 달걀로 돌을 친다는 뜻으로, 아주 약한 것으로 강한 것에 대항하려는 어리석음을 비유적으로 이르는 말
- 이재발신(以財發身) : 재물의 힘으로 출세함
- 인사유명(人死留名) : 사람은 죽어서 이름을 남긴다는 뜻으로, 사람의 삶이 헛되지 아니하면 그 이름이 길이 남음을 이르는 말
- 일개지사(一介之士) : 보잘것없는 선비
- 일낙천금(一諾千金) : 한번 승낙한 것은 천금같이 귀중하다는 뜻으로, 약속을 소중히 여기라는 말
- 일룡일사(一龍一蛇) : 용이 되어 하늘로 올라가거나 뱀이 되어 못 속에 숨는다는 뜻으로, 태평한 시대에는 세상에 나와 일을 하고 난세에는 은거하여 재능을 나타내지 아니하고 시대에 잘 순응함을 이르는 말
- 일슬지공(一膝之工) : 한 번 무릎을 꿇고 앉아서 하는 공부라는 뜻으로, 잠시 동안 하는 공부를 이르는 말
- 일인당천(一人當千) : 한 사람이 천 사람의 적을 당한다는 뜻으로, 대단히 용감함을 이르는 말
- 일진불염(一塵不染) : 토지가 깨끗함, 절조가 깨끗함, 문장 따위가 뛰어나게 맑고 아름다움, 모든 것이 맑고 깨끗함, (불교 용어) 티끌만큼도 물욕에 물들어 있지 않음
- 일촉즉발(一觸卽發) : 한 번 건드리기만 해도 폭발할 것같이 몹시 위급한 상태
- 임전무퇴(臨戰無退) : 세속 오계의 하나로, 전쟁에 나아가서 물러서지 않음을 이르는 말
- 입산기호(入山忌虎) : 산속에 들어가고서 범 잡을 것을 꺼린다는 뜻으로, 정작 바라던 일을 마주하게 되면 꽁무니를 빼는 것을 이르는 말
- 장유유서(長幼有序) : 오륜(五倫)의 하나로, 어른과 어린이 사이의 도리는 엄격한 차례가 있고 복종해야 할 질서가 있음을 이르는 말
- 전부지공(田父之功) : 양자의 다툼에 엉뚱한 제3자가 이득을 보는 것을 비유적으로 이르는 말. 예전 중국에 한자로(韓子盧)라는 매우 빠른 개가 동곽준(東郭逡)이라는 재빠른 토끼를 뒤쫓았다가 마침내 둘 다 지쳐서 죽고 말았는데, 때마침 이를 발견한 전부(田夫)가 힘들이지 않고 둘 다 얻었다는 고사에서 유래한다.

- 전전긍긍(戰戰兢兢) : 몹시 두려워서 벌벌 떨며 조심함
- 전정만리(前程萬里) : 나이가 젊어 장래(將來)가 유망(有望)함
- 전화위복(轉禍爲福) : 재앙과 근심, 걱정이 바뀌어 오히려 복이 됨
- 정금미옥(精金美玉) : 정교하게 다듬은 금과 아름다운 옥이라는 뜻으로, 인품이나 시문이 맑고 아름다움
- 정저지와(井底之蛙) : 우물 안의 개구리라는 뜻으로, 궁벽한 곳에서만 살아서 넓은 세상의 형편을 모르는 사람 또는 견식이 좁아서 저만 잘난 줄 아는 사람을 비유적으로 이르는 말＝정중지와(井中之蛙)
- 조삼모사(朝三暮四) : 간사한 꾀로 남을 속여 희롱함을 이르는 말. 중국 송나라의 저공(狙公, 원숭이를 가지고 재주를 부리게 하여 돈벌이를 하던 사람)의 고사로, 먹이를 아침에 세 개, 저녁에 네 개씩 주겠다는 말에는 원숭이들이 적다고 화를 내더니 아침에 네 개, 저녁에 세 개씩 주겠다는 말에는 좋아하였다는 데서 유래한다.
- 조충소기(彫蟲小技) : 벌레를 새기는 보잘것없는 솜씨라는 뜻으로, 남의 글귀를 토막토막 따다가 맞추는 서투른 재간을 이르는 말
- 좌정관천(坐井觀天) : 우물 속에 앉아서 하늘을 본다는 뜻으로, 사람의 견문이 매우 좁음을 이르는 말
- 주축일반(走逐一般) : 달아나는 것이나 뒤쫓아가는 것이나 다 같은 것이라는 뜻으로, 다 같이 옳지 않은 일을 한 바에는 나무라는 쪽이나 나무람을 받는 쪽이나 마찬가지임을 이르는 말
- 죽마고우(竹馬故友) : 대말을 타고 놀던 벗이라는 뜻으로, 어릴 때부터 같이 놀며 자란 벗
- 증작지설(繒繳之說) : 주살로 나는 새를 쏘아 맞히면 횡재를 하듯이, 요행을 바라고 하는 무책임한 언론을 이르는 말
- 지기지우(知己之友) : 자기의 속마음을 참되게 알아주는 친구
- 지란지교(芝蘭之交) : 지초(芝草)와 난초(蘭草)의 교제라는 뜻으로, 벗 사이의 맑고도 고귀한 사귐을 이르는 말
- 지록위마(指鹿爲馬) : 윗사람을 농락하여 권세를 마음대로 함을 이르는 말. 중국 진(秦)나라의 조고(趙高)가 자신의 권세를 시험하여 보고자 황제 호해(胡亥)에게 사슴을 가리키며 말이라고 한 데서 유래한다. 또는 모순된 것을 끝까지 우겨서 남을 속이려는 짓을 비유적으로 이르는 말
- 지복위혼(指腹爲婚) : 배를 손가락으로 가리켜 혼인을 약속한다는 뜻으로, 임신부가 있는 두 집안에서 아이들을 낳기 전에 배 속의 아이들끼리 약혼을 맺는 일을 이르는 말. 약혼한 증표로 적삼의 깃을 나누어 가졌다고 하여 '할삼혼(割衫婚)'이라고도 한다.
- 지복지약(指腹之約) : 배 속의 태아를 가리켜 결혼 약속을 함. 중국 후한(後漢)의 광무제가 가복(賈復)의 아내가 임신하였다는 말을 듣고 자기 아들과 혼인시키자고 말하였다는 데서 유래한다.
- 지분혜탄(芝焚蕙歎) : 지초(芝草)가 불에 타면 같은 난초과의 풀인 혜초(蕙草)가 탄식한다는 뜻으로, 무엇에 대하여 가슴 아프게 생각함을 이르는 말
- 지음지기(知音知己) : 마음이 서로 통하는 친한 벗을 비유적으로 이르는 말. 거문고의 명인 백아가 자기의 소리를 잘 이해해 준 벗 종자기가 죽자 자신의 거문고 소리를 아는 자가 없다고 하여 거문고 줄을 끊었다는 데서 유래한다.＝지음(知音)
- 지징무처(指徵無處) : 세금을 낼 사람이나 빚을 진 사람이 죽거나 달아나거나 하여 돈을 받을 길이 없음
- 진선진미(盡善盡美) : 더할 나위 없이 훌륭하고 완전무결한 아름다움
- 진퇴양난(進退兩難) : 앞으로 나아가는 것과 뒤로 물러나지는 것 모두 어렵다는 뜻으로, 이러지도 저러지도 못하는 어려운 처지를 이르는 말

- 착벽투광(鑿壁偸光) : '고학(苦學)'을 비유적으로 이르는 말. 중국 전한 때에 광형(匡衡)이라는 사람이, 집안이 가난하여 등불을 구할 수가 없어서, 벽을 뚫고 새어 나오는 이웃집의 불빛으로 책을 읽었다는 데서 유래한다.
- 채신지우(採薪之憂) : 땔나무를 할 수 없는 근심이라는 뜻으로, 병환을 이르는 말= 부신지우(負薪之憂)
- 척택지예(尺澤之鯢) : 작은 연못의 도롱뇽(또는 송사리)라는 뜻으로, 소견이 좁은 사람을 비유하여 이르는 말
- 첨유지풍(諂諛之風) : 남의 환심을 사거나 잘 보이려고 알랑거리는 버릇
- 청산우수(青山雨水) : 푸른 산에서 흘러내리는 빗물이라는 뜻으로, 막힘없이 말을 잘함을 비유적으로 이르는 말
- 청운만리(靑雲萬里) : 입신출세하려는 큰 꿈을 비유적으로 이르는 말
- 초미지급(焦眉之急) : 눈썹에 불이 붙었다는 뜻으로, 매우 급함을 이르는 말
- 촉견폐일(蜀犬吠日) : 식견이 좁은 사람이 현인(賢人)의 언행을 의심하는 일을 비유적으로 이르는 말. 중국 촉나라는 산이 높고 안개가 항상 짙어 해가 보이는 날이 드물기 때문에 개들이 해를 보면 이상히 여겨 짖었다는 데서 유래한다.
- 촉목상심(觸目傷心) : 눈에 보이는 사물마다 슬픔을 자아내어 마음을 아프게 함
- 추선탈신(秋蟬脫身) : 가을매미가 허물 벗듯 한다는 뜻으로, 남몰래 살그머니 빠져나옴을 이르는 말
- 축수금구(縮首噤口) : 무섭고 두려워서 고개를 움츠리고 입을 다묾
- 춘와추선(春蛙秋蟬) : 봄의 개구리와 가을의 매미라는 뜻으로, 쓸모없는 언론을 비유적으로 이르는 말
- 치군택민(致君澤民) : 임금에게는 몸을 바쳐 충성하고 백성에게는 혜택을 베풂
- 침소봉대(針小棒大) : 바늘 만한 것을 몽둥이 만하다고 말한다는 뜻으로, 작은 일을 크게 불리어 떠벌림
- 탄환지지(彈丸之地) : 사방이 적국에 싸여 공격의 대상이 되는 매우 좁은 땅
- 태평지업(太平之業) : 백성이 아무 걱정 없이 편안하도록 임금이 나라를 잘 다스리는 일
- 토구지지(菟裘之地) : 벼슬을 내놓고 은거하는 곳이나 노후에 여생을 보내는 곳을 이르는 말. 중국 노나라 은공이 토구의 땅에서 은거하였다는 데서 유래한다.
- 통관규천(通管窺天) : 대롱을 통해서 하늘을 본다는 뜻으로, 소견이나 견문이 좁음을 이르는 말
- 팔면영롱(八面玲瓏) : 어느 면으로 보나 아름답게 빛나고 환하게 맑음, 마음에 아무런 거리낌이나 우울함이 없음
- 포의지교(布衣之交) : 베옷을 입고 다닐 때의 사귐이라는 뜻으로, 벼슬을 하기 전 선비 시절에 사귐. 또는 그렇게 사귄 벗을 이르는 말
- 표리부동(表裏不同) : 겉으로 드러나는 언행과 속으로 가지는 생각이 다름
- 풍광명미(風光明媚) : 자연의 경치가 맑고 아름다움
- 풍우장중(風雨場中) : 몹시 바쁜 형국, 또는 비바람 속에서 치르는 과장(科場)의 안
- 풍월주인(風月主人) : 맑은 바람과 밝은 달 따위의 아름다운 자연을 즐기는 사람
- 풍전등화(風前燈火) : 바람 앞의 등불이라는 뜻으로, 사물이 매우 위태로운 처지에 놓여 있음 또는 사물이 덧없음을 비유적으로 이르는 말
- 학이지지(學而知之) : 삼지(三知)의 하나로, 도(道)를 배워서 깨달음을 이르는 말
- 한사만직(閑司漫職) : 일이 많지 아니하고 한가로운 벼슬자리
- 한중진미(閑中眞味) : 한가한 가운데 깃드는 참다운 맛

- 함소입지(含笑入地) : 웃음을 머금고 땅에 들어간다는 뜻으로, 의사(義士)가 죽음을 두려워하지 않음을 이르는 말
- 항오출신(行伍出身) : 미천한 병졸에서 출세하여 벼슬에 오름
- 허장성세(虛張聲勢) : 헛되이 목소리의 기세만 높다는 뜻으로, 실속은 없으면서 큰소리치거나 허세를 부림
- 헌근지의(獻芹之意) : 자신이 다른 사람에게 주는 선물을 겸손하게 이르는 말. 여기서 '근(芹)'은 '미나리'라는 뜻으로, 변변치 않음을 비유한다.
- 혈기지용(血氣之勇) : 혈기에 찬 기운으로 불끈 일어나는 용맹
- 혈성남자(血性男子) : 용감하고 의기가 있어 죽기를 두려워하지 않는 사나이
- 호가호위(狐假虎威) : 여우가 호랑이의 위세를 빌려 호기를 부린다는 뜻으로, 남의 권세를 빌려 위세를 부림을 비하는 말
- 호사유피(虎死留皮) : 호랑이는 죽어서 가죽을 남긴다는 뜻으로, 사람은 죽어서 명예를 남겨야 함을 이르는 말
- 황공무지(惶恐無地) : 위엄이나 지위 따위에 눌리어 두려워서 몸 둘 데가 없음
- 후목분장(朽木糞牆) : 썩은 나무는 조각할 수 없고 썩은 벽은 다시 칠할 수 없다는 뜻으로, 어떤 일을 하고자 하는 의지와 기개가 없는 사람은 가르칠 수 없다는 말

Section 03 관용적 표현
적중예상문제

정답 및 해설 p.030

01 관용어

01 다음 중 왼쪽 문장의 의미를 해석한 내용으로 적절하지 않은 것은?

① 가슴을 태우다. – 마음에 상처를 입다.
② 가슴이 뜨끔하다. – 양심의 가책을 받다.
③ 가슴을 열다. – 속마음을 털어놓거나 받아들이다.
④ 가슴이 미어지다. – 마음이 슬픔이나 고통으로 가득 차 견디기 힘들다.

02 다음 제시된 관용구들의 빈칸에 공통으로 들어갈 단어로 가장 적절한 것은?

• _____에 밟히다.	• _____에 익다.
• _____을/를 끌다.	• _____이/가 높다.

① 발
② 손
③ 눈
④ 귀

※ 다음 중 밑줄 친 관용 표현의 쓰임이 적절하지 않은 것을 고르시오. [3~5]

03 ① <u>참새 물 먹듯</u> 일을 한 번에 처리해야 해.
② 그는 <u>얼굴이 두꺼워</u> 어려운 부탁도 서슴지 않고 했다.
③ 개인주의가 만연하면서 <u>수판을 놓는</u> 사람이 많아졌다.
④ <u>개 발에 땀 나도록</u> 일했더니 계획했던 목표를 달성할 수 있었다.

04 ① 수천억 원 비자금설이 <u>변죽만 울리다가</u> 사그라졌다.
② 불우이웃돕기 성금을 훔치다니 저런 <u>경을 칠</u> 놈을 보았나.
③ 독립 투사였던 아버지의 <u>전철을 밟아서</u> 꼭 훌륭한 사람이 되어라.
④ 너도 <u>꼽사리 껴서</u> 뭐든 해 보려고 하는 모양인데, 이번에는 제발 빠져 주라.

05 ① 그는 <u>엉너리치며</u> 슬그머니 다가와 앉았다.
② 그 교수의 이론은 <u>사개가 맞아</u> 모두가 동의하였다.
③ 그는 오랫동안 만나 온 사람이지만 좀처럼 <u>곁을 주지</u> 않았다.
④ <u>깐깐오월</u>이라 음력 5월에는 대부분의 사람들이 먹고 사는 일이 힘들었지.

02 속담

※ 다음 중 〈보기〉의 내용에 해당하는 속담으로 가장 적절한 것을 고르시오. [6~9]

06

> 보기
> 임시변통은 될지 모르나 그 효력이 오래가지 못할 뿐만 아니라 결국에는 사태가 더 나빠짐

① 속 빈 강정
② 언 발에 오줌 누기
③ 망건 쓰고 세수한다
④ 되로 주고 말로 받는다

07

> 보기
> 아무리 사소한 것이라도 그것이 거듭되면 무시하지 못할 정도로 크게 됨

① 약방에 감초
② 갈수록 태산이다
③ 거미줄에 목을 맨다
④ 가랑비에 옷 젖는 줄 모른다

08

> 보기
> 어떤 일이든지 하려고 생각했으면 한창 열이 올랐을 때 망설이지 말고 곧 행동으로 옮겨야 함

① 단솥에 물 붓기
② 남의 말도 석 달
③ 쇠뿔도 단김에 빼기
④ 냉수 먹고 이 쑤시기

09

> 보기
> 어떤 일에 곁따라 다른 일이 쉽게 이루어짐. 또는 다른 일을 해냄

① 군불에 밥 짓기
② 말 타면 종 두고 싶다
③ 바늘 도둑이 소도둑 된다
④ 대추나무에 연 걸리듯 하다

※ 다음 중 〈보기〉의 상황에 어울리는 속담으로 가장 적절한 것을 고르시오. [10~11]

10

> 보기
> 그 동네에 있는 레스토랑의 음식은 보기와 달리 너무 맛이 없었다.

① 빛 좋은 개살구
② 볶은 콩에 싹이 날까?
③ 뚝배기보다 장맛이 좋다
④ 보기 좋은 떡이 먹기도 좋다

11

> 보기
> SNS를 통해 맛집으로 유명해진 A가게가 개인 사정으로 인해 문을 닫자, 그 옆 B가게로 사람들이 몰리기 시작했다.

① 싸움 끝에 정이 붙는다
② 미련은 먼저 나고 슬기는 나중 난다
③ 배부르니까 평안 감사도 부럽지 않다
④ 호랑이 없는 골에 토끼가 왕 노릇 한다

12 다음 글의 주제와 어울리는 속담으로 가장 적절한 것은?

> 부지런함이란 무얼 뜻하겠는가? 오늘 할 일을 내일로 미루지 않고, 아침에 할 일을 저녁으로 미루지 않으며, 맑은 날에 해야 할 일을 비 오는 날까지 끌지 않고, 비 오는 날 해야 할 일도 맑은 날까지 끌지 않아야 한다. 늙은이는 앉아서 감독하고, 어린 사람들은 직접 행동으로 어른의 감독을 실천에 옮기고, 젊은이는 힘이 드는 일을 하고, 병이 든 사람은 집을 지키고, 부인들은 길쌈을 하느라 한밤중이 넘도록 잠을 자지 않아야 한다. 요컨대 집안의 상하 남녀 간에 단 한 사람도 놀고먹는 사람이 없게 하고, 또 잠깐이라도 한가롭게 보여서는 안 된다. 이런 걸 부지런함이라 한다.

① 백짓장도 맞들면 낫다
② 작은 것부터 큰 것이 이루어진다
③ 사공이 많으면 배가 산으로 간다
④ 일찍 일어나는 새가 벌레를 잡는다

13 다음 중 빈칸에 들어갈 속담으로 가장 적절한 것은?

> A씨 : 계정회가 세간에 이름이 나서 회원들이 많이 불편해 하는 기색일세. 이러다가는 회 자체가 깨지는 게 아닌지 모르겠네.
> B씨 : 깨지기야 하겠는가. _____ 나는 이번 일을 오히려 잘된 일로 생각하네.

① 식초에 꿀 탄 맛이라고
② 쫓아가서 벼락 맞는다고
③ 곤장 메고 매품 팔러 간다고
④ 마디가 있어야 새순이 난다고

14 다음 글의 내용과 비슷한 의미를 가진 속담으로 가장 적절한 것은?

> 말을 마치지 못하여서 구름이 걷히니 호승이 간 곳이 없고, 좌우를 돌아보니 팔 낭자가 또한 간 곳이 없는지라. 정히 경황(驚惶)하여 하더니, 그런 높은 대와 많은 집이 일시에 없어지고 제 몸이 한 작은 암자 중의 한 포단 위에 앉았으되, 향로(香爐)에 불이 이미 사라지고, 지는 달이 창에 이미 비치었더라.

① 공든 탑이 무너지랴
② 산 까마귀 염불한다
③ 열흘 붉은 꽃이 없다
④ 고양이가 쥐 생각해 준다

15 다음 글에 어울리는 속담으로 가장 적절한 것은?

> 한국을 방문한 외국인들을 대상으로 한 설문조사에서 인상 깊은 한국의 '빨리빨리' 문화로 '자판기에 손 넣고 기다리기, 웹사이트가 3초 안에 안 나오면 창 닫기, 엘리베이터 닫힘 버튼 계속 누르기' 등이 뽑혔다. 외국인들에게 가장 큰 충격을 준 것은 바로 '가게 주인의 대리 서명'이었다. 외국인들은 가게 주인이 카드 모서리로 대충 사인을 하는 것을 보고 큰 충격을 받았다고 하였다. 외국에서는 서명을 대조하여 확인하기 때문에 대리 서명은 상상도 할 수 없다는 것이다.

① 가재는 게 편이다.
② 우물에 가 숭늉 찾는다.
③ 낙숫물이 댓돌을 뚫는다.
④ 봇짐 내어 주며 앉으라 한다.

03 한자

16 다음 중 한자의 우리말 독음이 같은 것끼리 짝지어진 것은?

① 數 – 走　　② 萬 – 面
③ 牛 – 午　　④ 元 – 遠

17 다음 중 한자의 우리말 독음이 다른 것끼리 짝지어진 것은?

① 筵 – 衍　　② 閣 – 爀
③ 五 – 烏　　④ 祖 – 曹

18 다음 제시된 사자성어의 빈칸에 들어갈 한자로 옳은 것은?

桑田碧＿

① 海　　② 害
③ 解　　④ 駭

※ 다음 중 〈보기〉의 빈칸에 공통으로 들어갈 한자로 옳은 것을 고르시오. [19~21]

19

> 보기
>
> 血__, __體

① 額 ② 液
③ 厄 ④ 約

20

> 보기
>
> __別, 理__, __格

① 成 ② 聖
③ 姓 ④ 性

21

> 보기
>
> __理, 調__, __列

① 官 ② 査
③ 整 ④ 行

22 다음 글의 밑줄 친 단어의 한자 표기로 옳은 것은?

> 인간 존엄성은 민주주의의 궁극적인 가치이다.

① 價値 ② 家計
③ 事實 ④ 實在

※ 다음 글을 읽고 이어지는 질문에 답하시오. [23~25]

> L사는 세계 최초로 18 ⊙ 대 9 비율의 ⓒ 화면을 개발해 스마트폰에 ⓒ 적용할 예정이다. 그동안 화면 ② ____은 4대 3, 16대 9, 17대 9의 순서로 개발되어 왔다. 소비자는 이러한 면적의 화면을 직접 경험하며 보다 실감나는 화질을 접할 수 있게 되었다.

23 다음 중 윗글의 밑줄 친 ⊙의 한자 표기로 옳은 것은?

① 隊　　　　　　② 代
③ 臺　　　　　　④ 對

24 다음 중 윗글의 밑줄 친 ⓒ과 ⓒ의 한자 표기를 바르게 짝지은 것은?

　　　ⓒ　　ⓒ
① 和面　適用
② 畵面　適用
③ 化面　摘用
④ 畵面　摘用

25 다음 중 윗글의 밑줄 친 ②에 들어갈 한자어로 옳은 것은?

① 換率　　　　② 效率
③ 能率　　　　④ 比率

※ 다음 글을 읽고 이어지는 질문에 답하시오. [26~27]

> 지난해에 이어 올해 上半期에도 싱가포르가 중국을 제치고 우리나라 石油 製品을 가장 많이 사들인 것으로 나타났다. 그러나 이는 중국 내 石油 製品 需要 減少 및 自體 設備 增設, 仲介貿易 市場 去來 活性化 등에 따른 것으로, '세계의 공장'인 중국의 공백을 보완하는 새로운 ㉠ <u>輸出處 開發</u>이/가 必要하다는 지적이 나온다. 1일 한국석유공사 및 대한석유협회에 따르면 올해 상반기 우리나라는 56개 국가에 2억 2천 819만 배럴의 石油 製品을 輸出한 것으로 집계됐다. 중국은 4년 연속 우리나라 石油 製品 輸出 對象國 1위였으나 지난해 7천 14만 2천 배럴로 싱가포르(9천 689만 1천 배럴)에 逆轉된 뒤 올해 上半期에도 2위에 그쳤다. 이는 國際 油價 下落 및 중국의 景氣 沈滯와 무관하지 않다.

26 다음 중 윗글의 밑줄 친 ㉠을 옳게 읽은 것은?

① 수출처 개발
② 수출처 확보
③ 수출지 개발
④ 수출지 계발

27 다음 중 윗글에서 석유 제품 수출 대상국 1위가 중국에서 싱가포르로 바뀌는 데 영향을 끼친 중국 내의 변화로 언급되지 않은 것은?

① 경기 침체
② 자체 설비 증설
③ 소비자 물가 상승
④ 석유 제품 수요 감소

※ 다음 글을 읽고 이어지는 질문에 답하시오. [28~30]

L사는 국제전자제품박람회에서 차세대 OLED 제품들을 대거 선보였다. 특히 OLED 화면에서 음향이 직접 울려 퍼지게 한 ㉠ 신기술 제품인 '크리스털 소리 OLED' 패널이 관람객의 눈길을 사로잡았다. 별도의 스피커를 통한 반사음을 듣는 것이 아닌 ㉡ 實際와/과 똑같은 OLED 화면 속 등장인물의 입에서 직접 소리가 나오는 듯한 기술로 몰입도를 극대화한다. 이와 같은 ㉢ 革新적인 기술이 L사의 ㉣ 賣출과 성장에 기여할 것을 기대해 본다.

28 다음 중 윗글의 밑줄 친 ㉠의 한자 표기로 옳은 것은?

① 新素材 ② 新世界
③ 新技術 ④ 新藝術

29 다음 중 윗글의 밑줄 친 한자어 ㉡을 옳게 읽은 것은?

① 실질 ② 실제
③ 실지 ④ 실물

30 다음 중 윗글의 밑줄 친 ㉢과 ㉣의 한자의 음을 바르게 짝지은 것은?

	㉢	㉣
①	대	성
②	혁	판
③	신	매
④	혁	매

CHAPTER 01

Section 04 언어유추
핵심이론

01 단어의 관계와 속성

단어의 관계를 묻는 유형은 주어진 낱말과 대응 방식이 같은 것 또는 나머지와 속성이 다른 것으로 출제된다. 보통 반의 관계, 유의 관계, 상·하위 관계를 통해 단어의 속성을 묻는 문제로, 제시된 단어들의 관계와 속성을 바르게 파악하여 적용하는 것이 중요하다.

> **자주 출제되는 유형**
> - 글자를 재배열하여 만들 수 있는 단어로만 이루어진 것
> - 나머지 셋과 속성이 다른 것
> - 개념의 의미를 바르게 지적한 것
> - 다음을 예로 들어 설명하기에 적합한 개념
> - 단어의 배열 방식이 같은 것

나머지 속성과 다른 것을 찾거나 나머지 셋을 포괄할 수 있는 것을 찾는 유형 등은 반의 관계, 동의 관계, 상·하위 관계 등의 개념을 바르게 파악하고 있어야 해결할 수 있는 문제 유형이다. 매우 다양한 기준으로 어휘를 분류하기 때문에 암기 위주의 고정관념에서 벗어나 연습문제를 통해 다양한 사고를 기르고, 어휘의 여러 가지 관계와 속성을 파악하는 것이 문제 해결의 지름길이다.

02 중의적 표현

중의성은 화자가 제시한 하나의 표현이 둘 이상의 의미를 지님으로써 청자가 해석하는 데 곤란을 느끼는 복합적 의미 관계이다. 즉, 문장의 의미가 분명하기는 하지만, 여러 가지로 해석될 수 있는 것으로, 중의성이 포함된 문장을 중의문이라고 한다. 즉, 문장의 형식은 하나인데, 그 문장이 담고 있는 의미는 여러 개가 된다는 말이다. 중의성을 말 그대로 풀이하면 표현 하나에 의미가 둘 이상 겹쳐 있다는 말이 되므로, 다의어나 동음이의어의 규정과 유사하다.

1. 중의적 표현의 종류

(1) **어휘적 중의성** : 한 단어의 의미가 두 가지 이상으로 해석되는 것으로, 동음이의어나 다의어에 의해 나타난다.

① **동음이의어** : 저 배를 보아라. → 배[船, 선박], 배[腹, 복부], 배[梨, 배나무 열매]
② **다의어** : 손 좀 봐야겠다. → 손(신체의 손), 손(수리하다), 손(혼내다)

(2) **구조적 중의성** : 문장의 구조적 특성으로 인하여 두 가지 이상의 의미로 해석되는 것으로, 수식어나 접속어 등에 의해 나타난다.
　① **수식어** : 예쁜 친구의 동생 → 친구가 예쁘다, 친구의 동생이 예쁘다.
　② **접속어** : 나는 철수와 영희를 만났다. → 철수와 둘이서 영희를 만났다, 나는 철수와 영희 두 사람을 만났다.

(3) **비유적 중의성** : 은유나 직유 등 비유적인 의미 표현으로 인해 두 가지 이상의 의미로 해석된다.
　그는 곰이다. → 별명이 곰이다, 미련하다, 순박하다 등

2. 중의적 표현의 특징

(1) 해학이나 풍자 등에 활용된다.
(2) 의미의 다양성으로 인해 예술성을 높이는 데 기여할 수 있다.
(3) 의미를 제한하는 문맥이나 상황에서는 없어질 수도 있다.
(4) 일상 언어생활에서는 의미 해석에 혼란을 가져올 수 있다.

CHAPTER 01

Section 04 언어유추
적중예상문제

정답 및 해설 p.036

01 단어의 관계와 속성

※ 다음 중 밑줄 친 단어의 관계와 다른 것을 고르시오. **[1~2]**

01

> 아이는 곱디 고운 뽀오얀 <u>손</u>을 내밀었다. 그의 <u>손톱</u>에는 붉은 봉숭아 물이 수줍게 물들어 있었다.

① 코 – 얼굴
② 암술 – 꽃
③ 참새 – 텃새
④ 페달 – 자전거

02

> 조력발전은 해안이나 연안에 둑을 건설해 <u>밀물</u>과 <u>썰물</u> 때 물을 가둬두고 조수간만의 차가 생기면 둑을 열어 물의 흐름으로 전기를 생산한다.

① 전진 – 후퇴
② 연결 – 단절
③ 대소 – 방소
④ 스승 – 제자

03 다음 글의 밑줄 친 ㉠과 ㉡의 관계와 다른 것은?

> 제천시의 산채건강마을은 산과 하천이 어우러진 전형적인 산촌으로, 돌과 황토로 지은 8개 동의 전통 ㉠ <u>가옥</u> 펜션과 한방 명의촌, 한방주 체험관, 황토 게르마늄 구들 찜질방, 약용 식물원 등의 시설을 갖추고 있다.
> 산채건강마을의 한방주 체험관에서는 전통 가양주를 만들어 보는 체험을 할 수 있다. 체험객들은 개인의 취향대로 한약재를 골라 넣어 가양주를 담그고, 자신이 직접 담근 가양주는 ㉡ <u>집</u>으로 가져갈 수 있다.

① 친구(親舊) : 벗
② 수확(收穫) : 벼
③ 금수(禽獸) : 짐승
④ 계란(鷄卵) : 달걀

※ 다음 중 단어 사이의 관계가 나머지와 다른 하나를 고르시오. [4~7]

04   ① 꽃 – 나무 – 식물
　　　② 남자 – 여자 – 사람
　　　③ 노랑 – 파랑 – 초록
　　　④ 손가락 – 손바닥 – 손

05   ① 강연 – 강의 – 연설
　　　② 실험 – 테스트 – 검사
　　　③ 이파리 – 잎 – 잎사귀
　　　④ 태풍 – 엘니뇨 – 허리케인

06   ① 사과 – 포도 – 감
　　　② 달걀 – 병아리 – 닭
　　　③ 태국 – 미국 – 프랑스
　　　④ 인절미 – 시루떡 – 송편

07   ① 잔치 – 연회 – 파티
　　　② 집 – 주택 – 하우스
　　　③ 식당 – 음식점 – 레스토랑
　　　④ 오르간 – 아코디언 – 피아노

08 다음 중 〈보기〉의 ㉠ ~ ㉤을 단어들의 관계가 유사한 유형끼리 바르게 묶은 것은?

> **보기**
> ㉠ [가위 : 절단]　　　㉡ [생성 : 소멸]
> ㉢ [물감 : 채색]　　　㉣ [연필 : 필기]
> ㉤ [결석 : 출석]

① ㉠, ㉡, ㉢　　　　② ㉠, ㉢, ㉣
③ ㉡, ㉣, ㉤　　　　④ ㉡, ㉢, ㉤

09 다음 글의 밑줄 친 ㉠과 ㉡의 관계와 유사한 것은?

> 우리는 특정한 역사적 시기의 과학적 성과의 한계를 과학적 인식 그 자체의 본성적인 한계로 혼동해서는 안 된다. 왜냐하면 특정한 역사적 시기의 구체적인 과학은 언제나 일정한 한계를 지니고 있지만 과학 그 자체는 하루하루의 실천과 더불어 역사라는 수레를 굴려 나가는 바퀴이며, 역사가 계속되는 한 역사와 더불어 계속 전진하면서 자신의 ㉠ <u>한계</u>를 극복해 나갈 것이기 때문이다. 이것은 우리의 실천이 구체적으로는 늘 일정한 ㉡ <u>벽</u>에 부딪힐 뿐만 아니라 종종 잘못에 빠지기도 하지만, 그럼에도 불구하고 실천이야말로 우리의 삶을 지탱하고 개선하는 유일한 길이라는 사실과 똑같은 원리라고 볼 수 있다.

① 근면 – 일　　　　② 음식 – 김치
③ 인간 – 사람　　　④ 장애 – 걸림돌

※ 다음 제시된 9개의 단어 중 3개의 단어를 통해 공통적으로 연상되는 단어로 가장 적절한 것을 고르시오.
[10~12]

10

키보드	숟가락	스킨
로션	모니터	커피
마우스	물	침대

① 가구
② 카페
③ 컴퓨터
④ 화장품

11

안받음	건망증	백아절현
망운지정	이별	스승
벗	각골난망	비둘기

① 육아
② 은혜
③ 우정
④ 기억

12

빼앗다	전염	성장
인권	떼다	침범하다
짓밟다	사생활	정돈

① 청소
② 침해
③ 보건
④ 보호

02 의미 중첩 · 중의적 표현

※ 다음 중 의미가 중첩되지 않는 것을 고르시오. [13~16]

13 ① 이번 여름휴가는 동해 바다로 가자.
② 파티를 열기 전 필요한 모든 준비가 완전히 끝났다.
③ 주소지 변경이 있을 경우에는 사전에 미리 고지 부탁드립니다.
④ 다른 모델일지라도 또 다른 카메라를 사는 건 불필요한 낭비야.

14 ① 빈 공간이 있어야 점포를 얻지.
② 저기 앞에 있는 넓은 광장으로 나오기 바란다.
③ 허연 백발을 한 노인이 앞장서서 천천히 걸어갔다.
④ 저의 좁은 견해로 이런 말씀을 드려도 괜찮겠습니까?

15 ① 이 약은 모기를 완전히 근절할 수 있다.
② 과학자는 인간을 위한 과학을 추구해야 한다.
③ 어머니는 그가 겉보기에 영리한 외양이라고 하셨다.
④ 『백범일지』에는 김구의 사상이 밖으로 표출되어 있다.

16 ① 벌써 정문 앞에 도착했다고?
② 얼른 자동차에 승차하세요.
③ 누런 황금 들판이 일렁인다.
④ 간추려 짧게 약술하였습니다.

※ 다음 중 중의적 의미를 가지지 않는 것을 고르시오. [17~20]

17 ① 수민이가 지수를 좋아한대.
　　　② 현지가 수확한 사과를 먹었다.
　　　③ 커피와 향긋한 계핏가루는 조합이 좋다.
　　　④ 일정이 빨리 끝나서 갈 수 있을 것 같아.

18 ① 형은 모자를 쓰고 있다.
　　　② 학생들이 다 오지 않았다.
　　　③ 친구의 예쁜 신발을 빌려 신었다.
　　　④ 재경이는 영주와 정민이가 추천한 연극을 보았다.

19 ① 다리가 참 길구나.
　　　② 이것은 어머니의 그림이다.
　　　③ 영주가 보고 싶은 친구가 많다.
　　　④ 나는 영민이의 예쁜 누나를 만났다.

20 ① 나는 양말과 손수건 2개를 샀다.
　　　② 키가 큰 재영이와 민지가 달린다.
　　　③ 재호와 성식이는 식당에서 밥을 먹었다.
　　　④ 공사가 언제부터 재개되고, 건물이 완공될지 알 수 없다.

CHAPTER 01 핵심이론

Section 05 독해

01 읽기와 내용의 조직

1. 읽기와 비판적 이해

(1) 읽기의 의미
① 읽기의 개념 : 읽기는 글의 내용을 올바르게 이해하고, 그 의미를 재구성하는 일련의 과정이다. 글을 읽기 전에 지니고 있던 배경 지식과 글 속에 있는 정보를 조정·통합하는 등 여러 문제를 해결해 나가는 복잡한 지적(知的) 활동이다.
② 읽기에 영향을 미치는 요인 : 읽기는 전달 내용을 매개로 하여 글을 쓴 사람(말하는 사람)과 독자(듣는 사람) 사이의 의사소통 과정이다.

(2) 비판적 이해와 비평
① 비판적 이해의 개념
　㉠ 비판적 이해는 독해의 과정에서 글에 제시된 내용, 표현, 조직 등에 대하여 그 적절성과 정확성, 타당성 및 효율성을 일정한 준거에 따라 판단하면서 이해하는 것이다.
　㉡ 비판적 능력의 하위 요소로는 건전한 회의성, 지적 정직성, 객관성, 체계성, 철저성 등을 들 수 있다. 비판적 이해력은 유능한 독자가 반드시 갖추어야 할 매우 높은 수준의 독해 기능이다.
② 비판적 이해의 방법
　㉠ 단어의 선택 및 문장 구조의 측면에서 내용 및 표현의 정확성과 적절성을 판단하며 읽는다.
　㉡ 문단의 구조, 글 전체의 구조, 내용의 논리적 전개 등의 측면에서 내용 및 조직의 정확성과 적절성을 판단하며 읽는다.
　㉢ 글 전체의 통일성, 일관성, 강조성 등의 측면에서 내용 및 조직의 적절성을 판단하며 읽는다.
　㉣ 글의 주제나 목적에 비추어 내용의 타당성과 효율성을 판단하며 읽는다.
　㉤ 건전한 상식이나 사회 통념, 윤리적 가치, 미적 가치 등에 비추어 내용의 타당성과 효용성을 비판하며 읽는다.
　㉥ 글을 읽는 목적과 독자의 입장에 비추어 글에 제시되어 있는 정보의 효용성을 파악하며 읽는다.
③ 비판적 이해 기능의 신장을 위한 학습 방법
　㉠ 글을 읽으면서 일반적으로 옳다고 받아들이는 사실 혹은 의견에 대해서도 의문을 제기해 보도록 한다.
　㉡ 글에 제시되어 있는 어떤 진술이 자신이 알고 있는 지식이나 경험과 상반되더라도 충분한 근거가 있으면 그것을 타당한 진술로 받아들이도록 한다.

ⓒ 글을 읽고 이해하는 과정에서 필자가 제기하는 문제의 핵심에서 벗어나지 않도록 주의를 집중한다.
　　ⓔ 감정적·주관적인 요소를 근거로 하여 필자가 제시하는 내용, 내용의 조직 방식, 내용의 표현 방식 등을 평가하는 일이 없도록 한다.
④ 적극적 독해로서의 비평
　　㉠ 쓰기·말하기는 적극적인 활동이지만 읽기·듣기는 완전히 수동적이라고 생각하는 사람이 적지 않다. 쓰는 이나 말하는 이는 노력을 해야 하지만, 읽는 이나 듣는 이는 가만히 있어도 된다고 생각하고 있기 때문이다. 상대편으로부터 전달받는 정보를 그냥 받아들이기만 하면 된다고 생각하는 데에 잘못이 있다.
　　㉡ 적극적인 독자가 되어 창조적인 독해를 할 수 있으려면 많은 것이 필요하다. 날카로운 관찰력, 빈틈없는 기억력, 풍부한 상상력, 분석과 사고에 의해 단련된 지성 등이 뒷받침되어야 적극적이고 창조적인 독해가 가능하다. 이런 것들은 짧은 기간에 이루어지는 것이 아니며, 끊임없는 노력으로 생겨나는 능력이다.
　　ⓒ 글의 내용을 이해하는 것만으로는 적극적인 독해로서 충분하다고 할 수 없다. 비평의 의무를 다함으로써, 즉 판단을 내림으로써 비로소 적극적 독해가 완료된다. 의욕적이지 못한 독자가 실패하는 것은 이 점 때문이다. 의욕적이지 못한 독자는 내용의 분석이나 해석을 게을리 하는 수도 많으며 판단을 게을리 한다. 이해하는 노력을 아까워할 뿐만 아니라, 글에 씌어 있던 것도 잊어버리고 만다. 아무런 비평적 고찰도 하지 않고 나쁘다고 단정하는 것은 허울 좋은 칭찬보다 더욱 나쁘다.

2. 내용의 조직과 전개

(1) 내용 조직의 일반 원리

글의 내용을 정확하고 분명하게 파악하기 위해서는 내용을 조직하는 다음의 다섯 가지 일반 원리를 유념해야 한다.

① **간결성** : 내용을 효과적으로 전달하기 위해서는 그 내용이 분명하게 드러날 수 있도록 짧고 간단하게 글을 구성해야 한다. 그러므로 필요 없는 내용을 피하고, 주제의 제시에 꼭 필요한 내용만 선정하여 글을 구성한다.
② **완결성** : 글의 주제를 뒷받침하는 구체적 진술이 충분히 제시되어야 하며 누락된 부분이 없도록 한다.
③ **단계성** : 처음·중간·끝의 각 단계가 분명히 드러나도록 내용을 조직해야 한다. 구성 단계는 3단 구성(처음 → 중간 → 끝, 서론 → 본론 → 결론), 4단 구성(기 → 승 → 전 → 결), 5단 구성(주의 환기 → 과제 제시 → 과제 해명 → 해명의 구체화 → 결론) 등으로 나눌 수 있다.
④ **일관성** : 문장과 문장이 서로 긴밀하게 연결되어 있어야 한다. 지시어나 접속어 등을 적절하게 사용하여 유기적인 관계로 조직할 수 있으며, 시간적·공간적·논리적 순서 등을 바탕으로 배열 순서를 정함으로써 글 전체의 일관성을 유지할 수 있다.
⑤ **통일성** : 전체적으로 하나의 주제에 따라 내용을 조직하는 것으로서, 주제문과 뒷받침 문장 하나하나가 통일된 내용을 다루고 있어야 한다. 즉, 각 단락의 요소가 되는 문장들은 모두 하나의 소주제에 관한 내용이어야 하며, 각각의 단락 역시 글 전체의 주제와 관련이 있는 내용이어야 한다.

(2) 쓰기(말하기)의 내용 조직과 전개 방법

① 쓰기에서의 내용 조직 방법 : 말을 하거나 글을 쓸 때 전달하고자 하는 내용, 상황, 목적에 따라 내용을 조직하는 방법이 달라진다. 그 방법들에는 다음과 같은 것들이 있으며, 이를 적절하게 선택하여 사용해야 한다.
  ㉠ 공간적 조직 : 사물의 공간적 배치 관계에 따라 글을 구성하는 방법으로서, 건축물의 구조, 사람의 용모나 산과 들의 모습 등을 다루기에 적합하다.
  ㉡ 시간적 조직 : 일어난 순서에 따라 자료를 배열하는 방법으로서, 역사적인 화제나 전기문 등에 적합하다. 그러나 시간의 흐름만 따라서 글을 지으므로 단조롭다는 단점이 있다.
  ㉢ 주제별 조직 : 화제의 유형에 따라 글을 구성하는 방법으로서, 유형별로 하위 분류할 수 있는 광범위한 화제를 다루기에 적합하다.
  ㉣ 인과적 조직 : 원인과 그에 따른 결과로써 글을 구성하는 방법으로서, 어떤 주장을 논리 정연하게 전개하는 화제를 다루기에 적합하다.
  ㉤ 문제 해결식 조직 : 문제에 해당하는 자료를 먼저 배열하고 해결 방법에 해당하는 것을 뒤에 제시하는 방법으로서, 문제 상황의 해결과 관련된 화제를 다루기에 적합하다.

② 쓰기에서의 내용 전개 방법
  ㉠ 정태적 전개 방법 : 시간성을 중요시하지 않는다.
    • 묘사 : 눈으로 보거나 마음으로 느낀 것 등을 그림을 그리듯이 객관적으로 표현하는 방법
    • 예시 : 세부적인 예를 제시함으로써 일반 원리나 법칙·진술을 구체화하는 방법
    • 분석 : 유기적 결합체를 그 구성 요소로 나누어 전개해 나가는 방법
    • 분류 : 어떤 대상이나 생각들을 공통적인 특성에 근거하여 구분 짓는 방법
    • 정의 : 어떤 대상 또는 사물의 범위를 규정짓거나, 그것의 본질을 진술하는 전개 방법
    • 비교 : 둘 이상의 사물을 견주어 비슷한 점을 들어 설명하는 방법
    • 대조 : 둘 이상의 사물을 차이점(대조)을 들어 설명하는 방법
    • 유추 : 생소하고 복잡한 주제, 개념을 친숙하고 단순한 개념이나 주제와 비교해 설명하는 방법
  ㉡ 동태적 전개 방법 : 시간성을 중시한다.
    • 서사 : 일정한 시간 내에 일어난 일을 순서대로 전개하는 방법으로서, '무엇'에 관한 사항에 관심을 둔다.
    • 과정 : 특정 결말을 가져오게 하는 일련의 행동·변화·기능·단계·작용 등을 밝히는 전개 방법으로서, '어떻게'에 관한 사항에 관심을 둔다.
    • 인과 : 어떤 결과를 가져오게 한 힘, 또는 그 힘에 의해 결과적으로 초래된 현상을 중심으로 전개해 나가는 방법으로서, '왜'에 관한 사항에 관심을 둔다.

(3) 바르고 좋은 표현의 요건

① 바른 표현
  ㉠ 표현이 간결하고 명료하며, 다루려는 사실이 정확하다.
  ㉡ 표현하려는 바가 명확하게 드러나 있으며, 어법에 맞는다.

② 좋은 표현
  ㉠ 문장과 문장, 단락과 단락 사이의 연결이 자연스럽다.
  ㉡ 내용에 통일성이 있으며, 참신하면서도 목적에 맞게 표현한다.
  ㉢ 목적, 주제, 듣는 이와 내용이 잘 어울린다.

02 문장과 글에 대한 이해

1. 문장에 대한 이해

(1) 문법적 직관
① 모국어 화자는 어려서부터 모국어를 익히는 과정에서 이미 문법을 내재화했기 때문에 문법을 따로 배우지 않더라도 자유롭게 모국어를 구사할 수 있다. 모든 모국어 화자는 문법을 바탕으로 언어를 구사하는 데 나름대로 판단 기준이 있다. 이러한 판단 기준을 문법적 직관이라 한다.
② 문법적 직관은 저절로 얻게 되는 것은 아니다. 자신의 언어 활동을 반성해 보고, 틀린 부분을 고쳐 보는 습관을 기름으로써 문법적 직관이 발달된다.

(2) 문장 분석의 방법
① 문장 성분과 생략된 내용 파악 : 우리말을 어법에 맞게 쓰기 위해서는 필요한 성분을 갖추어 써야 한다. 그러나 의미 소통에 지장이 없다면 특정 성분을 생략하는 것은 국어 문장 구조의 간결성·경제성·함축성에 기여하는 긍정적 효과가 있다. 앞의 문장에 동일한 성분이 나와 있는 경우와, 대화의 상황으로 보아 명백한 경우에는 일부 문장 성분을 생략할 수 있다.
  예 민호야, 어디 가니? / 응, (나는) 집에 (가).
  나는 저녁에 과식을 했다. 그래서 (나는) 소화제를 사다 먹었다.
② 호응 관계 확인하기
  ㉠ 주어와 서술어의 호응 : 문장의 기본 구조를 갖추기 위해서는 주어와 서술어가 호응해야 한다. 문맥상의 의미가 통할 때에는 국어의 특성상 주어가 생략되거나 이중 주어가 올 수 있다.
  ㉡ 수식어와 피수식어의 호응 : 꾸미는 말과 그 꾸밈을 받는 말 사이의 호응으로서, 그 거리가 가까울수록 좋다.
  ㉢ 부사어와 서술어의 호응 : 특정 부사어가 특정 서술어와 호응하는 것으로('절대 ~ 아니다' 등), 그 관계가 고정적이라는 특징이 있다.
③ 관형화·명사화 구성 확인하기
  ㉠ 관형화 구성의 경우 : 꾸미는 말을 중첩하여 쓰거나, 전체 문장의 의미에 비추어 관형화 구성을 하지 않고 무조건 꾸며 쓰면 비문법적인 문장이 되기 쉽다. 그러므로 꾸밈을 받는 말과의 관계를 명확하게 확인해 경제성을 살려 관형화 구성을 한다.
  ㉡ 명사화 구성의 경우 : 명사화 자체가 비문(非文)의 조건이 되는 것은 아니지만, 한 문장 안에서 명사화 구성을 남용하는 것은 문제가 된다. 우리말에서는 명사화하여 표현하는 것보다는 동사나 형용사로 풀어서 쓰는 것이 자연스러울 때가 많다.
④ 의미가 불분명한 문장 확인하기
  ㉠ 수식의 모호성 : 꾸미는 말과 그 꾸밈을 받는 말의 거리가 가까워야 한다.
  ㉡ 비교 구문의 모호성 : 비교 대상을 정확히 알 수 있어야 한다.
  ㉢ 병렬 구문의 모호성 : 접속 조사 '와/과'로 묶이는 것들을 서술하는 데에 주의하여야 한다.
  ㉣ 의존명사 구문의 모호성 : 의존명사가 가리키는 바를 명확히 해야 한다.
  ㉤ 부정문의 모호성 : 부정 표현의 낱말과 호응하는 말의 관계를 명확히 해야 한다.

⑤ 우리말답지 않은 표현 확인하기 : 우리말과 영어·일본어 등 외국어의 접촉이 활발해지면서 원래 우리말에는 없는 생소한 어법이 많이 생겨났는데, 이를 '번역투'라고 한다. → 관형 구문의 남용, 복수 접미사(-들)의 남용, 번역 차용, 피동 구문과 물주(物主) 구문의 남용

2. 글에 대한 이해와 내용 생성

(1) 내용 분석을 위한 글다듬기와 단락의 구성 파악

① 분석의 개념
　㉠ 분석이란 물질적 혹은 관념적 소여(所與, 추리나 연구 등의 출발점으로서 주어지거나 가정되는 사실이나 원리)를 연구하고 인식하기 위한 방법으로서, 이것의 본질은 전체를 그 부분으로, 합성물을 그 요소로, 실제로 혹은 사유를 통해 쪼개는 데 있다.
　㉡ 분석의 목표는 본질적인 속성 및 관계를 비본질적인 것으로부터, 필연적인 것을 우연적인 것으로부터, 일반적인 속성 및 관계를 개별적인 것으로부터 구별해 내고, 이를 통해 전체 현상에 대한 무차별적인 고찰에서 그것의 본질 및 그것을 규정짓는 법칙성에 대한 인식으로 나아가고자 하는 데 있다.
　㉢ 이러한 목표의 달성은 분석된 속성 및 관계가 서로 고립적으로 고찰되지 않고 그 연관이 제시될 때만, 즉 종합과 결합될 때만 가능하다. 분석과 종합은 대립된 인식 방법으로서 변증법적인 통일 [정(正) → 반(反) → 합(合)]을 이룬다.

② 글다듬기의 원리 : 글다듬기는 작성된 글이 집필 목적에 잘 부합하는지를 확인하고, 중심 문장 또는 보충 문장 첨가하기, 불필요한 부분 삭제하기, 연결어 첨가하기, 문단 구조의 적절성 확인하기, 제목 및 소제목을 정하거나 첨가하기, 글 전체의 통일성 및 연결성 확인하기 등의 활동을 포괄한다.
　㉠ 경제성 : 꼭 필요한 낱말을 적절하게 쓰되 필요한 만큼의 길이로 나타내야 한다. 이를 위해서 불필요한 반복, 대등 동의어, 불필요하게 길어진 어구나 돌려 말하기 등을 피해야 한다.
　㉡ 다양성 : 뜻이 같거나 비슷하더라도 다양한 문장을 써서 효과를 다르게 한다.
　㉢ 정확성 : 문법에 맞지 않는 문장이 있으면 글 전체의 뜻이 훼손을 입는다. 정확성을 위해 조사, 어미, 서술어, 시제 등의 형태와 구실에 유의해야 한다.
　㉣ 강조성 : 강조할 말을 문장의 첫머리에 배치하거나 어순을 도치시키거나 반복해서 사용하면 뜻을 강조할 수 있다.
　㉤ 균형과 병치 : 문장 속에서 열거나 비교·대조하는 단어·문장·구 등이 둘 이상 있을 때, 이들은 균형을 이루어야 한다.
　㉥ 용어 반복의 회피 : 반복할 필요가 없는 말은 비슷하거나 같은 뜻을 지닌 다른 말로 바꾸어 쓰거나, 또는 접속어를 써서 반복을 피한다.

③ 짜임새 있는 글이 갖추어야 할 요건
  ㉠ 글의 형식
    • 지시어, 접속어 등으로 문장이 잘 연결되어야 한다.
    • 문단이 제대로 구분되어야 한다.
  ㉡ 글의 내용
    • 글을 쓴 목적에 충실해야 한다.
    • 글의 내용에 통일성이 있어야 한다.
    • 주제가 뚜렷하고 주제를 뒷받침해 주는 내용이 탄탄해야 한다.
④ 글다듬기할 때 유의할 점
  ㉠ 글 전체가 하나의 주제로 통일되었는지 살펴본다.
  ㉡ 글의 내용이 글을 쓴 목적에 충실한지 살펴본다.
  ㉢ 제목과 소제목이 적절한지 살펴본다.
  ㉣ 글의 구성 단계가 체계적인지 살펴본다.
  ㉤ 글과 문단의 길이가 적절한지 살펴본다.
  ㉥ 중심 생각이 주제문으로 잘 표현되었는지 살펴본다.
  ㉦ 문단의 연결 관계가 자연스러운지 살펴본다.
  ㉧ 한 문단에 하나의 중심 생각만 있는지 살펴본다.

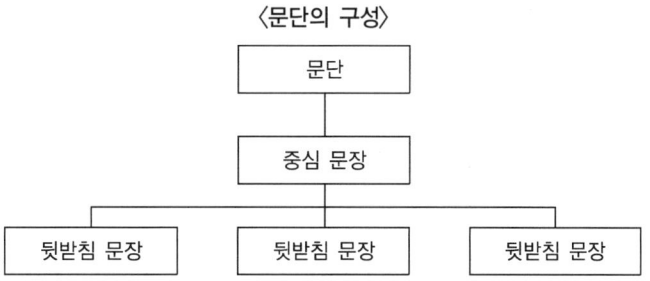

〈문단의 구성〉

⑤ 중심 문장이 갖추어야 할 요건
  ㉠ 완전한 문장이어야 하며 짧고 간결해야 한다.
  ㉡ 문단 전체의 내용을 포괄해야 한다.
⑥ 단락의 구성
  ㉠ 단락 구성의 원리
    • 완결성 : 단락이 완결성을 지니려면 소주제문을 뒷받침할 문장이 충분히 제시되어 있어야 한다.
    • 통일성 : 하나의 단락은 하나의 통일된 생각을 나타내야 하며, 그러기 위해서는 하나의 소주제문과 그것을 뒷받침하는 문장들로 단락을 구성해야 한다.
    • 일관성 : 단락을 구성하는 문장들을 긴밀하게 연결하려면 의미적으로 연결되어야 하며, 지시어나 접속어를 적절하게 사용해야 한다.

ⓛ 단락의 구분과 연결

유형	앞뒤 문장의 관계	접속어
부연	덧붙여서 자세히 설명함	즉, 다시 말하면
요약	앞의 내용을 간추림	요컨대
전환	다른 내용의 도입	그런데, 그건 그렇다 치고
첨가	덧붙여 강조하거나 해설하는 내용	그리고, 더구나, 그뿐만 아니라
역접	반대 또는 대립하는 내용	그러나, 그렇지만, 하지만
인과	이유에 대한 결과	그래서, 그러므로, 그러니, 하여, 그러면

⑦ 비문법적 문장을 만드는 요소
  ㉠ 모호한 구문 : 구문이 잘못되었거나 말을 중언부언(重言復言)하면 문장의 의미가 모호해진다.
  ㉡ 문장 성분의 생략 : 반드시 있어야 할 성분을 생략하면 뜻이 불분명해진다.
  ㉢ 부적절한 어순 : 어순이란 논리에 맞도록 주어, 목적어, 서술어 등을 배열한 순서이다.
  ㉣ 균형을 잃은 병렬 : 병렬문에서 나열되는 문장, 구, 단어 등은 동질적으로 대등한 것이어야 한다.
  ㉤ 문장 성분의 불호응 : 호응 관계가 깨지면 문장의 뜻을 제대로 파악하기 힘들다.
  ㉥ 부적절한 접속 관계 : 문장 내부의 낱말, 어절, 구와 이은 문장들은 서로 논리 정연한 접속 관계로 연결되어야 한다.
  ㉦ 지나치게 긴 문장 : 지나친 장문(長文)이나 요지를 끝에 가서 밝히는 문장은 논리성을 잃기 쉽다.

⑧ 어법에 맞는 표현
  ㉠ 문장 성분 간의 호응
   • 주술 호응 : 주어나 술어가 부당하게 생략되는 경우, 도중에 주어가 바뀌는 경우
     예 조선과 고려의 도자기를 비교할 때, 매우 소박하면서도 단아한 멋을 느낄 수 있다.
   • 술목 호응 : 공통 서술어가 아닌데도 서술어를 부당하게 생략하는 경우, 또는 서술어가 목적어를 필요로 하는 타동사인데도 목적어가 없는 경우
     예 평화는 얼마나 깨지기 쉬운 것인가. 많은 나라가 잃기도 하지만, 그래도 다수는 얻기도 한다.
   • 논리적 호응 : 글 전체의 내용이 논리적으로 호응되어야 하며, 문장과 문장 사이에서도 논리적 연관성이 있어야 한다.
     예 오늘도 아침 식사를 걸렀으니 내일도 거를 것이다.
   • 대등한 병렬 : 문장을 대등하게 접속시킬 때, 접속하는 두 요소는 같은 성질이 되도록 하여야 한다.
     예 그들은 희망을 피안에 걸지 않고, 현실에서 실현되기를 바라고 있다.
   • 수식어의 호응 : 수식어의 위치나 상태가 적합하지 못한 경우
     예 우리 할아버지께서는 꾸준히 젊은 사람 못지 않은 운동을 하셨습니다.

ⓛ 구조어의 쓰임
- 조사 : '로서/로써' 등 발음이 유사한 단어의 뜻을 정확하게 구별하지 못했기 때문에 범하는 오기(誤記)
  예 우리 사회의 질서는 법으로서만 유지되는 것은 아니다. → '법으로써만'
- 어미 : 잘못된 어미의 활용
  예 박 과장이 오늘 출근을 안 해서 몸이 아픈 것이 틀림없다. → '출근을 안 했으므로'
- 부사어
  예 저 잎은 기린도 못 먹을 만큼 높은 곳에 나 있는데 하물며 사슴이 먹을 수가 없다. → '하물며 사슴이 먹을 수 있겠는가(있으랴)?'

(2) 내용 생성의 방법

① **상황 분석을 통한 내용 생성** : 모든 상황은 대립되는 힘의 충돌이나 주어진 상태를 바꾸고자 하는 의지의 발현으로 구성된다. 따라서 상황을 조성하고 있는 갈등 요인을 분석해야 글쓰기에서 적절한 내용을 생성할 수 있다.

ⓗ 상황의 주된 특징 분석하기 : 어떤 상황에서 반복되거나 지속되는 특징을 찾아 그 의미를 분석하여 글쓰기의 내용으로 삼는다. 이는 '나'와 '상황', 혹은 '나'와 '대상' 또는 '주체'에서 주로 드러나는 특징을 분석하는 것인데, 주로 드러나는 특징에 '상황'이나 '대상'의 본질이 들어 있다고 보기 때문이다. 이는 글을 쓰는 사람뿐만이 아니라 글을 읽는 사람들도 동일한 상황을 관찰하고 있으며, 주된 특징에 의문을 가질 수 있다는 점을 전제로 한다.

ⓛ 상황을 심층적으로 분석하기 : 상황을 이끌고 있는 주체가 지향하는 바를 그 궁극적 가치의 차원에서 분석하여 글쓰기의 내용으로 삼는다. 이는 '상황' 또는 '대상'의 심층적 구조에 대한 탐구를 말한다. 하나의 상황이란 개별적 사례라고 할 수 있으므로, 상황을 구성하는 대립하는 주체들의 의지나 목적이 그 개별적 상황에만 국한되지 않는 경우가 많다. 즉, 상황은 가변적이고, 또 하나의 상황이 해소된다고 해서 모든 대립이 해결되는 것은 아니기 때문이다.

② **사고의 확산을 통한 내용 생성** : 상황의 현재적 양상만을 주목하는 데서 벗어나 사고를 확산시키면 새롭고 의미 있는 내용을 생성할 수 있다. 또 상황을 먼저 정확히 파악한 다음, 그 상황과 관련하여 사고를 확장시킴으로써 보다 발전된 내용을 생성할 수 있다.

ⓗ 연상 : 상황의 여러 측면에 대한 생각을 이어 나감으로써 새로운 생각이 떠오르게 된다.

ⓛ 유추 : 어떤 상황에 대한 생각을 다른 상황에 적용하게 되면 새로운 의미가 떠오르게 된다. 'A : B=C : D'로 유추의 형식을 나타낼 수 있는데, 'A : B'의 관계와 'C : D'의 관계에 긴밀한 공통성과 유사성이 있어야 한다.

> **연상의 개념**
> 관념의 연합은 심리학과 철학에서 말하는 의식 내용(표상, 개념 등)의 합법칙적인 연결을 의미한다. 즉, 의식 내에서 어떤 표상·개념이 생겨남으로써 그것과 결합된 표상·개념이 떠오르거나 그러한 표상·개념들끼리 서로 의식 내에 나타나게 하는 것의 연합이다. 연합 중에서 특히 '관념의 연합'을 연상이라고 한다. 의식 내용 간의 연합은 객관적으로 존재하는 물질 세계의 사물, 체계, 과정 간의 연관에 대한 반영이다.
>
> **유추의 개념**
> - '유비추리(類比推理)'라고도 한다. 두 가지 이상의 현상들이 어떤 속성이나 관계 또는 구조나 기능에서 일치하거나 유사하다는 것으로부터 그것들이 다른 속성, 관계, 구조, 또는 기능에서도 일치하거나 유사하리라고 추리해 내는 논리적인 추리 과정을 일컫는 말이다. 유추는 근본적으로 구조적 유추와 기능적 유추 두 가지로 구별된다.
> - 유추의 가능성은 객관적 실재가 유기적으로 연관된 전체이고 그것들의 여러 상이한 영역들이 똑같은 특징, 유사한 구조 내지 기능을 보여 주며, 따라서 하나의 영역에 바탕을 둔 유추와 모형은 다른 영역에 대해서도 들어맞으며 적용될 수 있다는 사실에 근거를 두고 있다. 그러므로 그런 종류의 추리는 '본질적인 특징에서의 일치나 유사성에서 나온 것'이어야 하며, 실천을 통해 끊임없이 교정되어야 한다. '자연과학적인 유추'는 대체로 '사회과학적인 유추'보다 더 큰 확실성을 갖는다. 왜냐하면 사회에서는 개성이라는 요인을 차치하고라도 인간의 행위로 말미암아 일반적 합법칙성에 가해지는 여러 가지 변형 형태가 특별히 고려되어야 하기 때문이다.

03 효과적인 표현

1. 효과적인 표현을 위한 요소

(1) 어휘 선택

① 글을 쓰는 과정에서 창안하고 조직한 내용을 적절한 언어로 표현하는 방법에는 여러 가지가 있다. 같은 내용을 전달하는 글이라도 그것을 표현하는 언어가 다르면, 표현 내용에 대한 독자의 반응뿐만 아니라 글의 전달 효과도 달라진다. 언어를 사용하여 정서나 관념을 개성 있게 표현하는 방법을 문체라고 하는데, 표현의 과정에서 단어를 적절하게 선택하는 것은 효과적인 문체를 결정하는 데 중요한 역할을 한다.

② 표현의 과정에서 단어를 효과적으로 선택할 수 있게 하기 위해서는 무엇보다도 먼저 풍부한 어휘력을 갖추어야 한다. 이를 위해서는 항상 국어사전을 이용하는 습관을 길러야 하며, 대화를 하거나 글을 쓸 경우에 새로운 어휘를 사용하도록 시도해야 하고, 문학 작품을 비롯한 여러 가지 글을 가능한 한 많이 읽도록 해야 한다.

(2) 문장의 구조와 문체

① 글의 내용을 효과적으로 표현하기 위해서는 적절한 단어의 선택뿐만 아니라, 적절한 문장 구조의 선택도 필요하다.
② 문장은 구조에 따라 크게 홑문장과 겹문장으로 나눌 수 있는데, 겹문장은 다시 이어진문장과 안은문장으로 나눌 수 있다. 하나의 문장은 여러 가지 방식으로 확장될 수 있다. 문장은 홑문장에 꾸미는 말을 덧붙이거나, 하나의 문장에 다른 문장을 이어 주거나, 다른 문장을 하나의 문장 속에 안기게 함으로써 확장될 수 있으며, 이를 통해 여러 가지 문장 구조를 취할 수 있게 된다.
③ 이와 같은 여러 가지 문장 구조들 가운데에서 어떠한 구조를 선택하느냐에 따라 표현의 효과가 달라진다. 따라서 적절한 문장 구조의 선택은 효과적인 문체를 결정짓는 데 기여한다.
④ 문장의 구조와 함께 효과적인 문체를 결정하는 요인에는 문장의 다양성, 문장의 명료성, 문장의 연결성 등을 들 수 있다.

2. 표현의 개념과 표현 기법

(1) 표현의 개념과 중요성

① **표현의 개념** : 표현이란 필자가 자신의 사상이나 감정을 드러내는 방식을 말한다. 즉, 필자가 자신의 의도를 효과적으로 달성하기 위해 사용하는 언어의 제반 특성을 말한다.
② **표현의 중요성** : 필자의 의도나 개성은 항상 언어적 표현을 통해서 잠재적으로나 명시적으로 드러나기 마련이다. 따라서, 글을 읽을 때 진술, 수사법, 문체에서 나타나는 모든 표현상의 특성을 분석함으로써 필자의 의도나 개성을 파악할 수 있으며, 이를 통하여 깊이 있는 독해를 할 수 있다.

(2) 세련된 표현

① **간결성과 명료성** : 구체적인 어휘를 사용한 표현, 일관성이 있는 표현, 응집성을 지닌 표현
② **유창성과 진지성** : 적절한 속담이나 고사를 인용하여 생각하는 바를 충분히 드러낸 표현, 말하고자 하는 바가 인상 깊게 드러나도록 강조한 표현, 공감의 폭을 넓히는 함축적인 표현
③ **세련된 표현의 요건과 기준**
  ㉠ 어휘가 구체적이면서 적절하게 표현된 것, 문장이 일관성이 있고, 응집성을 지닌 표현이어야 한다.
  ㉡ 적절한 속담이나 고사를 인용하여 생각하는 바를 충분히 드러낸 표현, 말하고자 하는 바가 인상 깊게 드러나도록 강조한 표현, 공감의 폭을 넓힐 수 있도록 함축적으로 표현한 것이어야 한다.

(3) 표현 기법

표현의 과정에서 필자는 자신의 생각을 보다 효과적으로 나타내기 위하여 여러 가지 표현 기법을 사용한다. 적절한 표현 기법의 사용은 효과적인 문체를 형성하는 데 크게 기여할 수 있다. 전통적인 수사론에서 강조해 온 표현 기법은 크게 비유법, 변화법, 강조법의 세 가지로 나눌 수 있다.

① **비유법** : 표현하고자 하는 대상을 다른 대상에 비유하여 표현하는 수사법이다.
  ㉠ 직유법 : 두 사물의 유사성을 근거로 해서 '처럼, 같이, 인 양' 등의 비교어를 써서 'A는 B와 같다'는 형식으로 원관념을 보조 관념에 직접 비유하는 수사법이다.
    예 죽은 듯이 고요한, 꽃에 소금을 뿌린 듯이
  ㉡ 은유법 : 연결어 없이 동일성에 바탕을 두어 두 관념을 직접 비교, 'A는 B이다'라는 형식으로 원관념과 보조 관념을 연결하여 표현하는 수사법이다.
    예 내 마음은 호수요.
  ㉢ 의인법 : 사람이 아닌 사물에 사람과 같은 성질을 부여하는 수사법이다.
    예 비가 갠 후 구름이 방긋 웃고 무지개는 하늘에서 깔깔대며 춤을 추었습니다.
  ㉣ 활유법 : 생물이 아닌 사물을 생물과 같은 성질을 부여하는 수사법이다.
    예 대지가 꿈틀거리며, 봄이 소리도 없이 다가온다.
  ㉤ 대유법 : 사물의 명칭을 직접 쓰지 않고 사물의 일부분이나 특징으로 전체를 나타내는 수사법이다.
    • 환유법 : 표현하려는 대상과 관련된 다른 사물이나 속성을 들어 그 대상을 나타내는 수사법이다.
      예 사람을 바지저고리(못난 사람)로 아느냐.
    • 제유법 : 사물의 한 부분으로 전체를, 또는 한 말로 그와 관련된 모든 것을 나타내는 수사법이다.
      예 빵(식량), 감투(관직, 권력)
  ㉥ 풍유법 : 원관념을 숨기고 비유하는 말만 내세워 숨겨져 있는 본래의 뜻을 암시하는 수사법이다.
    예 속담, 격언, 우화 등을 사용한 표현
  ㉦ 중의법 : 말 하나가 둘 이상의 뜻을 나타내는 수사법으로서, 여기서 두 가지 뜻이란 단어가 지니고 있는 파생적인 의미나 유사성이 아니라 전혀 다른 개념과 뜻을 재치 있게 함께 지니고 있는 것을 뜻한다.
    예 아! 강낭콩꽃보다도 더 푸른 그 물결(역사, 물결) 위에. (변영로 「논개」)
  ㉧ 의태법 : 어떤 대상을 실감나게 표현하기 위하여 사물의 형태나 동작을 시늉하여 나타내는 기교로서, '시자법(示姿法)'이라고도 한다. 이는 시각적인 효과를 위한 수사법이다.
  ㉨ 의성법 : 어떤 대상이나 사물의 소리를 흉내 내어 나타내는 수사법으로서, '사성법(寫聲法)' 또는 '성유법(聲諭法)'이라고도 한다. 이는 청각적 이미지를 살리는 수사법이다.
  ㉩ 상징법 : 원관념은 겉으로 드러나지 않아 암시에만 그치고 보조 관념만 드러내는 수사법이다. 이는 은유법과 비슷하지만 원관념이 직접 나타나지 않는다는 점에서 다르다. 원관념을 짐작할 수 있다면 그것은 은유법이다.
    예 비둘기(평화), 손가락질(비난)
② **강조법** : 표현하고자 하는 대상의 뜻과 인상을 강하고 절실하게 나타내기 위해 사용하는 수사법이다.
  ㉠ 과장법 : 사물의 규모나 정도를 보다 확대하거나 축소하여 강조하는 수사법이다.
    예 집채만한 우박, 성냥갑만한 빌딩들
  ㉡ 대조법 : 뜻이나 정도가 상반되는 사물을 맞세워 중심이 되는 바를 인상 깊게 드러내는 수사법이다.
    예 한용운이 여성적이라면, 이육사는 남성적이다.
  ㉢ 현재법 : 과거나 미래를 현재처럼 나타내어 생생함을 더해 주는 수사법이다.
    예 바다에 오다. 저 멀리 오징어잡이 배가 지나가는 것을 바라보다.
  ㉣ 영탄법 : 감탄하는 말로써 놀라움, 슬픔, 기쁨 따위의 감정을 강하게 나타내는 수사법이다.
    예 아아, 사랑을 목발질하며 나는 살아왔구나!

ⓜ 열거법 : 내용상 하나로 연결되는 어구를 늘어놓아 강조하는 수사법이다.
　　　　예 밥하고, 청소하고, 빨래하는 일이 다 가치 있는 노동이다.
　　　ⓗ 반복법 : 동일한 단어나 구절을 반복하여 뜻을 두드러지게 하는 수사법이다.
　　　　예 살어리 살어리랏다. 청산(靑山)애 살어리랏다.
　　　ⓢ 미화법 : 추한 것을 아름다운 것으로 만들어 나타내는 수사법이다.
　　　　예 양상군자(도둑), 거리의 천사(고아)
　　　ⓞ 점층법 : 같은 종류의 사물을 크기나 정도에 따라 순차적으로 배열하는 수사법이다.
　　　　예 학교에, 나라에, 전 세계의 인류에 봉사하는 사람이 됩시다.
③ **변화법의 종류** : 문장의 단조로움을 피하고 변화를 주어 생기 있게 나타내려는 수사법이다.
　　　㉠ 설의법 : 답은 명확한데도 독자가 확인하도록 물음의 형태로 나타낸 수사법이다.
　　　　예 배웠다는 사람이 그렇게 비겁하게 행동해서야 되겠습니까?
　　　㉡ 대구법 : 가락이 비슷한 어구를 짝지어서 대립과 병렬의 운치를 주는 수사법이다.
　　　　예 파란 하늘에는 구름이 흐르고, 하얀 모래밭엔 물새가 노닌다.
　　　㉢ 돈호법 : 사물을 부르는 형태로써 주의를 환기시키고 변화를 주는 수사법이다.
　　　　예 산이여! 나는 너의 묵묵한 뜻을 알고 있다.
　　　㉣ 인용법 : 유명한 말이나 필요한 자료 등을 끌어다가 사용하는 수사법이다.
　　　　예 성경에는 "네 원수를 사랑하라."라는 말씀이 있습니다.
　　　㉤ 도치법 : 정상적인 말의 차례를 뒤바꾸어 배치하여 변화를 주는 수사법이다.
　　　　예 그래도 아쉬운 마음이 듭니다. 그녀를 보내고 나니…….

CHAPTER 01

Section 05 독해
적중예상문제

정답 및 해설 p.039

01 다음 글의 제목으로 가장 적절한 것은?

> 많은 경제학자는 제도의 발달이 경제 성장의 중요한 원인이라고 생각해 왔다. 예를 들어 재산권 제도가 발달하면 투자나 혁신에 대한 보상이 잘 이루어져 경제 성장에 도움이 된다는 것이다. 그러나 이를 입증하기는 쉽지 않다. 제도의 발달 수준과 소득 수준 사이에 상관관계가 있다 하더라도, 제도는 경제 성장에 영향을 줄 수 있지만 경제 성장으로부터 영향을 받을 수도 있으므로 그 인과관계를 판단하기 어렵기 때문이다.

① 경제 성장과 소득 수준
② 경제 성장과 제도 발달
③ 소득 수준과 투자 수준
④ 소득 수준과 제도 발달

02 다음 글의 중심 내용으로 가장 적절한 것은?

> 발전된 산업 사회는 인간을 단순한 수단으로 지배하기 위해 새로운 수단을 발전시키고 있다. 이를 위해 여러 사회 과학과 심층 심리학이 동원되고 있다. 목적이나 이념의 문제를 배제하고 가치 판단으로부터의 중립을 표방하는 사회 과학은 인간 조종을 위한 기술적·합리적인 수단을 개발해 대중 지배에 이바지한다. 마르쿠제는 이런 발전된 산업 사회에서의 도구화된 지성을 비판하면서 이것을 '현대인의 일차원적 사유'라고 불렀다. 비판과 초월을 모르는 도구화된 사유라는 것이다.
> 발전된 산업 사회는 이처럼 사회 과학과 도구화된 지성을 동원해 인간을 조종하고 대중을 지배할 뿐만 아니라 향상된 생산력을 통해 인간을 매우 효율적으로 거의 완전하게 지배한다. 즉, 발전된 산업 사회는 높은 생산력을 통해 늘 새로운 수요들을 창조하고, 모든 선전 수단을 동원하여 이러한 새로운 수요들을 인간의 삶을 위해 불가결한 것으로 만든다. 그리하여 인간이 새로운 수요들을 지향하지 않을 수 없게 한다. 이렇게 산업 사회는 늘 새로운 수요의 창조와 공급을 통해 인간의 삶을 지배하고 그의 인격을 사로잡아 버리는 것이다.

① 산업 사회의 특징과 문제점
② 산업 사회의 대중 지배 양상
③ 산업 사회의 발전과 경제력 향상
④ 산업 사회에서 도구화된 지성의 문제점

03 다음 글에 나타나는 필자의 생각으로 가장 적절한 것은?

> 우리는 우리가 생각한 것을 말로 나타낸다. 또 다른 사람의 말을 듣고, 그 사람이 무슨 생각을 가지고 있는지를 짐작한다. 그러므로 생각과 말은 서로 떨어질 수 없는 깊은 관계를 가지고 있다. 그렇다면 말과 생각은 얼마나 깊은 관계를 가지고 있을까? 이 문제를 놓고 사람들은 오랫동안 여러 가지 생각을 하였다. 그 가운데 가장 두드러진 것이 두 가지 있다. 그 하나는 말과 생각이 서로 꼭 달라붙은 쌍둥이인데 한 놈은 생각이 되어 속에 감추어져 있고 다른 한 놈은 말이 되어 사람 귀에 들리는 것이라는 생각이다. 다른 하나는 생각이 큰 그릇이고 말은 생각 속에 들어가는 작은 그릇이어서 생각에는 말 이외에도 다른 것이 더 있다는 생각이다.
> 이 두 가지 생각 가운데서 앞의 것은 조금만 깊이 생각해 보면 틀렸다는 것을 즉시 깨달을 수 있다. 우리가 생각한 것은 거의 대부분 말로 나타낼 수 있다. 반면, 가슴 속에 응어리진 어떤 생각이 분명히 있기는 한데 그것을 어떻게 말로 표현해야 할지 애태운 경험은 누구든지 가지고 있을 것이다. 이것 한 가지만 보더라도 말과 생각이 서로 안팎을 이루는 쌍둥이가 아님은 쉽게 판명된다.
> 인간의 생각이라는 것은 매우 넓고 큰 것이며 말이란 결국 생각의 일부분을 주워 담는 작은 그릇에 지나지 않는다. 그러나 아무리 인간의 생각이 말보다 범위가 넓고 큰 것이라고 하여도 그것을 가능한 한 말로 바꾸어 놓지 않으면 그 생각의 위대함이나 오묘함이 다른 사람에게 전달되지 않기 때문에 말의 신세를 지지 않을 수가 없게 되어 있다. 그렇기 때문에 말을 통하지 않고는 생각을 전달할 수가 없는 것이다.

① 말은 생각의 하위요소이다.
② 말은 생각의 폭을 확장시킨다.
③ 말은 생각을 제한하는 틀이다.
④ 말은 생각을 전달하기 위한 수단이다.

04 다음 글에서 주장하는 정보화 사회의 문제점에 대한 반대 입장으로 적절하지 않은 것은?

> 정보화 사회에서 지식과 정보는 부가가치의 원천이다. 지식과 정보에 접근할 수 없는 사람들은 소득을 얻는 데 불리할 수밖에 없다. 고급 정보에 대한 접근이 용이한 사람들은 부를 쉽게 축적하고, 그 부를 바탕으로 고급 정보 획득에 많은 비용을 투입할 수 있다. 이렇게 벌어진 정보 격차는 시간이 갈수록 심화될 가능성이 높아지고 있다. 정보나 지식이 독점되거나 진입 장벽을 통해 이용이 배제되는 경우도 문제이다. 특히 정보가 상품화됨에 따라 정보를 둘러싼 불평등은 더욱 심화될 것이다.

① 정보 기기의 보편화로 인한 정보 격차 완화
② 인터넷이나 컴퓨터 유지비 측면에서의 격차 발생
③ 일방적 정보 전달에서 벗어나 상호작용의 의사소통 가능
④ 정보의 확산으로 기존의 자본주의에 의한 격차 완화 가능성

05 다음 글의 내용으로 적절하지 않은 것은?

> 일상 속에서 고된 노동과 함께 친절을 베풀고 있는 아르바이트생들을 흔히 볼 수 있다. 아르바이트생은 돈을 벌기 위해 손님이라는 이유만으로 자신을 낮추며 손님의 요구를 충족시켜야 한다. 공휴일도 없이 자신의 여가를 포기하면서까지 그들은 돈을 벌기 위해 열심히 노동하고 있다.
> 하지만 아르바이트생이라는 이유만으로 겪어야 하는 서러움이 많다. 아르바이트생 대부분은 20대 청년이며 10대 미성년자도 많다. 우리 사회는 과연 이들을 어떤 태도로 대하고 있을까?
> 대학을 입학하고 부모님의 노고를 덜기 위해 아르바이트를 시작한 한 대학생 A씨는 유명 프랜차이즈점 카페에서 일을 시작했다. 어느 날 급한 사정으로 인해 가게 사장에게 하루 전날 일을 뺄 수 있냐고 물어봤는데 그 이유만으로 갑작스러운 해고 통지를 받았다. 하지만 일을 그만둔 후 통장잔고를 확인했더니 일한 횟수에 비해 10만 원이나 적은 돈을 받았다. 그래서 사장에게 정당하게 돈을 요구했더니 "아르바이트 주제에 버르장머리가 없다."며, "더러워서 돈은 주지만 다시는 카페 계열에서 일을 못 할 줄 알아라."라며 협박하고 인격적으로 모독했다.
> 또한, 최근 치킨집에서 서빙을 하고 있는 대학생 B씨는 손님에게 성희롱을 당해 가게에 경찰까지 오게 되는 소동을 겪었다. 50대 남성 2명이 가게에서 술을 마시다가 취해 B씨에게 "이리 와서 술을 따라봐. 맛있는 거 사줄 테니 사귀자."라고 하며 얼굴을 만졌다는 것이다. 이런 일을 당한 후 B씨는 남자에게 혐오감이 들 정도로 스트레스를 받았다고 한다.
> 이처럼 아르바이트생들은 고된 노동과 감정노동을 함께 겪고 있다. 최근 한 음식점에서 손님들의 갑질을 줄이기 위해 알바생들에게 '남의 집 귀한 딸', '남의 집 귀한 아들'이라는 글자가 박힌 티셔츠를 입고 일을 하라고 했다. 그랬더니 놀랍게도 손님들의 태도가 훨씬 친절해졌다고 한다. 이처럼 이들도 누군가에겐 정말로 소중한 사람들일 것이다.
> 열심히 일하고 있는 그들에게 말 한마디라도 "감사합니다.", "수고하세요."라는 따뜻한 말을 건넨다면 우리 사회는 더욱 행복해질 것이다.

① 감정노동자들의 권리를 보호해야 한다.
② 소비자들은 자신의 모습을 되돌아 봐야 한다.
③ 갑질 손님으로부터 아르바이트생을 구해야 한다.
④ 청년 아르바이트생에 대한 갑질을 개선하기 위한 캠페인을 벌일 필요가 있다.

06 다음 글의 내용으로 가장 적절한 것은?

> 상업 광고는 기업은 물론이고 소비자에게도 요긴하다. 기업은 마케팅 활동의 주요한 수단으로 광고를 적극적으로 이용하여 기업과 상품의 인지도를 높이려 한다. 소비자는 소비 생활에 필요한 상품의 성능, 가격, 판매 조건 등의 정보를 광고에서 얻으려 한다. 광고를 통해 기업과 소비자가 모두 이익을 얻는다면 이를 규제할 필요는 없을 것이다. 그러나 광고에서 기업과 소비자의 이익이 상충하는 경우도 있고 광고가 사회 전체에 폐해를 낳는 경우도 있어 다양한 규제 방식이 모색되었다.
> 이때 문제가 된 것은 과연 광고로 인한 피해를 책임질 당사자로서 누구를 상정할 것인가였다. 초기에는 '소비자 책임 부담 원칙'에 따라 광고 정보를 활용한 소비자의 구매 행위에 대해 소비자가 책임을 져야 한다고 보았다. 여기에는 광고 정보가 정직한 것인지와는 상관없이 소비자는 이성적으로 이를 판단하여 구매할 수 있어야 한다는 전제가 있었다. 그래서 기업은 광고에 의존하여 물건을 구매한 소비자가 입은 피해에 대하여 책임을 지지 않았고, 광고의 기만성에 대한 입증 책임도 소비자에게 있었다.
> 책임 주체로 기업을 상정하여 '기업 책임 부담 원칙'이 부상하게 된 배경은 복합적이다. 시장의 독과점 상황이 광범위해지면서 소비자의 자유로운 선택이 어려워졌고, 상품에 응용된 과학 기술이 복잡해지고 첨단화되면서 상품 정보에 대한 소비자의 정확한 이해도 기대하기 어려워졌다. 또한 다른 상품 광고와의 차별화를 위해 통념에 어긋나는 표현이나 장면도 자주 활용되었다. 그리하여 경제적, 사회·문화적 측면에서 광고로부터 소비자를 보호해야 한다는 당위를 바탕으로 기업이 광고에 대해 책임을 져야 한다는 공감대가 확산되었다.
> 오늘날 행해지고 있는 여러 광고 규제는 이런 공감대에서 나온 것인데, 이는 크게 보아 법적 규제와 자율 규제로 나눌 수 있다. 구체적인 법 조항을 통해 광고를 규제하는 법적 규제는 광고 또한 사회적 활동의 일환이라는 점에 근거한다. 특히 자본주의 사회에서는 기업이 시장 점유율을 높여 다른 기업과의 경쟁에서 승리하기 위하여 사실에 반하는 광고나 소비자를 현혹하는 광고를 할 가능성이 높다. 법적 규제는 허위 광고나 기만 광고 등을 불공정 경쟁의 수단으로 간주하여 정부 기관이 규제를 가하는 것이다.
> 자율 규제는 법적 규제에 대한 기업의 대응책으로 등장했다. 법적 규제가 광고의 역기능에 따른 피해를 막기 위한 강제적 조치라면, 자율 규제는 광고의 순기능을 극대화하기 위한 자율적 조치이다. 광고에 대한 기업의 책임감에서 비롯된 자율 규제는 법적 규제를 보완하는 효과가 있다.

① 광고 주체의 자율 규제가 잘 작동될수록 광고에 대한 법적 규제의 역할도 커진다.
② 기업의 이익과 소비자의 이익이 상충하는 정도가 클수록 법적 규제와 자율 규제의 필요성이 약화된다.
③ 시장 독과점 상황이 심각해지면서 기업 책임 부담 원칙이 약화되고 소비자 책임 부담 원칙이 부각되었다.
④ 첨단 기술을 강조한 상품의 광고일수록 소비자가 광고 내용을 정확히 이해하지 못한 채 상품을 구매할 가능성이 커진다.

07 다음 글을 읽고 추론한 내용으로 적절하지 않은 것은?

> 헤로도토스의 앤드로파기(=식인종)나 신화나 전설적 존재들인 반인반양, 켄타우루스, 미노타우로스 등은 아무래도 역사적인 구체성이 크게 결여된 편이다. 반면에 르네상스의 야만인 담론에 등장하는 야만인들은 서구의 전통 야만인관에 의해 각색되는 것은 여전하지만 이전과는 달리 현실적 구체성을 띠고 나타난다. 하지만 이때도 문명의 시각이 작동하기는 마찬가지며 야만인이 저질 인간으로 인식되는 것도 마찬가지다. 다만 이제 이런 인식은 서구 중심의 세계체제 형성과 관련을 맺는다. 르네상스 야만인 상은 서구인의 문명건설 과업과 관련하여 만들어진 것이다. '신대륙 발견'과 더불어 '문명'과 '야만'의 접촉이 빈번해지자 야만인은 더는 신화적·상징적·문화적 이해 대상이 아니다. 이제 그는 실제 경험의 대상으로서 서구인의 일상생활에까지 모습을 드러내는 존재이다.
> 특히 주목해야 할 점은 콜럼버스의 '신대륙 발견' 이후로 야만인 담론은 유럽인이 '발견'한 지역의 원주민들과 직접 그리고 집단으로 만나는 실제 체험과 관련되어 있다는 사실이다. 르네상스 이전이라고 해서 이방의 원주민들을 만나지 않았을 리 없겠지만 그때에는 원주민에 관한 정보가 직접 경험에 의한 것이라기보다는 뜬소문에 근거하거나 아니면 순전히 상상의 산물인 경우가 많았다. 반면에 르네상스 시대 야만인은 그냥 원주민이 아니다. 이때 원주민은 식인종이며 바로 이 점 때문에 문명인의 교화를 받거나 정복과 절멸의 대상이 된다. 이 점은 코르테스가 정복한 아스테카 제국인 멕시코를 생각하면 쉽게 이해할 수 있다. 멕시코는 당시 거대한 제국으로써 유럽에서도 유례를 찾아보기 힘들 정도로 거대한 인구 25만의 도시를 건설한 '문명국'이었지만 코르테스를 수행하여 멕시코 정벌에 참여하고 나중에 이 경험에 관한 회고록으로 『뉴스페인 정복사』를 쓴 베르날 디아즈에 따르면 지독한 식인습관을 가진 것으로 매도된다. 멕시코 원주민들이 식인종으로 규정되고 나면 그들이 아무리 스페인 정복군이 눈이 휘둥그레질 정도로 발달된 문화를 가지고 있어도 소용이 없다. 집단으로 '식인' 야만인으로 규정됨으로써 정복의 대상이 되고 또 이로 말미암아 세계사의 흐름에 큰 변화가 오게 된다. 거대한 대륙의 주인이 바뀌는 것이다.

① 고대에 형성된 야만인 이미지들은 경험에 의한 것이기보다 허구의 산물이었다.
② 르네상스 이후 서구인의 야만인 담론은 전통적인 야만인관과 단절을 이루었다.
③ 르네상스 이후 야만인은 서구의 세계 제패 전략의 관점에서 인식되고 평가되었다.
④ 스페인 정복군에 의한 아즈테카 문명의 정복은 서구 야만인 담론을 통해 합리화되었다.

08 다음 글의 서술상 특징으로 적절하지 않은 것은?

소비자의 권익을 위하여 국가가 집행하는 경쟁 정책은 본래 독점이나 담합 등과 같은 반경쟁적 행위를 국가가 규제함으로써 시장에서 경쟁이 활발하게 이루어지도록 하는 데 중점을 둔다. 이러한 경쟁 정책은 결과적으로 소비자에게 이익이 되므로 소비자 권익을 보호하는 데 유효한 정책으로 인정된다. 경쟁 정책이 소비자 권익에 기여하는 모습은 생산적 효율과 배분적 효율의 두 측면에서 살펴볼 수 있다.

먼저 생산적 효율은 주어진 자원으로 낭비 없이 더 많은 생산을 하는 것으로서, 같은 비용이면 더 많이 생산할수록, 같은 생산량이면 비용이 적을수록 생산적 효율이 높아진다. 시장이 경쟁적이면 개별 기업은 생존을 위해 비용 절감과 같은 생산적 효율을 추구하게 되고, 거기서 창출된 여력은 소비자의 선택을 받고자 품질을 향상시키거나 가격을 인하하는 데 활용될 것이다. 그리하여 경쟁 정책이 유발한 생산적 효율은 소비자 권익에 기여하게 된다. 물론 비용 절감의 측면에서는 독점 기업이 더 성과를 낼 수도 있겠지만, 꼭 이것이 가격 인하와 같은 소비자의 이익으로 이어지지는 않는다. 따라서 독점에 대한 감시와 규제는 지속적으로 필요하다.

다음으로 배분적 효율은 사람들의 만족이 더 커지도록 자원이 배분되는 것을 말한다. 시장이 독점 상태에 놓이면 영리 극대화를 추구하는 독점 기업은 생산을 충분히 하지 않은 채 가격을 올림으로써 배분적 비효율을 발생시킬 수 있다. 반면에 경쟁이 활발해지면 생산량 증가와 가격 인하가 수반되어 소비자의 만족이 더 커지는 배분적 효율이 발생한다. 그러므로 경쟁 정책이 시장의 경쟁을 통하여 유발한 배분적 효율도 소비자의 권익에 기여하게 된다.

경쟁 정책은 이처럼 소비자 권익을 위해 중요한 역할을 수행해 왔지만 이것만으로 소비자 권익이 충분히 실현되지는 않는다. 시장을 아무리 경쟁 상태로 유지하더라도 여전히 남는 문제가 있기 때문이다. 우선 전체 소비자를 기준으로 볼 때, 경쟁 정책이 소비자 이익을 증진하더라도 일부 소비자에게는 불이익이 되는 경우도 있다. 예를 들어, 경쟁 때문에 시장에서 퇴출된 기업의 제품은 사후 관리가 되지 않아 일부 소비자가 피해를 보는 일이 있다. 그렇다고 해서 경쟁 정책 자체를 포기하면 전체 소비자에게 불리한 결과가 되므로 국가는 경쟁 정책을 유지할 수밖에 없는 것이다. 다음으로 소비자는 기업에 대한 교섭력이 약하고, 상품에 대한 정보도 적으며, 충동구매나 유해 상품에도 쉽게 노출되기 때문에 발생하는 문제가 있다. 이를 해결하기 위해 상품의 원산지 공개나 유해 제품 회수 등의 조치를 생각해 볼 수 있지만 경쟁 정책에서 직접 다루는 사안이 아니다.

이런 문제들 때문에 소비자의 지위를 기업과 대등하게 하고 기업으로부터 입은 피해를 구제하여 소비자를 보호할 수 있는 별도의 정책이 요구되었고, 이 요구에 따라 수립된 것이 소비자 정책이다. 소비자 정책은 주로 기업들이 지켜야 할 소비자 안전 기준의 마련, 상품 정보 공개의 의무화 등의 조치와 같이 소비자 보호와 직접 관련 있는 사안을 대상으로 한다. 또한 충동구매나 유해 상품 구매 등으로 발생하는 소비자 피해를 구제하고, 소비자 교육을 실시하며, 기업과 소비자 간의 분쟁을 직접 해결해 준다는 점에서도 경쟁 정책이 갖는 한계를 보완할 수 있다.

① 구체적인 수치를 언급하며 경쟁 정책의 문제점을 제시한다.
② 문제점을 해결하기 위해 등장한 소비자 정책에 대해 설명한다.
③ 소비자 권익을 위한 경쟁 정책과 관련된 다양한 개념을 정의한다.
④ 경쟁 정책이 소비자 권익에 기여하는 바를 두 가지 측면으로 나누어 설명한다.

09 다음은 S치과의 치아 건강보험 혜택 안내에 대한 자료이다. 이에 대한 내용으로 적절하지 않은 것은?

〈한눈에 알아보는 S치과 우리 가족 치아 건강보험 혜택〉

- 건강보험 임플란트(2025년 7월 1일부터 시행)
  - 적용 대상자 : 만 65세 이상의 치아 일부가 없는 어르신
  - 지원 급여 적용 개수 : 1인당 평생 2개
  - 본인 부담금 : 50%

- 건강보험 틀니(2025년 11월 1일부터 시행)
  - 적용 대상자 : 만 65세 이상의 치아 전체 또는 일부가 없는 어르신
  - 지원 급여 적용 개수 : 7년마다 상악·하악 각 1회
  - 치료 재료 : 부분 틀니 및 전체 틀니
  - 본인 부담금 : 30%

- 건강보험 스케일링(2024년 7월 1일부터 시행)
  - 적용 대상자 : 만 19세 이상의 후속 처치가 없는 치석 제거 대상자
  - 지원 급여 적용 개수 : 연간 1회(매년 7월 1일부터 다음해 6월 30일까지)

- 건강보험 실란트(2025년 10월 1일부터 시행)
  - 적용대상자 : 만 18세 이하의 어린이, 청소년
  - 지원 급여 적용 개수 : 제 1, 2대구치 총 8개 치아
  - 본인 부담금 : 10%

- 건강보험 임산부(2025년 1월 1일부터 시행)
  - 적용 대상자 : 현재 임신 중인 모든 분들
  - 지원 내용 : 국민건강보험 적용 진료 시 의료비 혜택 가능
  - 본인 부담금 : 10%

① 52세 고객은 틀니에 대한 건강보험을 받을 수 없다.
② 만 19세 고객의 실란트 치료 시 본인 부담금은 10%이다.
③ 치아 치료비가 450,000원일 경우, 임산부는 45,000원의 본인 부담금만 부담하면 된다.
④ 스케일링의 경우 2024년 9월에 건강보험을 적용받았더라도 2025년 7월에 다시 적용받을 수 있다.

10 다음은 K공단 규정의 일부이다. K공단 감사의 역할로 적절하지 않은 것은?

감사의 직무(제4조)
감사는 다음 각호의 사항을 감사한다.
1. 공단의 회계 및 업무
2. 관계 법령·정관 또는 다른 규정이 정하는 사항
3. 이사장 또는 비상임이사 2인 이상의 연서로 요구하는 사항
4. 근무기강, 진정 및 민원 등의 사항
5. 그 밖에 관계기관이 요구하는 사항

감사활동의 독립성 등(제4조의2)
① 감사부서는 감사를 효과적으로 수행할 수 있는 적정규모의 조직, 인원, 예산을 확보하여야 하며, 감사는 이사장에게 필요한 지원을 요구할 수 있다.
② 감사인은 다른 법령에 특별한 규정이 있는 경우를 제외하고는 감사업무의 수행을 위하여 수감부서 등의 업무와 관련된 장소, 기록 및 정보에 대하여 완전하고 자유롭게 접근할 수 있다.
③ 감사활동 예산은 임의로 삭감할 수 없으며 예산요구내역을 최대한 반영하여야 한다.
④ 감사부서는 배정된 연간 총예산의 범위에서 자율적으로 집행할 수 있다.

독립성 등(제6조의3)
① 감사인은 감사업무를 수행함에 있어 독립성을 유지하여야 한다.
② 감사인은 다음 각호의 어느 하나에 해당하는 경우 해당 감사에 관여할 수 없다.
  1. 감사인이 감사업무 수행과 관련하여 혈연 등 개인적인 연고나 경제적 이해관계로 인해 감사계획, 감사실시 및 감사결과의 처리 과정에 영향을 미칠 우려가 있는 경우
  2. 감사인이 감사대상업무의 의사결정과정에 직·간접적으로 관여한 경우
③ 감사인은 실지감사 시행 전에 감사인 행동강령 등에 따라 자가점검을 시행하고 그 결과를 감사실장에게 보고하여야 한다.

감사인의 보직 등(제6조의4)
① 감사인의 보직 및 전보는 감사의 요구에 따라 이사장이 행한다. 다만, 감사의 요구에 따를 수 없는 특별한 사유가 있으면 그 사유를 서면으로 설명하여야 한다.
② 감사인이 법령위반, 그 직무를 성실히 수행하지 아니한 경우 또는 제1항의 규정에 따른 감사의 요구가 있는 경우를 제외하고는 신분상 불리한 처분을 받지 아니한다.
③ 감사인은 전문성 제고 등을 위해 3년 이상 근무하는 것을 원칙으로 한다. 다만, 감사가 요구하거나 징계처분을 받은 경우에는 그렇지 않다.

① 공단의 이사장이 요구하는 사항에 대해 감사한다.
② 공단의 이사장에게 감사 수행에 필요한 지원을 요구한다.
③ 의사결정 과정에 간접적으로 관여했던 업무를 감사한다.
④ 실지감사 시행 전 자가점검 시행 결과를 감사실장에게 보고한다.

11 다음은 A공단의 압류재산 공매입찰 참가자 준수 규칙의 일부이다. 이에 대한 내용으로 적절하지 않은 것을 〈보기〉에서 모두 고르면?

〈압류재산 공매입찰 참가자 준수 규칙〉

공매참가자 자격제한(제3조)
다음 각 호의 어느 하나에 해당하는 자는 입찰에 참가할 수 없다. 다만, 제1호부터 제3호까지의 경우에는 그 사실이 있은 후 2년이 경과되지 아니한 자에 한한다.
1. 입찰을 하고자 하는 자의 공매참가, 최고가격 입찰자의 결정 또는 매수자의 매수대금 납부를 방해한 사실이 있는 자
2. 공매에 있어 부당하게 가격을 떨어뜨릴 목적으로 담합한 사실이 있는 자
3. 허위명의로 매수신청한 사실이 있는 자
4. 입찰 장소 및 그 주위에서 소란을 피우는 자와 입찰을 실시하는 담당직원의 업무집행을 방해하는 자
5. 체납자 및 공단직원

입찰 방법(제4조)
입찰은 공매물건의 입찰번호단위로 입찰하기로 한다. 다만, 별도 선언이 있을 때에는 그러하지 아니하다.

입찰서 기재 방법(제5조)
① 입찰하고자 하는 자는 입찰서에 입찰일 현재 주민등록부상의 주소(법인은 법인등기부상의 본점 소재지)와 성명, 매수하고자 하는 재산의 입찰번호, 입찰가격, 입찰보증금 기타 필요한 사항을 기재하여 기명날인하여야 하며 2명 이상의 공동명의로 입찰에 참가할 시는 연명으로 기명날인한 후 공동입찰자명부를 입찰서에 첨부하여야 한다.
② 입찰서에 기재할 금액은 총계금액으로서 금액의 표시는 한글로, 괄호 안은 아라비아숫자로 기재하여야 하며 금액이 불분명한 것은 무효로 한다. 다만, 오기된 경우에는 두 줄을 긋고 정정 날인 후 다시 기입하여야 한다.
③ 입찰자가 법인인 경우에는 입찰자 성명란에 법인의 이름과 대표자의 지위 및 성명을, 주민등록번호란에는 법인등록번호를 기재하고 법인인감을 날인한 후 대표자의 자격을 증명하는 서류(법인등기부등본 또는 초본과 인감증명서)를 입찰서에 첨부하여야 한다.
④ 날인란에는 반드시 도장을 찍어야 하며 손도장(무인)을 찍는 것은 인정하지 아니한다.

입찰보증금(제6조)
① 입찰보증금은 입찰금액의 1할 해당액의 현금 또는 당일 결제 가능한 금융기관(우체국 포함) 발행 자기앞수표로서 입찰서와 함께 납부하여야 한다. 다만, 추심료가 소요되는 자기앞수표는 결제에 필요한 추심료를 별도로 납부하여야 한다.
② 입찰보증금을 납부하지 아니하거나 입찰보증금이 입찰금액의 1할에 미달할 때에는 입찰을 무효로 한다.

> **보기**
> ㉠ 갑(甲)과 함께 공동명의로 입찰에 참가하는 을(乙)은 둘 중 대표자를 정하여 대표 명의로 입찰서를 작성하여 기명날인하면 된다.
> ㉡ 2021년 11월 20일에 있었던 입찰에서 공매가격을 낮추기 위해 담합하였던 병(丙)은 2024년 1월 5일에 있는 입찰에 참여할 수 없다.
> ㉢ 2022년 4월 1일에 있었던 입찰에서 사기 피해사실을 호소하며 소란을 피운 정(丁)은 2024년 4월 9일에 있는 입찰에 참여할 수 없다.
> ㉣ 450만 원에 입찰하고자 하는 무(戊)가 당일 결제 가능한 금융기관이 발행하였고 4만 원의 추심료가 소요되는 자기앞수표로 입찰보증금을 납부하는 경우, 무(戊)는 총 45만 4,000원을 입찰서와 함께 납부해야 한다.

① ㉢
② ㉠, ㉡
③ ㉡, ㉣
④ ㉠, ㉡, ㉣

12 다음 글의 빈칸에 들어갈 내용으로 가장 적절한 것은?

> MZ세대 직장인을 중심으로 '조용한 사직'이 유행하고 있다. '조용한 사직'이라는 신조어는 2022년 7월 한 미국인이 SNS에 소개하면서 큰 호응을 얻은 것으로 실제로 퇴사하진 않지만 최소한의 일만 하는 업무 태도를 말한다. 실제로 MZ세대 직장인은 적당히 하자라는 생각으로 주어진 업무는 하되 더 찾아서 하거나 스트레스 받을 수준으로 많은 일을 맡지 않고, 사내 행사도 꼭 필요할 때만 참여해 일과 삶을 철저히 분리하고 있다.
> 한 채용플랫폼의 설문조사 결과에 따르면 직장인 10명 중 7명이 '월급받는 만큼만 일하면 끝'이라고 답했고, 20대 응답자 중 78.5%, 30대 응답자 중 77.1%가 '받은 만큼만 일한다.'라고 답했다. 설문조사 결과 연령대가 높아질수록 그 비율은 감소해 젊은 층을 중심으로 이 같은 인식이 확산하고 있음을 짐작할 수 있다.
> 이러한 인식이 확산하는 데는 인플레이션으로 인한 임금 감소, '돈을 많이 모아도 집 한 채를 살 수 있을까?' 등 전반적인 경제적 불만이 기저에 있다고 전문가들은 말했다. 또 MZ세대가 '노력에 상응하는 보상을 받고 있는지'에 민감하게 반응하는 특성을 가지고 있는 것도 한몫하고 있다.
> 문제점은 이러한 '조용한 사직' 분위기가 기업의 전반적인 생산성 저하로 이어지고 있는 것이다. 이에 맞서 기업도 '조용한 사직'으로 대응해 게으른 직원에게 업무를 주지 않는 '조용한 해고'를 하는 상황이 발생하고 있다. 이에 전문가들은 MZ세대 직장인을 나태하다고 구분 짓는 사고방식은 잘못되었다고 지적하며, 기업 차원에서는 "_____"이, 개인 차원에서는 "스스로 일과 삶을 잘 조율하는 현명함을 만드는 것"이 필요하다고 언급했다.

① 젊은 세대의 채용을 신중히 하는 것
② 직원이 일한 만큼 급여를 올려주는 것
③ 젊은 세대가 함께할 수 있도록 분위기를 만드는 것
④ 직원이 스트레스를 받지 않게 적당량의 업무를 배당하는 것

※ 다음 제시된 글을 논리적 순서대로 바르게 나열한 것을 고르시오. [13~14]

13

(가) 환경결정론 사조 형성에 영향을 준 사상은 1859년에 발표된 다윈의 진화론이다.
(나) 라첼은 인간도 자연 법칙하에서 살고 있다고 보았으며, 그에 따라 문화의 형태도 자연적 조건에 의해 결정되고 적응한 결과라고 간주하였다.
(다) 다윈의 진화 사상과 생물체가 환경에 적응한다는 개념은 인간도 특정 환경에 적응해야 한다는 것으로 수용되었다.
(라) 드모랭은 보다 극단적으로 사회 유형을 환경적 힘의 산물이라고 보고 초원 지대의 유목 사회, 지중해 연안의 상업 사회를 환경결정론적 사고에 입각하여 해석하였다.
(마) 이러한 철학적 배경 아래 형성되기 시작한 환경결정론의 발달에 공헌한 사람으로는 라첼, 드모랭, 샘플 등이 있다.

① (가) - (다) - (나) - (라) - (마)
② (가) - (다) - (마) - (나) - (라)
③ (나) - (라) - (가) - (다) - (마)
④ (다) - (가) - (나) - (마) - (라)

14

(가) 과거에 한 월간 잡지에서 여성 모델이 정치인과 사귄다는 기사를 내보냈다가 기자는 손해배상을 하고 잡지도 폐간된 경우가 있었다. 일부는 추측 기사이고 일부는 사실도 있었지만, 사실이든 허위든 관계없이 남의 명예와 인권을 침해하였기에 그 책임을 진 것이다.
(나) 인권이라는 이름으로 남의 사생활을 침해하는 일은 자기 인권을 내세워 남의 불행을 초래하는 것이므로 보호받을 수 없다. 통상 대중 스타나 유명인들의 사생활은 일부 노출되어 있고, 이러한 공개성 속에서 상품화되므로 비교적 보호 강도가 약하기는 하지만 그들도 인간으로서 인권이 보호되는 것은 마찬가지다.
(다) 우리 사회에서 이제 인권이라는 말은 강물처럼 넘쳐흐른다. 과거에는 인권을 말하면 붙잡혀 가고 감옥에도 가곤 했지만, 이제는 누구나 인권을 스스럼없이 주장한다. 그러나 중요한 점은 인권이라 하더라도 무제한 보장되는 것이 아니라 남의 행복과 공동체의 이익을 침해하지 않는 범위 안에서만 보호된다는 것이다.
(라) 그런데 남의 명예를 훼손하여도 손해배상을 해 주면 그로써 충분하고, 자기 잘못을 사죄하는 광고를 신문에 강제로 싣게 할 수는 없다. 헌법재판소는 남의 명예를 훼손한 사람이라 하더라도 강제로 사죄 광고를 싣게 하는 것은 양심에 반하는 가혹한 방법이라 하여 위헌으로 선고했다.

① (가) - (나) - (다) - (라)
② (나) - (가) - (다) - (라)
③ (다) - (나) - (가) - (라)
④ (다) - (나) - (라) - (가)

15 다음 글의 (가) ~ (라) 중 〈보기〉의 문장이 들어갈 위치로 가장 적절한 곳은?

1895년에 발견된 X선은 진단 의학의 혁명을 일으켰다. 이후 X선 사진 기술은 단면 촬영을 통해 입체 영상 구성이 가능한 CT(컴퓨터 단층 촬영 장치)로 진화하면서 해부를 하지 않고 인체 내부를 정확하게 진단하는 기술로 발전하였다. (가)

X선 사진은 X선을 인체에 조사하고, 투과된 X선을 필름에 감광시켜 얻어낸 것이다. 조사된 X선의 일부는 조직에서 흡수·산란되고 나머지는 조직을 투과하여 반대편으로 나오게 된다. X선이 투과되는 정도를 나타내는 투과율은 공기가 가장 높으며 지방, 물, 뼈의 순서로 낮아진다. 또한 투과된 X선의 세기는 통과한 조직의 투과율이 낮을수록, 두께가 두꺼울수록 약해진다. 이런 X선의 세기에 따라 X선 필름의 감광 정도가 달라져 조직의 흑백 영상을 얻을 수 있다. (나) 이러한 X선 사진의 한계를 극복한 것이 CT이다.

CT는 인체에 투과된 X선의 분포를 통해 인체의 횡단면을 영상으로 재구성한다. CT 촬영기 한쪽 편에는 X선 발생기가 있고 반대편에는 여러 개의 X선 검출기가 배치되어 있다. (다) CT 촬영기 중심에 사람이 누운 침대가 들어가면 X선 발생기에서 나온 X선이 인체를 투과한 후 맞은편 X선 검출기에서 검출된다.

X선 검출기로 인체를 투과한 X선의 세기를 검출하는데, 이때 공기를 통과하며 감쇄된 양을 빼고 인체 조직만을 통과하면서 감쇄된 X선의 총량을 구해야 한다. 이것은 공기만을 통과한 X선 세기와 조직을 투과한 X선 세기의 차이를 계산하면 얻을 수 있고, 이를 환산값이라고 한다. 즉, 환산값은 특정 방향에서 X선이 인체 조직을 통과하면서 산란되거나 흡수되어 감쇄된 총량을 의미한다. 이 값을 여러 방향에서 구하기 위해 CT 촬영기를 회전시킨다. (라) 그러면 동일 단면에 대한 각 방향에서의 환산값을 구할 수 있고, 이를 활용하여 컴퓨터가 단면 영상을 재구성한다.

CT에서 영상을 재구성하는 데에는 역투사(Back Projection) 방법이 이용된다. 역투사는 어떤 방향에서 X선이 진행했던 경로를 거슬러 진행하면서 경로상에 환산값을 고르게 분배하는 방법이다. CT 촬영기를 회전시키며 얻은 여러 방향의 환산값을 경로별로 역투사하여 더해 나가는데, 이처럼 여러 방향의 환산값들이 더해진 결과가 역투사 결괏값이다. 역투사를 하게 되면 뼈와 같이 감쇄를 많이 시키는 조직에서는 여러 방향의 값들이 더해지게 되고, 그 결과 다른 조직에서보다 더 큰 결괏값이 나오게 된다.

보기

그렇지만 X선 사진에서는 투과율이 비슷한 조직들 간의 구별이 어려워서, X선 사진은 다른 조직과의 투과율 차이가 큰 뼈나 이상 조직의 검사에 주로 사용된다.

① (가)
② (나)
③ (다)
④ (라)

※ 다음 글을 읽고 이어지는 질문에 답하시오. [16~17]

> 아리스토텔레스는 인간은 그 스스로 결정하는 일에 참여할 뿐만 아니라 그런 기회를 실제로 가짐으로써 비로소 결정하는 법을 배우게 되는 사회적 동물이라고 했다. 따라서 도덕적 결정을 어떻게 하는지 알기 위해서는 _____ 훌륭한 시민은 태어나는 것이 아니다. 사회 교육적으로 만들어지는 것이다. 그리스 도시는 그리스 청소년에게 전인격적 인간을 만들어 주는 사회 교육의 장이자 문명의 장이었던 것이다. 물론 도시를 학교화하는 그리스의 사회 교육적 노력이 궁극적으로는 소수 시민이나 정치적 지배자를 양성하기 위한 정치 교육적 노력이었다는 점은 비판받아야 하지만, ㉠ 사회가 교실이라는 논리만큼은 현대의 산업 사회에도 적용될 수 있다고 판단된다.

16 다음 중 윗글의 빈칸에 들어갈 내용으로 가장 적절한 것은?

① 그와 관계되는 교육적 프로그램을 다양하게 개발해야 한다.
② 그와 관계되는 적절한 학습 동기를 부여하는 것이 중요하다.
③ 그런 일에 직접 참여해 보는 경험보다 더 중요한 것은 없다.
④ 그 방면의 권위자의 견해를 학습하는 것이 선행되어야 한다.

17 다음 중 윗글의 밑줄 친 ㉠의 내용과 가장 관계가 깊은 것은?

① 문화 인류학자 미드는 전통 사회가 어린이가 어른에게 배우는 후견적(後見的) 문화이고, 근대 사회가 어린이나 어른이나 주로 동년배에게 같이 배우는 공견적(共見的) 문화라면 미래 사회는 주로 어른이 어린이에게 배우는 선견적(先見的) 문화로 옮겨갈 것이라고 전망했다.
② 헬렌 켈러는 생후 1년 뒤에 열병을 앓아 귀와 입을 못 쓰는 장애를 입었지만 양친은 그녀의 교육을 위해 맨스필드 설리반 교사를 소개받았고, 헬렌 켈러는 인문・법학에서 박사 학위를 받을 수 있었다. 설리반 선생은 한시도 헬렌 켈러를 떠나지 않았으며 50년이라는 세월을 헬렌 켈러에게 바쳤다.
③ 영국의 소련 문제 전문가인 에드워드 크래크쇼는 그의 저서에서 흐루쇼프는 스물네 살까지 글을 읽고 쓰지 못했다고 말했다. 이것이 사실이라면 어릴 때 정식 교육을 받아야 한다는 주장이 과장된 것이거나 늦게 지식을 습득한 흐루쇼프의 능력이 기적에 가까운 것이라고 말할 수밖에 없다.
④ 루소가 피교육자를 모든 인위적 전통과 인습에 오염되지 않게 하기 위해서 자연 속으로 끌고 갔다는 것은, 인간은 사회적 동물이어서 어디까지나 사회 내에서 교육을 해야 한다는 사실을 간과했다는 점에서 비자연적이라 할 수 있다.

※ 다음 글을 읽고 이어지는 질문에 답하시오. [18~20]

> 나이가 들면서 크고 작은 신체 장애가 오는 것은 동서고금의 진리이고 어쩔 수 없는 사실이다. 노화로 인한 신체 장애는 사십대 중반의 갱년기를 넘기면 누구에게나 나타날 수 있는 현상이다. 원시가 된다든가, 치아가 약해진다든가, 높은 계단을 빨리 오를 수 없다든가, 귀가 잘 안 들려서 자신도 모르게 큰 소리로 이야기한다든가, 기억력이 감퇴하는 것 등이 그 현상이다. 노인들에게 '당신들도 젊은이들처럼 할 수 있다.'라고 헛된 자존심을 부추길 것이 아니라, _____ 우리가 장애인들에게 특별한 배려를 하는 것은 그들의 인권을 위해서이다. 그것은 장애가 없는 사람과 동등하게 그들을 인간으로 대하는 태도이다. 늙음이라는 신체적 장애를 느끼는 노인들에 대한 배려도 그들의 인권을 보호하는 차원에서 이루어져야 할 것이다. 집안의 어르신을 잘 모시는 것을 효도의 관점에서만 볼 것이 아니라, 인권의 관점에서 볼 줄도 알아야 한다. 노부모에 대한 효도가 좀 더 보편적 차원의 성격을 갖지 못한다면, 앞으로의 세대들에게 설득력을 얻기 어려울 것이다. 나는 장애인을 위한 자원 봉사에는 열심인 한 젊은이가 자립 능력이 없는 병약한 노부모 모시기를 거부하며, 효도의 ㉠ <u>시대착오</u>적 측면을 적극 비판하는 경우를 보았다. 이렇게 인권의 사각지대는 가정 안에도 있을 수 있다. 보편적 관점에서 보면 노부모를 잘 모시는 것은 효도의 차원을 넘어선 인권 존중이라고 할 수 있다. 인권 존중은 가까운 곳에서부터 시작되어야 하고, 인권은 그것이 누구의 것이든 언제 어디서든 존중되어야 한다.

18 다음 중 윗글의 빈칸에 들어갈 내용으로 가장 적절한 것은?

① 노인성 질환 치료를 위해 노력해야 한다.
② 노인 스스로 그 문제를 해결할 수 있도록 한다.
③ 노인들에게 실질적으로 경제적인 도움을 주어야 한다.
④ 노인들의 장애로 인한 부담을 사회가 나누어 가져야 한다.

19 다음 중 윗글의 밑줄 친 ㉠의 사례로 적절하지 않은 것은?

① A씨는 학생들의 효율적인 생활지도를 위해 두발 규제를 제안했다.
② B씨는 투표할 때마다 반드시 입후보자들의 출신 고교를 확인한다.
③ C씨는 생활비를 아끼기 위해 직장에 도시락을 싸서 다니기로 했다.
④ D씨는 직장에서 승진하였기에 자가용 자동차를 고급 차로 바꾸었다.

20 다음 중 윗글의 주장으로 적절하지 않은 것은?

① 몸이 불편한 노인에게 필요한 것은 응원이 아닌 보호이다.
② 인권 존중은 가정 안과 같은 가까운 곳에서부터 시작해야 한다.
③ 노화로 인한 신체장애는 인권을 보호하는 차원에서 배려해야 한다.
④ 집안의 어르신을 잘 모시는 것은 법률적인 차원의 성격을 지녀야 한다.

CHAPTER 02

Section 01 기초수리능력
핵심이론

01 기본 연산

(1) 사칙연산

① 연산기호 +, −, ×, ÷와 ( ), { }, [ ](소・중・대괄호), 거듭제곱의 연산 순서를 정확하게 파악해야 한다.

예 [{(1+2)×3−4}÷5]×6=[{3×3−4}÷5]×6=[{9−4}÷5]×6=[5÷5]×6=1×6=6

② 큰 수들의 연산에는 반드시 쉽게 해결할 수 있는 특성이 존재하므로 수의 연결 고리를 찾아야 한다.

> **자주 출제되는 곱셈 공식**
> - $a^b \times a^c \div a^d = a^{b+c-d}$
> - $ab \times cd = ac \times bd = ad \times bc$
> - $a^2 - b^2 = (a+b)(a-b)$
> - $(a+b)(a^2-ab+b^2) = a^3+b^3$
> - $(a-b)(a^2+ab+b^2) = a^3-b^3$

예 $3^3 \times 3^2 \div 3^4 = 3^{3+2-4} = 3^1 = 3$
　　$101^2 - 99^2 = (101+99)(101-99) = 200 \times 2 = 400$

(2) 연산의 정의

숫자를 문자로 정의하거나, 어떤 연산 자체를 임의의 기호로 정의하거나, 제시된 임의의 연산을 통해 연산 과정을 유추하는 문제들이 출제된다. 연산 순서의 실수로 틀리는 경우가 많은 문제 유형이므로, 여러 문자 또는 기호의 연산을 수를 통한 연산 과정으로 계산해야 오류를 줄일 수 있다.

예 $a*b = ab+a-b$로 정의할 때, 2*1=2×1+2−1=3
　　$a\$b = a^2-b^2$, $a \cdot b = a+b$로 정의할 때, (2\$1)・3=(2^2-1^2)・3=3・3=3+3=6

02 여러 가지 수

(1) 집합과 명제
① 일대일 대응 : 집합 A에서 집합 B로의 대응에서 A개의 원소에 각각 B의 상이한 원소가 대응하는 것
② 부분집합의 개수 : 집합 $A=\{a_1,\ a_2,\ \cdots,\ a_n\}$일 때, A의 부분집합의 개수는 2^n개
③ 원소의 개수
　㉠ $n(A \cup B) = n(A) + n(B) - n(A \cap B)$
　㉡ $n(A \cup B \cup C) = n(A) + n(B) + n(C) - n(A \cap B) - n(B \cap C) - n(C \cap A) + n(A \cap B \cap C)$
④ 명제
　㉠ 역 : 명제 '$p \to q$'일 때, '$q \to p$'
　㉡ 이 : 명제 '$p \to q$'일 때, '$\sim p \to \sim q$'
　㉢ 대우 : 명제 '$p \to q$'일 때, '$\sim q \to \sim p$'
　[예] 명제 'A라면 B이다.'의 대우 명제는 'B가 아니면 A가 아니다.'이다.

(2) 약수 · 소수
① 약수 : 0이 아닌 어떤 정수를 나누어떨어지게 하는 정수
② 소수 : 1과 자기 자신으로만 나누어지는 1보다 큰 양의 정수
　[예] 10 이하의 소수는 2, 3, 5, 7이 있다.
③ 소인수분해 : 주어진 합성수를 소수의 곱의 형태로 나타내는 것
　[예] $12 = 2^2 \times 3$
④ 약수의 개수 : 양의 정수 $N = a^x b^y$ (a, b는 서로 다른 소수)일 때, N의 약수의 개수는 $(x+1)(y+1)$개이다.
⑤ 최대공약수(GCD) : 2개 이상의 자연수의 공통된 약수 중에서 가장 큰 수
　[예] GCD(4, 8) = 4
⑥ 최소공배수(LCM) : 2개 이상의 자연수의 공통된 배수 중에서 가장 작은 수
　[예] LCM(4, 8) = 8
⑦ 서로소(GCD) : 1 이외에 공약수를 갖지 않는 두 자연수
　[예] GCD(3, 7) = 1일 때, 3과 7은 서로소이다.

(3) 진법
① n진법의 수를 십진법의 수로 나타내기 : n진법의 수 → n진법의 전개식 → 십진법의 수
　[예] $1011_{(2)} = 1 \times 2^3 + 1 \times 2^1 + 1 \times 2^0 = 8 + 2 + 1 = 11$
② 십진법의 수를 n진법의 수로 나타내기 : 십진법의 수 → 몫이 0이 될 때까지 n으로 계속 나누어 준다. → 각각의 나머지를 맨 나중의 것부터 나열한다. → n진법의 수로 나타낸다.

　[예]
```
2 ) 11
  2 )  5 …1
    2 )  2 …1
          1 …0
```
　∴ $11 = 1011_{(2)}$

(4) 수의 크기

분수, 지수함수, 로그함수 등 다양한 형태의 문제들이 출제된다. 분모의 통일, 지수의 통일 등 제시된 수를 일정한 형식으로 정리해 해결해야 한다. 연습을 통해 여러 가지 문제의 풀이 방법을 익혀 두자.

예) $\sqrt[3]{2}$, $\sqrt[4]{4}$, $\sqrt[5]{8}$ 의 크기 비교 : $\sqrt[3]{2} = 2^{\frac{1}{3}}$, $\sqrt[4]{4} = 4^{\frac{1}{4}} = (2^2)^{\frac{1}{4}} = 2^{\frac{1}{2}}$, $\sqrt[5]{8} = 8^{\frac{1}{5}} = (2^3)^{\frac{1}{5}} = 2^{\frac{3}{5}}$ 이므로, 지수의 크기에 따라 $\sqrt[3]{2} < \sqrt[4]{4} < \sqrt[5]{8}$ 임을 알 수 있다.

(5) 수의 특징

주어진 수들의 공통점 찾기, 짝수 및 홀수 연산, 자릿수 등 위에서 다루지 않았거나 복합적인 여러 가지 수의 특징을 가지고 풀이하는 문제들을 모아 놓았다. 주어진 상황에서 제시된 수들의 공통된 특징을 찾는 것이 중요한 만큼 혼동하기 쉬운 수의 자릿수별 개수와 홀수, 짝수의 개수는 꼼꼼하게 체크해 가면서 풀이해야 한다.

(6) 복소수

① 허수 : 제곱하여 음수가 되는 수($i = \sqrt{-1}$)
② 복소수의 정의 : 임의의 실수 a, b와 허수 i에 대하여 $a+bi$의 꼴로 나타내는 수
③ 복소수의 사칙연산
  ㉠ 덧셈 : $(a+bi)+(c+di) = (a+c)+(b+d)i$
  ㉡ 뺄셈 : $(a+bi)-(c+di) = (a-c)+(b-d)i$
  ㉢ 곱셈 : $(a+bi) \times (c+di) = (ac-bd)+(ad+bc)i$
  ㉣ 나눗셈 : $\dfrac{(a+bi)}{(c+di)} = \dfrac{(a+bi)(c-di)}{(c+di)(c-di)} = \dfrac{(ac+bd)+(bc-ad)i}{c^2+d^2} = \dfrac{ac+bd}{c^2+d^2} + \dfrac{bc-ad}{c^2+d^2}i$
  (단, $c+di \neq 0$)

CHAPTER 02

Section 01 기초수리능력
적중예상문제

정답 및 해설 p.042

01 기본 연산

※ 다음 식을 계산한 값을 구하시오. [1~5]

01

$$4{,}355 - 23.85 \div 0.15$$

① 1,901 ② 2,190
③ 3,856 ④ 4,196

02

$$8 \times 27 \times 64 \div 576$$

① 23 ② 24
③ 25 ④ 26

03

$$(98{,}424 - 2{,}432) \div 142$$

① 676 ② 677
③ 678 ④ 679

04

$$\frac{27}{3} \times 8 + 70 + (10^2 + 70 \times 60)$$

① 3,442　　　　　　　　② 4,442
③ 5,442　　　　　　　　④ 6,442

05

$$1.65 \times 7 + 55.55 + 0.3 \times 3$$

① 66　　　　　　　　② 67
③ 68　　　　　　　　④ 69

06 L은 16개의 회사에 지원하여 총 2곳에 합격했다. L의 합격률은?

① 1할 2푼　　　　　　② 1할 2푼 5리
③ 1할 5리　　　　　　④ 2할 5리

07 3개의 당첨 제비가 들어있는 20개의 제비가 있다. 당첨 제비를 뽑을 확률은?

① 1할 5푼　　　　　　② 6할
③ 1푼 5리　　　　　　④ 1할 5리

08 양궁 연습을 하는 J가 80개의 화살을 쏘았는데 그중 12개가 과녁에서 빗나갔다. J의 실패율은?

① 1푼 6리 ② 1할 5리
③ 1할 5푼 ④ 1할 7푼 5리

09 다음 중 가장 큰 범위를 나타내는 수는?

① 22.4% ② $\dfrac{3}{13}$
③ 2할 6푼 1리 ④ 0.225

10 다음 중 가장 작은 범위를 나타내는 수는?

① 0.345 ② $\dfrac{6}{16}$
③ 3할 6푼 7리 ④ 34.6%

※ 다음 〈조건〉을 보고 주어진 식을 계산하시오. [11~13]

조건

$$a \heartsuit b = b^2(a+5)$$
$$a \spadesuit b = a - 1.2b$$

11

$$25 \heartsuit 12$$

① 2,720   ② 3,520
③ 4,320   ④ 5,220

12

$$546 \spadesuit 5$$

① 540   ② 600
③ 720   ④ 810

13

$$3 \spadesuit (9 \heartsuit \sqrt{17})$$

① −282.6   ② −272.5
③ −262.4   ④ −252.5

※ 다음 〈조건〉을 보고 주어진 식을 계산하시오. **[14~16]**

조건
$$a \square b = a^2 + 2ab - b$$
$$a \blacksquare b = a - 2ab + b^2$$

14

$$5 \square 8$$

① 87
② 89
③ 92
④ 97

15

$$3 \blacksquare 12$$

① 65
② 72
③ 75
④ 77

16

$$6 \square 17$$

① 221
② 223
③ 230
④ 234

17 다음 식과 계산 결과가 같은 것은?

$$70.668 \div 151 + 6.51$$

① $3.79 \times 10 - 30.922$
② $6.1 \times 1.2 - 1.163$
③ $89.1 \div 33 + 5.112$
④ $9.123 - 1.5 \times 1.3$

18 등비수열 $\{a_n\}$에서 $a_1 \times a_3 \times a_{11} = 125$일 때, a_5의 값은?

① 1
② 2
③ 5
④ 10

19 세 자연수의 비율이 4 : 9 : 12이고 최소공배수가 324라면, 세 자연수 중 가능한 가장 큰 값을 가지는 수는?

① 106
② 108
③ 110
④ 112

20 세 개의 분수 $\dfrac{35}{51}$, $\dfrac{7}{34}$, $\dfrac{91}{17}$ 중 어느 것을 택하여 곱해도 자연수가 되게 하는 분수 $\dfrac{b}{a}$가 있다. $\dfrac{b}{a}$가 가장 작은 수일 때, $a+b$의 값은?

① 107
② 109
③ 115
④ 116

02 여러 가지 수

※ 다음 제시된 A와 B의 크기를 비교하시오. [21~23]

21

- A : $\sqrt{123}$
- B : π^2

① A>B   ② A=B
③ A<B   ④ 알 수 없다.

22

- A : $12^{\frac{3}{7}}$
- B : $20^{\frac{2}{7}}$

① A>B   ② A=B
③ A<B   ④ 알 수 없다.

23

- A : $(17^2 - 11^2) \div 28$
- B : $\dfrac{387}{128} + \dfrac{129}{32}$

① A>B   ② A=B
③ A<B   ④ 알 수 없다.

※ 다음 중 빈칸에 들어갈 수 있는 수를 고르시오. [24~25]

24

$$\frac{1}{5} < \underline{} < \frac{5}{7}$$

① $\frac{1}{7}$ ② $\frac{12}{35}$
③ $\frac{21}{25}$ ④ $\frac{1}{6}$

25

$$\sqrt{50} < \underline{} < \sqrt{72}$$

① $\frac{220}{37}$ ② $\frac{298}{45}$
③ $\frac{268}{33}$ ④ $\frac{362}{42}$

26 다음 중 K선생의 질문에 옳지 않은 대답을 한 학생을 모두 고르면?

K선생 : 10진수 21을 2, 8, 16진수로 각각 바꾸면 어떻게 될까요?
A학생 : 2진수로 바꾸면 10101입니다.
B학생 : 8진수로 바꾸면 25입니다.
C학생 : 16진수로 바꾸면 16입니다.

① A학생 ② B학생
③ C학생 ④ A, B학생

27 $a>0$, $b>0$일 때, $\sqrt[12]{2a^5b^4} \times \sqrt[4]{2ab^2} \div \sqrt[6]{4a^3b}$를 간단히 하면?

① $\sqrt{ab^3}$
② $\sqrt[3]{a^2b^2}$
③ $\sqrt[4]{a^3b}$
④ $\sqrt[6]{ab^4}$

28 $i=\sqrt{-1}$일 때 실수 a에 대하여 복소수 $z=(1+i)a^2-3a+2-i$가 순허수가 되도록 하는 a의 값은?

① -1
② 0
③ 1
④ 2

29 두 집합 $A=\{2, 3, x^2+4\}$, $B=\{x+1, 4, 2x+3\}$에 대하여 $A \cap B=\{2, 5\}$일 때, 실수 x의 값은?

① -1
② 0
③ 1
④ 2

30 민정이는 10일 동안 매일 우유를 마셨다. 10일 동안 마신 총 우유의 양이 첫날 마신 우유의 양의 10배보다 $(k \times \log2)$만큼 더 많을 때, k의 값은?

〈민정이가 마신 우유의 양〉

(단위 : mL)

날짜	1일	2일	3일	4일	5일	6일
우유의 양	log3	log6	log12	log24	log48	log96

① 45
② 46
③ 47
④ 48

CHAPTER 02

Section 02 응용수리능력
핵심이론

01 시간·거리·속력

(1) 날짜·요일·시계
① (1일)=(24시간)=[1,440분(=24×60)]=[86,400초(=1,440×60)]
② 월별 일수 : 1월 31일, 2월 28일(또는 29일), 3월 31일, 4월 30일, 5월 31일, 6월 30일, 7월 31일, 8월 31일, 9월 30일, 10월 31일, 11월 30일, 12월 31일
③ 날짜와 요일 관련 문제는 대부분 나머지를 이용해 계산한다.
　예 오늘이 8월 19일 수요일일 경우, 9월 3일의 요일은 [(31−19+1)+3]÷7=2 … 2이므로 금요일이 된다.
④ 시침이 1시간 동안 이동하는 각도 : $\frac{360°}{12}=30°$
⑤ 시침이 1분 동안 이동하는 각도 : $\frac{360°}{12\times 60}=0.5°$
⑥ 분침이 1분 동안 이동하는 각도 : $\frac{360°}{60}=6°$

(2) 시간·거리·속력
① (속력)=(거리)÷(시간), (거리)=(속력)×(시간), (시간)=(거리)÷(속력)
② (흐르는 물을 거슬러 올라갈 때의 속력)=(배 자체의 속력)−(물의 속력)
③ (흐르는 물과 같은 방향으로 내려갈 때의 속력)=(배 자체의 속력)+(물의 속력)

02 나이·수

부모와 자식 간, 형제간의 나이를 간단한 비례식, 일차방정식 및 연립방정식을 이용해 유추하는 문제와 학생 수, 회원 수, 동물의 수, 사물의 수 등을 집합이나 방정식을 이용해 유추하는 문제가 출제된다. 연습을 통해 문제의 내용을 정확히 이해하여 식으로 나타낼 수 있도록 해야 한다.

(1) 나이
문제에서 제시된 조건의 나이가 현재인지, 과거인지를 확인한 후 구해야 하는 한 명의 나이를 변수로 잡고 식을 완성해야 한다.

(2) 개체·사물의 수

개체의 수를 구할 때 사람의 경우 남자와 여자의 조건을 혼동하지 않도록 주의해야 하며, 동물의 경우 다리의 개수가 조건에 포함되지 않았는지를 확인해야 한다. 또한 사물의 수를 구할 때는 수량을 결정짓는 특징이 있는지를 살펴야 한다.

03 금액

물건을 구매할 때의 금액, 예금 이자, 환전, 최근에는 휴대폰 요금까지 다양한 형태의 문제들이 현 상황에 맞춰 출제되는 추세이다. 대부분이 비례식과 연립방정식, 부등식 정도로 해결되지만 금리 문제 등에서 등비수열 등의 원리가 사용될 수 있다.

① (정가)=(원가)+(이익)=(원가)+[(원가)×(이율)]
② (원가)=(정가)×[1-(할인율)]
③ (a원에서 b원 할인한 할인율)=$\frac{b}{a} \times 100 = \frac{100b}{a}$%
④ (a원에서 b% 할인한 가격)=$a \times \left(1 - \frac{b}{100}\right)$
⑤ (휴대전화 요금)=(기본요금)+[무료통화 외 사용시간(초)]×(초당 사용 요금)
⑥ 단리법·복리법
 원금이 a, 이율이 r, 기간이 n, 원리금 합계가 S일 때,
 ㉠ 단리법 : $S = a(1 + rn)$
 ㉡ 복리법 : $S = a(1 + r)^n$

04 일

일 관련 응용계산 문항은 작업 완료 시점을 여러 조건에 맞춰 문제가 출제되며, 톱니바퀴 문항은 톱니수와 회전수에 따라 주어진 조건에 맞춰 총 톱니수를 계산하는 문제로, 두 문제 모두 둘 이상의 어떤 조건에 맞춰 작업량을 계산한다는 공통점이 있어 한 단원으로 수록하였다.

(1) 일

전체 작업량을 1로 놓고, 분, 시간 등의 단위 시간 동안 한 일의 양을 기준으로 식을 세워야 한다.
예 어떤 일을 하는 데 A가 5일, B가 4일씩 걸린다면, 둘이 함께 했을 때
$1 \div \left(\frac{1}{5} + \frac{1}{4}\right) = 1 \div \frac{4+5}{20} = \frac{20}{9} = 2\frac{2}{9} = 2$일 $\frac{16}{3}$시간 후에 일을 마치게 된다.

(2) 톱니바퀴
① (총 톱니수)=(톱니수)×(회전수)
② 서로 맞물려 있는 두 톱니바퀴가 현재와 같이 다시 맞물릴 때는 두 톱니바퀴의 톱니수의 최소공배수만큼 각각의 톱니가 맞물린 이후이다.
③ 두 톱니바퀴 각각의 톱니수와 회전수의 곱은 같다.

05 점수

시험 성적의 합, 평균, 개인의 과목별 성적, 운동 경기의 승점 등 다양한 점수에 관련된 문제들이 출제된다.

(1) 성적
성적과 관련된 대부분의 문제는 전체 평균을 활용하면 식을 만들어 해결할 수 있으며, 일부 문제들에서 분산과 표준편차가 이용되기도 한다.

① [과목(시험)별 평균]= $\frac{[전체\ 과목(시험)\ 점수의\ 합]}{[과목(시험)\ 점수의\ 개수]}$
② 중앙값 : 통계 집단의 변량을 크기 순으로 늘어 놓았을 때, 중앙에 위치하는 값
③ 분산 : 각 변량의 값과 변량의 평균값의 차이
④ 표준편차 : 통계집단의 단위의 계량적 특성 값에 관한 산포도를 나타내는 도수 특성 값

예 관측값 $\{x_1, x_2, \cdots, x_n\}$의 평균을 m, 표준편차를 σ라고 할 때,
$$\sigma = \sqrt{\frac{\sum_{k=1}^{n}(x_k-m)^2}{n}} = \sqrt{\frac{\sum_{k=1}^{n}x_k^2}{n} - m^2}$$

(2) 승점
승, 무, 패에 따른 팀별 승점과 경기 결과 등의 필요한 조건들을 제시하고, 결승에 진출하기 위한 점수 요건과 필요한 승리 횟수 등을 질문한다. 각각의 조건을 나열해 질문에 알맞은 결과를 논리적으로 도출해야 한다.

06 농도

전체에 대한 비율, 혼합물을 합했을 때의 농도 등을 질문하는 유형으로 대부분의 적성검사에서 빠지지 않고 출제되는 유형 중 하나이다. 기본 원리를 이해하고 식을 만든다면 간단한 연립방정식으로 풀이가 가능하다.

① (용액의 농도)$=\dfrac{(용질의 \ 양)}{(용액의 \ 양)} \times 100$

② (용질의 양)$=(용액의 \ 농도) \times \dfrac{(용액의 \ 양)}{100}$

③ (용액의 양)$=(용매의 \ 양)+(용질의 \ 양)$

07 경우의 수 · 확률

여러 가지 상황에 맞는 경우의 수와 확률의 계산에 대한 문제가 출제된다. 상황에 맞춰 적절한 식을 세우는 것이 가장 중요하기 때문에, 출제되는 문제 형태를 보고 상황에 맞는 풀이 방법을 찾을 수 있도록 연습해야 한다.

(1) 경우의 수

① **순열** : n개 중에 r개를 일렬로 나열하는 식

$$_nP_r = \dfrac{n!}{(n-r)!}$$

② **조합** : n개 중에 r개로 조를 만드는 식

$$_nC_r = \dfrac{n!}{(n-r)! \times r!}$$

(2) 확률

① 모든 경우 n가지 중 어떤 사건이 발생하는 경우가 r가지일 때, 그 사건이 발생할 확률은 $\dfrac{r}{n}$이다.

② **합의 법칙** : A, B 두 사건이 동시에 발생하지 않을 때, 두 사건 A, B가 일어날 각각의 확률을 합한다.

③ **곱의 법칙** : A, B 두 사건이 서로 영향을 주지 않을 때, 두 사건 A, B가 동시에 일어날 경우 각각의 사건의 확률을 곱한다.

08 자료 해석

보통 자료 해석 문제는 다음 세 가지 유형으로 구분된다. 최근 자체 시험을 보는 기업에서는 회사 관련 자료를 직접 제시하는 경우도 상당수 출제되고 있다. 또한 과학 관련 자료를 활용해 간단한 과학 상식까지 요하는 경우도 출제될 수 있다.

(1) 이해

표와 그래프에서 제시된 표면적 정보를 정확하게 읽어 내고 이것을 언어적인 형태로 바꾸어 표현할 수 있는지를 평가한다. 따라서 이 능력을 함양하기 위해서는 주어진 자료를 언어적 형태로 바꾸는 연습을 해야 한다. 주어진 자료에서 합할 수 있는 것과 나눌 수 있는 요소를 확인하고 사칙연산을 통하여 값을 계산할 경우 의미가 더 분명한지를 확인한다. 다양한 지수와 지표들이 산출되는 과정에 대하여 알아 두는 것도 문제를 해결하는 데 도움이 될 것이다.

(2) 적용

적용 능력은 규칙이나 법칙을 제대로 이해하고 이를 새로운 상황에 응용할 수 있는지의 여부를 묻는 것이다. 주어진 공식이나 제약에 따라 수를 조작해 보고 주어진 자료의 형태에 맞는 통계치를 찾아 사용해 본다. 그리고 어떤 자료가 만들어지는 과정에서 논리적인 문제가 없었는지를 살펴보아야 한다.

(3) 분석

분석 능력은 자료가 어떤 하위 요소로 분해되고 각 하위 요소가 어떤 관계에 있으며 이것이 조직되어 있는 방식을 발견하는 능력이다. 이 능력을 기르기 위해서는 주어진 정보에서 숨어 있는 가정이 무엇인지를 알아보고 자료에서 분명히 알 수 있는 것과 알 수 없는 것을 구분하는 연습을 해야 한다.

CHAPTER 02

Section 02 응용수리능력
적중예상문제

정답 및 해설 p.047

01   시간 · 거리 · 속력

01 강을 따라 20km 떨어진 A지점과 B지점을 배로 왕복하였더니 올라가는 데는 4시간, 내려오는 데는 2시간이 걸렸다. 강물이 흐르는 속력은?

① 2km/h   ② 2.5km/h
③ 3km/h   ④ 3.5km/h

02 형수가 집에서 A은행으로 심부름을 가게 되었다. 자전거를 타고 12km/h의 속력으로 가면 4km/h의 속력으로 걸어가는 것보다 1시간 빠르게 A은행에 도착한다고 한다. 형수가 8km/h의 속력으로 달려간다면 출발 후 몇 분 후에 도착하는가?

① 40분   ② 42분
③ 45분   ④ 50분

03 A부장이 시속 200km의 속력으로 달리는 기차로 1시간 30분 걸리는 출장지에 자가용을 타고 출장을 갔다. 시속 60km의 속력으로 가고 있는데, 속력을 유지한 채 가면 약속시간보다 1시간 늦게 도착할 수 있어 도중에 시속 90km의 속력으로 달려 약속시간보다 30분 일찍 도착하였다. A부장이 시속 90km의 속력으로 달린 거리는?(단, 달리는 동안 속력은 시속 60km로 달리는 도중에 시속 90km로 바뀌는 경우를 제외하고는 그 속력을 유지하는 것으로 가정한다)

① 180km   ② 210km
③ 240km   ④ 270km

04 A와 B의 집 사이의 거리는 24km이다. A는 시속 3km, B는 시속 5km로 각자의 집에서 서로에게 동시에 출발하였을 때, 두 사람은 출발한 지 몇 시간 후에 만나게 되는가?

① 1시간　　　　　　　　　　② 2시간
③ 3시간　　　　　　　　　　④ 4시간

05 둘레가 6km인 공원을 나래는 자전거를 타고, 진혁이는 걷기로 했다. 같은 방향으로 돌면 1시간 30분 후에 다시 만나고, 서로 반대 방향으로 돌면 1시간 후에 만난다. 나래의 속력은?(단, 나래의 속력이 더 빠르다)

① 4.5km/h　　　　　　　　② 5km/h
③ 5.5km/h　　　　　　　　④ 6km/h

06 K씨가 등산을 하는 도중 갑자기 쓰러져 같이 동행한 일행이 119에 신고를 하였다. 병원까지 가기 위해 들것에 실려 구급차까지 이동시간 20분, 구급차를 타고 응급실까지 100km/h의 속력으로 225km를 운전하여 가거나, K씨가 쓰러진 지점에서 응급헬기를 탈 경우 280km/h의 속력으로 70km를 비행하여 응급실에 도착한다. 응급헬기로 이동할 경우 구급차로 이동할 때보다 얼마나 빨리 응급실에 도착하는가?(단, 주어진 조건 외의 걸리는 시간은 무시한다)

① 2시간 20분　　　　　　　② 2시간 40분
③ 3시간 20분　　　　　　　④ 3시간 40분

07 속력이 60km/h인 지하철이 전동기에 이상이 생겨 0.4배의 속력으로 느리게 운행하게 되어 평소보다 45분 늦게 도착하였다면, 출발하는 역부터 도착하는 역까지 이 지하철의 이동거리는?

① 20km ② 25km
③ 30km ④ 35km

08 영주는 회사에서 150km 떨어져 있는 지역에 운전하여 출장을 가게 되었다. 회사에서 출발하여 일정한 속력으로 가던 중 회사로부터 60km 떨어진 곳에서 차에 이상이 생겨 원래 속력보다 50% 느리게 운전했다. 출장지에 도착하는 데 총 1시간 30분이 걸렸다면, 차에 이상이 생기기 전 속력은?

① 120km/h ② 140km/h
③ 160km/h ④ 180km/h

09 A, B가 서로 20km 떨어져 있고, A와 B 사이에 A로부터 7.6km 떨어진 곳에는 400m 길이의 다리가 있다. A가 먼저 시속 6km로 출발하고, B가 x분 후에 시속 12km로 출발하여 A와 B가 다리 위에서 만났다고 할 때, x의 최댓값과 최솟값의 차는?(단, 다리와 일반 도로 사이의 경계는 다리에 포함한다)

① 3 ② 4
③ 5 ④ 6

10 초입에서 정상까지의 거리가 12km인 산이 있다. P씨는 이 산을 자전거로 올라갈 때는 3km/h로 올라가고, 내려올 때는 올라갈 때 속력의 2배로 내려왔다. 이 산의 초입에서 정상까지 갔다가 돌아오는 데 걸리는 시간은?

① 5시간 30분 ② 6시간
③ 6시간 30분 ④ 7시간

11 흥선이네 가족은 부산에 사시는 할머니께 가기 위해 고속도로를 달리고 있었다. 고속도로에서 어느 순간 남은 거리를 나타내는 이정표를 보니 가운데 0이 있는 세 자리의 수였다. 3시간이 지난 후 다시 보니 이정표의 수는 처음 본 수의 양 끝 숫자가 바뀐 두 자리의 수였다. 또 1시간이 지나서 세 번째로 본 이정표의 수는 공교롭게도 처음 본 세 자리의 수 사이에 0이 빠진 두 자리의 수였다. 흥선이네 가족이 탄 자동차가 일정한 속력으로 달렸다면, 이정표 3개에 적힌 수의 합은?

① 297 ② 306
③ 315 ④ 324

12 성현이와 성수는 공놀이를 하고 있다. 성현이는 A지점, 성수는 B지점에 서 있다. 성현이는 A지점에서 B지점으로, 성수는 B지점에서 A지점으로 공을 찼다. 성현이가 찬 공은 5m/s의 속력으로 이동하고, 성수가 찬 공은 3m/s의 속력으로 이동한다. 26초 뒤 두 사람이 찬 공이 부딪쳤다면 A지점에서 B지점까지 10m/s의 속력으로 공이 이동하는 데 걸리는 시간은?(단, 공의 속력은 일정하다)

① 20.8초 ② 21.4초
③ 21.8초 ④ 22.4초

02 나이·수

13 현재 이모의 나이는 혜원이의 나이의 4배이고 9년 후 이모의 나이는 현재 혜원이의 나이의 5배가 된다면, 이모는 혜원이보다 몇 세 더 많은가?

① 21세
② 23세
③ 25세
④ 27세

14 가로, 세로의 길이가 각각 432m, 720m인 직사각형 모양의 공원에 나무를 심으려고 한다. 네 귀퉁이에는 반드시 나무를 심고 서로 간격이 일정하게 떨어지도록 심으려고 할 때, 최소한 몇 그루를 심을 수 있는가?

① 16그루
② 24그루
③ 36그루
④ 48그루

15 딸의 나이를 8로 나누면 나머지가 없고, 5로 나누면 나머지가 3이다. 아버지는 딸의 나이 십의 자릿수와 일의 자릿수를 바꾼 나이와 같을 때, 아버지와 딸의 나이 차는?(단, 딸은 30세 이상 50세 미만이다)

① 30세
② 33세
③ 36세
④ 39세

16 스마트폰을 판매하는 A대리점의 3월 전체 개통 건수는 400건이었다. 4월의 남성 고객의 개통 건수는 3월보다 10% 감소했고, 여성 고객의 개통 건수는 3월보다 15% 증가하여 4월 전체 개통 건수는 3월보다 5% 증가했다. 이때 4월의 여성 고객의 개통 건수는?

① 276건
② 279건
③ 282건
④ 285건

17 K공단의 T부서는 다과비 50,000원으로 간식을 구매하려고 한다. A스낵은 1,000원, B스낵은 1,500원, C스낵은 2,000원이며 세 가지 스낵을 각각 1개 이상을 산다고 한다. 다과비에 맞춰 스낵을 구입할 때, 최대로 구입할 수 있는 스낵 개수는?(단, 남는 다과비는 없다)

① 43개
② 45개
③ 47개
④ 48개

18 A와 B의 현재 나이의 비는 2 : 1이고, 8년 후의 나이의 비는 6 : 4가 된다고 할 때, A와 B의 현재 나이는?

	A	B		A	B
①	16세	8세	②	18세	9세
③	20세	10세	④	22세	11세

19 어떤 숲속에 사는 호랑이들의 숫자가 매년 일정하게 증가하고 있다. 2019년과 2023년의 호랑이 수의 합이 30마리이고, 2020년과 2024년의 호랑이 수의 합이 36마리일 때, 2026년의 호랑이 수는?

① 24마리
② 26마리
③ 28마리
④ 30마리

20 아버지, 어머니, 현수, 동생의 나이의 합은 132세이다. 어머니는 가족의 평균 나이보다 10세 더 많고, 현수와 동생의 나이의 합보다 2세 더 많다. 아버지는 동생의 나이의 두 배보다 10세 더 많고, 현수의 나이의 두 배보다 4세 더 많다고 할 때, 동생의 나이는?

① 19세
② 20세
③ 21세
④ 22세

21 경수는 경진이보다 나이가 2세 많고, 경수 나이의 제곱은 경진이 나이의 제곱에 세 배를 한 것보다 2가 작다고 할 때, 경수의 나이는?

① 4세 ② 5세
③ 6세 ④ 7세

22 작년 C고등학교의 학생 수는 재작년에 비해 10% 증가하였고, 올해는 55명이 전학을 와서 작년보다 10% 증가하였다고 할 때, 재작년 C고등학교의 학생 수는?

① 400명 ② 455명
③ 500명 ④ 555명

23 올해 S공사 A부서의 직원 25명의 평균 나이는 38세이다. 다음 달에 52세의 직원이 나가고 27세의 신입사원이 입사할 예정이라고 할 때, 내년 A부서의 평균 나이는?(단, 제시된 조건 외에 다른 인사이동은 없다)

① 32세 ② 34세
③ 36세 ④ 38세

24 H공사의 사우회에서 참석자들에게 과자를 1인당 8개씩 나누어 주려고 한다. 10개씩 들어 있는 과자 17상자를 준비하였더니 과자가 남았고, 남은 과자를 1인당 1개씩 더 나누어 주려고 하니 부족했다. 만일 지금보다 9명이 더 참석한다면 과자 6상자를 추가해야 참석자 모두에게 1인당 8개 이상씩 나누어 줄 수 있다고 할 때, H공사의 사우회 참석자 수는?

① 18명 ② 19명
③ 20명 ④ 21명

03 금액

25 A공장은 어떤 상품을 원가에 23%의 이익을 남겨 판매하였으나, 잘 팔리지 않아 판매가에서 1,300원 할인하여 판매하였다. 이때 얻은 이익이 원가의 10%일 때, 상품의 원가는?

① 10,000원 ② 11,500원
③ 13,000원 ④ 14,500원

26 세희네 가족의 올해 여름 휴가비용은 작년 대비 교통비는 15%, 숙박비는 24% 증가하여 전체 휴가비용이 20% 증가하였다. 작년 전체 휴가비용이 36만 원일 때, 올해 숙박비는?(전체 휴가비용은 교통비와 숙박비의 합이다)

① 160,000원 ② 184,000원
③ 200,000원 ④ 248,000원

27 H마트에서 아이스크림을 1개당 a원에 들여와 20%의 이익을 붙여 판매하는데, 개점 3주년을 맞아 아이스크림 1개당 500원을 할인하여 팔기로 했다. 이때 아이스크림 1개당 700원의 이익이 생긴다면, 아이스크림 1개당 원가는?

① 5,000원 ② 5,250원
③ 5,500원 ④ 6,000원

28 원우는 자신을 포함한 8명의 친구와 부산에 놀러 가기 위해 일정한 금액을 걷었다. 원우가 경비를 계산해 보니 총금액의 30%는 숙박비로, 숙박비 사용 금액의 40%는 외식비로 사용된다. 그리고 남은 경비가 92,800원이라면, 이번 여행에 각자가 낸 금액은?

① 15,000원 ② 18,000원
③ 20,000원 ④ 22,000원

29 새로 설립된 M영화관의 C지점에서는 개업 이벤트로 10명이 모여 예매하면 1인당 20%를 할인해 준다. G고등학교 1학년 2반 학생들은 C지점에서 단체 영화 관람을 하기로 했다. 2반 학생 수가 총 46명일 때, 이벤트 이전에 내야 하는 금액보다 얼마나 할인을 받을 수 있는가?(단, 청소년 1명의 요금은 8,000원이다)

① 61,000원 ② 64,000원
③ 67,000원 ④ 71,000원

04 일

30 14분과 22분을 잴 수 있는 두 모래시계가 있다. 두 모래시계를 이용하여 30분을 측정하는 데 걸리는 시간은?

① 30분
② 36분
③ 44분
④ 52분

31 어떤 프로젝트를 A대리 혼자 진행하면 16일이 걸리고, B사원 혼자 진행하면 48일이 걸릴 때, 두 사람이 함께 프로젝트를 진행하는 데 소요되는 기간은?

① 12일
② 13일
③ 14일
④ 15일

32 갑은 곰 인형 100개를 만드는 데 6시간, 을은 25개를 만드는 데 4시간이 걸린다. 이들이 함께 일을 하면 각각 원래 능력의 20%를 잃게 된다고 할 때, 다음 중 갑과 을이 함께 곰 인형 100개를 만드는 데 걸리는 최소 시간은?

① 6시간
② 7시간
③ 8시간
④ 9시간

33 밑면의 가로의 길이가 5cm, 세로가 4cm, 높이가 11cm인 직육면체 모양의 물통이 있다. 이 물통은 바닥에 구멍이 나서 물이 3mL/s의 속도로 빠진다. 이 물통에 물을 15mL/s의 속도로 부으면 몇 초 후에 물통이 가득 차는가?

① 18초
② $\frac{55}{3}$초
③ $\frac{56}{3}$초
④ 19초

34 어느 볼펜 조립 작업장에서 근무하는 갑~병 3명의 6시간 동안 작업량은 총 435개였다. 을의 작업속도가 갑의 1.2배이고, 병의 작업속도가 갑의 0.7배라면, 갑이 1시간 동안 조립하는 볼펜의 개수는?(단, 각 작업자의 작업속도는 동일하다)

① 23개
② 24개
③ 25개
④ 26개

05 점수

35 수학시험에서 A는 101점, B는 105점, C는 108점을 받았다. D의 점수까지 합친 평균이 105점일 때, D의 점수는?

① 105점　　　　　　　　　② 106점
③ 107점　　　　　　　　　④ 108점

36 S공사 신입사원 채용시험의 응시자는 100명이다. 시험 점수의 전체 평균이 64점이고, 합격자 평균과 불합격자 평균이 각각 80점, 60점이라고 할 때, S공사 채용시험의 합격률은?

① 12%　　　　　　　　　② 15%
③ 18%　　　　　　　　　④ 20%

37 수학, 영어 점수의 평균이 85점이고, 국어, 수학 점수의 평균이 91점이라고 할 때, 영어와 국어 점수의 차이는?

① 11점　　　　　　　　　② 12점
③ 15점　　　　　　　　　④ 16점

38 K공사의 A, B부서는 각각 4명, 6명으로 구성되어 있다. A, B부서는 업무 관련 자격증 시험에 단체로 응시하였고, 이들의 전체 평균 점수는 84점이었다. A부서의 평균 점수가 81점이라고 할 때, B부서의 평균 점수는?

① 86점　　　　　　　　　② 87점
③ 88점　　　　　　　　　④ 89점

39 올해 시행한 어느 자격증 시험에서는 80점 이상을 얻어야 합격을 한다고 한다. 이 시험에 응시한 30명 중 합격자는 10명이고, 합격한 사람의 평균 점수는 불합격한 사람의 평균 점수의 두 배보다 33점이 낮다. 불합격한 사람의 평균 점수는 응시자 전체의 평균 점수보다 9점이 낮을 때, 응시자 전체의 평균 점수는?

① 60점　　　　　　　　　② 63점
③ 66점　　　　　　　　　④ 69점

06 농도

40 농도가 10%인 소금물 500g을 끓여 물을 증발시킨 후 농도가 2%인 소금물 250g을 더 넣었더니 농도가 8%인 소금물이 만들어졌다. 증발시킨 물의 양은?

① 55g
② 57.5g
③ 60g
④ 62.5g

41 농도가 8%인 600g의 소금물에서 일정량의 소금물을 퍼낸 뒤, 80g의 순수한 물을 붓고 소금을 20g 넣었다. 이때 소금물의 농도가 10%가 되었다면, 처음 퍼낸 소금물의 양은?

① 50g
② 100g
③ 150g
④ 200g

42 농도가 A%인 소금물에 순수한 물 200g을 더 넣었더니 농도가 4%인 소금물이 되었을 때, 처음 소금물의 양은?

① $\dfrac{800}{A-4}$ g
② $\dfrac{600}{A-4}$ g
③ $\dfrac{800}{A-8}$ g
④ $\dfrac{600}{A-8}$ g

43 농도가 8%인 소금물 200g에서 소금물을 조금 퍼낸 후, 퍼낸 소금물만큼 순수한 물을 부었다. 그리고 소금 50g을 넣어 농도가 24%인 소금물 250g을 만들었을 때, 처음 퍼낸 소금물의 양은?

① 75g
② 80g
③ 90g
④ 95g

44 3%의 농도로 오염된 물 30L가 있다. 깨끗한 물을 채워서 오염물질의 농도를 0.5%p 줄이려고 할 때, 넣어야 하는 깨끗한 물의 양은?

① 4L
② 5L
③ 6L
④ 7L

07 경우의 수 · 확률

45 10명이 앉을 수 있는 원형 탁자에 국문학과 2명, 영문학과 2명, 수학과 2명, 전자과 2명, 회화과 2명이 앉고자 한다. 과가 같은 학생끼리 마주보도록 앉는 경우의 수는?

① 330가지 ② 348가지
③ 366가지 ④ 384가지

46 S사에서는 낡은 사무용 의자를 교체하기 위해 의자 100개를 주문했다. 그리고 8개의 부서에서 의자 교체를 신청했다. 부서당 최소 12개 이상의 의자가 필요하다고 할 때, 8개의 부서가 의자를 나눠 갖는 경우의 수는?(단, 의자는 모두 동일하다)

① 70가지 ② 256가지
③ 330가지 ④ 840가지

47 K중학교 2학년 A~F반 6개의 학급이 체육대회에서 줄다리기 경기를 다음과 같은 토너먼트로 진행하려고 한다. 이때, A반과 B반 모두 2번의 경기를 거쳐 결승에서 만나게 되는 경우의 수는?

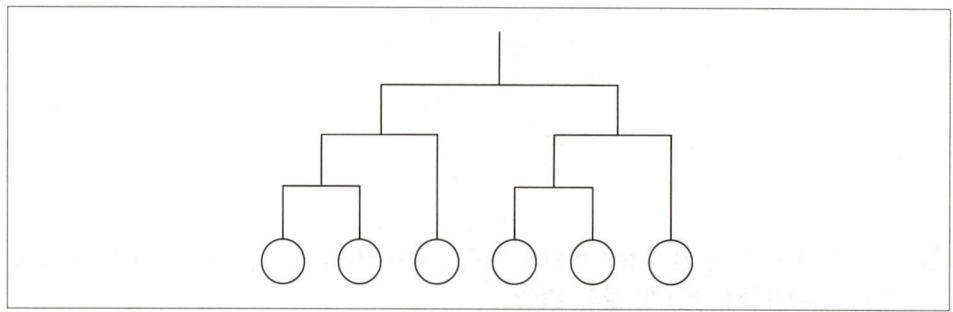

① 6가지 ② 24가지
③ 120가지 ④ 180가지

48 주머니에 1부터 10까지의 자연수가 적힌 카드 10장이 들어 있다. 주머니에서 카드를 세 번 뽑는다고 할 때, 1, 2, 3이 적힌 카드를 하나 이상 뽑을 확률은?(단, 꺼낸 카드는 다시 넣지 않는다)

① $\dfrac{7}{24}$ ② $\dfrac{5}{8}$

③ $\dfrac{17}{24}$ ④ $\dfrac{7}{8}$

49 흰 구슬 4개, 검은 구슬 6개가 들어 있는 주머니에서 연속으로 2개의 구슬을 꺼낼 때, 흰 구슬과 검은 구슬을 1개씩 뽑을 확률은?(단, 꺼낸 구슬은 다시 넣지 않는다)

① $\dfrac{2}{15}$ ② $\dfrac{4}{15}$

③ $\dfrac{7}{15}$ ④ $\dfrac{8}{15}$

50 A~C 세 사람이 동시에 같은 문제를 풀려고 한다. A가 문제를 풀 확률은 $\dfrac{1}{4}$, B가 문제를 풀 확률은 $\dfrac{1}{3}$, C가 문제를 풀 확률은 $\dfrac{1}{2}$일 때, 한 사람만 문제를 풀 확률은?

① $\dfrac{2}{9}$ ② $\dfrac{1}{4}$

③ $\dfrac{5}{12}$ ④ $\dfrac{11}{24}$

08 자료해석

51 다음은 연도별 A사의 데스크탑 PC와 노트북 판매량에 대한 자료이다. 데스크탑 PC와 노트북의 전년 대비 2024년 판매량 증감률을 바르게 짝지은 것은?

〈데스크탑 PC 및 노트북 판매량〉

(단위 : 천 대)

구분	2022년	2023년	2024년
데스크탑 PC	5,500	5,000	4,700
노트북	1,800	2,000	2,400

	데스크탑 PC	노트북		데스크탑 PC	노트북
①	6%	20%	②	6%	10%
③	-6%	20%	④	-6%	10%

52 다음은 L지역의 연도별 건강보험금 부과액 및 징수액에 대한 자료이다. 직장가입자 건강보험금 징수율이 가장 높은 해와 지역가입자의 건강보험금 징수율이 가장 높은 해를 바르게 짝지은 것은?

〈건강보험금 부과액 및 징수액〉

(단위 : 백만 원)

구분		2021년	2022년	2023년	2024년
직장가입자	부과액	6,706,712	5,087,163	7,763,135	8,376,138
	징수액	6,698,187	4,898,775	7,536,187	8,368,972
지역가입자	부과액	923,663	1,003,637	1,256,137	1,178,572
	징수액	886,396	973,681	1,138,763	1,058,943

※ [징수율(%)] = $\frac{(징수액)}{(부과액)} \times 100$

	직장가입자	지역가입자		직장가입자	지역가입자
①	2024년	2023년	②	2024년	2022년
③	2023년	2022년	④	2023년	2021년

※ 다음은 A카페의 커피 종류별 일평균 판매량 비율과 1잔당 가격에 대한 자료이다. 이어지는 질문에 답하시오. [53~54]

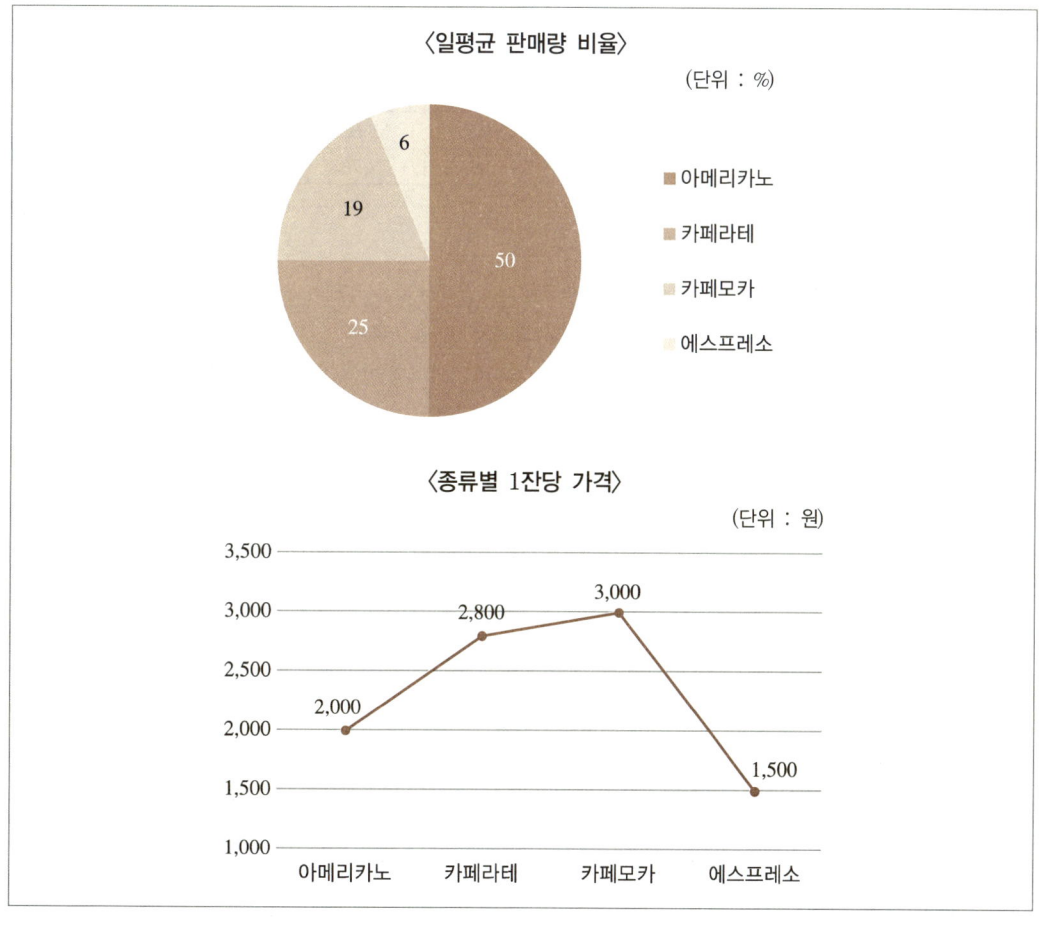

53 A카페가 일평균 200잔의 커피를 판매한다고 할 때, 카페라테는 에스프레소보다 하루에 몇 잔이 더 팔리는가?

① 38잔 ② 40잔
③ 41잔 ④ 42잔

54 A카페에서 오늘 총 180잔을 팔았다고 할 때, 아메리카노의 오늘 매출은 얼마인가?(단, 매출량은 일평균 판매량 비율을 따른다)

① 150,000원 ② 165,000원
③ 180,000원 ④ 200,000원

55 다음은 연도별 도시 및 농촌 인구수에 대한 자료이다. 이에 대한 설명으로 옳지 않은 것은?

〈도시 및 농촌 인구수〉

(단위 : 천 명)

구분	1974년	1984년	1994년	2004년	2014년	2024년
도시	6,816	16,573	32,250	35,802	36,784	33,561
농촌	28,368	18,831	14,596	12,763	12,402	12,415

① 1974년 농촌 인구수는 도시 인구수의 4배 이상이다.
② 2014년 대비 2024년의 도시 인구수는 감소하였고, 농촌 인구수는 증가하였다.
③ 조사 연도별 도시 인구수와 농촌 인구수의 합은 1984년부터 2014년까지 꾸준히 증가하였다.
④ 1974년 대비 1984년의 도시 인구수는 100% 이상 증가하였고, 농촌 인구수는 25% 미만 감소하였다.

56 다음은 A지역의 연도별 논 면적 및 20kg당 쌀값 변화 추이에 대한 자료이다. 이에 대한 설명으로 옳지 않은 것은?

〈A지역 논 면적 및 쌀값 변화 추이〉

(단위 : ha, 원/20kg)

구분	2015년	2016년	2017년	2018년	2019년
논 면적	213	193	187	182	179
20kg당 쌀값	44,000	42,500	37,500	32,000	39,000
구분	2020년	2021년	2022년	2023년	2024년
논 면적	173	169	166	159	155
20kg당 쌀값	45,000	47,000	50,000	57,000	48,500

※ (전체 쌀값) = $\dfrac{[\text{논 1ha당 수확한 쌀의 무게(kg)}] \times (\text{논 면적}) \times (20\text{kg당 쌀값})}{20}$

① 조사 기간 동안 논 면적은 매년 감소하였다.
② 5년 연속으로 20kg당 쌀값이 상승하였던 때가 있다.
③ 논 면적이 가장 많이 감소한 해의 20kg당 쌀값이 가장 비싸다.
④ 2015년의 전체 쌀값과 2020년의 전체 쌀값이 같다면 1ha당 수확한 쌀의 양은 2020년이 더 많다.

57 다음은 연도별 발굴조사 건수 및 비용에 대한 자료이다. 이에 대한 설명으로 옳은 것은?

〈발굴조사 건수 및 비용〉

(단위 : 건, 억 원)

구분		2020년	2021년	2022년	2023년	2024년
지표 조사	건수	1,196	1,103	1,263	1,399	1,652
	비용	82	67	71	77	105
발굴 조사	건수	2,266	2,364	2,388	2,442	2,642
	비용	2,509	2,378	2,300	2,438	2,735
합계	건수	3,462	3,500	3,651	3,841	4,294
	비용	2,591	2,470	2,371	2,515	2,840

① 전체 조사의 평균 건당 비용은 매해 감소하고 있다.
② 발굴조사의 평균 건당 비용은 매해 1억 원 이상이다.
③ 연도별 전체 건수에 대한 발굴조사 건수의 비율은 2023년이 2021년보다 높다.
④ 연도별 전체 비용에 대한 발굴조사 비용의 비율이 가장 높은 해는 2022년이다.

58 다음은 연도별 국가채무 추이에 대한 자료이다. 이에 대한 설명으로 옳지 않은 것은?

〈국가채무 추이〉

(단위 : 조 원, %)

구분	2020년	2021년	2022년	2023년	2024년
국가채무	445.2	464.6	470.6	481.2	487.5
GDP 대비 국가채무 비율	34.0	34.3	31.4	29.9	28.3
일반회계	148.6	157.2	162	166.5	165.5
공적자금	44.7	46	44.2	43.4	42.6
외환시장안정용	155.7	173.7	185.7	197.7	209.7
국민주택기금	48.9	46.7	42.6	39.5	37.8
기타	47.3	41	36.1	34.1	31.9

① 국민주택기금은 5년간 매해 감소하고 있다.
② 국가채무 중 일반회계의 비율은 2020년이 2023년보다 크다.
③ GDP는 2020년 대비 2024년에 약 400조 원 이상 증가하였다.
④ 국가채무 중 국민주택기금 비율이 가장 높았던 해는 2020년이다.

59 다음은 출생·사망 추이에 대한 자료이다. 이에 대한 설명으로 옳지 않은 것은?

〈출생·사망 추이〉

(단위 : 명, 년)

구분		2018년	2019년	2020년	2021년	2022년	2023년	2024년
출생아 수		490,543	472,761	435,031	448,153	493,189	465,892	444,849
사망자 수		244,506	244,217	243,883	242,266	244,874	246,113	246,942
기대수명		77.44	78.04	78.63	79.18	79.56	80.08	80.55
수명	남자	73.86	74.51	75.14	75.74	76.13	76.54	76.99
	여자	80.81	81.35	81.89	82.36	82.73	83.29	83.77

① 매년 기대수명은 증가하고 있다.
② 남자와 여자의 수명은 매년 5년 이상의 차이를 보이고 있다.
③ 출생아 수는 2018년 이후 감소하다가 2021년, 2022년에 증가 이후 다시 감소하고 있다.
④ 매년 출생아 수는 사망자 수보다 20만 명 이상 더 많으므로 매년 총 인구는 20만 명 이상씩 증가한다고 볼 수 있다.

60 다음은 우리나라 인구성장률과 합계출산율에 대한 자료이다. 이에 대한 설명으로 옳지 않은 것은?

〈인구성장률〉

(단위 : %)

구분	2098년	2020년	2021년	2022년	2023년	2024년
인구성장률	0.53	0.46	0.63	0.54	0.45	0.39

〈합계출산율〉

(단위 : 명)

구분	2019년	2020년	2021년	2022년	2023년	2024년
합계출산율	1.297	1.187	1.205	1.239	1.172	1.052

※ 합계출산율 : 가임여성 1명이 평생 낳을 것으로 예상되는 평균 출생아 수

① 2024년 인구성장률은 2021년 대비 40% 이상 감소하였다.
② 우리나라 인구성장률은 2021년 이후로 계속해서 감소하고 있다.
③ 2019년부터 2024년까지 인구성장률이 가장 낮았던 연도는 합계출산율도 가장 낮았다.
④ 2020년부터 2021년까지 합계출산율과 인구성장률의 전년 대비 증감 추이는 동일하다.

61 다음은 연도별 관광통역 안내사 자격증 취득현황에 대한 자료이다. 이에 대한 〈보기〉의 설명 중 옳지 않은 것을 모두 고르면?

〈관광통역 안내사 자격증 취득현황〉

(단위 : 명)

구분	영어	일어	중국어	불어	독어	스페인어	러시아어	베트남어	태국어
2024년	464	153	1,418	6	3	3	6	5	15
2023년	344	137	1,963	7	3	4	5	5	17
2022년	379	266	2,468	3	1	4	6	15	35
2021년	238	244	1,160	3	4	3	4	4	8
2020년	166	278	698	2	3	2	3	-	12
2019년	156	357	370	2	2	1	5	1	4
합계	1,747	1,435	8,077	23	16	17	29	30	91

보기

㉠ 영어와 스페인어 관광통역 안내사 자격증 취득자 수는 2020년부터 2024년까지 매년 전년 대비 증가하였다.
㉡ 중국어 관광통역 안내사 자격증 취득자 수는 2022년부터 2024년까지 매년 일어 관광통역 안내사 자격증 취득자 수의 8배 이상이다.
㉢ 태국어 관광통역 안내사 자격증 취득자 수 대비 베트남어 관광통역 안내사 자격증 취득자 수 비율은 2021년부터 2023년까지 매년 증가하였다.
㉣ 불어 관광통역 안내사 자격증 취득자 수와 스페인어 관광통역 안내사 자격증 취득자 수는 2022년부터 2024년까지 전년 대비 증감 추이가 동일하다.

① ㉠
② ㉡, ㉣
③ ㉠, ㉢
④ ㉠, ㉢, ㉣

62 다음은 2024년 5개의 테니스 팀 A~E팀의 선수 인원수 및 총연봉과 각각의 전년 대비 증가율에 대한 자료이다. 이에 대한 설명으로 옳지 않은 것은?

⟨2024년 A~E팀의 선수 인원수 및 총연봉⟩

(단위 : 명, 억 원)

구분	선수 인원수	총연봉
A팀	5	15
B팀	10	25
C팀	10	24
D팀	6	30
E팀	6	24

※ (팀 선수 평균 연봉) = $\dfrac{(총연봉)}{(선수 인원수)}$

⟨2024년 A~E팀의 선수 인원수 및 총연봉의 전년 대비 증가율⟩

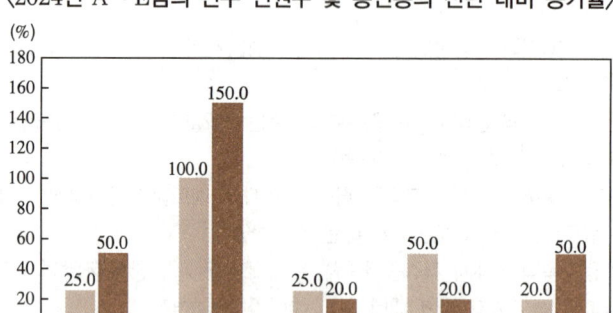

① 2023년 총연봉은 A팀이 E팀보다 많다.
② 2024년 테니스 팀 선수당 평균 연봉은 D팀이 가장 많다.
③ 2024년 A팀의 팀 선수 평균 연봉은 전년 대비 증가하였다.
④ 2024년 전년 대비 증가한 선수 인원수는 C팀과 D팀이 동일하다.

63 다음은 2024년 K국의 자동차 매출에 대한 자료이다. 이에 대한 설명으로 옳은 것은?

〈2024년 10월 월매출액 상위 10개 자동차의 매출 현황〉

(단위 : 억 원, %)

구분	순위	월매출액	시장점유율	전월 대비 증가율
A자동차	1위	1,139	34.3	60
B자동차	2위	1,097	33.0	40
C자동차	3위	285	8.6	50
D자동차	4위	196	5.9	50
E자동차	5위	154	4.6	40
F자동차	6위	149	4.5	20
G자동차	7위	138	4.2	50
H자동차	8위	40	1.2	30
I자동차	9위	30	0.9	150
J자동차	10위	27	0.8	40

※ (시장점유율) = (해당 자동차 월매출액) / (전체 자동차 월매출 총액) × 100

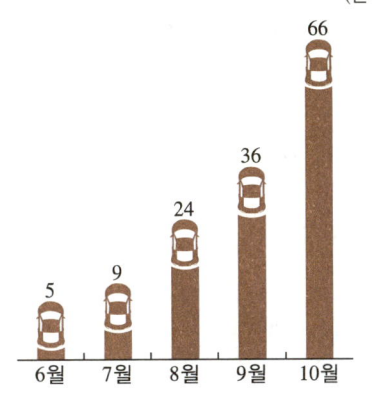

〈2024년 I자동차 누적매출액〉

(단위 : 억 원)

※ 월매출액은 해당 월 말에 집계됨

① 2024년 9월 C자동차의 월매출액은 200억 원 이상이다.
② 2024년 10월 월매출액 상위 5개 자동차의 순위는 전월과 동일하다.
③ 2024년 6월부터 9월 중 I자동차의 월매출액이 가장 큰 달은 9월이다.
④ 2024년 10월 A국의 전체 자동차 월매출액 총액은 4,000억 원 미만이다.

64 다음은 지역별 의료인력 분포 현황에 대한 자료이다. 이에 대한 설명으로 옳지 않은 것은?

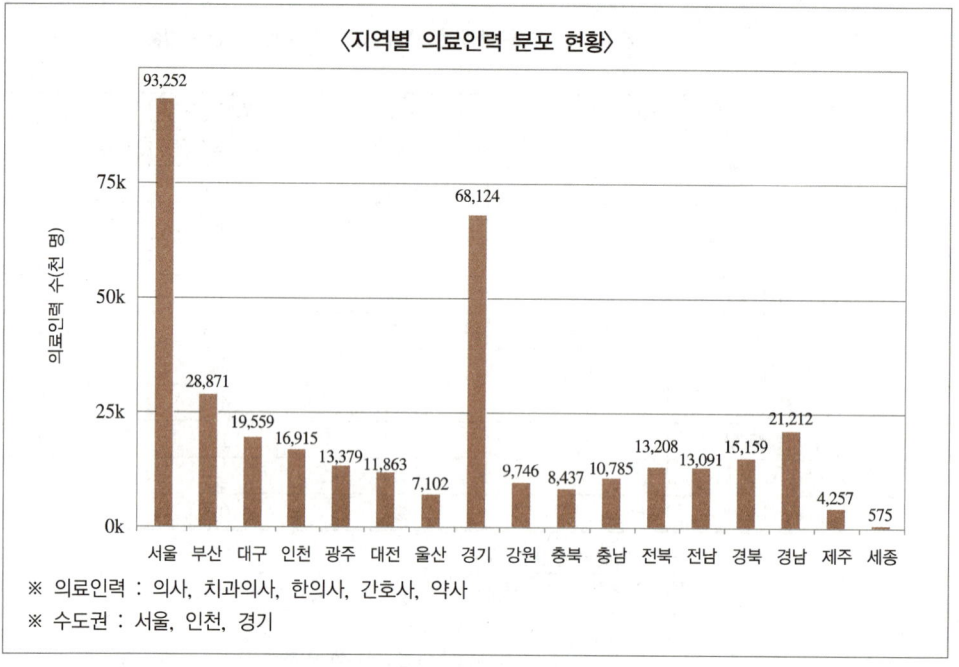

※ 의료인력 : 의사, 치과의사, 한의사, 간호사, 약사
※ 수도권 : 서울, 인천, 경기

① 의료인력은 수도권에 편중된 불균형상태를 보이고 있다.
② 의료인력 수가 많을수록 의료인력 비중이 고르다고 말할 수 없다.
③ 수도권에서 경기가 차지하는 비중은 인천이 차지하는 비중의 4배 미만이다.
④ 서울과 경기를 제외한 나머지 지역 중 의료인력 수가 가장 많은 지역과 가장 적은 지역의 차는 경남의 의료인력 수보다 크다.

65 다음은 국적별 크루즈 여객 점유율에 대한 자료이다. 이에 대한 〈보기〉의 설명 중 옳은 것을 모두 고르면?

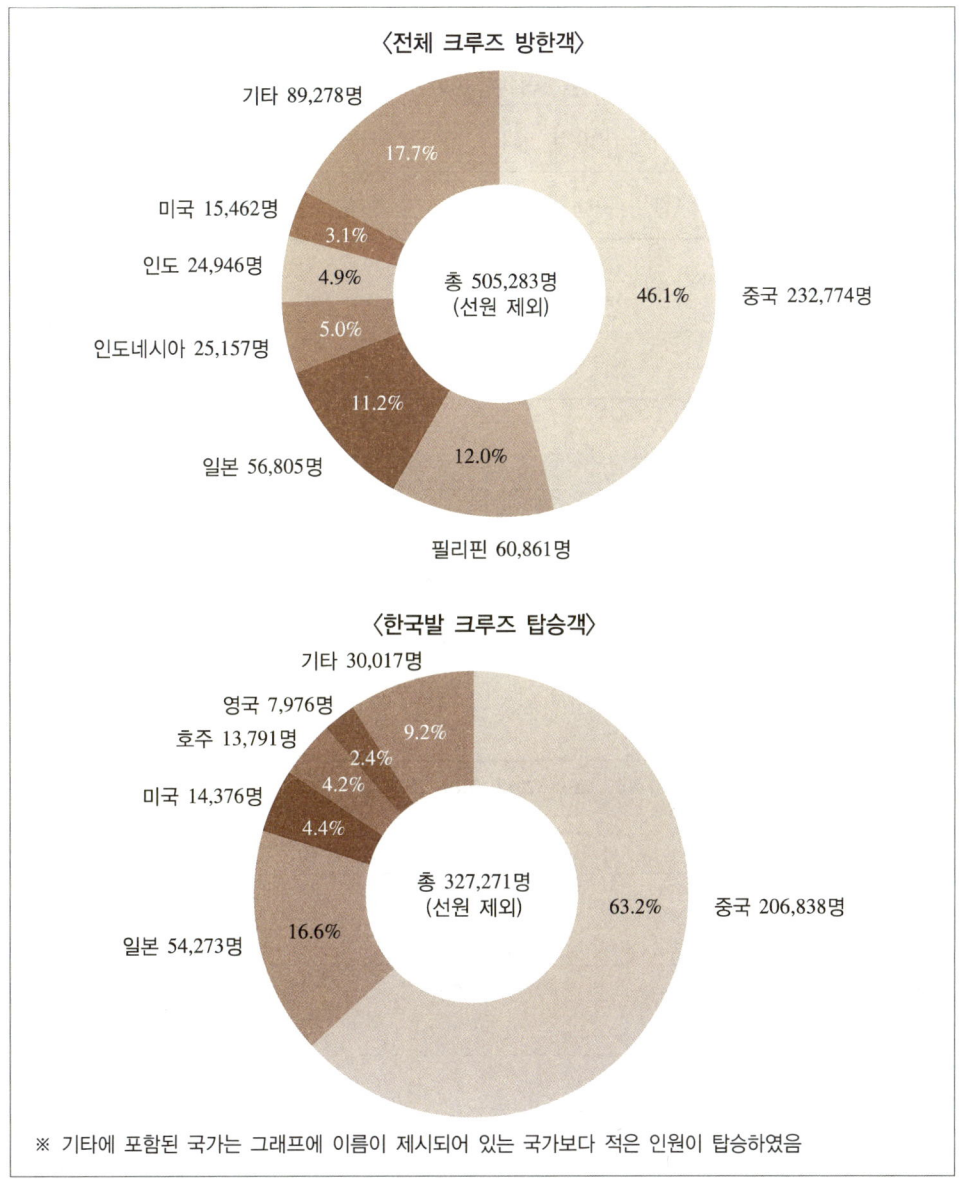

※ 기타에 포함된 국가는 그래프에 이름이 제시되어 있는 국가보다 적은 인원이 탑승하였음

보기
㉠ 전체 크루즈 방한객의 수와 전체 한국발 크루즈 탑승객 수의 국가별 순위는 동일하다.
㉡ 미국의 한국발 크루즈 탑승객 수는 미국 크루즈 방한객 수 대비 85% 이상이다.
㉢ 필리핀의 크루즈 방한객 수는 필리핀의 한국발 크루즈 탑승객 수의 최소 8배 이상이다.
㉣ 영국의 한국발 크루즈 탑승객 수는 일본의 한국발 크루즈 탑승객 수의 20% 미만이다.

① ㉠, ㉡   ② ㉠, ㉢
③ ㉡, ㉢   ④ ㉡, ㉣

66 다음은 A국의 연도별 주식시장의 현황에 대한 자료이다. 이를 참고하여 작성한 종목당 평균 주식 수에 대한 그래프로 옳은 것은?

〈주식시장 현황〉

구분	2014년	2015년	2016년	2017년	2018년	2019년	2020년	2021년	2022년	2023년	2024년
종목 수 (종목)	958	925	916	902	884	861	856	844	858	885	906
주식 수 (억 주)	90	114	193	196	196	265	237	234	232	250	282

※ (종목당 평균 주식 수) = $\dfrac{(주식 수)}{(종목 수)}$

① (백만 주)

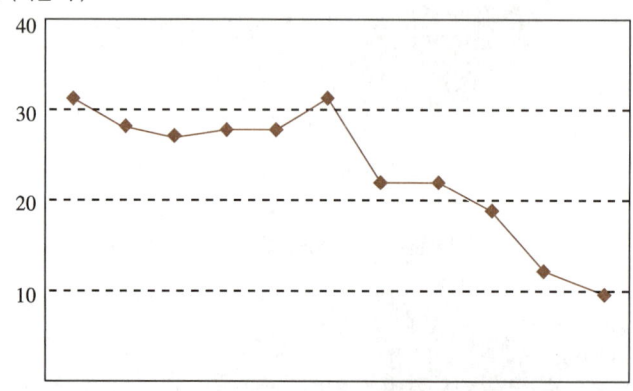

② (백만 주)

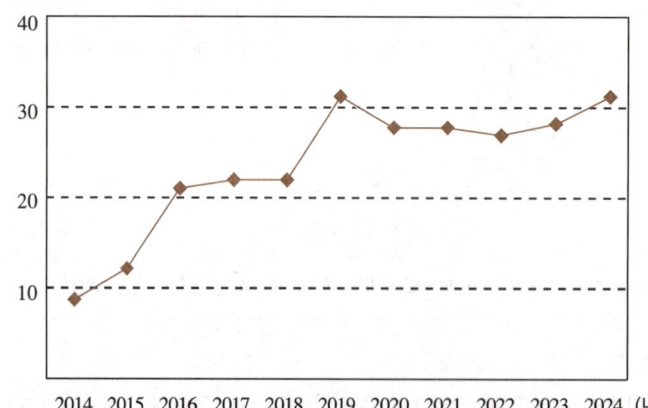

③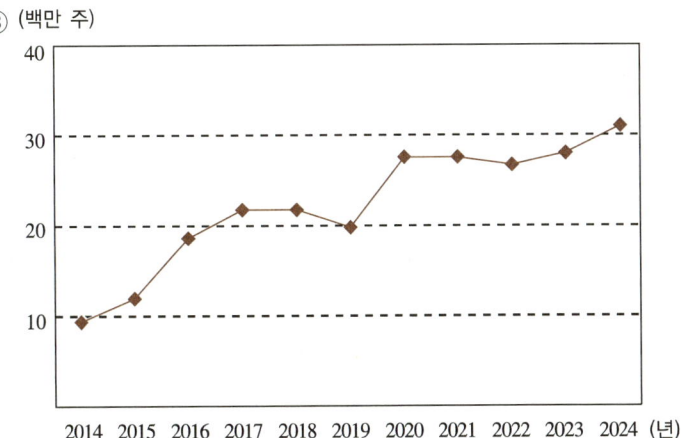

④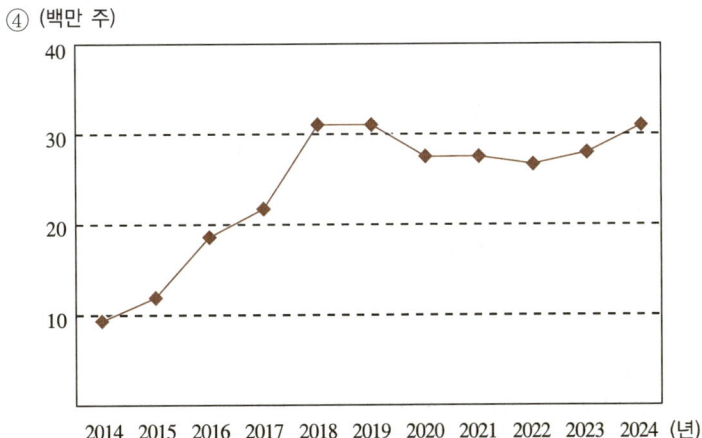

67 다음은 헌혈인구 및 개인헌혈 비율에 대한 자료이다. 이에 대한 〈보기〉의 설명 중 옳은 것을 모두 고르면?(단, 변화율은 절댓값으로 비교한다)

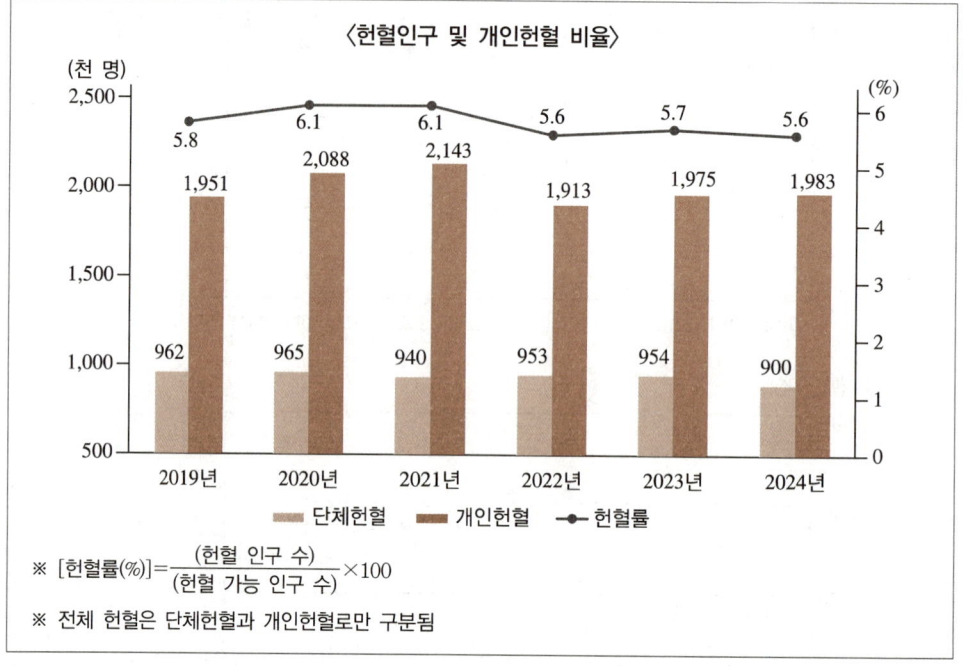

※ [헌혈률(%)] = (헌혈 인구 수) / (헌혈 가능 인구 수) × 100
※ 전체 헌혈은 단체헌혈과 개인헌혈로만 구분됨

보기

㉠ 전체 헌혈 중 단체헌혈이 차지하는 비율은 전체 조사 기간 동안 매년 20%를 초과한다.
㉡ 2020 ~ 2023년 동안 단체헌혈 증감률의 절댓값이 전년 대비 가장 큰 해는 2021년이다.
㉢ 2021년 대비 2022년 개인헌혈의 감소율은 25% 이상이다.
㉣ 2022 ~ 2024년 동안 개인헌혈과 헌혈률은 증감 추이가 동일하다.

① ㉠, ㉡
② ㉠, ㉢
③ ㉡, ㉢
④ ㉡, ㉣

68 다음은 1인 가구의 비중 및 1인 생활 지속기간에 대한 자료이다. 이에 대한 〈보기〉의 설명 중 옳은 것을 모두 고르면?

〈결혼할 의향이 없는 1인 가구의 비중〉

(단위 : %)

구분	2023년		2024년	
	남성	여성	남성	여성
20대	8.2	4.2	15.1	15.5
30대	6.3	13.9	18.8	19.4
40대	18.6	29.5	22.1	35.5
50대	24.3	45.1	20.8	44.9

〈1인 생활 지속기간〉

• 향후 10년 이상 1인 생활 지속 예상

• 2년 이내 1인 생활 종료 예상

보기
㉠ 20대 남성은 30대 남성보다 1인 가구의 비중이 더 높다.
㉡ 30대 이상에서 결혼할 의향이 없는 1인 가구의 비중은 여성이 남성보다 더 높다.
㉢ 2024년에는 40대 남성이 남성 중 제일 높은 1인 가구 비중을 차지한다.
㉣ 2년 이내 1인 생활을 종료를 예상하는 1인 가구의 비중은 2023년부터 꾸준히 증가하였다.

① ㉠
② ㉠, ㉡
③ ㉡, ㉢
④ ㉢, ㉣

69 다음은 S연구기관의 직종별 인력 현황에 대한 자료이다. 이를 참고하여 작성한 평균 연령에 대한 그래프로 옳은 것은?

⟨S연구기관의 직종별 인력 현황⟩

(단위 : 명, 세, 만 원)

구분		2020년	2021년	2022년	2023년	2024년
정원	연구 인력	80	80	85	90	95
	지원 인력	15	15	18	20	25
	소계	95	95	103	110	120
현원	연구 인력	79	79	77	75	72
	지원 인력	12	14	17	21	25
	소계	91	93	94	96	97
박사 학위 소지자	연구 인력	52	53	51	52	55
	지원 인력	3	3	3	3	3
	소계	55	56	54	55	58
평균 연령	연구 인력	42.1	43.1	41.2	42.2	39.8
	지원 인력	43.8	45.1	46.1	47.1	45.5
평균 연봉 지급액	연구 인력	4,705	5,120	4,998	5,212	5,430
	지원 인력	4,954	5,045	4,725	4,615	4,540

①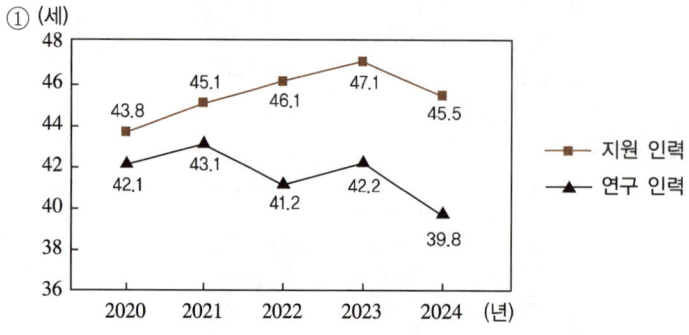

②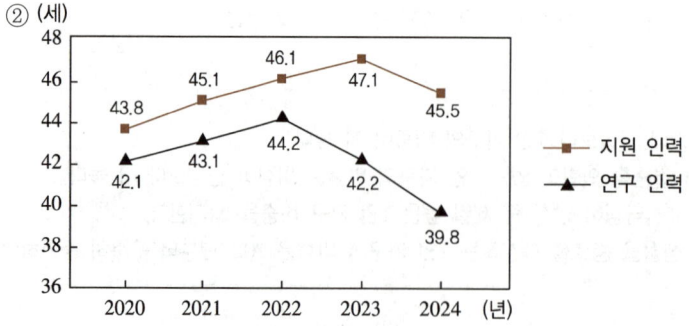

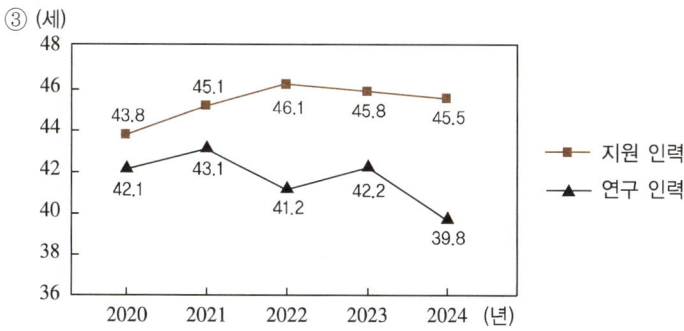

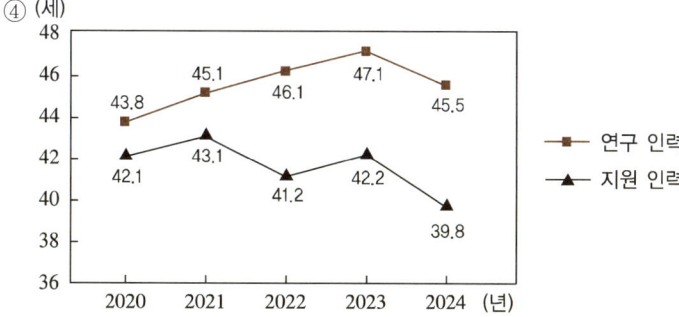

70 다음은 연도별 서울시 냉장고 화재발생 현황에 대한 자료이다. 이를 참고하여 작성한 그래프로 옳은 것은?(단, 소수점 둘째 자리에서 반올림한다)

〈냉장고 화재발생 현황〉
(단위 : 건)

구분	2020년	2021년	2022년	2023년	2024년
김치냉장고	21	35	44	60	64
일반냉장고	23	24	53	41	49

※ (김치냉장고 비율)=(김치냉장고 건수)÷[(김치냉장고 건수)+(일반냉장고 건수)]×100
※ (일반냉장고 비율)=(일반냉장고 건수)÷[(김치냉장고 건수)+(일반냉장고 건수)[×100

① 김치냉장고 비율(단위 : %)

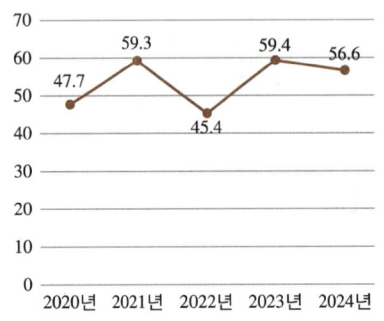

② 김치냉장고 비율(단위 : %)

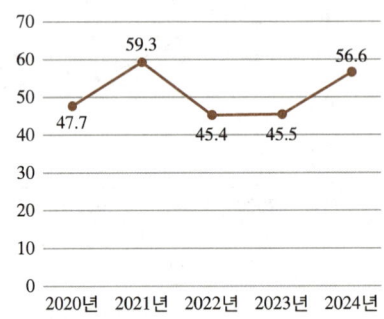

③ 일반냉장고 비율(단위 : %)

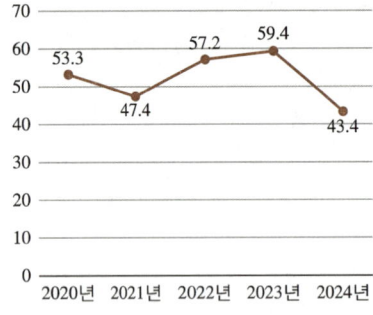

④ 일반냉장고 비율(단위 : %)

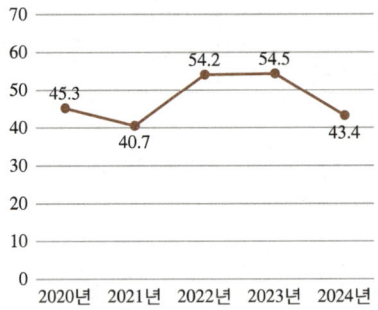

CHAPTER 03

Section 01 논리·추론
핵심이론

01 일반 논리

1. 연역 추론

이미 알고 있는 판단(전제)을 근거로 새로운 판단(결론)을 유도하는 추론이다. 연역 추론은 진리일 가능성을 따지는 귀납 추론과는 달리, 명제 간의 관계와 논리적 타당성을 따진다. 즉, 연역 추론은 전제들로부터 절대적인 필연성을 가진 결론을 이끌어 내는 추론이다.

(1) **직접 추론** : 한 개의 전제로부터 새로운 결론을 이끌어 내는 추론이며, 대우 명제가 그 대표적인 예이다.
예 P이면 Q이다. → ~Q이면 ~P이다.

(2) **간접 추론** : 둘 이상의 전제로부터 새로운 결론을 이끌어 내는 추론이다. 삼단논법이 가장 대표적인 예이다.
　① **정언 삼단논법** : 세 개의 정언 명제로 구성된 간접 추론 방식이다. 세 개의 명제 가운데 두 개의 명제는 전제이고, 나머지 한 개의 명제는 결론이다(P는 대개념, S는 소개념, M은 매개념이다).
　　• 모든 사람은 죽는다.
　　　→ M은 P이다(대전제).
　　• 소크라테스는 사람이다.
　　　→ S는 M이다(소전제).
　　• 따라서 소크라테스는 죽는다.
　　　→ 따라서 S는 P이다(결론).
　② **가언 삼단논법** : '만약 ~이면(전건), ~이다(후건).'라는 하나의 가언 명제와 그 전건 또는 후건에 대한 긍정 또는 부정 명제로 이루어진 삼단논법이다.
　　• 만일 내일 안개가 끼면, 비행기가 뜨지 않는다.
　　　→ 만일 P이면 Q이다.
　　• 만일 내일 비행기가 뜨지 않으면, 우리의 여행은 취소된다.
　　　→ 만일 Q이면 R이다.
　　• 그러므로 만일 내일 안개가 끼면, 우리의 여행은 취소된다.
　　　→ 따라서 만일 P이면 R이다.
　③ **선언 삼단논법** : '~이거나 ~이다.'의 형식으로 표현되며, 전제 속에 선언 명제를 포함하고 있는 삼단논법이다.
　　• 내일은 비가 오거나 눈이 온다.
　　• 내일은 비가 오지 않는다.
　　• 그러므로 내일은 눈이 온다.

2. 귀납 추론

특수 사실로부터 일반적이고 보편적인 법칙을 찾아내는 추론 방법이다.
- 히틀러는 사람이고 죽었다.
- 스탈린도 사람이고 죽었다.
- 그러므로 모든 사람은 죽는다.

이러한 귀납 추론은 일상생활 속에서 많이 사용하고, 우리가 알고 있는 과학적 사실도 이와 같은 방법으로 밝혀졌다.

(1) **통계적 귀납 추론** : 전체 대상 중에서 일부만을 조사하고 관찰한 후에 전체에 대하여 결론을 내리는 추론 방법
(2) **유비 추론** : 두 개의 현상에서 일련의 속성이 같음을 바탕으로 하여 다른 속성도 같다고 하는 추론 방법
(3) **인과적 귀납 추론** : 이미 발생한 현상이나 결과에서 그 원인을 추론해 가는 추론 방법

02 오류

1. 형식적 오류

(1) **순환 논증의 오류** : 결론에서 주장하고자 하는 바를 전제로 제시하는 오류
   예) 이 책에 쓰인 내용은 사실이다. 왜냐하면 이 책에 그렇게 적혀 있기 때문이다.

(2) **자가당착의 오류** : 앞뒤의 주장이나 전제와 결론 사이에 모순이 발생함으로써 일관된 논점을 갖지 못하는 오류
   예) 언론의 자유는 무조건 보장되어야 한다. 하지만 특별한 경우에는 제한할 수도 있다.

(3) **전건 부정의 오류** : 전건을 부정하여, 후건을 긍정한 것을 결론으로 도출하는 데서 발생하는 오류
   예) 컴퓨터 게임에 몰두하면 눈이 나빠진다. 희철이는 컴퓨터 게임에 몰두하지 않는다. 그러므로 희철이는 눈이 나빠지지 않는다.

(4) **후건 긍정의 오류** : 전제가 결론의 필요조건이 되지 못하는 오류
   예) 비가 오면 땅이 젖는다. 지금 땅이 젖어 있다. 따라서 비가 왔다.

(5) **딜레마의 오류** : 선언지가 빠짐없이 제시되지 못한 경우에 발생하는 오류
   예) 보수주의적 의원들은 이 법안에 동의하지 않을 것이다. 또한, 혁신주의적 의원들은 이 법안을 고치자고 할 것이다. 그러므로 이 법안은 원안대로 통과될 수 없을 것이다.

2. 비형식적 오류

(1) **심리적 오류** : 어떤 주장에 대해 논리적으로 타당한 근거를 제시하지 않고, 심리적인 면에 기대어 상대방을 설득하려고 할 때 발생하는 오류

① **인신공격의 오류** : 주장하는 사람의 인품, 직업, 과거 정황의 비난받을 만한 점을 트집 잡아 비판하는 오류
예 그 사람 말은 믿을 수 없어. 그 사람은 전과자이니까.

② **피장파장의 오류(역공격의 오류)** : 자신이 비판받는 바가 상대방에게도 역시 적용될 수 있음을 내세워 공격함으로써 논점에서 벗어나는 오류
예 내가 뭘 잘못했다고 그래? 내가 보니까, 오빠는 더하더라, 뭐.

③ **정황에 호소하는 오류** : 어떤 사람이 처한 정황을 비난하거나 논리의 근거로 내세움으로써 자신의 주장이 타당하다고 믿게 하려는 오류
예 자네 생각과는 달라도, 이건 우리 회사의 기본 방침이네.

④ **동정에 호소하는 오류** : 상대방의 동정심이나 연민의 정을 유발하여 자신의 주장을 정당화하려는 오류
예 사장님, 제가 해고를 당하면 저희 식구들은 굶어 죽습니다.

⑤ **공포에 호소하는 오류** : 상대방을 윽박지르거나 상대방에게 증오심을 표현하여 자신의 주장을 받아들이게 하는 오류
예 우리의 요구를 받아들이지 않으면, 엄청난 사태가 벌어질 것입니다.

⑥ **쾌락이나 유머에 호소하는 오류** : 사람의 감정이나 쾌락, 재미 등을 내세워 논지를 받아들이게 하는 오류
예 인류가 원숭이로부터 진화해 왔다고 하시는데, 그렇다면 당신의 조상은 원숭이인가요?

⑦ **사적 관계에 호소하는 오류** : 개인적인 친분 관계를 내세워 자신의 논지를 받아들이게 하는 오류
예 자네가 나의 제안에 반대하다니, 나는 자네만은 찬성해 줄 줄 알았네.

⑧ **아첨에 호소하는 오류** : 아첨에 의해 논지를 받아들이게 하는 오류
예 야, 너 한 번 나가서 항의해 봐. 너만큼 똑똑한 사람이 아니면 누가 그걸 하겠어?

⑨ **군중에 호소하는 오류** : 많은 사람이 그렇게 행동하거나 생각한다고 내세워 군중 심리를 자극하는 오류
예 이 논리학 책이 가장 좋은 책입니다. 올 상반기 동안 가장 많이 팔린 책이 아닙니까?

⑩ **부적합한 권위에 호소하는 오류** : 직접적인 관련이 없는 권위자의 견해를 근거로 들거나 논리적인 타당성과는 무관하게 권위자의 견해라는 것을 내세워 자기주장의 타당함을 입증하는 오류
예 교황이 천동설이 옳다고 했다. 따라서 천체들이 지구를 돌고 있음에 틀림없다.

⑪ **원천봉쇄의 오류(우물에 독약 치기)** : 자신의 주장에 반론의 가능성이 있는 요소를 비난하여 반론 자체를 원천적으로 봉쇄하는 오류
예 수일아, 이제 가서 자거라. 일찍 자야 착한 어린이가 된단다.

(2) **자료적 오류** : 어떤 자료에 대해 잘못 판단하여 이를 논거로 삼을 경우 범하게 되는 오류
　① **성급한 일반화의 오류** : 제한된 정보, 부적합한 증거, 대표성을 결여한 사례를 근거로 마치 전부가 그런 것처럼 일반화하는 오류
　　예 하나를 보면 열을 안다고. 너의 지금의 행동을 보니, 형편없는 애구나.
　② **잘못된 유추의 오류** : 유사성이 없는 측면까지 유사성이 있는 것처럼 비유를 부당하게 적용하는 오류
　　예 컴퓨터와 사람은 유사점이 많아. 그러니 컴퓨터도 사람처럼 감정이 있을 거야.
　③ **무지에 호소하는 오류** : 어떤 주장에 대해 증명할 수 없거나 결코 알 수 없음을 들어 거짓이라고 반박하는 오류
　　예 귀신은 분명히 있어. 지금까지 귀신이 없다는 것을 증명한 사람은 없으니까.
　④ **논점 일탈의 오류** : 원래의 논점과는 다른 방향으로 논지를 이끌어감으로써 무관한 결론에 이르게 되는 오류
　　예 너희는 형제가 텔레비전을 가지고 싸우냐? 그렇게 할 일이 없으면 가서 공부나 해!
　⑤ **의도 확대의 오류** : 의도하지 않은 결과에 대해 원래부터 어떤 의도가 있었다고 확대 해석하는 오류
　　예 일도 하지 않고 어떻게 돈을 벌려고 하니? 너 요즘 일도 안 하고 죽으려고 결심한 거구나?
　⑥ **흑백 논리의 오류** : 어떤 집합의 원소가 단 두 개밖에 없다고 여기고, 이것이 아니면 저것일 수밖에 없다고 단정 짓는 데서 오는 오류
　　예 너 나 좋아하지 않지? 그럼 날 싫어한다는 말이구나.

(3) **언어적 오류**
　① **애매어의 오류** : 두 가지 이상의 의미를 가진 말을 동일한 의미의 말인 것처럼 애매하게 사용함으로써 생기는 오류
　　예 꿈은 생리 현상이다. 인생은 꿈을 실현하는 과정이다. 그러므로 인생은 생리 현상을 실현하는 과정이다.
　② **복합 질문의 오류** : 어떻게 대답하건 숨어 있는 질문에 대하여 긍정하게 되도록 질문할 경우의 오류
　　예 너 요즘 아내한테 안 맞지?

CHAPTER 03

Section 01 논리·추론
적중예상문제

정답 및 해설 p.064

01 일반 논리

01 K사의 사내 축구 대회에서 홍보팀이 1 : 0으로 승리했고, 시합에 참여했던 홍보팀 직원 A~D 4명은 다음과 같이 진술하였다. 이들 중 1명의 진술만 참이라고 할 때, 골을 넣은 사람은?

- A : C가 골을 넣었다.
- B : A가 골을 넣었다.
- C : A는 거짓말을 했다.
- D : 나는 골을 넣지 못했다.

① A
② B
③ C
④ D

02 K사의 회장실, 응접실, 탕비실과 재무회계팀, 홍보팀, 법무팀, 연구개발팀, 인사팀의 위치가 〈조건〉과 같을 때, 다음 중 인사팀이 위치한 곳은?

출입문	A	B	C	D	회의실1
	복도				
	E	F	G	H	회의실2

조건
- A~H에는 빈 곳 없이 회장실, 응접실, 탕비실 등 모든 팀 중 하나가 위치해 있다.
- 회장실은 출입문과 가장 가까운 위치에 있다.
- 회장실 맞은편은 응접실이다.
- 재무회계팀은 회장실 옆에 있고, 응접실 옆에는 홍보팀이 있다.
- 법무팀은 항상 홍보팀 옆에 있다.
- 연구개발팀은 회의실2와 같은 줄에 있다.
- 탕비실은 법무팀 맞은편에 있다.

① B
② C
③ D
④ G

03 다음 〈조건〉을 바탕으로 할 때, 5층에 있는 부서로 옳은 것은?(단, 한 층에 한 부서씩 있다)

> **조건**
> - 기획조정실의 층수에서 경영지원실의 층수를 빼면 3이다.
> - 보험급여실은 경영지원실 바로 위층에 있다.
> - 급여관리실은 빅데이터운영실보다는 아래층에 있다.
> - 빅데이터운영실과 보험급여실 사이에는 두 층이 있다.
> - 경영지원실은 가장 아래층이다.

① 빅데이터운영실 ② 보험급여실
③ 급여관리실 ④ 기획조정실

04 S사의 직원 A~F 6명은 설문조사차 2인 1조로 나누어 외근을 나가려고 한다. 다음 〈조건〉에 따라 조를 구성한다면, 한 조가 될 수 있는 두 사람은?

> **조건**
> - A는 C나 D와 함께 갈 수 없다.
> - B는 반드시 D 아니면 F와 함께 가야 한다.
> - C는 반드시 E 아니면 F와 함께 가야 한다.
> - A가 C와 함께 갈 수 없다면, A는 반드시 F와 함께 가야 한다.

① A, E ② B, D
③ B, F ④ C, D

05 A~D 4명이 등산을 갔다가 길을 잃어서, 지도와 나침반을 가지고 있는 2명을 찾고 있다. 각자가 말한 2개의 문장 중 적어도 1개는 참이라고 할 때, 다음 중 지도와 나침반을 갖고 있는 사람을 바르게 짝지은 것은?(단, 지도와 나침반은 동시에 갖고 있을 수 없다)

- A : D가 지도를 갖고 있어. B는 나침반을 갖고 있고 말이야.
- B : A는 지도를 갖고 있지 않아. C가 나침반을 갖고 있어.
- C : B가 지도를 갖고 있어. 나는 나침반을 갖고 있지 않아.
- D : 나는 나침반도 지도도 갖고 있지 않아. C가 지도를 갖고 있어.

	지도	나침반
①	A	B
②	B	C
③	C	B
④	D	A

06 S시에 있는 병원의 공휴일 진료 현황이 〈조건〉과 같을 때, 다음 중 공휴일에 진료하는 병원의 수는?

조건
- 만약 B병원이 진료를 하지 않으면, A병원은 진료를 한다.
- 만약 B병원이 진료를 하면, D병원은 진료를 하지 않는다.
- 만약 A병원이 진료를 하면, C병원은 진료를 하지 않는다.
- 만약 C병원이 진료를 하지 않으면, E병원이 진료를 한다.
- E병원은 공휴일에 진료를 하지 않는다.

① 1곳 ② 2곳
③ 3곳 ④ 4곳

※ 제시된 명제가 모두 참일 때, 다음 중 반드시 참인 것을 고르시오. [7~9]

07
- 데스크탑은 노트북보다 비싸다.
- 만년필은 노트북보다 저렴하다.
- 제일 저렴한 것은 손목시계이다.

① 가장 비싼 것은 노트북이다.
② 두 번째로 비싼 것은 만년필이다.
③ 노트북은 손목시계보다 비싸지만 만년필보다 저렴하다.
④ 데스크탑과 만년필의 가격 사이에는 노트북의 가격이 형성되어 있다.

08
- 늦잠을 자지 않으면 부지런하다.
- 늦잠을 자면 건강하지 않다.
- 비타민을 챙겨 먹으면 건강하다.

① 비타민을 챙겨 먹으면 부지런하다.
② 부지런하면 비타민을 챙겨먹는다.
③ 늦잠을 자면 비타민을 챙겨 먹는다.
④ 늦잠을 자면 부지런하지 않다.

09
- 수진이는 어제 밤 10시에 자서 오늘 아침 7시에 일어났다.
- 지은이는 어제 수진이보다 30분 늦게 자서 오늘 아침 7시가 되기 10분 전에 일어났다.
- 혜진이는 항상 밤 9시에 자고, 8시간의 수면 시간을 지킨다.
- 정은이는 어제 수진이보다 10분 늦게 잤고, 혜진이보다 30분 늦게 일어났다.

① 지은이는 가장 먼저 일어났다.
② 정은이는 가장 늦게 일어났다.
③ 혜진이의 수면 시간이 가장 짧다.
④ 수진이의 수면 시간이 가장 길다.

10 제시된 명제가 모두 참일 때, 다음 중 추론할 수 없는 것은?

- 적극적인 사람은 활동량이 많다.
- 잘 다치지 않는 사람은 활동량이 많지 않다.
- 활동량이 많으면 면역력이 강화된다.
- 적극적이지 않은 사람은 영양제를 챙겨먹는다.

① 적극적인 사람은 잘 다친다.
② 적극적인 사람은 면역력이 강화된다.
③ 영양제를 챙겨먹으면 면역력이 강화된다.
④ 잘 다치지 않는 사람은 영양제를 챙겨먹는다.

11 A ~ F 6명은 피자 3판을 모두 같은 양만큼 나누어 먹기로 하였다. 피자 3판은 각각 동일한 크기로 8조각으로 나누어져 있다. 〈조건〉을 고려할 때, 다음 중 앞으로 2조각을 더 먹어야 하는 사람은?

조건
- 현재 총 6조각이 남아있다.
- A, B, E는 같은 양을 먹었고, 나머지는 모두 먹은 양이 달랐다.
- F는 D보다 적게 먹었으며, C보다는 많이 먹었다.

① C
② D
③ F
④ A, B, E

12 수영, 슬기, 경애, 정서, 민경이의 머리 길이가 〈조건〉과 같을 때, 다음 중 머리가 가장 긴 사람은?

조건
- 5명의 머리 길이는 모두 다르다.
- 수영이는 단발머리로, 슬기와 경애의 머리보다 짧다.
- 정서의 머리는 수영이보다 길지만, 슬기보다는 짧다.
- 경애의 머리는 정서보다 길지만, 슬기보다는 짧다.
- 민경이의 머리는 경애보다 길지만, 5명 중에 가장 길지는 않다.

① 수영
② 슬기
③ 경애
④ 정서

02 오류

13 다음 대화에서 나타난 오류와 동일한 오류를 저지른 사례로 옳은 것은?

> 의사 : 음주와 흡연은 고혈압과 당뇨를 유발할 수 있으니 조절하십시오.
> 환자 : 에이, 의사 선생님도 술, 담배 하시잖아요.

① 재은이는 오늘도 늦게 올 거야. 지난번 약속에는 30분이나 늦었거든.
② 이 카메라는 정형외과 전문의가 사용하는 제품이라 믿고 구매할 수 있었어.
③ 나를 거짓말쟁이라 비난하는 당신은 단 한 번의 거짓말도 한 적이 없습니까?
④ 저는 학생에게서 돈을 빼앗지 않았습니다. 제가 돈을 뺏는 걸 본 사람이 없는걸요.

14 다음 대화에서 나타나는 논리적 오류의 유형으로 옳은 것은?

> A : 이번 영화는 정말 별로지 않아? 주인공 연기도 별로인 데다가 스토리도 엉망이야. 게다가 주인공이 악당을 물리치는 장면은 옛날 영화에나 나올 법한 연출이었어.
> B : 너는 배우도 아니고 영화감독도 아니면서 왜 이렇게 지적을 많이 해?

① 인신공격의 오류
② 논점 일탈의 오류
③ 의도 확대의 오류
④ 성급한 일반화의 오류

15 다음의 중 대중의 감성과 심리에 호소하여 설득하려는 의도가 가장 강하게 드러나는 논리적 오류는?

① 우리 언론은 별로 공정하지 않습니다. 몇몇 신문이나 방송의 경우를 보십시오.
② 가장 많이 팔린 차가 가장 좋은 차입니다. 저희 차를 구입한 100만 고객이 품질을 보증합니다.
③ 홍길동 의원의 말은 모두 거짓입니다. 그는 유세 때 한 공약을 하나도 지키지 않았잖습니까?
④ 돈이 꼭 행복을 보장하지는 않습니다. 가난한 사람 중에도 행복한 경우가 얼마든지 많지 않습니까?

16 다음 〈보기〉에서 같은 유형의 논리적 오류를 범하는 것끼리 짝지은 것은?

> **보기**
> ㉠ 국회의원 홍길순씨는 경기를 활성화하기 위해 고소득자의 세금 부담을 경감하자는 취지의 법안을 제출했다. 하지만 그는 최근 일어난 뇌물 사건에 연루된 인물이므로 이 법안은 반드시 거부되어야 한다.
> ㉡ 김갑수씨를 우리 회사의 새 경영자로 초빙하는 것은 좋은 생각이 아닌 듯싶다. 지난 15년간 그는 5개의 사업을 했는데, 그의 무능한 경영의 결과로 모두 다 파산하였다.
> ㉢ 새 시장이 선출된 이후 6개월 동안 버스가 전복되고, 교량이 붕괴되고, 그리고 시내 대형 건물에서 화재가 발생하는 사고가 있었다. 시민의 안전을 위해 시장을 물러나게 할 수밖에 없다.
> ㉣ 박길수씨는 최근 우리 회사에서 일어난 도난 사건의 가장 유력한 용의자가 김씨라고 주장한다. 이 주장은 터무니없다. 왜냐하면 박길수씨는 최근 음주운전 사고로 물의를 일으킨 적이 있기 때문이다.

① ㉠, ㉡ ② ㉠, ㉣
③ ㉡, ㉢ ④ ㉢, ㉣

17 다음과 동일한 오류를 범한 것은?

> 거짓말은 사실과 다르게 꾸며 대는 비도덕적 행위이다.

① 학교는 공부하는 장소이다.
② 군주제는 왕이 통치하는 나쁜 제도이다.
③ 미술은 시각적으로만 표현되는 예술이다.
④ 형벌은 국가가 범죄자에게 가하는 심판이다.

18 다음 중 갑에게 나타난 인지적 오류 유형에 대한 설명으로 옳은 것은?

> 몇 년 전까지도 높은 매출을 올렸던 여행사가 코로나19 이후 지속되는 재정 문제에 부딪히면서 직원들을 해고하게 되었다. 회사의 위기에 어쩔 수 없는 외부 요인이 있었음에도 불구하고 여행사 직원인 갑은 자신이 이러한 상황을 예상하지 못했고, 적절한 조처를 하지 못했다는 생각에 괴로워했다. 결국 모두 자신의 잘못이며, 자신은 회사에 도움이 되지 않는 사람이라고 생각하게 되었다.

① 충분한 근거 없이 다른 사람의 마음을 추측하고 단정한다.
② 충분한 근거 없이 미래에 일어날 일을 단정하고 확신한다.
③ 자신과 무관한 사건을 자신과 관련된 것으로 잘못 해석한다.
④ 한두 번의 사건에 근거하여 일반적인 결론을 내리고, 그것과 무관한 상황에도 그 결론을 적용한다.

19 다음 중 A씨가 범한 것과 같은 유형의 논리적 오류로 옳은 것은?

> A씨는 다양한 사람을 사귀고 싶어서 여러 지방에 살고 있는 사람과 많은 접촉을 시도하고 있다. A씨는 깊은 만남을 이루어 실속 있는 대인관계를 가질 수 있을 것이라 생각한다.

① 철수는 IQ가 높고 머리가 좋다. 때문에 좋은 대학교에 갔다.
② 민희는 친구가 적다. 그러니까 내가 민희의 친구가 되어 주어야 한다.
③ 영희는 많은 남자로부터 사랑을 받고 있다. 그러므로 그녀를 이해하는 남자가 많을 것이다.
④ 아인슈타인은 세계에서 가장 똑똑한 천재이다. 따라서 그의 창의적 사고는 세계에서 가장 뛰어나다.

20 다음 제시된 오류의 예시로 옳은 것은?

> 앞뒤의 주장이나 전제와 결론 사이에 모순이 발생함으로써 일관된 논점을 갖지 못하는 오류이다.

① 부모는 자식에게 항상 진실만을 말한다. 부모는 자식에게 옳은 말만 하기 때문이다.
② 수출이 감소했다는 것은 GDP가 감소했다는 것을 의미한다. 그러므로 수출이 감소하지 않는다면, GDP도 감소하지 않을 것이다.
③ 지나친 음주는 간 건강을 위협하는 주요 요인이 된다. 결국 간암의 발병률이 증가하는 이유는 직장인들이 지나치게 술을 많이 마셨기 때문이다.
④ 모든 국민은 인간으로서의 행복을 추구할 수 있다. 그러나 범죄자는 행복한 삶을 살 수 없도록 강력하게 처벌해야 한다.

CHAPTER 03

Section 02 수 · 문자 추리
핵심이론

01 수 추리

규칙적으로 수를 나열한 후 빈칸에 알맞은 수를 선택하는 문제 유형으로 등차, 등비, 계차, 피보나치수열 등 규칙적인 수열문제와 이를 이용한 배치 순서, 지수함수 등의 응용문제도 출제된다.

(1) **등차수열** : 앞의 항에 일정한 수를 더한 형태로 이루어진 수열

예) 1 3 5 7 9 11 13 15
    +2 +2 +2 +2 +2 +2 +2

(2) **등비수열** : 앞의 항에 일정한 수를 곱한 형태로 이루어진 수열

예) 1 2 4 8 16 32 64 128
    ×2 ×2 ×2 ×2 ×2 ×2 ×2

(3) **계차수열** : 인접하는 두 항의 차로 이루어지는 수열로, 수열 a_n에 대하여 $a_{n+1} - a_n = b_n (n = 1, 2, 3, \cdots)$을 만족하는 수열

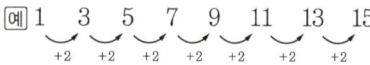

(4) **피보나치수열** : 앞의 두 항의 합이 그 다음 항의 수가 되는 수열

예) 1 1 2   3   5   8   13   21
         1+1 1+2 2+3 3+5 5+8 8+13

(5) **건너뛰기 수열** : 두 개 이상의 수열이 일정한 간격을 두고 번갈아 가며 나타나는 수열

예) 1 1 3 7 5 13 7 19

- 홀수 항 : 1 3 5 7
           +2 +2 +2

- 짝수 항 : 1 7 13 19
           +6 +6 +6

(6) 군수열 : 일정한 규칙으로 몇 항씩 묶어 나눈 수열

① 수가 나열된 규칙을 파악해 군을 만든다(군이 만들어져 주어지는 경우도 있다).
② 각 군의 초항을 모아서 새로운 수열 하나를 만든다(주로 계차수열이다).
③ 각 군의 초항으로 이루어진 수열의 일반항을 구한다.
④ 일반항을 활용하여 문제에서 요구하는 답을 구한다.

예 • 1 3 4 6 5 11 2 6 8 9 3 12
⇒ $\underline{1\ 3\ 4}$ $\underline{6\ 5\ 11}$ $\underline{2\ 6\ 8}$ $\underline{9\ 3\ 12}$
　　1+3=4　　6+5=11　　2+6=8　　9+3=12

• 1 3 3 2 4 8 5 6 30 7 2 14
⇒ $\underline{1\ 3\ 3}$ $\underline{2\ 4\ 8}$ $\underline{5\ 6\ 30}$ $\underline{7\ 2\ 14}$
　　1×3=3　　2×4=8　　5×6=30　　7×2=14

(7) 여러 가지 수열

① 먼저 규칙에 따라 나열된 수가 증가하는지 감소하는지 파악해야 한다. 증가하고 있다면 ＋, ×를, 감소하고 있다면 －, ÷를 생각해 보아야 한다.

② 제곱형 수열

예 $\underline{1}$ $\underline{4}$ $\underline{9}$ $\underline{16}$ $\underline{25}$ $\underline{36}$ $\underline{49}$
　 1^2 2^2 3^2 4^2 5^2 6^2 7^2

③ 묶음형 수열 : 숫자가 몇 개씩 묶여서 제시되는 유형으로 묶음에 대해 동일한 규칙을 빠르게 찾아내야 한다.

예 $\underline{2\ 3\ 5}$ $\underline{5\ 7\ 12}$ $\underline{9\ 8\ 17}$
　　2+3=5　　5+7=12　　9+8=17

※ 유형

• A B C
　예 A+B=C, A－B=C, A×B=C, $(A+B)^2$=C, A×B－2=C, A^B=C, A^2+B^2=C, A=B÷C

• A B C D
　예 A+B+C=D, A×B÷C=D, A+B=C－D, (A+B=C, B+C=D), A×B=C, C+1=D

• A B C D E
　예 A×B=C, C+D－1=E

④ 표·도형 수열 : 나열식 수열 추리와 크게 다르지 않은 유형으로 수가 들어갈 위치에 따라 시계 방향이나 행, 열의 관계를 유추해야 한다.

예

2	14	9
3	?	10
5	17	12

→

A
B
C

풀이) 가로, 세로, 대각선 방향으로 일정한 규칙을 찾아야 한다.
A+1=B, B+2=C

02 문자 추리

주로 영문 알파벳 대소문자, 한글 자음과 모음, 로마 숫자 등이 서로 대응하는 문제가 출제되며 시간적 여유가 있다면 각각의 숫자들을 대응시켜 풀거나 아래 표와 같이 대응되는 문자를 암기하면 보다 빠르게 풀 수 있다.

(1) 알파벳, 자음, 한자, 로마자

1	2	3	4	5	6	7	8	9	10	11	12	13	14	15	16	17	18	19	20	21	22	23	24	25	26
A	B	C	D	E	F	G	H	I	J	K	L	M	N	O	P	Q	R	S	T	U	V	W	X	Y	Z
ㄱ	ㄴ	ㄷ	ㄹ	ㅁ	ㅂ	ㅅ	ㅇ	ㅈ	ㅊ	ㅋ	ㅌ	ㅍ	ㅎ												
一	二	三	四	五	六	七	八	九	十																
i	ii	iii	iv	v	vi	vii	viii	ix	x																

(2) 일반모음

1	2	3	4	5	6	7	8	9	10
ㅏ	ㅑ	ㅓ	ㅕ	ㅗ	ㅛ	ㅜ	ㅠ	ㅡ	ㅣ

(3) 일반모음 + 이중모음(사전 등재 순서)

1	2	3	4	5	6	7	8	9	10	11	12	13	14	15	16	17	18	19	20	21
ㅏ	ㅐ	ㅑ	ㅒ	ㅓ	ㅔ	ㅕ	ㅖ	ㅗ	ㅘ	ㅙ	ㅚ	ㅛ	ㅜ	ㅝ	ㅞ	ㅟ	ㅠ	ㅡ	ㅢ	ㅣ

CHAPTER 03

Section 02 수 · 문자 추리
적중예상문제

정답 및 해설 p.068

01 수 추리

※ 일정한 규칙으로 수를 나열할 때, 다음 중 빈칸에 들어갈 수로 옳은 것을 고르시오. [1~10]

01

| −2 | 1 | 6 | 13 | 22 | 33 | 46 | 61 | 78 | 97 | ( ) |

① 102
② 106
③ 112
④ 118

02

| 2 | 8 | 14 | 20 | ( ) | 32 | 38 |

① 22
② 24
③ 26
④ 28

03

| 266 | 250 | ( ) | 251 | 264 | 252 | 263 |

① 210
② 234
③ 265
④ 275

04

| 4 | 0 | 4 | 16 | 4 | 0 | 4 | ( ) | 4 |

① 4
② 0
③ 12
④ 16

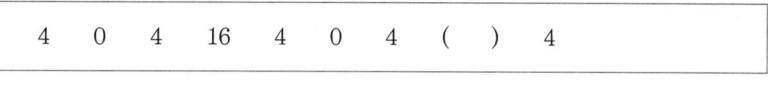

05 1 2 −5 −10 −17 −34 −41 ( )

① −44 ② −48
③ −61 ④ −82

06 −3 −7 −17 −49 −101 ( )

① −301 ② −302
③ −303 ④ −304

07 $\frac{1}{6}$ $\frac{2}{6}$ $-\frac{1}{2}$ $\frac{7}{6}$ $-\frac{5}{2}$ 2 ( ) $\frac{17}{6}$

① $\frac{13}{2}$ ② $-\frac{13}{2}$
③ $\frac{15}{2}$ ④ $-\frac{17}{2}$

08 13 76 63 −80 −110 −30 −27 ( ) 23

① −14 ② −4
③ 4 ④ 14

09 2 2 8 −1 3 4 2 3 10 2 4 ( )

① 10 ② 11
③ 12 ④ 13

10 11　19　8　-14　(　)　16　-3　8　11

① 2
② 8
③ 12
④ 18

11 A씨는 200L의 물이 들어 있는 어항을 청소하면서 물을 20%만큼 버리고 20L의 물을 넣었다. 이와 같은 과정을 n번 반복한 후 어항에 남아 있는 물의 양을 a_n L 라고 할 때, a_3의 값은?

① 151.2
② 164
③ 180
④ 191.4

12 K공사에서는 책 60권을 5명의 사원에게 나누어 주었다. 각 사원이 받은 책의 수는 등차수열을 이루고, 책을 가장 적게 받은 사원과 그 다음으로 적게 받은 사원의 책의 수의 합은 나머지 3명의 사원이 받은 책의 수의 합의 $\frac{1}{3}$이라고 할 때, 책을 가장 많이 받은 사원의 책의 수는?

① 16권
② 18권
③ 20권
④ 22권

13 $a_1=3$인 타일이 다음과 같이 놓여 있다. 이 타일에 그림과 같이 $1 \times k$인 타일을 시계방향대로 순서대로 놓았을 때, n번째 타일의 크기를 a_n이라 하면 a_{2023}의 값은?(단, k는 자연수이다)

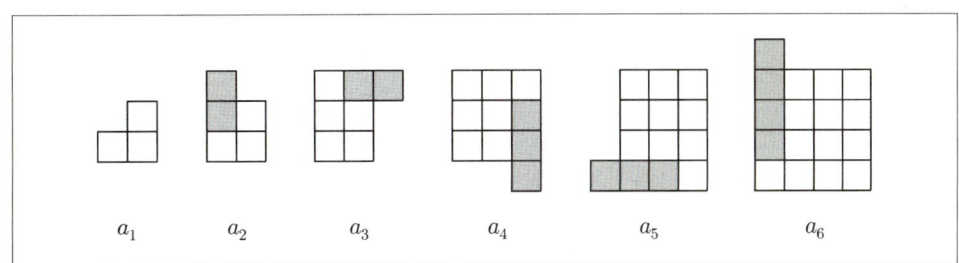

① $1{,}012^2$
② $1{,}012^2 + 1{,}012$
③ $1{,}012^2 + 1{,}013$
④ $1{,}012^2 + 2{,}024$

02 문자 추리

※ 일정한 규칙으로 문자를 나열할 때, 다음 중 빈칸에 들어갈 문자로 옳은 것을 고르시오. [14~21]

14

| ㄴ D ㅂ H ㅊ L ㅎ ( ) |

① P ② ㄴ
③ S ④ ㅁ

15

| A G D J G M J P ( ) |

① D ② F
③ M ④ Q

16

| Z Y W T P K ( ) |

① E ② G
③ H ④ L

17

| 10 ㅈ 11 ㅇ 12 ㅅ 13 ( ) |

① ㄷ ② ㅂ
③ ㅋ ④ ㅍ

18 | A ㄴ 3 ( ) E ㅂ 7 八 |

① 4　　　　　　　　　② D
③ ㄹ　　　　　　　　　④ 四

19 | A ㄴ B 三 ㄷ C ⅳ 四 ( ) D |

① ㄹ　　　　　　　　　② 7
③ ㅈ　　　　　　　　　④ 9

20 | c A ( ) D g P |

① b　　　　　　　　　② c
③ d　　　　　　　　　④ e

21 | a 2 c 5 h 13 ( ) 34 |

① k　　　　　　　　　② n
③ q　　　　　　　　　④ u

※ 일정한 규칙으로 수를 배치할 때, 다음 중 빈칸에 들어갈 수로 옳은 것을 고르시오. [22~23]

22

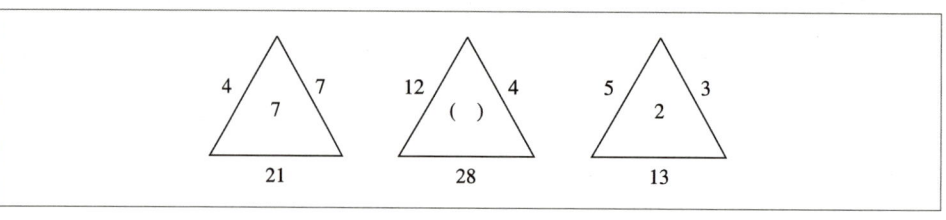

① -20 ② -10
③ 10   ④ 20

23

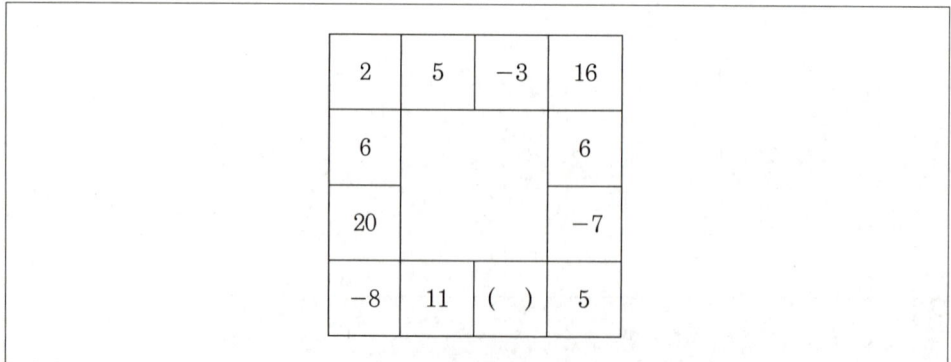

① 9   ② 12
③ 15 ④ 18

24 일정한 규칙으로 문자를 배치할 때, 다음 중 빈칸에 들어갈 문자로 옳은 것은?

A	B	D	H
C	E	H	K
C	F	L	X
D	( )	J	M

① F ② G
③ I ④ L

25 일정한 규칙으로 문자를 배치할 때, 다음 중 빈칸 ㉠과 ㉡에 들어갈 문자를 더한 것은?

| F | D | O | | H | C | W | | R | ㉡ | Q |
| J | S | | | ㉠ | Z | | | Y | X | |

① N ② R
③ T ④ V

※ 다음 〈조건〉을 바탕으로 ?에 들어갈 문자로 옳은 것을 고르시오. [26~28]

조건
- ○ : 첫 번째 문자 맨 뒤로 보내기
- □ : 각 자릿수에 +2
- ☆ : 문자 순서 뒤집기
- △ : 각 자릿수에 -1, +1, -1, +1

26

JLMP → ○ → □ → ?

① NORL ② LNOK
③ RONL ④ MPQM

27

DRFT → □ → ☆ → ?

① THVF ② EUGW
③ SGQE ④ VHTF

28

F752 → ☆ → □ → △ → ?

① 348E ② 57F2
③ 974H ④ 388I

※ 다음 〈조건〉을 바탕으로 ?에 들어갈 문자 또는 기호로 옳은 것을 고르시오. [29~31]

조건
- △ : 첫 번째와 세 번째 문자 자리 바꾸기
- ▲ : 첫 번째 문자 맨 뒤로 보내기
- ▽ : 맨 앞에 'Y' 붙이기
- ▼ : 맨 마지막 문자 삭제
- = : 세 번째 문자 +1

29

ㅍㅗㄷ3 → △ → ▼ → ▲ → ?

① ㄷㅗㅍ ② ㅗㅍㄷ
③ ㅍㄷㅗ ④ ㅗㄷㅍ

30

xㅗㅅso → = → ▼ → ? → Yxㅗos

① △ ② ▲
③ ▽ ④ ▼

31

ㄱㅂㅛㅣㅈ → ▼ → ? → △ → ㅣㅛㅂㄱ

① △ ② ▲
③ ▽ ④ ▼

※ 다음 중 규칙이 다른 하나를 고르시오. [32~35]

32 ① SPSU ② 뵤됴뵤죠
　　 ③ 가규가겨 ④ DADG

33 ① CFFL ② 가갸갸겨
　　 ③ 마차차바 ④ 사라라하

34 ① TJIK ② EIMQ
　　 ③ 단산칸간 ④ 마모므머

35 ① ㅁㅁㅅㅊ ② 둡둡뭅웁
　　 ③ ZZBG ④ AACF

CHAPTER 04

Section 01 공간능력
핵심이론

01 전개도 · 주사위

전개도는 도형을 펼쳐 이를 접어서 만들 수 있는 입체도형을 찾거나, 입체도형을 제시하고 그에 맞는 전개도를 찾는 유형으로 출제된다. 부분적으로 특징이 있는 면을 유심히 살펴보는 것과, 모양을 구분해 내거나 전개도를 직접 접어 보는 것도 문제 해결의 한 방법이다. 입체적으로 사물을 그릴 수 있는 능력이 있어야만 문제를 빨리 풀 수 있다.

주사위는 서로 마주 보는 면의 합을 구하는 유형과, 주사위를 굴려 보이지 않는 반대편 면과 측면의 수를 묻는 문제가 주로 출제된다. 서로 마주 보는 면이 (1 – 6), (2 – 5), (3 – 4)로 두 면의 눈의 합은 항상 7인 것을 기억하면 쉽게 해결할 수 있다.

(1) 전개도 문제 해결 방법
① 면의 개수를 비교해야 한다.
② 도형의 특징(옆면, 밑면)을 비교해야 한다.
③ 기준면을 정하여 기준면에 맞닿는 면과 마주 보는 면을 서로 비교해야 한다.
④ 전개도에서 맞닿는 면에 서로 번호를 붙여 생각해야 한다.
⑤ 그림에 들어간 전개도에서 그림 간의 관계를 비교해야 한다.

(2) 정다면체의 종류

구분	도형모양	전개도	꼭짓점의 수	모서리의 수	면의 수
정사면체			4개	6개	4개
정육면체			8개	12개	6개
정팔면체			6개	12개	8개

정십이면체			20개	30개	12개
정이십면체			12개	30개	20개

※ 오일러의 공식(v : 꼭짓점의 수, e : 모서리의 수, f : 면의 수)
 $= v - e + f = 2$
 [예] 정이십면체의 모서리는 30개이다. 다음 중 꼭짓점의 개수는?
  $= v - 30 + 20 = 2 \rightarrow v = 12$이므로 12개

02 블록·단면도

(1) 블록

블록의 개수를 묻는 유형에서부터 블록의 면적을 구하는 문제까지 다양하게 출제된다. 블록을 쌓아서 만든 입체도형을 파악하거나 입체도형에 들어간 블록의 수를 세는 문제가 대부분이다. 블록의 면적을 구하는 문제는 겉에 드러난 블록의 면의 개수를 세서 구하는데, 이때 블록이 겹쳐 있는 부분은 제외해야 한다는 것을 잊으면 안 된다.

① 블록의 개수
 ㉠ 밑에서 위쪽으로 차근차근 세어 간다.
 ㉡ 층별로 나누어 세면 수월하다.
 ㉢ 숨겨져 있는 부분을 정확히 찾아내는 연습이 필요하다.
 ㉣ 빈 곳에 블록을 채워서 세면 쉽게 해결된다.

[예]
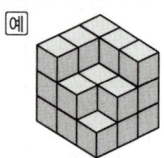

- 1층 : 9개

- 2층 : 8개

- 3층 : 5개

블록의 총 개수는 9+8+5=22개이다.

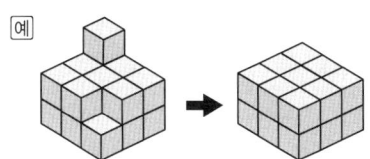

블록의 총 개수는 9×2=18개이다.

② 블록의 최대·최소 개수

ㄱ 최대 개수 : 앞면과 우측면의 층별 블록의 개수의 곱의 합

(앞면 1층 블록의 수)×(측면 1층 블록의 수)+(앞면 2층 블록의 수)×(측면 2층 블록의 수)

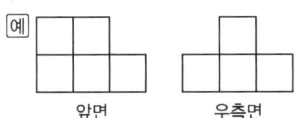

→ 3×3+2×1=11개

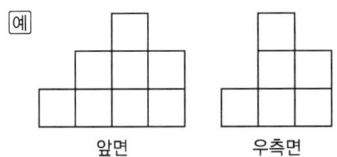

→ 4×3+3×2+1×1=19개

ㄴ (앞면 블록의 수)+(측면 블록의 수)−(중복되는 블록의 수)

※ 중복되는 블록의 수 : 앞면과 측면에 대해 행이 아닌(즉, 층별이 아닌) 열로 비교했을 때, 블록의 수가 같은 두 열에서 한 열의 블록의 수들의 합(즉, 열에 대하여 블록의 수를 각각 표기했을 때, 앞면과 측면에 공통으로 나온 숫자들의 합을 구하면 된다)

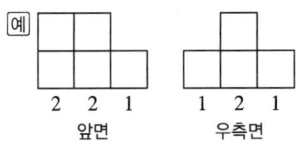

공통으로 나온 숫자는 다음과 같다. 앞면 : (②, ②, ①), 우측면 : (①, ②, ①)

→ 중복되는 블록의 수 : 1+2=3개

최소 개수는 5+4−3=6개이다.

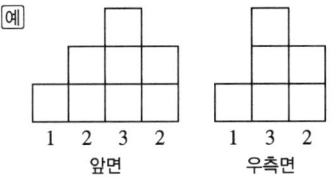

공통으로 나온 숫자는 다음과 같다. 앞면 : (①, ②, ③, ②), 우측면 : (①, ③, ②)

→ 중복되는 블록의 수 : 1+2+3=6개

최소 개수는 8+6−6=8개이다.

③ 블록의 면적
  ㉠ 사각형 한 단면의 면적은 '(가로)×(세로)'의 값이다.
  ㉡ 면적을 구할 때는 상하, 좌우, 앞뒤로 계산한다.
  ㉢ 각각의 면의 면적을 합치면 전체 블록의 면적이 된다.

  예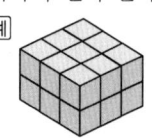

  바닥면의 면적은 제외하고 블록 하나의 면적을 1이라 하면
  • 윗면 : 9
  • 옆면 : 6×4=24
  쌓여 있는 블록의 면적은 24+9=33이다.

(2) 단면도(절단 도형)

제시된 입체도형을 한 방향으로 절단했을 때 나타날 수 있는 단면을 찾는 유형이다. 비슷한 평면도형이 보기로 주어지기 때문에 세심한 관찰력과 많은 연습이 필요하다.

예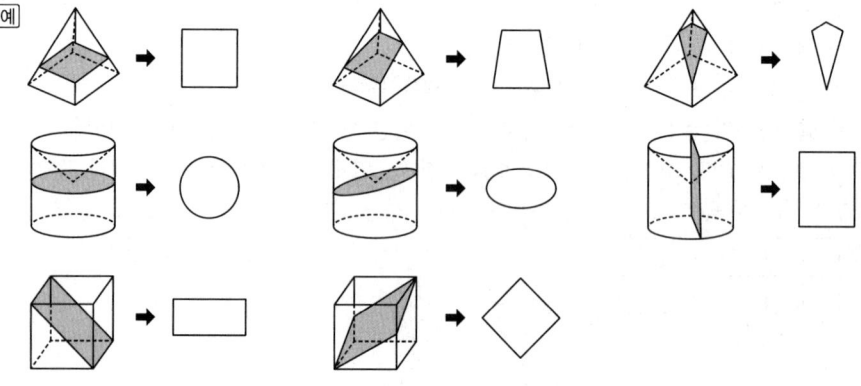

03　종이접기

종이접기 문제는 종이를 화살표 방향에 따라 접고 구멍을 뚫거나 가위로 자른 후 다시 펼쳤을 때의 모양 찾기 문제가 출제된다. 종이를 접은 순서의 반대로 펼치면서 구멍의 위치나 잘린 부분을 쉽게 파악할 수 있다.

예 앞, 뒤로 접었을 때 뒷면

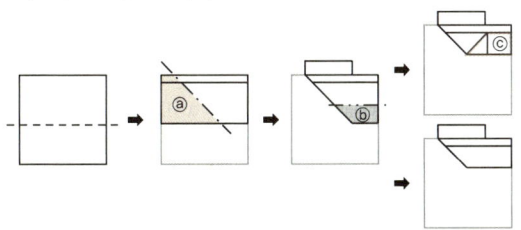

예 앞, 뒤로 접었을 때 앞면

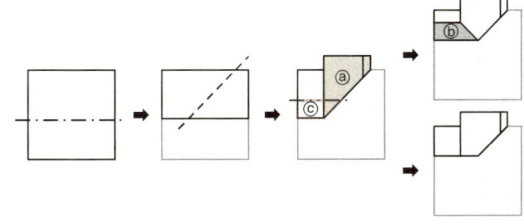

CHAPTER 04

Section 01 공간능력
적중예상문제

정답 및 해설 p.074

01 전개도 · 주사위

01 다음 중 제시된 전개도로 정육면체를 만들 때, 나올 수 있는 것은?

①

②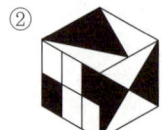

③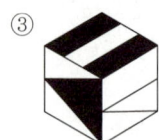

④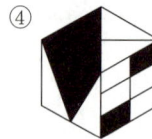

02 다음 정육면체의 전개도를 면이 앞면에 오도록 접었을 때, 뒷면의 모양으로 옳은 것은?

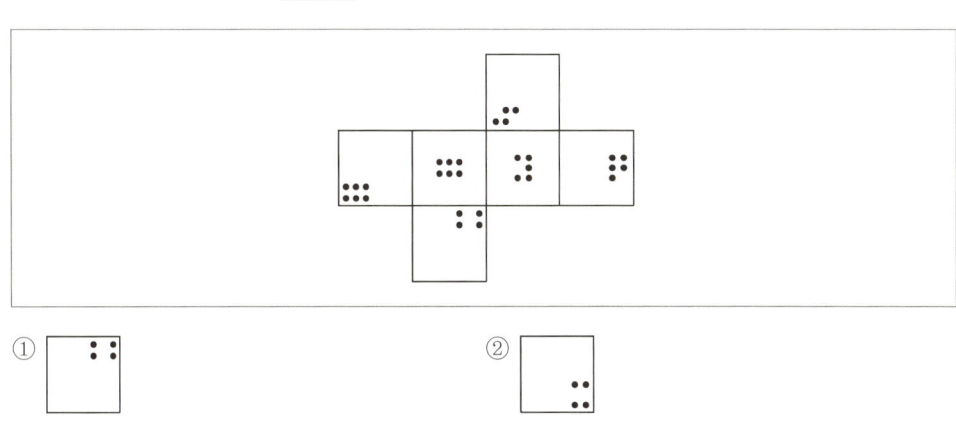

03 다음 정육면체의 전개도를 면이 앞면에 오도록 접었을 때, 뒷면의 모양으로 옳은 것은?

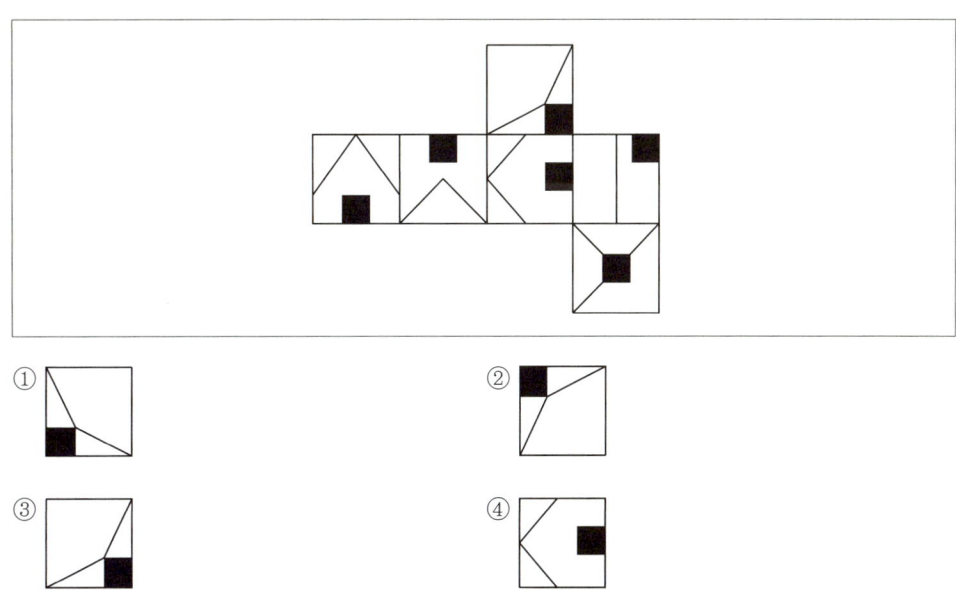

04 다음 정육면체의 전개도를 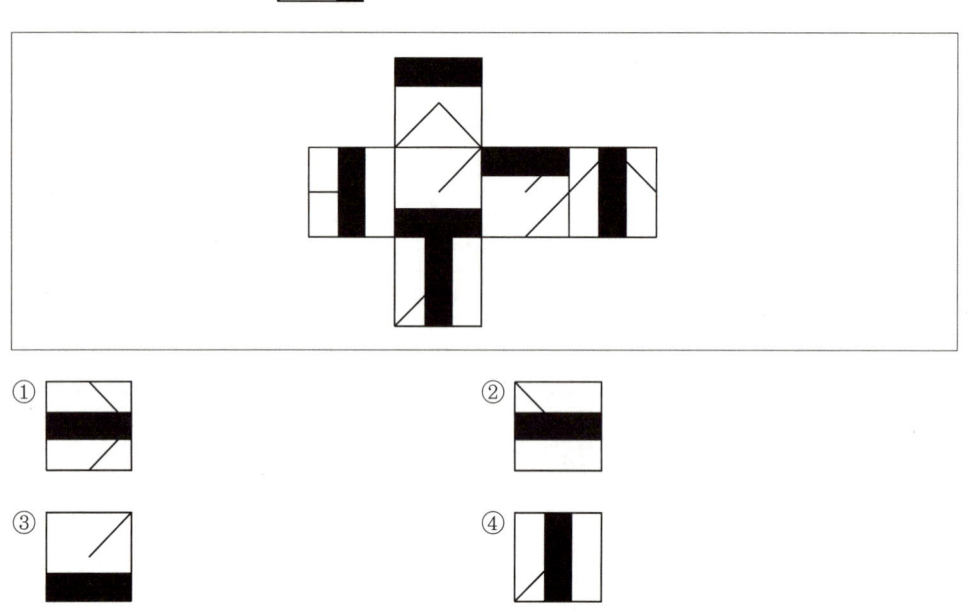 면이 앞면에 오도록 접었을 때, 뒷면의 모양으로 옳은 것은?

※ 다음 중 제시된 전개도로 정육면체를 만들 때, 나올 수 없는 것을 고르시오. [5~10]

05

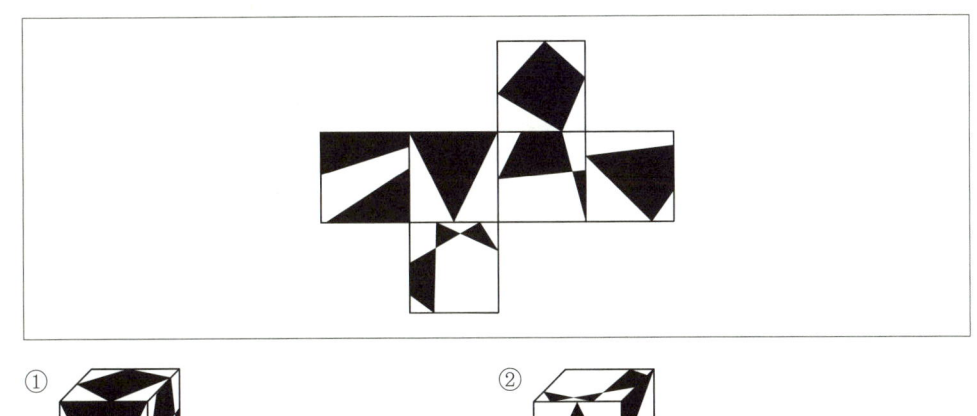

① 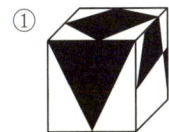   ②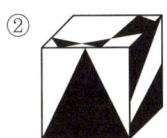

③ 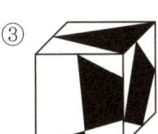   ④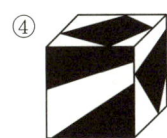

06

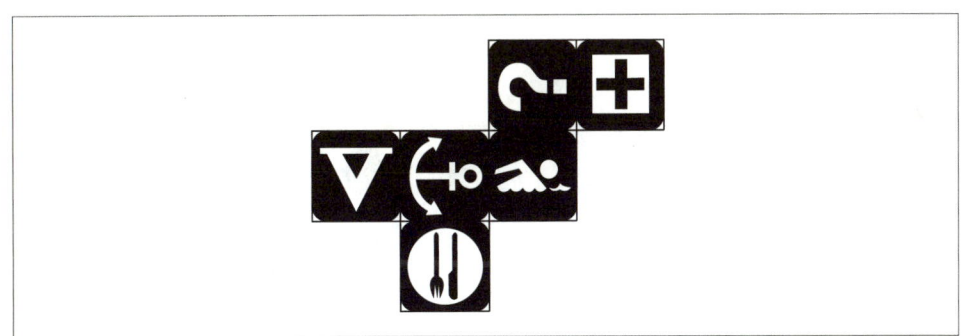

①    ②

③    ④

07

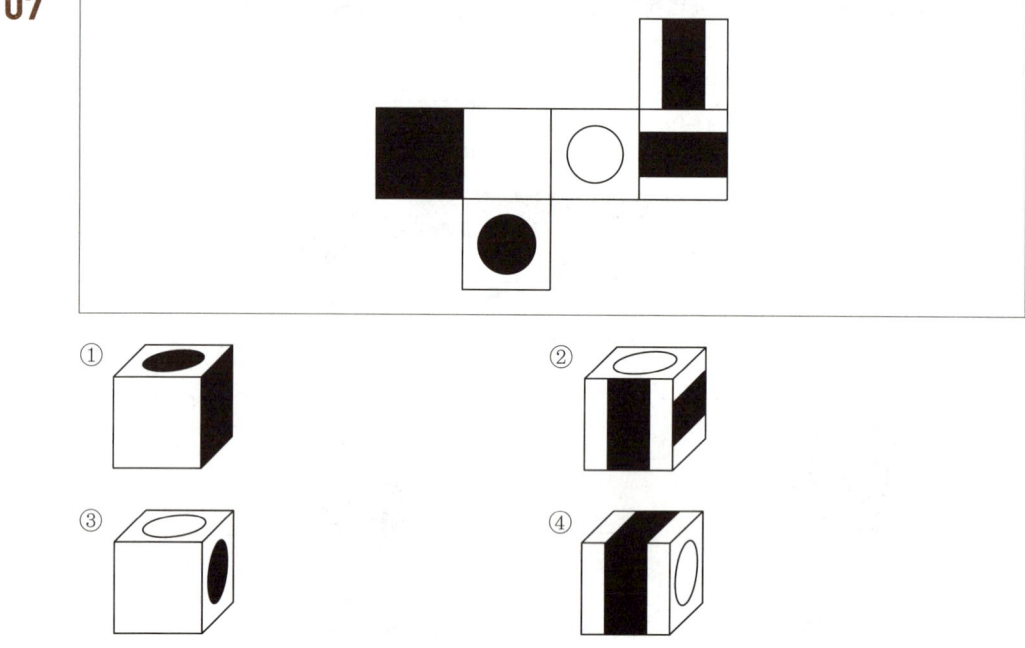

08

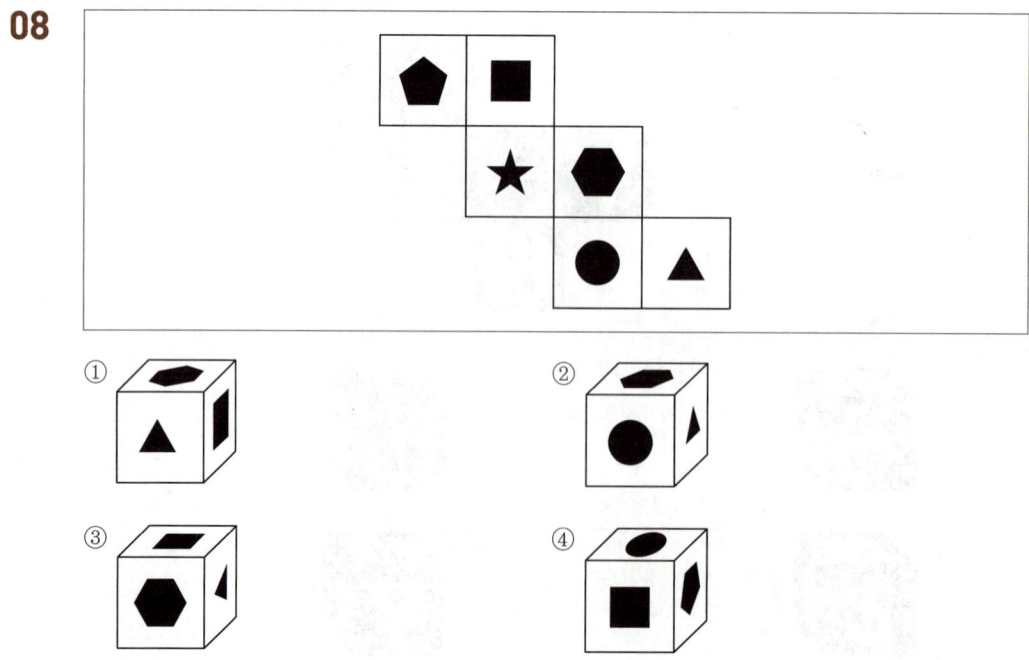

09

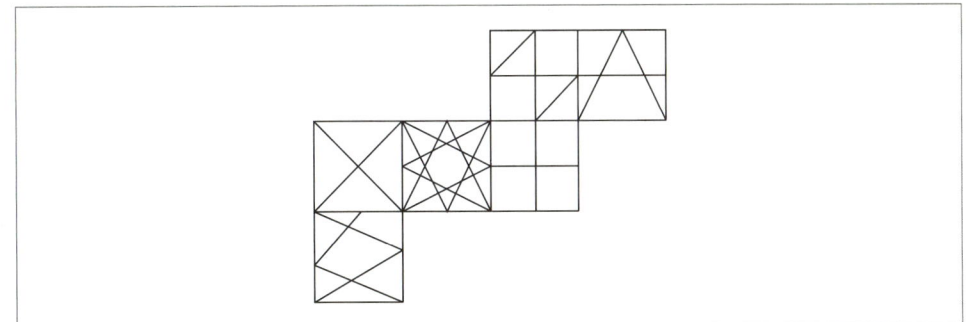

① 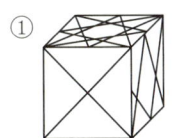   ②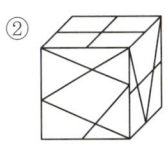

③ 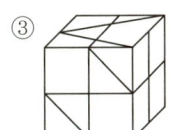   ④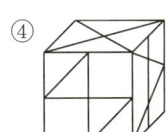

10

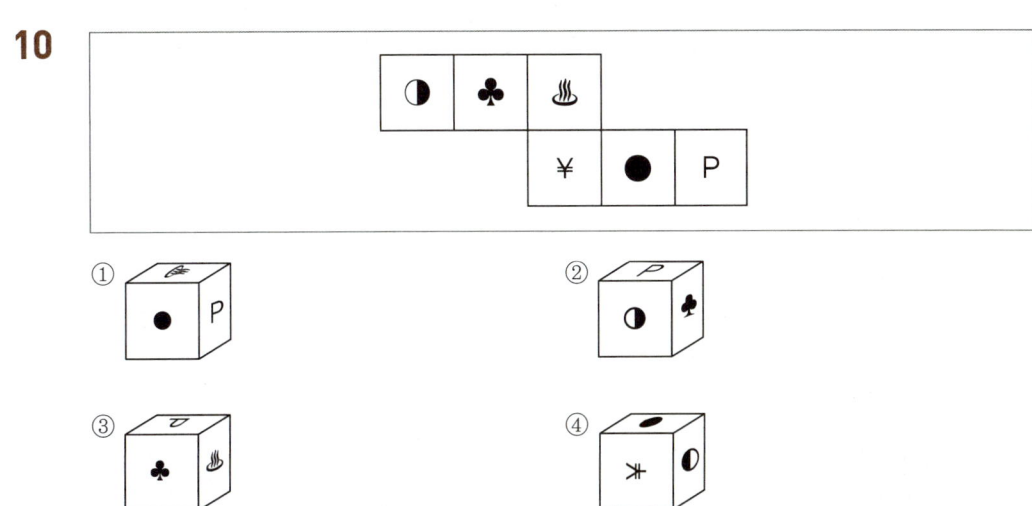

02 블록·단면도

※ 왼쪽의 직육면체 모양의 입체도형은 두 번째, 세 번째 입체도형과 ?를 조합하여 만들 수 있다. 다음 중 ?에 들어갈 도형으로 옳은 것을 고르시오. [11~12]

11

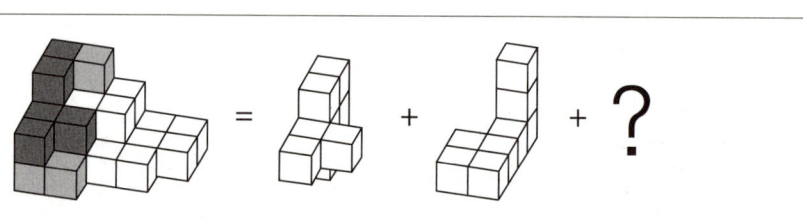

①    ②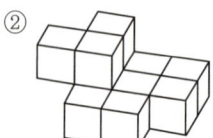

③ 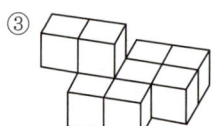   ④

12

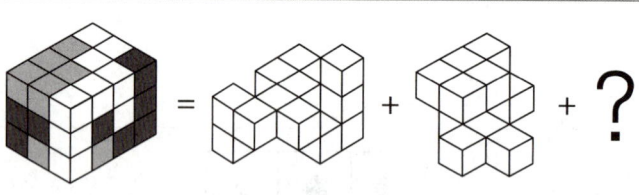

① 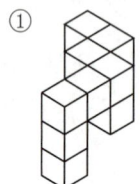   ②

③ 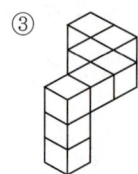   ④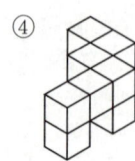

※ 다음 제시된 A~C 단면과 일치하는 입체도형을 고르시오. [13~15]

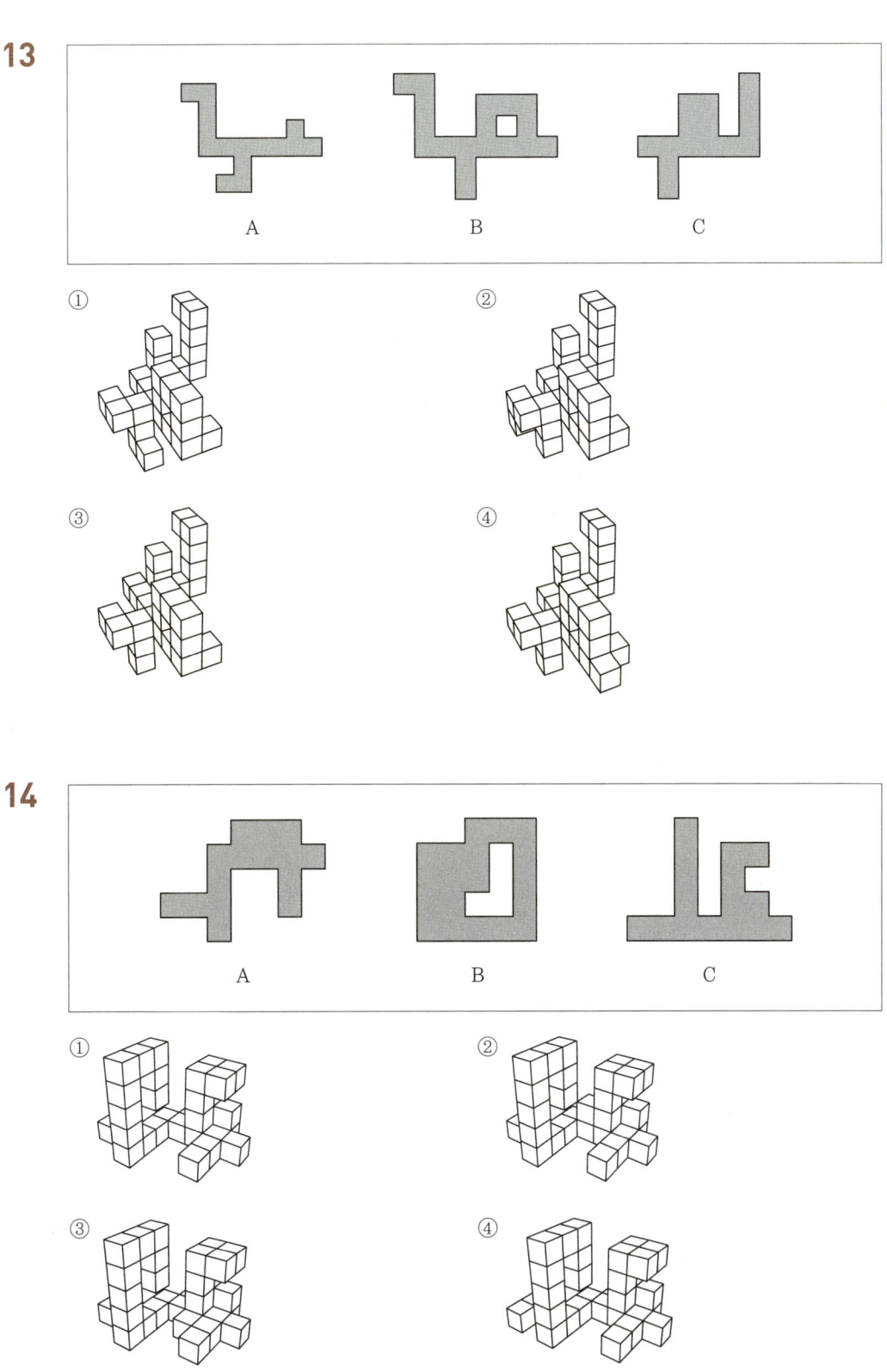

15

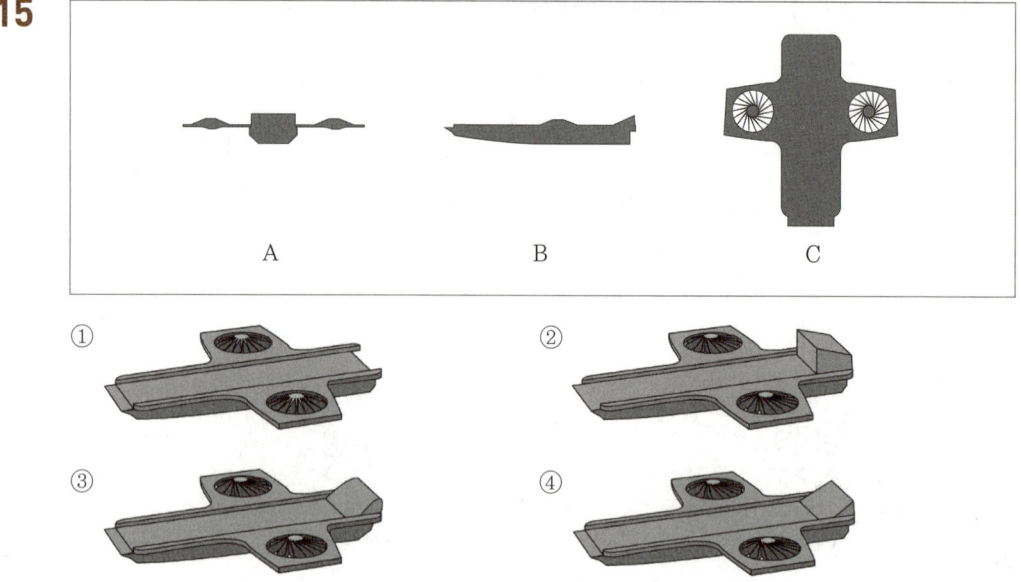

03 종이접기

※ 다음 그림과 같이 화살표 방향으로 종이를 접은 후, 펀치로 구멍을 뚫어 다시 펼쳤을 때의 그림으로 옳은 것을 고르시오. [16~17]

16

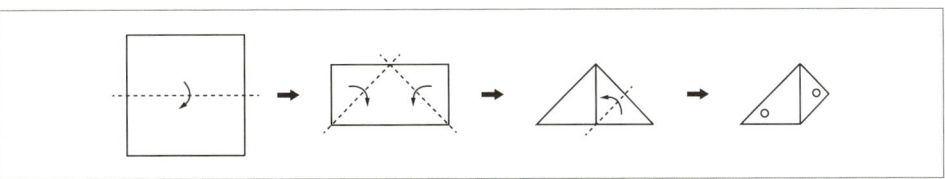

① 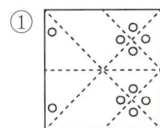   ②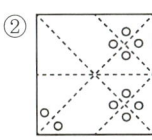

③ 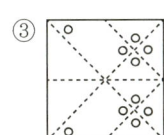   ④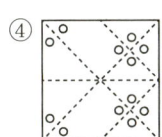

17

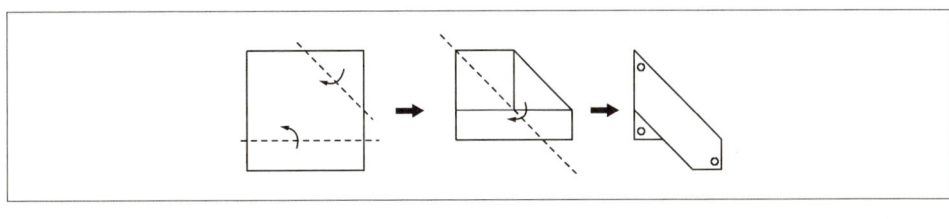

① 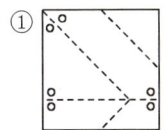   ②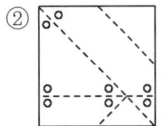

③ 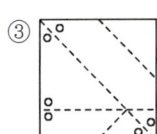   ④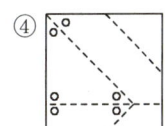

※ 다음 그림과 같이 접었을 때, 나올 수 있는 뒷면의 모양으로 옳은 것을 고르시오. [18~19]

---------------------------------- 앞으로 접기
-·-·-·-·-·-·-·-·-·-·-·-·-·-·-·-·-- 뒤로 접기

18

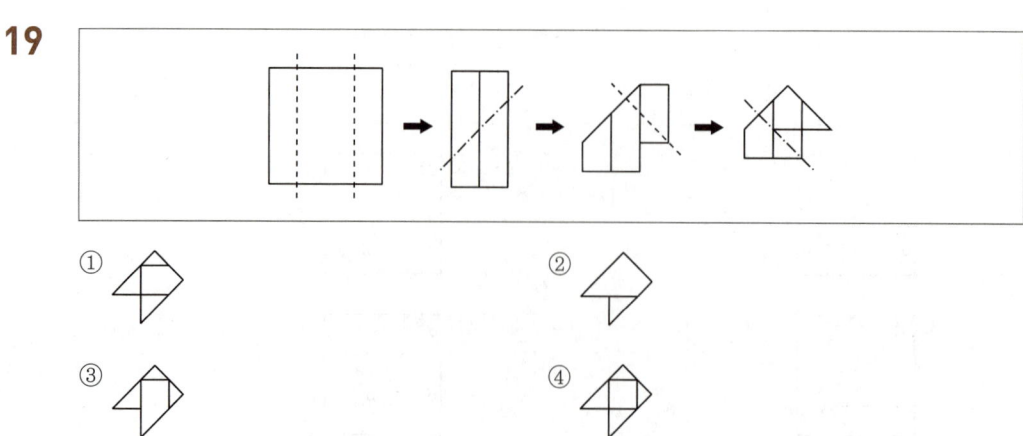

20 다음 그림과 같이 접었을 때, 나올 수 있는 모양으로 옳지 않은 것은?

- ---------- 앞으로 접기
- ─·─·─·─ 뒤로 접기
- ─··─··─ 앞 또는 뒤로 접기

①   ②

③   ④

CHAPTER 04

Section 02 지각능력
핵심이론

01 기호 · 문자 식별

숫자 · 문자 · 기호 등을 불규칙하게 나열하여 비교 · 대조하거나, 거꾸로 배열된 것 등과 같은 시각적인 차이점을 찾아내는 유형으로, 비교적 간단한 문제들이 출제되지만 신속성과 정확성을 요구한다. 반복적인 기호열 · 문자열 · 숫자열을 전체보다는 특징적인 부분을 파악하여 빠른 시간 안에 해결하는 연습을 중점적으로 하면 큰 어려움이 없을 것이다.

02 유사 · 상이도형

제시된 도형 중 다른 하나를 찾는 유형이 주로 출제된다. 순간적인 판단력이나 직관력을 요구하는 문제들로 도형의 반전이나 회전을 파악하거나 부분적인 특징을 찾아내면 빠른 시간 안에 풀 수 있다.

03 도형 조각

주어진 그림이나 도형의 각 조각을 포함하고 있는지 판단하는 문제나, 도형의 조각을 조합하여 만들 수 있는 도형을 찾는 문제가 주로 출제된다. 도형의 형태뿐만 아니라 크기와 선의 좌우대칭에 속지 않도록 주의하고, 퍼즐게임과 같은 방식으로 문제에 접근하면 보다 쉽게 해결할 수 있으니 차근차근 풀어 나가도록 한다.

CHAPTER 04

Section 02 지각능력
적중예상문제

정답 및 해설 p.078

01 기호·문자 식별

※ 다음 제시된 좌우의 기호 또는 문자를 비교하여 같으면 ①을, 다르면 ②를 고르시오. **[1~4]**

01

!*$^◇;&^-#$@! - !*$^◇;&^=#$@!

① 같음 ② 다름

02

促成廁上生物蔑謠詠六卿呈 - 促成廁上生物蔑謠詠六卿呈

① 같음 ② 다름

03

강약중약약강강중약강중 - 강약중약약강강중약강중

① 같음 ② 다름

04

ⓗ⑭ⓧⓕⓓⓘ⑧ⓩ - ⓗ⑭ⓧⓕⓓⓘ⑧ⓩ

① 같음 ② 다름

※ 다음 기호 또는 문자 중 나머지 셋과 다른 것을 고르시오. [5~9]

05
① さしどべぴゆよりれっちぐ
② さしどべぴゆよりれっちぐ
③ さしどべぴゆよりれうちぐ
④ さしどべぴゆよりれっちぐ

06
① bkqwqavyumnz
② bkgwqavyumnz
③ bkgwqavyumnz
④ bkgwqavyumnz

07
① 〉〈@!%^$()=+
② 〉〈@[%^$()=+
③ 〉〈@!%^$()=+
④ 〉〈@!%^$()=+

08
① d^2f(x)/dx^2=f^(2)(x)
② d^2f(x)/dx^2=f^(2)(x)
③ d^2f(x);dx^2=f^(2)(x)
④ d^2f(x)/dx^2=f^(2)(x)

09
① 서울 강동구 임원동 355-14
② 서울 강동구 일원동 355-14
③ 서울 강동구 일원동 355-14
④ 서울 강동구 일원동 355-14

※ S공사는 각 실·처의 보안을 위해 다음과 같이 비밀번호를 기호화하여 저장해 두었다. 이어지는 질문에 답하시오. **[10~11]**

〈S공사 비밀번호 변환규칙〉

기호	★	△	$	%	▽	@	◇	◎	☆	●
숫자	31	19	28	01	91	07	24	34	11	45

10 다음 중 S공사의 비밀번호 변환규칙에 따라 비밀번호 숫자를 기호화한 것으로 옳지 않은 것은?

　　　　비밀번호　　기호
①　　3107　　　★@
②　　1119　　　☆▽
③　　4501　　　●%
④　　1924　　　△◇

11 다음 중 변환된 비밀번호 기호를 다시 비밀번호 숫자로 변환한 것으로 옳은 것은?

　　　기호　　　비밀번호
① 　$◎　　　3134
② 　%★　　　0111
③ 　@◇　　　0124
④ 　△▽　　　1991

12 다음 제시된 문자를 오름차순으로 나열하였을 때 5번째에 오는 문자는?

W U P T J L

① U ② T
③ P ④ W

13 다음 제시된 문자를 내림차순으로 나열하였을 때 3번째에 오는 문자는?

P Y F W R Q

① Y ② F
③ R ④ Q

14 다음 제시된 문자를 오름차순으로 나열하였을 때 3번째에 오는 문자는?

나 마 자 파 하 라

① 나 ② 마
③ 파 ④ 라

15 다음 제시된 문자를 내림차순으로 나열하였을 때 4번째에 오는 문자는?

ㅏ ㅗ ㅠ ㅡ ㅑ ㅓ

① ㅓ ② ㅗ
③ ㅑ ④ ㅠ

02 유사 · 상이도형

※ 다음 중 제시된 도형과 같은 것을 고르시오(단, 도형은 회전하거나 반전할 수 있다). [16~19]

16

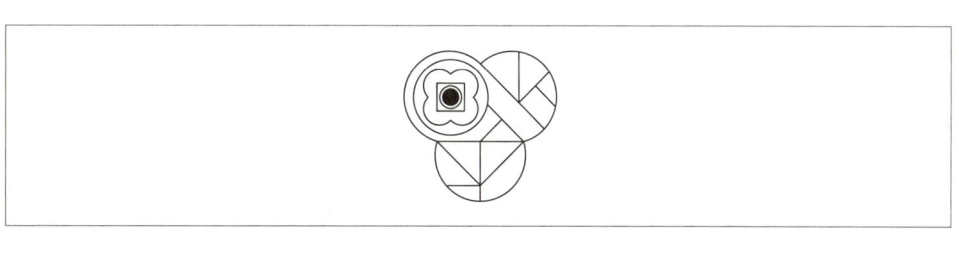

①    ②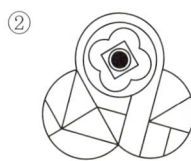

③    ④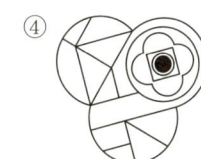

17

① 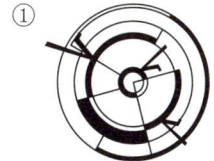   ②

③ 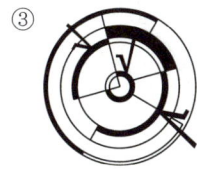   ④

18

①    ②

③    ④

19

① 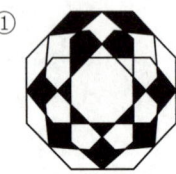   ②

③ 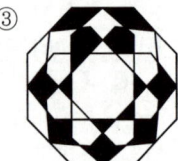   ④

※ 다음 제시된 그림을 순서대로 바르게 나열한 것을 고르시오. [20~21]

20

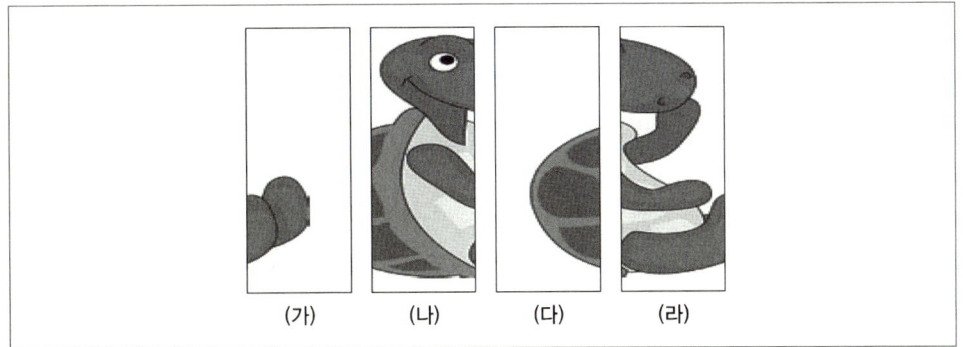

① (나) – (라) – (다) – (가) ② (다) – (가) – (라) – (나)
③ (다) – (나) – (라) – (가) ④ (라) – (나) – (가) – (다)

21

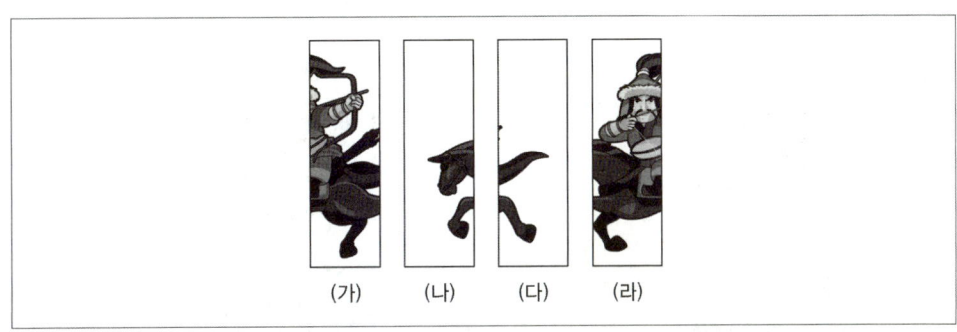

① (가) – (라) – (다) – (나) ② (나) – (가) – (라) – (다)
③ (나) – (라) – (가) – (다) ④ (나) – (라) – (다) – (가)

※ 다음 중 나머지 도형과 다른 것을 고르시오. [22~25]

22 ①  ②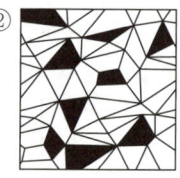

③ 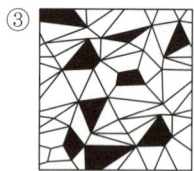 ④

23 ①  ②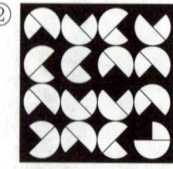

③  ④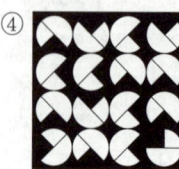

24 ①    ②

③    ④

25 ① 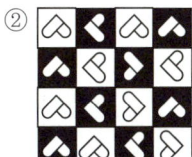   ② (image)

③    ④

03 도형 조각

※ 다음 중 제시된 그림에서 찾을 수 없는 조각을 고르시오. [26~29]

26

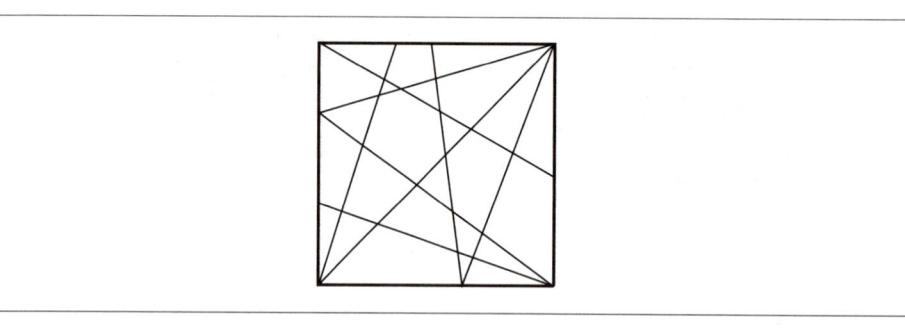

27

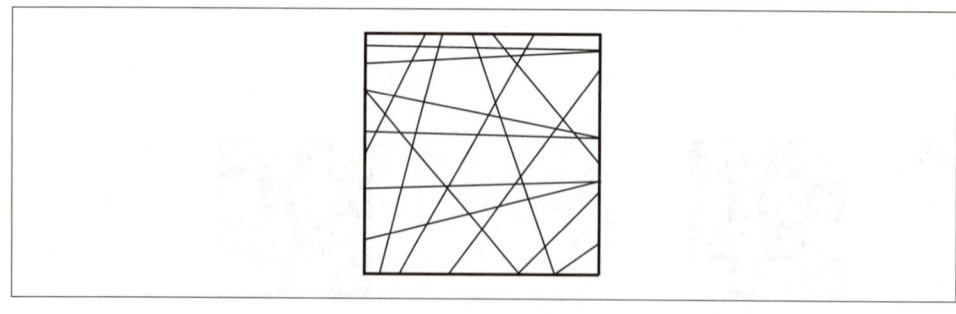

28

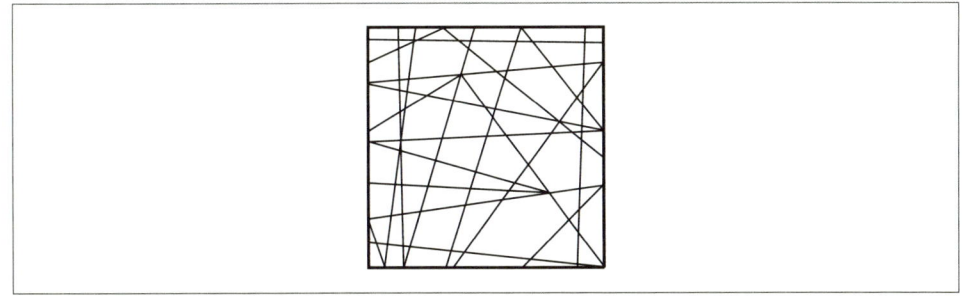

29

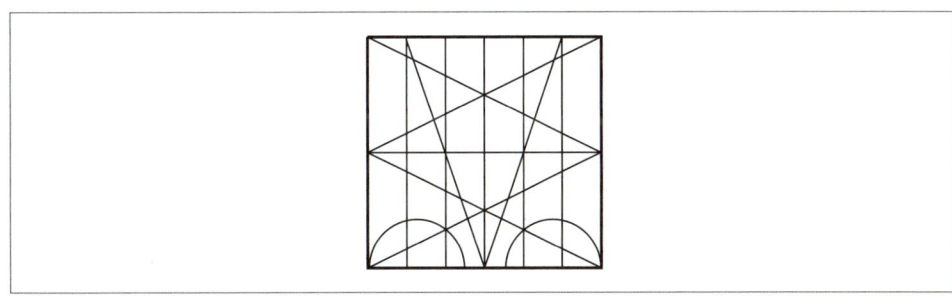

※ 다음 중 제시된 그림을 만들기 위해 필요한 조각이 아닌 것을 고르시오. [30~32]

30

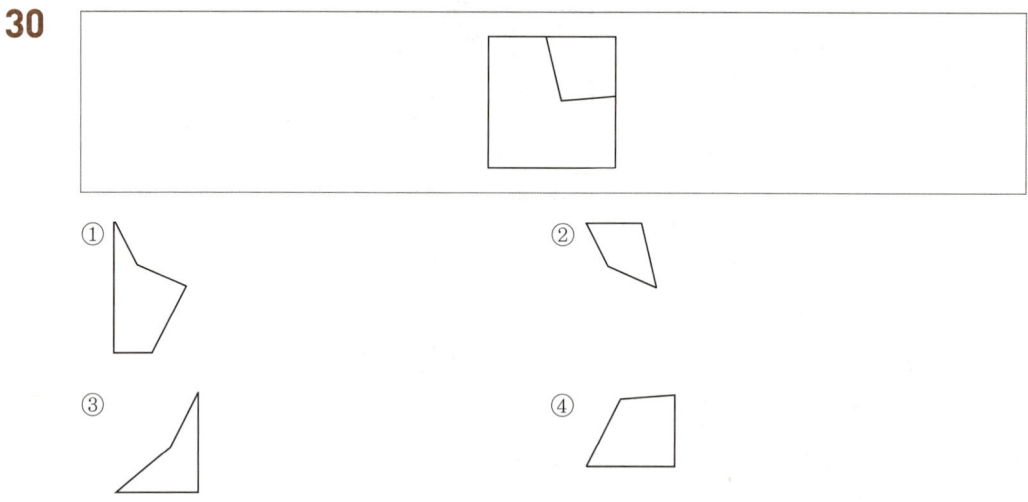

31

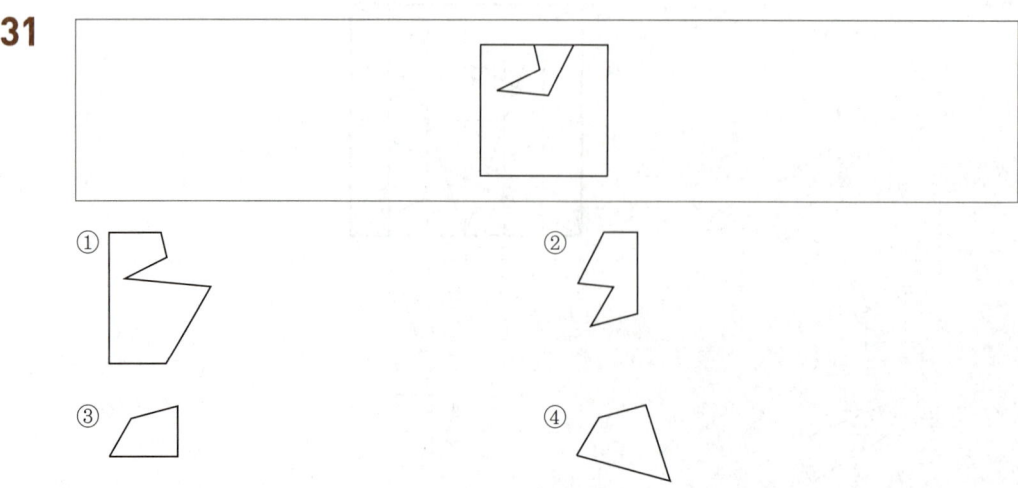

32

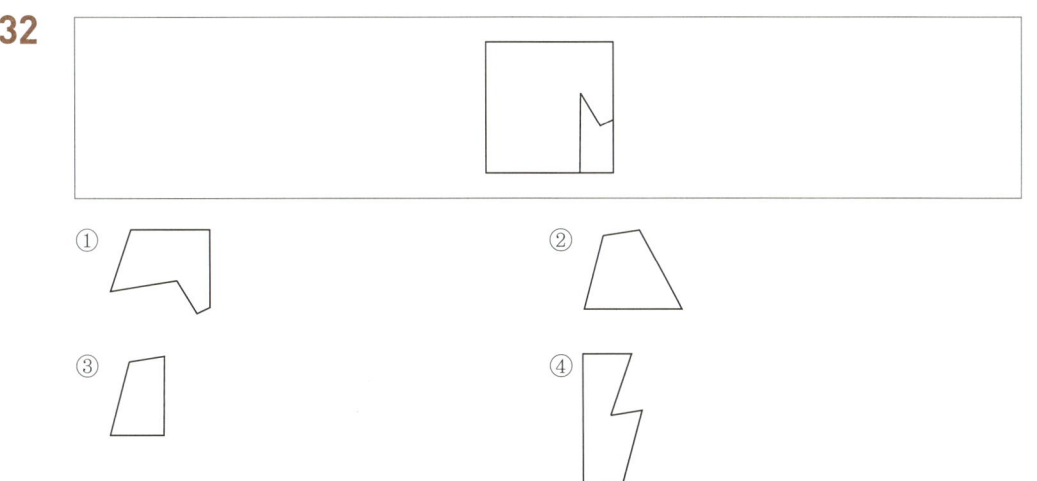

※ 다음 중 제시된 조각을 조합하였을 때 만들 수 없는 도형을 고르시오(단, 조각은 뒤집을 수 없다).
  [33~35]

33

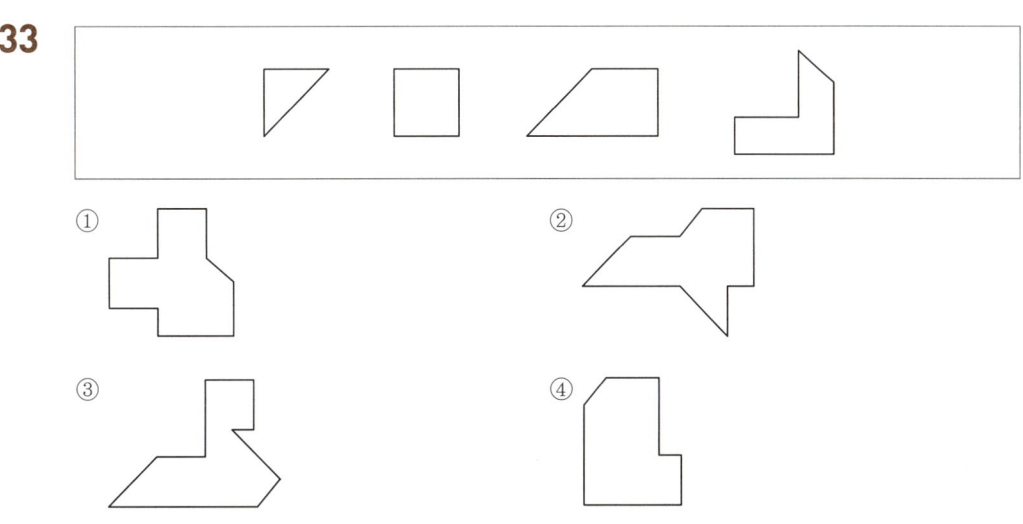

34

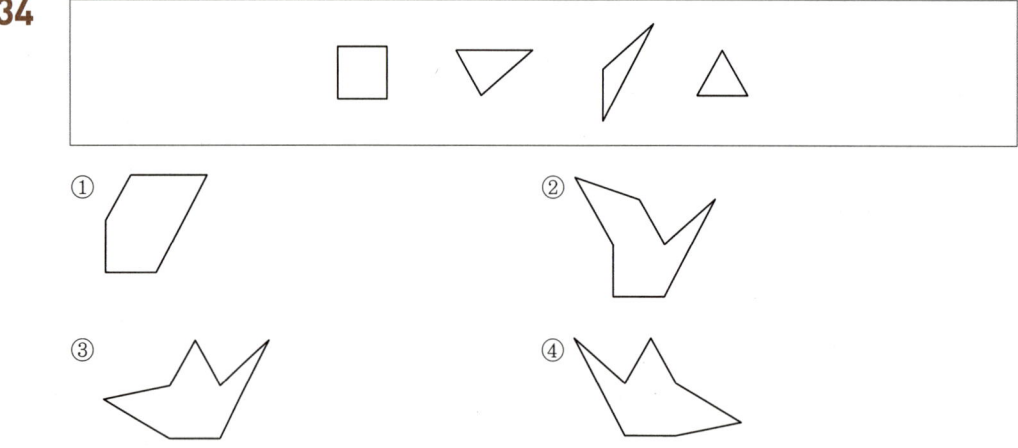

35

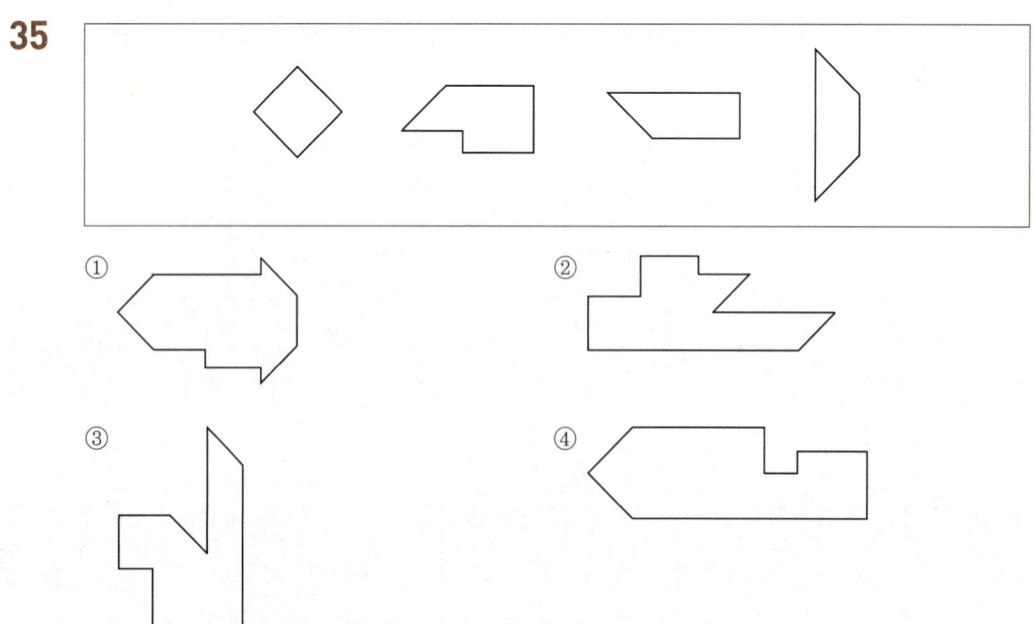

PART 2
상식

- **CHAPTER 01** 일반상식
- **CHAPTER 02** 역사상식
- **CHAPTER 03** 경제·경영상식
- **CHAPTER 04** 과학·IT·공학상식

CHAPTER 01 일반상식 적중예상문제

정답 및 해설 p.086

01 다음 중 2028년 하계올림픽을 개최하는 도시는?
① 로마
② 함부르크
③ 부다페스트
④ 로스앤젤레스

02 다음 중 머리부터 발목까지 덮는 아랍권 이슬람 여성들의 전통 의상은?
① 히잡
② 부르카
③ 아바야
④ 차도르

03 다음 중 정부가 지원은 하되 운영에는 간섭하지 않음으로써 자율권을 보장하는 원칙은?
① 파레토 원칙
② 로치데일 원칙
③ 팔길이 원칙
④ 할슈타인 원칙

04 다음 중 통합예산 또는 통합재정에 대한 설명으로 옳지 않은 것은?
① 통합예산은 실질적 재정 규모의 파악을 위해 예산순계기준으로 작성된다.
② 우리나라의 통합예산에는 지방재정도 포함되지만 금융성 기금은 포함되지 않는다.
③ 일반회계, 특별회계, 기금을 모두 포괄한 국가 전체 재정을 통합재정이라고 하며, 우리나라는 1979년부터 통합재정수지를 작성하고 있다.
④ 지출통제예산제도는 예산 개개의 항목에 대한 통제를 통해 집행부의 자의적 예산집행을 최대한 통제하기 위한 예산제도이다.

05 다음 중 손주를 위해 아낌없이 고가의 선물을 사주는 소비력 높은 연령층을 뜻하는 말은?

① 피딩족 ② 노노족
③ 코쿤족 ④ 슬로비족

06 다음 중 노동자가 한 시간 동안 할 수 있는 업무·작업의 분량을 뜻하는 말은?

① 맨아워 ② 피크아워
③ 골든아워 ④ 제로아워

07 다음 중 도파민을 분비하는 신경세포가 만성적으로 퇴행하는 질환은?

① 뇌전증 ② 파킨슨병
③ 루게릭병 ④ 알츠하이머병

08 다음 중 윤리적 소비의 사례로 볼 수 없는 것은?

① 동물 가죽 제품을 불매하는 A씨
② 지역화폐로 지역특산품을 구매한 B씨
③ 공정무역을 통해 원두를 수입한 C기업
④ 텃밭에서 직접 기른 유기농 토마토로 요리하는 D씨

09 다음 글의 빈칸에 공통으로 들어갈 용어는?

> - _____은/는 1970년대 미국 청년들 사이에서 유행한 자동차 게임이론에서 유래되었다.
> - _____의 예로는 한 국가 안의 정치나 노사협상, 국제외교 등에서 상대의 양보를 기다리다가 어느 쪽도 이득을 보지 못하고 파국으로 끝나는 것 등이 있다.

① 로그롤링 ② 필리버스터
③ 치킨게임 ④ 패스트트랙

10 다음 중 회전하는 물체가 유체 속에서 특정 방향으로 날아갈 때 경로가 휘어지는 현상은?

① 마태 효과　　　　　　　　② 마그누스 효과
③ 도플러 효과　　　　　　　④ 카르만의 소용돌이

11 다음 중 "과학의 발전은 점진적으로 이루어지는 것이 아니라 패러다임의 교체에 의해 혁명적으로 이루어진다."라고 주장하며, 이러한 변화를 '과학혁명'이라 명명한 과학철학자는?

① 칼 포퍼　　　　　　　　　② 토마스 쿤
③ 한스 라이헨바흐　　　　　 ④ 프란시스 베이컨

12 다음 중 용어에 대한 설명으로 옳지 않은 것은?

① 모모세대 : 1990년대 후반 이후에 태어나 모바일 기기에 익숙한 세대
② 펭귄 효과 : 상품 구매를 망설이다가 남들이 사면 덩달아 구매하는 현상
③ 화이트 워싱 : 반복되는 위기임에도 불구하고 뚜렷한 해결책을 찾지 못하는 상황
④ 레밍 신드롬 : 지도자나 자신이 속한 무리가 하는 대로 주관 없이 따라서 행동하는 것

13 다음 글의 빈칸 ㉠, ㉡에 들어갈 단어를 바르게 짝지은 것은?

> 통화정책 당국이 경제 상황을 진단한 후 적절한 대책을 마련하고 그 정책이 효과를 나타내기까지는 상당한 기간이 지나야 한다. 이때 정책의 필요성이 발생한 시점과 당국이 정책을 입안해 확정하기까지의 시차를 ____㉠____ 라 하며, 그러한 정책이 시행되어 경제에 효과를 미치는 데 걸리는 시간을 ____㉡____ 라 한다.

	㉠	㉡		㉠	㉡
①	인식 시차	외부 시차	②	내부 시차	인식 시차
③	인식 시차	내부 시차	④	내부 시차	외부 시차

14 다음 중 레드존(Red Zone)에 포함되지 않는 곳은?

① 유흥가 ② 놀이공원
③ 윤락가 ④ 숙박업소 밀집지역

15 다음 중 환태평양조산대에 대한 설명으로 옳지 않은 것은?

① '불의 고리'라고도 불린다.
② 대부분 영역이 보존형 경계로 이루어져 있다.
③ 지구상에서 일어나는 지진의 대부분이 발생한다.
④ 태평양판을 중심으로 말발굽 형태를 이루고 있다.

16 다음 중 프랑스어에서 들여온 용어에 대한 설명으로 옳지 않은 것은?

① 위나니미슴(Unanimisme) : 불리하거나 부끄러운 것을 드러내지 않게 의도적으로 꾸미는 일
② 앙가주망(Engagement) : 학자나 예술가 등이 정치, 사회 문제에 관심을 갖고 그 계획에 참가해 간섭하는 일
③ 데가주망(Degagement) : 장래의 새롭고 자유로운 계획을 세울 때 이전에 있었던 자기 구속에서 자기를 해방하려는 경향
④ 블랑키슴(Blanquisme) : 대중의 힘을 조직하지 않고 소수 정예의 폭력적인 직접 행동에 의해 정권을 탈취하려는 혁명 사상

17 다음에서 설명하는 것과 가장 관련이 깊은 절기는?

- 이것이 내린 날 오후는 평소보다 오히려 따뜻하다.
- 이것은 춥고 맑은 새벽, 땅 표면이 냉각되어 온도가 내려감에 따라 발생한다.
- 이것 때문에 식물의 세포막과 엽록체가 파괴되기도 한다.

① 상강(霜降) ② 소설(小雪)
③ 백로(白露) ④ 곡우(穀雨)

18 다음 중 자신과 인종이 다른 사람, 외국인 등에 대한 혐오를 뜻하는 말은?

① 호모포비아   ② 제노포비아
③ 노모포비아   ④ 케모포비아

19 다음 중 철학 용어에 대한 설명으로 옳지 않은 것은?

① 유교 사서오경 : 『효경』이 포함되어 있다.
② 성리학 이기이원론 : 경험주의에 입각하였다.
③ 기독교 스콜라철학 : 토마스 아퀴나스가 완성하였다.
④ 불교 사성제 : '이 고통은 어디서 일어나는가'에 대한 탐구를 집성제라 한다.

20 다음 중 원소에 대한 설명으로 옳지 않은 것은?

① 수소 : 광합성 과정에서 배출된다.
② 헬륨 : 심해 잠수부의 호흡에 사용된다.
③ 불소 : 다이아몬드를 자르는 데 사용된다.
④ 탄소 : 고고학, 지질학에서 물질의 연대를 측정하기 위해 사용된다.

21 다음에서 설명하는 지질시대의 명칭은?

> 이 시기에는 생명체의 종류가 폭발적으로 늘어났다고 할 수 있을 만큼, 척추동물을 제외한 다양한 생명체가 발생했다. 그중 삼엽충, 앵무조개 등이 가장 대표적이다.

① 백악기   ② 캄브리아기
③ 쥐라기   ④ 데본기

22 다음 중 독일의 사회학자인 퇴니에스가 주장한 사회 유형 가운데 하나로 이익사회를 뜻하는 말은?

① 자일샤프트   ② 게젤샤프트
③ 게노센샤프트   ④ 게마인샤프트

23 다음 중 천연가스와 이산화탄소 포집설비를 이용해 생산한 수소를 뜻하는 말은?

① 블루수소   ② 그린수소
③ 브라운수소   ④ 그레이수소

24 다음 중 천문학에서 사용하는 거리의 단위인 광년에 대한 설명으로 옳지 않은 것은?

① 약어로는 'ly'라고 적는다.
② 1광년은 대략 1조 km에 해당한다.
③ 빛의 속도로 1년 동안 가는 거리를 뜻한다.
④ 다른 별까지의 거리를 가장 정확히 측정할 수 있는 단위이다.

25 다음 설명을 모두 포괄하는 용어는?

- 상대 국가의 항구에 상업용 선박이 드나드는 것을 법으로 명시한 것이다.
- 특정 국가에 대해 모든 부문의 경제 교류를 중단하는 조치이다.
- 시한부 보도를 금지한다.

① 엠바고   ② 모럴 헤저드
③ 오프 더 레코드   ④ 온 백그라운드

26 다음 중 1910년대에 유태인들의 이스라엘 건국에 대해 지지한 선언은?

① 드라고 선언　　　　　　　② 맥마흔 선언
③ 카라한 선언　　　　　　　④ 밸푸어 선언

27 다음 중 직장에 출근은 했지만 비정상적인 컨디션으로 업무 능력이 현저히 떨어지는 현상은?

① 밈(Meme)　　　　　　　② 프리젠티즘(Presenteeism)
③ 네포티즘(Nepotism)　　　④ 빌딩증후군(Building Syndrome)

28 다음 중 옴의 법칙에 대한 설명으로 옳은 것은?

① 스웨덴의 물리학자 옴이 발견했다.
② 전류는 전압의 크기에 반비례한다.
③ 전류는 저항에 비례하여 변화한다.
④ 전압의 크기는 전류의 세기와 저항을 곱한 것과 같다.

29 다음 중 원래는 좋은 의미였으나, 요즘에는 대단한 것인 양 어떤 곤란한 일에서 벗어나기 위한 상투적인 사용이나 표현을 뜻하는 말은?

① 전가의 보도　　　　　　　② 뫼비우스의 띠
③ 미네르바의 부엉이　　　　④ 슈뢰딩거의 고양이

30 미국의 독립 선언서를 기초한 인물이자 제3대 대통령인 토머스 제퍼슨은 '이것' 없는 사회의 위험성을 경고하려는 뜻에서 "나는 '이것' 없는 정부보다 정부 없는 '이것'을 택하겠다."고 말했다. 다음 중 '이것'과 가장 관련이 깊은 것은?

① 세금　　　　　　　　　　② 군대
③ 언론　　　　　　　　　　④ 입법부

31 다음 중 상황을 조작해 타인의 마음에 스스로에 대한 의심을 갖게 해 현실감과 판단력을 잃게 만드는 것을 뜻하는 말은?

① 가스라이팅 ② 원 라이팅
③ 언더라이팅 ④ 브레인 라이팅

32 다음 중 지적재산권에 반대해 창작물에 대한 권리를 모든 사람이 공유할 수 있도록 하는 것 또는 그러한 운동을 뜻하는 말은?

① CCL ② 카피라이트
③ 퍼뮤니케이션 ④ 카피레프트

33 다음 중 기업이나 학교, 공공기관, 정부조직 내의 부정과 비리를 세상에 고발하는 내부고발자 또는 법적으로 공익신고자를 뜻하는 말은?

① 프로파간다 ② 매니페스토
③ 휘슬블로어 ④ 디스인포메이션

34 다음 중 1964년 미국 뉴욕 한 주택가에서 한 여성이 강도에게 살해되는 35분 동안 이웃 주민 38명이 아무도 신고하지 않은 사건과 관련된 것으로, 방관자 효과라고 불리는 증후군은?

① 라이 증후군 ② 리마 증후군
③ 리플리 증후군 ④ 제노비스 증후군

35 다음 중 정치·경제와 관련된 용어에 대한 설명으로 옳지 않은 것은?

① 콜베르티슴(Colbertisme) : 프랑스에서 17세기 절대 왕정 시대에 정치가 콜베르가 시행한 중앙집권적·국가주도적 중상주의 정책이다.
② 컨틴전시 플랜(Contingency Plan) : 예측하기 힘들며 불확실한 미래의 위기에 대응하기 위해 사전에 장기적으로 설계하는 비상 계획을 뜻한다.
③ 멘셰비즘(Menshevism) : 프랑스의 드골 대통령이 주창한 정치사상으로서, 군비 강화와 강력한 대통령 중심제, 민족주의 외교 정책 등이 주요 내용이다.
④ 룸펜 프롤레타리아트(Lumpen Proletariat) : 자본주의 경제에서 질병이나 실업 때문에 노동자 계급에서 탈락된 극빈층으로, 반동 정치에 이용되기도 한다.

36 다음 중 도심에 존재하는 인공적인 생물 서식 공간을 뜻하는 말은?
① 에코톱 ② 비오톱
③ 체비지 ④ 썬큰가든

37 다음 중 우리나라에서 건설한 해양과학기지 중에서 두 번째로 준공된 것은?
① 북극 다산과학기지 ② 이어도 해양과학기지
③ 소청초 해양과학기지 ④ 가거초 해양과학기지

38 다음 중 기술의 발전으로 인해 스마트폰의 라이프 사이클이 점점 빨라지는 법칙은?
① 요스트의 법칙 ② 탈베크의 법칙
③ 안드로이드 법칙 ④ 메트칼프의 법칙

39 다음 중 전화를 통하여 신용카드 번호 등의 개인정보를 알아낸 뒤 이를 범죄에 이용하는 전화 금융 사기 수법은?
① 스미싱 ② 피싱
③ 스푸핑 ④ 보이스 피싱

40 다음 중 생태계에 평형이 유지되고 있는 상태에서 인간의 실수로 작은 변화가 일어나면 그 영향이 연쇄적으로 일어나 생태계 전체에 영향을 주는 현상을 뜻하는 말은?
① 앵커링 효과 ② 연쇄 효과
③ 부메랑 효과 ④ 방아쇠 효과

41 다음 중 인구고령화로 인해 인구가 경제성장에 부담으로 작용하는 시기를 뜻하는 말은?

① 소산소사기
② 인구보너스기
③ 다산다사기
④ 인구오너스기

42 다음 중 세계 3대 시민혁명에 해당하지 않는 것은?

① 러시아 2월 혁명
② 영국 명예혁명
③ 프랑스 대혁명
④ 미국 독립혁명

43 다음 중 주식을 갖고 있지 않은 상태에서 매도 주문을 내 매매 차익을 얻는 기법은?

① 공매도
② 숏커버링
③ 사이드카
④ 서킷 브레이커

44 다음 중 남미 국가의 정부에 온건좌파 기조의 정권이 들어서는 경향을 뜻하는 말은?

① 핑크타이드
② 블루타이드
③ 옐로타이드
④ 레드타이드

45 다음에서 설명하는 용어는?

- 주인의식 없이 회사의 상황에 따라 적절히 처신하다가 더 나은 직장을 구하면 미련 없이 떠나는 직장인들을 의미한다.
- 최근 조사에서 직장인 10명 중 3명은 자신을 이것이라고 생각하는 것으로 나타났다.

① 갤러리족
② 네스팅족
③ 네가홀리즘
④ 공소증후군

CHAPTER 02 역사상식 적중예상문제

정답 및 해설 p.094

01 다음 중 고인돌에 대한 설명으로 옳지 않은 것은?

① 청동기 시대의 유물이다.
② 다량의 부장품이 함께 발굴되었다.
③ 한반도는 전 세계에서 가장 많은 고인돌을 보유하고 있다.
④ 당시 사회가 계급의 구분이 없는 평등한 사회였음을 알 수 있다.

02 다음 중 청동기 시대에 대한 설명으로 옳지 않은 것은?

① 조, 피, 수수 등의 재배와 벼짜기가 처음으로 시작되었다.
② 족장의 무덤은 거대한 고인돌과 돌무지무덤으로 만들었다.
③ 농경 기구는 신석기 시대의 것을 대부분 그대로 사용하였다.
④ 민무늬토기 제작인들이 홍도와 흑도 계통의 문화를 흡수하였다.

03 다음에서 설명하는 시대에 처음 등장한 모습으로 옳은 것은?

> 이 시대에는 농업 생산력이 향상되고 사유 재산 제도와 계급이 발생하였습니다. 해당 시대의 대표적인 유적지로 부여 송국리, 여주 흔암리 등이 있습니다.
>
>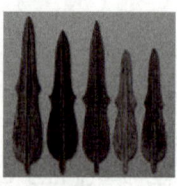

① 가락바퀴를 이용하여 실을 뽑았다.
② 슴베찌르개를 이용하여 사냥을 하였다.
③ 거푸집을 사용하여 도구를 제작하였다.
④ 주로 동굴이나 강가의 막집에서 살았다.

04 다음 중 울산 대곡리 반구대 암각화가 새겨져 있는 댐의 이름은?

① 사연댐　　　　　　　　② 선암댐
③ 대곡댐　　　　　　　　④ 대암댐

05 다음 중 삼한의 경제생활에 대한 설명으로 옳지 않은 것은?

① 벼농사를 위한 저수지를 많이 축조하였다.
② 철제 농기구의 사용으로 농업이 크게 발달하였다.
③ 농업과 목축이 경제생활에서 차지하는 비중이 비슷하였다.
④ 두레라는 작업 공동체를 만들어 농업 노동력을 효과적으로 이용하였다.

06 다음 중 발해에 대한 설명으로 옳지 않은 것은?

① 여진족의 세력 확대와 침입으로 인해 멸망하였다.
② 대조영이 고구려 유민과 말갈족을 연합하여 건국했다.
③ 독자적인 연호를 사용하고 '해동성국'이라는 칭호를 얻었다.
④ 당나라의 제도를 받아들여 독자적인 3성 6부 체제를 갖췄다.

07 다음 글의 빈칸 ㉠, ㉡에 들어갈 국가와 제천행사를 바르게 짝지은 것은?

> "㉠ 나라 읍락(邑落)의 남녀들이 밤에 모여 서로 노래와 놀이를 즐기며 10월에 제천을 하면서 국중대회를 여는데 그 이름을 ㉡ (이)라 한다."

	㉠	㉡		㉠	㉡
①	고구려	동맹	②	동예	무천
③	부여	영고	④	삼한	수릿날

08 다음 중 고려 시대에 실시된 전시과에 대한 설명으로 옳은 것은?

① 관등에 상관없이 균등하게 토지를 나누었다.
② 공양왕 때 신진사대부의 건의로 실시되었다.
③ 첫 시행 이후 지급 기준이 3차례 개정되었다.
④ 관직과 직역의 대가로 토지를 나눠주는 제도였다.

09 다음 중 통일신라의 지방 행정 조직에 대한 설명으로 옳지 않은 것은?

① 신문왕 대에 9주 5소경 체제로 정비하였다.
② 주(州)에는 지방 감찰관으로 보이는 외사정이 배치되었다.
③ 5소경을 전략적 요충지에 두고, 도독이 행정을 관할토록 하였다.
④ 촌주가 관할하는 촌 이외에, 향·부곡이라는 행정구역도 있었다.

10 다음 중 제시된 사건이 일어난 순서대로 바르게 나열한 것은?

┌─────────────────────────────────────┐
│ ㉠ 신라의 경순왕이 고려에 항복하였다.   │
│ ㉡ 고려가 고창 전투에서 승리하였다.   │
│ ㉢ 후백제가 일리천 전투에서 패배하여 멸망하였다. │
└─────────────────────────────────────┘

① ㉠ - ㉡ - ㉢   ② ㉠ - ㉢ - ㉡
③ ㉡ - ㉠ - ㉢   ④ ㉡ - ㉢ - ㉠

11 다음에서 설명하는 고려의 기구는?

┌───┐
│ 고려 시대 변경의 군사문제를 의논하던 국방회의기구로 중서문하성과 중추원의 고위 관료들이 모여 │
│ 국가의 군기 및 국방상 중요한 일을 의정하던 합의기관이다. 무신정변 이후에는 군사적 문제뿐 아니 │
│ 라 민사적 문제까지 관장하는 등 권한이 강화되었으며, 왕권을 제한하는 역할도 하였다.   │
└───┘

① 비변사   ② 식목도감
③ 도병마사   ④ 중서문하성

12 다음 중 발해에 대한 설명으로 옳은 것은?

① 국립교육기관으로 국자감을 두었다.
② 9주 5소경의 지방 제도를 마련하였다.
③ 군사 제도로 9서당 10정을 운영하였다.
④ 3성 6부제의 정치체제를 가지고 있었다.

13 다음 중 (가), (나) 제도에 대한 설명으로 옳은 것은?

> (가) 신라왕 김부가 와서 항복하자 신라국을 없애 경주라 하고, 김부를 경주의 사심(事審)으로 임명하여 부호장 이하 관직 등을 주관토록 하였다.
> (나) 국초에 향리의 자제를 뽑아 개경에서 볼모로 삼고 또한 출신지의 일에 대한 자문에 대비하도록 하였는데, 이를 기인(其人)이라 하였다.
> — 『고려사』

① (가) – 젊고 유능한 관리를 재교육하기 위해 시행되었다.
② (가) – 중국 후주 출신인 쌍기의 건의로 도입되었다.
③ (나) – 5품 이상 문무 관리를 대상으로 마련되었다.
④ (가), (나) – 지방 세력에 대한 통제를 목적으로 시행되었다.

14 다음은 고려 시대의 사료로 최승로가 왕에게 올린 것이다. 이 왕의 업적으로 옳지 않은 것은?

> 왕이 백성을 다스리는 것은 집집마다 가서 돌보고 날마다 이를 보는 것이 아닙니다. 그러므로 수령을 파견하여 가서 백성의 이익과 손해를 살피게 하는 것입니다. 우리 태조께서 나라를 통일한 후에 외관(外官)을 두고자 하였으나, 대개 초창기에 일이 번잡하여 미처 할 겨를이 없었습니다. 지금 보건대 지방의 호족들이 항상 국가의 일이라고 속이고 백성을 수탈하니 백성이 그 명령을 견뎌내지 못하므로 외관을 두기를 청합니다. 비록 모든 지역에 한꺼번에 다 보낼 수는 없더라도 먼저 10여 주·현을 묶어 하나의 관청을 두고 관청마다 두세 명의 관원을 두어 백성 다스리는 일을 맡기소서.

① 국자감을 정비하였다.
② 노비안검법을 시행하였다.
③ 2성 6부 체제를 정비하였다.
④ 12목에 지방관을 파견하였다.

15 다음 중 고려 태조 때의 정책으로 옳지 않은 것은?

① 빈민 구제 기관인 흑창을 설치하였다.
② 사심관 제도를 통해 호족을 견제하였다.
③ 주현공부법을 시행하여 공물과 부역의 액수를 정하였다.
④ 사성정책을 시행하여 호족에게 왕씨 성(姓)을 하사하였다.

16 다음 글이 작성된 시기의 사회 모습으로 옳은 것은?

> 제주 만호 임숙(林淑)이 몹시 탐욕스러워 우리 백성들은 그 고통을 견딜 수가 없었습니다. 죄를 지어 정동행성에 갇혀 있던 그를 제주로 복귀시켜야 하다니 도대체 우리가 무슨 죄가 있습니까? 이는 정동행성의 관리들이 임숙으로부터 뇌물을 받고 풀어 주었기 때문입니다. 그를 심문하여 처벌하지 않는다면 원의 조정에 고소할 것입니다.

① 만적이 개경에서 반란을 모의하였다.
② 독서삼품과를 실시하여 인재를 등용하였다.
③ 대각국사 의천이 해동 천태종을 개창하였다.
④ 지배층을 중심으로 변발과 호복이 유행하였다.

17 다음 상황 이후에 전개된 사실로 옳은 것은?

> 거란이 군사를 돌려 연주·위주에 이르자 강감찬 등이 숨었다가 공격하여 500여 급을 베었다. 2월에 거란군이 귀주를 지날 때 강감찬 등이 동쪽 교외에서 맞아 싸웠다. …… 아군이 기세를 타고 맹렬하게 공격하니 거란군이 패하여 달아났다. 아군이 쫓아가며 공격하니 석천을 건너 반령에 이르기까지 거란군의 시신이 들판에 널렸고, 사로잡은 포로와 획득한 말·낙타·갑옷·무기는 헤아릴 수 없이 많았다.
>
> — 『고려사』

① 거란에 의해 발해가 멸망하였다.
② 외침에 대비하여 광군이 조직되었다.
③ 서희의 활약으로 강동 6주를 획득하였다.
④ 압록강에서 도련포까지 천리장성을 축조하였다.

18 다음 중 고려 시대의 금속활자에 대한 설명으로 옳지 않은 것은?

① 프랑스에 있는 『직지심체요절』은 청주 용두사에서 간행했다.
② 공양왕은 서적원을 설치하여 활자의 주조와 인쇄를 맡게 했다.
③ 고종 21년(1234)에 『상정고금예문』을 인쇄했다는 기록이 있다.
④ 금속활자는 한 번 만들면 여러 종류의 책을 쉽게 찍을 수 있었다.

19 다음 중 고려의 대외 문물교류에 대한 설명으로 옳은 것은?

① 고려는 송이 천도함에 따라 항로를 바꾸어 무역을 계속하였다.
② 일본과는 정식 국교를 맺지 않아 무역 활동이 일체 중단되었다.
③ 대동강 하류의 벽란도는 고려 시대 대표적인 국제 무역항이었다.
④ 대식국인으로 불린 아라비아 상인들은 주로 요를 거쳐 고려와 교역하였다.

20 다음에서 설명하는 고려 시대의 세력은?

> 원에서 들여온 성리학을 공부하고, 주로 과거를 통해 관직에 진출하였다. 이들은 대부분 하급 관리나 향리 집안 출신으로 부유하지는 않았지만, 가난하지도 않았다. 또한 불교에 대해 비판적인 편이었으며 고려 말에 성장하여 개혁정치를 주도하였다.

① 호족   ② 권문세족
③ 문벌귀족   ④ 신진사대부

21 다음 사료의 밑줄 친 왕 때의 일로 옳지 않은 것은?

> <u>왕</u>이 처음에는 정치에 마음을 두어서 이제현·이색 등을 등용하였는데, 그 후에는 승려 편조에게 미혹되어 그를 사부로 삼고 국정을 모두 위임하였다. 편조가 권력을 잡은 지 한 달 만에 대대로 공을 세운 대신들을 참소하고 헐뜯어서 이공수·경천흥·유숙·최영 등을 모두 축출하더니 그 후에 이름을 바꾸어 신돈이라 하고 삼중대광 영도첨의가 되어 더욱 권력을 마음대로 하였다. (… 중략 …) 신돈이 다시 왕을 시해하고자 하다가 일이 발각되었고, 왕이 이에 신돈을 수원부로 유배 보냈다가 주살하고, 그의 당여를 모두 죽였으며, 일찍이 쫓아냈던 경천흥 등을 다시 불러들였다.

① 정방을 폐지하였다.   ② 정동행성 이문소를 폐지하였다.
③ 쌍성총관부를 되찾았다.   ④ 국자감을 성균관으로 개편하였다.

22 다음 중 고려청자에 대한 설명으로 옳지 않은 것은?

① 12세기 중엽에 순청자가 전성기를 이루었다.
② 상감청자는 고려의 독창적 상감법을 자기에 활용한 것이다.
③ 14세기 이후 왜적으로 인한 피해로 기법과 문양이 변모하는 등 고려청자가 쇠퇴하였다.
④ 분청사기는 고려 말 청자로부터 변모한 뒤 특색이 더해져 15, 16세기를 거쳐 약 200년간 제작되었다.

23 다음 중 고려 공민왕의 업적으로 옳지 않은 것은?

① 흥왕사의 변이 일어났으나 진압하였다.
② 경제 부흥을 위해 소금 전매제를 시행하였다.
③ 정동행성 이문소를 폐지하고 쌍성총관부를 되찾았다.
④ 원 연호를 폐지하고 명의 연호를 사용했으며, 명에 사신을 파견하였다.

24 다음 중 조선 전기 왕들의 정책에 대한 설명으로 옳지 않은 것은?

① 세종은 의정부 서사제를 시행하여 왕의 권한을 더욱 강화하였다.
② 태종은 6조 직계제를 시행하여 왕을 중심으로 국정 운영을 도모하였다.
③ 태조 때는 정도전 등 공신들의 주도로 재상 중심의 정치체제가 갖추어졌다.
④ 세조는 즉위 후 단종 때 재상에게 넘어간 정치 실권을 되찾기 위해 다시 6조 직계제를 복원하였다.

25 다음 글의 밑줄 친 '이 농서'가 처음 편찬된 시기의 문화에 대한 설명으로 옳지 않은 것은?

> 『농상집요』는 중국 화북지방의 농사 경험을 정리한 것으로서 기후와 토질이 다른 조선에는 도움이 될 수 없었다. 이에 농사 경험이 풍부한 각 도의 농민들에게 물어서 조선의 실정에 맞는 농법을 소개한 <u>이 농서</u>가 편찬되었다.

① 측우기를 한양과 각 도의 군현에 설치하였다.
② 『석보상절』, 『월인천강지곡』 등의 서적을 편찬하였다.
③ 성현이 당시의 음악을 집대성하여 『악학궤범』을 편찬하였다.
④ 수시력과 회회력을 참고하여 한양을 기준으로 새로운 역법(曆法)을 만들었다.

26 다음 중 조선 시대 기본법전인 『경국대전』에 대한 설명으로 옳지 않은 것은?

① 세조 때 편찬을 시작하여 성종 대에 완성되었다.
② 「형전」을 완성한 뒤, 재정·경제의 기본이 되는 「호전」을 완성했다.
③ 「이전」·「호전」·「예전」·「병전」·「형전」·「공전」 등 6전으로 이루어졌다.
④ 조선 초의 법전인 『경제육전』의 원전과 속전 및 그 뒤의 법령을 종합해 만들었다.

27 다음은 조선 시대의 토지 제도에 대한 설명이다. 제도가 실시된 순서대로 바르게 나열한 것은?

> ㉠ 풍흉에 관계없이 토지의 비옥도에 따라 9등급으로 구분하여 일정하게 세액을 결정한 제도
> ㉡ 균역법 실시 이후 세입 감소를 메우기 위해 역의 일부를 전세(田稅)화하여 시행한 제도
> ㉢ 토지의 질에 따라 6등급으로 구분하여 수세의 단위로 편성한 제도
> ㉣ 현직 관료들에게만 토지 수조권을 지급하는 제도

① ㉠ – ㉡ – ㉢ – ㉣
② ㉡ – ㉠ – ㉢ – ㉣
③ ㉢ – ㉣ – ㉠ – ㉡
④ ㉣ – ㉡ – ㉠ – ㉢

28 다음 글에 나타나는 정치관과 가장 관련이 깊은 정책은?

> 임금의 직책은 한 사람의 재상을 논정하는 데 있다 하였으니, 바로 총재(冢宰)를 두고 한 말이다. 총재는 위로는 임금을 받들고 밑으로는 백관을 통솔하여 만민을 다스리는 것이니 직책이 매우 크다. 또 임금의 자질에는 어리석음과 현명함이 있고 강함과 유약함의 차이가 있으니, 옳은 일은 아뢰고 옳지 않은 일은 막아서, 임금으로 하여금 대중(大中)의 경지에 들게 해야 한다. 그러므로 상(相)이라 하니, 곧 보상(輔相)한다는 뜻이다.

① 사간원의 독립
② 육조 직계제의 시행
③ 집현전의 설치
④ 의정부 서사제의 시행

29 다음 중 조선의 성리학에 대한 설명으로 옳은 것은?

① 조선에 들어온 성리학은 '사람이 곧 하늘이다.'를 강조하는 사상이다.
② 서원은 주세붕이 성리학을 도입한 정몽주를 기리기 위해 세운 백운동 서원이 시초이다.
③ 16세기 중반부터 성리학 연구가 심화되면서 서원을 중심으로 학파가 형성되기 시작하였다.
④ 이이는 도덕적 행위의 근거로서 심성을 중시하였으며, 근본적이며 이상주의적인 성격이 강하였다.

30 다음 글의 밑줄 친 '이 인물'의 활동으로 옳은 것은?

> 겸재 정선이 부채에 그린 '도산서원'은 조선 시대 서원의 고요하고 한적한 분위기를 실감나게 묘사하고 있다. 도산서원은 이 인물의 학문과 덕행을 기리기 위한 공간으로, 그는 주자의 서간문에서 성리학의 핵심을 뽑아 『주자서절요』를 지었다.

① 최초의 서원인 백운동 서원을 건립하였다.
② 『성호사설』에서 한전론의 실시를 주장하였다.
③ 「동호문답」을 통해 다양한 개혁 방안을 제시하였다.
④ 군주의 도를 도식으로 설명한 『성학십도』를 저술하였다.

31 다음 글의 밑줄 친 사건 이후 설치된 군사기구는?

> 아아! 임진년의 화는 참혹하였도다. 수십일 동안에 삼도(三都)를 지키지 못하였고 팔방이 산산이 무너져 임금께서 수도를 떠나 피란하였는데, 그럼에도 우리나라가 오늘날이 있게 된 것은 하늘이 도운 까닭이다. 그리고 선대 여러 임금의 어질고 두터운 은덕이 백성들을 굳게 결합시켜 백성들의 나라를 생각하는 마음이 그치지 않기 때문이며, 임금께서 중국을 섬기는 정성이 명나라 황제를 감동시켜 우리나라를 구원하기 위해 명나라 군대가 여러 차례 출동하였기 때문이다. 이러한 일들이 없었다면 우리나라는 위태하였을 것이다.
>
> — 『징비록』

① 별무반 ② 장용영
③ 훈련도감 ④ 군무아문

32 다음 중 조선 말 흥선대원군의 정책으로 옳지 않은 것은?

① 쇄국정책을 시행하였다.
② 경복궁을 허물고 창경궁을 지었다.
③ 백성에게 원성을 사던 서원을 철폐하였다.
④ 안동 김씨 일가를 몰아내는 등 세도정치를 척결하였다.

33 다음 제시된 실학 관련 서적들의 공통된 특징으로 옳은 것은?

- 『지봉유설』
- 『성호사설』
- 『청장관전서』

① 백과사전류 저서
② 역사·지리 연구서
③ 우리말 어휘 정리
④ 반도 중심의 사관 극복

34 다음에서 설명하는 사건의 결과로 옳은 것은?

1875년 8월 서해안에 출몰한 일본 군함 운요호의 선원 일부가 작은 배로 허가 없이 한강 하구를 거슬러 올라왔다. 이에 우리 군이 포를 쏘아 저지하자, 운요호가 함포를 발사하여 초지진을 파괴하였다. 다음 날 일본군은 영종진에 상륙하여 많은 피해를 입혔다.

① 5군영이 설치되었다.
② 척화비가 건립되었다.
③ 통신사가 파견되었다.
④ 강화도 조약이 체결되었다.

35 다음 중 (가)와 (나) 두 사건 사이에 발생한 사건으로 옳은 것은?

> (가) 프랑스가 천주교도 탄압을 빌미로 강화도로 침범한 사건으로, 양헌수 등이 막아냈다. 프랑스는 철수를 하면서 서적 등을 약탈하였다.
> (나) 흥선대원군은 프랑스 등의 열강과의 전투에서 승리하자 척화비를 세우고, 쇄국양이 정책을 강화하였다.

① 김옥균이 갑신정변을 일으켰다.
② 고종이 러시아 공사관으로 피신하였다.
③ 일본과 불평등 조약인 강화도 조약을 체결하였다.
④ 미국이 제너럴셔먼호 사건을 빌미로 강화도에 침범하였다.

36 일제의 식민 통치 방식이 다음과 같이 전환된 계기가 되었던 사건은?

> • 헌병 경찰 제도 → 보통 경찰 제도
> • 군인 출신 총독 → 문관 총독 임명 가능
> • 기본권 박탈 → 기본권의 형식적 허용

① 3·1 운동　　　　　　　② 만주 사변
③ 6·10 만세 운동　　　　 ④ 중·일 전쟁

37 다음 글의 밑줄 친 전쟁과 가장 관련이 깊은 것은?

> 조선 지배를 선점하려던 일본은 청·일 전쟁 승리 후 러시아가 주도한 삼국 간섭으로 일시 저지되었다. 이를 만회하기 위해 명성황후 민씨를 시해하는 을미사변을 일으키고 단발령을 내리지만 고종이 아관파천을 단행함으로써 친러 정권이 수립된다. 그 결과 러시아의 남하정책과 일본의 조선에 대한 이권 확보가 충돌하면서 <u>1904년 2월 8일 전쟁이 시작되었다.</u>

① 전쟁에 참여한 13도 창의군은 서울을 향해 진격하였다.
② 요동 반도의 반환을 요구한 러시아에 대항한 일본의 전쟁이었다.
③ 울진의 고포 앞바다에서 러시아 군함과 일본 군함이 전투를 치렀다.
④ 일본에 문호를 개방하는 최초의 불평등 조약이 체결되는 결과가 발생하였다.

38 다음 글과 같은 주장을 한 인물에 대한 설명으로 옳은 것은?

> 일본이 한국의 국권을 박탈하고 만주와 청국에 야욕을 가졌기 때문에 동양평화가 깨지게 된 것이다. 이제 동양평화를 실현하고 일본이 자존하는 길은 우선 한국의 국권을 되돌려 주고, 만주와 청국에 대한 침략야욕을 버리는 것이다. 그러한 후에 독립한 한국·청국·일본의 동양3국이 일심협력해서 서양세력의 침략을 방어하며, 한 걸음 더 나아가서는 동양3국이 서로 화합해 개화·진보하면서 동양평화와 세계평화를 위해 진력하는 것이다.

① 진단학회를 통해 우리 문화사 연구의 지평을 열었다.
② 일제의 정체성론을 극복하는 데 기여하였다.
③ 역사를 아와 비아의 투쟁으로 규정하였다.
④ 이토 히로부미를 암살하였다.

39 다음은 어느 사건의 전개 과정이다. 이 사건의 결과로 옳은 것을 〈보기〉에서 모두 고르면?

> 임오년 6월 9일, 무위영 군졸들이 선혜청 책임자인 민겸호의 집으로 쳐들어가 그 집을 모두 부수었다. 한편, 군졸들은 운현궁으로 가서 대원군에게 호소하였다. 임오년 6월 10일, 군졸과 백성들이 창덕궁 궐내에 난입하자, 고종은 급히 대원군의 입궐을 명하였다. 군졸들은 민겸호 등을 살해하고, 이어서 왕비를 찾았다. 왕비는 궐내를 빠져 나가 충주에 있는 민응식의 집으로 비밀리에 피신하였다.
> — 『승정원일기』

보기
㉠ 일본은 공사관 경비를 구실로 군대를 주둔시켰다.
㉡ 청은 정치·외교고문을 파견하여 내정을 간섭하였다.
㉢ 러시아 등은 일본에게 요동 반도의 포기를 요구하였다.
㉣ 청군과 일본군의 공동철수를 조건으로 하는 톈진조약이 체결되었다.

① ㉠, ㉡
② ㉠, ㉢
③ ㉡, ㉢
④ ㉡, ㉣

40 사건이 발생한 순서대로 나열할 때, 다음 중 두 번째에 오는 것은?

① IMF 외환위기
② 국민건강보험 실시
③ 남북한 유엔 동시 가입
④ 제1차 경제개발 5개년 계획

41 다음 중 제헌국회에서 추진한 친일파 청산에 대한 설명으로 옳지 않은 것은?

① 이승만 정부의 적극적인 협조로 진행되었다.
② 반민족 행위 특별 조사 위원회를 설치하였다.
③ 헌법에서 반민족 행위자를 처벌하는 특별법을 제정·명시하였다.
④ 반민족 행위에 대한 처벌은 법을 제정할 때부터 반대에 부딪혔다.

42 다음 중 제시된 성명 이후에 발생한 사건으로 옳은 것은?

> 쌍방은 다음과 같은 조국통일원칙들에 합의를 보았다.
> 첫째, 통일은 외세에 의존하거나 외세의 간섭을 받음이 없이 자주적으로 해결하여야 한다.
> 둘째, 통일은 서로 상대방을 반대하는 무력행사에 의거하지 않고 평화적 방법으로 실현하여야 한다.
> 셋째, 사상과 이념, 제도의 차이를 초월하여 우선 하나의 민족으로서 민족적 대단결을 도모하여야 한다.
> - 7·4 남북공동성명

① 3·15 부정선거에 항거하여 시민혁명이 발생하였다.
② 대통령 직선제가 폐지되고 통일주체국민회의를 통한 간접선거가 되었다.
③ 대통령의 임기가 4년이 되었고, 초대 대통령에 한해 1회 중임 제한이 면제되었다.
④ 남북연석회의가 개최되어 남북의 정치지도자들이 통일정부 수립을 목표로 회담을 가졌다.

43 다음 중 6·25 전쟁의 배경에 대한 내용으로 옳지 않은 것은?

① 유엔군의 개입
② 주한 미군의 철수
③ 애치슨 라인에서 한국 제외
④ 소련의 북한 남침 계획 승인 및 지원 약속

44 다음 글을 통해 알 수 있는 민주화 운동에 대한 설명으로 옳은 것은?

> 당시 대학생이었던 이한열은 '호헌 철폐, 독재 타도' 등을 외치며 교문 앞에서 시위를 벌이던 중 전투 경찰이 쏜 최루탄에 맞아 쓰러져 사경을 헤매었다. 이에 분노한 많은 시민들이 거리에 나와 민주화를 요구하는 대규모 시위가 연일 계속되었다.

① 신군부의 비상계엄 확대가 원인이 되었다.
② 3·15 부정 선거에 항의하는 시위에서 시작되었다.
③ 관련 자료가 유네스코 세계 기록 유산으로 등재되었다.
④ 5년 단임의 대통령 직선제 개헌이 이루어지는 계기가 되었다.

45 다음 글의 밑줄 친 '국민대표회의'를 전후하여 나타난 사실로 옳지 않은 것은?

> 대한민국 임시 정부는 1920년대 중엽을 고비로 그 활동에 어려움을 겪게 되었다. 1923년에는 국내외의 독립 운동 상황을 점검하고 새로운 활로를 모색하기 위하여 상하이에서 국민대표회의가 열렸지만, 큰 효과는 없었다.

① 회의를 개최하자 창조파와 개조파로 양분되면서 대립이 격화되었다.
② 국내로부터의 지원이 늘어나면서 각 계파 간의 주도권 갈등이 심화되었다.
③ 이동녕과 김구 등의 노력으로 대한민국 임시 정부의 조직이 유지·정비되었다.
④ 일제의 집요한 감시와 탄압으로 연통제와 교통국의 조직이 철저하게 파괴되었다.

CHAPTER 03 경제·경영상식 적중예상문제

정답 및 해설 p.102

01 다음 중 스위스의 휴양도시에서 매년 열리는 세계경제포럼은?

① 보아오포럼 ② 다보스포럼
③ 제네바포럼 ④ 취리히포럼

02 다음 중 경기 회복 속도가 느린 가운데 물가가 치솟는 현상은?

① 슬로플레이션 ② 스킵플레이션
③ 다운플레이션 ④ 에코플레이션

03 다음 중 GDP에 대한 설명으로 옳지 않은 것은?

① 명목GDP와 실질GDP가 있다.
② 비거주자가 제공한 노동도 포함된다.
③ 국가의 경제성장률을 분석할 때 사용된다.
④ 한 국가의 국민이 일정 기간 생산한 재화와 서비스이다.

04 다음 제시된 키워드와 공통으로 관련 있는 경제학 용어는?

- 중국의 신용 위기
- 가상화폐 투기 과열
- 부동산 투기 과열

① 언더독(Underdog) ② 외로운 늑대(Lone Wolf)
③ 블랙 스완(Black Swan) ④ 회색 코뿔소(Gray Rhino)

05 다음 중 기업의 생산량 증가가 자본 등의 생산요소 증가보다 더 크게 나타나는 것을 뜻하는 용어는?

① 포티슈랑스　　　　　　　② 범위의 경제
③ 방카슈랑스　　　　　　　④ 규모의 경제

06 다음 중 인플레이션 갭에 대한 설명으로 옳은 것은?

① 총수요가 총공급을 초과하는 갭이다.
② 총수요가 완전고용국민소득을 초과하는 갭이다.
③ 완전고용국민소득이 균형국민소득을 초과하는 갭이다.
④ 완전고용국민소득에서 저축이 투자를 초과하는 갭이다.

07 다음 중 맥주에 대한 수요곡선은 우하향하고 공급곡선은 우상향할 때 맥주에 대한 세금이 전보다 오르면 나타날 수 있는 결과로 옳은 것은?

① 맥주의 값이 내린다.
② 맥주의 값은 오르고 수요자 부담만 커진다.
③ 맥주의 값은 오르고 공급자 부담만 커진다.
④ 맥주의 값은 오르고 수요자 및 공급자의 부담이 전부 커진다.

08 다음 중 잠재적 실업에 대한 설명으로 옳은 것은?

① 자본주의 경제구조와 내재적 모순에서 오는 만성적·고정적 실업 형태이다.
② 노동에 대한 수요와 공급이 일시적으로 일치하지 못하는 데서 생기는 실업 형태이다.
③ 형식적·표면적으로는 취업하고 있으나, 실질적으로는 실업상태에 있는 실업 형태이다.
④ 산업의 생산과정이 계절적 조건에 의해 제약되어 노동의 투입이 계절적으로 변동하는 경우에 생기는 실업 형태이다.

09 다음 중 재고 관련 비용이 최소가 되는 경제적 주문량(EOQ) 모형의 기본적인 가정으로 옳지 않은 것은?

① 단위당 재고유지비용은 일정하다.
② 재고조달기간이 정확히 지켜진다.
③ 재고자산의 단위당 구입원가는 일정하다.
④ 재고자산의 사용률은 일정하게 알려져 있다.

10 다음 중 인구절벽이 가속화됐을 때 발생할 문제로 옳지 않은 것은?

① 생산노동력이 감소된다.
② 개인의 공공지출이 증가한다.
③ 의료 서비스 수요가 감소한다.
④ 소비가 위축되어 경기가 둔화된다.

11 다음 중 실업급여에 대한 설명으로 옳은 것은?

① 실업급여 신청 시 최소 240일 동안 급여를 받을 수 있다.
② 본인의 중대한 귀책 사유로 해고된 경우에도 구직급여를 받을 수 있다.
③ 구직급여는 퇴직 다음 날로부터 12개월이 경과하면 더 이상 지급받을 수 없다.
④ 구직급여는 이직일 이전 1년 동안의 피보험단위 기간이 통산 180일 이상이어야 지급받을 수 있다.

12 다음 현상과 가장 관련이 깊은 재화는?

> 쌀의 가격이 올랐음에도 사람들은 식비 여건상 사치재인 고기 소비를 줄이고 그래도 비교적 싼 쌀을 더 사 먹을 수밖에 없게 되었다.

① 기펜재　　　　　　　　　② 열등재
③ 보완재　　　　　　　　　④ 경험재

13 다음 중 그린 론(Green Loan)에 대한 설명으로 옳지 않은 것은?

① 용도가 정해져 있는 대출제도이다.
② 기업의 긍정적 이미지 형성에 기여한다.
③ 친환경 사업 및 인프라 사업에 활용된다.
④ 본드(Bond)와 같이 분할 인출이 불가능하다.

14 다음 중 현금흐름표의 작성목적으로 옳지 않은 것은?

① 기업의 현금유입과 현금유출에 대한 정보를 제공하기 위한 것이다.
② 기업의 지급능력과 재무적 융통성에 대한 정보를 제공하기 위한 것이다.
③ 기업의 미래현금 흐름을 평가하는 데 유용한 정보를 제공하기 위한 것이다.
④ 회계연도의 기초시점과 기말시점에서의 재무상태에 대한 정보를 제공하기 위한 것이다.

15 다음 중 (가) ~ (다)와 같은 생산 합리화 원칙이 적용된 사례를 〈보기〉에서 골라 바르게 짝지은 것은?

(가) 공정과 제품의 특성에 따라 작업을 분업화한다.
(나) 불필요한 요소를 제거하여 작업 절차를 간소화한다.
(다) 제품의 크기, 형태에 대해 기준을 설정하여 규격화한다.

〈보기〉
㉠ 휴대전화와 충전 장치의 연결 방식을 같은 형식으로 만들었다.
㉡ 음료수의 생산 과정을 일곱 단계에서 다섯 단계의 과정으로 줄여 작업하였다.
㉢ 한 사람이 하던 자동차 바퀴의 나사 조립과 전기 장치 조립을 각각 두 사람이 하도록 하였다.

	(가)	(나)	(다)
①	㉠	㉡	㉢
②	㉡	㉠	㉢
③	㉡	㉢	㉠
④	㉢	㉡	㉠

16 다음 중 새로운 제품이나 서비스가 출시될 때 일정 기간 동안 기존의 규제를 면제 및 유예해 주는 정책·제도는?

① 샌드박스
② 태그 얼롱
③ 프리패키지
④ 마일드 스톤

17 X상품에 대한 수요함수가 $Q_d = 12 - 2P$로 동일한 소비자가 10,000명이 있다. 이 상품의 공급자는 1,000명이고, 각 공급자의 공급함수가 $Q_s = 20P$일 때, 다음 중 X상품의 균형가격(P)과 균형수급량(Q)을 바르게 짝지은 것은?

	균형가격(P)	균형수급량(Q)		균형가격(P)	균형수급량(Q)
①	0.54	110,000	②	3	60,000
③	0.55	109,000	④	3.5	70,000

18 역선택의 사례로 옳은 것을 〈보기〉에서 모두 고르면?

> **보기**
> ㉠ A사장으로부터 능력을 인정받아 대리인으로 고용된 B씨는 A사장이 운영에 대해 세밀히 보고를 받지 않는다는 것을 알게 되었고, 이후 보고서에 올려야 하는 중요한 사업만 신경을 쓰고 나머지 회사 업무는 신경을 쓰지 않았다.
> ㉡ C회사가 모든 사원에게 평균적으로 책정한 임금을 지급하기로 결정하자, 회사의 임금 정책에 만족하지 못한 우수 사원들이 퇴사하게 되었다. 결국 능력이 뛰어나지 않은 사람들만 C회사에 지원하게 되었고, 실제로 고용된 사원들은 우수 사원이 될 가능성이 낮았다.
> ㉢ 중고차를 구입하는 D업체는 판매되는 중고차의 상태를 확인할 수 없다고 판단하여 획일화된 가격으로 차를 구입하기로 하였다. 그러자 상태가 좋은 중고차를 가진 사람은 D업체에 차를 팔지 않게 되었고, 결국 D업체는 상태가 좋지 않은 중고차만 구입하게 되었다.
> ㉣ 공동생산체제의 E농장에서는 여러 명의 대리인이 함께 일하고, 그 성과를 나누어 갖는다. E농장의 주인은 최종 결과물에만 관심을 갖고, 대리인 개개인이 얼마나 노력하였는지는 관심을 갖지 않았다. 시간이 지나자 열심히 일하지 않는 대리인이 나타났고, 그는 최종 성과물의 분배에만 참여하기 시작하였다.

① ㉠
② ㉡
③ ㉠, ㉣
④ ㉡, ㉢

19 완전경쟁하에서 이윤극대화를 추구하는 기업의 생산요소의 한계생산물 가치가 생산요소의 가격을 초과할 때, 다음 중 기업의 대처로 옳은 것은?

① 이 생산요소의 투입을 감소시킨다.
② 이 생산요소의 투입을 증가시킨다.
③ 다른 생산요소의 투입을 증가시킨다.
④ 다른 생산요소의 투입을 감소시킨다.

20 다음 중 마케팅믹스의 4C에 해당하지 않는 것은?

① Credit(고객 신용)
② Customer Value(고객 가치)
③ Convenience(고객 편의성)
④ Communication(고객과의 소통)

21 다음 중 외부 환경의 변화에 따라 사업 아이템을 바탕으로 사업의 방향을 전환하는 것은?

① 피보팅
② 니블링
③ 포지셔닝
④ 임파워먼트

22 다음에서 설명하는 법칙은?

- 통화한 사람 중 20%와의 통화시간이 총 통화시간의 80%를 차지한다.
- 전체 주가상승률의 80%는 상승기간의 20%의 기간에서 발생한다.
- 20%의 운전자가 전체 교통위반의 80% 정도를 차지한다.

① 엥겔의 법칙
② 파레토의 법칙
③ 그레셤의 법칙
④ 롱테일의 법칙

23 다음 중 외국 자본이 국내 시장을 지배하는 현상을 일컫는 용어는?

① 피셔 효과
② 테킬라 효과
③ 왝더독 효과
④ 윔블던 효과

24 다음 중 막강한 경쟁자의 존재가 다른 경쟁자의 잠재력을 끌어올리는 효과는?

① 메기 효과
② 바넘 효과
③ 분수 효과
④ 낙수 효과

25 다음 중 기업의 경영이념에 대한 설명으로 옳지 않은 것은?

① 기업경영의 지도 원리를 의미한다.
② 기업의 행동기준이 되는 존립철학이다.
③ 기업이 지향해 나가야 할 궁극적인 목적을 말한다.
④ 경영활동을 전개하는 데 있어 설정되어야 할 정신자세이다.

26 다음 사례에 나타나는 마케팅 기법은?

> 신발 브랜드 '탐스(Toms)'는 소비자가 신발을 구매할 때마다 신발이 필요한 아이들에게 신발을 기부하는 방식의 'One for One' 이벤트를 통해 약 200만 켤레 이상의 신발을 기부하였다.

① 뉴로 마케팅(Neuro Marketing)
② 코즈 마케팅(Cause Marketing)
③ 앰부시 마케팅(Ambush Marketing)
④ 감성 마케팅(Emotional Marketing)

27 다음 중 IS곡선이 분석 대상으로 삼는 부문은?

① 노동시장의 균형
② 화폐시장의 균형
③ 실물시장의 균형
④ 증권시장의 균형

28 다음 중 채권이나 주식과 같은 전통적인 투자 상품 대신 부동산, 인프라스트럭처, 사모펀드 등에 투자하는 방식은?

① 대체투자
② 순투자
③ 재고투자
④ 민간투자

29 다음 중 경제통합의 심화 정도가 북미 자유무역협정(NAFTA) 정도의 자유무역협정(FTA)일 때의 상황에 대한 설명으로 옳은 것은?

① 회원국 간 관세를 포함하여 각종 무역 제한 조치 철폐
② 회원국 간 노동, 자본 등 생산 요소의 자유로운 이동 가능
③ 회원국 간 역내 무역 자유화 및 역외국에 대한 공동 관세율을 적용
④ 회원국들이 독립된 경제정책을 철회하고, 단일한 경제체제 아래에서 모든 경제정책을 통합·운영

30 다음 글의 빈칸에 들어갈 용어로 옳은 것은?

> _____을 마케팅에 이용한 레트로 마케팅(Retrospective Marketing)은 과거의 제품이나 서비스를 현재 소비자들의 기호에 맞게 재수정하여 다시 유행시키는 마케팅 기법이다. 1990년대 음악과 1세대 아이돌을 추억하게 하는 '토토가', 과거의 좋은 시절과 아름다운 첫사랑을 떠올리게 하는 '응답하라' 시리즈 등이 대표적이다. 이를 본 중장년층은 과거를 아름답게 회상하고, 젊은 세대는 새로움을 느끼게 된다.

① 리마 증후군(Lima Syndrome)
② 순교자 증후군(Martyr Syndrome)
③ 므두셀라 증후군(Methuselah Syndrome)
④ 스마일 마스크 증후군(Smile Mask Syndrome)

31 다음 중 수출품 1단위와 교환되는 수입품 1단위의 교환비율을 뜻하는 말은?

① 국제수지 ② 상계조건
③ 교역조건 ④ 교환조건

32 소득분배의 상태를 평가하기 위한 척도로 지니계수가 널리 사용되고 있다. 어떤 사회의 소득이 어느 한 사람에게 집중되어 있을 때, 다음 중 지니계수의 값은?

① 0 ② 0.5
③ 1 ④ ∞

33 다음 중 한 재화의 한계효용이 0이라고 할 때의 상황에 대한 설명으로 옳은 것은?

① 총효용도 0이 된다.
② 총효용이 최대이다.
③ 효용극대화 조건을 만족시킨다.
④ 평균효용과 한계효용이 같아진다.

34 경제성장률이 10% 증가하였다고 할 때, 무엇이 10%만큼 증가하였다는 뜻인가?

① 대외거래량 ② 국내총생산
③ 보유자산 가치 ④ 총투자와 총저축

35 다음 중 조직의 구성원들이 참여를 통해 조직과 구성원의 목표를 설정하고, 그에 따라 활동을 수행한 뒤 성과를 측정·평가함으로써 효율적인 조직 운영을 가능하게 하는 관리 기법은?

① TQM ② MBO
③ BPR ④ BSC

36 다음 중 신용판매의 결정변수가 아닌 것은?

① 신용기준 ② 현금할인
③ 신용액 ④ 수금정책

37 다음 중 공장 종업원들이 한 사람의 감독자에게 보고하는 작업집단에서의 커뮤니케이션 패턴은?

① Y자형 ② 쇠사슬형
③ 완전연결형 ④ 수레바퀴형

38 다음 중 기업이 제공하는 복리후생제도나 시설 중에서 종업원이 원하는 것을 선택하여 나름대로의 복리후생을 설계할 수 있도록 하는 제도는?

① 럭커 플랜 ② 헌터 플랜
③ 스캔론 플랜 ④ 카페테리아식 복리후생제도

39 다음 중 에너지가 다음 단계로 급격히 진입하는 현상을 나타내며, 경제학에서 어떤 일이 연속적으로 조금씩 진척되는 것이 아니라 빠른 속도로 다음 단계로 올라가는 개념을 뜻하는 말은?
① 샤프 파워
② 퀀텀 점프
③ 어닝 쇼크
④ 슈퍼 사이클

40 다음 중 범위의 경제가 발생하는 경우로 옳은 것은?
① 비용이 완전히 분산될 때
② 고정비용이 높고 한계비용이 낮을 때
③ 전체시장에 대해 하나의 독점자가 생산할 때
④ 유사한 생산기술이 여러 생산물에 적용될 때

41 다음 중 정부지출 증대의 결과로 옳지 않은 것은?
① 소비지출과 저축의 증대
② 고용의 증가와 물가의 상승
③ 이자율 상승과 조세수입의 증가
④ 민간투자의 증대와 국민소득의 증가

42 다음 중 대기업과 중소기업이 긴밀하게 협력해 한국의 산업을 발전시키는 경제를 뜻하는 말과 가장 관련이 깊은 동물은?
① 당나귀
② 달팽이
③ 펠리컨
④ 무당벌레

43 다음 중 외부 컨설턴트의 도움을 받아 한 집단 또는 집단 간에 발생하는 과정을 개선하려는 조직개발 방법은?

① 팀구축법
② 집단대면법
③ 과정자문법
④ 제3자 조정법

44 다음 중 경제 관련 용어에 대한 설명으로 옳지 않은 것은?

① 포뮬러(Formula) 플랜 : 호재나 악재에 상관하지 아니하고 일정한 기본 원칙에 따라 주식을 매매하는 투자 방법이다.
② 파인 케미컬(Fine Chemical) : 고도의 기술이 필요한 정밀 화학제품으로서 부가 가치가 높고 다품종 소량 생산이 특징이다.
③ 풀코스트(Full-cost)의 원칙 : 가격을 정할 때 제품 한 단위의 생산에 드는 비용에 일정 비율을 곱해 산출한 이윤을 더해 계산하는 원칙이다.
④ 모네 플랜(Monnet Plan) : 디플레이션 때문에 지나치게 내린 물가를 끌어올리기 위해 인플레이션이 안 될 정도에서 통화량을 늘리는 일이다.

45 다음 대화의 빈칸에 공통으로 들어갈 용어로 옳은 것은?

> K이사 : 이번에 우리 회사에서도 _____ 시스템을 도입하려고 합니다. _____는 기업 전체의 의사결정권자와 사용자 모두가 실시간으로 정보를 공유할 수 있게 합니다. 또한 제조, 판매, 유통, 인사관리, 회계 등 기업의 전반적인 운영 프로세스를 통합해 자동화할 수 있지요.
> P이사 : 맞습니다. _____ 시스템을 통하여 기업의 자원관리를 보다 효율적으로 할 수 있겠지요. 조직 전체의 의사결정도 보다 신속하게 할 수 있을 것입니다.

① JIT
② MRP
③ ERP
④ APP

CHAPTER 04 과학·IT·공학상식 적중예상문제

01 다음 중 탄소를 포집해 저장하는 기술은?

① PGII ② CBAM
③ BIPV ④ CCS

02 다음 중 용어에 대한 설명으로 옳지 않은 것은?

① 성층권 : 지구 오존의 90%가 분포해 있다.
② 엔트로피 : 엔트로피 값이 낮을수록 에너지 손실이 많아진다.
③ 비열 : 물질 1g의 온도 1℃를 올리기 위해 들어가는 에너지를 나타내는 상수이다.
④ 비스페놀A : 영수증, 순번대기표 등 흰색 광택물질에서 쉽게 검출되며 체내의 내분비 시스템을 교란시킨다.

03 우주에서 벌어질 수 있는 일을 〈보기〉에서 모두 고르면?

> **보기**
> ㉠ 음료를 빨대로 빨아 먹는다.
> ㉡ 땀이 흐른다.
> ㉢ 물건을 던지면 포물선을 그리며 떨어진다.
> ㉣ 촛불을 켜면 불꽃이 둥근 모양을 띤다.

① ㉠ ② ㉠, ㉡
③ ㉠, ㉣ ④ ㉠, ㉡, ㉣

04 프리즘을 통과한 빛은 색깔을 띤다. 이러한 현상은 빛의 어떤 작용에 의한 것인가?

① 빛의 분산
② 빛의 산란
③ 빛의 투과
④ 빛의 전반사

05 다음 중 차가 출발할 때 몸이 뒤로 밀리는 것에 해당하는 법칙은?

① 관성의 법칙
② 에너지 보존의 법칙
③ 가속도의 법칙
④ 작용 – 반작용의 법칙

06 다음 중 사이다에 녹아 있는 기체에 대한 설명으로 옳지 않은 것은?

① 푸른색 리트머스 종이가 붉어진다.
② 식물의 광합성 결과로 나오는 기체이다.
③ －78°C 이하로 온도를 낮추면 고체로 변한다.
④ 몸 속 혈액의 pH를 일정하게 유지하는 작용을 한다.

07 화학작용에 해당하는 것을 〈보기〉에서 모두 고르면?

> **보기**
> ㉠ 바닷물에 철이 부식된다.
> ㉡ 컵에 차가운 물을 부으면 물방울이 맺힌다.
> ㉢ 촛불을 끄면 촛농이 굳는다.
> ㉣ 나무가 타서 재가 된다.

① ㉠, ㉡
② ㉠, ㉣
③ ㉡, ㉢
④ ㉡, ㉣

08 다음 중 구글이 2023년에 공개한 차세대 인공지능 모델의 이름은?

① 왓슨 ② 테이
③ 클로바 ④ 제미나이

09 다음 중 하천오염 측정 시 사용되는 BOD가 뜻하는 것은?

① 중금속 오염정도 ② 박테리아 분해능력
③ 비금속 함유량 ④ 생화학적 산소요구량

10 다음 중 중화 여부를 측정하는 방법으로 옳은 것은?

① 전류값이 증가했는지 본다.
② 맛을 보아 신맛이 나는지 본다.
③ 지시약을 사용하여 용액의 색깔 변화를 본다.
④ 산과 염기를 중화시킬 때 온도가 내려가는지 본다.

11 다음 중 적조 현상에 대한 설명으로 옳지 않은 것은?

① 적조 현상은 수중의 산소 농도를 높인다.
② 바다뿐 아니라 강과 호수에서도 일어난다.
③ 갯벌 감소는 적조 현상의 원인 중 하나이다.
④ 바다의 플랑크톤이 과다 증식하면서 발생한다.

12 다음 중 사람과 컴퓨터를 가려내기 위한 웹 보안 기술은?

① 포트 포워딩 ② 캡차
③ 튜링 테스트 ④ 스테가노그래피

13 다음 중 양자컴퓨터를 구현하기 위한 핵심 기술로, 원자를 고정시키는 방식으로 신호를 만들어 내는 것은?

① 퀀텀닷(Quantum Dot) ② 퀀텀점프(Quantum Jump)
③ 퀀텀비트(Quantum Bit) ④ 퀀텀 디바이스(Quantum Device)

14 다음 중 주기율표에 대한 설명으로 옳지 않은 것은?

① 장주기형과 단주기형이 있다.
② 주기는 7주기로 이루어져 있다.
③ 멘델레예프는 원자 번호의 증가 순서에 따라 원소들을 배열하였다.
④ 모즐리의 실험에 의해 주기율은 원자 번호의 차례와 일치함이 밝혀졌다.

15 다음의 설명과 가장 관련이 깊은 영상 표시 장치는?

> 수많은 액정을 규칙적으로 배열한 패널을 전면에 배치하고, 후방 광원(Back light)에서 나온 빛이 액정을 통과한 후 색 필터를 통과하면서 빛의 삼원색을 만들어 다양한 색을 나타낸다.

① PDP ② LCD
③ CCD ④ 브라운관

16 다음 중 습지와 습지의 자원을 보전하기 위한 국제 환경 협약은?

① 바젤 협약
② 람사르 협약
③ 나고야 의정서
④ 생물다양성 협약

17 다음 중 북반구의 제트 기류가 주기적으로 강약을 되풀이하는 현상을 뜻하는 말은?

① 극소용돌이
② 북극 진동
③ 남방 진동
④ 북대서양 진동

18 다음 중 IT용어에 대한 설명으로 옳지 않은 것은?

① 5G의 G는 'Generation'을 의미한다.
② 사물인터넷을 뜻하는 IoT는 'Internet of Things'의 약자이다.
③ 4차 산업혁명은 다보스포럼의 회장 클라우스 슈밥이 정의한 용어이다.
④ AR은 'Augmented Reality'의 약자로 현실과 격리되어 인공적으로 만들어진 공간을 체험할 수 있는 '증강현실'을 의미한다.

19 다음 중 엘니뇨 현상에 대한 설명으로 옳은 것은?

① 고층 빌딩들 사이에서 일어나는 풍해 현상이다.
② 도심 지역의 온도가 다른 지역보다 높게 나타나는 현상이다.
③ 예년과 비교할 때 강한 무역풍이 지속되어 일어나는 기후 변동 현상이다.
④ 남미의 페루 연안에서 적도에 이르는 태평양상의 해수 기온이 상승해 세계 각지에서 홍수 또는 가뭄 등이 발생하는 기상이변 현상이다.

20 다음 중 첨단산업에서 촉망받는 신소재 'SC – TMD'와 가장 관련이 깊은 산업 제품은?

① 반도체 ② 배터리
③ 디스플레이 ④ 단거리 통신

21 다음 중 방사선 투과시험 등에서 산란 방사선의 양을 줄이기 위해 사용하는 물질은?

① 라듐 ② 바륨
③ 이리듐 ④ 알루미늄

22 다음 중 오랜 세월 동안 모래와 진흙이 쌓여 단단하게 굳은 탄화수소가 퇴적암층에 매장되어 있는 가스는?

① 셰일가스 ② C1가스
③ 천연가스 ④ LPG가스

23 도플러 효과(현상)를 설명한 사례로 옳은 것을 〈보기〉에서 모두 고르면?

> **보기**
> ㉠ 구급차가 멀리서 가까이 다가올수록 사이렌 소리가 점점 커진다.
> ㉡ 허블은 우주팽창을 증명할 때, 적색편이 개념을 사용하였다.
> ㉢ 도플러 효과를 이용하여 야구공의 속력을 측정하는 스피드건을 만들었다.
> ㉣ 도플러 효과를 이용하여 만든 음향측심기로 심해의 수심을 측정할 수 있다.

① ㉠, ㉢ ② ㉡, ㉣
③ ㉠, ㉡, ㉢ ④ ㉠, ㉢, ㉣

24 다음 중 시간과 장소, 컴퓨터나 네트워크 여건에 구애받지 않고 네트워크에 자유롭게 접속할 수 있는 IT 환경을 뜻하는 말은?

① ITS
② 스니프
③ 유비쿼터스
④ 텔레매틱스

25 다음 중 정보의 확산을 막으려다가 오히려 더 광범위하게 알려지게 되는 인터넷 현상을 뜻하는 말은?

① 베블런 효과
② 맥거핀 효과
③ 헤일로 효과
④ 스트라이샌드 효과

26 다음 중 5대 희토류에 포함되지 않는 것은?

① 구리
② 리튬
③ 니켈
④ 망가니즈

27 인구와 건물이 밀집되어 있는 도심지는 일반적으로 다른 지역보다 온도가 높게 나타나는데, 다음 중 이처럼 도심지가 주변의 온도보다 특별히 높은 기온을 나타내는 현상을 뜻하는 말은?

① 열대야
② 기온역전
③ 열섬 현상
④ 지구온난화

28 다음 중 단백질이나 리보핵산(RNA) 등 생체물질을 이용해 특정 유전자만 골라 잘라 내는 기술 중 '카스9' 단백질을 붙여 만든 것은?

① 파울 가위
② 보스코 가위
③ 크리스퍼 가위
④ 도보 하덴거 가위

29 다음 중 인공지능이 인류의 지능을 넘어서는 기점을 뜻하는 말은?

① 데이터빌리티
② 싱귤래리티
③ 어모털리티
④ 리니어리티

30 다음 중 분실한 정보기기 내의 정보를 원격으로 삭제하거나 그 기기를 사용할 수 없도록 하는 기술을 뜻하는 말은?

① 핀펫
② 킬 스위치
③ 키젠
④ 어플라이언스

31 다음 중 용어에 대한 설명이 옳지 않은 것은?

① ITS : 지능형 교통시스템이다.
② ESM : 통합보안 관리시스템이다.
③ RFID : 스스로 빛을 내는 현상을 이용한 디스플레이이다.
④ LAN : 한정된 공간에서 컴퓨터와 주변장치들 간에 정보와 프로그램을 공유할 수 있도록 하는 네트워크이다.

32 기계공학에서 사용되는 16진법으로 10진법 숫자 '26'을 나타낼 경우 어떻게 표현하는가?
① A ② 1A
③ 1C ④ 1E

33 다음 중 위도 48° 이상의 고위도 지방에서 해가 지지 않는 현상을 뜻하는 말은?
① 백야 현상 ② 오로라 현상
③ 식(蝕) 현상 ④ 일면 통과 현상

34 다음 중 원자기호는 Rn, 원자번호는 86이며, 폐로 흡입하면 폐의 건강을 치명적으로 위협하고 암을 일으킨다고 알려져 있는 방사성 물질의 이름은?
① 라돈 ② 토륨
③ 악티늄 ④ 프로메튬

35 다음 중 배기가스를 정화할 때 촉매로 쓰이는 요소수(尿素水)가 주로 분해하는 물질은?
① 오존(O_3) ② 탄화수소(HC)
③ 황화수소(H_2S) ④ 질소산화물(NO_x)

36 다음 중 클라우드를 기반으로 하나의 콘텐츠를 여러 플랫폼을 통해 이용할 수 있는 서비스는?
① N스크린 ② DMB
③ IPTV ④ OTT

37 다음 중 특정 인프라에 종속되지 않는 개방형 클라우드 플랫폼으로, 한국 정부가 개발한 클라우드 플랫폼의 이름은?

① SAP
② PaaS – TA
③ SaaS – Ta
④ Open PaaS

38 다음 중 블록체인 기술을 기반으로 하여 프로그래밍된 계약 조건을 만족시키면 자동으로 계약이 실행되는 프로그램은?

① 이더리움 계약
② 스마트 계약
③ 솔리디티 계약
④ 블록체인 계약

39 다음 중 유기섬유를 비활성 기체 속에서 가열·탄화하여 만든 섬유로, 고강도·고강성·고탄성률 등의 성질이 뛰어난 섬유는?

① 탄소 섬유
② 세라믹 섬유
③ 유리 섬유
④ 아라미드 섬유

40 빅데이터는 공통된 속성을 3V로 설명할 수 있다. 다음 중 빅데이터의 3V로 옳지 않은 것은?

① Volume
② Velocity
③ Variety
④ Visualization

41 다음 중 공장에 정보통신기술을 융합시켜 분리된 공정을 연결하여 어디서든 시스템을 제어하고, 데이터를 활용하여 생산성을 혁신적으로 높여 주는 지능형 공장을 뜻하는 말은?

① CIM
② 공장 자동화
③ 인터넷 원격공장
④ 스마트 팩토리

42 다음 중 계산대와 계산원을 인공지능, 머신러닝, 컴퓨터 비전 등의 첨단기술이 대신하고 있는 세계 최초의 무인 매장을 뜻하는 말은?

① 허마
② 아마존 고
③ 리테일테크
④ 샘스클럽 나우

43 양자컴퓨터는 0이나 1의 값만 갖는 비트 대신 양자 정보의 기본 단위인 '이 단위'를 사용해 0과 1을 동시에 취할 수 있다. 다음 중 '이 단위'로 옳은 것은?

① 큐비트
② 존비트
③ 링크비트
④ 캐리비트

44 블록체인상에서 유통되는 토큰으로서, 각 토큰마다 고유한 값이 있기 때문에 다른 토큰으로 교체할 수 없는 토큰을 'NFT'라고 한다. 이때 'F'는 어떤 로마자 알파벳의 이니셜인가?

① Firm
② Fixed
③ Frame
④ Fungible

45 대기압에 대한 설명으로 옳은 것을 〈보기〉에서 모두 고르면?

> **보기**
> ㉠ 온도가 올라가면 대기압이 낮아진다.
> ㉡ 대기압은 대기권의 공기가 지표면을 누르는 압력이다.
> ㉢ 공기의 성분 원소 무게가 무거운 곳은 대기압이 더 높다.
> ㉣ 고도가 높아질수록 대기압도 높아진다.

① ㉠, ㉡
② ㉠, ㉡, ㉢
③ ㉠, ㉡, ㉣
④ ㉠, ㉡, ㉢, ㉣

PART 3
채용 가이드

- **CHAPTER 01** 블라인드 채용 소개
- **CHAPTER 02** 서류전형 가이드
- **CHAPTER 03** 인성검사 소개 및 모의테스트
- **CHAPTER 04** 면접전형 가이드
- **CHAPTER 05** 주요 공사공단 면접 기출질문

CHAPTER 01 블라인드 채용 소개

1. 블라인드 채용이란?

채용 과정에서 편견이 개입되어 불합리한 차별을 야기할 수 있는 출신지, 가족관계, 학력, 외모 등의 편견요인은 제외하고, 직무능력만을 평가하여 인재를 채용하는 방식입니다.

2. 블라인드 채용의 필요성

- 채용의 공정성에 대한 사회적 요구
  - 누구에게나 직무능력만으로 경쟁할 수 있는 균등한 고용기회를 제공해야 하나, 아직도 채용의 공정성에 대한 불신이 존재
  - 채용상 차별금지에 대한 법적 요건이 권고적 성격에서 처벌을 동반한 의무적 성격으로 강화되는 추세
  - 시민의식과 지원자의 권리의식 성숙으로 차별에 대한 법적 대응 가능성 증가
- 우수인재 채용을 통한 기업의 경쟁력 강화 필요
  - 직무능력과 무관한 학벌, 외모 위주의 선발로 우수인재 선발기회 상실 및 기업경쟁력 약화
  - 채용 과정에서 차별 없이 직무능력중심으로 선발한 우수인재 확보 필요
- 공정한 채용을 통한 사회적 비용 감소 필요
  - 편견에 의한 차별적 채용은 우수인재 선발을 저해하고 외모·학벌 지상주의 등의 심화로 불필요한 사회적 비용 증가
  - 채용에서의 공정성을 높여 사회의 신뢰수준 제고

3. 블라인드 채용의 특징

편견요인을 요구하지 않는 대신 직무능력을 평가합니다.

※ 직무능력중심 채용이란?
  기업의 역량기반 채용, NCS기반 능력중심 채용과 같이 직무수행에 필요한 능력과 역량을 평가하여 선발하는 채용방식을 통칭합니다.

4. 블라인드 채용의 평가요소

직무수행에 필요한 지식, 기술, 태도 등을 과학적인 선발기법을 통해 평가합니다.

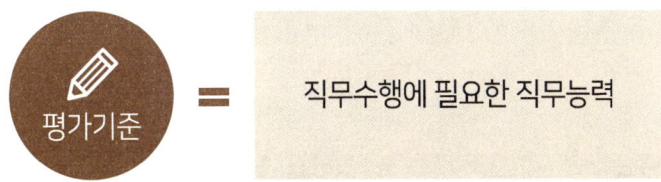

※ 과학적 선발기법이란?
직무분석을 통해 도출된 평가요소를 서류, 필기, 면접 등을 통해 체계적으로 평가하는 방법으로 입사지원서, 자기소개서, 직무수행능력평가, 구조화 면접 등이 해당됩니다.

5. 블라인드 채용 주요 도입 내용

- 입사지원서에 인적사항 요구 금지
  - 인적사항에는 출신지역, 가족관계, 결혼여부, 재산, 취미 및 특기, 종교, 생년월일(연령), 성별, 신장 및 체중, 사진, 전공, 학교명, 학점, 외국어 점수, 추천인 등이 해당
  - 채용 직무를 수행하는 데 있어 반드시 필요하다고 인정될 경우는 제외
    예 특수경비직 채용 시 : 시력, 건강한 신체 요구
       연구직 채용 시 : 논문, 학위 요구 등
- 블라인드 면접 실시
  - 면접관에게 응시자의 출신지역, 가족관계, 학교명 등 인적사항 정보 제공 금지
  - 면접관은 응시자의 인적사항에 대한 질문 금지

6. 블라인드 채용 도입의 효과성

- 구성원의 다양성과 창의성이 높아져 기업 경쟁력 강화
  - 편견을 없애고 직무능력 중심으로 선발하므로 다양한 직원 구성 가능
  - 다양한 생각과 의견을 통하여 기업의 창의성이 높아져 기업경쟁력 강화
- 직무에 적합한 인재선발을 통한 이직률 감소 및 만족도 제고
  - 사전에 지원자들에게 구체적이고 상세한 직무요건을 제시함으로써 허수 지원이 낮아지고, 직무에 적합한 지원자 모집 가능
  - 직무에 적합한 인재가 선발되어 직무이해도가 높아져 업무효율 증대 및 만족도 제고
- 채용의 공정성과 기업이미지 제고
  - 블라인드 채용은 사회적 편견을 줄인 선발 방법으로 기업에 대한 사회적 인식 제고
  - 채용과정에서 불합리한 차별을 받지 않고 실력에 의해 공정하게 평가를 받을 것이라는 믿음을 제공하고, 지원자들은 평등한 기회와 공정한 선발과정 경험

CHAPTER 02 서류전형 가이드

01 채용공고문

1. 채용공고문의 변화

기존 채용공고문	변화된 채용공고문
• 취업준비생에게 불충분하고 불친절한 측면 존재 • 모집분야에 대한 명확한 직무관련 정보 및 평가기준 부재 • 해당분야에 지원하기 위한 취업준비생의 무분별한 스펙 쌓기 현상 발생	• NCS 직무분석에 기반한 채용공고를 토대로 채용전형 진행 • 지원자가 입사 후 수행하게 될 업무에 대한 자세한 정보 공지 • 직무수행내용, 직무수행 시 필요한 능력, 관련된 자격, 직업기초능력 제시 • 지원자가 해당 직무에 필요한 스펙만을 준비할 수 있도록 안내
• 모집부문 및 응시자격 • 지원서 접수 • 전형절차 • 채용조건 및 처우 • 기타사항	• 채용절차 • 채용유형별 선발분야 및 예정인원 • 전형방법 • 선발분야별 직무기술서 • 우대사항

2. 지원 유의사항 및 지원요건 확인

채용 직무에 따른 세부사항을 공고문에 명시하여 지원자에게 적격한 지원 기회를 부여함과 동시에 채용과정에서의 공정성과 신뢰성을 확보합니다.

구성	내용	확인사항
모집분야 및 규모	고용형태(인턴 계약직 등), 모집분야, 인원, 근무지역 등	채용직무가 여러 개일 경우 본인이 해당되는 직무의 채용규모 확인
응시자격	기본 자격사항, 지원조건	지원을 위한 최소자격요건을 확인하여 불필요한 지원을 예방
우대조건	법정·특별·자격증 가점	본인의 가점 여부를 검토하여 가점 획득을 위한 사항을 사실대로 기재
근무조건 및 보수	고용형태 및 고용기간, 보수, 근무지	본인이 생각하는 기대수준에 부합하는지 확인하여 불필요한 지원을 예방
시험방법	서류·필기·면접전형 등의 활용방안	전형방법 및 세부 평가기법 등을 확인하여 지원전략 준비
전형일정	접수기간, 전형단계별 심사 및 합격자 발표일 등	본인의 지원 스케줄을 검토하여 차질이 없도록 준비
제출서류	입사지원서(경력·경험기술서 등), 각종 증명서 및 자격증 사본 등	지원요건 부합 여부 및 자격 증빙서류 사전에 준비
유의사항	임용취소 등의 규정	임용취소 관련 법적 또는 기관 내부 규정을 검토하여 해당여부 확인

02 직무기술서

직무기술서란 직무수행의 내용과 필요한 능력, 관련 자격, 직업기초능력 등을 상세히 기재한 것으로 입사 후 수행하게 될 업무에 대한 정보가 수록되어 있는 자료입니다.

1. 채용분야

설명

NCS 직무분류 체계에 따라 직무에 대한 「대분류 – 중분류 – 소분류 – 세분류」 체계를 확인할 수 있습니다. 채용 직무에 대한 모든 직무기술서를 첨부하게 되며 실제 수행 업무를 기준으로 세부적인 분류정보를 제공합니다.

채용분야	분류체계			
사무행정	대분류	중분류	소분류	세분류
분류코드	02. 경영·회계·사무	03. 재무·회계	01. 재무	01. 예산
				02. 자금
			02. 회계	01. 회계감사
				02. 세무

2. 능력단위

설명

직무분류 체계의 세분류 하위능력단위 중 실질적으로 수행할 업무의 능력만 구체적으로 파악할 수 있습니다.

능력단위	(예산)	03. 연간종합예산수립 05. 확정예산 운영	04. 추정재무제표 작성 06. 예산실적 관리
	(자금)	04. 자금운용	
	(회계감사)	02. 자금관리 05. 회계정보시스템 운용 07. 회계감사	04. 결산관리 06. 재무분석
	(세무)	02. 결산관리 07. 법인세 신고	05. 부가가치세 신고

3. 직무수행내용

설명

세분류 영역의 기본정의를 통해 직무수행내용을 확인할 수 있습니다. 입사 후 수행할 직무내용을 구체적으로 확인할 수 있으며, 이를 통해 입사서류 작성부터 면접까지 직무에 대한 명확한 이해를 바탕으로 자신의 희망직무인지 아닌지, 해당 직무가 자신이 알고 있던 직무가 맞는지 확인할 수 있습니다.

직무수행내용	(예산) 일정기간 예상되는 수익과 비용을 편성, 집행하며 통제하는 일
	(자금) 자금의 계획 수립, 조달, 운용을 하고 발생 가능한 위험 관리 및 성과평가
	(회계감사) 기업 및 조직 내·외부에 있는 의사결정자들이 효율적인 의사결정을 할 수 있도록 유용한 정보를 제공, 제공된 회계정보의 적정성을 파악하는 일
	(세무) 세무는 기업의 활동을 위하여 주어진 세법범위 내에서 조세부담을 최소화시키는 조세전략을 포함하고 정확한 과세소득과 과세표준 및 세액을 산출하여 과세당국에 신고·납부하는 일

4. 직무기술서 예시

태도	(예산) 정확성, 분석적 태도, 논리적 태도, 타 부서와의 협조적 태도, 설득력
	(자금) 분석적 사고력
	(회계 감사) 합리적 태도, 전략적 사고, 정확성, 적극적 협업 태도, 법률준수 태도, 분석적 태도, 신속성, 책임감, 정확한 판단력
	(세무) 규정 준수 의지, 수리적 정확성, 주의 깊은 태도
우대 자격증	공인회계사, 세무사, 컴퓨터활용능력, 변호사, 워드프로세서, 전산회계운용사, 사회조사분석사, 재경관리사, 회계관리 등
직업기초능력	의사소통능력, 문제해결능력, 자원관리능력, 대인관계능력, 정보능력, 조직이해능력

5. 직무기술서 내용별 확인사항

항목	확인사항
모집부문	해당 채용에서 선발하는 부문(분야)명 확인 예 사무행정, 전산, 전기
분류체계	지원하려는 분야의 세부직무군 확인
주요기능 및 역할	지원하려는 기업의 전사적인 기능과 역할, 산업군 확인
능력단위	지원분야의 직무수행에 관련되는 세부업무사항 확인
직무수행내용	지원분야의 직무군에 대한 상세사항 확인
전형방법	지원하려는 기업의 신입사원 선발전형 절차 확인
일반요건	교육사항을 제외한 지원 요건 확인(자격요건, 특수한 경우 연령)
교육요건	교육사항에 대한 지원요건 확인(대졸 / 초대졸 / 고졸 / 전공 요건)
필요지식	지원분야의 업무수행을 위해 요구되는 지식 관련 세부항목 확인
필요기술	지원분야의 업무수행을 위해 요구되는 기술 관련 세부항목 확인
직무수행태도	지원분야의 업무수행을 위해 요구되는 태도 관련 세부항목 확인
직업기초능력	지원분야 또는 지원기업의 조직원으로서 근무하기 위해 필요한 일반적인 능력사항 확인

03 입사지원서

1. 입사지원서의 변화

기존지원서		능력중심 채용 입사지원서
직무와 관련 없는 학점, 개인신상, 어학점수, 자격, 수상 경력 등을 나열하도록 구성	VS	해당 직무수행에 꼭 필요한 정보들을 제시할 수 있도록 구성

기존지원서		능력중심 채용 입사지원서	
	직무기술서	인적사항	성명, 연락처, 지원분야 등 작성 (평가 미반영)
	직무수행내용	교육사항	직무지식과 관련된 학교교육 및 직업교육 작성
	요구지식 / 기술	자격사항	직무관련 국가공인 또는 민간자격 작성
	관련 자격증	경력 및 경험사항	조직에 소속되어 일정한 임금을 받거나(경력) 임금 없이(경험) 직무와 관련된 활동 내용 작성
	사전직무경험		

2. 교육사항

- 지원분야 직무와 관련된 학교 교육이나 직업교육 혹은 기타교육 등 직무에 대한 지원자의 학습 여부를 평가하기 위한 항목입니다.
- 지원하고자 하는 직무의 학교 전공교육 이외에 직업교육, 기타교육 등을 기입할 수 있기 때문에 전공 제한 없이 직업교육과 기타교육을 이수하여 지원이 가능하도록 기회를 제공합니다.
  (기타교육 : 학교 이외의 기관에서 개인이 이수한 교육과정 중 지원직무와 관련이 있다고 생각되는 교육내용)

구분	교육과정(과목)명	교육내용	과업(능력단위)

3. 자격사항

- 채용공고 및 직무기술서에 제시되어 있는 자격 현황을 토대로 지원자가 해당 직무를 수행하는 데 필요한 능력을 가지고 있는지를 평가하기 위한 항목입니다.
- 채용공고 및 직무기술서에 기재된 직무관련 필수 또는 우대자격 항목을 확인하여 본인이 보유하고 있는 자격사항을 기재합니다.

자격유형	자격증명	발급기관	취득일자	자격증번호

4. 경력 및 경험사항

- 직무와 관련된 경력이나 경험 여부를 표현하도록 하여 직무와 관련한 능력을 갖추었는지를 평가하기 위한 항목입니다.
- 해당 기업에서 직무를 수행함에 있어 필요한 사항만을 기록하게 되어 있기 때문에 직무와 무관한 스펙을 갖추지 않아도 됩니다.
- 경력 : 금전적 보수를 받고 일정기간 동안 일했던 경우
- 경험 : 금전적 보수를 받지 않고 수행한 활동
※ 기업에 따라 경력 / 경험 관련 증빙자료 요구 가능

구분	조직명	직위 / 역할	활동기간(년 / 월)	주요과업 / 활동내용

> **Tip**
>
> 입사지원서 작성 방법
> ○ 경력 및 경험사항 작성
> - 직무기술서에 제시된 지식, 기술, 태도와 지원자의 교육사항, 경력(경험)사항, 자격사항과 연계하여 개인의 직무역량에 대해 스스로 판단 가능
> ○ 인적사항 최소화
> - 개인의 인적사항, 학교명, 가족관계 등을 노출하지 않도록 유의
>
> ---
>
> 부적절한 입사지원서 작성 사례
> - 학교 이메일을 기입하여 학교명 노출
> - 거주지 주소에 학교 기숙사 주소를 기입하여 학교명 노출
> - 자기소개서에 부모님이 재직 중인 기업명, 직위, 직업을 기입하여 가족관계 노출
> - 자기소개서에 석·박사 과정에 대한 이야기를 언급하여 학력 노출
> - 동아리 활동에 대한 내용을 학교명과 더불어 언급하여 학교명 노출

04 자기소개서

1. 자기소개서의 변화

- 기존의 자기소개서는 지원자의 일대기나 관심 분야, 성격의 장·단점 등 개괄적인 사항을 묻는 질문으로 구성되어 지원자가 자신의 직무능력을 제대로 표출하지 못합니다.
- 능력중심 채용의 자기소개서는 직무기술서에 제시된 직업기초능력(또는 직무수행능력)에 대한 지원자의 과거 경험을 기술하게 함으로써 평가 타당도의 확보가 가능합니다.

1. 우리 회사와 해당 지원 직무분야에 지원한 동기에 대해 기술해 주세요.

2. 자신이 경험한 다양한 사회활동에 대해 기술해 주세요.

3. 지원 직무에 대한 전문성을 키우기 위해 받은 교육과 경험 및 경력사항에 대해 기술해 주세요.

4. 인사업무 또는 팀 과제 수행 중 발생한 갈등을 원만하게 해결해 본 경험이 있습니까? 당시 상황에 대한 설명과 갈등의 대상이 되었던 상대방을 설득한 과정 및 방법을 기술해 주세요.

5. 과거에 있었던 일 중 가장 어려웠었던(힘들었었던) 상황을 고르고, 어떤 방법으로 그 상황을 해결했는지를 기술해 주세요.

Tip

자기소개서 작성 방법

① 자기소개서 문항이 묻고 있는 평가 역량 추측하기

> **예시**
> - 팀 활동을 하면서 갈등 상황 시 상대방의 니즈나 의도를 명확히 파악하고 해결하여 목표 달성에 기여했던 경험에 대해서 작성해 주시기 바랍니다.
> - 다른 사람이 생각해내지 못했던 문제점을 찾고 이를 해결한 경험에 대해 작성해 주시기 바랍니다.

② 해당 역량을 보여줄 수 있는 소재 찾기(시간×역량 매트릭스)

예시

평가역량 \ 시간	2021년	2022년	2023년	2024년
도전정신	대학 발표수업	대학 발표수업	~~다이어트 (헬스)~~	
대인관계	대학 발표수업	대학 발표수업		경영 동아리
의사소통	편의점 아르바이트	~~군대 작업~~	봉사 동아리	
직무역량			경영 동아리	Book Study
…				

③ 자기소개서 작성 Skill 익히기
- 두괄식으로 작성하기
- 구체적 사례를 사용하기
- '나'를 중심으로 작성하기
- 직무역량 강조하기
- 경험 사례의 차별성 강조하기

CHAPTER 03 인성검사 소개 및 모의테스트

01 인성검사 유형

인성검사는 지원자의 성격특성을 객관적으로 파악하고 그것이 각 기업에서 필요로 하는 인재상과 가치에 부합하는가를 평가하기 위한 검사입니다. 인성검사는 KPDI(한국인재개발진흥원), K-SAD(한국사회적성개발원), KIRBS(한국행동과학연구소), SHR(에스에이치알) 등의 전문기관을 통해 각 기업의 특성에 맞는 검사를 선택하여 실시합니다. 대표적인 인성검사의 유형에는 크게 다음과 같은 세 가지가 있으며, 채용 대행업체에 따라 달라집니다.

1. KPDI 검사

조직적응성과 직무적합성을 알아보기 위한 검사로 인성검사, 인성역량검사, 인적성검사, 직종별 인적성검사 등의 다양한 검사 도구를 구현합니다. KPDI는 성격을 파악하고 정신건강 상태 등을 측정하고, 직무검사는 해당 직무를 수행하기 위해 기본적으로 갖추어야 할 인지적 능력을 측정합니다. 역량검사는 특정 직무 역할을 효과적으로 수행하는 데 직접적으로 관련 있는 개인의 행동, 지식, 스킬, 가치관 등을 측정합니다.

2. KAD(Korea Aptitude Development) 검사

K-SAD(한국사회적성개발원)에서 실시하는 적성검사 프로그램입니다. 개인의 성향, 지적 능력, 기호, 관심, 흥미도를 종합적으로 분석하여 적성에 맞는 업무가 무엇인가 파악하고, 직무수행에 있어서 요구되는 기초능력과 실무능력을 분석합니다.

3. SHR 직무적성검사

직무수행에 필요한 종합적인 사고 능력을 다양한 적성검사(Paper and Pencil Test)로 평가합니다. SHR의 모든 직무능력검사는 표준화 검사입니다. 표준화 검사는 표본집단의 점수를 기초로 규준이 만들어진 검사이므로 개인의 점수를 규준에 맞추어 해석·비교하는 것이 가능합니다. S(Standardized Tests), H(Hundreds of Version), R(Reliable Norm Data)을 특징으로 하며, 직군·직급별 특성과 선발 수준에 맞추어 검사를 적용할 수 있습니다.

02 인성검사와 면접

인성검사는 특히 면접질문과 관련성이 높습니다. 면접관은 지원자의 인성검사 결과를 토대로 질문을 하기 때문입니다. 일관적이고 이상적인 답변을 하는 것이 가장 좋지만, 실제 시험은 매우 복잡하여 전문가라 해도 일정 성격을 유지하면서 답변을 하는 것이 힘듭니다. 또한, 인성검사에는 라이 스케일(Lie Scale) 설문이 전체 설문 속에 교묘하게 섞여 들어가 있으므로 겉치레적인 답을 하게 되면 회답태도의 허위성이 그대로 드러나게 됩니다. 예를 들어 '거짓말을 한 적이 한 번도 없다.'에 '예'로 답하고, '때로는 거짓말을 하기도 한다.'에 '예'라고 답하여 라이 스케일의 득점이 올라가게 되면 모든 회답의 신빙성이 사라지고 '자신을 돋보이게 하려는 사람'이라는 평가를 받을 수 있으므로 주의해야 합니다. 따라서 모의테스트를 통해 인성검사의 유형과 실제 시험 시 어떻게 문제를 풀어야 하는지 연습해 보고 체크한 부분 중 자신의 단점과 연결되는 부분은 면접에서 질문이 들어왔을 때 어떻게 대처해야 하는지 생각해 보는 것이 좋습니다.

03 유의사항

1. 기업의 인재상을 파악하라!

인성검사를 통해 개인의 성격 특성을 파악하고 그것이 기업의 인재상과 가치에 부합하는지를 평가하는 시험이기 때문에 해당 기업의 인재상을 먼저 파악하고 시험에 임하는 것이 좋습니다. 모의테스트에서 인재상에 맞는 가상의 인물을 설정하고 문제에 답해 보는 것도 많은 도움이 됩니다.

2. 일관성 있는 대답을 하라!

짧은 시간 안에 다양한 질문에 답을 해야 하는데, 그 안에는 중복되는 질문이 여러 번 나옵니다. 이때 앞서 자신이 체크했던 대답을 잘 기억해뒀다가 일관성 있는 답을 하는 것이 중요합니다.

3. 모든 문항에 대답하라!

많은 문제를 짧은 시간 안에 풀려다 보니 다 못 푸는 경우도 종종 생깁니다. 하지만 대답을 누락하거나 끝까지 다 못했을 경우 좋지 않은 결과를 가져올 수도 있으니 최대한 주어진 시간 안에 모든 문항에 답할 수 있도록 해야 합니다.

04 KPDI 모의테스트

※ 모의테스트는 질문 및 답변 유형 연습을 위한 것으로 실제 시험과 다를 수 있습니다.
※ 인성검사는 정답이 따로 없는 유형의 검사이므로 결과지를 제공하지 않습니다.

번호	내용	예	아니요
001	나는 솔직한 편이다.	☐	☐
002	나는 리드하는 것을 좋아한다.	☐	☐
003	법을 어겨서 말썽이 된 적이 한 번도 없다.	☐	☐
004	거짓말을 한 번도 한 적이 없다.	☐	☐
005	나는 눈치가 빠르다.	☐	☐
006	나는 일을 주도하기보다는 뒤에서 지원하는 것을 선호한다.	☐	☐
007	앞일은 알 수 없기 때문에 계획은 필요하지 않다.	☐	☐
008	거짓말도 때로는 방편이라고 생각한다.	☐	☐
009	사람이 많은 술자리를 좋아한다.	☐	☐
010	걱정이 지나치게 많다.	☐	☐
011	일을 시작하기 전 재고하는 경향이 있다.	☐	☐
012	불의를 참지 못한다.	☐	☐
013	처음 만나는 사람과도 이야기를 잘 한다.	☐	☐
014	때로는 변화가 두렵다.	☐	☐
015	나는 모든 사람에게 친절하다.	☐	☐
016	힘든 일이 있을 때 술은 위로가 되지 않는다.	☐	☐
017	결정을 빨리 내리지 못해 손해를 본 경험이 있다.	☐	☐
018	기회를 잡을 준비가 되어 있다.	☐	☐
019	때로는 내가 정말 쓸모없는 사람이라고 느낀다.	☐	☐
020	누군가 나를 챙겨주는 것이 좋다.	☐	☐
021	자주 가슴이 답답하다.	☐	☐
022	나는 내가 자랑스럽다.	☐	☐
023	경험이 중요하다고 생각한다.	☐	☐
024	전자기기를 분해하고 다시 조립하는 것을 좋아한다.	☐	☐

025	감시받고 있다는 느낌이 든다.	☐	☐
026	난처한 상황에 놓이면 그 순간을 피하고 싶다.	☐	☐
027	세상엔 믿을 사람이 없다.	☐	☐
028	잘못을 빨리 인정하는 편이다.	☐	☐
029	지도를 보고 길을 잘 찾아간다.	☐	☐
030	귓속말을 하는 사람을 보면 날 비난하고 있는 것 같다.	☐	☐
031	막무가내라는 말을 들을 때가 있다.	☐	☐
032	장래의 일을 생각하면 불안하다.	☐	☐
033	결과보다 과정이 중요하다고 생각한다.	☐	☐
034	운동은 그다지 할 필요가 없다고 생각한다.	☐	☐
035	새로운 일을 시작할 때 좀처럼 한 발을 떼지 못한다.	☐	☐
036	기분 상하는 일이 있더라도 참는 편이다.	☐	☐
037	업무능력은 성과로 평가받아야 한다고 생각한다.	☐	☐
038	머리가 맑지 못하고 무거운 느낌이 든다.	☐	☐
039	가끔 이상한 소리가 들린다.	☐	☐
040	타인이 내게 자주 고민상담을 하는 편이다.	☐	☐

05　SHR 모의테스트

※ 모의테스트는 질문 및 답변 유형 연습을 위한 것으로 실제 시험과 다를 수 있습니다.
※ 인성검사는 정답이 따로 없는 유형의 검사이므로 결과지를 제공하지 않습니다.

※ 이 성격검사의 각 문항에는 서로 다른 행동을 나타내는 네 개의 문장이 제시되어 있습니다. 이 문장들을 비교하여, 자신의 평소 행동과 가장 가까운 문장을 'ㄱ' 열에 표기하고, 가장 먼 문장을 'ㅁ' 열에 표기하십시오.

01　나는 _____

	ㄱ	ㅁ
A. 실용적인 해결책을 찾는다.	☐	☐
B. 다른 사람을 돕는 것을 좋아한다.	☐	☐
C. 세부 사항을 잘 챙긴다.	☐	☐
D. 상대의 주장에서 허점을 잘 찾는다.	☐	☐

02　나는 _____

	ㄱ	ㅁ
A. 매사에 적극적으로 임한다.	☐	☐
B. 즉흥적인 편이다.	☐	☐
C. 관찰력이 있다.	☐	☐
D. 임기응변에 강하다.	☐	☐

03　나는 _____

	ㄱ	ㅁ
A. 무서운 영화를 잘 본다.	☐	☐
B. 조용한 곳이 좋다.	☐	☐
C. 가끔 울고 싶다.	☐	☐
D. 집중력이 좋다.	☐	☐

04　나는 _____

	ㄱ	ㅁ
A. 기계를 조립하는 것을 좋아한다.	☐	☐
B. 집단에서 리드하는 역할을 맡는다.	☐	☐
C. 호기심이 많다.	☐	☐
D. 음악을 듣는 것을 좋아한다.	☐	☐

05 나는 _____

  A. 타인을 늘 배려한다.
  B. 감수성이 예민하다.
  C. 즐겨하는 운동이 있다.
  D. 일을 시작하기 전에 계획을 세운다.

	ㄱ	ㅁ
	☐	☐
	☐	☐
	☐	☐
	☐	☐

06 나는 _____

  A. 타인에게 설명하는 것을 좋아한다.
  B. 여행을 좋아한다.
  C. 정적인 것이 좋다.
  D. 남을 돕는 것에 보람을 느낀다.

	ㄱ	ㅁ
	☐	☐
	☐	☐
	☐	☐
	☐	☐

07 나는 _____

  A. 기계를 능숙하게 다룬다.
  B. 밤에 잠이 잘 오지 않는다.
  C. 한 번 간 길을 잘 기억한다.
  D. 불의를 보면 참을 수 없다.

	ㄱ	ㅁ
	☐	☐
	☐	☐
	☐	☐
	☐	☐

08 나는 _____

  A. 종일 말을 하지 않을 때가 있다.
  B. 사람이 많은 곳을 좋아한다.
  C. 술을 좋아한다.
  D. 휴양지에서 편하게 쉬고 싶다.

	ㄱ	ㅁ
	☐	☐
	☐	☐
	☐	☐
	☐	☐

09 나는 _____

	ㄱ	ㅁ
A. 뉴스보다는 드라마를 좋아한다.	☐	☐
B. 길을 잘 찾는다.	☐	☐
C. 주말엔 집에서 쉬는 것이 좋다.	☐	☐
D. 아침에 일어나는 것이 힘들다.	☐	☐

10 나는 _____

	ㄱ	ㅁ
A. 이성적이다.	☐	☐
B. 할 일을 종종 미룬다.	☐	☐
C. 어른을 대하는 게 힘들다.	☐	☐
D. 불을 보면 매혹을 느낀다.	☐	☐

11 나는 _____

	ㄱ	ㅁ
A. 상상력이 풍부하다.	☐	☐
B. 예의 바르다는 소리를 자주 듣는다.	☐	☐
C. 사람들 앞에 서면 긴장한다.	☐	☐
D. 친구를 자주 만난다.	☐	☐

12 나는 _____

	ㄱ	ㅁ
A. 나만의 스트레스 해소 방법이 있다.	☐	☐
B. 친구가 많다.	☐	☐
C. 책을 자주 읽는다.	☐	☐
D. 활동적이다.	☐	☐

CHAPTER 04 면접전형 가이드

01 면접유형 파악

1. 면접전형의 변화

기존 면접전형에서는 일상적이고 단편적인 대화나 지원자의 첫인상 및 면접관의 주관적인 판단 등에 의해서 입사 결정 여부를 판단하는 경우가 많았습니다. 이러한 면접전형은 면접 내용의 일관성이 결여되거나 직무 관련 타당성이 부족하였고, 면접에 대한 신뢰도에 영향을 주었습니다.

기존 면접(전통적 면접)		능력중심 채용 면접(구조화 면접)

• 일상적이고 단편적인 대화
• 인상, 외모 등 외부 요소의 영향
• 주관적인 판단에 의존한 총점 부여
⇩
• 면접 내용의 일관성 결여
• 직무관련 타당성 부족
• 주관적인 채점으로 신뢰도 저하
	VS	• 일관성
		  – 직무관련 역량에 초점을 둔 구체적 질문 목록
		  – 지원자별 동일 질문 적용
		• 구조화
		  – 면접 진행 및 평가 절차를 일정한 체계에 의해 구성
		• 표준화
		  – 평가 타당도 제고를 위한 평가 Matrix 구성
		  – 척도에 따라 항목별 채점, 개인 간 비교
		• 신뢰성
		  – 면접진행 매뉴얼에 따라 면접위원 교육 및 실습

2. 능력중심 채용의 면접 유형

① 경험 면접
- 목적 : 선발하고자 하는 직무 능력이 필요한 과거 경험을 질문합니다.
- 평가요소 : 직업기초능력과 인성 및 태도적 요소를 평가합니다.

② 상황 면접
- 목적 : 특정 상황을 제시하고 지원자의 행동을 관찰함으로써 실제 상황의 행동을 예상합니다.
- 평가요소 : 직업기초능력과 인성 및 태도적 요소를 평가합니다.

③ 발표 면접
- 목적 : 특정 주제와 관련된 지원자의 발표와 질의응답을 통해 지원자 역량을 평가합니다.
- 평가요소 : 직무수행능력과 인지적 역량(문제해결능력)을 평가합니다.

④ 토론 면접
- 목적 : 토의과제에 대한 의견수렴 과정에서 지원자의 역량과 상호작용능력을 평가합니다.
- 평가요소 : 직무수행능력과 팀워크를 평가합니다.

02 면접유형별 준비 방법

1. 경험 면접

① 경험 면접의 특징
- 주로 직업기초능력에 관련된 지원자의 과거 경험을 심층 질문하여 검증하는 면접입니다.
- 직무능력과 관련된 과거 경험을 평가하기 위해 심층 질문을 하며, 이 질문은 지원자의 답변에 대하여 '꼬리에 꼬리를 무는 형식'으로 진행됩니다.

> - 능력요소, 정의, 심사 기준
>   - 평가하고자 하는 능력요소, 정의, 심사기준을 확인하여 면접위원이 해당 능력요소 관련 질문을 제시합니다.
> - Opening Question
>   - 능력요소에 관련된 과거 경험을 유도하기 위한 시작 질문을 합니다.
> - Follow-up Question
>   - 지원자의 경험 수준을 구체적으로 검증하기 위한 질문입니다.
>   - 경험 수준 검증을 위한 상황(Situation), 임무(Task), 역할 및 노력(Action), 결과(Result) 등으로 질문을 구분합니다.

경험 면접의 형태

[면접관 1] [면접관 2] [면접관 3]   [면접관 1] [면접관 2] [면접관 3]

[지원자]   [지원자 1] [지원자 2] [지원자 3]

〈일대다 면접〉   〈다대다 면접〉

② 경험 면접의 구조

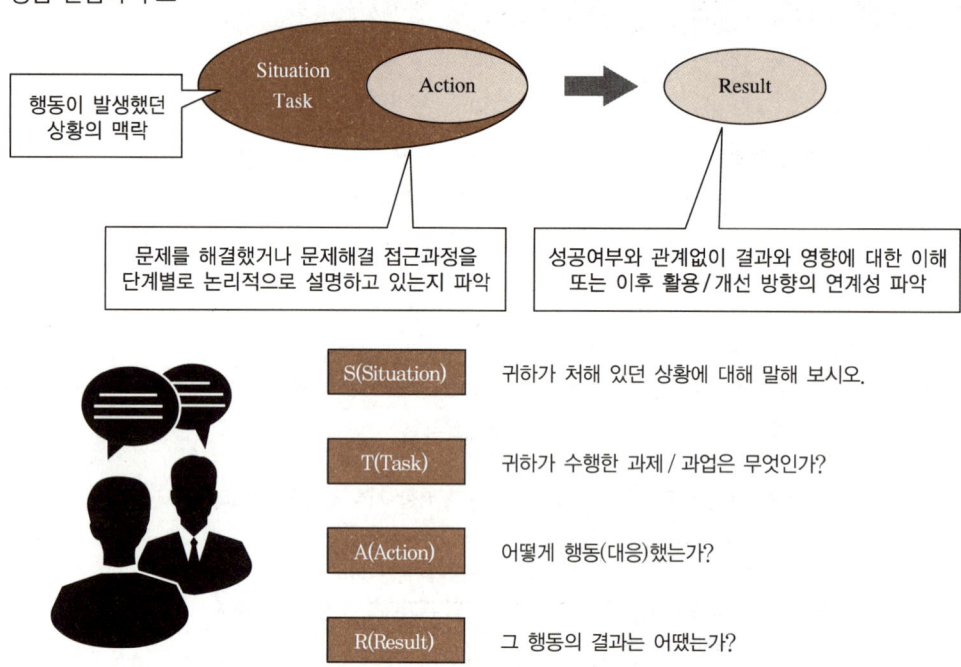

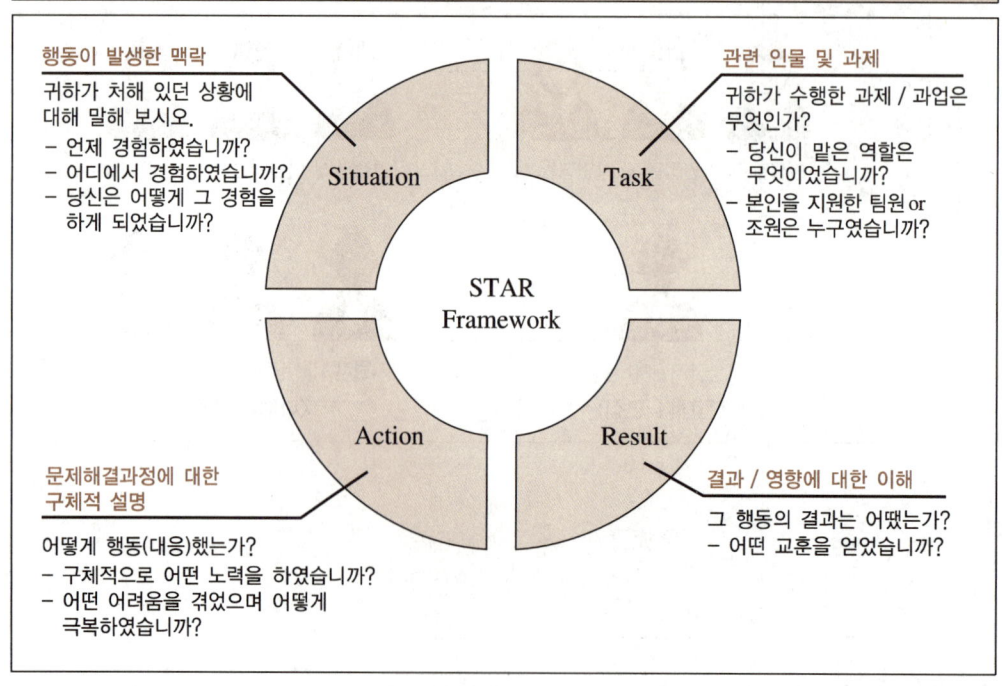

③ 경험 면접 질문 예시(직업윤리)

시작 질문	
1	남들이 신경 쓰지 않는 부분까지 고려하여 절차대로 업무(연구)를 수행하여 성과를 낸 경험을 구체적으로 말해 보시오.
2	조직의 원칙과 절차를 철저히 준수하며 업무(연구)를 수행한 것 중 성과를 향상시킨 경험에 대해 구체적으로 말해 보시오.
3	세부적인 절차와 규칙에 주의를 기울여 실수 없이 업무(연구)를 마무리한 경험을 구체적으로 말해 보시오.
4	조직의 규칙이나 원칙을 고려하여 성실하게 일했던 경험을 구체적으로 말해 보시오.
5	타인의 실수를 바로잡고 원칙과 절차대로 수행하여 성공적으로 업무를 마무리하였던 경험에 대해 말해 보시오.

후속 질문		
상황 (Situation)	상황	구체적으로 언제, 어디에서 경험한 일인가?
		어떤 상황이었는가?
	조직	어떤 조직에 속해 있었는가?
		그 조직의 특성은 무엇이었는가?
		몇 명으로 구성된 조직이었는가?
	기간	해당 조직에서 얼마나 일했는가?
		해당 업무는 몇 개월 동안 지속되었는가?
	조직규칙	조직의 원칙이나 규칙은 무엇이었는가?
임무 (Task)	과제	과제의 목표는 무엇이었는가?
		과제에 적용되는 조직의 원칙은 무엇이었는가?
		그 규칙을 지켜야 하는 이유는 무엇이었는가?
	역할	당신이 조직에서 맡은 역할은 무엇이었는가?
		과제에서 맡은 역할은 무엇이었는가?
	문제의식	규칙을 지키지 않을 경우 생기는 문제점 / 불편함은 무엇인가?
		해당 규칙이 왜 중요하다고 생각하였는가?
역할 및 노력 (Action)	행동	업무 과정의 어떤 장면에서 규칙을 철저히 준수하였는가?
		어떻게 규정을 적용시켜 업무를 수행하였는가?
		규정은 준수하는 데 어려움은 없었는가?
	노력	그 규칙을 지키기 위해 스스로 어떤 노력을 기울였는가?
		본인의 생각이나 태도에 어떤 변화가 있었는가?
		다른 사람들은 어떤 노력을 기울였는가?
	동료관계	동료들은 규칙을 철저히 준수하고 있었는가?
		팀원들은 해당 규칙에 대해 어떻게 반응하였는가?
		규칙에 대한 태도를 개선하기 위해 어떤 노력을 하였는가?
		팀원들의 태도는 당신에게 어떤 자극을 주었는가?
	업무추진	주어진 업무를 추진하는 데 규칙이 방해되진 않았는가?
		업무수행 과정에서 규정을 어떻게 적용하였는가?
		업무 시 규정을 준수해야 한다고 생각한 이유는 무엇인가?

결과 (Result)	평가	규칙을 어느 정도나 준수하였는가?
		그렇게 준수할 수 있었던 이유는 무엇이었는가?
		업무의 성과는 어느 정도였는가?
		성과에 만족하였는가?
		비슷한 상황이 온다면 어떻게 할 것인가?
	피드백	주변 사람들로부터 어떤 평가를 받았는가?
		그러한 평가에 만족하는가?
		다른 사람에게 본인의 행동이 영향을 주었다고 생각하는가?
	교훈	업무수행 과정에서 중요한 점은 무엇이라고 생각하는가?
		이 경험을 통해 느낀 바는 무엇인가?

2. 상황 면접

① 상황 면접의 특징

직무 관련 상황을 가정하여 제시하고 이에 대한 대응능력을 직무관련성 측면에서 평가하는 면접입니다.

- 상황 면접 과제의 구성은 크게 2가지로 구분
  - 상황 제시(Description) / 문제 제시(Question or Problem)
- 현장의 실제 업무 상황을 반영하여 과제를 제시하므로 직무분석이나 직무전문가 워크숍 등을 거쳐 현장성을 높임
- 문제는 상황에 대한 기본적인 이해능력(이론적 지식)과 함께 실질적 대응이나 변수 고려능력(실천적 능력) 등을 고르게 질문해야 함

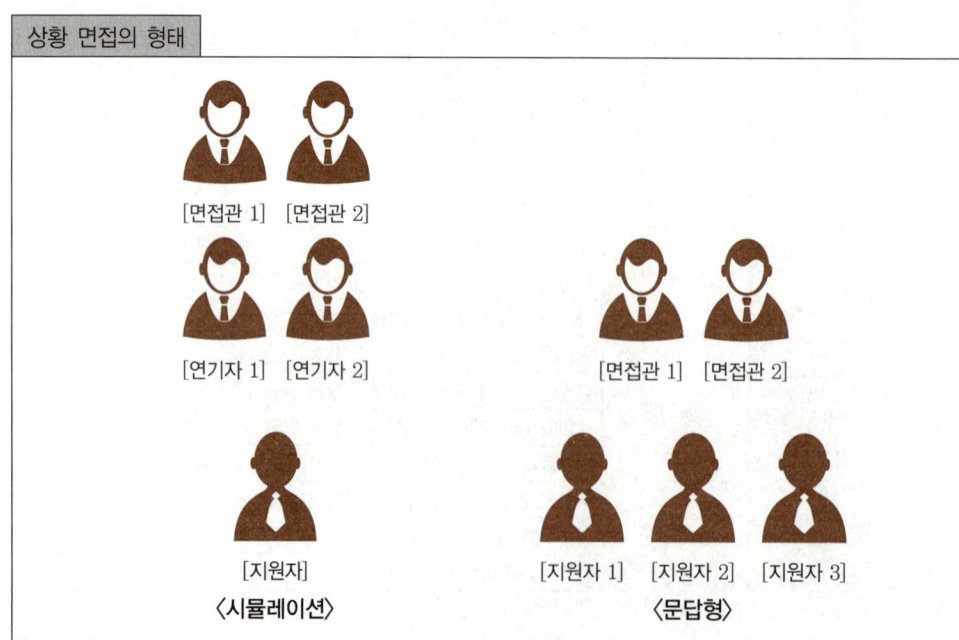

상황 면접의 형태

② 상황 면접 예시

상황 제시	인천공항 여객터미널 내에는 다양한 용도의 시설(사무실, 통신실, 식당, 전산실, 창고 면세점 등)이 설치되어 있습니다.	실제 업무 상황에 기반함
	금년에 소방배관의 누수가 잦아 메인 배관을 교체하는 공사를 추진하고 있으며, 당신은 이번 공사의 담당자입니다.	배경 정보
	주간에는 공항 운영이 이루어져 주로 야간에만 배관 교체 공사를 수행하던 중, 시공하는 기능공의 실수로 배관 연결 부위를 잘못 건드려 고압배관의 소화수가 누출되는 사고가 발생하였으며, 이로 인해 인근 시설물에 누수에 의한 피해가 발생하였습니다.	구체적인 문제 상황
문제 제시	일반적인 소방배관의 배관연결(이음)방식과 배관의 이탈(누수)이 발생하는 원인에 대해 설명해 보시오.	문제 상황 해결을 위한 기본 지식 문항
	담당자로서 본 사고를 현장에서 긴급히 처리하는 프로세스를 제시하고, 보수완료 후 사후적 조치가 필요한 부분 및 재발방지 방안에 대해 설명해 보시오.	문제 상황 해결을 위한 추가 대응 문항

3. 발표 면접

① 발표 면접의 특징
- 직무관련 주제에 대한 지원자의 생각을 정리하여 의견을 제시하고, 발표 및 질의응답을 통해 지원자의 직무능력을 평가하는 면접입니다.
- 발표 주제는 직무와 관련된 자료로 제공되며, 일정 시간 후 지원자가 보유한 지식 및 방안에 대한 발표 및 후속 질문을 통해 직무적합성을 평가합니다.

> - 주요 평가요소
>   - 설득적 말하기 / 발표능력 / 문제해결능력 / 직무관련 전문성
> - 이미 언론을 통해 공론화된 시사 이슈보다는 해당 직무분야에 관련된 주제가 발표면접의 과제로 선정되는 경우가 최근 들어 늘어나고 있음
> - 짧은 시간 동안 주어진 과제를 빠른 속도로 분석하여 발표문을 작성하고 제한된 시간 안에 면접관에게 효과적인 발표를 진행하는 것이 핵심

발표 면접의 형태

[면접관 1] [면접관 2]　　　　　[면접관 1] [면접관 2]

[지원자]　　　　　[지원자 1] [지원자 2] [지원자 3]

〈개별 과제 발표〉　　　　　〈팀 과제 발표〉

※ 면접관에게 시각적 효과를 사용하여 메시지를 전달하는 쌍방향 커뮤니케이션 방식
※ 심층면접을 보완하기 위한 방안으로 최근 많은 기업에서 적극 도입하는 추세

② 발표 면접 예시

1. 지시문

   당신은 현재 A사에서 직원들의 성과평가를 담당하고 있는 팀원이다. 인사팀은 지난주부터 사내 조직문화관련 인터뷰를 하던 도중 성과평가제도에 관련된 개선 니즈가 제일 많다는 것을 알게 되었다. 이에 팀장님은 인터뷰 결과를 종합하려 성과평가제도 개선 아이디어를 A4용지에 정리하여 신속 보고할 것을 지시하셨다. 당신에게 남은 시간은 1시간이다. 자료를 준비하는 대로 당신은 팀원들이 모인 회의실에서 5분간 발표할 것이며, 이후 질의응답을 진행할 것이다.

2. 배경자료

   〈성과평가제도 개선에 대한 인터뷰〉

   최근 A사는 회사 사세의 급성장으로 인해 작년보다 매출이 두 배 성장하였고, 직원 수 또한 두 배로 증가하였다. 회사의 성장은 임금, 복지에 대한 상승 등 긍정적인 영향을 주었으나 업무의 불균형 및 성과보상의 불평등 문제가 발생하였다. 또한 수시로 입사하는 신입직원과 경력직원, 퇴사하는 직원들까지 인원들의 잦은 변동으로 인해 평가해야 할 대상이 변경되어 현재의 성과평가제도로는 공정한 평가가 어려운 상황이다.

   [생산부서 김상호]
   우리 팀은 지난 1년 동안 생산량이 급증했기 때문에 수십 명의 신규인력이 급하게 채용되었습니다. 이 때문에 저희 팀장님은 신규 입사자들의 이름조차 기억 못 할 때가 많이 있습니다. 성과평가를 제대로 하고 있는지 의문이 듭니다.

   [마케팅 부서 김흥민]
   개인의 성과평가의 취지는 충분히 이해합니다. 그러나 현재 평가는 실적기반이나 정성적인 평가가 많이 포함되어 있어 객관성과 공정성에는 의문이 드는 것이 사실입니다. 이러한 상황에서 평가제도를 재수립하지 않고, 인센티브에 계속 반영한다면, 평가제도에 대한 반감이 커질 것이 분명합니다.

   [교육부서 홍경민]
   현재 교육부서는 인사팀과 밀접하게 일하고 있습니다. 그럼에도 인사팀에서 실시하는 성과평가제도에 대한 이해가 부족한 것 같습니다.

   [기획부서 김경호 차장]
   저는 저의 평가자 중 하나가 연구부서의 팀장님인데, 일 년에 몇 번 같이 일하지 않는데 어떻게 저를 평가할 수 있을까요? 특히 연구팀은 저희가 예산을 배정하는데, 저에게는 좋지만 ….

4. 토론 면접

① 토론 면접의 특징
- 다수의 지원자가 조를 편성해 과제에 대한 토론(토의)을 통해 결론을 도출해 가는 면접입니다.
- 의사소통능력, 팀워크, 종합인성 등의 평가에 용이합니다.

> - 주요 평가요소
>   - 설득적 말하기, 경청능력, 팀워크, 종합인성
> - 의견 대립이 명확한 주제 또는 채용분야의 직무 관련 주요 현안을 주제로 과제 구성
> - 제한된 시간 내 토론을 진행해야 하므로 적극적으로 자신 있게 토론에 임하고 본인의 의견을 개진할 수 있어야 함

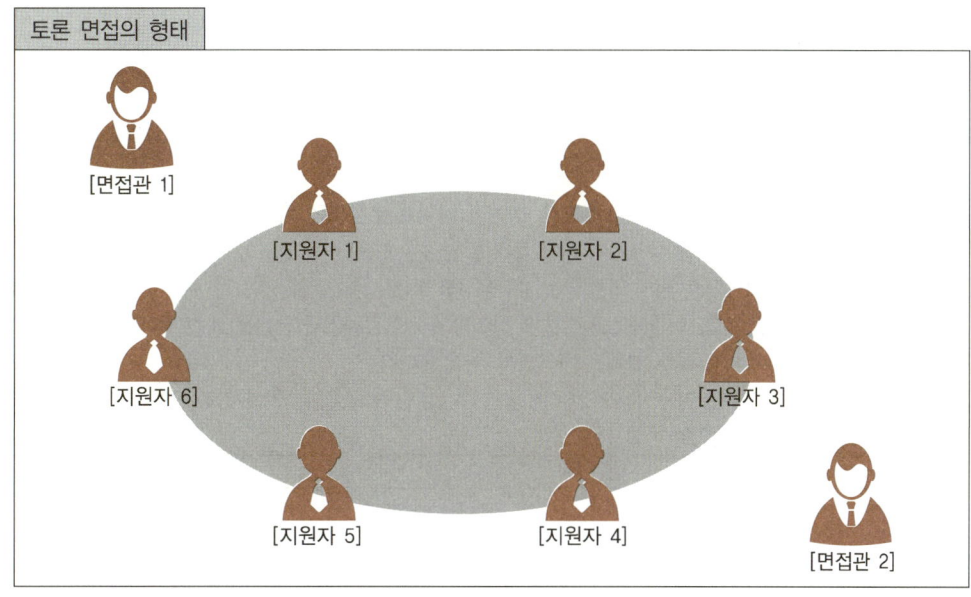

토론 면접의 형태

② 토론 면접 예시

고객 불만 고충처리
1. 들어가며
최근 우리 상품에 대한 고객 불만의 증가로 고객고충처리 TF가 만들어졌고 당신은 여기에 지원해 배치받았다. 당신의 업무는 불만을 가진 고객을 만나서 애로사항을 듣고 처리해 주는 일이다. 주된 업무로는 고객의 니즈를 파악해 방향성을 제시해 주고 그 해결책을 마련하는 일이다. 하지만 경우에 따라서 고객의 주관적인 의견으로 인해 제대로 된 방향으로 의사결정을 하지 못할 때가 있다. 이럴 경우 설득이나 논쟁을 해서라도 의견을 관철시키는 것이 좋을지 아니면 고객의 의견대로 진행하는 것이 좋을지 결정해야 할 때가 있다. 만약 당신이라면 이러한 상황에서 어떤 결정을 내릴 것인지 여부를 자유롭게 토론해 보시오.
2. 1분 자유 발언 시 준비사항
• 당신은 의견을 자유롭게 개진할 수 있으며 이에 따른 불이익은 없습니다. • 토론의 방향성을 이해하고, 내용의 장점과 단점이 무엇인지 문제를 명확히 말해야 합니다. • 합리적인 근거에 기초하여 개선방안을 명확히 제시해야 합니다. • 제시한 방안을 실행 시 예상되는 긍정적·부정적 영향요인도 동시에 고려할 필요가 있습니다.
3. 토론 시 유의사항
• 토론 주제문과 제공해드린 메모지, 볼펜만 가지고 토론장에 입장할 수 있습니다. • 사회자의 지정 또는 발표자가 손을 들어 발언권을 획득할 수 있으며, 사회자의 통제에 따릅니다. • 토론회가 시작되면, 팀의 의견과 논거를 정리하여 1분간의 자유발언을 할 수 있습니다. 순서는 사회자가 지정합니다. 이후에는 자유롭게 상대방에게 질문하거나 답변을 하실 수 있습니다. • 핸드폰, 서적 등 외부 매체는 사용하실 수 없습니다. • 논제에 벗어나는 발언이나 지나치게 공격적인 발언을 할 경우, 위에서 제시한 유의사항을 지키지 않을 경우 불이익을 받을 수 있습니다.

03 면접 Role Play

1. 면접 Role Play 편성

- 교육생끼리 조를 편성하여 면접관과 지원자 역할을 교대로 진행합니다.
- 지원자 입장과 면접관 입장을 모두 경험해 보면서 면접에 대한 적응력을 높일 수 있습니다.

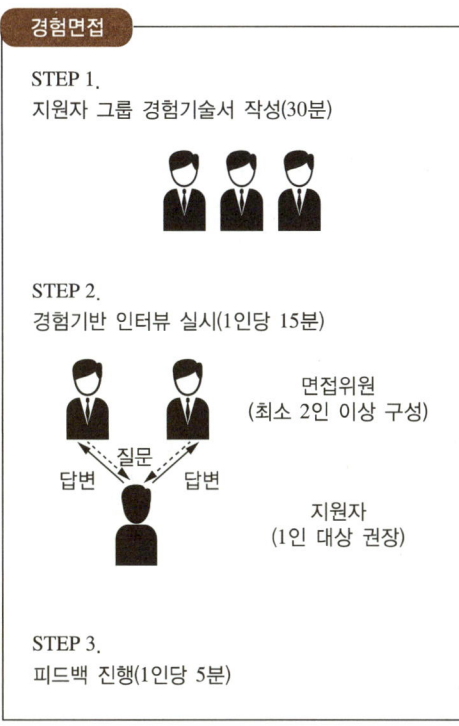

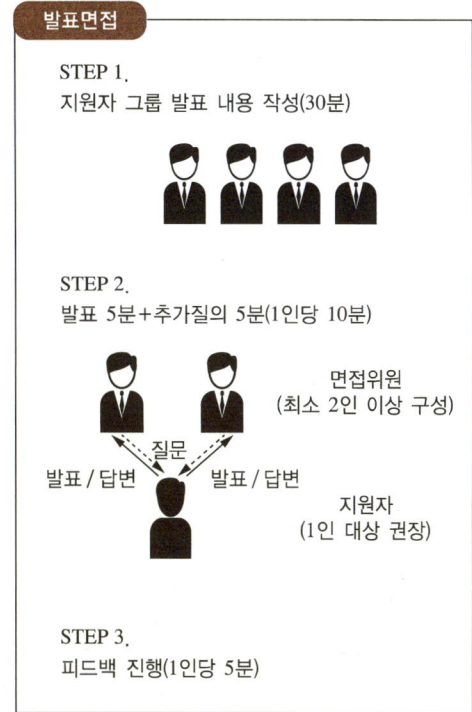

> **Tip**
>
> 면접 준비하기
> 1. 면접 유형 확인 필수
>   - 기업마다 면접 유형이 상이하기 때문에 해당 기업의 면접 유형을 확인하는 것이 좋음
>   - 일반적으로 실무진 면접, 임원면접 2차례에 거쳐 면접을 실시하는 기업이 많고 실무진 면접과 임원 면접에서 평가요소가 다르기 때문에 유형에 맞는 준비방법이 필요
> 2. 후속 질문에 대한 사전 점검
>   - 블라인드 채용 면접에서는 주요 질문과 함께 후속 질문을 통해 지원자의 직무능력을 판단
>   → STAR 기법을 통한 후속 질문에 미리 대비하는 것이 필요

CHAPTER 05 주요 공사공단 면접 기출질문

1. 코레일 한국철도공사

- 이미 완수된 작업을 창의적으로 개선한 경험이 있다면 말해 보시오.
- 작업을 창의적으로 개선했을 때 주변인의 반응에 대해 말해 보시오.
- 다른 사람과의 갈등을 해결한 경험이 있다면 말해 보시오.
- 동료가 일하기 싫다며 일을 제대로 하지 않을 경우 어떻게 대처할 것인지 말해 보시오.
- 노력한 프로젝트의 결과가 안 좋을 경우 어떻게 해결할 것인지 말해 보시오.
- 추가로 어필하고 싶은 본인의 역량에 대해 말해 보시오.
- 자기개발을 어떻게 하는지 말해 보시오.
- 인생을 살면서 실패해 본 경험이 있다면 말해 보시오.
- 팀워크를 발휘한 경험이 있다면 본인의 역할과 성과에 대해 말해 보시오.
- 본인의 장점과 단점은 무엇인지 말해 보시오.
- 본인의 장단점을 업무와 연관지어 말해 보시오.
- 성공이나 실패의 경험으로 얻은 교훈이 있다면 이를 직무에 어떻게 적용할 것인지 말해 보시오.
- 본인이 중요하게 생각하는 가치관에 대해 말해 보시오.
- 공공기관의 직원으로서 중요시해야 하는 덕목이나 역량에 대해 말해 보시오.
- 인간관계에서 스트레스를 받은 경험이 있다면 말해 보시오.
- 코레일의 직무를 수행하기 위해 특별히 더 노력한 부분이 있다면 말해 보시오.
- 주변 사람이 부적절한 일을 했을 때 어떻게 해결했는지 말해 보시오.
- 상사와 가치관이 대립한다면 어떻게 해결할 것인지 말해 보시오.
- 상사가 불법적인 일을 시킨다면 어떻게 행동할 것인지 말해 보시오.
- 조직에 잘 융화되었던 경험이 있다면 말해 보시오.
- 상사와 잘 맞지 않았던 경험이 있다면 말해 보시오.
- 무언가에 열정을 갖고 도전한 경험이 있다면 말해 보시오.
- 동료와의 갈등을 해결한 경험이 있다면 말해 보시오.
- 원칙을 지켰던 경험이 있다면 말해 보시오.
- UPS와 같은 장치 내 반도체소자가 파괴되었다. 그 원인을 설명해 보시오.
- 전계와 자계의 차이점을 아는 대로 설명해 보시오.
- 페란티 현상이 무엇인지 아는 대로 설명해 보시오.
- 누군가와 협력해서 일해 본 경험이 있다면 말해 보시오.
- 본인만의 장점이 무엇인지 말해 보시오.
- 원칙을 지켜 목표를 달성한 경험이 있다면 말해 보시오.
- 직무를 수행하는 데 가장 중요한 것이 무엇이라고 생각하는지 말해 보시오.
- 낯선 환경에서 본인만의 대처법을 말해 보시오.
- 코레일에 입사하기 위해 준비한 것을 말해 보시오.

- 이미 형성된 조직에 나중에 합류하여 적응한 경험이 있다면 말해 보시오.
- 자기계발을 통해 얻은 성과가 무엇인지 말해 보시오.
- 물류 활성화 방안에 대한 본인의 생각을 말해 보시오.
- 규칙이나 원칙을 지키지 않은 경험이 있다면 말해 보시오.
- 평소 여가 시간에는 어떤 활동을 하는지 말해 보시오.
- 코레일에서 가장 중요하다고 생각하는 것이 무엇인지 말해 보시오.
- 의사소통에서 가장 중요하다고 생각하는 것이 무엇인지 말해 보시오.
- 까다로운 고객을 응대했던 경험이 있다면 말해 보시오.
- 소통을 통해 문제를 해결한 경험이 있다면 말해 보시오.
- 공공기관에서 가장 중요하다고 생각하는 윤리가 무엇인지 말해 보시오.
- IoT가 무엇인지 아는 대로 설명해 보시오.
- 코딩이 무엇인지 아는 대로 설명해 보시오.
- 최근 관심 있게 본 사회 이슈를 말해 보시오.
- 철도 부품 장비에 대해 아는 대로 설명해 보시오.
- 철도 정비 경험이 있다면 말해 보시오.
- 창의성을 발휘해 본 경험이 있다면 말해 보시오.
- 본인의 안전 의식에 대해 말해 보시오.
- 본인의 단점은 무엇이라고 생각하며, 이를 해결하기 위해 어떠한 노력을 했는지 말해 보시오.
- 남들이 꺼려하는 일을 해본 경험이 있다면 말해 보시오.
- 잘 모르는 사람과 단기간으로 일할 때 어떻게 성과를 이뤄낼 것인가? 그러한 경험이 있는가?
- 성과는 없지만 일을 잘 마무리한 경험이 있는가?
- 코레일에 입사하여 본인이 기여할 수 있는 것에는 무엇이 있겠는가?
- 살아오면서 최근에 좌절한 경험이 있는가?
- 팀 과제나 프로젝트를 하면서 어려움이 있었던 경험에 대해 말해 보시오.
- 학창 시절 어떤 프로젝트를 수행했는지 말해 보시오.
- 자신의 직무 경험이 무엇이고, 그 경험이 가지는 강점에 대해 말해 보시오.
- 공모전에 참가한 경험이 있다면 말해 보시오.
- 코레일 사이트는 2가지가 있다. 그중 예매와 관련 있는 사이트는?
- 본인의 전공과 철도와의 연관성을 말해 보시오.
- 나이 차이가 나는 상사와의 근무환경을 어떻게 생각하는가?
- 변압기가 무엇인지 말해 보시오.
- 전동기 제동 방법에 대해 말해 보시오.
- 가치관이 다른 사람과 대화를 해본 경험에 대해 말해 보시오.
- 철도 민영화에 대한 생각을 말해 보시오.
- 보안사고 발생 시 대처법에 대해 말해 보시오.
- 살면서 가장 기뻤던 일과 슬펐던 일에 대해 말해 보시오.
- 아르바이트나 동아리를 해본 경험이 있는가? 있다면 경험을 통해 팀워크를 증가시키기 위해 했던 노력을 말해 보시오.
- 최근 코레일에 대한 뉴스를 접한 적이 있는가?
- 입사한다면 상사의 지시에 따를 것인가, 자신의 방법대로 진행할 것인가?
- 의견을 고집하는 사람이 조직 내에 있으면 어떻게 할 것인가?
- 신입직원으로서 업무가 익숙하지 않은데 위험한 상황에 처한다면 어떻게 해결할 것인가?

- 차량을 정비할 때 동료들끼리 혼선되지 않고 일하려면 어떻게 할 것인가?
- 민원이 들어오거나 차량 안전에 문제가 있을 때 어떻게 하겠는가?
- 교육사항과 현장의 작업 방식 간 차이가 발생했을 때 어떻게 대처해야 하는가?
- 코레일 환경상 하청 없이 전기직 직원이 직접 유지·보수를 해야 하는 상황에서 많은 사고가 발생한다. 사고를 줄일 수 있는 획기적인 방법은 무엇인가?
- 무임승차를 한 고객을 발견했을 때 어떻게 대응할 것인가?
- 카페열차의 이용 활성화 방안에 대해 말해 보시오.
- 명절에 갑자기 취소하는 표에 대한 손해액 대책 마련 방안에 대해 말해 보시오.

2. 서울교통공사

- 혼잡한 시간대에 발생하는 응급환자와 관련한 민원에 어떻게 대응할 것인지 말해 보시오.
- 서울교통공사의 목표와 본인의 목표가 다르다면 어떻게 할 것인지 말해 보시오.
- 서울교통공사에 근무하게 된다면 어떠한 업무를 담당하고 싶은지 말해 보시오.
- 자신의 소통 역량을 어필할 수 있는 경험이 있다면 말해 보시오.
- 본인의 강점과 업무상 필요한 자질을 연관 지어 이야기해 보시오.
- 경쟁하던 상대방을 배려한 경험이 있다면 말해 보시오.
- 책에서 배우지 않았던 지식을 활용했던 경험이 있다면 말해 보시오.
- 타인과의 소통에 실패했던 경험이 있는지, 이를 통해 느낀 점은 무엇인지 말해 보시오.
- 본인의 직업관을 솔직하게 말해 보시오.
- 정보를 수집하는 본인만의 기준이 있다면 말해 보시오.
- 긍정적인 에너지를 발휘했던 경험이 있다면 말해 보시오.
- 서울교통공사와 관련하여 최근 접한 이슈가 있는지, 그에 대한 본인의 생각은 어떠한지 말해 보시오.
- 팀 프로젝트 과정 중에 문제를 겪었던 경험이 있는지, 그런 경험이 있다면 문제를 어떻게 효과적으로 해결했는지 말해 보시오.
- 본인은 주위 사람들로부터 어떤 평가를 받는 사람인지 말해 보시오.
- 본인이 맡은 바보다 더 많은 일을 해본 경험이 있는지 말해 보시오.
- 평소 생활에서 안전을 지키기 위해 노력했던 습관이 있다면 말해 보시오.
- 기대했던 목표보다 더 높은 성과를 거둔 경험이 있다면 말해 보시오.
- 공공데이터의 활용방안에 대해 말해 보시오.
- 지하철 객차 내에서 느낀 불편한 점이 있는지 말해 보시오.
- 본인의 스트레스 해소 방안에 대해 말해 보시오.
- 서울교통공사에 입사하기 위해 참고했던 자료 중 세 가지를 골라 말해 보시오.
- 본인의 악성민원 응대 방법에 대해 말해 보시오.
- 기획안을 작성하고자 할 때 어떤 자료를 어떻게 참고할 것인지 말해 보시오.
- 공직자에게 가장 중요한 신념이 무엇이라고 생각하는지 말해 보시오.
- 봉사활동 경험이 있는지 말해 보시오.
- 갈등해결 경험이 있는지, 있다면 어떠한 갈등해결 전략을 어떻게 활용하였는지 말해 보시오.
- 자기계발 경험에 대하여 간략하게 말해 보시오.

- 서울교통공사에 입사하기 위해 특별히 노력한 부분이 있는지 말해 보시오.
- 서울교통공사에서 시행 중인 4차 산업혁명 관련 사업을 아는 대로 말해 보시오.
- 지하철 관련 사건·사고에 대해서 아는 대로 말해 보시오.
- 공기업 직원으로서 가장 중요한 덕목이 무엇인지 말해 보시오.
- 갈등 상황에서 Win – Win 전략을 사용한 적이 있는지 말해 보시오.
- 다른 회사와 비교할 때 서울교통공사만의 장단점에 대해 말해 보시오.
- 역무원으로서 가져야 할 자세와 그에 대한 경험에 대해 말해 보시오.
- 역무원 업무에서 4차 산업혁명 기술을 이용할 수 있는 방안에 대해 말해 보시오.
- 부정승차를 대처할 수 있는 방안에 대해 말해 보시오.
- 컴플레인에 대처할 수 있는 방안에 대해 말해 보시오.
- 지하철 혼잡도를 낮추고 승객 스트레스를 줄이기 위한 방안에 대해 말해 보시오.
- 지하철 공간 활용방안에 대해 말해 보시오.
- 일회용 교통권 회수율 상승 방안에 대해 말해 보시오.
- 특정 분야의 전문가가 되기 위해 노력했던 경험이 있는지, 이를 서울교통공사에서 어떻게 발휘할 것인지 말해 보시오.
- 지금의 자신을 가장 명확하게 표현할 수 있는 과거의 경험이 있다면 말해 보시오.
- 접지저항의 종별 크기에 대하여 말해 보시오.
- 영어로 자기소개를 할 수 있다면 간략하게 해 보시오.
- 평상시 서울교통공사에 바라는 개선점이 있었다면 말해 보시오.
- 우리나라 지하철을 이용하며 느낀 장단점에 대하여 말해 보시오.
- 소속 집단을 위하여 사소하게라도 희생한 경험이 있다면 말해 보시오.
- 분기기에 대해 말해 보시오.
- 이론교점과 실제교점에 대해 말해 보시오.
- 크로싱부에 대해 말해 보시오.
- 궤도틀림에 대해 말해 보시오.
- 궤도 보수에 사용되는 장비에 대해 말해 보시오(MTT, STT 등).
- 온도 변화 신축관이란 무엇인지, 피뢰기와 피뢰침, 조합논리회로와 순차논리회로에 대한 개념과 비교하여 말해 보시오.
- 노인 무임승차 해결 방안에 대해 말해 보시오.
- 혼잡한 시간대에 열차를 증차하면 그에 따르는 추가비용은 어떻게 감당할 것인지에 대한 방안을 빅데이터를 활용해서 말해 보시오.
- 대중교통 이용을 통해 건강문제를 해결할 수 있는 방안에 대해 말해 보시오.
- 지하철 성범죄 예방방법에 대해 말해 보시오.
- 신호체계 혼재로 인한 안전사고 해결 방안에 대해 말해 보시오.
- 4차 산업의 빅데이터를 활용하여 지하철 출퇴근 시간의 붐비는 현상을 개선할 방안에 대해 말해 보시오.
- 지하철 안내판 개선방법에 대해 말해 보시오.
- 지하철 불법 광고 근절 방안에 대해 말해 보시오.
- 교통체계 시스템 개선 방안에 대해 말해 보시오.
- 국민들이 사기업보다 공기업 비리에 더 분노하는 이유는 무엇이라고 생각하는지 말해 보시오.
- 사람과 대화할 때 가장 중요한 것이 무엇이라고 생각하는지 말해 보시오.
- 본인을 색으로 표현하면 무슨 색이고 왜 그 색인지 이유를 말해 보시오.

3. 국민건강보험공단

- 불법의료기관 개설 방지를 위한 특별사법경찰권의 실효성 재고 방안을 제시해 보시오.
- 아동청소년 정신건강 사회공헌활동을 고안해 보시오.
- 노인장기요양기관 부당청구 신고 활성화 방안을 제시해 보시오.
- 업무상 스스로 한계를 느낀 경험과 그것을 어떻게 해결했는지 말해 보시오.
- 적응에 어려움을 겪는 동료를 도운 경험에 대해 말해 보시오.
- 평소 어떤 상황에서 스트레스를 받으며, 어떻게 해소하는지 말해 보시오.
- 목표를 초과 달성한 경험과 그 동기에 대해 말해 보시오.
- 예의 없는 동료와 협력한 경험이 있다면 말해 보시오.
- 출생신고제와 보호출산제의 병행 방향을 제시해 보시오.
- 섭식장애에 대한 지원 방향을 제시해 보시오.
- 저소득층의 당뇨 관리 방안은 무엇인가?
- 국민건강보험공단에 제시하고 싶은 개인정보보호 강화 방안은 무엇인가?
- 선임이 나에게는 잡일을 시키고 동기에게는 중요한 일을 시킨다면 본인은 어떻게 할 것인가?
- 열심히 자료 조사를 했는데 선임이 상사에게 본인이 찾았다고 하는 상황에서 어떻게 대처할 것인가?
- 국민건강보험공단의 보장성을 강화할 수 있는 방안은 무언인가?
- 상병수당을 효과적으로 홍보할 수 있는 방안은 무엇인가?
- 고령화시대에서 국민건강보험공단의 이상적인 사업 추진 방향은 무엇인가?
- 사회복지와 관련된 경험이 적은 편인데, 관련된 지식은 어떤 것들이 있는지 말해 보시오.
- 성장의 동력이 되었던 실패 경험이 있는가?
- 성실하다는 평을 들어본 경험이 있다면 이야기해 보시오.
- 상사와 가치관이 대립한다면 어떻게 대처할 것인지 말해 보시오.
- 본인이 가지고 있는 역량 중 어떤 업무에 전문성이 있다고 생각하는가?
- 가장 자신 있는 업무와 이와 관련된 이슈를 아는 대로 말해 보시오.
- 업무 중 모르는 것이 있다면 어떻게 대처하겠는가?
- 업무를 숙지하는 노하우가 있다면 말해 보시오.
- 악성 민원을 대처해 본 경험이 있다면 말해 보시오.
- 상사의 긍정적 또는 부정적 피드백을 받은 경험이 있는가?
- 동료와의 갈등상황이 생긴다면 어떻게 대처하겠는가?
- 끈기를 가지고 노력했던 경험이 있는가?
- 공공기관 직원이 갖춰야 할 중요한 가치나 덕목은 무엇이라고 생각하는가?
- 자신이 갖고 있는 직무역량 및 강점을 가지고 요양직 직무를 한다면 어떤 점을 발휘할 수 있는가?
- 예상치 못한 어려움 속에서 이를 해결했던 경험과 본인의 역할은 무엇이었는지 말해 보시오.
- 빠른 상황판단 능력을 통해 국민건강보험공단에서 기여할 수 있는 부분에 대해 말해 보시오.
- 민원 업무에 대한 자신의 가치관에 대해 이야기하고, 그 이유에 대해 설명해 보시오.
- 직무기술서에 대해 읽어본 적이 있는가? 읽어보았다면 어떤 내용이 있는지 말해 보시오.
- 통계조사를 하기 위해서 어떤 능력이 필요한가? 혹시 관련된 프로그램을 쓸 줄 안다면 말해 보시오.
- 국민건강보험공단에 들어오게 되면 개선시키고 싶은 사업이 있는가? 그 이유는 무엇인가?
- 현재 국민건강보험공단이 추진하고 있는 사업에 대해 아는 대로 말해 보시오.
- 본인이 생각했을 때 친해지기 어려운 사람에 대해 말해 보시오.
- 실패하거나 힘들었던 경험에서 후회하는 부분은 무엇이며 지금 다시 돌아간다면 어떻게 할 것인가?

- 자신의 의사소통 방법에 대하여 설명해 보시오.
- 공직자로서의 태도에 대하여 자신의 생각을 말해 보시오.
- 국민건강보험공단을 이용했을 때 좋았던 점과 개선할 점에 대해 말해 보시오.
- 지원한 직무의 강점 및 약점을 말해 보시오.
- 귀하의 약점을 개선하기 위해 어떠한 노력을 했는지 말해 보시오.
- 조직에 적응하기 위해 어떠한 노력을 했는지 말해 보시오.
- 생계형 체납자에 대한 실효적인 관리 방안에 대하여 토론해 보시오.
- 장애인 건강권 보장에 대하여 토론해 보시오.
- 국민건강보험과 민간의료보험(사보험)의 차이에 대하여 말해 보시오.
- 지원자 본인이 가지고 있는 능력을 발전시키기 위해 어떠한 노력을 했는지 말해 보시오.
- 지원자가 경험한 일 중 요양직 업무에 기여할 수 있는 것은 무엇이 있는가?
- 공정하게 일을 처리한 경험을 말해 보시오.
- 까다로운 환자를 담당한 경험을 말해 보시오.
- 불만을 표시하는 상대를 설득한 경험을 말해 보시오.
- 조직 생활이나 학교 생활을 하면서 창의적으로 일을 처리했던 경험을 말해 보시오.
- 지원자가 생각하는 일을 잘한다는 기준은 무엇인가?
- 지금까지 살면서 가장 후회했던 경험이 있는가?
- 본인이 생각했을 때 가장 좋은 성품과 고치고 싶은 습관은 무엇인가?
- 단호하게 일 처리를 했던 적이 있는가?
- 갈등 상황에서 타인의 의견을 수용하고 해결한 경험을 말해 보시오.
- 지금까지의 경험으로 강화된 역량은 무엇인가?
- 책임감을 가지고 자신이 맡은 업무에 임한 경험이 있는가?
- 윤리적으로 잘못된 것이라고 판단하고 일을 하지 않은 경험을 말해 보시오.
- 고객과 소통하는 자신만의 노하우가 있는가?
- 자신만의 원칙으로 업무를 처리한 경험을 말해 보시오.
- 30초 동안 자기소개를 해 보시오.
- 새로운 변화로 발생한 문제를 해결한 경험을 말해 보시오.
- 국민건강보험공단에서 하는 일은 무엇인가?
- 협업하여 어떤 일을 해낸 경험을 말해 보시오.
- 어떤 상황에서 가장 스트레스를 받는가?
- 본인만의 스트레스 해소법은 무엇인가?
- 국민건강보험공단에 지원한 이유가 무엇인가?
- 보험에 대해 아는 대로 말해 보시오.
- 살면서 가장 힘들었던 경험을 말해 보시오.
- 상사나 동료와의 갈등 경험이 있는가?
- 국민건강보험공단 면접장에 처음 왔을 때 기분이 어떠하였는가?
- 본인이 합격 혹은 불합격을 한다면 그 이유는 무엇이라고 생각하는가?
- 고객들을 위해 남들은 하지 않았지만 본인이 했던 행동이 있다면 무엇이었는가?
- 일을 주도적으로 한 경험이 있는가?
- 최근에 사람들에게 싫은 소리를 한 적이 있는가?
- 거절당한 경험을 말해 보시오.
- 평소에 하던 업무가 아닌 새로운 업무를 시작한 경험이 있는가?

4. 건강보험심사평가원

- 업무를 개선하기 위하여 창의적인 대안을 마련한 경험이 있는지 말해 보시오.
- 업무 개선을 위해 다른 플랫폼의 사용을 생각한 경험이 있는지 말해 보시오.
- 업무에 있어서 전문지식을 향상하기 위해 노력한 경험이 있는지 말해 보시오.
- 업무를 하면서 역량이 부족하다고 느낀 경험이 있다면, 어떤 노력을 했는지 말해 보시오.
- NHI와 NHS를 비교하여 말해 보시오.
- 건강보험심사평가원의 요양급여대상 여부의 적용 4단계와 각 고려요소에 대해 말해 보시오.
- 디지털시대 고객만족 CS에 대해 말해 보시오.
- 행정처분 시 병원이 해야 하는 절차에 대해서 말해 보시오.
- 그린벨트에 대한 찬성/반대 입장을 말해 보시오.
- 원칙과 상황 중 어느 것을 중요하게 생각하는지 말해 보시오.
- 업무를 익히는 노하우에 대해 말해 보시오.
- 본인의 단점으로 인해 발생할 수 있는 문제와 이를 개선하기 위한 방안을 말해 보시오.
- 건강보험심사평가원의 발전에 기여할 수 있는 아이디어를 말해 보시오.
- 건강보험심사평가원의 업무 중 더 효율적으로 개선할 수 있는 부분에 대한 본인의 생각을 말해 보시오.
- 인생을 살면서 가장 몰입했던 일이 무엇인지 말해 보시오.
- 신뢰를 받은 경험이 있다면 말해 보시오.
- 고객 서비스 정신이란 무엇이라고 생각하는지 말해 보시오.
- 건강보험심사평가원이 독립적으로 존재해야 하는 이유에 대해 말해 보시오.
- 자보 심사를 건강보험심사평가원에서 하는 이유에 대해 말해 보시오.
- 건강보험심사평가원의 부족한 점에 대해 생각나는 대로 말해 보시오.
- 요양급여대상을 확인하는 방법과 이의신청에 대하여 말해 보시오.
- 직장이란 무엇이라고 생각하는지 말해 보시오.
- 본인의 장점이 건강보험심사평가원의 어떤 점과 잘 맞을 거라고 생각하는지 말해 보시오.
- 건강보험심사평가원 홈페이지에서 좋았던 점이 있다면 말해 보시오.
- 최근에 읽었던 책과 가장 감명 깊었던 책에 대하여 말해 보시오.
- 건강보험심사평가원의 역할 중 가장 중요한 것이 무엇이라고 생각하는지 말해 보시오.
- 상급종합병원의 조건에 대해 말해 보시오.
- 공보험과 사보험의 차이에 대해 아는 대로 말해 보시오.
- 포괄수가제에 대해 아는 대로 말해 보시오.
- 직장에서 업무를 진행하면서 전문용어 때문에 어려움을 겪은 사례와 어떻게 해결했는지 말해 보시오.
- 직장생활에서 꼭 필요한 점 2가지를 말해 보시오.
- 빅데이터를 활용한 아이디어를 제시해 보시오.
- 건강보험심사평가원에 접목할 수 있는 4차 산업혁명의 기술은 어떠한 것이 있겠는가?
- 건강보험심사평가원의 보안 솔루션을 제시해 보시오.
- 고객의 공공데이터 접근성을 높이기 위한 방법에는 어떠한 것이 있겠는가?
- 우리나라 중증질환자 증가율을 OECD 평균 중증질환자 증가율과 비교하면 어떠한지 말해 보시오.
- 공직자의 직업윤리를 설명해 보시오.
- PA간호사에 대해 설명해 보시오.
- PA간호사 인력에 대한 찬성/반대 입장을 말해 보시오.
- 건강보험심사평가원에 대한 기사 중 최근에 읽은 것은 무엇인가?

- 건강보험심사평가원의 외부 청렴도를 높이기 위한 방안을 제시하시오.
- 건강보험심사평가원의 평가와 심사의 다른 점은 무엇인가?
- 필터버블에 대해서 아는 대로 설명해 보시오.
- 사회복지재원의 부당한 사용에 대해 어떻게 생각하는가?
- 의료보건 전달체계에 대해 말해 보시오.
- 가장 뛰어나다고 생각하는 발명을 말해 보시오.
- 건강보험심사평가원의 의료동향 지표 20가지를 말해 보시오.
- 한국의 GDP와 GNP가 대략 얼마일 것 같은가?
- 의료민영화에 대한 자신의 생각을 말해 보시오.
- DUR에 대해 아는 대로 말해 보시오.
- 다른 사람들이 하기 싫어하는 일을 자진해서 먼저 해본 경험을 말해 보시오.
- 건강보험심사평가원의 비전에 기여할 방안을 향후 10년 계획으로 말해 보시오.
- 청렴에 대한 귀하의 생각을 말해 보시오.
- 귀하의 비전을 한 단어로 설명해 보시오.
- 협업을 통해 팀워크를 발휘한 경험을 말해 보시오.
- 건강보험심사평가원에 지원하게 된 동기를 말해 보시오.
- 상사와 의견이 다를 때 어떻게 설득할 것인지 말해 보시오.
- 희망하는 부서와 그 부서에 자신이 적합하다고 생각하는 이유를 경험과 관련지어 설명해 보시오.
- 자기소개를 개인의 경험과 관련해서 하고, 본인의 강점을 말해 보시오.
- 학교 때 가장 힘들었던 과목과 그 이유를 말해 보시오.
- 병원이나 조직 생활 시 갈등을 해결했던 경험이 있는가?
- 지켜야 할 규정의 기준이 정확하지 않을 때 어떻게 할 것인가?
- 관련 직무를 위해서 어떤 경험과 노력을 했는가?
- 본인이 지원한 부서에 어떻게 기여할 수 있는가?
- 본인의 강점은 무엇인가?
- 본인의 장단점과 좌우명을 말해 보시오.
- 건강보험심사평가원에 방문한 소감을 말해 보시오.
- HIRA는 무엇의 약자인가?
- 건강보험심사평가원의 미션과 가치를 알고 있는가? 어떻게 생각하는가?
- 건강보험심사평가원에서 일을 하다가 중간에 다른 일이 본인에게 더 맞는다는 생각이 든다면 어떻게 할 것인가?
- 건강보험심사평가원이 하는 일 중 가장 인상 깊은 것은 무엇인가?
- 규칙과 규범을 어겨본 적이 있는가?
- 자신의 가치관을 형성하게 한 위인은 누구인가?
- 상사와의 갈등을 어떻게 해결할 것인가?
- 업무를 하는데 본인의 가치관과 반하는 일을 해야 한다면 어떻게 할 것인가?
- 주변에서 본인을 어떻게 평가하는가?
- 자신이 면접관이라면 무엇을 질문하겠는가?
- 10년 뒤 본인의 모습을 설명해 보시오.
- 상사가 100% 도덕적·사회적으로 문제가 있다고 생각하는 업무를 지시했다. 그러나 법적으로는 문제가 없다면 따르겠는가?

5. 한국전력공사

- 부족한 점을 개발해서 극복한 경험이 있다면 말해 보시오.
- 타인과 협력해서 일을 처리한 경험이 있다면 말해 보시오.
- 기성세대와 갈등이 생긴다면 어떻게 대처할 것인지 말해 보시오.
- 이직을 준비하게 된 이유가 있다면 말해 보시오.
- 타인을 위해 희생했던 경험이 있다면 말해 보시오.
- 경력이 부족한데, 경력 부족을 극복하기 위한 본인의 노력을 말해 보시오.
- 이력서에 있는 프로젝트에 대한 자세한 내용을 말해 보시오.
- 공기업, 사기업이 많은데 왜 하필 한국전력공사에 지원하게 됐는지 말해 보시오.
- 적자 해소를 위한 방안에 대해 말해 보시오.
- 역률의 개념에 대해 설명해 보시오.
- 이상전압 현상에 대해 설명해 보시오.
- 전기차와 관련하여 한국전력공사에서 할 수 있는 업무는 무엇인지 설명해 보시오.
- 학교에 재학할 당시 가장 친한 친구는 어떠한 사람이었는가?
- 자신을 한마디로 설명해 보시오.
- 가공전선로와 지중전선로의 차이점에 대해 설명해 보시오.
- 지중전선로에 사용되는 케이블에 대해 설명해 보시오.
- 페이저가 무엇인지 말해 보시오.
- 한전에 입사하기 위해 어떤 준비를 하였는지 본인의 경험에 대해 말해 보시오.
- 본인의 분석력이 어떻다고 생각하는지 말해 보시오.
- 금리와 환율의 변화가 한전에 미치는 영향에 대해 말해 보시오.
- 공유지의 비극에 대해 설명해 보시오.
- 수평적 조직과 수직적 조직의 장점에 대해 말해 보시오.
- 가장 친환경적인 에너지는 무엇이라 생각하는지 말해 보시오.
- 윤리경영의 우수한 사례에 대해 말해 보시오.
- 연구비 및 회계처리 방법에 대해 말해 보시오.
- IPO(기업공개)에 대해 설명해 보시오.
- 연결 재무제표의 장단점에 대해 말해 보시오.
- 수금업무가 무엇인지 설명해 보시오.
- 변화된 전기요금체계에 대해 설명해 보시오.
- 윤리경영과 준법경영에 대해 설명해 보시오.
- 시장형 공기업의 정의에 대해 말해 보시오.
- 민법상 계약의 종류는 어떠한 것이 있는지 말해 보시오.
- 위헌 법률에 대해 설명해 보시오.
- 소멸시효와 공소시효의 차이점에 대해 설명해 보시오.
- 채권금리와 시장의 상관관계에 대해 설명해 보시오.
- 중앙은행이 금리를 올렸을 때 채권이자율의 변동을 설명해 보시오.
- 기회비용과 매몰비용의 개념에 대해 설명해 보시오
- 시장실패와 정부실패의 개념과 발생 원인에 대해 설명해 보시오.
- 신자유주의의 개념에 대해 설명해 보시오.
- GIS 변전소의 특징을 말해 보시오.

- 새로운 방법으로 문제를 해결한 경험을 말해 보시오.
- 변압기의 기계적 보호장치에 대해 설명해 보시오.
- 신재생에너지와 관련하여 한국전력공사가 나아가야 할 방향을 말해 보시오.
- 가장 최근에 접한 한국전력공사 관련 뉴스는 어떤 것인지 말해 보시오.
- ESS 화재원인에 대하여 알고 있는가?
- 탈원전에 대하여 어떻게 생각하는가?
- 페란티 현상에 대하여 설명해 보시오.
- 제한전압이란 무엇인지 설명해 보시오.
- 블랙아웃 현상에 대하여 설명해 보시오.
- HVDC에 대하여 설명해 보시오.
- 철심의 조건에 대하여 알고 있는가?
- 부하율과 부등률에 대하여 설명해 보시오.
- 도전적으로 무언가를 한 경험에 대해 말해 보시오.
- PCS 종류와 특징에 대해 말해 보시오.
- 콘크리트 시험 시 시공 전, 시공 중, 시공 후에 각각 어떤 실험을 하는지 말해 보시오.
- 철탑은 풍하중을 많이 받는다. PHC 파일과 강관파일 중에 어떤 것이 더 많이 흔들릴 것 같은가?
- 응력선도에 대해 설명해 보시오.
- 단항, 군항의 정의를 말해 보시오.
- 숏크리트의 효과에 대해 말해 보시오.
- 다른 사람의 만류에도 불구하고 무언가를 했던 경험에 대해 말해 보시오.
- 계통에서 발생할 수 있는 가장 큰 사고가 무엇인가?
- 수직공 굴착할 때 주변에 침하가 많이 발생하는데 어떻게 할 것인가?
- 측량 오차의 종류와 특징을 말해 보시오.
- 옹벽의 안정 조건이 무엇인가?
- 옹벽의 활동을 막으려면 어떻게 해야 하는가?
- Wi-Fi 품질 저하에 대한 해결책과 원인을 말해 보시오.
- 범위의 경제가 무엇인지 아는가?
- 수평적 통합과 수직적 통합에 대해 설명해 보시오.
- 소멸시효와 제척기간의 차이가 무엇인가?
- 본인이 주도적으로 팀을 만들어 이끌어 본 경험이 있는가?
- SW 공학에서 나선형 모델을 설명하고 장단점을 비교해 보시오.
- 머신러닝과 딥러닝의 차이점을 설명하고, AI가 주목받는 이유를 설명해 보시오.
- SPT 표준관입시험에 대해 말해 보시오.
- CPT에 대해 들어보았는가? 아는 대로 말해 보시오.
- 콘크리트 타설 방법에 대해 말해 보시오.
- 캡스톤 디자인 때 어떤 것을 했는지 자세히 말해 보시오.
- 워커빌리티, 트래커빌리티에 대해서 이야기해 보시오.
- 액상화 현상에 대해 설명해 보시오.
- 본인의 장점과 단점은 무엇인가?
- 입사 후 친구가 전기세가 비싸다고 본인에게 따진다면 어떻게 대처하겠는가?
- 개폐기와 차단기의 차이점을 말해 보시오.

- 변압기 결선에 대해 말해 보시오.
- COS와 PF의 차이에 대해 설명해 보시오.
- 누진제에 대해 어떻게 생각하는가?
- '전기'하면 생각나는 것이 무엇인가?
- 블랙아웃에 대해 어떻게 생각하는가? 다시 발생할 수 있다고 생각하는가?
- 카르텔과 담합에 대해 말해 보시오.
- 기펜재는 무엇이며, 역사적으로 기펜재의 사례로 무엇이 있는가?
- 피라미드 조직과 수평적 조직에 대해 설명해 보시오. 한국전력공사는 어떤 조직에 속하는가?
- 이러닝과 단체교육의 장단점을 말해 보시오.
- 대체재와 보완재로 상품을 분류하고 설명해 보시오.
- 한국전력공사를 STP 분석해 보시오.
- 맥스웰 방정식에 대해 말해 보시오.
- 전선의 요구 조건에는 무엇이 있는가?
- 송전전압이 낮아졌을 때와 높아졌을 때 일어나는 현상을 말해 보시오.
- 지중송전선로와 가공송전선로를 비교해 보시오.
- 송배전 분야에서 가장 자신 있는 분야를 말해 보고, 한국전력공사가 그 분야에서 어떤 기기를 사용하는지 말해 보시오.
- 무선충전기의 원리를 간략하게 말해 보시오.
- 슈퍼그리드와 마이크로그리드의 차이점을 아는가? 마이크로그리드를 정의해 보시오.
- 마이크로그리드에 사용되는 신재생에너지의 종류는 무엇인가?
- 타인과의 갈등 상황이 발생했을 때, 지원자만의 해결 방안이 있는가?
- 한국전력공사와 관련한 최신 기사에 대하여 간략하게 말해 보시오.

6. 한국가스공사

- 4차 산업혁명과 관련하여 한국가스공사에서 할 수 있는 일에 대하여 발표해 보시오.
- 개폐기와 차단기의 차이점에 대하여 발표해 보시오.
- 한국가스공사의 업무 중 마케팅 방안에 대하여 발표해 보시오.
- 공급관리자 교육 참여율을 높이는 방법에 대하여 발표해 보시오.
- 공사 사업 중 천연가스 사업에 대하여 발표해 보시오.
- 기록물 관리 전문요원으로서 문제 상황을 어떻게 해결하겠는가?
- 기록물과 도서의 차이점에 대하여 발표해 보시오.
- LNG산업의 미래에 대하여 발표해 보시오.
- 신재생에너지원의 중요도에 대하여 발표해 보시오.
- 안전관리에 대한 아이디어를 제시해 보시오.
- 불산가스 누출 사고에 대한 원인을 검토하고 대책을 강구해 보시오.
- 안전한 가스 저장시설의 운영에 필요한 기술들에 대해서 발표해 보시오.

- 가스 저장시설을 옮기려고 하는데 지역주민들의 반대가 심할 때 이에 대한 해결 방안을 제시해 보시오.
- 원유의 정제 과정에 대하여 설명해 보시오.
- 이상기체와 실제기체의 차이를 설명해 보시오.
- 레이놀즈 수를 정의하고, 층류와 난류의 특성을 설명해 보시오.
- 캐비테이션의 방지법에 대해 설명해 보시오.
- 허용응력 설계법과 극한강도 설계법에 대해서 설명해 보시오.
- 전공 지식을 업무에 어떻게 녹여낼 것인지 말해 보시오.
- 분쟁 시 어떻게 해결하는지 그 과정을 말해 보시오.
- 트라우마 극복 방법을 말해 보시오.
- 지원자가 입사하게 된다면 하고 싶은 업무는 무엇인가?
- 업무와 관련한 지인과 충돌이 발생한다면 어떻게 대처하겠는가?
- 상사와의 의견 충돌이 있다면 어떻게 할 것인가?
- 학생과 직장인의 차이점은 무엇이라 생각하는가?
- 지원자만의 좌우명이나 생활신조가 있는가?
- 현재 국내 환경 문제 중 가장 큰 관심사인 미세먼지 문제를 해결하기 위해 한국가스공사가 나아가야 할 방향과 그것과 관련한 본인의 역할은 무엇이라고 생각하는가?
- 본인의 성실함에 점수를 준다면 몇 점이라고 생각하는가?
- 최근에 접한 한국가스공사의 기사가 있다면 무슨 내용이었는지 말해 보시오.
- 한국가스공사에 대하여 생각나는 단어 한 가지를 말해 보시오.
- 안전한 업무 추진을 위한 방안으로 무엇이 있겠는가?
- 한국가스공사의 현장업무나 교대근무에 지장이 없겠는가?
- 자신이 가장 열정적으로 무언가를 해본 경험에 대하여 말해 보시오.
- 한국가스공사의 인재상과 본인의 가치관 중 무엇이 가장 잘 맞는가?
- 부당한 일을 지시하는 상사를 만나면 어떻게 하겠는가?
- 가장 끈기 있게 해본 일은 무엇인가?
- 최근 본 사람 중 가장 열정적인 사람이 있는가?
- 직장인으로서 양보와 자기주장은 몇 대 몇이 가장 이상적이라고 생각하는가?
- 새로운 사람들을 만날 때, 빨리 친해지는 본인만의 방법이 있는가?
- 팀프로젝트를 진행할 때, 본인이 가장 중요시하는 가치관은 무엇인가?
- 입사를 하게 된다면 어떠한 일을 하고 싶은가?
- 본인이 해본 조별 과제 중 제일 어려웠던 과제는 무엇인가?
- 한국가스공사가 하는 사업을 알고 있는가?
- 신재생에너지에 대하여 아는 대로 말해 보시오.
- 공공기관 이전에 대하여 어떻게 생각하는가?
- 한국가스공사의 비전에 대하여 알고 있는가?
- 봉사활동을 해본 경험이 있는가?
- 일반근무와 교대근무 중 어떤 근무를 하고 싶은가?
- 본인이 가장 힘들었던 경험에 대하여 말해 보시오.
- 본인의 포부에 대하여 말해 보시오.
- 한국가스공사를 어떻게 알게 되었는가?
- 3상 발전에 대하여 알고 있는가?

- 커리어 플랜이 어떻게 되는가?
- 제도를 개혁하고 이어나간 경험에 대해 말해 보시오.
- 오지로 발령받는다면 어떻게 할 것인가?
- 갈등을 중재하거나 해결한 경험이 있는가? 이를 통해 어떤 결과를 창출해냈는가?
- 가장 힘들었던 기억과 극복 과정에 대해서 말해 보시오.
- 자신은 어떠한 삶을 살아왔다고 생각하는가?
- 가스 산업의 미래에 대해 말해 보시오.
- 일을 처리할 때 혼자 진행하는 것이 좋은가, 팀으로 진행하는 것이 좋은가?
- 조직 생활에서 가장 중요한 요소는 무엇이라고 생각하는가?
- 현재 우리나라 경제 상황에 대한 의견을 말해 보시오.
- 자신의 장단점을 말해 보시오.
- 행정조직의 개편에 대해서 어떻게 생각하는지 말해 보시오.
- 한국가스공사의 핵심가치 중 가장 중요하게 생각하는 것은 무엇인가?

7. 한국수력원자력

- 한국수력원자력의 신입사원으로서 가져야 할 자세는 무엇이라고 생각하는가?
- 본인이 하고 싶은 일과 입사 후 하게 되는 일이 다르다면 어떻게 해결할 것인가?
- 동료들이 기피하는 업무를 도맡아서 한 경험이 있는가?
- 나이가 많은 사람 혹은 상사를 설득해 본 경험이 있는가?
- 자신의 의견을 비판받을 때 이를 수용한 경험이 있는가?
- 리더로서 실패한 경험에 대해 말해 보시오.
- 원자력에 대한 생각을 말해 보시오.
- 열악한 환경에서 근무해야 한다면 어떻게 하겠는가?
- 인간관계에서 가장 중요하게 생각하는 것이 무엇인지 말해 보시오.
- 한국수력원자력 입사를 위해 어떠한 노력을 해왔는지 말해 보시오.
- 한국수력원자력의 인재상 중 귀하와 가장 부합하는 것이 무엇인지 말해 보시오.
- 상사의 비리를 목격했을 때 어떻게 대처하겠는가?
- 직장인으로서 중요하게 생각하는 가치에 대해 말해 보시오.
- 새로운 환경에 적응했던 경험이 있는가?
- 주변에서 '나'라는 사람을 어떻게 평가하는지 말해 보시오.
- 자신을 표현하는 단어 3가지를 말해 보시오.
- 본인에게 경쟁이란 무엇인가?
- 상사가 부당한 지시를 한다면 어떻게 해결할 것인가?
- 동아리나 조별 활동을 하면서 가장 힘들었던 것은 무엇이었는가?
- 본인 성격의 장단점을 말해 보시오.
- 전공과 관련하여 팀 활동을 한 경험이 있는가?
- 탈원전에 대해 어떻게 생각하는가?

- 원자력 건물의 안전성에 대해 설명해 보시오.
- 다른 사람들과 어울리는 것을 좋아하는가?
- 한국수력원자력에 지원하게 된 동기를 말해 보시오.
- 한국수력원자력에 입사하게 된다면 하고 싶은 업무를 말해 보시오.
- 자신의 전공과 원자력의 공통점이 무엇인가?
- 한국수력원자력에 대해 얼마나 알고 있는가?
- 파란색을 시각장애인에게 설명해 보시오.
- 배려와 경쟁이 팀에 어떻게 작용하는지 말해 보시오.
- 원자력과 화력의 차이점에 대해 말해 보시오.
- 책임감, 도덕성, 자기계발, 인성 등 여러 덕목 중에 신입사원이 갖추어야 할 덕목은 무엇인가?
- 한국수력원자력을 어떻게 홍보할 것인가?
- 가장 행복했던 일, 가장 열받았던 일에 대해 어떻게 극복했는가?
- 팀워크란 무엇이라고 생각하는가?
- 전공과목 중 너무 어려웠던 과목은 무엇이며, 그 과목을 극복한 일이 있는가?
- 방사선이 동·식물에 축적되는데, 이에 대해 고려할 점을 토론해 보시오.
- 사용 후 핵연료의 안전하고 체계적인 수송 방안에 대해 토의해 보시오.
- 한국수력원자력이 비리를 없애기 위해 부품을 공급받는 방식을 변화시키려고 한다. SCM을 어떻게 바꿔야 하는가?
- 직장 상사가 부당하거나 불법한 지시를 내릴 경우 어떻게 대처할 것인가?
- SNS 규제에 대해 어떻게 생각하는가?
- 본인의 역량을 입사 후 어떻게 사용하겠는가?
- 국정지표에 대해 말해 보시오.
- 안중근 의사에 대해 말해 보시오.
- 매니저와 리더의 차이가 무엇이라 생각하는가?
- 제시문 : A발전회사가 B지역으로 이주하려고 한다. 직원과 가족들은 회사에서 제공하는 사택에 거주할 예정이다. 직원은 600명이며, 가족까지 합치면 1,500명이다. 이주하는 도시에서 서울까지는 6시간이 걸리며, 가까운 대도시까지는 2시간이 걸린다. 사택 근처에 초등학교, 중학교는 있지만 고등학교까지는 30분 이상 걸린다.

고려사항	선호도	중요도
오락시설(PC방, 당구장)	하	하
대형 마트(식료품 등)	상	상
헬스케어(병원 등)	하	중
문화시설(체육관, 영화관 등)	중	상
교육시설(학원 등)	중	상
교통 개선(노선 증가 등)	중	하

  - 중요도와 선호도를 생각했을 때 필요한 것 3가지를 고르고, 이유를 말해 보시오.
  - 건설 비용과 필요성을 생각했을 때 3가지를 고르고, 이유를 말해 보시오.
  - 만일 사택에 사는 사람이 줄어들게 된다면 위에서 선택한 것 중 수정해야 할 사항을 말해 보시오.
- 제시문 : 팀장 후보에 대한 성격, 신상, 활동 내용
  - 마케팅 부서 팀장을 뽑을 때, 팀장 후보 중 누구를 뽑아야 하겠는가?

- 제시문 : 여행사 직원이 되어 여름을 겨냥한 여행 패키지 출시 전략에 대한 내용
  - 어떤 조합으로 패키지를 선택하는 것이 가장 효과적일지 말해 보시오.
  - 다른 여행사에서 똑같은 상품이 출시됐을 때 내세울 수 있는 차별화 방안을 말해 보시오.
  - 자금 부족으로 인해 해당 전략을 실행할 수 없을 때 대처할 수 있는 방안을 말해 보시오.
- 회사 조직의 다양성 관리 방안을 말해 보시오.
- 한국수력원자력의 사회적 책임 강화 방안을 말해 보시오.
- 한국수력원자력의 기업 이미지 개선 방안을 말해 보시오.
- 고졸자 채용 증대에 대한 견해를 말해 보시오.
- 한국수력원자력의 지속 가능한 성장을 위한 사업다각화에 대한 견해를 말해 보시오.
- 한국수력원자력의 바람직한 조직문화와 활성화 방안을 말해 보시오.
- 회사 청렴도, 윤리경영 제고 방안을 말해 보시오.
- 프랑스의 원전 의존도 축소 정책에 대한 의견을 말해 보시오.
- 일본의 모든 원자력발전 정지에 대한 견해를 말해 보시오.
- 후쿠시마 사고 후 우리나라 원전 안전 대책에 대한 견해를 말해 보시오.
- 원자력발전에 대한 견해를 말해 보시오.
- 한국수력원자력의 원자력 국제협력 강화 방안을 말해 보시오.
- 신규 원전 부지 확보와 기존 부지 원전 추가 중 하나를 선택하고 이유를 말해 보시오.
- 한국수력원자력의 성장과 안전에 대해 말해 보시오.
- 겨울철 전력수요 억제 방안의 견해를 말해 보시오.
- 민자사업 요금 인상에 대한 견해를 말해 보시오.
- 전국적 순환정전 사태의 원인 및 해결 방안에 대한 견해를 말해 보시오.
- 전기요금 등 공공요금 인상 요구에 대한 견해를 말해 보시오.
- 동성 결혼에 대한 의견을 말해 보시오.
- 직장생활과 가정생활의 균형에 대한 견해를 말해 보시오.
- 공생 발전에 대한 견해를 말해 보시오.
- 이공계 기피 현상에 대한 견해를 말해 보시오.
- Peer Pressure에 대한 견해를 말해 보시오.
- 한국 사회에서의 기부문화 증대 방안를 말해 보시오.
- 사회적 물의를 일으킨 연예인의 방송 복귀에 대한 견해를 말해 보시오.
- 미아 문제에 대한 자신의 견해를 말해 보시오.
- 학교폭력 문제에 대한 해결 방안을 말해 보시오.
- 국내 가계부채 문제에 대한 견해를 말해 보시오.
- 공공기관에 적합한 인센티브 운영 방안에 대한 견해를 말해 보시오.
- 공기업 직원으로서 가져야 할 가치관에 대한 견해를 말해 보시오.
- 다문화 가정 증가에 따른 문제를 말해 보시오.
- 기업의 정년 연장에 대한 견해를 말해 보시오.
- 북한에 대한 인도적 지원에 대한 견해를 말해 보시오.

8. 국민연금공단

- 성격의 장단점과 단점을 극복하기 위해 어떤 노력을 하고 있는지 말해 보시오.
- 회사가 본인을 뽑아야 하는 이유에 대해 말해 보시오.
- 반드시 국민연금공단에 입사해야 하는 이유에 대해 말해 보시오.
- 국민연금공단의 가장 큰 개선점에 대해 말해 보시오.
- 공공기관 직원으로서 가져야 하는 태도에 대해 말해 보시오.
- 본인만의 스트레스 해소법에 대해 말해 보시오.
- 열정적으로 일한 경험에 대해 말해 보시오.
- 실패했던 경험에 대해 말해 보시오.
- 누군가를 설득해 본 경험에 대해 말해 보시오.
- 다른 세대와 소통한 경험에 대해 말해 보시오.
- 리더를 맡은 경험에 대해 말해 보시오.
- 본인을 표현할 수 있는 키워드에 대해 말해 보시오.
- 민원인이 선물을 준다면 어떻게 할 것인지 말해 보시오.
- 상사의 비리를 목격한다면 어떻게 할 것인지 말해 보시오.
- 비연고지 근무 시 대처방안에 대해 말해 보시오.
- 상사와 조직의 규정이 다르다면 어떻게 할 것인지 말해 보시오.
- 회사에 기여할 수 있는 점에 대해 설명해 보시오.
- 국민연금의 주요 고객층에 대해 설명하고, 고객 만족을 높이기 위한 방법에 대해 말해 보시오.
- 국민연금 개혁에 대해 어떻게 생각하는지 말해 보시오.
- 국민연금제도의 특성에 대해 설명해 보시오.
- 내년 증시에 대해 전망해 보시오.
- 자신이 함께 일하기 힘든 사람의 유형을 설명하고, 어떻게 동기부여를 할 것인지 말해 보시오.
- 본인의 장점을 소개하고, 그 점이 우리 회사에 어떻게 기여할 수 있는지 말해 보시오.
- 워라벨을 중요시하는 요즘 신입사원들의 분위기에 대해 어떻게 생각하는지 말해 보시오.
- 리더십이란 무엇이라고 생각하는지 말해 보시오.
- 저출생 시대에 국민연금공단이 사회를 위하여 할 수 있는 일에 대해 말해 보시오.
- 국민연금공단이 운영하고 있는 연금제도가 다른 연금과 다른 점이 무엇인지 말해 보시오.
- 본인은 어떤 사람을 보았을 때 '일을 잘한다.'라고 느끼는지 말해 보시오.
- 조직 생활을 하면서 책임감이나 성실성을 인정 받았던 경험이 있다면 말해 보시오.
- 고객만족을 위해 노력한 경험이 있다면 말해 보시오.
- 화가 난 민원인이 폭력을 행사하려고 할 경우 어떻게 대응할 것인지 말해 보시오.
- 노령의 민원인이 본인의 말을 알아듣지 못할 경우 어떻게 응대할 것인지 말해 보시오.
- 민원인이 규정상 불가능한 사항을 계속 요구할 때 어떻게 대처할지 말해 보시오.
- 자신이 국민연금공단에서 할 수 있는 가장 자신 있는 업무에 대해 말해 보시오.
- 팀플레이에 있어서 가장 중요하다고 생각하는 것을 말해 보시오.
- 국민연금공단이 고객가치를 실현하는 방법에 대해 이야기해 보시오.
- 국민연금공단이 운영하는 SNS 중 개선해야 한다고 생각하는 매체는 무엇인지 말해 보시오.
- 다른 사람과 협력하는 업무와 혼자서 진행하는 업무 중 어떤 것을 더 선호하는지 말해 보시오.
- 지금 당장 화재가 발생한다면 어떻게 대처할 지 말해 보시오.
- 야근에 대한 본인의 생각에 대해 말해 보시오.

- 사기업과 공기업의 차이점에 대해 말해 보시오.
- 6시에 업무를 마감했는데 장애인이 힘들게 지사에 방문했다. 다른 부서와 협업해야 하는데 본인도 신입사원이고 다른 부서에도 신입사원밖에 없다. 어떻게 응대하겠는가?
- 자료를 취합해서 보고서를 만들어야 하는데 10개의 부서 중에 3개의 부서만 자료를 제출했다. 기한까지 1시간이 남았는데 어떻게 할 것인가?
- 설문조사를 통해서 직원들의 만족도를 조사하는데 참여율이 떨어진다. 어떻게 참여율을 높일 것인가?
- 상사가 비효율적인 절차를 고집하고 선임은 효율적인 절차를 안내할 때 어떤 것을 따를 것이며, 그 이유는 무엇인지 말해 보시오.
- 노령연금과 기초연금의 차이점을 설명해 보시오.
- 국민연금의 주요 수요층은 누구라고 생각하는지 말해 보시오.
- 국민연금공단에 대한 신뢰도 향상 방안을 제시해 보시오.
- 국민연금공단에서 '협력'을 중요하게 생각하는 이유는 무엇이겠는가?
- 친한 동기가 지방 발령이 난다는 사실을 당사자만 모를 때, 귀하는 동기에게 이 사실을 말해줄 것인가?
- 리더십이란 무엇이라고 생각하는가? 본인의 리더십 수준은 어떠한가?
- 퇴근 10분 전에 상사가 업무를 지시한다면 어떻게 하겠는가?
- 연금의 종류를 설명해 보시오.
- 고객 만족을 위해 가장 필요한 것은 무엇인가?
- 연금에 대한 부정적 인식을 타파할 수 있겠는가?
- 최근 다른 사람에게 감사하다는 말을 들은 적이 있는가?
- 업무적인 갈등 외에 인간적인 마찰을 겪은 적이 있는가?
- 조직의 프로세스를 개선한 경험이 있는가?
- 민원 업무가 많아 야근을 계속해야 하는 상황이라면 어떻게 할 것인가?
- 국민연금공단에서 어떠한 업무를 하고 싶은가?
- 국민연금공단의 최근 이슈에 대하여 자신의 생각을 말해 보시오.
- 건강보험과 국민연금의 차이점을 설명해 보시오.
- 기금이 고갈될 것이라는 예측에 대비하여 적금 방식에서 부과 방식으로 바꾸려고 할 때, 귀하가 담당자라면 현재와 고갈될 시점 중 언제가 적절하다고 생각하는가?
- 새로운 업무 방법과 기존의 방법 중 어떠한 것을 선택할 것인가?
- 오늘 마감하는 업무 서류에 민원인의 서명이 반드시 필요하다. 이때, 민원인의 서명을 받을 수 없는 상황이라면 어떻게 대처하겠는가?
- 직장에서는 시간을 꼭 준수해야 하는 상황이 있다. 귀하가 담당하는 3년 기한의 프로젝트 마무리 과정에서 치명적인 실수를 발견했다면 어떻게 하겠는가?
- 아무나 열람할 수 없는 보안 서류가 상사의 책상 위에 올려져 있다. 이때, 상사가 자리를 비운 상황이라면 귀하는 어떻게 할 것인가?
- 지역축제에 국민연금공단의 홍보 부스가 생겼는데 어떻게 홍보를 할 것인가?
- 본인이 서류 안내를 잘못하는 바람에 이미 집에 돌아간 민원인이 한 가지 서류를 빼먹은 것을 알게 되었다. 어떻게 할 것인가?
- 신뢰를 얻었거나 준 경험이 있는가? 무엇이 신뢰를 얻게 한 것 같은가?
- 악성 민원인이 방문했을 경우 어떻게 하겠는가?
- 근무시간 이후에 방문한 고객을 어떻게 하겠는가?
- 국민연금공단이 진행 중인 사업에 대해 설명해 보시오.

- 대기 고객이 많은데 현재 고객의 상담이 길어질 경우 어떻게 하겠는가?
- 본인이 생각하는 비연고지 배치의 단점과 극복 방안을 말해 보시오.
- 사회보장시스템 측면에서 국민연금을 분석해 보시오.
- 국민연금에 대한 만족도를 높이는 방안에는 무엇이 있는가?
- 노후준비 서비스 영역에 대해 설명해 보시오.
- 목표를 설정해서 도전을 했던 경험이 있는가?
- 힘든 일을 극복하는 본인만의 방법을 말해 보시오.
- 성과연봉제 도입에 대해 어떻게 생각하며, 이를 국민연금공단에 적용하려면 어떻게 해야 하는가?
- 상사가 금품수수하는 것을 목격했을 때 어떻게 할 것인가?
- 업무상 전화 응대할 일이 많은데 같은 팀 직원이 전화를 받지 않을 때 어떻게 할 것인가?
- 원하지 않는 지사에서 배치받을 경우 어떻게 할 것인가?
- 비연고지 근무에 대한 단점과 극복 방안에 대해 말해 보시오.
- 고객이 상품권 10만 원을 주고 갔다. 돌려주려고 했지만 고객의 연락처를 모른다면 어떻게 하겠는가?
- 성과연봉제와 연공서열제 중 어떤 것이 더 좋다고 생각하는가? 또한 연공서열제의 폐해 원인은 무엇이라고 생각하는지 말해 보시오.
- 연금을 받아야 하는 상황인데 계속해서 신청을 하고 있지 않은 사람이 있다면 어떻게 해결할 것인가?
- 상사가 어떤 일의 해결 방안에 대해 제안했는데 본인의 생각과 다르다면 어떻게 할 것인가?
- 리더란 무엇이라 생각하는지 한 단어로 정의해 보시오.
- 연장자가 리더를 하는 것에 대해 어떻게 생각하는가?
- 회사에서 산으로 야유회를 가게 되었는데, 먼저 정상에 오른 팀에게 상을 주기로 했다. 산을 오르던 중 자신의 팀에서 부상자가 발생했을 경우, 본인이 팀의 리더라면 어떻게 할 것인가?
- 국민연금 가입자의 종류와 임의가입자에 대해 말해 보시오.
- 국민연금 보험료 책정 공식, 기준소득월액에 대해 말해 보시오.
- 국민연금 관련 최근 이슈에 대한 생각을 말해 보시오.
- 기초연금과 국민연금의 차이에 대해서 말해 보시오.
- 지금 노령화사회를 넘어 노령사회로 가고 있는데, 이러한 환경을 국가적 차원과 개인적 차원에서 어떻게 대응해야 하는지 말해 보시오.
- 노력을 했는데도 자신이 동기보다 승진 결과가 좋지 못하다면 어떨 것 같은가?
- 입사 후 업무가 본인과 맞지 않으면 어떻게 할 것인가?
- 노조와 사측 의견이 대립할 때 어떻게 할 것인가?
- 국민연금공단의 사회공헌활동이 앞으로 나아가야 할 방향에 대해 말해 보시오.
- 성실, 열정, 팀워크 중에 업무에 있어서 가장 중요한 가치는 무엇인가?
- 태도, 열정, 전문성 중에 리더가 함양해야 할 가장 우선적인 덕목은 무엇인가?
- 갑자기 너무 많은 양의 업무가 본인에게 주어진다면 어떻게 처리할 것인가?
- 조직생활을 할 때 가장 싫어하는 사람의 유형은 무엇이며, 왜 그런 생각을 하게 됐는지 경험과 관련해 말해 보시오.
- 본인의 장점과 단점을 말하고, 단점을 어떻게 보완할 것인지 말해 보시오.

9. 인천국제공항공사

- 인천국제공항을 본 소감이 어떠한가?
- 아이돌 연예인 관련 특혜 시비에 대해 어떻게 생각하는가?
- 조류 충돌 등 야생동물로 인한 항공안전 위협에 대한 효과적인 해결안에는 무엇이 있겠는가?
- 사회적 약자를 위해서 공항이 해야 할 일은 무엇인지 말해 보시오.
- 공항서비스 향상을 위한 방안을 말해 보시오.
- 악성 민원에 대해 어떻게 대처할 것인지 발표해 보시오.
- 자신의 강점을 바탕으로 인천국제공항공사에 기여할 수 있는 부분이 있다면 말해 보시오.
- 본인이 가장 자주 사용하는 언어에 대해 말해 보시오.
- 인천국제공항공사의 사업 중 가장 관심이 가는 사업에 대해 말해 보시오.
- 공부를 제외하고 본인이 열정을 다해서 한 일에 대해 말해 보시오.
- 본인의 약점에 대해 말해 보시오.
- 창의성을 발휘한 경험이 있다면 말해 보시오.
- 동료와 불협화음 시 극복할 수 있는 방법을 말해 보시오.
- 업무 중 상사와 의견이 다를 때 어떻게 설득할 것인지 말해 보시오.
- 공항에서 응급상황이 발생했다. 어떻게 대처할 것인가?
- Wi-Fi 품질 저하에 대한 해결책과 원인을 말해 보시오.
- 인천국제공항의 개선점을 말해 보시오.
- 공항의 수요정책을 확대하기 위해 메디컬 및 전통문화 체험관 등을 개발하여 환승고객의 유치를 증대하는 방안을 제시해 보시오.
- 통신시설의 관리자로서 당황스러운 상황이 발생할 때 어떻게 대처할 것인가?
- 인천국제공항에 있는 기계설비에 대해 아는 대로 말해 보시오.
- BHS의 특징과 기능에 대해 말해 보시오.
- 설계를 맡긴 곳에서 기대 이하의 설계를 제출하면 어떻게 할 것인가?
- 여름철 공사 중 홍수 피해가 발생할 때 복구 대책에 대해 말해 보시오.
- 굴착공사 시 보강막이 붕괴할 때 복구 대책에 대해 말해 보시오.
- 자신의 인생 가치관에 대해 말해 보시오.
- 동료와 협업한 경험과 협업 과정에서 어떠한 역할을 맡았는지 말해 보시오.
- 공기업 직원으로서 갖춰야 할 가장 중요한 덕목은 무엇이라고 생각하는가?
- 비정규직 문제에 대해 어떻게 생각하는가?
- 인생에서 힘들었던 경험을 말해 보시오.
- 인천국제공항공사의 인재상 중 자신에게 맞는 인재상은 무엇인가?
- 인천국제공항의 고객서비스를 상승시킬 방안은 무엇인가?
- 인천국제공항의 조직 중 민간소방대의 역할은 무엇인가?
- 네트워크조직에 대해서 말해 보시오.
- 인천국제공항 수요의 분산정책은 무엇인가?
- 인천국제공항의 홍보대사에 대해서 알고 있는가?
- 본인은 10년 뒤 전문가와 관리자 중 어떤 것이 되고 싶은가?
- 업무를 수행함에 있어 본인의 가장 부족한 점과 그것을 보완하기 위한 계획은 무엇인가?
- 공항의 운영에서 효율성, 안전성, 편의성 중 가장 중요한 것은 무엇이라고 생각하는가?
- 지금까지 살아오면서 인간관계에서 실패했던 혹은 성공했던 경험을 말해 보시오.

- 어려웠던 일을 극복한 사례를 말해 보시오.
- 동료의 잘못된 행동을 봤을 때 어떻게 대처하겠는가?
- 만약 입사 후 인천국제공항공사가 자신의 기대와 다르다면 어떻게 할 것인가?
- 인생을 한 단어로 표현하고 설명해 보시오.
- 오늘 면접이 어땠는지 영어로 말해 보시오.
- 현재 면접 장소를 영어로 묘사해 보시오.
- 오늘의 날씨를 영어로 표현해 보시오.
- 여행하고 싶은 나라에 대해 영어로 말해 보시오.
- 취미가 무엇인지 영어로 말해 보시오.
- 입사 포부를 영어로 말해 보시오.
- 외국의 어느 한 공항에서 인천국제공항의 ASQ 12연패에 대한 벤치마킹을 하기 위해 공항을 방문하려고 이메일을 보냈다. 자신이 인천국제공항공사의 홍보팀 매니저라 생각하고 아래의 내용이 포함되도록 답변 메일을 작성해 보시오.
  - ASQ 12연패 수상 축하에 대한 감사의 표현
  - 공항 방문을 허락하는 내용
  - 일정 변경(2023. 2. 1 → 2023. 2. 30)
  - 방문단 인원 및 세부 정보
  - 다른 부서와 협력이 필요하다는 내용
- 작성한 답변 메일을 요약해서 말해 보시오.
- 기상 악화로 인한 항공기 결항으로 고객의 불만사항이 접수되었을 때, 다음과 같은 내용을 포함해서 고객에게 보낼 답변 메일을 작성해 보시오.
  - 연락처
  - 기상 악화에 대한 상황
  - 자신의 신분(CS팀 매니저)
  - 홈페이지에 게재된 기상 악화 상황에 대한 안내문
  - 해당 문의사항은 항공사의 소관
- 인천국제공항공사와 항공사의 관계에 대해 말해 보시오.
- 해외 경험을 말해 보시오.
- 존경하는 인물은 누구인가?
- 본인의 영어 실력은 어떠한지 말해 보시오.
- 어떻게 하면 고객 수요를 분산시키고 서비스를 향상시킬 수 있는가?
- 인천국제공항의 서비스 향상 혹은 개발과 사회적 공헌을 같이할 수 있는 아이디어가 있는가?
- SNS 사용이 늘어남에 따른 효과와 홍보 방법 및 본인이 회사에 접목해서 사용할 수 있는 방법에 대해 토론해 보시오.
- 대형 마트, 기업형 슈퍼마켓(SSM) 영업 규제의 장단점에 대해 토론해 보시오.
- 흡연자의 인사 불이익은 당연한 것인지에 대해 토론해 보시오.
- 안락사(존엄사)를 법으로 허용해야 하는지에 대해 토론해 보시오.
- 입사 후 이루고 싶은 꿈이 있는가? 있다면 어떤 것인지 구체적으로 말해 보시오.
- 평소에 스트레스가 쌓이면 어떻게 해소하는지 말해 보시오.
- 본인이 CEO라면 회사를 어떻게 이끌겠는가?
- 안정적인 일과 도전적인 일 중 어떤 것을 선호하는가?

10. 한국공항공사

- 콘크리트의 종류와 각각에 대한 장·단점을 간략하게 설명해 보시오.
- 공항공사는 무슨 일을 하는 곳이라 생각하는가?
- 입사하게 된다면 가장 하고 싶은 일은 무엇인가?
- 개인 또는 조직의 목표 달성을 위해 가장 헌신했던 경험은 무엇인가?
- 상급자가 비정상적이거나 상식적이지 않은 일을 지시한다면 어떻게 대처하겠는가?
- 본인이 공직자가 된다면 최우선적으로 갖추어야 할 마음가짐은 무엇이라고 생각하는가?
- 공항을 이용하면서 불편했던 경험과 이를 개선하기 위한 방안에 대해 설명해 보시오.
- 스마트 공항에 대해 아는 대로 설명해 보시오.
- 리더형과 팔로워형 중 자신의 성향에 대해 말해 보시오.
- 남들이 신경 쓰지 않았던 문제를 해결한 경험이 있다면 말해 보시오.
- 공항 이용 고객들을 위한 어플 개발의 문제점은 무엇인가?
- 지원동기와 입사 후 포부를 영어로 말해 보시오.
- 본인의 성격이 어떠한지 영어로 소개해 보시오.
- 영어로 1분 자기소개를 해 보시오.
- 한국공항공사의 비전을 영어로 말해 보시오.
- 한국공항공사를 알게 된 경로를 영어로 말해 보시오.
- 한국공항공사가 앞으로 나아가야 할 방향을 영어로 말해 보시오.
- 우리나라 공항의 현 상황에 대한 본인의 생각을 영어로 말해 보시오.
- 어떤 부서에서 일하고 싶은가?
- 입사하면 어떻게 기여할 수 있는가?
- 한국공항공사의 인재상을 설명해 보시오.
- 여행을 간다면 어디에 가고 싶은가?
- 해외여행 경험이 있는가?
- 지방공항 건설에 대해 찬성하는가, 반대하는가?
- 공항에 비즈니스 패스트트랙 도입을 찬성하는가, 반대하는가?
- 인천공항의 허브화 정책을 감안하여 김포공항의 국제선 확충 방안에 대해 토론해 보시오.
- 고속 무빙워크와 저속 무빙워크 중 어떤 것을 도입해야 하는지에 대해 토론해 보시오.
- 공항 설비 무인화에 대해 토론해 보시오.
- 지진으로 이슈가 되는데 내진공사를 당장 해야 되는가, 좀 더 신중하게 검토하고 천천히 해야 되는가?
- 지방공항을 통폐합해야 하는가?
- 김포공항 주차장의 주차료 인상을 해야 하는가?
- 무인드론은 최소 몇 명이 운용해야 효율적인가?
- 무인드론 고장 시 어떻게 할 것인가?
- GE매트릭스란 무엇인지 설명해 보시오.
- 침투가격이란 무엇인기 설명해 보시오.
- 파킨스 법칙에 대해 설명해 보시오.
- 정재파비란 무엇인가?
- 전동기 기동전류에 대해 말해 보시오.
- 낙뢰 발생 시 방호기기에 대해 말해 보시오.
- 공항에서 근무하면서 겪을 수 있는 일을 설명하고, 어떻게 대응할 것인지 말해 보시오.

- 대인관계능력을 기르기 위해 어떠한 노력을 했는지 말해 보시오.
- 타인의 관점에서 자신의 장・단점을 말해 보시오.
- 살면서 가장 힘들었던 경험은 무엇인가?
- 한국공항공사의 성공적인 마케팅 방안을 말해 보시오.
- 팀 활동에서 갈등 발생 시 해결한 방법에 대해 말해 보시오.
- 협업을 통해 성공적인 결과를 이끌어 낸 경험이 있는가?
- 이전 방식과 차별화된 새로운 방식으로 문제를 해결한 경험이 있는가?
- 컴플레인 발생 시 어떻게 대처할 것인가?
- 가장 기억에 남았던 이론은 무엇인지 그 이유를 들어 말해 보시오.
- 귀하가 생각하는 한국공항공사의 이미지는 어떠한가?
- 다친 사람을 목격하면 어떻게 대처할 것인가?
- 성과연봉제에 대해 어떻게 생각하는가?
- 전국 순환근무가 가능한가?
- 공항을 이용하면서 느낀 문제점에 대해 말해 보시오.
- 공항 건축에 중요한 것은 무엇인가?
- 여객터미널 건축에서 가장 중요한 것은 무엇인가?
- 사내 매뉴얼에 대해 어떻게 생각하는가?
- 지방공항 활성화에 대해서 말해 보시오.
- 도급업체 관리 방법을 설명해 보시오.
- 한국공항공사의 보안에 대해 말해 보시오.
- 공부나 취업 준비 말고 살면서 가장 열심히 한 것은 무엇인가?
- 중산층이라는 단어를 어떻게 생각하는가?
- 한국공항공사가 해야 할 일은 무엇인가?
- 한국공항공사에서 새로운 서비스를 개발할 수 있다면 그것이 무엇인지 창의적으로 대답해 보시오.
- 한국공항공사의 보안은 어떤 것 같은가? 발전시키려면 어떻게 해야 하는가?
- 환경단체와의 갈등에 대한 해결책을 제시해 보시오.
- 실무담당자라 생각하고 지역공항 활성화 방안을 말해 보시오.
- 공직자가 갖추어야 할 덕목은 무엇인가?
- 편법 없이 원칙대로 수행해서 좋은 결과를 냈던 경험을 말해 보시오.
- 한국공항공사가 더 발전하려면 어떻게 해야 하는가?
- 회사를 선택하는 기준을 말해 보시오.
- 본인이 지원한 업무와 전공 지식을 접목해 보시오.
- 비행기가 나는 원리에 대해 말해 보시오.
- LCC와 FSC의 차이점을 말해 보시오.
- 한국공항공사가 4차 산업혁명에 대응할 수 있는 방안을 제시해 보시오.
- 지방공항을 살리기 위한 방안을 제시해 보시오.
- 후광 효과가 무엇인가?
- 공항의 소음 문제를 어떻게 해소할 수 있는지 본인의 생각을 말해 보시오.
- 화학에너지와 석유에너지를 신재생에너지가 대체할 수 있다고 생각하는가?
- 한국공항공사에서 전산시스템의 역할은 무엇이라고 생각하며, 본인의 역량을 통해서 전산시스템에 어떤 기여를 할 수 있겠는가?

11. 도로교통공단

- 공정성을 지키고자 노력한 경험이나 사례를 말해 보시오.
- 업무 개선을 위해 노력한 경험을 말해 보시오.
- 1종 운전면허, 2종 운전면허의 종류를 말해 보시오.
- 동료의 실수로 피해를 입었던 경험과 이를 해결한 경험을 말해 보시오.
- 조직 생활을 할 때 어떤 유형의 동료를 좋아하며, 어떤 유형의 동료를 싫어하는지 말해 보시오.
- 업무 진행 중 모르는 부분이 생기면 어떻게 대처할 것인지 말해 보시오.
- 업무 진행 중 계획대로 되지 않던 경험과 이를 해결한 경험을 말해 보시오.
- 조직 생활을 하는 본인의 노하우가 있는지 말해 보시오.
- 업무와 관련하여 본인만의 노하우가 있는지 말해 보시오.
- 고령운전자에 대한 조건부면허제도에 대해 본인의 의견을 말해 보시오.
- 본인이 좋아하는 사람과 싫어하는 사람은 어떤 유형의 사람인지 말해 보시오.
- 한국도로교통공단, 한국교통안전공단, 한국도로공사의 차이점에 대해 말해 보시오.
- 본인의 전공과 한국도로교통공단의 연관성에 대해 말해 보시오.
- 무인자동차 기술에 대한 자신의 생각을 말해 보시오.
- 5년 뒤 나의 모습에 대해서 말해 보시오.
- 자신이 한국도로교통공단에 입사한다면, 일을 잘하는 사람과 인성이 좋은 사람 중 어떤 사람이 되고 싶은지 선택하고 그 이유를 말해 보시오.
- 노인들의 교통사고를 최소화할 수 있는 방안을 말해 보시오.
- 타인이나 조직의 어려움을 도왔던 경험을 말해 보시오.
- 본인의 취미는 무엇인가?
- 본인의 단점은 무엇인가?
- 좋아하는 과목은 무엇인가?
- 초음파센서의 종류를 말해 보시오.
- 운전면허에 관련한 벌점이 있는가?
- 신자유주의에 대한 견해를 설명해 보시오.
- 브레인 해킹의 해결 방안을 발표해 보시오.
- 1분 동안 자유 주제로 스피치를 해 보시오.
- 램프 증후군의 해결 방안을 발표해 보시오.
- 자신이 원하는 상사의 모습을 설명해 보시오.
- 스쿨존 교통사고 방지 대책을 제시해 보시오.
- '승차공유 서비스'에 대해 어떻게 생각하는가?
- '윤창호법' 시행에 대해 간략하게 설명해 보시오.
- 택시기사의 승차거부 해결 방안을 발표해 보시오.
- 운전 중 범칙금이나 과태료 등을 지불한 적이 있는가?
- 본인이 생각하는 바람직한 직장인상에 대해 말해 보시오.
- 음주운전으로 운전면허가 정지 또는 취소된 적이 있는가?
- 본인과 불편한 관계인 사람의 유형과 사례를 말해 보시오.
- 스마트페이의 장단점과 사용 활성화 방안을 발표해 보시오.
- 기술적으로 직무를 잘 수행할 수 있는 본인만의 강점이 있는가?
- 도로교통공단에 입사하게 된다면 어떤 직무에서 일하고 싶은가?

- 도로교통공단에서 시행하는 사업에 대해 아는 대로 설명해 보시오.
- 자전거 음주 주행 사고를 감소시킬 수 있는 방안을 발표해 보시오.
- 조직에서 좋았던 사람과 싫었던 사람의 유형에 대해서 말해 보시오.
- 엔젤산업이 한국 사회의 발전에 어떤 영향을 끼치는지 설명해 보시오.
- 고객이 억지를 부리며 불합리한 요구를 한다면 어떻게 대처할 것인가?
- 도로교통공단은 종종 외국인이 오는데, 적절하게 응대할 수 있겠는가?
- 도로교통공단에 입사하게 된다면 어떤 자세로 일할 것인지 설명해 보시오.
- 친환경 자동차(무소음)에 보행자가 치이는 사고 해결 방안을 발표해 보시오.
- 본인이 전공한 과목이 도로교통공단의 일과 어떤 부분에 있어서 관련이 있는지 말해 보시오.
- 도로교통공단의 가장 큰 고객은 누구이며, 그 고객들의 민원을 해결하는 방법은 무엇인가?
- 65세 이상의 고령 운전자 수의 증가가 일으킬 수 있는 문제의 해결 방안을 발표해 보시오.
- 최첨단 운전시스템 도입에 따른 운전자의 역할과 교통안전 교육의 변화 방향을 발표해 보시오.
- 마지막으로 하고 싶은 말은 무엇인가?

12. 부산교통공사

- 부산교통공사에서 시행 중인 대규모 사업에 대해 아는 대로 말해 보시오.
- 디지털 화폐가 기존의 화폐 시스템을 대체할 수 있는지 의견을 말해 보시오.
- 점심시간에 민원창구를 열어 두어야 하는지 의견을 말해 보시오.
- 역사 내 안전을 개선하기 위한 방안을 말해 보시오.
- 경제적 성장과 사회공헌 중 무엇이 더 중요한지 설명해 보시오.
- 철도 운행 중 정전이 된다면 어떻게 대응할 것인가?
- 20대의 지하철 불만률이 높은데, 그 이유와 개선 방법을 논의해 보시오.
- 업무 수행 시 매뉴얼과 유연성 중 중요한 것이 무엇이라 생각하는가?
- 최근 중요하게 생각되는 워라밸이 지켜지려면 어떻게 해야 하는가?
- 데이터 구조의 종류와 차이점을 말해 보시오.
- 교통카드의 원리를 설명해 보시오.
- 저출산에 따른 문제점을 제시하고, 이에 대한 해결 방안을 제시해 보시오.
- 부산교통공사에서 신재생에너지를 어떻게 활용할 수 있을지 논의해 보시오.
- 전기세를 줄이는 방안을 제시해 보시오.
- 지하철 이용률을 증가시킬 방안을 발표해 보시오.
- 구조물의 지점과 반력 세 가지를 말해 보시오.
- IoT에 관해 설명해 보시오.
- 전차선 설비에 대해 말해 보시오.
- 귀선에 대해 말해 보시오.
- 커터너리 조가방식과 가공 강체가선 방식의 차이점을 말해 보시오.
- 전식에 대해 설명해 보시오.
- 부산교통공사 노조에 대해 얼마나 알고 있는가?
- 최근 부산교통공사 기사 중 기억에 남는 것이 있는가?

- 다른 기업에 지원한 적이 있는가?
- 역사 안에서 안전사고가 일어난다면 누구의 책임인지 말해 보시오.
- 지원자가 운영직일 때, 사고 발생 시 어떻게 대처할 것인가?
- 늦은 시간에 긴급출동을 해야 한다면 어떻게 할 것인가?
- 회사와 노조의 불화가 빈번하다면 어떻게 해결할 수 있겠는가?
- 선배보다 먼저 진급하게 되자 선배가 언짢은 태도를 보인다. 어떻게 하겠는가?
- 정규직인 지원자의 입장에서 비정규직을 전부 정규직으로 전환하는 것을 어떻게 생각하는가?
- 부산교통공사의 시설물을 이용하는 고객의 만족을 높이기 위해 어떤 노력을 할 수 있는지 말해 보시오.
- 자신이 채용되어야 하는 이유를 설명해 보시오.
- 옆 지원자를 칭찬해 보시오.
- 자신을 3가지 명사로 표현해 보시오.
- 원만한 인간관계를 위해 무엇이 필요하다고 생각하는가?
- DC(직류)를 AC(교류)로 변환하는 방법을 설명해 보시오.
- 변류기에 대하여 설명해 보시오.
- 사이리스터 정류와 다이오드 정류의 차이점에 대하여 설명해 보시오.
- 부산교통공사가 개선해야 할 점을 말해 보시오.
- 서울 지하철을 타본 경험이 있는가? 타봤다면 서울 지하철과 부산 지하철의 차이점을 말해 보시오.
- 이어폰마다 소리가 잘 들리는 것과 잘 들리지 않는 것이 있는데, 이를 회로·통신설비와 관련하여 설명해 보시오.
- IPv4와 IPv6의 차이를 말해 보시오.
- 등화기에 대해 설명해 보시오.
- 나이퀴스트(Nyquist)에 대해 설명해 보시오.
- 차단기와 단로기에 대해 아는 것을 설명해 보시오.
- 역률에 대해 설명해 보시오.
- 변압기의 원리를 설명해 보시오.
- 통신직 근무자에게 필요한 소양은 무엇인가?
- UPS에 대해 설명해 보시오.
- 직류전차선과 교류전차선의 차이를 설명해 보시오.
- 우리나라의 전력계통을 설명해 보시오.
- 발전원에 대해 설명해 보시오.
- 변전소에 대해 설명해 보시오.
- 변전소 설비에 대해 설명해 보시오.
- 전차선의 종류와 특징을 설명해 보시오.
- 다이오드와 더블 컨버터를 설명해 보시오.
- 케이블 열화 현상을 설명해 보시오.
- 초퍼 제어 방식과 WWF 제어 방식에 대해 설명해 보시오.
- 안전사고와 재난사고의 차이를 설명해 보시오.
- 폭우 시 역사 근무요원의 역할을 설명해 보시오.
- 활선 점검 시 점검 방법에 대해 설명해 보시오.
- 지원자만의 비전은 무엇인가?
- '부산교통공사' 하면 떠오르는 것은 무엇인가?
- '안전경영품질'로 육행시를 지어 보시오.

- '선진도시철도'로 육행시를 지어 보시오.
- 사람을 두 그룹으로 분류해 보시오.
- 가장 자신 있는 질문과 그에 대한 답변을 해 보시오.
- 자신에게 가장 소중한 물건 하나를 말해 보시오.
- 주말에 하는 여가 활동에는 어떤 것이 있는가?
- 개인의 목표와 공동의 목표 중 어떤 것이 더 중요한가?
- 친구와의 약속과 회사 일 중 어느 것이 더 중요한가?
- 자신을 사물로 표현해 보시오.
- 자신보다 일을 잘하지 못하는 상사와 일할 때 어떻게 대처할 것인가?
- 자신이 팀장이라면, 일을 안 하는 후임을 어떻게 할 것인가?
- 원치 않는 일을 배정받는다면 어떻게 할 것인가?
- 첫 월급을 타면 무엇을 할 것인가?
- 어머니를 생각했을 때 떠오르는 말은 무엇인가?
- 인생의 좌우명을 말해 보시오.
- 화가 났던 일과 그것에 대한 대처 방법을 말해 보시오.
- 입사 관련 일은 제외하고 최근 고민거리가 무엇인가?
- 자신만의 스트레스 해소법은 어떤 것이 있는가?
- 사람들이 보는 나와 자신이 보는 나의 차이점을 말해 보시오.
- 자신의 특성을 한마디로 정의해 보시오.

13. 한국수자원공사

- 노동시장에서의 시장실패에 대해 설명해 보시오.
- 공식적 참여자와 비공식적 참여자에 대해 설명해 보시오.
- 펌프의 3대 이상현상에 대해 설명해 보시오.
- 낙차에 따른 수력발전소의 종류와 수차의 종류에 대해 설명해 보시오.
- 수상태양광과 그린수소의 개념 및 구조적 기술에 대해 설명해 보시오.
- 누수가 발생하는 원인 3가지에 대해 설명해 보시오.
- 조직 적응력을 높이기 위해 어떤 노력을 했는지 말해 보시오.
- 사회생활을 하며 힘들었던 점에 대해 말해 보시오.
- 한국수자원공사를 어떻게 알게 되었는지 말해 보시오.
- 한국수자원공사의 핵심가치 3가지에 대해 말해 보시오.
- 민원응대에 있어서 어려웠던 경험이 있다면 말해 보시오.
- 공직자의 직업윤리 중 가장 중요하게 생각하는 것에 대해 말해 보시오.
- 물 순환 사업의 발전 방향 및 한국수자원공사의 역할에 대해 설명해 보시오.
- 펌프 효율 개선을 위한 기술적 방안에 대해 말해 보시오.
- 수격 현상의 발생 원인과 대처 방안에 대해 말해 보시오.
- 수상태양광의 장단점에 대해 말해 보시오.
- 몰드변압기에 대해 말해 보시오.
- 베어링의 종류에 대해 말해 보시오.
- 조류(潮流)의 종류에 대해 말해 보시오.
- 한국수자원공사의 주요 홍보 활동 및 개선 방안에 대해 말해 보시오.
- 한국수자원공사의 빅데이터 활용방안 및 기대 효과에 대해 말해 보시오.
- BSC와 MBO의 개념을 설명하고, 특징을 비교 분석해 보시오.
- 한국수자원공사의 SWOT 분석에 대해 말해 보시오.
- 회계의 정의에 대해 말해 보시오.
- 녹조의 발생 이유와 녹조가 발생했을 때 한국수자원공사에서 해야 할 일을 말해 보시오.
- BIM 공법이 무엇인지 말해 보시오.
- 상사가 부당한 지시를 시키면 어떻게 대처할 것인지 말해 보시오.
- 한국수자원공사에 입사한 후 어떠한 도움을 줄 수 있을지 말해 보시오.
- 맡은 일을 해내기 위해 자신의 창의적인 아이디어를 적용했던 경험이 있다면 말해 보시오.
- 동료들과 살아온 환경이나 사고방식이 달라 협업에 어려움을 느꼈던 경험이 있다면 말해 보시오.
- 팀활동에서 주변 사람들에게 신뢰를 얻을 수 있는 본인만의 노하우가 있다면 말해 보시오.
- 일을 처리할 때 정확성과 신속성 중 본인이 더 중시하는 것은 무엇인지 말해 보시오.
- 평소 스트레스를 푸는 방법이 있다면 말해 보시오.
- MZ세대의 장단점에 대해 설명해 보시오.
- MZ세대로서 조직에 어떻게 적응할지 말해 보시오.
- 조직의 원칙에 불만을 가졌을 때 어떻게 대처할 것인지 말해 보시오.
- 공공기관 직원에게 가장 중요한 점은 무엇인지 말해 보시오.
- 원칙을 어겼던 경험이 있는지 말해 보시오.
- 원치 않는 근무지로 발령받을 시 어떻게 할 것인지 말해 보시오.
- 다른 사람과 협업을 진행할 때 부족한 점은 무엇인지 말해 보시오.

- 김영란법의 순기능과 역기능에 대해 말해 보시오.
- 업무 중 예상치 못하게 긴급한 업무가 생긴다면 어떻게 처리할지 말해 보시오.
- '젊은 꼰대'에 대해 말해 보시오.
- 친구들에게 어떤 존재인지 말해 보시오.
- 지금 하고 있는 노력에 대하여 말해 보시오.
- 부모님께 거짓말을 한 적이 있는지 말해 보시오.
- 댐 건설에 반대하는 지역주민과의 갈등을 어떻게 해결할 것인지 말해 보시오.
- 댐의 수질이 오염되었을 때 이로 인해 발생하는 외적 문제에 대해 말해 보시오.
- 어떤 조직 내에서 리더십을 발휘하여 주어진 일을 해결한 경험이 있는지 말해 보시오.
- 고객의 컴플레인에 어떻게 대처할 것인지 말해 보시오.
- 어떤 봉사활동을 해 보았는지 말해 보시오.
- 한국수자원공사의 상징이 무엇인지 말해 보시오.
- 한국수자원공사가 어떠한 일을 하는지 말해 보시오.
- 전자기학에서 기억에 남는 공식을 말해 보시오.
- 인문학 경험을 기르기 위해 어떠한 노력을 했는지 말해 보시오.
- 한국수자원공사의 인재상 중 어디에 가장 부합하며, 그 이유는 무엇인지 말해 보시오.
- 앞으로의 커리어 방향에 대해 말해 보시오.
- 녹조현상에 대해 말해 보시오.
- 상사와 의견이 다른 경우 어떻게 할 것인지 말해 보시오.
- 변압기의 2종 접지는 어디에 하는지 말해 보시오.
- 준법정신을 가지고 있는지 말해 보시오.
- 법을 지키면서 희생한 경험이 있는지 말해 보시오.
- 자신을 뽑아야 하는 이유를 말해 보시오.
- 토목직이 하는 일이 무엇인지 말해 보시오.
- 상수도가 새는 것을 알면 어떻게 할 것인지 말해 보시오.
- 자신을 동물에 빗대어 말해 보시오.
- 자신이 다른 지원자들보다 뛰어난 점에 대해 말해 보시오.
- 스트레스를 받으면 어떻게 푸는지 말해 보시오.
- 취미가 무엇인지 말해 보시오.
- 한국수자원공사에서 일하게 된다면 가장 중요한 역량은 무엇이라고 생각하는지 말해 보시오.
- 최근 본 한국수자원공사에 관련된 뉴스가 있는지 말해 보시오.
- 신입사원이 아니라 사장으로 임명되었다면 무엇부터 개선할 것인지 말해 보시오.
- 공기업들이 비판을 받는 이유가 뭐라고 생각하는지 말해 보시오.
- 자신의 생활신조나 신념을 통해 성공하거나 실패한 경험에 대해 말해 보시오.
- 좋아하거나 즐기는 스포츠가 있는지 말해 보시오.
- 평소 수돗물을 잘 마시는지 말해 보시오.
- 수돗물에 대한 사람들의 인식은 어떠한 것 같은지 말해 보시오.
- 졸업 후 한국수자원공사에 입사하기 위해 무엇을 준비했는지 말해 보시오.
- 한국수자원공사 외에 지원한 곳은 어디인지 말해 보시오.
- 마지막으로 하고 싶은 말을 해 보시오.
- 직업 선택의 기준은 무엇인지 말해 보시오.
- 업무를 진행하는 데 있어 무엇이 가장 중요하다고 생각하는지 말해 보시오.

14. SR 수서고속철도

- SR의 정시율과 국제 정시율 수준을 비교해서 말해 보시오.
- 첫 월급을 받으면 어떻게 사용할지 말해 보시오.
- 최신 고속차량 기술에 대하여 아는 것이 있는가?
- SR의 문제점이 무엇이라고 생각하는가?
- 입사 후 포부에 대하여 말해 보시오.
- 직장 상사와의 갈등 발생 시 대처 방법을 말해 보시오.
- 직무와 관련하여 팀 내부에서 갈등이 발생한다면 어떻게 해결하겠는가?
- 지원한 직무에 지원자가 왜 어울린다고 생각하는가?
- SRT를 도입할 수 있는 KTX와의 차별화된 서비스 전략이 있겠는가?
- 객실의 어느 가방에 폭탄이 있다면 어떻게 대처하겠는가?
- 직무의 특성상 감정노동으로 발생하는 스트레스를 감수해야 한다. 이때 스트레스를 어떻게 풀 것인가?
- 외국인 손님이 자녀와 동행하고 있는데, 열차를 놓쳐 굉장히 화가 난 상태이다. 어떻게 대처하겠는가?
- 인생에서 지원자가 가장 후회하는 일은 무엇인가?
- SR의 새로운 사업을 제시해 보시오.
- 입사 후 정말로 해 보고 싶은 일은 무엇인가?
- 팀워크를 발휘해 본 경험에 대하여 말해 보시오.
- SR에 입사하기 위해 무엇을 준비했는가?
- 지원한 직무 중 특별히 하고 싶은 업무가 있는가?
- SR에 지원한 동기가 무엇인가?
- 지원자는 철도 관련 전공자인가?
- 지원자가 객실장으로 적합한 이유가 무엇이라고 생각하는가?
- 할 줄 아는 제2외국어가 있는가?
- 상사가 부당한 지시를 하면 어떻게 대응할 것인가?
- SR에 대해 아는 대로 말해 보시오.
- 열차의 역사에 대해 말해 보시오.
- 직무와 관련한 경험에 대해 말해 보시오.
- SR을 어떻게 알게 되었는가?
- 직무와 전공의 관련성이 없는데 철도산업에 지원한 이유가 무엇인가?
- 기차에 대해 어떤 것을 알고 있는가?
- 전차는 몇 만 볼트로 운행되는지 알고 있는가?
- SRT가 KTX와 분리된 이유가 무엇인지 아는가?
- SR의 사업성장 속도에 대하여 말해 보시오.
- 앞 열차 때문에 열차가 지연된다는 것을 영어로 설명해 보시오.
- 잘못된 플랫폼에 있는 외국인에게 영어로 어떻게 설명하겠는가?
- 철도에 대하여 지원자만 알고 있다고 생각하는 것을 말해 보시오.
- 객실장이 하는 일이 무엇인지 아는 대로 말해 보시오.
- 덩치가 크고 온몸에 문신을 한 남성이 객실 내에서 흡연을 하고 있다면 어떻게 하겠는가?
- 지원자의 강점을 말해 보시오.
- 지원자를 한 단어로 표현할 수 있는가?
- 감명 깊게 읽었던 책 한 권을 소개해 보시오.

15. 한국마사회

- 한국마사회의 사회적 가치 경영 활성화 방안을 제시해 보시오.
- 경마의 활성안 방안을 제시해 보시오.
- 용역발주 제안서 작성법에 대해 설명해 보시오.
- 장외발매소에 예산을 추가로 편성하고 배분해 보시오.
- 민원 해결 방안에 대하여 작성해 보시오.
- 외국에 건설할 경마장의 형태와 장소 등 구체적 내용을 작성해 보시오.
- 유연근무제를 어떻게 활성화시킬 것인가?
- 워크숍을 기획해 보시오.
- 불법 사설경마 대응 방안을 말해 보시오.
- 신규 프로그램 기획서를 작성하고 설명해 보시오.
- 법률적 리스크를 예방할 수 있는 방안을 마련해 보시오.
- 계약서 서면과 직원이 구두로 언급한 내용이 다를 때 어느 쪽이 효력을 가지는가?
- 한국마사회에 관심을 가지게 된 계기를 말해 보시오.
- 한국마사회의 존재 이유는 무엇인가?
- 한국마사회에서 시행하는 사업의 긍정적인 면과 부정적인 면을 평가해 보시오.
- 20~30대에게 한국마사회 사업을 홍보한다면 어떻게 할 것인지 제시해 보시오.
- 경마에 대한 귀하의 생각을 말해 보시오.
- 지원한 분야와 다른 업무에 배정된다면 어떻게 하겠는가?
- 상사의 부당한 업무 지시로 동료 간 문제가 발생하면 어떻게 해결하겠는가?
- 말을 접해본 경험이 있는가?
- 마사회를 지인에게 소개한다면 어떻게 소개하겠는가?
- 마사회에 기여할 수 있는 본인의 직무역량은 무엇이라고 생각하는가?
- 한국마사회에 지원한 동기가 무엇인가?
- 한국마사회가 진행하는 사업 중 관심 있는 사업은 무엇인가?
- 본인의 역량을 바탕으로 지금 당장 한국마사회에서 할 수 있는 일은 무엇인가?
- 한국마사회는 어떤 이미지인가?
- 성공 또는 실패한 경험을 말해 보시오.
- 공기업과 사기업의 차이는 무엇인가?
- 공기업이 갖추어야 할 요소 3가지가 있다면 무엇이라고 생각하는가?
- 공기업은 사익 추구와 공공 복리를 잘 조화시켜야 하는데, 그 기준점은 무엇이라고 생각하는가?
- 한국마사회의 인재상을 말해 보시오.
- 한국마사회에 필요한 리더십은 무엇인가?
- 한국마사회의 어떤 부서에서 일하고 싶은가?
- 본인이 경마 상품을 만든다면 어떤 상품을 만들 것인가?
- 자신의 강점을 중계 형식으로 말해 보시오.
- 오는 길에 벚꽃을 보고 든 생각을 중계해 보시오.

16. 한전KDN

- 최근 IT 기술 관련 도서를 읽은 적이 있다면 말해 보시오.
- 빅데이터 분석 절차에 대해 설명해 보시오.
- 스마트그리드 구축을 위해 본인이 기여할 수 있는 방안에 대해 말해 보시오.
- 4차 산업 기술 중 어떤 기술이 가장 중요하다고 생각하는지 말해 보시오.
- 한전KDN의 직무에 대해 아는 대로 설명해 보시오.
- EMS에 대해 아는 대로 설명해 보시오.
- 공기업에서 근무하면서 지켜야 할 3가지 윤리 덕목을 말해 보시오.
- 공기업이 집중해야 할 분야에 대해 본인의 생각을 말해 보시오.
- 보안 모델에 대해 설명해 보시오.
- 사회적 가치에 대해 아는 대로 설명해 보시오.
- 한전KDN과 AICBM의 직무를 연결 지어 설명해 보시오.
- 드론통신방식에 대해 발표해 보시오.
- 드론 활용방안에 대해 발표해 보시오.
- AI 활용방안에 대해 발표해 보시오.
- OSI 7계층모델에 대해 설명해 보시오.
- 디지털 트윈과 시뮬레이션의 차이점을 설명해 보시오.
- 한전KDN은 어떤 회사라고 생각하는가? 귀하가 회사에 어떠한 도움이 될 수 있다고 생각하는가?
- 최근 3개월 내에 주변 지인의 비양심적 행동을 목격한 적이 있는가? 있다면 귀하가 느낀 점 또는 취한 행동을 말해 보시오.
- 퇴근시간 전 또는 금요일 저녁에 다음 주 월요일까지 끝내야 하는 업무를 부여받는다면 어떻게 대처할 것인지 말해 보시오.
- 지원하는 직렬과 관련한 업무를 수행해본 적이 있는가? 있다면 구체적으로 말해 보시오.
- 팀 프로젝트를 경험해본 적이 있는가?
- 향후 한전KDN이 나아가야 할 방향에 대하여 말해 보시오.
- 주52시간 근무제에 대한 지원자의 생각을 말해 보시오.
- 스마트그리드에 대해서 아는 것이 있는가?
- 가장 힘들었던 경험은 무엇인가?
- 본인이 다른 지원자보다 뛰어난 점은 무엇이라고 생각하는가?
- 개발자와 관리자 중에 어떤 것이 본인에게 더 잘 맞는다고 생각하는가?
- 인상 깊게 읽었던 책을 영어로 소개해 보시오.
- 전력IT연구소에서 하는 일은 무엇인가?
- 기업 재무분석을 통해 향후 한전KDN이 지속적인 매출을 낼 수 있는 방안을 제시해 보시오.
- ICBM은 무엇인가?
- AC와 DC의 차이는 무엇인가?
- 배전계통에 대해 말해 보시오.
- 한전KDN에서 사용하는 PLC가 무엇인지 알고 있는가?
- DAS가 무엇인지 알고 있는가? 자세하게 설명해 보시오.
- 우리나라 전력계통에 관해 설명해 보시오.
- 전력선통신이 무엇인가?
- AMI가 무엇인지 아는가?

- 가장 자신 있는 언어가 무엇이고, 그 언어를 사용했던 프로젝트는 무엇인가?
- 한전KDN에 입사하게 된다면 어떤 일을 하고 싶은가?
- 본인의 창의성을 발휘한 경험이 있는가?
- 애플리케이션을 만들어본 경험이 있는가?
- 드론과 관련한 프로젝트를 경험해 본 적이 있는가?
- 최근 IT 경향에 관해 말해 보시오.
- 태양광 발전에서 중요하다고 생각하는 것은 무엇인가?
- 스키마란 무엇인가?
- DBMS가 무엇인가?
- AMI와 DAS의 차이점은 무엇인가?
- 빅데이터에 대해 설명하고, 한전KDN에서 이를 어떻게 활용할 수 있을지 설명해 보시오.
- 영어로 스마트그리드와 한전KDN을 연관 지어 설명해 보시오.
- 클래스와 라이브러리의 차이를 말해 보시오.
- 입사 후 업무가 귀하가 생각한 것과 전혀 다른 일이라면 어떻게 하겠는가?
- 상사가 부당한 지시를 한다면 귀하는 어떻게 할 것인가?
- 살면서 가장 큰 성취감을 느꼈던 경험을 말해 보시오.
- 조직 문화에서 가장 중요한 것은 무엇인가? 이것을 4차 산업혁명에서는 어떻게 변화시킬 수 있는가?
- 자신의 트라우마를 어떻게 극복했는가?
- 지방근무에 대해 어떻게 생각하는가?
- 전혀 경험해 보지 못한 새로운 업무가 주어졌을 때 어떻게 할 것인가?
- 올해에 이룬 것 중 가장 성과가 높은 것은 무엇인가?
- 회식에 대해서 어떻게 생각하는가?
- 상사와 갈등이 생겼을 때 어떻게 대처할 것인가?
- 본인의 의사소통능력에 대해 어떻게 생각하는가?
- 중요한 일과 긴급한 일 중 어떤 것을 먼저 할 것인가?
- 자신의 장단점을 말해 보시오.
- 자신의 성격을 업무와 연관 지어 말해 보시오.
- 본인이 다른 사람에게 신뢰를 구축했던 경험을 말해 보시오.
- 문제를 해결했던 경험과 그 방법을 말해 보시오.
- 가장 힘들었던 경험과 그것을 어떻게 극복했는지 말해 보시오.
- 팀 프로젝트를 했던 경험과 맡았던 역할, 결과를 말해 보시오.
- 지금 당장 떠오르는 사자성어를 1가지 말해 보시오.
- 본인이 남을 위해 헌신한 경험이 있는가? 그 경험에서 본인이 희생한 것이 무엇인가?
- 한전과 한전KDN의 차이점을 말해 보시오.
- 본인의 인생 중 가장 좌절했던 순간과 그것을 극복했던 자신만의 방법을 이야기해 보시오.
- 본인이 자주 쓰는 앱은 무엇인가?
- 협력업체 관리를 어떻게 할 것인가?
- 공기업의 역할은 무엇이라고 생각하는가?
- 가장 기억에 남는 프로젝트는 무엇인가?
- 100만 원이 생긴다면 무엇을 할 것인가?
- 입사한다면 현장 근무도 많이 해야 하는데 가능한가?
- 본인이 면접관이라면 누구를 뽑을 것인가?

17. 한전KPS

- 조직에서 동료나 고객이 불만을 표출했던 경험이 있다면 말해 보시오.
- 본인의 의사소통능력이나 방법에 대해 설명해 보시오.
- 목표를 설정하고 달성한 경험이 있다면 말해 보시오.
- 업무 중 소통을 위해 신경 쓰는 것이 있다면 무엇인지 말해 보시오.
- 협동을 통해 결과를 창출해 낸 경험이 있다면 말해 보시오.
- 같이 일하기 힘든 동료의 유형에 대해 말해 보시오.
- 주장이 강한 사람과 함께 일해 본 경험이 있다면 말해 보시오.
- 발전정비 분야에서의 3D 프린팅 활용 방안에 대해 토론해 보시오.
- 탄소를 줄이기 위한 방안에 대해 토론해 보시오.
- 에너지 자급자족을 위한 지역사회의 방안에 대해 토론해 보시오.
- 같이 일하기 싫은 상사의 유형에 대해 말해 보시오.
- 솔선수범했던 경험이 있다면 말해 보시오.
- 한전KPS가 데이터 플랫폼으로써 나아가야 할 방향에 대해 토론해 보시오.
- 리더로서 조직 내의 갈등을 해결해 본 경험과 그 방법에 대해 말해 보시오.
- 약속과 신뢰를 지켰던 경험에 대해 말해 보시오.
- 자신을 뽑아야 하는 이유에 대해 말해 보시오.
- 1년 이상의 기간 동안 꾸준히 노력하여 성과를 이뤄낸 경험이 있다면 말해 보시오.
- 업무에 갑작스러운 변화가 발생할 경우 어떻게 대처할 것인가?
- 사회생활을 하면서 부당한 지시에 대처한 경험이 있다면 말해 보시오.
- 상대방의 니즈를 파악하기 위한 본인만의 방법이 있다면 말해 보시오.
- 한전KPS를 알게 된 계기를 말해 보시오.
- 어려운 부탁을 받았을 때 대처한 경험이 있다면 말해 보시오.
- 남들이 본인을 험담하는 말을 듣게 된다면 어떻게 행동할 것인가?
- 국민 여론과 상충된 의견이 있을 때 어떻게 대처할 것인가?
- 공동의 목표 달성 시 본인이 주도적으로 했던 경험에 대하여 말해 보시오.
- 지원자 본인은 화합과 개인의 책임감 중 더 중요한 것이 무엇인가?
- 님비지역 주민을 어떻게 설득하겠는가?
- 지원자가 어떠한 목표를 달성하지 못했던 경험에 대하여 말해 보시오.
- 제한된 시간을 극복한 경험에 대하여 말해 보시오.
- 주인의식이란 무엇이라고 생각하는가?
- 지원자에게 고객이란 무엇인가?
- 팀원과 협력했던 경험에 대해 말해 보시오.
- 힘든 상황에서 끝까지 노력했던 경험에 대해 말해 보시오.
- 한전KPS 입사를 위해 준비한 것이 무엇인가?
- 입사 후 직원들과 갈등이 생겼을 때 어떻게 대처할 것인가?
- 책임감을 가지고 진행한 일에 대해 말해 보시오.
- 요구받은 일을 수행한 경험에 대해 말해 보시오.
- 목표를 달성한 경험에 대해 말해 보시오.
- 자신이 남들보다 잘하는 것은 무엇인가?
- 서비스 정신을 발휘한 사례가 있는가?

- 업무 또는 학업에 있어 힘들었던 사례를 말해 보시오.
- 인생의 좌우명이 무엇인가?
- 자신만의 직업관이 있다면 말해 보시오.
- 가정의 행복을 위해서 가장 중요한 것은 무엇인가?
- 최근에 본 영화나 책이 있는가?
- 노사관계에 대한 자신의 의견을 말해 보시오.
- 발전회사에 대한 자신의 의견을 말해 보시오.
- 고객감동 경영이 무엇인가?
- 윤리경영은 무엇이며 그것에 대한 자신의 생각을 말해 보시오.
- '기러기 아빠'에 대해 어떻게 생각하는가?
- 공기업 경영혁신에 대해 말해 보시오.
- 공기업의 민영화에 대한 자신의 생각을 말해 보시오.
- 노동조합의 경영 참여에 대한 자신의 생각을 말해 보시오.
- 살면서 가장 성공적으로 해낸 일이 무엇인가?
- 새로운 것을 창출해 본 경험이 있는가?
- 가장 창의적인 능력을 발휘했던 경험을 말해 보시오.
- 주말에 쉬고 있는데 시스템 장애가 발생했다면 어떻게 대처할 것인가?
- 본인 거주지역과 인접한 근무지에서 근무를 했을 경우의 단점을 말해 보시오.
- 자신이 속해있는 조직 안에서 갈등이 생긴다면 어떻게 해결할 것인가?
- 지역 주민과 발전소의 관계에 대해 말해 보시오.
- 최근 지진이 발생했는데 원자력 발전소는 안전할 것인지 말해 보시오.
- ICT를 활용하여 한전KPS에 기여할 수 있는 사업은 무엇이 있는가?
- 고객과 정부 사이에서 마찰이 생긴다면 어느 편에 서야 하는가?
- 원자력 발전이 어떻게 이루어지는가?
- 갑을 관계에서 갈등 해결 방안에 대해 말해 보시오.
- 캐비테이션 발생 원리와 해결 방법에 대해 말해 보시오.
- 기업마다 회사의 분위기나 느낌이 다르다. 자신이 가고 싶은 분위기의 회사에 대해 말해 보시오.
- 필리핀에서 화력발전소를 고치려고 하는데 필리핀 인부들이 일을 하기 싫어한다고 가정했을 때 어떻게 설득할 것인지 말해 보시오.
- 이전 직장에서 가장 힘들었던 점이 무엇이었고 이를 어떻게 극복하였는가?
- 해외 경험이 있으면 말해 보시오.
- 협력했던 경험이 있으면 말해 보시오.
- 현지 인력과 갈등이 있을 때 어떻게 해결할 것인가?
- 결혼을 한다면 직장은 어떻게 할 것인가?
- 무거운 걸 옮겨야 할 때 어떻게 할 것인가?
- 요즘 젊은이들이 왜 취업을 안 하려고 하는 것 같은가?
- 학교 외 활동 중에서 단체 활동을 했던 경험을 말해 보시오.
- 학교생활 중 팀별 활동을 했던 경험을 말해 보시오.

18. 한국중부발전

- 발전소에 생길 수 있는 문제점을 전공과 연계하여 제시하고, 어떤 부분을 보완해야 할지 말해 보시오.
- 화력발전소에 열병합 태양광발전기가 몇 개 있는지 알고 있는가?
- 화력발전소에 대한 홍보 방안을 제시해 보시오.
- 작년 한국중부발전의 사업보고서와 분기보고서를 본 적이 있는가?
- 탈황, 탈질설비에 대하여 들어본 적 있는가?
- 중부발전 외에 다른 발전소에 대해 아는 게 있다면 말해 보시오.
- 한국중부발전이 친환경 이미지를 구축하기 위해 어떻게 해야 할지 말해 보시오.
- 그린뉴딜에 대해 발표해 보시오.
- LNG발전의 교육안에 대해 발표해 보시오.
- 신재생에너지와 화력발전소의 미래 방향에 대해 발표해 보시오.
- 한국중부발전의 발전소 안전사고 방지를 위한 대책을 발표해 보시오.
- 발전기 용접부에 누수가 발생하였는데 원인은 무엇이고, 누수를 방치한다면 어떤 문제점이 생기는지에 대해 발표해 보시오.
- 발전소 보일러 효율 저하 원인과 점검 사항에 대해 말해 보시오.
- 발전소에서 일어나는 사고에는 어떤 것이 있는지 말해 보고, 이에 대한 해결책을 제시해 보시오.
- 미세먼지 감소 대책에 대해 말해 보시오.
- 재생에너지의 효과적인 활성화 방안에 대해 말해 보시오.
- 보일러 효율을 높일 수 있는 방안에 대해 말해 보시오.
- 친환경 정책과 관련된 정부 정책을 연관시켜 한국중부발전이 나아가야 할 방향을 토론해 보시오.
- 본인이 팀장인데 팀원들과 의견이 엇갈린다면 어떻게 해결할 것인가?
- 태양광에너지에 대해 설명해 보시오.
- 가장 도전적인 경험에 대해 말해 보시오.
- 유연 근무에 대해 어떻게 생각하는가?
- 한 곳에서 꾸준히 근무하는 것과 다양한 곳에서 경험을 쌓는 것 중 어떤 것이 좋은가?
- 업무를 순차적으로 두 개를 부여받았을 때 어떤 업무를 먼저 시작할 것인가?
- 미래산업 중 가장 발전 가능성이 높은 분야는 무엇이라고 생각하는가?
- 화력발전소에 지원하게 된 동기와 자기소개를 해 보시오.
- 글자를 쓰는 용도 이외의 연필의 다른 용도를 10가지 말해 보시오.
- 한국에서는 4년제 대학 진학률이 높은데, 그것에 대한 본인의 생각을 말해 보시오.
- 한국에 유독 프랜차이즈 커피점이 많은데, 그 이유에 대한 본인의 생각을 말해 보시오.
- 3D 프린팅에 대해 어떻게 생각하는가?
- 에너지 산업에 대한 본인의 생각을 말해 보시오.
- 한국중부발전의 해외 사업에는 무엇이 있는가?
- 한국전력공사의 6개 발전 자회사에 대해 설명해 보시오.
- 지원동기를 말해 보시오.
- 살면서 가장 성취감을 느낀 적은 언제인가?
- 본인의 삶에 영향을 끼친 인물이 있는가?
- 해외에 나가본 적이 있는가?
- 주말에 주로 무엇을 하는가?
- 인생의 목표는 무엇인가?

- 리더십을 발휘한 경험이 있는지 말해 보시오.
- 정부가 금연 정책을 실시할 수 있는 권리가 있다고 생각하는가?
- 외국에서 계속 살아야 한다면 어떻게 하겠는가?
- 외국인 친구를 데려가고 싶은 장소가 있다면 말해 보시오.
- 한국인이 해외여행을 많이 가는 이유를 말해 보시오.
- 발전소에서 문제가 발생했을 때, 귀하는 어떻게 처리할 것인지 말해 보시오.
- 한국중부발전이 앞으로 나아가야 할 방향에 대해 제시해 보시오.
- 귀하는 교대근무 상세일정을 작성하는 업무를 담당하고 있다. A선배가 편한 시간대에 근무 배치를 요구할 때, 귀하는 어떻게 대처하겠는가?(A선배를 편한 시간대에 근무 배치를 하면, 후배 사원인 C와 D가 상대적으로 편하지 않은 시간대에 근무를 하게 된다)
- 갈등 상황이 생길 때 어떻게 대처할 것인지 말해 보시오.
- 업무별로 귀하가 해당 업무에 적합한 인재인 이유를 설명해 보시오.
- 본인의 장단점에 대해 말해 보시오.
- 조직생활에서 중요한 것은 전문성인가, 조직 친화력인가?
- 한국중부발전의 장단점에 대해 말해 보시오.
- 성과연봉제 도입에 대해 어떻게 생각하는가?
- 업무를 진행하는 데 있어 가장 중요한 자세는 무엇이라고 생각하는가?
- 한국중부발전과 관련된 기사에 대해 말해 보시오.
- 여러 발전사가 존재하는데 왜 한국중부발전에 지원하였는지 설명해 보시오.
- 자신이 부족하다고 느껴 무엇인가를 준비하고 공부해 해결해 낸 경험이 있는가?
- 감명 깊게 읽었던 책이 무엇인가?
- 이전 직장에서 가장 힘들었던 점이 무엇인가?
- 친구랑 크게 싸운 적이 있는가?
- 입사 10년 후 자신의 모습에 대해 말해 보시오.
- 노조에 대해 어떻게 생각하는가?
- 우리나라 대학생들이 책을 잘 읽지 않는다는 통계가 있다. 본인이 1년에 읽는 책의 권수와 최근 가장 감명 깊게 읽은 책을 말해 보시오.
- 삶을 살아오면서 친구들의 영향도 많이 받지만 부모님의 영향도 많이 받는다. 부모님으로부터 어떤 영향을 받았으며 지금 자신의 삶에 어떻게 나타나는지 말해 보시오.
- 살면서 실패의 가장 크게 쓴맛을 본 경험을 말해 보시오.
- 가훈에 대해 말해 보시오.
- 본인이 어려움을 겪었을 때 다른 사람의 도움으로 극복한 사례를 말해 보시오.
- 자신이 한국중부발전의 팀장이며, 10명의 부하직원이 있다면 어떻게 팀을 이끌겠는가?
- 자신의 인생관에 대해 말해 보시오.

19. 한국남동발전

- 신재생에너지의 과부화에 대한 해결 방안을 말해 보시오.
- 본인의 강점에 대해 말해 보시오.
- 업무 수행 시 팀원이 협조적이지 않을 때 어떻게 행동해야 할지 말해 보시오.
- 최근 남동발전 기사를 접해본 적이 있는가? 있다면 어떤 기사를 읽어 보았는지 말해 보시오.
- 유도발전기의 원리에 대해서 말해 보시오.
- 디지털 변전소의 정의와 변전소의 구성 요소에 대해서 말해 보시오.
- 캐비테이션의 개념과 영향 및 대책에 대해서 말해 보시오.
- 발전소 효율 향상에 기여할 수 있는 부분이 있다면 말해 보시오.
- 수소 에너지에 대한 본인의 생각을 말해 보시오.
- 화력발전의 원리를 쉽게 설명해 보시오.
- 연료전지가 무엇인지 설명해 보시오.
- 본인의 의사소통 역량을 보여줄 수 있는 사례를 말해 보시오.
- 한국남동발전의 발전소 현황과 추진 사업에 대해 말해 보시오.
- MOF(계기용 변성기)에 대해 아는 대로 말해 보시오.
- 신재생에너지의 과부화에 대한 해결 방안을 말해 보시오.
- 지역사회와 한국남동발전의 상생방안에 대해 말해 보시오.
- 2050 탄소중립 추진을 위한 전략을 발표해 보시오.
- 바이오매스 발전소 건설에 대해 토론해 보시오.
- 바이오매스 발전의 효용성에 대해 토론해 보시오.
- 태양광 발전소 건립에 대한 주민의 반대에 대해 토론해 보시오.
- 국가 간 계통 연결에 대해 토론해 보시오.
- 노후화된 화력발전소를 적절하게 운영·관리할 방법을 찾아 보시오.
- 고졸채용 확대로 인한 역차별에 대해 토론해 보시오.
- 병역기피 현상을 근절할 수 있는 해결 방안에 대해 토론해 보시오.
- 남자들의 육아휴직에 대한 회사의 입장에 대해 토론해 보시오.
- 청년실업과 고령자의 고용 확대 방안에 대해 토론해 보시오.
- 산업개발과 환경보존의 공존 방안에 대해 토론해 보시오.
- 공기업 본사의 지방 이전에 따른 지역균형개발의 영향에 대해 토론해 보시오.
- 여러 발전사 중 한국남동발전에 지원한 이유를 설명해 보시오.
- 4차 산업혁명에서 한국남동발전이 나아가야 할 방향에 대해 말해 보시오.
- 자신의 단점과 그것을 극복하기 위해 자신이 한 노력은 무엇인가?
- 일을 처리할 때 자신만의 프로세스가 있다면 무엇인가?
- 다른 사람과의 갈등을 해결하는 자신만의 방법과 사례를 말해 보시오.
- 여러 업무를 처리할 때 업무의 우선순위를 정하는 기준은 무엇인가?
- 한국남동발전의 최근 이슈에 대해 말해 보시오.
- 지원자가 남들보다 특출난 강점이 무엇인가?

- 남들이 피하는 일을 먼저 나서서 성공한 일이 있는가? 만일 그때로 돌아간다면 어떻게 행동할 것인가?
- 커뮤니케이션을 실패한 경험에 대해 말해 보시오.
- 실수하여 팀에 문제를 일으킨 경험에 대해 말해 보시오.
- 현재 한국남동발전의 상황과 그 해결책에 대해 말해 보시오.
- 화학직무에서 어떤 일을 할 것 같은가?
- 대인관계에서 스트레스를 받을 때 어떤 식으로 풀어나가는가?
- 한국남동발전의 비전을 제시하고, 그 비전에 자신이 어떻게 기여할 것인지 말해 보시오.
- 한국남동발전이 다른 에너지기업과 비교하여 가지고 있는 강점은 무엇이라고 생각하는가?
- 한정된 자원을 잘 활용하여 좋은 결과를 냈던 경험을 간단히 말해 보시오.
- 남에게 부탁을 할 때 나만의 노하우는 무엇인가?
- 한국남동발전에 대하여 아는 대로 말해 보시오.
- 2차 필기시험을 준비하면서 어려웠던 점과 시험에서 개선할 점을 말해 보시오.
- 태양광발전의 이용률은 12%인데, 풍력발전의 이용률은 몇 %인가?
- 회사에 들어오면 신입사원으로서 회사 사람들과 잘 어울리기 위해 가장 중요하다고 생각하는 3가지가 무엇인가?
- 한국남동발전에 들어오기 위해 무엇을 준비했는가?
- 삼성전자에 다녔던데 삼성전자와 우리 회사의 가장 큰 차이점이 무엇이라 생각하는가?
- 스마트그리드에 대해 아는 대로 말해 보시오.
- 자소서에 적힌 내용 이외에 자신의 장점을 어필해 보시오.
- 최근 이슈에 관해서 아는 것이 있는가?
- 세월호 사태에 대해 어떻게 생각하는가?
- 팀이 소통하기 위해서는 어떻게 해야 된다고 생각하는가?
- 첫 월급을 받으면 무엇을 하겠는가?
- 전공이 전기 관련 학과가 아닌데 왜 전기직을 선택했는가?
- 마지막으로 하고 싶은 말이 있으면 말해 보시오.

20. 한국남부발전

- 입사를 위해 지금까지 어떤 노력을 했는지 말해 보시오.
- 업무를 수행하기 위해 필요한 역량은 무엇인지 말해 보시오.
- 만약 인사담당자가 된다면 어떤 사람을 뽑고 싶은지 말해 보시오.
- 조직생활에 필요한 필수적인 직업윤리는 무엇이라고 생각하는지 말해 보시오.
- 법을 어겨본 경험이 있다면 말해 보시오.
- 한국남부발전의 사업소는 모두 몇 곳이며, 어디에 위치하고 있는지 말해 보시오.
- 가상발전소 도입 시 발생할 수 있는 문제와 이를 해결하기 위한 방안에 대해 설명해 보시오.
- LNG발전이 나아가야 하는 방향에 대해 설명해 보시오.
- 에너지 산업의 이슈에 대해 알고 있는가?
- 한국남부발전에 대해 아는 대로 말해 보시오.
- 발전소 안전 관리가 어려운 이유를 설명해 보시오.
- 귀하가 한국남부발전에 궁금했던 점을 질문해 보시오.
- 가장 힘들었던 경험과 그때 얻은 교훈은 무엇인가?
- 전공과 관련하여 더 나은 결과를 얻기 위해 노력한 경험에 대해 말해 보시오.
- 발전소 열효율과 열이용률 향상에 대해 전문적인 지식을 가지고 있는가?
- 미세먼지의 원인이 무엇이라고 생각하는가?
- 직무와 관련한 경험에 대해 말해 보시오.
- 직무와 관련하여 어떠한 성과와 능력을 발휘할 수 있는가?
- 상사가 꾸짖는다면 어떻게 대처하겠는가?
- 본인의 단점 두 가지를 말해 보시오.
- 본인의 강점은 무엇인가?
- 한국남부발전 취업을 위해 특별히 준비한 것은 무엇인가?
- 공기업 입사를 희망하는 이유는 무엇인가?
- 컴퓨터 프로그램을 능숙하게 다룰 수 있는가?
- 상사의 부정을 보았다면 어떻게 하겠는가?
- 본인이 스스로 평가하기에 성실한 성격인가?
- 직무와 관련해 어떤 지식을 가지고 있으며, 어떤 직무를 원하는가?
- 어떤 일을 하면서 시간이 촉박하거나 예산이나 관련 지식이 부족했는데 이를 해결한 경험이 있는가?
- 스스로가 부끄러웠던 경험에 대해 말해 보시오.
- 상사, 동료, 후배와 사이가 안 좋다면 어떻게 할 것인가?
- 한국남부발전에 들어오기 위해서 무엇을 준비했는가?
- 댐 건설 시 고려해야 하는 사항을 말해 보시오.
- 발전소 건설을 위한 지반고는 어떤 방식으로 정해지는지 아는가?
- 콘크리트를 배합할 때 시멘트 양의 산정 기준은 무엇인지 말해 보시오.
- 기능상에 문제는 없지만 설계와 시공이 다르다면 어떻게 하겠는가?
- 해외에서 본 특이한 토목 구조물이 있는가? 있다면 그 구조물을 보고 느낀 점을 말해 보시오.
- 화학물질 안전 관리 방안에 대해 토론해 보시오.
- 가스터빈 국산화 방안에 대해 토론해 보시오.
- 리스크와 가능성이 다른 국가에 진출할 순위를 정해 보시오.

- 2050 탄소중립 추진을 위한 전략을 발표해 보시오.
- 4차 산업혁명을 이용하여 발전소의 사고·사망재해를 줄이는 방안에 대해 토론해 보시오.
- 한국남부발전의 민영화를 찬성과 반대 입장에서 토론해 보시오.
- 태양광발전사업 확대를 위한 방안을 전기 직무와 결합시켜 말해 보시오.
- 발전소 도입 방안에 예상되는 문제점을 발표해 보시오.
- 발전소의 사고·사망 재해를 줄일 수 있는 실질적인 제도적 방안을 발표해 보시오.
- 고령 노동자 교육 방안에 대한 귀하의 생각을 말해 보시오.
- PDCA에 대해 아는 대로 말해 보시오.
- 분권화 방식에 따른 특징과 내용을 발표해 보시오.
- 현재 환경문제의 원인으로 화력발전소가 지목되고 있다. 이에 대한 귀하의 생각을 말해 보시오.
- 지역 주민과의 갈등을 해결할 수 있는 방안에 대해 발표해 보시오.
- 주52시간제 도입에 따른 대응 방안을 발표해 보시오.
- 업무협의제와 스마트워크의 전제 요소에 대해 말해 보시오.
- 친환경 발전소를 활성화하기 위한 방안을 말해 보시오.
- 일자리 창출 방안에 대해 말해 보시오.
- 부서에서 어떠한 사람이 되고 싶은지 말해 보시오.
- DR시장의 적용 및 활성화 방안을 제시해 보시오.
- 미세먼지 저감을 위한 대책을 발표해 보시오.
- 도심형 신재생에너지발전소에 대해 발표해 보시오.
- 노후화 발전소에 대해 발표해 보시오.
- 빅데이터 활용방안에 대해서 발표해 보시오.
- 발전 연관 사업에 대해서 발표해 보시오.
- 친환경 건축에 대해서 발표해 보시오.
- 한국남부발전의 해외 진출 방안에 대해서 발표해 보시오.
- 팀 프로젝트 시 시간 관리 차원에서 본인의 역할이 무엇이라고 생각하는가?
- 지원 분야 관련 자격증이나 경험이 있는가? 있다면 말해 보시오.
- 시간 관리를 어떻게 하는지 말해 보시오.
- 한국남부발전에서 하는 일에 대해 말해 보시오.
- 상사의 부정에 어떻게 대처하겠는가?
- 자신의 강점과 그것을 바탕으로 한국남부발전에 기여할 방안에 대하여 말해 보시오.
- 한국남부발전의 강점에 대하여 말해 보시오.
- 한국남부발전에 입사한다면 어떤 일을 하고 싶은지 말해 보시오.
- 자신의 태도 중 반드시 고치고 싶은 것은 무엇인지 말해 보시오.
- 회사 업무를 잘하기 위해서 어떤 것이 필요하다고 생각하는가?
- 싫어하는 사람과 함께 일하게 된다면 어떻게 대처할 것인가?
- 다수결 방식에 의해 피해를 입은 사례에 대해 말해 보시오.
- 민주주의에서 가장 중요한 것은 무엇이라고 생각하는가?
- 순환근무에 대해 어떻게 생각하는가?
- 조직 분위기가 좋지 않을 때 어떻게 바꾸겠는가?
- 마지막으로 하고 싶은 말을 해 보시오.

21. 한국동서발전

- 지원한 직무에 관심을 가진 계기에 대해 말해 보시오.
- 환경 문제에 대하여 알고 있는가?
- 한국동서발전이 추진하는 사업에 대하여 아는 것이 있는가?
- 전기가 생산되는 과정을 설명하시오.
- 발전소의 효율을 올릴 수 있는 방법에 대해 말해 보시오.
- 설비관련 부품 중 가장 중요한 것은 무엇인지 말해 보시오.
- 비파괴 검사의 종류에 대해 말해 보시오.
- 집단에서 갈등을 해결한 경험이나 배려를 한 경험 또는 배려를 받은 경험에 대해 말해 보시오.
- 지원한 직무에 관심을 갖게 된 계기에 대해 말해 보시오.
- 보호무역주의와 자유무역주의에 대해 토론해 보시오.
- 사내 소통 방안에 대해 토론해 보시오.
- 당진 발전소 주민 반대를 설득할 방안을 구해 보시오.
- (설계수명, 경제수명, 전문가 의견, 발전설비 교체 비용 추세 등에 관한 자료를 주고) 노후화된 발전시설에서 고장 부품을 교체해야 하는데 일부만 교체할 것인가, 전량 교체할 것인가?
- B사에서 바이오에너지 발전소를 만들 예정이다. B사는 중소기업과 상생을 추구하고 있다. 분할발주를 하려고 하니 업무가 폭증할 것이라 예상된다. 하지만 일괄발주를 하게 되면 대기업에게 이익이 가기 때문에 B사가 추구하는 상생과 맞지 않는다. 어떤 방식의 발주가 좋을지 아이디어를 내보시오.
- 7명의 팀원이 있고 당신은 입사 2년차 막내이다. 입사는 빨리 했지만 나이가 어린 팀장과 입사는 늦었지만 나이가 많은 차장이 있는데 막내로서 둘 사이의 관계 개선을 어떻게 이룰 수 있겠는가?
- 서울에서 에코콘서트를 하게 되었는데, 관객들이 자가발전을 하여 생산된 전기로만 콘서트를 진행하려고 한다. 콘서트를 진행하기 위해 필요한 최소 관객은 몇 명일까?
- 태양전지를 서울의 2배 면적만한 공간에 설치하려는 사업 계획을 발표하려고 한다. 공간 문제를 어떤 방법으로 해결해서 사업제안을 해야 할지에 대한 아이디어를 내보시오.
- 팀원 간 갈등이 생길 때 어떻게 하는가?
- 압박 상황에 어떻게 대처하는가?
- Title과 Salary 중에 무엇이 중요한가?
- 본인의 성격을 2가지 형용사를 이용해서 소개해 보시오.
- 갈등 상황이 있을 때 어떻게 해결하는가?
- 단기적 혹은 장기적인 목표가 있는가?
- 사는 곳이 어디이며, 그 지역에서 가장 유명한 것은 무엇인가?
- 전공이 무엇이며, 전공을 선택한 이유를 말해 보시오.
- 해외여행을 가본 적이 있는가?
- 입사하여 5년 후에 무엇을 하고 싶은가?
- 한국동서발전 이외에 지원한 회사는 어디인가?
- 열정을 쏟았던 경험과 그 경험으로 얻은 것에 대해 말해 보시오.
- 회사에 본인이 기여할 수 있는 점이 무엇인가?
- 공과 사 중 어떤 것을 추구해야 하는가?
- 지금까지 힘들었던 점을 극복한 사례를 말해 보시오.
- 열정적으로 한 일에 대해 설명해 보시오.
- 돈, 명예, 일 중에서 하나를 선택하라면 무엇을 선택할 것인가?

22. 한국서부발전

- 신재생에너지에 관한 경험이나 경력이 있다면 말해 보시오.
- 신재생에너지의 단점을 제시해 보시오.
- 탈원전에 대한 귀하의 생각을 말해 보시오.
- 한국서부발전에 대해 아는 대로 말해 보시오.
- 전기가 가정까지 전달되는 과정에 대해 설명해 보시오.
- 주파수에 따른 전기 품질의 차이에 대해 설명해 보시오.
- SMP에 대해 설명해 보시오.
- 사회적 가치를 위해 한국서부발전이 노력해야 하는 부분에 대해 말해 보시오.
- 업무를 수행하는 중 취약점 발생 시 어떻게 해결할 것인지 말해 보시오.
- 본인 성격의 장단점에 대해 말해 보시오.
- 업무를 위해 준비해 온 것에 대해 말해 보시오.
- 워킹 홀리데이를 한 이유가 무엇인가?
- 협업했던 경험에 대해 말해 보시오.
- 다른 지원자들과 차별화되는 본인의 강점은 무엇인가?
- 입사한다면 어떤 업무를 하고 싶은가?
- 자신의 장점이 회사에 어떻게 작용할 수 있겠는가?
- 가장 어려웠던 일과 그때 느낀 점은 무엇인가?
- 가장 즐거웠던 경험과 슬펐던 경험에 대해 말해 보시오.
- 어려운 일을 극복해 보았는가?
- 조직생활을 잘 하는가?
- 태안에서 근무해야 한다면 할 수 있는가?
- 한국서부발전에 지원한 동기를 말해 보시오.
- 자신이 가장 성취했던 경험에 대해서 말해 보시오.
- 평소에 시간을 관리하는 방법에 대해 말해 보시오.
- 상사가 부당한 지시를 한다면 어떻게 하겠는가?
- CSR에 대해 설명해 보시오.
- 조직에서 본인이 노력을 해서 성과를 낸 경험을 말해 보시오.
- 기존의 조직 관행 중 본인이 노력해서 바꾼 경험을 말해 보시오.
- 렌츠의 법칙에 대해 말해 보시오.
- 유도 전동기와 동기 전동기의 차이를 말해 보시오.
- 페러데이의 법칙에 대해 설명해 보시오.
- 업무에 적용 가능한 자신만의 강점을 말해 보시오.
- 특기는 무엇이고, 그것을 업무에 어떻게 적용할 것인가?
- 급수펌프에서 이상진동이 발생되었다. 원인과 해결 방안은 무엇인가?

23. 사립학교교직원연금공단

- 국회에서 진행한 사학연금 개편 관련 안건 중 어느 쪽을 지지하는지 말해 보시오.
- 기초연금과 공적연금의 차이에 대해 설명해 보시오.
- 살면서 가장 잘한 일과 아쉬운 일에 대해 말해 보시오.
- 사립학교교직원연금공단의 재무제표 중 보고 온 내용이 있다면 말해 보시오.
- 프로젝트를 실패한 경험과 그 경험을 통해 배운 점에 대해 말해 보시오.
- 조직의 목표를 달성하고자 할 때 조직원의 이익이 침해될 수 있다면 어느 것을 우선시해야 하는가?
- 장기적인 연금 고갈에 대한 본인의 생각과 그에 대한 대책에 대해 말해 보시오.
- 본인이 존경하는 인물에 대해 말해 보시오.
- 공적연금과 사적연금의 차이에 대해 말해 보시오.
- 사립학교교직원연금공단에 지원한 동기가 무엇인가?
- 업무 과정에서 팀원과 갈등이 발생했을 때, 해결 방안을 말해 보시오.
- 본인이 어려움을 느꼈을 때, 극복 방안을 말해 보시오.
- 자신 있는 외국어로 사립학교교직원연금공단 업무를 설명해 보시오.
- 본인이 좋아하는 색깔은 무엇인가?
- 사립학교교직원연금공단에 입사하기 위해 무슨 노력을 하였는가?
- 인생을 살면서 가장 보람을 느꼈던 일은 무엇인가?
- 함께했던 동료들과 좋은 관계를 유지하기 위해 어떤 노력을 하였는가?
- 사립학교교직원연금공단이 진행하고 있는 사업에 대해 말해 보시오.
- 사립학교교직원연금공단이 나아가야 할 방향은 무엇인가?
- 실패했던 경험에 대해 말해 보시오.
- 본인만의 의사소통 방법과 대인관계를 유지하는 방법을 말해 보시오.
- 타인과 비교했을 때, 자신 있는 강점은 무엇인가?
- 사립학교교직원연금공단의 미션, 비전과 관련지어 본인의 강점을 말해 보시오.
- 상사가 요청한 업무의 기한이 얼마 남지 않았는데, 중요하고 급박한 일이 발생한다면 어떻게 대처하겠는가?
- 본인이 인생을 살면서 가장 열중한 일은 무엇인가?
- 본인의 주변인 중 존경하는 인물이 있는가?
- 사립학교교직원연금공단 홈페이지에 접속한 적이 있는가? 있다면 기억에 남는 것이 있는가?
- 본인 성격의 장단점은 무엇인가?
- 상사와 업무 진행 스타일이 자신과 맞지 않을 경우 어떻게 하겠는가?
- 상사가 불합리한 지시를 할 경우 어떻게 하겠는가?
- 본인은 공기업에 적합한 인재인가?
- 워라밸(Work Life Balance)에 대한 본인의 생각을 말해 보시오.

24. 서울시설공단

- 입사 후 어느 부서에서 일하고 싶은지 말해 보시오.
- 갈등을 해결한 경험이 있다면 구체적으로 말해 보시오.
- 다른 사람에게 어떤 사람으로 불리는지 말해 보시오.
- 서울시설공단에서 운영하고 있는 인프라를 이용해 본 경험이 있다면 말해 보시오.
- 서울시설공단에서 운영하고 있는 인프라의 활성화 방안에 대해 말해 보시오.
- 자신을 희생하여 남을 도운 경험이 있다면 말해 보시오.
- 자신과 맞지 않는 사람은 어떤 유형이고, 어떻게 대처할 것인지 설명해 보시오.
- 업무와 연관 지어 본인의 장점을 말해 보시오.
- 신호등에 대해 아는 대로 말해 보시오.
- 전기 관련 업무를 진행하면서 높은 곳에 올라갈 수 있는가?
- 수변전 설비에서 가장 중요하다고 생각되는 부품과 그 이유를 말해 보시오.
- 본인이 오늘 면접을 위해 준비한 것들 중 핵심은 무엇인가?
- 본인이 알고 있는 전기 관련 이론에 대해 말해 보시오.
- 토크와 마력의 상관관계에 대해 말해 보시오.
- 다짐공법에 대해 설명해 보시오.
- 유압기를 다루어 본 경험이 있는가?
- 두루마리 휴지는 왜 원기둥 형태인가?
- 서울시설공단의 주요 사업은 무엇인가?
- TIG 용접에 대해 아는 대로 말해 보시오.
- 수공구를 사용해본 경험이 있다면 말해 보시오.
- 청계천 공사에 대한 본인의 견해를 말해 보시오.
- 서울시설공단에 입사한다면 어떤 일을 할 것 같은가?
- 서울시가 관리하는 주요 공원 중 아는 것을 말해 보시오.
- 신입사원이 갖추어야 할 덕목을 세 가지만 꼽는다면 무엇이라고 생각하는가?
- 서울시설공단에서 SNS를 활용한다면 어느 분야에 어떻게 활용하면 좋겠는가?
- 서울시설공단의의 대국민 서비스 중 지원자가 경험한 것에 대해 평가해 보시오.
- 선반과 밀링으로 무엇을 만들어 보았는가?(추가로 윤활유의 역할에 대해 질문함)
- 'KS B'에서 'B'가 의미하는 것은 무엇인가?(추가로 KS C와 KS D에 대해 질문함)
- 서울시설공단에 입사한 이후에 성취감을 느끼지 못하면 본인은 어떻게 할 것인가?
- 취득한 자격증이 서울시설공단에서 업무에 임할 때 어떻게 활용될 수 있을지 말해 보시오.
- 비가 많이 내려서 펌프에 물이 넘쳐흐른 경우에는 무엇을 가장 중요하게 확인해야 하는가?
- 서울시설공단의 주요 사업은 무엇이며, 그 가운데 가장 중요하다고 생각하는 사업은 무엇인가?
- 아동성폭력 범죄자를 화학적으로 거세하는 것에 대한 본인의 찬반 의견과 이유를 제시해 보시오.
- 서울시설공단의 사업 중 경쟁력이 떨어진다고 생각하는 사업의 종류와 대처 방안, 경쟁력 향상 방법에 대해 설명해 보시오.

25. 전북개발공사

- 전북개발공사의 직업윤리에 대해 말해 보시오.
- 가고 싶은 부서나 피하고 싶은 부서가 있다면 말해 보시오.
- 행정 직무에서 중요하다고 생각하는 직무 역량이 있다면 말해 보시오.
- 상사와의 갈등을 어떻게 해결할 것인지 말해 보시오.
- 청렴, 배려, 공평, 정의에 대한 귀하의 생각을 말해 보시오.
- 학창 시절에 커닝을 해 보았는가?
- 바람직한 남성상(여성상)은 무엇인가?
- '국가'는 본인에게 무엇을 의미하는가?
- 커닝의 장점이 무엇이라고 생각하는가?
- 개런티와 워런티의 차이를 설명해 보시오.
- 고정비를 줄이는 방법에는 무엇이 있겠는가?
- 본인에게 가장 큰 영향을 준 인물은 누구인가?
- 전북개발공사의 사가(社歌)를 한 곡 지어서 노래해 보시오.
- 전북개발공사에 꼭 입사하고 싶은 이유가 있다면 무엇인가?
- 겸손한 사람과 성과가 뛰어난 사람 중 누구를 선택하겠는가?
- 장래 배우자는 직장에 대해 어떻게 하는 것이 좋다고 생각하는가?
- 전북개발공사와 관련한 업계의 시장 전망을 간략하게 설명해 보시오.
- 사랑하는 사람과 멀리 떨어진 곳에서 근무하게 된다면 어떻게 하겠는가?
- 전북개발공사에서 가장 중요하다고 생각하는 부서와 그 이유를 말해 보시오.
- 아파트 가격의 상승과 하락이 국내 경제에 끼치는 영향에 대해서 간략하게 설명해 보시오.
- 본인인 리더라면 업무능력이 뛰어난 사람과 성격이 좋은 사람 중 누구와 일하고 싶은가?
- 전북개발공사가 개선해야 할 점을 한 가지 제시하고, 그것에 대한 개선 방안을 설명해 보시오.
- 본인이 본 영화의 주인공 중에서 본인을 닮은 인물은 누구이며, 왜 그렇게 생각하는지 말해 보시오.
- 통일이 되었는데 누가 10억 원을 주고 20억 원을 만들어 오라고 한다면 북한에서 무엇을 하겠는가?
- 전북개발공사에 입사하면 어려운 일이 있을 텐데, 극복할 방법을 자신의 어떤 부분에서 찾을 수 있겠는가?

26. 아산시설관리공단

- 상식 밖의 민원인을 어떻게 대처할 것인지 말해 보시오.
- 아산시설관리공단에 대해 아는 대로 말해 보시오.
- 공공기관 직원이 지녀야 할 가치관에 대해 설명해 보시오.
- 평소 스트레스 관리 방법에 대해 말해 보시오.
- 공무원 시험에 응시한 적이 있는가?
- 1분 동안 자기소개를 하시오.
- 본인의 인턴 경험을 소개해 보시오.
- 워라밸에 대한 본인의 견해를 말해 보시오.
- 직무수행을 통해 문제해결 능력을 발휘한 경험이 있으면 말해 보시오.
- 인생에 큰 변화의 계기가 될 만한 일이 있었나? 그 영향은 어떠했는가?
- PLC(Programmable Logic Controller)에 대해 간단하게 설명해 보시오.
- 직장인으로서 직업윤리가 왜 중요한지 본인의 가치관을 중심으로 말해 보시오.
- 대학 졸업 후 지금까지 무엇을 했는가? 아직 취업하지 않은 이유는 무엇인가?
- 도급업을 시행할 때 공무원으로서 주의해야 할 점 3가지는 무엇이라고 생각하는가?
- 아산시의 시설물에 대해 아는 것에 대해 말하고, 직군에 맞게 점검 방법을 말해 보시오.

27. 청주시설관리공단

- 청주시설관리공단을 알게 된 계기가 있다면 말해 보시오.
- 이상적이라고 생각하는 조직의 분위기에 대해 말해 보시오.
- 청주시설관리공단의 비전과 핵심가치에 대해 말해 보시오.
- 본인을 사물로 표현해 보시오.
- 근무하다 공무원 시험에 합격하게 되면 퇴사를 할 것인가?
- 합격 후 어느 부서에서 일하고 싶은지 말해 보시오.
- 청주시설관리공단에 대해 아는 것을 말해 보시오.
- 스트레스를 어떻게 푸는지 말해 보시오.
- 부서 이동이 잦은 것에 대한 귀하의 생각을 말해 보시오.
- 청주시의 인문지리학적 특징을 말해 보시오.
- 청주시의 5kg 쓰레기봉투 1장의 가격은 얼마인가?
- 청주시설관리공단에 꼭 필요하다고 생각되는 업무가 있으면 추천하고, 이유를 설명하시오.
- 청주시설관리공단의 '탄소제로 교육관'은 어떤 물질을 제거해 환경을 보존하자는 교육이다. 본인 주변에서 이 물질을 제거할 수 있는 손쉬운 방법을 한 가지 소개해 보시오.

28. 안동시시설관리공단

- 안동시시설관리공단에서 관리하는 시설물을 아는 대로 말해 보시오.
- 해외 휴가 중 시설물에 문제가 생긴다면 어떻게 할 것인가?
- 공기업인으로서 가져야 할 자세를 설명해 보시오.
- 안동시시설관리공단에 어떻게 기여할 수 있는지 말해 보시오.
- 자신의 장단점을 말해 보시오.
- 입사하면 어떤 일을 하고 싶은가?
- 안동시에 대해 아는 대로 설명해 보시오.
- 개인과 조직의 목표가 일치하지 않을 경우 어떻게 할 것인가?
- 대인관계에 있어 본인이 가장 중요하게 생각하는 것은 무엇인가?
- 안동시가 배경이 되었던 주요 영화나 드라마를 아는 대로 말해 보시오.
- 마지막으로 하고 싶은 말은 무엇인가?

29. 여수시시설관리공단

- 공공기관 근로자로서 갖추어야 할 자세는 무엇인가?
- 여수시도시관리공단의 문제점과 개선방법에 대해 말해 보시오.
- 4차 산업에서 여수시도시관리공단이 할 수 있는 역할은 무엇인가?
- 공사와 공단의 차이점에 대해 말해 보시오.
- 요즘 여수시에 빈 집이 많이 생기고 있는데, 어떻게 하면 이 문제를 좋은 방향으로 해결할 수 있을지 말해 보시오.
- 최근 가장 힘들었던 일을 말해 보시오.
- 엔지니어들과 의견 충돌 시 어떻게 대처할 것인지 말해 보시오.

30. 강남구도시관리공단

- 강남구도시관리공단에서 하고 싶은 업무는 무엇인가?
- 방화벽에 대해 설명해 보시오.
- 전기 화재의 원인에 대해 아는 대로 설명해 보시오.
- 살면서 꼭 해 보고 싶은 일이 있다면 말해 보시오.
- 상사와 의견 차이가 존재할 때 어떻게 대처하겠는가?
- 강남구도시관리공단의 경영평가는 어떠한 기준으로 이루어지는가?
- 강남구에 있는 공영주차장의 요금을 알고 있는가?
- 본인이 강남구도시관리공단에서 수행하게 될 업무들에 대해 알고 있는가?
- 공기업과 사기업의 차이에 대해 말해 보시오.
- 강남구도시관리공단의 공익성 모델을 제시해 보시오.
- 강남구의 대표적인 문화예술 시설은 무엇이 있는가?
- 지역 시설관리의 최대 문제는 무엇이라고 생각하는가?
- 강남구의 대표적인 유적지나 관광지에는 무엇이 있는가?
- 강남구도시관리공단의 미래 지향적 사업 분야를 평가해 보시오.
- 강남구도시관리공단의 임무와 업무에 대해 아는 대로 말해 보시오.
- 강남구도시관리공단의 정보화 사업의 활성화 정책을 평가해 보시오.
- 강남구의 생활 안전 관리는 어떻게 이루어지고 있는지 말해 보시오.
- 강남구도시관리공단의 지역 정보 관리 사업에는 어떤 사업들이 있는가?
- 강남구에 꼭 필요하다고 생각하는 시설을 추천하고, 그 이유를 말해 보시오.
- 강남구도시관리공단이 어떤 사업을 하며, 법인의 특성은 어떤 상황인지 설명해 보시오.
- 강남구도시관리공단의 기술용역 사업에는 어떤 것이 있으며, 왜 필요하다고 생각하는가?
- 강남구도시관리공단에서 운영하는 생활체육공원에서 부족한 체육 시설이나 운동 시설은 무엇이라고 생각하는가?
- 강남구도시관리공단의 시설을 활용해 개최되었거나 향후 개최 예정인 경기나 체육행사 중 아는 것을 말해 보시오.
- 강남구가 관리·운영하는 관광·레저 시설 중에서 꼭 홍보해야 한다고 생각하는 것 두 가지를 선정해 설명해 보시오.
- 최근 안전사고가 빈발해 주민 안전과 주민 보호가 어려운 상황에 처했다는 여론이 높다. 이런 문제를 어떻게 해소할 수 있겠는가?
- 강남구도시관리공단에서 향후 추진해야 할 지역주민을 위한 계획을 한 가지만 선정하고, 그것이 왜 최우선 순위가 되어야 하는지 설명해 보시오.
- 강남구도시관리공단의 업무가 체계적이지 않아서 지역 내의 시설에 대한 관리·감독이 미흡하다는 비판이 있다. 이것에 대해 어떻게 생각하는가?

앞선 정보 제공! 도서 업데이트

언제, 왜 업데이트될까?

도서의 학습 효율을 높이기 위해 자료를 추가로 제공할 때!
공기업 · 대기업 필기시험에 변동사항 발생 시 정보 공유를 위해!
공기업 · 대기업 채용 및 시험 관련 중요 이슈가 생겼을 때!

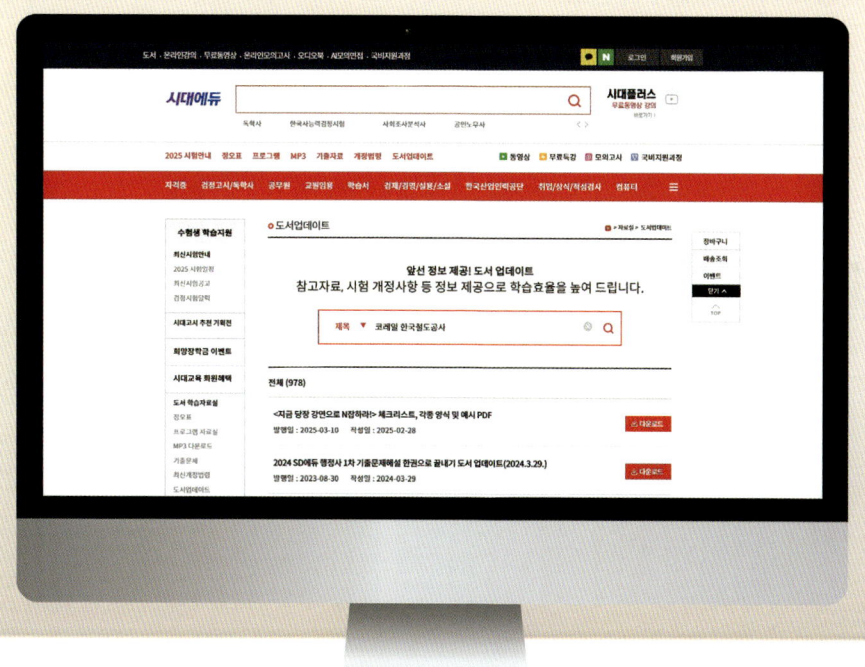

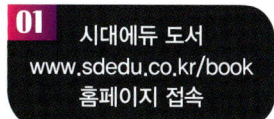

01 시대에듀 도서
www.sdedu.co.kr/book
홈페이지 접속

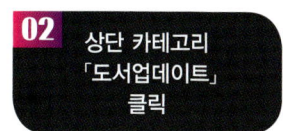

02 상단 카테고리
「도서업데이트」
클릭

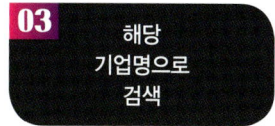

03 해당
기업명으로
검색

참고자료, 시험 개정사항 등 정보 제공으로 학습효율을 높여 드립니다.

시대에듀
공기업 취업을 위한 NCS 직업기초능력평가 시리즈

NCS부터 전공까지 완벽 학습 "통합서" 시리즈

  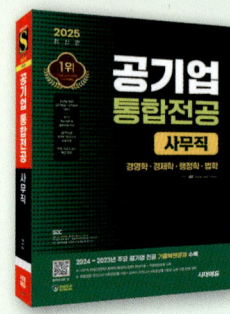 

공기업 취업의 기초부터 차근차근! 취업의 문을 여는 **Master Key!**

NCS 영역 및 유형별 체계적 학습 "집중학습" 시리즈

영역별 이론부터 유형별 모의고사까지! 단계별 학습을 통한 **Only Way!**

2026
최신판

공사
공단
인·적성검사
핵심통합서

편저 | SDC(Sidae Data Center)

정답 및 해설

시대에듀

Add+

특별부록

CHAPTER 01 2025년 주요 공기업 NCS 기출복원문제

CHAPTER 02 2025년 주요 대기업 적성검사 기출복원문제

끝까지 책임진다! 시대에듀!

QR코드를 통해 도서 출간 이후 발견된 오류나 개정법령, 변경된 시험 정보, 최신기출문제, 도서 업데이트 자료 등이 있는지 확인해 보세요! **시대에듀 합격 스마트 앱**을 통해서도 알려 드리고 있으니 구글 플레이나 앱 스토어에서 다운받아 사용하세요. 또한, 파본 도서인 경우에는 구입하신 곳에서 교환해 드립니다.

CHAPTER 01

2025년 주요 공기업
NCS 기출복원문제

01	02	03	04	05	06	07	08	09	10
②	③	③	②	④	③	④	①	⑤	③
11	12	13	14	15	16	17	18	19	20
③	①	①	④	②	③	②	③	②	②
21	22	23	24	25	26	27	28	29	30
①	②	④	③	②	②	②	③	④	③

01 정답 ②

마지막 문단을 보면 현재 AI 음성 합성 기술이 사람의 감정까지 담아 표현할 수 없다는 한계점이 존재한다고 했다. 따라서 현재는 AI 음성 합성 기술이 오디오북 제작에서 전문 성우의 역할을 대체할 수 있다고 보기는 어렵다.

오답분석
① 세 번째 문단을 통해 AI 음성 합성 기술이 비용과 시간 측면에서 전문 성우 녹음보다 효율적임을 알 수 있다.
③ 마지막 문단에서 문학 도서의 경우 AI 음성 합성 기술이 사람의 감정까지 담아 표현할 수 없는 반면, 비문학 도서들은 전문 성우가 반드시 필요하지는 않으므로 AI 음성 합성 기술로 제작이 가능하다고 하였다.
④·⑤ 두 번째 문단에서 전문 성우의 오디오북 녹음에는 많은 시간이 필요하며, 비용 또한 많이 들어 현실적인 한계에 부딪히고 있다고 하였다.

02 정답 ③

K시 전철의 기본요금은 1회 1,500원이고, 아침에 20% 할인을 받으면 $1,500 \times 0.8 = 1,200$원이다. A씨의 전철 이용 횟수는 총 $22 \times 2 = 44$회이며, 할인은 출근 시간에만 적용된다. 그러므로 A씨가 퇴근 시 이용하는 전철 요금은 $1,500 \times 22 = 33,000$원이다.
한 달 전철 요금을 62,000원 이하로 유지하고자 하므로 출근 시 지불 가능한 전철 요금은 $62,000 - 33,000 = 29,000$원이다. 할인을 받은 일수를 x일이라 하면, 할인을 받지 않은 일수는 $(22-x)$일이므로 다음과 같은 식이 성립한다.

$1,200x + 1,500(22-x) \leq 29,000$
$\rightarrow 1,200x + 33,000 - 1,500x \leq 29,000$
$\rightarrow -300x \leq -4,000$
$\therefore x \geq 13.33\cdots$

따라서 최소 14일은 할인받아야 한 달 요금을 62,000원 이하로 유지할 수 있다.

03 정답 ③

먼저 분자와 분모를 따로 계산하면 다음과 같다.
- 분자 : $18 \times (15^2 + 12 + 3)$
    $\rightarrow 18 \times (225 + 12 + 3)$
    $\therefore 18 \times 240 = 4,320$
- 분모 : $90^2 - 2 \times 45 \times 4$
    $\rightarrow 8,100 - (2 \times 45 \times 4)$
    $\therefore 8,100 - 360 = 7,740$

제시된 식을 정리하면 다음과 같다.
$\dfrac{4,320}{7,740} + 1 = \dfrac{4,320 + 7,740}{7,740} = \dfrac{12,060}{7,740}$

$\dfrac{12,060}{7,740}$을 기약분수로 만들기 위해 최대공약수 180으로 약분하면 $\dfrac{67}{43}$이므로 $p=43$, $q=67$이다.

따라서 $p+q=110$이다.

04 정답 ②

㉠ 철도 이용객 수 증가는 외부환경요인인 법안에 의한 긍정적 효과이므로 기회에 해당한다.
㉢ 민간투자의 확대는 외부환경요인의 긍정적인 효과이므로 기회에 해당한다.
㉥ 기업 외부에서 발생한 공동 프로젝트에 참여하는 것은 기술혁신 등 긍정적인 측면이므로 기회에 해당한다.

오답분석
㉡ 내부환경요인인 운영 노하우는 기업 내부의 긍정적인 요소로 강점(Strength)에 해당한다.
㉣ 외부환경요인인 정부의 교통요금 동결 정책은 위협(Threat)에 해당한다.
㉤ 내부환경요인인 직원 수 부족으로 인한 저조한 고객 만족도는 약점(Weakness)에 해당한다.

05 정답 ④

㉠ A차장은 노인 이용자 대표와 논리적 토론을 통해 합리적 타협점을 찾고 있다. 이는 상이한 문화적 토양을 가지고 있는 구성원을 가정하여 서로의 생각을 직설적으로 주장하고 논쟁이나 협상을 통해 의견을 조정하는 하드 어프로치에 해당한다.
㉡ A센터장은 역할극과 브레인스토밍 기법을 통하여 직원들이 자발적으로 의견을 제시하고, 창의적인 해결방법을 도모할 수 있도록 촉진하고 있다. 이는 어떤 그룹이나 집단이 자발적으로 창의적인 문제해결을 할 수 있도록 촉진하는 퍼실리테이션에 해당한다.
㉢ A팀장은 B사원에게 실수에 대한 결과를 시사하여 실수를 줄일 수 있도록 넌지시 제안하였으며, 다른 팀원들에게도 B사원을 잘 도와줄 수 있도록 요청하였다. A팀장은 중재자로서 같은 문화적 토양을 가지고 있는 팀원들이 서로를 이해할 수 있도록 돕고, 권위와 공감에 의지하여 의견을 중재하고 있으므로 소프트 어프로치에 해당한다.

06 정답 ③

빈칸에 들어갈 단어의 대상은 앞의 애민주의이므로 '어떤 명목을 붙여 주의나 주장 또는 처지를 앞에 내세움'을 의미하는 '표방(標榜)'이 가장 적절한 단어이다.

오답분석
① 표징(表徵) : 겉으로 드러나는 특징이나 상징
② 표집(標集) : 사회 조사에서 모집단의 특성을 잘 반영할 수 있는 표본을 추출하는 방법
④ 표류(漂流) : 물 위에 떠서 정처 없이 흘러감
⑤ 표리(表裏) : 물체의 겉과 속 또는 안과 밖을 통틀어 이르는 말

07 정답 ④

제시문은 원자력 발전소에서 방사성 물질의 차단과 외부 오염물질 유입 방지를 위해 강력한 공기조화시스템이 필요함을 주장하며, 이 시스템의 핵심 장치인 헤파필터에 대해 상세히 설명하고, 원자력 발전소에서 헤파필터의 역할과 중요성에 대해 서술하고 있다. 따라서 글의 주제로 가장 적절한 것은 '원자력 발전소에서의 헤파필터의 역할'이다.

08 정답 ①

메뉴별 손익분기점은 각각 다음과 같으며, 손익분기점을 넘기 위해서 필요한 판매량은 이보다 1단위 더 많아야 한다.
- 제육볶음 : $2,800,000 \div (10,000 - 2,000) = 350 \to 351$인분
- 오징어볶음 : $3,300,000 \div (12,000 - 2,000) = 330 \to 331$인분
- 돈가스 : $2,600,000 \div (9,000 - 1,500) \fallingdotseq 346.7 \to 347$인분
- 라면 : $1,800,000 \div (6,000 - 800) \fallingdotseq 346.2 \to 347$인분
- 고등어구이 : $3,100,000 \div (11,000 - 2,000) \fallingdotseq 344.4 \to 345$인분

따라서 손익분기점을 넘기 위해 필요한 판매량이 가장 많은 메뉴는 제육볶음이다.

09 정답 ⑤

본회의 시간이 1시간이고, 전후 30분간 회의 준비 및 회의록 작성을 진행해야 하므로 모두 2시간이 필요하다. 제시된 조건에 따라 회의가 불가능한 시간을 표시하면 다음과 같다.

시간	
9시	
10시	예약
11시	
12시	점심시간
13시	
14시	예약
15시	외부 미팅
16시	
17시	

30분 간격으로 칸을 나누었으므로 회의를 진행하기 위해서는 총 4칸이 필요하다.
따라서 16시부터 회의 준비를 할 수 있으므로 본회의를 시작할 수 있는 가장 빠른 시각은 오후 4시 30분(=16시 30분)이다.

10 정답 ③

약술형에서 48점을 득점하여 과락이 된 D를 제외하고 나머지 4명의 필기시험 점수의 평균과 가점을 더한 값은 다음과 같다.
- A : $\{(85+52+61+57) \div 4\} + 6 = 69.75$점 → 불합격
- B : $(75+71+67+81) \div 4 = 73.5$점 → 합격
- C : $\{(67+81+72+54) \div 4\} + 2 = 70.5$점 → 합격
- E : $(66+82+58+78) \div 4 = 71$점 → 합격

따라서 J국가자격 필기시험에 합격한 사람은 B, C, E 3명이다.

11 정답 ③

네 번째 문단에 따르면 천식 환자는 심장박동 및 호흡수를 증가시키는 운동은 발작을 일으킬 수 있기 때문에 피해야 하므로 건조하지 않고 심장박동이나 호흡수가 급격히 증가하지 않는 수영과 같은 운동이 좋다고 하였다. 따라서 등산의 경우 가파른 오르막이나 건조한 환경 등 천식 환자에게 좋지 않은 운동 환경일 가능성이 높다.

오답분석
① 세 번째 문단에 따르면 당뇨는 인슐린이 제 기능을 하지 못해 혈당을 낮추지 못하는 질환으로, 유산소 운동을 통해 혈당을 낮출 수 있다.
② 세 번째 문단에 따르면 당뇨 환자와 심장병 환자에게는 유산소 운동이 좋다고 하였으며, 특히 심장병 환자의 경우 규칙적인 유산소 운동은 심혈관계를 향상시킨다고 하였다.
④ 마지막 문단에 따르면 허리 통증 환자는 유산소 운동보다는 척추를 지지하는 근육을 발달시킬 수 있는 코어 운동이 도움이 된다고 하였다.

12 정답 ①

A교수의 발표 주제는 사람이 제공하던 서비스를 인공지능 기술로 대체하자는 것이 아닌, 인공지능 기술이 건강보험 가입자의 데이터를 기반으로 가입자에게 필요한 맞춤형 서비스를 제공할 수 있는지에 대한 것이다. 따라서 제시된 발표 순서에 따른 자료 준비로 적절하지 않다.

오답분석
② B교수의 발표 주제는 sLLM(소형 언어 모델)을 사용한 고객 서비스의 향상과 공단 근로자의 업무 효율성을 증대 사례이므로 이에 대한 고객과 공단 근로자의 의견이 필요하다.
③ D교수의 발표 주제는 야간 인공조명이 인간의 건강에 미치는 영향에 대한 것이므로, 야간 인공조명을 받은 사람과 이를 받지 않은 사람과의 건강상의 차이에 대한 구분되는 수치가 필요하다.
④ F팀장의 발표 주제는 병원 내에서 발생하는 폐렴 데이터의 분석을 통해 감염관리 체계 마련이 필요함을 제시하는 것이므로, 병원 내 감염병에 대한 데이터 정보가 필요하다. 따라서 병원 내 어느 병동에서 어떠한 상황에서 발생하였는지, 또 어느 연령대에서 주로 발생하는지 등에 대한 데이터가 필요하다.

13 정답 ①

조사 지역별 법인 기업에서 사단법인이 차지하는 비율은 다음과 같다.

- 수도권 : $\frac{50,000}{60,000} \times 100 ≒ 83.33\%$
- 강원권 : $\frac{500}{1,000} \times 100 = 50\%$
- 충청권 : $\frac{2,500-800}{2,500} \times 100 = 68\%$
- 호남권 : $\frac{3,000-1,000}{3,000} \times 100 ≒ 66.67\%$
- 영남권 : $\frac{1,500}{2,500} \times 100 = 60\%$

따라서 법인 기업에서 사단법인이 차지하는 비율은 수도권, 충청권, 호남권, 영남권, 강원권 순으로 높으므로 세 번째로 높은 지역은 호남권이다.

오답분석
② 5대 업종의 대기업 중 IT업이 아닌 기업의 수는 11,000-6,000=5,000개소이며, 수도권의 기타 기업도 5,000개소로 같다.
③ 조사 지역에서 대기업이 20% 증가하면 13,500×0.2=2,700개소 증가하고, 중소기업이 10% 감소하면 25,000×0.1=2,500개소 감소하므로 전체 기업 수는 증가한다.
④ 조사 지역의 재단법인 중 강원권 재단법인이 차지하는 비율과 조사 지역의 대기업 중 강원권 대기업이 차지하는 비율은 각각 다음과 같다.

- 재단법인 : $\frac{1,000-500}{13,300} \times 100 ≒ 3.76\%$
- 대기업 : $\frac{500}{13,500} \times 100 ≒ 3.7\%$

따라서 옳은 설명이다.

14 정답 ④

조사 지역의 전체 기업 중 운송업에 해당하는 중소기업 및 5인 미만 기업의 비율은 다음과 같다.

- 중소기업 : $\frac{9,000}{25,000} \times 100 = 36\%$
- 5인 미만 : $\frac{100,000}{290,000} \times 100 ≒ 34.48\%$

따라서 5인 미만 기업의 운송업 비율은 중소기업보다 낮다.

오답분석
① 조사 지역의 전체 기업 중 5인 미만인 기업의 비율은 $\frac{290,000}{405,000} \times 100 ≒ 71.6\%$로 70% 이상이다.
② 조사 지역의 5인 미만 기업 중 수도권이 차지하는 비율은 $\frac{200,000}{290,000} \times 100 ≒ 68.97\%$로 60% 이상이다.

③ 조사 지역 전체 기업 중 5대 업종에 해당하지 않는 기업의 수는 다음과 같다.
  - 대기업 : 13,500−11,000=2,500개소
  - 중소기업 : 25,000−22,000=3,000개소
  - 5인 미만 : 290,000−235,000=55,000개소
  - 사단법인 : 55,700−20,000=35,700개소
  - 재단법인 : 13,300−9,000=4,300개소

  따라서 대기업보단 중소기업이, 중소기업보단 5인 미만이 많고, 사단법인이 재단법인보다 많다.

15 정답 ②

신입사원 선발 조건에 따라 각 지원자에게 점수를 부여하면 다음과 같다.

(단위 : 점)

구분	학위점수	어학점수	면접점수	실무경험 점수	총점
A	18	20	30	18	86
B	25	17	24	18	84
C	18	17	24	18	77
D	30	14	18	12	74

따라서 최고득점자는 A이고, 최저득점자는 D이다.

16 정답 ③

제시문에서 적혈구의 수명은 약 120일이며, 낫적혈구 빈혈 환자가 다른 사람의 혈액으로 수혈을 받는 경우 이보다 더 짧을 수 있고, 인공 혈액으로 수혈을 받는 경우에는 120일을 모두 채울 수 있다고 하였다. 따라서 낫적혈구 빈혈 환자는 최소가 아닌 최대 4개월마다 한 번씩은 수혈을 받아야 한다.

[오답분석]
① 첫 번째・두 번째 문단에 따르면, 열성 유전은 두 쌍 모두 열성인 경우이며, 낫적혈구 빈혈은 부모 양쪽 모두에게서 낫적혈구 유전자를 물려받을 경우 발생한다고 하였으므로 열성 유전 질환임을 알 수 있다.
② 세 번째 문단에 따르면, 낫적혈구는 서로 잘 달라붙는 특성 때문에 얇은 혈관의 통과가 어렵다고 했으므로 모세혈관에서의 통과가 어려울 것임을 알 수 있다.
④ 마지막 문단에 따르면, 인공혈액은 모두 젊은 적혈구로 구성되어 있어 적혈구의 생존 기간이 길어 수혈의 빈도가 감소할 것으로 예측된다고 하였으므로 수혈을 받는 주기는 길어질 것이다.

17 정답 ②

A의 속력을 $x$km/h라 하고, B의 속력을 $y$km/h라고 할 때, 같은 방향으로 달릴 경우의 상대 속도는 $(x-y)$km/h이고, 다른 방향으로 달릴 경우의 상대 속도는 $(x+y)$km/h이다. 그러므로 다음 식이 성립한다.

- 같은 방향으로 달릴 경우 : $x-y=\dfrac{9}{1.5}=6$km/h
- 다른 방향으로 달릴 경우 : $x+y=\dfrac{9}{0.5}=18$km/h

위의 식을 연립하면 $x=12$, $y=6$이다.
A가 B를 업고 이동할 때 속력은 12−2=10km/h이고, B가 A를 업고 이동하면 6−1=5km/h이다. 그러므로 A는 B를 업고 10km/h의 속력으로 4.5km를 달리고, B는 A를 업고 5km/h의 속력으로 나머지 4.5km를 달렸으므로 걸린 시간은 $\dfrac{4.5}{10}+\dfrac{4.5}{5}=1.35$시간이다.

따라서 걸린 시간을 분으로 환산하면 1.35×60=81분이다.

18 정답 ③

각 부서의 세부 평가 항목별 점수를 바탕으로 평가 반영 비율을 적용하여 평가별 총점을 구하면 다음과 같다.

ⅰ) A부서
- 외부평가
  - 프로젝트 목표 달성률 : 78×0.35=27.3점
  - 업무 프로세스 효율 : 80×0.2=16점
  - 고객 및 민원 대응 : 75×0.2=15점
  - 규정 준수 및 책임성 : 75×0.25=18.75점
  → 총점 : 77.05점
- 내부평가
  - 예산관리 효율 : 40×0.2=8점
  - 근무자 성과 : 50×0.3=15점
  - 직원 만족도 : 40×0.15=6점
  - 내부 협업 수준 : 70×0.35=24.5점
  → 총점 : 53.5점

ⅱ) B부서
- 외부평가
  - 프로젝트 목표 달성률 : 91×0.35=31.85점
  - 업무 프로세스 효율 : 60×0.2=12점
  - 고객 및 민원 대응 : 25×0.2=5점
  - 규정 준수 및 책임성 : 100×0.25=25점
  → 총점 : 73.85점
- 내부평가
  - 예산관리 효율 : 40×0.2=8점
  - 근무자 성과 : 50×0.3=15점
  - 직원 만족도 : 100×0.15=15점
  - 내부 협업 수준 : 85×0.35=29.75점
  → 총점 : 67.75점

ⅲ) C부서
- 외부평가
  - 프로젝트 목표 달성률 : $84 \times 0.35 = 29.4$점
  - 업무 프로세스 효율 : $80 \times 0.2 = 16$점
  - 고객 및 민원 대응 : $75 \times 0.2 = 15$점
  - 규정 준수 및 책임성 : $50 \times 0.25 = 12.5$점
  - → 총점 : 72.9점
- 내부평가
  - 예산관리 효율 : $40 \times 0.2 = 8$점
  - 근무자 성과 : $100 \times 0.3 = 30$점
  - 직원 만족도 : $80 \times 0.15 = 12$점
  - 내부 협업 수준 : $55 \times 0.35 = 19.25$점
  - → 총점 : 69.25점

ⅳ) D부서
- 외부평가
  - 프로젝트 목표 달성률 : $71 \times 0.35 = 24.85$점
  - 업무 프로세스 효율 : $100 \times 0.2 = 20$점
  - 고객 및 민원 대응 : $50 \times 0.2 = 10$점
  - 규정 준수 및 책임성 : $75 \times 0.25 = 18.75$점
  - → 총점 : 73.6점
- 내부평가
  - 예산관리 효율 : $80 \times 0.2 = 16$점
  - 근무자 성과 : $25 \times 0.3 = 7.5$점
  - 직원 만족도 : $60 \times 0.15 = 9$점
  - 내부 협업 수준 : $85 \times 0.35 = 29.75$점
  - → 총점 : 62.25점

외부평가와 내부평가가 6 : 4의 비율로 최종 평가 점수에 반영되므로 부서별 최종 평가 점수는 다음과 같다.
- A부서 : $(77.05 \times 0.6) + (53.5 \times 0.4) = 46.23 + 21.4 = 67.63$점
- B부서 : $(73.85 \times 0.6) + (67.75 \times 0.4) = 44.31 + 27.1 = 71.41$점
- C부서 : $(72.9 \times 0.6) + (69.25 \times 0.4) = 43.74 + 27.7 = 71.44$점
- D부서 : $(73.6 \times 0.6) + (62.25 \times 0.4) = 44.16 + 24.9 = 69.06$점

따라서 최종 평가 점수가 가장 높은 부서는 C부서이다.

19 정답 ②

ㄱ 외부평가 총점은 모든 부서가 70점 이상이지만, 내부평가 총점은 모두 70점 미만이므로 옳은 설명이다.
ㄷ 최종 평가 점수가 가장 높은 부서는 C부서이고, 가장 낮은 점수는 A부서이므로 두 부서의 최종 평가 점수 차이는 $71.44 - 67.63 = 3.81$점으로 5점 이하이다.

오답분석

ㄴ 부서별 외부평가 총점과 내부평가 총점의 차이를 구하면 다음과 같다.
- A부서 : $77.05 - 53.5 = 23.55$점
- B부서 : $73.85 - 67.75 = 6.1$점
- C부서 : $72.9 - 69.25 = 3.65$점
- D부서 : $73.6 - 62.25 = 11.35$점

따라서 외부평가와 내부평가 총점이 가장 많이 차이 나는 부서는 A부서이다.

ㄹ 외부평가와 내부평가의 최종 평가 점수 반영 비율이 5 : 5로 동일하게 적용된다면 부서별 내·외부평가 총점을 더해서 가장 높은 부서를 구하면 된다.
- A부서 : $77.05 + 53.5 = 130.55$점
- B부서 : $73.85 + 67.75 = 141.6$점
- C부서 : $72.9 + 69.25 = 142.15$점
- D부서 : $73.6 + 62.25 = 135.85$점

따라서 최종 평가 점수가 가장 높은 부서는 C부서이다.

20 정답 ②

18번 해설에 따라 최종 평가 점수가 4등인 부서는 A부서이고, 3등인 부서는 D부서이다.
A부서와 D부서의 최종 평가 점수 차이는 $69.06 - 67.63 = 1.43$점이므로 A부서의 내부평가 비율점수는 $21.4 + 1.43 = 22.83$점을 초과해야 한다. 그러므로 A부서의 내부평가 총점은 $22.83 \div 0.4 = 57.075$점을 초과해야 한다.
A부서의 내부평가 총점은 53.5점이므로 $57.075 - 53.5 = 3.575$점을 초과하는 최소 자연수는 4이다.
따라서 4등인 A부서가 3등이 되기 위해서 필요한 가점은 최소 4점이다.

21 정답 ①

A씨의 소규모 카페는 잘못된 위치 선정, 치열한 경쟁, 운영 경험 부족 등 여러 위기를 겪게 되었지만, A씨는 위기를 기회로 삼아 성공한 컨설팅 업체라는 좋은 결과를 얻었다. 따라서 '화를 바꾸어 복이 되게 하다.'의 의미를 지닌 '전화위복(轉禍爲福)'이 제시문과 가장 관련 있는 한자성어이다.

오답분석

② 사필귀정(事必歸正) : 모든 일은 반드시 바른길로 돌아감
③ 일취월장(日就月將) : 나날이 다달이 자라거나 발전함
④ 우공이산(愚公移山) : 어떤 일이든 끊임없이 노력하면 반드시 이루어짐

22 정답 ②

큐비트는 양자 중첩 특성을 가지고 있기 때문에 0과 1의 상태를 동시에 가진다. 반면 기존의 고전적 컴퓨터는 비트(Bit)를 통해 정보를 0과 1의 형태로 나타낸다.

오답분석

①·③ 큐비트는 측정하기 전에는 0과 1의 값을 동시에 지니지만, 측정과 동시에 하나의 값으로 확정된다.
④ 4개의 큐비트를 활용하면 $2^4=16$번의 상태를 동시에 표현할 수 있다.

23 정답 ④

J공사의 비밀번호 규칙을 정리하면 다음과 같다.
- 첫 번째와 아홉 번째 숫자 : 직원 종류별 코드(1~3)
- 두 번째~일곱 번째 숫자 : 입사 연, 월, 일(YYMMDD)
- 여덟 번째 문자 : 앞의 숫자를 모두 더하고 2를 뺀 값에 해당하는 알파벳 대문자

위의 규칙에 맞지 않는 비밀번호를 고르면 다음과 같다.
- 1942131S1 : 월 부분의 숫자가 21로 존재할 수 없다.
- 1241215N2 : 첫 번째와 아홉 번째 숫자가 동일하게 부여되지 않았다.
- 2210830P2 : 여덟 번째 문자가 $2+2+1+0+8+3+0-2=14$번째 알파벳인 N이 부여되어야 한다.
- 4200817T4 : 4는 없는 직원 종류별 코드이다.
- 2191229Z2 : 여덟 번째 문자가 $2+1+9+1+2+2+9-2=24$번째 알파벳인 X가 부여되어야 한다.

따라서 J공사 비밀번호 규칙에 맞지 않는 비밀번호는 모두 5개이다.

24 정답 ③

고속도로를 제외하면 본사와 이어지는 길은 A공장과 B공장밖에 없으므로 S대리는 A공장을 처음 방문하고 마지막으로 B공장을 방문하거나, B공장을 처음 방문하고 A공장을 마지막으로 방문해야 한다. 그러므로 S대리는 'A → D → C → E → B' 순서로 방문하거나, 그 반대인 'B → E → C → D → A' 순서로 방문해야 한다.
두 경로의 길이는 같으므로 '본사 → A → D → C → E → B → 본사'의 이동 거리는 $8+14+12+20+10+16=80$km이다.
따라서 S대리가 일반국도만을 이용하여 본사에서 출발해서 모든 부속 공장을 방문하고 본사로 돌아오는 최단거리는 80km이다.

25 정답 ②

고속국도를 이용한다면 본사에서 출발하거나 본사에 도착할 때, 반드시 E공장을 거쳐야 한다. 그러므로 S대리는 'E → B → C → D → A' 또는 'A → D → C → B → E' 순서로 방문해야 한다.
두 경로의 길이는 같으므로 '본사 → E → B → C → D → A → 본사'의 이동거리는 $20+10+8+12+14+8=72$km이다.
따라서 S대리가 고속국도를 이용할 때의 최단거리는 고속국도를 이용하지 않을 때와 $80-72=8$km 차이가 난다.

26 정답 ②

'맹아(萌芽)'는 '풀이나 나무에 새로 돋아 나오는 싹, 사물의 시초가 되는 것'을 뜻하는 말이다.

오답분석

① 호도(糊塗) : 풀을 바른다는 뜻으로, 명확하게 결말을 내지 않고 일시적으로 감추거나 흐지부지 덮어 버림을 비유적으로 이르는 말
③ 무마(撫摩) : 분쟁이나 사건 따위를 어물어물 덮어 버림
④ 은폐(隱蔽) : 덮어 감추거나 가리어 숨김

27 정답 ②

등변 사다리꼴의 가장자리(변)를 따라 2m 간격으로 의자를 배치하므로 둘레를 구해야 한다. K고등학교의 운동장은 20m의 정사각형 공간에 양쪽에 밑변이 15m, 높이가 20m인 직각삼각형이 붙어있는 형태이므로 피타고라스 정리에 따라 빗변의 길이 x에 대해 다음과 같은 식이 성립한다.
$x^2=15^2+20^2=625$
$\therefore x=\sqrt{625}=25$
그러므로 K고등학교 운동장의 둘레는 $20+25+50+25=120$m이며, 2m 간격으로 의자를 배치하므로 $120 \div 2=60$개의 의자를 배치할 수 있다(시작점과 끝점이 같은 폐곡선의 형태이므로 1을 더하지 않음).
따라서 의자에 앉을 수 있는 학생의 수는 60명이다.

28 정답 ③

오답분석

① 2021년의 값이 서로 바뀌었다.
② 2024년 충주댐의 발전량 값이 잘못되었다.
④ 2023년 소양강댐의 발전량 값이 잘못되었다.

29 　　　　　　　　　　　　　　　정답 ④

효율적이고 합리적인 인사관리 원칙
- 적재적소 배치의 원칙 : 해당 직무 수행에 가장 적합한 인재를 배치해야 한다.
- 공정 보상의 원칙 : 근로자의 인권을 존중하고 공헌도에 따라 노동의 대가를 공정하게 지급해야 한다.
- 공정 인사의 원칙 : 직무 배당, 승진, 상벌, 근무 성적의 평가, 임금 등을 공정하게 처리해야 한다.
- 종업원 안정의 원칙 : 직장에서 신분이 보장되고 계속해서 근무할 수 있다는 믿음을 갖게 하여 근로자가 안정된 회사생활을 할 수 있도록 해야 한다.
- 창의력 계발의 원칙 : 근로자가 창의력을 발휘할 수 있도록 새로운 제안, 건의 등의 기회를 마련하고, 적절한 보상을 하여 인센티브를 제공해야 한다.
- 단결의 원칙 : 직장 내에서 구성원들이 소외감을 갖지 않도록 배려하고, 서로 유대감을 가지고 협동, 단결하는 체제를 이루도록 한다.

30 　　　　　　　　　　　　　　　정답 ③

회전대응의 원칙은 입·출하의 빈도가 높은 품목은 출입구 가까운 곳에 보관하는 것으로, 활용빈도가 상대적으로 높은 물품을 가져다 쓰기 쉬운 위치에 먼저 보관하는 방식을 말한다.

오답분석
① 동일성의 원칙 : 같은 품종은 같은 장소에 보관하는 원칙
② 유사성의 원칙 : 유사품은 인접한 장소에 보관하는 원칙
④ 기호화의 원칙 : 바코드, QR코드 등 물품을 기호화하여 관리하는 원칙

CHAPTER 02 2025년 주요 대기업 적성검사 기출복원문제

01	02	03	04	05	06	07	08	09	10
③	④	⑤	①	③	①	⑤	②	④	⑤
11	12	13	14	15	16	17	18	19	20
②	②	②	④	④	④	⑤	②	⑤	②
21	22	23	24	25	26	27	28	29	30
⑤	③	⑤	②	④	②	⑤	⑤	②	③

01 정답 ③

제시문에서는 현대 사회의 소비 패턴이 '보이지 않는 손' 아래의 합리적 소비에서 벗어나 과시 소비가 중심이 되었으며, 그 이면에는 소비를 통해 자신의 물질적 부를 표현함으로써 신분을 과시하려는 욕구가 있다고 설명하고 있으므로 글의 제목으로 가장 적절한 것은 ③이다.

02 정답 ④

'이러한'으로 시작하는 (나) 문단과 '반면'으로 시작하는 (라) 문단의 경우 앞부분에 내용이 있어야 하므로 글의 첫 번째 문단으로 적합하지 않다. 나머지 (다) 문단과 (가) 문단 중 (다) 문단이 반도체의 정의와 특징을 설명하고, (가) 문단은 반도체의 미래 전망에 대해 서술하고 있으므로 (다) 문단이 가장 처음에 와야 하고, (가) 문단은 글의 결론으로 가장 마지막에 위치해야 한다. (나) 문단과 (라) 문단 중 (나) 문단에서 반도체의 기능에 따른 종류 2가지와 메모리 반도체에 대해 설명하고, (라) 문단에서 '반면'이라는 접속부사를 사용하여 앞선 (나) 문단의 내용에 대비되는 시스템 반도체에 대해 설명하고 있으므로 (나) 문단이 (라) 문단보다 먼저 나와야 한다. 따라서 (다) - (나) - (라) - (가) 순으로 나열해야 한다.

03 정답 ⑤

전체 가전제품의 개수는 $3+4+2=9$대이고, 전시할 3대의 가전제품이 모두 세탁기와 청소기일 확률은 $\frac{_6C_3}{_9C_3}=\frac{5}{21}$ 이다.

따라서 적어도 1대의 냉장고를 전시할 확률은 $1-\frac{5}{21}=\frac{16}{21}$ 이다.

04 정답 ①

C사의 이익률이 2%, 3%, 4%, …, 즉 1%p씩 증가하고 있다. 따라서 빈칸에 들어갈 수는 $350 \times 0.06 = 21$이다.

05 정답 ③

두 번째 명제에 따라 S사의 신입이 사용하는 메신저가 모두 S사의 메신저고, 첫 번째 명제에 따라 S사의 메신저는 모두 보안 네트워크를 사용한다. 따라서 빈칸에 들어갈 명제는 'S사의 신입이 사용하는 메신저는 모두 보안 네트워크를 사용한다.'이다.

오답분석

① 'S사의 신입이 아니면'이라는 조건은 명제에 언급되지 않은 범위까지 포함하는 것이다. 또한 S사의 신입이 아닌 사람이 어떤 메신저를 사용하는지, 또는 보안 네트워크를 사용하는지 언급하지 않는다. 따라서 빈칸에 들어갈 명제로 적절하지 않다.
② 첫 번째 명제(S사의 메신저 → 보안 네트워크 사용)의 역에 해당하는 것으로 참인 명제의 역이 항상 참이 아닌 '역의 오류'에 해당한다. 따라서 빈칸에 들어갈 명제로 적절하지 않다.
④ 보안 네트워크를 사용하지 않는 메신저에 대한 정보가 명제에 없고, 오히려 첫 번째 명제에 따라 S사의 메신저는 모두 보안 네트워크를 사용한다. 따라서 빈칸에 들어갈 명제로 적절하지 않다.
⑤ S사의 메신저를 사용하지 않는 사람이 어떤 메신저를 사용하는지 그리고 그 메신저가 보안 네트워크를 사용하는지에 대한 정보는 명제에 없다. 따라서 빈칸에 들어갈 명제로 적절하지 않다.

06 정답 ①

규칙은 가로로 적용된다.
첫 번째 도형과 두 번째 도형을 합친 것이 세 번째 도형이 된다.

07

정답 ⑤

대상포진은 수두 – 대상포진 바이러스에 감염된 경우 띠 모양의 발진과 수포 등 눈에 띄는 증상이 나타나는 질병이다. 또한 제시문에서는 사전에 검진을 받는 것보다 면역력 강화, 예방접종 실시 등의 예방책이 중요함을 강조하고 있다.

오답분석
① 60세 이하의 사람도 면역력이 약해지면 잠복해 있던 대상포진 바이러스가 활성화되어 감염될 수 있다.
② 대상포진은 수두 – 대상포진 바이러스에 의해 발생하는 질병으로, 과거에 수두에 걸렸을 때 대상포진 바이러스가 신경절에 잠복해 있다가 면역력이 저하되면 활성화되어 발병하는 것이다. 따라서 수두에 걸리지 않으면 대상포진에 걸리지 않는다.
③ 대상포진의 주요 발병 원인은 면역력의 저하이므로 생활습관 개선을 통해 면역력을 강화하는 것은 대상포진 예방에 큰 도움이 된다.
④ 만성질환으로 인해 면역력이 저하된 경우 예방접종을 통해 발병 위험을 크게 줄일 수 있다. 특히 한 번의 접종으로 상당 기간 대상포진에 대한 면역력을 유지할 수 있기 때문에 예방접종은 고령층이나 만성질환자에게 적극 권장된다고 하였다.

08

정답 ②

시니어 산업의 성장은 사회가 고령화됨에 따라 경제력을 갖추고 디지털 환경에 익숙한 구매력을 가진 노년층이 많아지면서 일어난 현상이다. 따라서 고령화사회가 심해질수록 시니어 산업은 오히려 성장할 것으로 전망할 수 있다.

오답분석
① 시니어 하우징은 전통적인 노년층의 단순 거주 기능을 넘어 건강관리, 취미활동, 커뮤니티 형성 등 삶의 질을 높이는 주거 서비스를 의미한다. 따라서 요양원 운영은 시니어 하우징 사업으로 보기 어렵다.
③ 최근에는 인공지능과 사물인터넷 등 첨단 기술이 시니어 사업과 결합하고 있으며, 디지털 환경에 익숙한 디지털 시니어가 등장하고 있으므로 전통적인 기술이 선호되는 사업으로는 볼 수 없다.
④ 그레이 르네상스는 노년층이 소비와 사회 변화를 이끄는 주체로 떠오르면서 생긴 현상이다. 첨단 기기를 잘 다루는 노년층의 등장은 디지털 시니어에 더 가까운 개념이다.
⑤ 고령층 일자리 창출 사업의 주요 목적은 단순한 생계형 일자리에서 벗어나 전문성과 경험을 살리는 것이다.

09

정답 ④

S산 입구에서 정상까지 등산로의 거리를 $x$km라고 하자. A씨는 S산 정상에서 30분간 휴식하였으므로 이동하는 데 걸린 시간은 3시간 30분(3.5시간)이다. 그러므로 다음과 같은 식이 성립한다.

$$\frac{x}{1.8} + \frac{x}{2.4} = 3.5$$

$$\rightarrow \frac{10x}{18} + \frac{10x}{24} = 3.5$$

$$\rightarrow \frac{20x + 15x}{36} = 3.5$$

$$\therefore x = 3.5 \times \frac{36}{35} = 3.6$$

따라서 S산 입구에서 정상까지 등산로의 거리는 3.6km이다.

10

정답 ⑤

제시된 수열은 분모는 3, 5, 7, 9, …, 분자는 2인 수열이므로 수열의 일반항을 a_n이라 하면 $a_n = \frac{2}{2n+1}$이다.

따라서 120번째 항의 값은 $\frac{2}{2 \times 120 + 1} = \frac{2}{241}$이다.

11

정답 ②

제시문을 정리하면 다음과 같다.
ⅰ) A정책이 효과적 → 부동산 수요나 공급이 조절
ⅱ) 부동산 가격이 적정 수준에서 조절 → A정책이 효과적
ⅲ) 부동산 가격이 적정 수준에서 조절 → 물가 상승 없다는 전제하에 서민의 삶 개선
ⅳ) 부동산 가격은 적정 수준에서 조절됨
ⅴ) 물가 상승 → 부동산 수요 조절 안 됨, 서민의 삶 개선 안 됨
ⅵ) 반드시 물가가 상승함

ⅱ)와 ⅳ)를 생각해 보면, 'A정책이 효과적임'은 참이다. 이는 ⅰ)의 'A정책이 효과적 → 부동산 수요나 공급이 조절'로 연결된다. 그런데 ⅵ)과 ⅴ)에 따라 '부동산 수요는 조절 안 됨'은 참이다. 따라서 항상 참인 것은 '부동산 공급이 조절된다.'이다.

오답분석
① ⅴ)와 ⅵ)에서 보면, 물가가 상승하면 서민의 삶이 개선되지 않으므로 거짓이다.
③ ⅵ)에서 분명 물가는 상승한다고 했으므로 거짓이다.
④ ⅴ)와 ⅵ)에서 보면, 부동산 수요의 조절은 안 되는 것이므로 거짓이다.
⑤ ⅳ)에서 부동산 가격은 적정 수준에서 조절되므로 거짓이다.

12
정답 ②

C와 E의 진술이 서로 모순이므로 둘 중 1명은 거짓을 말하고 있다.
ⅰ) C의 진술이 참일 경우
    A, B, C, D는 참을 말하고 있고, E만 거짓을 말하고 있다. 그러므로 E는 범인이며, A는 범인이 아니다. C의 진술이 참이므로 D의 진술에 따라 B는 범인이지만, A의 진술에 따라 D도 범인이 된다. 이 경우 범인이 B, D, E 3명이므로 모순이다.
ⅱ) E의 진술이 참일 경우
    A, B, D, E는 참을 말하고 있고, C만 거짓을 말하고 있다. 그러므로 E는 범인이 아니고, E의 진술에 따라 A가 범인이다. 또한 C의 진술이 거짓이므로 D의 진술에 따라 B는 범인이 아니고, A의 진술에 따라 D도 범인이 아니다. 그러므로 나머지 C는 범인이 되고, 이 경우 B의 진술도 참이 된다.

따라서 거짓을 말하는 사람은 C이며, 범인은 A와 C이다.

13
정답 ②

제시문은 CCTV가 인공지능(AI)과 융합되면 기대할 수 있는 효과들(범인 추적, 자연재해 예측)에 대해 설명하고 있다. 따라서 글의 제목으로 'AI와 융합한 CCTV의 진화'가 가장 적절하다.

14
정답 ④

탄소배출권거래제는 의무감축량을 초과 달성했을 경우 초과분을 거래할 수 있는 제도이다. 그러므로 온실가스의 초과 달성분을 구입 혹은 매매할 수 있음을 추측할 수 있으며, 빈칸 이후 마지막 문단에서도 탄소배출권을 일종의 현금화가 가능한 자산으로 언급함으로써 이러한 추측을 뒷받침하고 있다. 따라서 ④가 빈칸에 들어갈 내용으로 가장 적절하다.

오답분석
① 제시문에서 탄소배출권거래제가 6대 온실가스 중 이산화탄소를 줄이는 것을 특히 중시한다는 내용은 확인할 수 없다.
② 제시문에 탄소배출권거래제가 가장 핵심적인 유연성체제라고는 언급되어 있지 않다.
③ 탄소배출권거래제가 탄소배출권이 사용되는 배경이라고는 볼 수 있으나, 다른 감축의무국가를 도움으로써 탄소배출권을 얻을 수 있다는 내용은 제시문에서 확인할 수 없다.
⑤ 청정개발체제에 대한 설명이다.

15
정답 ④

세제 1스푼의 양을 xg이라고 하면 다음 식이 성립한다.
$$\frac{5}{1,000} \times 2,000 + 4x = \frac{9}{1,000} \times (2,000 + 4x)$$
$$\therefore x = \frac{2,000}{991}$$

물 3kg에 들어갈 세제의 양을 yg이라고 하면 다음 식이 성립한다.
$$y = \frac{9}{1,000} \times (3,000 + y) \rightarrow 1,000y = 27,000 + 9y$$
$$\therefore y = \frac{27,000}{991}$$

따라서 물 3kg에 세제 $\dfrac{\frac{27,000}{991}}{\frac{2,000}{991}} = \frac{27,000}{2,000} = 13.5$스푼을 넣으면 농도가 0.9%인 세제 용액이 된다.

16
정답 ④

우선 도수의 총합을 구하면 2+9+27+11+1=50이다.
각 구간의 계급값을 이용하여 평균을 구하면 다음과 같다.
$$\frac{50 \times 2 + 60 \times 9 + 70 \times 27 + 80 \times 11 + 90 \times 1}{50} = 70점$$
(편차)=(계급값)-(평균)이므로 각 구간의 편차는 각각 -20, -10, 0, 10, 20이다.
편차의 제곱을 이용하여 분산을 구하면 다음과 같다.
$$\frac{2 \times (-20)^2 + 9 \times (-10)^2 + 27 \times 0^2 + 11 \times 10^2 + 1 \times 20^2}{50}$$
$$= 64$$
따라서 평균은 70점이고, 표준편차는 $\sqrt{64}=8$명이다.

17
정답 ⑤

갑, 을, 병 가운데 1명만 진실을 말했으므로, 갑과 을 중 1명이 진실을 말했다면 서로 모순이 되기 때문에 병의 말이 진실이 된다. 따라서 횡령자는 '정'이므로 귀가 조치된 사람은 '갑, 을, 병'이다.

18
정답 ②

두 번째 조건에서 A는 2층, C는 1층, D는 2호에 살고 있음을 알 수 있다. 또한 마지막 조건에서 A와 B는 2층, C와 D는 1층에 살고 있음을 알 수 있다. 세 번째 조건에 따라 1층 1호에는 C, 1층 2호에는 D, 2층 1호에는 A, 2층 2호에는 B가 살고 있음을 알 수 있다.

19 정답 ⑤

제시문의 첫 번째 문단에서는 '사회적 자본'이 늘어나면 정치 참여도가 높아진다는 주장을 하였고, 두 번째 문단에서는 사회적 자본의 개념을 사이버공동체에 도입하였으나 현실과 잘 맞지 않는다고 하면서 사회적 자본의 한계를 서술했다. 그리고 마지막 문단에서는 이 같은 사회적 자본만으로는 정치 참여가 늘어나기 어렵고 이른바 '정치적 자본'의 매개를 통해서만이 가능하다는 주장을 하고 있다. 따라서 ⑤가 글의 중심 내용으로 가장 적절하다.

20 정답 ③

제시문은 효율적 제품 생산을 위한 한 가지 방법인 제품별 배치 방법의 장단점에 대한 내용이다. 따라서 (다) 효율적 제품 생산을 위해 필요한 생산 설비의 효율적 배치 – (라) 효율적 배치의 한 방법인 제품별 배치 방식 – (가) 제품별 배치 방식의 장점 – (나) 제품별 배치 방식의 단점 순서대로 나열하는 것이 적절하다.

21 정답 ⑤

두 사람이 걸은 시간을 x분이라고 하면 두 사람이 만날 때 철수가 걸은 거리와 영희가 걸은 거리의 합이 공원 둘레이므로 다음 식이 성립한다.
$60x + 90x = 1,500$
$\therefore x = 10$
따라서 두 사람은 동시에 출발한 지 10분 후에 만나게 된다.

22 정답 ③

분자는 +5, 분모는 ×4인 수열이다.
따라서 ( ) = $\frac{16+5}{128 \times 4} = \frac{21}{512}$ 이다.

23 정답 ⑤

첫 번째 조건에서 D는 A의 바로 왼쪽에 앉으며, 마지막 조건에서 B는 E의 바로 오른쪽에 앉으므로 'D – A', 'E – B'를 각각 한 묶음으로 생각할 수 있다. 두 번째 조건에서 C는 세 번째 자리에 앉아야 하며, 세 번째 조건에 의해 'D – A'는 각각 첫 번째, 두 번째 자리에 앉아야 한다. 이를 표로 정리하면 다음과 같다.

첫 번째 자리	두 번째 자리	세 번째 자리	네 번째 자리	다섯 번째 자리
D	A	C	E	B

오답분석
① C는 A의 바로 오른쪽에 앉는다.
② C는 E의 바로 왼쪽에 앉는다.
③ C는 세 번째 자리에 앉는다.
④ D는 첫 번째 자리에 앉는다.

24 정답 ②

보기의 규칙 A ~ C는 다음과 같다.
A : 시계 방향으로 한 칸 이동

외부도형	①	②	③	④
내부도형	1	2	3	4

→

1	①	3	③
2	②	4	④

B : 오른쪽 내부도형과 왼쪽 외부도형 위치 변경

외부도형	①	②	③	④
내부도형	1	2	3	4

→

2	②	4	④
1	①	3	③

C : 왼쪽 외부도형과 오른쪽 외부도형 위치 변경

외부도형	①	②	③	④
내부도형	1	2	3	4

→

②	①	④	③
1	2	3	4

이를 적용하면 다음과 같다.

외부도형	①	②	③	④
내부도형	1	2	3	4

→ C

②	①	④	③
1	2	3	4

→ NO A

1	②	3	④
2	①	4	③

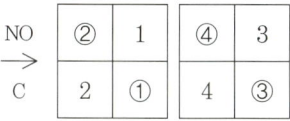

25

정답 ⑤

제시문의 두 번째 문단에서 전기자동차 산업이 확충되고 있다고 하면서 구리가 전기자동차의 배터리를 만드는 핵심 재료임을 언급하고 있기 때문에 ⑤가 중심 내용으로 가장 적절하다.

오답분석
① 제시문에서 '그린 열풍'을 언급하고 있으나 그 이유는 제시되어 있지 않다.
② 제시문에서 산업 금속 공급난이 우려된다고 했으나, 그로 인한 문제가 제시되어 있지는 않다.
③·④ 제시문에서 언급하고 있는 내용이 아니므로, 중심 내용으로 보기는 어렵다.

26

정답 ②

빈칸 앞의 내용은 예술 작품에 담겨있는 작가의 의도를 강조하며, 독자가 예술 작품을 해석하고 이해하는 활동은 예술적 가치, 즉 작가의 의도가 담긴 작품에서 파생된 이차적인 활동일 뿐이라고 이야기하고 있다. 따라서 독자의 작품 해석에 있어 작가의 의도와 작품을 왜곡하지 않아야 한다는 내용의 ②가 빈칸에 들어갈 내용으로 가장 적절하다.

오답분석
① 작품에 포함된 작가의 권위를 인정해야 한다는 것일 뿐, 작가의 권위와 작품 해석의 다양성은 서로 관련이 없다.
③ 작품 해석에 있어 작품 제작 당시의 시대적·문화적 배경을 고려해야 한다는 내용은 없다.
④·⑤ 두 번째 문단에 따르면 예술은 독자의 해석으로 완성되는 것이 아니며, 작품을 해석해 줄 독자가 없어도 예술은 그 자체로 가치가 있다.

27

정답 ⑤

A, B기차의 길이를 각각 a, bm라 하고 터널을 지나는 시간에 대한 식을 세우면 다음과 같다.

- A기차 : $\frac{600+a}{36}=25 \rightarrow 600+a=900 \therefore a=300$
- B기차 : $\frac{600+b}{36}=20 \rightarrow 600+b=720 \therefore b=120$

따라서 A기차와 B기차의 길이는 각각 300m, 120m이다.

28

정답 ⑤

아시아·태평양의 연도별 인터넷 이용자 수의 증가량은 각각 다음과 같다.
- 2018년 : 872−726=146백만 명
- 2019년 : 988−872=116백만 명
- 2020년 : 1,124−988=136백만 명
- 2021년 : 1,229−1,124=105백만 명
- 2022년 : 1,366−1,229=137백만 명
- 2023년 : 1,506−1,366=140백만 명
- 2024년 : 1,724−1,506=218백만 명

따라서 전년 대비 아시아·태평양의 인터넷 이용자 수의 증가량이 가장 큰 해는 2024년이다.

오답분석
① 2020년 아프리카의 인터넷 이용자 수는 120백만 명이고, 2024년 아프리카의 인터넷 이용자 수는 240백만 명이다. 따라서 2024년의 아프리카의 인터넷 이용자 수는 2020년 대비 $\frac{240}{120}=2$배 증가했다.
② 2023년 대비 2024년의 인터넷 사용자 수가 감소한 대륙은 아메리카 한 곳뿐이다.
③ 2017년 중동의 인터넷 이용자 수는 66백만 명이고, 2024년 중동의 인터넷 이용자 수는 161백만 명이다. 따라서 2024년 중동의 인터넷 이용자 수는 2017년 대비 161−66=95백만 명이 늘었다.
④ 대륙별 인터넷 사용자 수의 순위는 1위 아시아·태평양, 2위 아메리카, 3위 유럽으로 2017~2024년 동일하다.

29

정답 ②

규칙은 가로로 적용된다.
첫 번째 도형에서 두 번째 도형을 뺀 것이 세 번째 도형이다.

30

정답 ③

도형이 오른쪽의 도형으로 변할 때 도형들은 각각의 규칙을 가지고 이동하는데 ⬢은 시계 반대 방향으로 세 칸 이동, ■은 제자리에서 45° 회전, ▷은 시계 방향으로 두 칸 이동을 하며, ○은 시계 방향으로 한 칸 이동한다.
또한 도형과 배경의 색이 같아질 경우 해당 도형을 색 반전하고, 두 도형이 겹칠 경우 꼭짓점의 개수가 적은 쪽이 두 도형 중 내부에 위치한다.
그러므로 주어진 마지막 도형을 기준으로 ?에 들어갈 도형에 ⬢은 시계 반대 방향으로 세 칸 이동 후 색 반전, ■은 제자리에서 45° 회전, ▷은 시계 방향으로 두 칸 이동하게 되고, ○은 시계 방향으로 한 칸 이동 후 색 반전을 하게 된다. 따라서 ③이 된다.

MEMO

PART 1
직무능력검사

- **CHAPTER 01**　언어능력검사
- **CHAPTER 02**　수리능력검사
- **CHAPTER 03**　추리능력검사
- **CHAPTER 04**　지각능력검사

언어능력검사

01 어휘력

01	02	03	04	05	06	07	08	09	10	11	12	13	14	15	16	17	18	19	20
③	①	④	③	③	②	①	②	④	①	④	①	④	①	③	①	①	③	②	④
21	22	23	24	25	26	27	28	29	30	31	32	33	34	35	36	37	38	39	40
④	②	②	②	③	④	①	④	④	④	①	④	②	②	③	②	④	②	①	②
41	42	43	44	45															
④	②	②	②	①															

01   정답 ③

보기의 밑줄 친 '지니다'는 '몸에 간직하여 가지다.'라는 뜻이므로, ③과 그 의미가 동일하다.

[오답분석]
① 기억하여 잊지 않고 새겨 두다.
② 바탕으로 갖추고 있다.
④ 본래의 모양을 그대로 간직하다.

02   정답 ①

보기의 밑줄 친 '차다'는 '감정이나 기운 따위가 가득하다.'라는 뜻이므로, ①과 그 의미가 동일하다.

[오답분석]
② 수갑 따위를 팔목이나 발목에 끼우다.
③ 발로 힘 있게 밀어젖히다.
④ 일정한 공간에 사람・사물・냄새 따위가 더 들어갈 수 없이 가득하다.

03   정답 ④

보기의 밑줄 친 '들다'는 '의식이 회복되거나 어떤 생각이나 느낌이 일다.'라는 뜻이므로, ④와 그 의미가 동일하다.

[오답분석]
① 몸에 병이나 증상이 생기다.
② 잠이 생기어 몸과 의식에 작용하다.
③ 버릇이나 습관이 몸에 배다.

04

정답 ③

보기의 밑줄 친 '거치다'는 '마음에 거리끼거나 꺼리다.'라는 뜻이므로, ③과 그 의미가 동일하다.

[오답분석]
① 무엇에 걸리거나 막히다.
② 어떤 과정이나 단계를 겪거나 밟다.
④ 검사하거나 살펴보다.

05

정답 ③

- 지도 : 어떤 목적이나 방향으로 남을 가르쳐 이끎
- 감독 : 일이나 사람 따위가 잘못되지 아니하도록 살피어 단속함. 또는 일의 전체를 지휘함

[오답분석]
① 목도 : 눈으로 직접 봄
② 보도 : 대중 전달 매체를 통하여 일반 사람들에게 새로운 소식을 알림. 또는 그 소식
④ 정독 : 뜻을 새겨 가며 자세히 읽음

06

정답 ②

- 는개 : 안개비보다는 조금 굵고 이슬비보다는 가는 비
- 안개비 : 내리는 빗줄기가 매우 가늘어서 안개처럼 부옇게 보이는 비

[오답분석]
① 작달비 : 장대처럼 굵고 거세게 좍좍 내리는 비(≒장대비)
③ 개부심 : 장마로 큰물이 난 뒤, 한동안 쉬었다가 다시 퍼붓는 비가 명개(흙탕물에 가라앉은 고운 흙)를 부시어 냄. 또는 그 비
④ 그믐치 : 음력 그믐께에 비나 눈이 내림. 또는 그 비나 눈

07

정답 ①

- 든직하다 : 사람됨이 묵중하다.
- 붓날다 : 말이나 하는 짓 따위가 붓이 나는 것처럼 가볍게 들뜨다.

[오답분석]
② 사랑옵다 : 생김새나 행동이 사랑을 느낄 정도로 귀엽다.
③ 무덕지다 : 한데 수북이 쌓여 있거나 뭉쳐 있다.
④ 얄망궂다 : 성질이나 태도가 괴상하고 까다로워 얄미운 데가 있다.

08

정답 ②

- 용이하다 : 어렵지 아니하고 매우 쉽다.
- 난해하다 : 뜻을 이해하기 어렵다.

[오답분석]
① 이해하다 : 깨달아 알다. 또는 잘 알아서 받아들이다.
③ 분별하다 : 서로 다른 일이나 사물을 구별하여 가르다.
④ 무난하다 : 별로 어려움이 없다.

09　정답 ④

- 통합 : 둘 이상의 조직이나 기구 따위를 하나로 합침
- 분리 : 서로 나뉘어 떨어짐. 또는 그렇게 되게 함

[오답분석]
① 종합 : 여러 가지를 한데 모아서 합함
② 총괄 : 개별적인 여러 가지를 한데 모아서 묶음
③ 통제 : 일정한 방침이나 목적에 따라 행위를 제한하거나 제약함

10　정답 ①

- 불신 : 믿지 아니함. 또는 믿지 못함
- 신뢰 : 굳게 믿고 의지함

[오답분석]
② 신경 : 어떤 일에 대한 느낌이나 생각
③ 불치 : 병이 잘 낫지 아니함. 또는 고치지 못함
④ 거짓 : 사실과 어긋난 것. 또는 사실이 아닌 것을 사실처럼 꾸민 것

11　정답 ④

보기의 밑줄 친 '벌다'는 ④에 쓰인 '벌다'와 같은 뜻으로, '시간이나 돈을 안 쓰게 되어 여유가 생기다.'의 의미이다.

[오답분석]
① 일을 하여 돈 따위를 얻거나 모으다.
② 서로의 사이가 버성기게 되다.
③ 소작 따위로 농사를 짓다.

12　정답 ①

보기의 밑줄 친 '받다'는 ①에 쓰인 '받다'와 같은 뜻으로, '다른 사람이나 대상이 가하는 행동, 심리적인 작용 따위를 당하거나 입다.'의 의미이다.

[오답분석]
② 화장품 따위가 곱게 잘 발린다.
③ 다른 사람이 주거나 보내오는 물건 따위를 가지다.
④ 요구, 신청, 질문, 공격, 도전, 신호 따위의 작용을 당하거나 거기에 응하다.

13　정답 ④

보기의 밑줄 친 '끓다'는 ④에 쓰인 '끓다'와 같은 뜻으로, '어떠한 감정이 강하게 솟아나다.'의 의미이다.

[오답분석]
① 지나치게 뜨거워지다.
② 액체가 몹시 뜨거워져서 소리를 내면서 거품이 솟아오르다.
③ 소화가 안 되거나 아파 배 속에서 소리가 나다.

14

정답 ①

보기의 밑줄 친 '잡다'는 ①에 쓰인 '잡다'와 같은 뜻으로, '돈이나 재물을 얻어 가지다.'의 의미이다.

오답분석
② 손으로 움키고 놓지 않다.
③ 짐승을 죽이다.
④ 자동차 따위를 타기 위하여 세우다.

15

정답 ③

보기의 밑줄 친 '읽다'는 ③에 쓰인 '읽다'와 같은 뜻으로, '사람의 표정이나 행위 따위를 보고 뜻이나 마음을 알아차리다.'의 의미이다.

오답분석
① 작가의 작품을 보다.
② 글이나 글자를 보고 그 음대로 소리 내어 말로써 나타내다.
④ 글을 보고 거기에 담긴 뜻을 헤아려 알다.

16

정답 ①

보기의 밑줄 친 '비번'은 '당번을 설 차례가 아님'이라는 의미를 가진다. 따라서 반대되는 의미를 가진 단어는 '어떤 일을 책임지고 돌보는 차례가 됨. 또는 그 차례가 된 사람'이라는 뜻의 '당번'이 적절하다.

오답분석
② 비근(卑近) : 흔히 주위에서 보고 들을 수 있을 만큼 알기 쉽고 실생활에 가까움
③ 비견(比肩) : 앞서거나 뒤서지 않고 어깨를 나란히 한다는 뜻으로, 낫고 못할 것이 없이 정도가 서로 비슷하게 함
④ 번망(煩忙) : 번거롭고 어수선하여 매우 바쁨

17

정답 ①

보기의 밑줄 친 '타의'는 '다른 사람의 생각이나 뜻'이라는 의미를 가진다. 따라서 반대되는 의미를 가진 단어는 '자기의 생각이나 의견'이라는 뜻의 '자의'가 적절하다.

오답분석
② 고의(故意) : 일부러 하는 생각이나 태도
③ 과실(過失) : 부주의나 태만에서 비롯된 잘못이나 허물
④ 임의(任意) : 일정한 기준이나 원칙 없이 하고 싶은 대로 함

18

정답 ③

속이는 짓이나 짓궂은 짓, 또는 좋지 못한 행동을 하다.

오답분석
① 날이 있는 물체를 이용하여 물체를 자르다.
② 날개나 꼬리 따위를 세차게 흔들다.
④ 점괘로 길흉을 알아보다.

19 정답 ②
(주로 '없다'와 함께 쓰여) 어떤 일에 들이는 시간적인 여유나 겨를

오답분석
① 서로 맺은 관계. 또는 사귀는 정분
③ 한때로부터 다른 때까지의 동안
④ 한곳에서 다른 곳까지. 또는 한 물체에서 다른 물체까지의 거리나 공간

20 정답 ④
땀이나 기름 따위의 더러운 물질이 묻거나 끼어 찌들다.

오답분석
① 푸성귀나 생선 따위에 소금기나 식초, 설탕 따위가 배어들다.
② 사람이 술이나 독한 기운에 의하여 영향을 받게 되다.
③ 한쪽 다리가 짧거나 다쳐서 걸을 때에 몸을 한쪽으로 기우뚱거리다.

21 정답 ④
모르거나 복잡한 문제 따위를 알아내거나 해결하다.

오답분석
① 사람을 동원하다.
② 피로나 독기 따위를 없어지게 하다.
③ 일어난 감정 따위를 누그러뜨리다.

22 정답 ②
자신의 감정이나 생각을 밖으로 드러내지 않고 참다.

오답분석
① 물체의 전체 면이나 부분에 대하여 힘이나 무게를 가하다.
③ 경기나 경선 따위에서, 상대를 제압하여 이기다.
④ 마음대로 행동하지 못하도록 힘이나 규제를 가하다.

23 정답 ②
실마리, 요점, 단점 따위를 찾아내거나 알아내다.

오답분석
① 돈이나 재물을 얻어 가지다.
③ 붙들어 손에 넣다.
④ 자동차 따위를 타기 위하여 세우다.

24 정답 ②
㉠ 악용(惡用) : 알맞지 않게 쓰거나 나쁜 일에 씀
㉡ 남용(濫用) : 일정한 기준이나 한도를 넘어서 함부로 씀
㉢ 오용(誤用) : 잘못 사용함
㉣ 난용(亂用) : 정해진 용도의 범위를 벗어나 아무 데나 함부로 씀

25 정답 ③

㉠ 사용(使用) : 일정한 목적이나 기능에 맞게 씀
㉡ 소용(所用) : 쓸 곳. 또는 쓰이는 바
㉢ 적용(適用) : 알맞게 이용하거나 맞추어 씀
㉣ 작용(作用) : 어떠한 현상을 일으키거나 영향을 미침

26 정답 ④

'꾸러미'는 달걀 10개를 묶어 세는 단위이므로 달걀 한 꾸러미는 10개이다.

[오답분석]
① 굴비를 묶어 세는 단위인 '갓'은 굴비 10마리를 나타내므로 굴비 두 갓은 20마리이다.
② 일정한 길이로 말아 놓은 피륙을 세는 단위인 '필'의 길이는 40자에 해당하므로 명주 한 필은 40자이다.
③ '제'는 한약의 분량을 나타내는 단위로, 한 제는 탕약 20첩을 나타내므로 탕약 세 제는 60첩이다.

27 정답 ①

북어를 세는 단위는 '쾌'로, 한 쾌는 북어 20마리를 뜻한다. 오징어를 셀 때는 '축'이라는 단위를 쓰며, 한 축은 오징어 20마리를 뜻한다.

28 정답 ④

㉠ 뒤의 문장에서는 앞에서 언급한 플라스틱에 새겨진 숫자의 특정 번호에 대해 이야기하므로 ㉠에는 '예를 들어'가 들어가는 것이 적절하다. 다음으로 ㉡ 뒤의 문장에서는 5번 플라스틱의 특징으로 인해 컵이나 도시락 등에 사용된다고 하였으므로 ㉡에는 '그래서'가 들어가는 것이 적절하다. 마지막으로 ㉢ 뒤의 문장에서는 6번 플라스틱의 장점을 설명하는 앞 문장과 달리 약한 내열성 등의 단점을 이야기하므로 ㉢에는 역접의 접속어인 '그러나'가 들어가는 것이 적절하다.

29 정답 ④

'푼'은 무게를 재는 단위로, 한 돈의 10분의 1, 약 0.375g이다. 또는 길이의 단위로, 약 0.3cm이다.

[오답분석]
①·②·③ 곡식, 가루, 액체 따위의 부피를 잴 때 쓰는 단위이다.

30 정답 ②

'불혹(不惑)'은 '세상일에 미혹되지 않는다.'는 의미로, 40세를 지칭한다.

31 정답 ①

• 작은아버지 : 아버지의 남동생을 이르거나 부르는 말. 주로 결혼한 남동생을 가리킴
• 이모 : 어머니의 여자형제를 이르거나 부르는 말

[오답분석]
• 삼촌 : 아버지의 결혼하지 않은 남자형제를 이르거나 부르는 말
• 외숙모 : 외삼촌의 아내
• 고모부 : 고모의 남편을 이르거나 부르는 말

32 정답 ④

㉠에는 대가 촘촘하게 자란 모습을 묘사하는 부사가, ㉡에는 소나무가 우거진 모습을 묘사하는 부사가 와야 한다. 따라서 '빽빽이', '무성히' 둘 다 ㉠, ㉡ 어디든 쓰일 수 있다. ㉢은 바로 뒤에 오는 '훤해졌다'를 꾸며주는 부사가 와야 할 자리인데, 해당 문장의 뉘앙스로 보아 이전보다 훨씬 훤해진 다산의 모습을 표현해줄 수 있는 어휘가 필요하다. 따라서 ①, ②는 답이 될 수 없고, ㉣에는 '본디부터'라는 의미를 포함하고 있는 '워낙에'가 오는 것이 적절하다.

33 정답 ②

'경칩(驚蟄)'은 우수와 춘분 사이에 들며, 3월 5∼6일경이다.

[오답분석]
① 청명(淸明) : 춘분과 곡우 사이, 4월 5∼6일경
③ 입추(立秋) : 대서와 처서 사이, 8월 8∼9일경
④ 상강(霜降) : 한로와 입동 사이, 10월 23일경

34 정답 ②

- 이립(而立) : 30세 → 30
- 작심삼일(作心三日) : 단단히 먹은 마음이 사흘을 가지 못한다. → 3
- 수백(垂白) : 나이 70의 노인 → 70
- 일편단심(一片丹心) : 한 조각 붉은 마음(충성심) → 1
- 백지화(白紙化) : 어떠한 대상에 대하여 아무것도 모르는 상태가 됨 → 수와 연관 없음

∴ 30+3+70+1=104

35 정답 ③

- 충년(沖年) : 10세
- 약관(弱冠) : 20세
- 지천명(知天命) : 50세

∴ 10+20+50=80

36 정답 ②

'맞히다'는 '문제에 대한 답을 틀리지 않게 하다.'라는 뜻인 '맞다'의 사동사로, 과거형으로 쓰면 '맞혔다'로 쓰는 것이 옳은 표현이다.

[오답분석]
① 맞추다 : 1. 서로 떨어져 있는 부분을 제자리에 맞게 대어 붙이다.
          2. 서로 어긋남이 없이 조화를 이루다.
③ 마치다 : 어떤 일이나 과정, 절차 따위가 끝나다. 또는 그렇게 하다.
④ 마추다 : '맞추다'의 잘못 쓰인 표현

37

정답 ④

'각축(角逐)하다'는 '서로 이기려고 다투며 덤벼들다.'는 의미의 한자어이므로 '서로 버티어 승부를 다투다.'는 의미의 순우리말인 '겨루다'로 바꾸어 사용할 수 있다.

오답분석
① 얽히다 : 1. 노끈이나 줄 따위가 이리저리 걸리다.
           2. 이리저리 관련이 되다.
② 대들다 : 요구하거나 반항하느라고 맞서서 달려들다.
③ 붐비다 : 1. 좁은 공간에 많은 사람이나 자동차 따위가 들끓다.
           2. 어떤 일 따위가 복잡하게 돌아가다.

38

정답 ②

오답분석
① 궁벽하다 : 매우 후미지고 으슥하다.
③ 외따름하다 : 좀 궁벽한 듯하다.
④ 으슥하다 : 무서움을 느낄 만큼 깊숙하고 후미지다.

39

정답 ①

• 어긋나다 : 방향이 비껴서 서로 만나지 못하다.
• 배치하다 : 서로 반대로 되어 어그러지거나 어긋나다.

오답분석
② 도치하다 : 차례나 위치 따위를 서로 뒤바꾸다.
③ 대두하다 : 어떤 세력이나 현상이 새롭게 나타나다.
④ 전도하다 : 거꾸로 되거나 거꾸로 하다.

40

정답 ②

오르다
1. 지위나 신분 따위를 얻게 되다. → 벼슬길에 <u>오르다</u>.
2. 탈것에 타다. → 기차에 <u>오르다</u>.
3. 기록에 적히다. → 사전에 <u>오르다</u>.

41

정답 ④

트다
1. 서로 스스럼없이 사귀는 관계가 되다. → 우리 팀 선수들은 서로 마음을 <u>텄다</u>.
2. 막혀 있던 것을 거두고 통하게 하다. → 그는 가뭄 때 자기 논에만 물꼬를 <u>텄다</u>.
3. 어떤 사람과 해라체나 반말을 하는 상태가 되다. → 나이도 동갑이니 우리 말을 <u>트고</u> 지내자.

42

정답 ②

'능력'은 '얻다'라는 동사를 서술어로 취하는 것이 적절하다.

43 정답 ②

[오답분석]
① 취득하다 : 자기 것으로 만들어 가지다.
③ 침해하다 : 침범하여 해를 끼치다(≒침손하다).
④ 출몰하다 : 어떤 현상이나 대상이 나타났다 사라졌다 하다.

44 정답 ②

[오답분석]
① 복구하다 : 손실 이전의 상태로 회복하다.
③ 복제하다 : 본디의 것과 똑같은 것을 만들다.
④ 보류하다 : 어떤 일을 당장 처리하지 아니하고 나중으로 미루어 두다.

45 정답 ①

- 좋은 성적을 획득하려면 열심히 공부해야 한다.
- 돌풍이 불어 흩어진 물건들을 재빨리 수습하였다.
- 그는 남의 아이들까지 양육하느라 고생이 많았다.

- 포획(捕獲) : 1. 적병을 사로잡음
  　　　　　　2. 짐승이나 물고기를 잡음

[오답분석]
② 획득(獲得) : 얻어 내거나 얻어 가짐
③ 양육(養育) : 아이를 보살펴서 자라게 함
④ 수습(收拾) : 1. 흩어진 재산이나 물건을 거두어 정돈함
　　　　　　　　2. 어수선한 사태를 거두어 바로잡음
　　　　　　　　3. 어지러운 마음을 가라앉히어 바로잡음

02 우리말 어법

01	02	03	04	05	06	07	08	09	10	11	12	13	14	15	16	17	18	19	20
③	②	②	④	②	②	④	④	①	③	③	①	④	④	①	④	①	①	①	④
21	22	23	24	25	26	27	28	29	30										
③	④	②	③	①	①	①	①	②	①										

01
정답 ③

'붙이다'는 '불이 옮아 타기 시작하다.'는 의미를 지닌 '붙다'의 사동사로 올바른 표기이다.

[오답분석]
① 의존명사 '만큼'으로 쓰였으므로 '먹을 만큼만'으로 띄어 써야 한다.
② '가만히'가 올바른 표기이다.
④ '바치다'는 '신이나 웃어른께 드리다.'의 의미로 문맥상 '받쳐'로 고쳐 써야 한다.

02
정답 ②

'어렵사리 겨우'를 뜻하는 어휘는 '근근이'이다.

03
정답 ②

'먹고 난 뒤의 그릇을 씻어 정리하는 일'을 뜻하는 어휘는 '설거지'이다.

[오답분석]
① 왠지 : 왜 그런지 모르게. 또는 뚜렷한 이유도 없이
③ 드러나다 : 가려져 있거나 보이지 않던 것이 보이게 되다.
④ ~로서 : 지위나 신분 또는 자격을 나타내는 격조사

04
정답 ④

'찌개 따위를 끓이거나 설렁탕 따위를 담을 때 쓰는 그릇'을 뜻하는 어휘는 '뚝배기'이다.

[오답분석]
① '사람들의 관심이나 주의가 집중되는 사물의 중심 부분'의 의미를 가진 어휘는 '초점'이다.
② '음식에서 두 그릇의 몫을 한 그릇에 담은 분량'의 의미를 가진 어휘는 '곱빼기'이다.
③ '액체 따위를 끓여서 진하게 만들다. 약재 따위에 물을 부어 우러나도록 끓이다.'의 의미를 가진 어휘는 '달이다'이다. 따라서 문맥상 '달여'로 고쳐 써야 한다.

05
정답 ②

형용사 '같다'의 활용형인 '같은'은 앞말과 띄어 써야 하므로 '호랑이 같은'과 같이 띄어 쓴다. 다만, '불꽃같다'와 같은 합성 형용사의 어간 뒤에 어미 '-은'을 붙여 활용할 때에는 '불꽃같은'과 같이 붙여 쓴다.

[오답분석]
① '같이'가 체언 뒤에 붙어 조사로 쓰이는 경우 앞말과 붙여 쓴다.
④ '같이'가 주로 격조사 '과'나 여럿임을 뜻하는 말 뒤에서 부사로 쓰이는 경우 앞말과 띄어 쓴다.

06   정답 ②

- 내로라하다 : 어떤 분야를 대표할 만하다.
- 그러다 보니 : 보조용언 '보다'가 앞 단어와 연결 어미로 이어지는 '-다 보다'의 구성으로 쓰이면 앞말과 띄어 쓴다.

[오답분석]
① 두가지를 → 두 가지를 / 조화시키느냐하는 → 조화시키느냐 하는
  - 두 가지를 : 수 관형사는 뒤에 오는 명사 또는 의존 명사와 띄어 쓴다.
  - 조화시키느냐 하는 : 어미 다음에 오는 말은 띄어 쓴다.
③ 무엇 보다 → 무엇보다 / 인식해야 만 → 인식해야만
  - 무엇보다 : '보다'는 비교의 대상이 되는 말에 붙어 '~에 비해서'의 뜻을 나타내는 조사이므로 붙여 쓴다.
  - 인식해야만 : '만'은 한정, 강조를 의미하는 보조사이므로 붙여 쓴다.
④ 심사하는만큼 → 심사하는 만큼 / 한 달 간 → 한 달간
  - 심사하는 만큼 : 뒤에 나오는 내용의 원인, 근거를 의미하는 의존 명사이므로 띄어 쓴다.
  - 한 달간 : '동안'을 의미하는 접미사이므로 붙여 쓴다.

07   정답 ④

- ㉠ : '뇌졸중(腦卒中)'은 뇌에 혈액 공급이 제대로 되지 않아 손발의 마비, 언어 장애 등을 일으키는 증상을 일컬으며, '뇌졸증'은 이러한 '뇌졸중'의 잘못된 표현이다.
- ㉡ : '꺼림칙하다'와 '꺼림직하다' 중 기존에는 '꺼림칙하다'만 표준어로 인정되었으나, 2018년 표준국어대사전이 수정됨에 따라 '꺼림직하다'도 표준어로 인정되었다. 따라서 '꺼림칙하다', '꺼림직하다' 모두 사용할 수 있다.

08   정답 ④

저자 시(市), 베풀 시(施), 화살 시(矢), 숟가락 시(匙), 시호 시(諡), 옳을 시(是)는 긴소리이지만, 때 시(時), 시 시(詩), 섶 시(柴)는 짧은 소리이다.

09   정답 ①

'본받다'는 '본을 받다.'에서 목적격 조사가 생략되고, 명사 '본'과 동사 '받다'가 결합한 합성어이다. 즉, 하나의 단어로, '본받는'이 옳은 표기이다.

10   정답 ③

윗도리가 옳은 표현이다. '위, 아래'의 대립이 있는 단어는 '윗-'으로 발음되는 형태를 표준어로 삼는다.

11   정답 ③

'옥수수 / 강냉이'는 복수 표준어이다.

[오답분석]
① 귓머리(×) / 귀밑머리(○)
② 천둥(○) / 우뢰(×) → 우레(○)
④ 죽더기(×), 피죽(×) → 죽데기(○)

12   정답 ①

'무우'는 비표준어이고, '무'가 표준어이다(표준어 규정 제14항).

13   정답 ④

> **한글맞춤법 제4장 제4절 제30항**
> 사이시옷은 다음과 같은 경우에 받치어 적는다.
> 1. 순 우리말로 된 합성어로서 앞말이 모음으로 끝난 경우
>   (1) 뒷말의 첫소리가 된소리로 나는 것
>   예 바닷가, 쳇바퀴, 나뭇가지
>   (2) 뒷말의 첫소리 'ㄴ, ㅁ' 앞에서 'ㄴ' 소리가 덧나는 것
>   예 잇몸, 멧나물, 아랫마을
>   (3) 뒷말의 첫소리 모음 앞에서 'ㄴㄴ' 소리가 덧나는 것
>   예 깻잎, 베갯잇, 도리깻열
> 2. 순 우리말과 한자어로 된 합성어로서 앞말이 모음으로 끝난 경우
>   (1) 뒷말의 첫소리가 된소리로 나는 것
>   예 샛강, 탯줄, 전셋집
>   (2) 뒷말의 첫소리 'ㄴ, ㅁ' 앞에서 'ㄴ' 소리가 덧나는 것
>   예 곗날, 양칫물, 제삿날
>   (3) 뒷말의 첫소리 모음 앞에서 'ㄴㄴ' 소리가 덧나는 것
>   예 예삿일, 가욋일, 사삿일
> 3. 두 음절로 된 다음 한자어
>   예 곳간(庫間), 셋방(貰房), 숫자(數字), 찻간(車間), 툇간(退間), 횟수(回數)

따라서 ⓒ, ⓜ의 쓰임이 적절하지 않다.

14   정답 ④

'거예요'는 의존명사 '것'에 종결 어미 '-이에요'의 준말인 '-예요'가 결합한 것으로 옳은 표기이다.

15   정답 ①

'유발하다'는 '어떤 것이 다른 일을 일어나게 하다.'의 의미를 지닌 단어로, 이미 사동의 의미를 지니고 있다. 따라서 사동 접미사 '-시키다'와 결합하지 않고 ㉠과 같이 사용할 수 있다.

16   정답 ④

'사금파리'는 사기그릇의 깨어진 작은 조각을 의미한다.

오답분석
① 주전부리 : 1. 때를 가리지 아니하고 군음식을 자주 먹음. 또는 그런 입버릇
              2. 맛이나 재미, 심심풀이로 먹는 음식
② 사시랑이 : 1. 가늘고 약한 물건이나 사람
              2. 간사한 사람이나 물건
③ 마수걸이 : 1. 맨 처음으로 물건을 파는 일. 또는 거기서 얻은 소득
              2. 맨 처음으로 부딪는 일

17 정답 ①
'엉기정기'는 질서 없이 여기저기 벌여 놓은 모양을 의미한다.

오답분석
② 귀둥대둥 : 말이나 행동 따위를 되는 대로 아무렇게나 하는 모양
③ 어룽어룽 : 뚜렷하지 아니하고 흐리게 어른거리는 모양
④ 씨억씨억 : 성질이 굳세고 활발한 모양

18 정답 ①
'알음알음'은 서로 아는 관계를 의미한다.

오답분석
② 너붓너붓 : 엷은 천이나 종이 따위가 나부끼어 자꾸 흔들리는 모양
③ 옴니암니 : 아주 자질구레한 것이나 그런 일까지 좀스럽게 셈하거나 따지는 모양
④ 겅둥겅둥 : 침착하지 못하고 채신없이 가볍게 행동하는 모양

19 정답 ①

오답분석
② 팔당 → Paldang
③ 홍빛나 → Hong Bitna
④ 설악산 → Seoraksan

20 정답 ④
좋고는 Jokko가 아닌 Joko로 표기해야 한다. 'kk'는 쌍기역에만 쓰며, 'ㅋ'으로 소리가 날 때는 'k' 하나만 쓴다.

21 정답 ③
'모차르트'가 옳은 외래어 표기법이다.

22 정답 ④
외래어 받침에는 'ㄱ, ㄴ, ㄹ, ㅁ, ㅂ, ㅅ, ㅇ'만을 쓴다. 따라서 '트럼펫'이 옳은 외래어 표기법이다.

23 정답 ②
외래어 표기법에 따라 'Shop'은 '숍'으로 표기해야 한다. 이와 같이 흔히 '헤어샵, 커피샵' 등으로 표기되는 경우도 모두 잘못 표기된 것으로, '헤어숍, 커피숍' 등으로 표기해야 한다.

24 정답 ③
• 고뿔 : 감기

오답분석
① 시장(市場)
② 외투(外套)
④ 지병(持病)

25
정답 ①

• 날포 : 하루가 조금 넘는 동안

오답분석
② 제복(制服)
③ 정장(正裝)
④ 화장(化粧)

26
정답 ①

'-ㄹ게요'는 주로 1인칭 주어의 의지나 약속을 표현하는 종결어미로 주체를 높이는 '-시-'와 함께 쓰일 수 없으므로 '다음 손님 들어가세요.'와 같이 표현하는 것이 적절하다.

27
정답 ①

공식적인 자리에서 다수의 청자에게 이야기할 때는 '해요체'를 사용하는 경우에 부자연스러울 수 있고, '합쇼체'를 사용하는 것이 청자를 정중히 예우하는 높임법이다. 따라서 관중을 향해 '조용히 하십시오.'와 같이 표현하는 것이 적절하다.

28
정답 ①

할머니의 친구라면 할머니와 대등한 존대를 사용하는 것이 자연스럽다. 따라서 '그분은 할머니의 친구분이셔.'와 같이 표현하는 것이 적절하다.

29
정답 ②

선생님에 대한 높임의 주격 조사 '께서'를 써야 하고, 선생님께서 오라고 말씀하신 것이므로 주체 높임의 선어말 어미 '-시-'를 써서 '오라셔.'로 고쳐야 한다. 따라서 '철수야, 선생님께서 빨리 오라셔.'와 같이 표현하는 것이 적절하다.

> **주체 높임법**
> • 직접 높임 : '-시-(선어말 어미), -님(접미사), 께서(조사)'에 의해 실현된다.
>   예 어머니, 선생님께서 오십니다.
> • 간접 높임 : '-시-(선어말 어미)'를 붙여 간접적으로 높인다.
>   예 할아버지는 연세가 많으시다.

30
정답 ①

높여야 할 대상의 신체 부분에도 '-(으)시'를 결합하여 높임을 나타내야 한다. 따라서 '할머니께서는 아직 귀가 밝으십니다.'와 같이 표현하는 것이 적절하다.

오답분석
② 객체를 높이기 위해 '모시다'라는 서술어를 사용한다.
③ 상대 높임법의 '해라체(아주 낮춤)'를 사용한 높임법이다.
④ 어미 '-(으)시'를 결합하여 '말씀'을 간접적으로 높인다.

03 관용적 표현

01	02	03	04	05	06	07	08	09	10	11	12	13	14	15	16	17	18	19	20
①	③	①	③	④	②	④	③	①	①	④	④	④	③	②	④	②	①	②	④
21	22	23	24	25	26	27	28	29	30										
③	①	④	②	④	①	③	③	②	④										

01 정답 ①
①의 '가슴을 태우다.'는 '몹시 애태우다.'라는 의미로 해석된다.

02 정답 ③
관용구로 쓰이는 말 중에서 빈칸에 들어갈 단어로 가장 적절한 것은 '눈'이다.
- '눈'에 밝히다 : 잊히지 않고 자꾸 보이는 것 같다.
- '눈'에 익다 : 여러 번 보아서 익숙하다.
- '눈'을 끌다 : 주목을 받는다.
- '눈'이 높다 : 정도 이상의 좋은 것을 찾는다.

03 정답 ①
'참새 물 먹듯'은 음식을 조금씩 여러 번 먹는 모양을 비유적으로 이르는 말이다.

오답분석
② 얼굴이 두껍다 : 부끄러움을 모르고 염치가 없다.
③ 수판을 놓다 : 어떤 일에 대하여 이해득실을 따지다.
④ 개 발에 땀 나다 : 땀이 잘 나지 아니하는 개 발에 땀이 나듯이, 해내기 어려운 일을 이루기 위하여 부지런히 움직이다.

04 정답 ③
'전철을 밟다'는 이전 사람의 잘못이나 실패를 되풀이함을 이르는 말이다.

오답분석
① 변죽을 울리다 : 바로 집어 말을 하지 않고 둘러서 말을 하다.
② 경을 치다 : 호된 꾸지람이나 나무람을 듣거나 벌을 받다.
④ 꼽사리 끼다 : 남이 하는 일에 곁다리로 끼다.

05 정답 ④
'깐깐오월'은 하지(夏至)가 지나고 나면 해가 길어져서 일하기 지루한 음력 5월을 이르는 말이다.

오답분석
① 엉너리치다 : 능청스러운 수단을 써서 남의 환심을 사다.
② 사개가 맞다 : 말이나 사리의 앞뒤 관계가 빈틈없이 딱 들어맞다.
③ 곁을 주다 : 다른 사람으로 하여금 자기에게 가까이할 수 있도록 속을 터주다.

06 정답 ②

'언 발에 오줌 누기'는 언 발을 녹이려고 오줌을 누어봤자 효력이 별로 없음을 이르는 말이다.

오답분석
① 속 빈 강정 : 겉만 그럴듯하고 실속이 없음을 이르는 말
③ 망건 쓰고 세수한다 : 일의 순서를 바꾸어 함을 놀림조로 이르는 말
④ 되로 주고 말로 받는다 : 조금 주고 그 대가로 몇 곱절이나 많이 받는 경우를 이르는 말

07 정답 ④

'가랑비에 옷 젖는 줄 모른다'는 사소한 것이라도 그것이 거듭되면 무시하지 못할 정도로 크게 됨을 이르는 말이다.

오답분석
① 약방에 감초 : 어떤 일에나 빠짐없이 끼어드는 사람 또는 꼭 있어야 할 물건을 이르는 말
② 갈수록 태산이다 : 갈수록 더 어려운 지경에 처하게 되는 경우를 이르는 말
③ 거미줄에 목을 맨다 : 어처구니없는 일로 몹시 억울하고 원통함을 이르는 말

08 정답 ③

'쇠뿔도 단김에 빼기'는 어떤 일이든지 하려고 생각했으면 한창 열이 올랐을 때 망설이지 말고 곧 행동으로 옮겨야 함을 이르는 말이다.

오답분석
① 단솥에 물 붓기 : 형편이 이미 기울어 아무리 도와주어도 보람이 없음을 이르는 말
② 남의 말도 석 달 : 소문은 시일이 지나면 흐지부지됨을 이르는 말
④ 냉수 먹고 이 쑤시기 : 실속은 없으면서 있는 체함을 이르는 말

09 정답 ①

'군불에 밥 짓기'는 어떠한 일에 덧붙여서 일을 쉽게 함을 이르는 말이다.

오답분석
② 말 타면 종 두고 싶다 : 사람의 욕심이란 한이 없음을 이르는 말
③ 바늘 도둑이 소도둑 된다 : 작은 나쁜 짓도 자꾸 하게 되면 큰 죄를 저지르게 됨을 이르는 말
④ 대추나무에 연 걸리듯 하다 : 여기저기에 빚을 많이 짐을 이르는 말

10 정답 ①

'빛 좋은 개살구'는 겉만 그럴듯하고 실속이 없는 경우를 이르는 말이다.

오답분석
② 볶은 콩에 싹이 날까? : 아주 가망이 없음을 비유적으로 이르는 말
③ 뚝배기보다 장맛이 좋다 : 겉모양은 보잘것없으나 내용은 훨씬 훌륭함을 이르는 말
④ 보기 좋은 떡이 먹기도 좋다 : 겉모양새를 잘 꾸미는 것도 필요함을 이르는 말

11 정답 ④

'호랑이 없는 골에 토끼가 왕 노릇 한다'는 뛰어난 사람이 없는 곳에서 보잘것없는 사람이 득세함을 비유적으로 이르는 말이다.

오답분석
① 싸움 끝에 정이 붙는다 : 싸움을 통해 서로 가지고 있던 오해나 나쁜 감정을 풀어버리면 오히려 더 가까워지게 됨을 이르는 말
② 미련은 먼저 나고 슬기는 나중 난다 : 무슨 일을 잘못 생각한 후에야 이랬더라면 좋았을 것을 하고 궁리함을 이르는 말
③ 배부르니까 평안 감사도 부럽지 않다 : 굶주렸던 사람이 배가 부르도록 먹으면 만족하게 됨을 이르는 말

12 정답 ④

제시문은 부지런함에 대해 말하고 있으므로, 글의 주제와 어울리는 속담으로 가장 적절한 것은 '일찍 일어나는 새가 벌레를 잡는다.'이다.

오답분석
① 백짓장도 맞들면 낫다 : 쉬운 일이라도 협력하여 하면 훨씬 쉬움을 이르는 말
② 작은 것부터 큰 것이 이루어진다 : 아무리 큰 일이라도 시작은 작은 일임을 이르는 말
③ 사공이 많으면 배가 산으로 간다 : 주관하는 사람 없이 여러 사람이 자기주장만 내세우면 일이 제대로 되기 어려움을 이르는 말

13 정답 ④

'마디가 있어야 새순이 난다'는 나무의 마디는 새순이 나는 곳, 즉 마디는 성장하기 위한 디딤돌이자 발판이 된다는 뜻으로, 어떤 일의 과정에서 생기는 역경이 오히려 일의 결과에 좋은 영향을 미침을 비유하여 이르는 말이다.

오답분석
① 식초에 꿀 탄 맛이다 : 궁합이 맞아 서로 잘 어울리는 것을 이르는 말
② 쫓아가서 벼락 맞는다 : 괜히 나서서 피해야 할 화를 당하는 것을 이르는 말
③ 곤장 메고 매품 팔러 간다 : 공연한 일을 하여 화를 자초하는 것을 이르는 말

14 정답 ③

제시문은 『구운몽』의 일부로, 주인공이 부귀영화를 누렸던 한낱 꿈으로부터 현실로 돌아오는 부분이다. 따라서 부귀영화란 일시적인 것이어서 그 한때가 지나면 그만임을 비유적으로 이르는 말인 '열흘 붉은 꽃이 없다'가 글의 내용과 비슷한 의미를 가진 속담으로 가장 적절하다.

오답분석
① 공든 탑이 무너지랴 : 힘을 다하고 정성을 다하여 한 일은 그 결과가 반드시 헛되지 아니함을 비유적으로 이르는 말
② 산 까마귀 염불한다 : 무엇을 전혀 모르던 사람도 오랫동안 보고 듣노라면 제법 따라 할 수 있게 됨을 비유적으로 이르는 말
④ 고양이가 쥐 생각해 준다 : 속으로는 해칠 마음을 품고 있으면서, 겉으로는 생각해 주는 척함을 비유적으로 이르는 말

15 정답 ②

제시문은 모든 일에는 지켜야 할 질서와 차례가 있음에도 불구하고 이를 무시한 채 무엇이든지 빠르게 처리하려는 한국의 '빨리빨리' 문화에 대한 글이다. 따라서 제시문과 어울리는 속담으로 일의 순서도 모르고 성급하게 덤빔을 비유적으로 이르는 말인 '우물에 가 숭늉 찾는다.'가 가장 적절하다.

오답분석
① 가재는 게 편이다 : 모양이나 형편이 서로 비슷하고 인연이 있는 것끼리 서로 잘 어울리고, 사정을 보아주며 감싸주기 쉬움을 비유적으로 이르는 말
③ 낙숫물이 댓돌을 뚫는다 : 작은 힘이라도 꾸준히 계속하면 큰일을 이룰 수 있음을 비유적으로 이르는 말
④ 봇짐 내어 주며 앉으라 한다 : '속으로는 가기를 원하면서 겉으로는 만류하는 체한다.'는 뜻으로, 속생각은 전혀 다르면서도 말로만 그럴듯하게 인사치레함을 비유적으로 이르는 말

16 정답 ④

으뜸 원(元) – 멀 원(遠)

오답분석
① 셈 수(數) – 달릴 주(走)
② 일만 만(萬) – 얼굴 면(面)
③ 소 우(牛) – 낮 오(午)

17 정답 ②

마을 염(閻) – 빛날 엽(燁)

오답분석
① 대자리 연(筵) – 넓을 연(衍)
③ 다섯 오(五) – 까마귀 오(烏)
④ 할아버지 조(祖) – 무리 조(曹)

18 정답 ①

상전벽해(桑田碧海) : 桑(뽕나무 상), 田(밭 전), 碧(푸를 벽), 海(바다 해)
뽕나무 밭이 푸른 바다로 변한다는 뜻으로, 세상이 몰라볼 정도로 변함을 비유적으로 이르는 말이다.

오답분석
② 害(해할 해)
③ 解(풀이할 해)
④ 駭(놀랄 해)

19 정답 ②

血液(피 혈, 진 액), 液體(진 액, 몸 체)

오답분석
① 이마 액(額)
③ 재앙 액(厄)
④ 약속할 약(約)

20 정답 ④

性別(성품 성, 나눌 별), 理性(다스릴 이, 성품 성), 性格(성품 성, 격식 격)

오답분석
① 이룰 성(成)
② 성인 성(聖)
③ 성씨 성(姓)

21 정답 ③

整理(가지런할 정, 다스릴 리), 調整(고를 조, 가지런할 정), 整列(가지런할 정, 벌일 렬)

오답분석
① 벼슬 관(官)
② 조사할 사(査)
④ 갈 행(行)

22 정답 ①

가치(價値) : 사물이 지니고 있는 쓸모

오답분석
② 가계(家計)
③ 사실(事實)
④ 실재(實在)

23 정답 ④

대할 대(對)

오답분석
① 무리 대(隊)
② 대신할 대(代)
③ 대 대(臺)

24 정답 ②

ⓒ 화면(畫面 – 그림 화, 낯 면)
ⓒ 적용(適用 – 맞을 적, 쓸 용)

25 정답 ④

비율(比率)

오답분석
① 환율(換率)
② 효율(效率)
③ 능률(能率)

26 정답 ①

제시문의 내용을 한글로 표기하면 다음과 같다.
지난해에 이어 올해 상반기에도 싱가포르가 중국을 제치고 우리나라 석유 제품을 가장 많이 사들인 것으로 나타났다. 그러나 이는 중국 내 석유 제품 수요 감소 및 자체 설비 증설, 중개무역 시장 거래 활성화 등에 따른 것으로, '세계의 공장'인 중국의 공백을 보완하는 ㉠ 수출처 개발이 필요하다는 지적이 나온다. 한국석유공사 및 대한석유협회에 따르면 올해 상반기 우리나라는 56개 국가에 2억 2천 819만 배럴의 석유 제품을 수출한 것으로 집계됐다. 중국은 4년 연속 우리나라 석유 제품 수출 대상국 1위였으나 지난해 7천 14만 2천 배럴로 싱가포르(9천 689만 1천 배럴)에 역전된 뒤 올해 상반기에도 2위에 그쳤다. 이는 국제 유가 하락 및 중국의 경기 침체와 무관하지 않다.
따라서 옳은 것은 ①이다.

27 정답 ③

제시문에 따르면 석유 제품 수출 대상국 1위가 중국에서 싱가포르로 바뀌는 데에는 중국 내의 석유 제품 수요 감소(石油 製品 需要 減少) 및 자체 설비 증설(自體 設備 增設), 중개무역 시장 거래 활성화(仲介貿易 市場 去來 活性化) 그리고 중국의 경기 침체(景氣 沈滯) 등이 영향을 끼쳤다.

28 정답 ③

新技術(새로울 신, 재주 기, 재주 술)

오답분석
① 新素材(새로울 신, 본디 소, 재목 재)
② 新世界(새로울 신, 인간 세, 지경 계)
④ 新藝術(새로울 신, 재주 예, 재주 술)

29 정답 ②

實際(열매 실, 즈음 제)

30 정답 ④

ⓒ 革(가죽 혁)
ⓔ 賣(팔 매)

04 언어유추

01	02	03	04	05	06	07	08	09	10	11	12	13	14	15	16	17	18	19	20
③	③	②	③	④	②	④	②	④	③	②	②	②	④	②	①	③	③	④	④

01 정답 ③

제시된 문장에서 밑줄 친 단어 '손'과 '손톱'은 전체와 부분 관계이지만 '참새'와 '텃새'는 계층적인 구조를 가진 상하 관계이다.

02 정답 ③

'밀물'과 '썰물'은 반의 관계이지만 '대소'와 '방소'는 '크게 웃는다.'는 뜻의 유의 관계이다.

03 정답 ②

가옥(家屋)은 집을 의미하는 한자어이므로 ⊙과 ⓒ의 관계는 동일한 의미를 지니는 한자어와 고유어의 관계이다. ②의 수확(收穫)은 익은 농작물을 거두어들이는 것 또는 거두어들인 농작물의 의미를 가지므로 벼는 수확의 대상이 될 뿐 수확과 동일한 의미를 지니지 않는다.

04 정답 ③

③은 여러 색으로 대등 관계이다.

[오답분석]
①·②·④ 앞의 두 단어가 뒤에 있는 단어의 구성요소이다.

05 정답 ④

④는 여러 기상 현상들로 대등 관계이다.

[오답분석]
①·②·③ 유의 관계이다.

06 정답 ②

②는 닭의 생애에 따른 단계를 나타낸다.

[오답분석]
①·③·④ 각각 과일, 나라, 떡에 속하는 하위어들의 대등 관계이다.

07 정답 ④

④는 건반악기에 해당하는 악기들로 대등 관계이다.

[오답분석]
①·②·③ 유의 관계이다.

08 정답 ②
㉠·㉢·㉣은 도구와 그 도구의 기능 관계이다.

[오답분석]
㉡·㉤ 서로 반대의 뜻을 가진 반의 관계이다.

09 정답 ④
'벽'은 '한계'를 비유하는 관용적 표현이다. 따라서 '장애'를 '걸림돌'로 비유한 ④가 ㉠과 ㉡의 관계와 유사하다.

10 정답 ③
키보드, 모니터, 마우스를 통해 '컴퓨터'를 연상할 수 있다.

11 정답 ②
안받음(자식에게 베푼 은혜에 대해 안갚음을 받는 일), 스승, 각골난망을 통해 '은혜'를 연상할 수 있다.

12 정답 ②
인권, 침범하다, 사생활을 통해 '침해'를 연상할 수 있다.

13 정답 ②
[오답분석]
① 동해 : 동쪽에 있는 <u>바다</u>
③ 사전 : 일이 일어나기 <u>전</u>. 또는 일을 시작하기 전
④ 낭비 : 시간이나 재물 따위를 <u>헛되이</u> 헤프게 씀

14 정답 ④
[오답분석]
① 공간 : 아무것도 없는 <u>빈</u> 곳
② 광장 : 많은 사람이 모일 수 있게 거리에 만들어 놓은 <u>넓은</u> 빈터
③ 백발 : <u>하얗게</u> 센 머리털

15 정답 ②
[오답분석]
① 근절 : 다시 살아날 수 없도록 아주 뿌리째 <u>완전히</u> 없애 버림
③ 외양 : <u>겉</u>모양
④ 표출 : <u>겉</u>으로 드러남

16 정답 ①

오답분석
② 승차 : <u>차를 탐</u>
③ 황금 : <u>누런빛의 금</u>
④ 약술 : <u>간략하게</u> 논술함. 또는 그런 논술

17 정답 ③

오답분석
① 주체의 불분명성 때문에 중의성이 생기는 경우로서, 지수를 수민이가 좋아하는 것인지, 누군가가 지수를 좋아한다고 수민이가 말한 것인지 모호하다.
② 문장의 구조 때문에 중의성이 생기는 경우로서, 현지가 수확한 사과를 누군가가 먹은 것인지, 다른 이가 수확한 사과를 현지가 먹은 것인지 모호하다.
④ 부사가 수식하는 범위 때문에 중의성이 생기는 경우로서, 짧은 시간 안에 일정이 끝난 것인지, 일정을 일찍 시작해 먼저 끝난 것인지 모호하다.

18 정답 ③

오답분석
① 상황 때문에 중의성이 생기는 경우로서, 형이 모자를 벗고 있다가 쓰고 있는 중인지, 처음부터 모자를 계속 쓰고 있는 것인지 모호하다.
② 부정 표현 때문에 중의성이 생기는 경우로서, 학생들이 한 사람도 오지 않은 것인지, 일부만 오지 않은 것인지 모호하다.
④ 문장의 구조 때문에 중의성이 생기는 경우로서, 영주와 정민이가 함께 추천해서 연극을 본 것인지, 정민이가 추천해서 재경이와 영주가 함께 연극을 본 것인지 모호하다.

19 정답 ④

오답분석
① 동물의 신체 기관인 다리인지, 다른 곳으로 건너갈 수 있는 다리인지 모호하다.
② 어머니께서 그리신 그림인지, 어머니를 그린 그림인지, 다른 사람이 그린 것을 어머니께서 소유하고 계신 것인지 모호하다.
③ 영주가 많은 친구들을 보고 싶어 하는 것인지, 많은 친구들이 영주를 보고 싶어 하는 것인지 모호하다.

20 정답 ④

오답분석
① 수량 명사가 나타내는 범위 때문에 중의성이 생기는 경우로서, 양말 1개와 손수건 1개를 산 것인지, 양말 1개와 손수건 2개를 산 것인지 모호하다.
② 형용사가 수식하는 범위 때문에 중의성이 생기는 경우로서, 재영이만 키가 큰 것인지, 재영이와 민지가 모두 키가 큰 것인지 모호하다.
③ 대칭 동사 때문에 중의성이 생기는 경우로서, 재호와 성식이가 함께 밥을 먹은 것인지, 따로 먹은 것인지 모호하다.

05 독해

01	02	03	04	05	06	07	08	09	10	11	12	13	14	15	16	17	18	19	20
②	①	④	②	①	④	②	①	②	③	④	③	②	③	②	③	④	④	③	④

01 정답 ②

제시문은 재산권 제도의 발달에 따른 경제 성장을 예로 들어 제도의 발달과 경제 성장의 상관관계에 대해 설명하고 있다. 더불어 제도가 경제 성장에 영향을 줄 수는 있지만 동시에 경제 성장으로부터 영향을 받을 수도 있다는 점에서 그 인과관계를 판단하기 어렵다는 한계점을 제시하고 있다. 따라서 글의 제목으로 가장 적절한 것은 ②이다.

02 정답 ①

제시문은 산업 사회의 여러 가지 특징에 대해 설명함으로써 산업 사회가 가지고 있는 문제점들을 강조하고 있다. 따라서 글의 중심 내용으로 가장 적절한 것은 ①이다.

03 정답 ④

마지막 문단에서 '말이란 결국 생각의 일부분을 주워 담는 작은 그릇'이며, '말을 통하지 않고는 생각을 전달할 수가 없는 것'이라고 하며 말은 생각을 전달하기 위한 수단임을 주장하고 있다.

04 정답 ②

제시문에서 정보화 사회의 문제점으로 다루고 있는 것은 '정보 격차'로, 지식과 정보에 접근할 수 없는 사람들은 소득을 얻는 데 불리할 수밖에 없다고 주장한다. 또한 정보가 상품화됨에 따라 정보를 둘러싼 불평등은 더욱 심화될 것이라고 전망하고 있다. 따라서 인터넷이나 컴퓨터 유지비 측면에서의 격차 발생은 글의 주장을 강화시키는 것으로, 이 문제에 대한 반대 입장이 될 수 없다.

05 정답 ①

아르바이트생들이 고된 노동과 감정노동을 하고 있지만, 제시문에서 말하고 있는 아르바이트생은 감정노동자가 아니다. 제시문에서는 감정노동자가 아닌 청년 아르바이트생의 고충에 대한 내용을 담고 있다.

06 정답 ④

세 번째 문단에서 '상품에 응용된 과학 기술이 복잡해지고 첨단화되면서 상품 정보에 대한 소비자의 정확한 이해도 기대하기 어려워졌다.'는 내용과 일맥상통한다.

07 정답 ②

르네상스의 야만인 담론은 이전과는 달리 현실적 구체성을 띠고 있지만 전통 야만인관에 의해 각색되는 것은 여전하다.

오답분석
① · ④ 마지막 문단에서 확인할 수 있다.
③ 첫 번째 문단에서 확인할 수 있다.

08
정답 ①

네 번째 문단에서 경쟁 정책의 문제점에 대해 이야기하고 있으나, 구체적인 수치를 언급하고 있지는 않다. 오히려 경쟁으로 인해 소비자가 피해를 보는 구체적인 사례를 통해 경쟁 정책의 문제점을 제시하고 있다.

09
정답 ②

실란트는 만 18세 이하의 대상자에게만 건강보험이 적용된다.

[오답분석]
① 틀니의 건강보험은 만 65세 이상의 경우 적용된다.
③ 임산부의 건강보험 본인 부담금은 10%이다.
④ 매년 7월 1일부터 다음해 6월 30일까지이므로 가능하다.

10
정답 ③

제6조의3 제2항 제2호에 따르면 감사인이 감사대상업무의 의사결정과정에 직·간접적으로 관여한 경우 해당 감사에 관여할 수 없다.

[오답분석]
① 제4조 제3호
② 제4조의2 제1항
④ 제6조의3 제3항

11
정답 ④

㉠ 제5조 제1항에 따르면, 2명 이상의 공동명의로 입찰에 참가하려는 경우, 대표자를 정하여 대표 1명의 명의로 입찰서를 작성하는 것이 아니라, 연명으로 기명날인한 후 공동입찰자명부를 입찰서에 첨부하여야 한다. 따라서 옳지 않은 설명이다.
㉡ 제3조의 단서에 따르면 제1호부터 제3호까지의 경우, 해당 사실이 있은 후 2년이 경과되기 전까지는 입찰에 참가할 수 없다. 병(丙)의 경우, 제2호에 해당하며 2년이 경과한 이후의 입찰이므로 참여 가능하다. 따라서 옳지 않은 설명이다.
㉣ 제6조 1항에 따르면 무(戊)는 입찰금액의 1할에 해당하는 450만 원을 입찰보증금으로 납부하여야 한다. 또한 동항의 단서조항에 따라 자기앞수표에 따른 추심료를 납부하여야 한다. 그런데 추심료는 1할을 납부하는 것이 아니라 해당 금액을 납부하는 것이므로 무(戊)가 입찰서와 함께 납부할 금액은 입찰보증금과 추심료 45+4=49만 원이다.

[오답분석]
㉢ 제3조의 단서에 따르면 제1호부터 제3호까지의 경우만 해당 사실이 있은 후 2년이 경과되기 전까지는 입찰에 참가할 수 없다. 그리고 제4호와 제5호는 2년이 경과되어도 참여할 수 없다. 여기서 정(丁)은 제4호의 경우에 해당하므로 2년이 경과하여도 참가할 수 없다.

12
정답 ③

단순히 젊은 세대의 문화만을 존중하거나, 기존 세대의 문화만을 따르는 것이 아닌 두 문화가 어우러질 수 있도록 기업 차원에서 분위기를 만드는 것이 제시문에 나타난 문제의 본질적인 해결이다. 따라서 빈칸에 들어갈 내용으로 가장 적절한 것은 ③이다.

[오답분석]
① 젊은 세대의 채용을 기피하는 분위기가 생길 수 있으므로 적절하지 않다.
② 급여받은 만큼만 일하게 되는 악순환이 반복될 것이므로 글에서 언급된 문제를 해결하는 기업 차원의 방법으로는 적절하지 않다.
④ 기업의 전반적인 생산성 향상을 이룰 수 없으므로 기업 차원의 방법으로 적절하지 않다.

13   정답 ②

제시문은 환경결정론에 대한 글이다. 따라서 (가) 환경결정론 사조 형성의 영향을 준 다윈의 진화론 – (다) 앞선 (가)에 대한 부연 설명 – (마) 환경결정론 발달에 공헌한 학자들 – (나) 학자의 주장 1 – (라) 학자의 주장 2의 순서로 나열해야 한다.

14   정답 ③

(다) 인권에 관한 화제 도입 및 인권 보호의 범위 – (나) 사생활 침해와 인권 보호 – (가) 사생활 침해와 인권 보호에 대한 예시 – (라) 결론의 순서로 나열해야 한다.

15   정답 ②

보기는 투과율이 비슷한 조직들 간의 구별이 어렵기 때문에 다른 조직과의 투과율 차이가 큰 경우로 한정된다는 X선의 활용 범위의 한계를 제시한다. 두 번째 문단의 마지막 문장에서는 이러한 한계를 극복한 것이 CT라고 말한다. 따라서 보기의 문장이 들어갈 위치는 (나)가 가장 적절하다.

16   정답 ③

아리스토텔레스의 견해에 의하면 스스로 결정하는 일에 참여할 때 교육적 효과가 가장 두드러진다. 따라서 도덕적 결정을 어떻게 하는지 알기 위해서는 도덕적 결정의 상황에 실제로 참여해 보는 직접적 경험이 중요하다고 할 수 있다.

17   정답 ④

㉠은 사회가 전인격적 인간을 만들어 주는 교육의 장임을 말한 것이며, 사회를 떠나서는 살 수 없는 인간의 속성을 전제로 사회의 교육적 기능을 강조한 것이다. 따라서 인간이 사회적 동물이라는 것을 전제로 사회 내에서의 교육의 필요성을 이야기한 ④가 ㉠과 가장 관계가 깊다.

18   정답 ④

노화로 인한 신체장애는 어쩔 수 없는 현상으로, 이를 해결하기 위해서는 헛된 자존심으로 부추기는 것이 아니라 노인들에 대한 사회적 배려와 같은 인식이 필요하다는 문맥으로 이어져야 한다.

19   정답 ③

시대착오란 '시대의 추세(趨勢)를 따르지 아니하는 착오'를 의미한다. ③은 상황에 따른 적절한 대응으로 볼 수 있으며, 시대착오와는 거리가 멀다.

오답분석
① 두발 규제를 학생들의 효율적인 생활 지도의 방법으로 보는 시대착오의 모습을 보여 주고 있다.
② 출신 고교를 확인하는 학연에 얽매이는 모습을 보여 줌으로써 시대착오의 모습을 보여 주고 있다.
④ 승진을 통해 지위가 높아지면 고급 차를 타야 한다는 시대착오의 모습을 보여 주고 있다.

20   정답 ④

제시문은 어르신을 잘 모시는 것이 법률적인 차원의 성격이 아닌 효도와 인권의 관점, 즉 보편적 차원의 성격을 가져야 한다고 주장하고 있다.

CHAPTER 02 수리능력검사

01 기초수리능력

01	02	03	04	05	06	07	08	09	10	11	12	13	14	15	16	17	18	19	20
④	②	①	②	③	②	①	③	③	①	③	①	①	④	③	②	①	③	②	②
21	22	23	24	25	26	27	28	29	30										
①	①	③	②	③	③	④	④	③	①										

01 정답 ④

$4,355 - 23.85 \div 0.15$
$= 4,355 - 159$
$= 4,196$

02 정답 ②

$8 \times 27 \times 64 \div 576$
$= 2^3 \times 3 \times 3^2 \times 8^2 \times \dfrac{1}{3^2 \times 8^2}$
$= 2^3 \times 3$
$= 8 \times 3$
$= 24$

03 정답 ①

$(98,424 - 2,432) \div 142$
$= 95,992 \div 142$
$= 676$

04 정답 ②

$\dfrac{27}{3} \times 8 + 70 + (10^2 + 70 \times 60)$
$= 9 \times 8 + 70 + (100 + 4,200)$
$= 72 + 70 + 4,300$
$= 4,442$

05

$1.65 \times 7 + 55.55 + 0.3 \times 3$
$= 11.55 + 55.55 + 0.9$
$= 67.1 + 0.9$
$= 68$

정답 ③

06

$2 \div 16 = 0.125 = 12.5\%$
따라서 할푼리로 합격률을 나타내면 1할 2푼 5리이다.

정답 ②

07

$\dfrac{3}{20} = 0.15 = 15\%$
따라서 할푼리로 당첨 제비를 뽑을 확률을 나타내면 1할 5푼이다.

정답 ①

08

$\dfrac{12}{80} = 0.15 = 15\%$
따라서 할푼리로 J의 실패율을 나타내면 1할 5푼이다.

정답 ③

09

2할 6푼 1리 $= 0.261 > \dfrac{3}{13} > 0.225 > 22.4\%$

오답분석
① $22.4\% = 0.224$
② $\dfrac{3}{13} = 0.230 \cdots$

정답 ③

10

$\dfrac{6}{16} > 3$할 6푼 7리 $> 34.6\% > 0.345$

오답분석
② $\dfrac{6}{16} = 0.375$
③ 3할 6푼 7리 $= 0.367$
④ $34.6\% = 0.346$

정답 ①

11

$25 \heartsuit 12 = 12^2 \times (25 + 5) = 144 \times 30 = 4,320$

정답 ③

12
정답 ①

546♥5=546−1.2×5=546−6=540

13
정답 ①

9♡$\sqrt{17}$=($\sqrt{17}$)^2×(9+5)=17×14=238
3♥(9♡$\sqrt{17}$)=3♥238=3−1.2×238=3−285.6=−282.6

14
정답 ④

5□8=5^2+2×5×8−8=25+80−8=97

15
정답 ③

3■12=3−2×3×12+12^2=3−72+144=75

16
정답 ②

6□17=6^2+2×6×17−17=36+204−17=223

17
정답 ①

70.668÷151+6.51=0.468+6.51=6.978
① 3.79×10−30.922=37.9−30.922=6.978

[오답분석]
② 6.1×1.2−1.163=6.157
③ 89.1÷33+5.112=7.812
④ 9.123−1.5×1.3=7.173

18
정답 ③

등비수열의 첫 항을 a, 공비를 r이라 하면 다음과 같은 식이 성립한다.
$a_1 \times a_3 \times a_{11} = a \times ar^2 \times ar^{10} = (ar^4)^3 = 125 = 5^3$
∴ $a_5 = ar^4 = 5$

19
정답 ②

12의 경우 4와 9와 서로소가 아니기 때문에 세 개 이상의 자연수에서 최소공배수의 경우, 두 자연수만이라도 공통된 숫자를 가지고 있다면 소인수분해를 더 할 수 있다. 이에 따라 비율 값 4, 9, 12의 최소공배수를 구하면 360이며, 세 자연수의 최소공배수가 324라고 했으므로 세 자연수 비율에 9배를 하면 세 자연수는 36, 81, 108이 나온다.
따라서 가장 큰 값은 108임을 알 수 있다.

20

정답 ②

a의 경우 35, 7, 91의 최대공약수 7이 되고, b의 경우 51, 34, 17의 최소공배수 $17 \times 2 \times 3 = 102$가 되면 $\frac{b}{a}$가 될 수 있는 가장 작은 값이 된다.

따라서 $\frac{b}{a} = \frac{102}{7}$이므로 $a + b = 7 + 102 = 109$이다.

21

정답 ①

A, B를 각각 제곱하면 $(\sqrt{123})^2 = 123$, $(\pi^2)^2 = \pi^4 \fallingdotseq (3.14)^4 \fallingdotseq 97.2$이므로 A>B이다.

22

정답 ①

A, B의 지수인 분수의 분모가 똑같기 때문에 분자만 고려하여 $12^{\frac{3}{7}}$은 12^3으로, $20^{\frac{2}{7}}$은 20^2으로 계산해 비교하면 된다. 두 수를 계산하면 $12^3 = 144 \times 12 = 1,728$, $20^2 = 400$이므로 A>B이다.

23

정답 ③

A, B 두 수를 계산하면 $(17^2 - 11^2) \div 28 = (17+11)(17-11) \div 28 = 17 - 11 = 6$, $\frac{387}{128} + \frac{129}{32} = \frac{387 + 129 \times 4}{128} = \frac{903}{128} = 7 + \frac{7}{128}$이므로 A<B이다.

24

정답 ②

$\frac{1}{5} = \frac{7}{35}$, $\frac{5}{7} = \frac{25}{35}$

$\frac{1}{5} < \underline{\quad} < \frac{5}{7} \rightarrow \frac{7}{35} < \underline{\quad} < \frac{25}{35}$

② $\frac{7}{35} < \frac{12}{35} < \frac{25}{35}$

[오답분석]

① $\frac{1}{7} < \frac{1}{5}$, ③ $\frac{21}{25}(=0.84) > \frac{5}{7}(\fallingdotseq 0.714)$, ④ $\frac{1}{6} < \frac{1}{5}$

25

정답 ③

$\sqrt{50} = 5\sqrt{2} \fallingdotseq 5 \times 1.414 = 7.07$, $\sqrt{72} = 6\sqrt{2} \fallingdotseq 6 \times 1.414 = 8.484$

$\sqrt{50} < \underline{\quad} < \sqrt{72} \rightarrow 7.07 < \underline{\quad} < 8.484$

③ $\frac{268}{33} \fallingdotseq 8.121$, $7.07 < 8.121 < 8.484$

[오답분석]

① $\frac{220}{37} \fallingdotseq 5.946$, ② $\frac{298}{45} \fallingdotseq 6.622$, ④ $\frac{362}{42} \fallingdotseq 8.619$

26

정답 ③

숫자 21을 2, 8, 16진수로 바꾸면 다음과 같다.
• 2진수
  2) 21
  2) 10 ⋯ 1
  2) 5 ⋯ 0
  2) 2 ⋯ 1
       1 ⋯ 0
아래부터 차례대로 적으면 나타나는 10101이 21의 2진수 숫자이다.
• 8진수
  8) 21
       2 ⋯ 5
21의 8진수는 25이다.
• 16진수
  16) 21
        1 ⋯ 5
21의 16진수는 15이다.
따라서 옳지 않은 대답을 한 사람은 C학생이다.

27

정답 ④

$$\sqrt[12]{2a^5b^4} \times \sqrt[4]{2ab^2} \div \sqrt[6]{4a^3b} = \frac{\sqrt[12]{2a^5b^4} \times \sqrt[12]{2^3a^3b^6}}{\sqrt[12]{4^2a^6b^2}} = \sqrt[12]{\frac{16a^8b^{10}}{16a^6b^2}} = \sqrt[12]{a^2b^8} = \sqrt[6]{ab^4}$$

28

정답 ④

$z=(1+i)a^2-3a+2-i=(a^2-3a+2)+(a^2-1)i$
복소수 z가 순허수이려면 (실수 부분)=0, (허수 부분)≠0이어야 하므로 $a^2-3a+2=0$, $a^2-1\neq0$
㉠ $a^2-3a+2=0$에서
$(a-1)(a-2)=0 \rightarrow a=1$ 또는 $a=2$
㉡ $a^2-1\neq0$에서
$(a+1)(a-1)\neq0 \rightarrow a\neq-1$이고 $a\neq1$
∴ ㉠과 ㉡에 의해 $a=2$

29

정답 ③

$A\cap B=\{2, 5\}$이므로 $A=\{2, 3, x^2+4\}$에서 $x^2+4=5 \rightarrow x^2=1$이므로 $x=\pm1$
㉠ $x=1$일 때 : $A=\{2, 3, 5\}$, $B=\{2, 4, 5\} \rightarrow A\cap B=\{2, 5\}$(성립)
㉡ $x=-1$일 때 : $A=\{2, 3, 5\}$, $B=\{0, 1, 4\} \rightarrow A\cap B=\phi$(모순)
∴ ㉠과 ㉡에서 $A\cap B=\{2, 5\}$를 만족하는 실수 $x=1$

30

정답 ①

마신 우유의 양인 log의 지수를 보면 3, 6, 12, 24, 48, 96으로 커지고 있으므로 첫 항이 3, 공비가 2인 등비수열임을 알 수 있다. 그러므로 n일인 날짜에 마신 우유의 양을 a_n이라 가정하면 $a_n=3\times2^{n-1}$이다. 10일 동안 마신 우유의 총량은 $\log a_1+\log a_2+\log a_3+\cdots+\log a_{10}=\log(a_1\times a_2\times a_3\times\cdots\times a_{10})$이다. 이 식을 등비수열에 따라 구하면 $\log(a_1\times a_2\times a_3\times\cdots\times a_{10})$ $=\log(3^{10}\times2^{(1+2+3+\cdots+9)})=\log(3^{10}\times2^{45})$이며, 첫날 마신 우유의 양은 log3이므로 이것의 10배는 $10\log3=\log3^{10}$이 된다. 문제의 조건에서 10일 동안 마신 우유의 양은 첫날에 마신 것의 10배보다 ($k\times\log2$)만큼 더 많으므로 다음과 같다.
$\log(3^{10}\times2^{45})=\log3^{10}+(k\times\log2)\rightarrow\log3^{10}+45\log2=\log3^{10}+k\times\log2$
∴ $k=45$

02 응용수리능력

01	02	03	04	05	06	07	08	09	10	11	12	13	14	15	16	17	18	19	20
②	③	④	③	②	①	③	③	④	②	②	①	④	①	③	①	④	①	④	①
21	22	23	24	25	26	27	28	29	30	31	32	33	34	35	36	37	38	39	40
②	③	②	②	①	④	④	②	④	①	①	①	③	③	③	④	②	①	④	④
41	42	43	44	45	46	47	48	49	50	51	52	53	54	55	56	57	58	59	60
②	①	①	③	④	③	②	③	④	④	③	②	①	④	④	③	④	②	④	①
61	62	63	64	65	66	67	68	69	70										
④	①	④	③	④	②	①	③	①	①										

01

정답 ②

배의 속력을 $x$km/h, 강물의 속력을 $y$km/h라고 하자.
$4(x-y)=20\rightarrow x-y=5\cdots$ ㉠
$2(x+y)=20\rightarrow x+y=10\cdots$ ㉡
㉠과 ㉡을 연립하면 $x=7.5$, $y=2.5$이다.
따라서 강물이 흐르는 속력은 2.5km/h이다.

02

정답 ③

집에서 A은행까지의 거리를 $x$km라고 하면, 자전거를 타고 갈 때 걸리는 시간은 $\frac{x}{12}$시간, 걸어갈 때 걸리는 시간은 $\frac{x}{4}$시간이다.
$\frac{x}{12}+1=\frac{x}{4}$
$\rightarrow 2x=12$
∴ $x=6$
따라서 집에서 A은행까지의 거리는 6km이므로 8km/h의 속력으로 달려간다면 출발 후 $\frac{6}{8}$시간=45분 후에 도착한다.

03 정답 ④

출장지까지의 거리는 200×1.5=300km이므로 시속 60km의 속력으로 달릴 때 걸리는 시간은 5시간이고, 약속시간보다 1시간 늦게 도착하므로 약속시간은 4시간 남았다. 300km를 시속 60km의 속력으로 달리다 도중에 시속 90km의 속력으로 달릴 때 약속시간보다 30분 일찍 도착했으므로, 이때 걸린 시간은 $4-\frac{1}{2}=\frac{7}{2}$시간이다.

시속 90km의 속력으로 달린 거리를 $x$km라고 하자.

$$\frac{300-x}{60}+\frac{x}{90}=\frac{7}{2}$$

→ $900-3x+2x=630$

∴ $x=270$

따라서 A부장이 시속 90km의 속력으로 달린 거리는 270km이다.

04 정답 ③

두 사람이 x시간 후에 만난다고 하자.
$3x+5x=24$
∴ $x=3$
따라서 두 사람은 출발한 지 3시간 후에 만난다.

05 정답 ②

나래가 자전거를 탈 때의 속력을 $x$km/h, 진혁이가 걷는 속력을 $y$km/h라고 하자.
$1.5(x-y)=6$ … ㉠
$x+y=6$ … ㉡
㉠과 ㉡을 연립하면 $x=5$, $y=1$이다.
따라서 나래의 속력은 5km/h이다.

06 정답 ①

구급차를 타고 이동하는 시간은 $\frac{225}{100}=2.25$시간, 즉 $\left(2+\frac{15}{60}\right)$시간=2시간 15분이 걸린다.

응급헬기를 타고 갈 경우 $\frac{70}{280}=0.25$시간=15분 만에 응급실에 도착할 수 있다.

따라서 K씨가 쓰러진 지점부터 들것에 실려 구급차를 타고 응급실에 가는 데 이동시간은 총 2시간 35분이므로 응급헬기 이용 시 구급차보다 2시간 35분-15분=2시간 20분 더 빨리 응급실에 도착한다.

07 정답 ③

지하철의 이동거리를 $x$km라고 하자.
전동기에 이상이 생겼을 때 지하철의 속력은 60×0.4=24km/h이고, 이때 평소보다 45분 늦게 도착하였으므로

$$\frac{x}{24}-\frac{x}{60}=\frac{45}{60}$$

→ $5x-2x=90$
→ $3x=90$
∴ $x=30$

따라서 출발하는 역부터 도착하는 역까지 이 지하철의 이동거리는 30km이다.

08 정답 ③

처음 속력을 $x$km/h라고 하면(단, $x>0$) 차에 이상이 생긴 후의 속력은 $0.5x$km/h이다.
목적지까지 도착하는 데 걸린 시간은 총 1시간 30분이므로
$\frac{60}{x}+\frac{90}{0.5x}=\frac{3}{2} \rightarrow 60+180=\frac{3}{2}x$
$\therefore x=160$
따라서 차에 이상이 생기기 전 속력은 160km/h이다.

09 정답 ④

x의 최댓값과 최솟값은 A와 B가 각각 다리의 양쪽 경계에서 마주쳤을 때이다. 즉, 최솟값은 A로부터 7.6km 떨어진 지점, 최댓값은 A로부터 8.0km 떨어진 지점에서 마주쳤을 때이므로 식을 세우면 다음과 같다.

- 최솟값 : $\frac{7.6}{6}=\frac{x}{60}+\frac{20-7.6}{12} \rightarrow \frac{x}{60}=\frac{15.2-12.4}{12}=\frac{2.8}{12}$ $\therefore x=14$
- 최댓값 : $\frac{8}{6}=\frac{x}{60}+\frac{20-8}{12} \rightarrow \frac{x}{60}=\frac{16-12}{12}=\frac{1}{3}$ $\therefore x=20$

따라서 A와 B가 다리 위에서 마주치기 위한 x의 범위는 $14 \leq x \leq 20$이므로, 최댓값과 최솟값의 차는 $20-14=6$이다.

10 정답 ②

- 올라갈 때 걸린 시간 : $\frac{12}{3}=4$시간
- 내려올 때 걸린 시간 : $\frac{12}{3 \times 2}=2$시간

따라서 P씨가 자전거를 타고 산의 정상까지 갔다가 돌아오는 데 걸린 시간은 6시간이다.

11 정답 ②

$0<x \leq 9$, $0<y \leq 9$인 자연수 x와 y에 대하여 흥선이가 이정표에서 본 3개의 수는 차례로 $100x+y$, $10y+x$, $10x+y$이다. 자동차가 일정한 속력으로 달렸으므로 $3\{(10y+x)-(10x+y)\}=(100x+y)-(10y+x) \rightarrow 27y-27x=99x-9y \rightarrow 2y=7x$ 이다. 자연수 x와 y의 범위는 $0<x$, $y \leq 9$이므로 $x=2$, $y=7$이다.
따라서 이정표 3개에 적힌 수는 207, 72, 27이고, 이 3개의 수를 더하면 $207+72+27=306$이다.

12 정답 ①

(A지점에서 B지점까지의 거리)$=(5+3) \times 26=208$m
따라서 10m/s의 속력으로 공이 이동하는 데 걸리는 시간은 $208 \div 10=20.8$초이다.

13 정답 ④

현재 이모의 나이를 x세, 혜원이의 나이를 y세라고 하면 다음과 같은 식이 성립한다.
$x=4y \cdots$ ㉠
$x+9=5y \cdots$ ㉡
㉡에 ㉠을 대입하면 $x=36$, $y=9$이다.
따라서 이모는 혜원이보다 $36-9=27$세 더 많다.

14

정답 ①

나무를 최소로 심으려면 432와 720의 최대공약수만큼의 간격으로 나무를 심어야 한다. 432와 720의 최대공약수인 144로 나누면 각각 3과 5이다. 이 수는 시작 지점의 귀퉁이는 제외하고 끝나는 지점의 귀퉁이는 포함하므로, 4개의 귀퉁이를 제외하고 계산하면 가로와 세로에 각각 2그루와 4그루씩 심을 수 있다. 따라서 (2×2)+(4×2)+4=16그루를 심을 수 있다.

> 단순히 (땅의 면적)÷(나무 수)로 생각할 수 있지만, 항상 양 끝 지점에 심어진 나무에 대해 생각하고 계산과정에서 더하거나 빼야 한다.

15

정답 ③

딸의 나이 범위에서 8의 배수를 찾아보면 32, 40, 48세가 가능하다. 이 중 5로 나누어 3이 남는 나이는 48세이다.
따라서 딸의 나이는 48세, 아버지의 나이는 84세가 되므로 두 사람의 나이 차는 84−48=36세이다.

16

정답 ①

3월의 남성 고객 개통 건수를 x건, 여성 고객 개통 건수를 y건이라고 하자.
• 3월 전체 개통 건수 : $x+y=400$건
• 4월 전체 개통 건수 : $(1-0.1)x+(1+0.15)y=400(1+0.05)$건
이를 정리하면 다음과 같다.
$x+y=400$ … ㉠
$0.9x+1.15y=420$ … ㉡
㉠과 ㉡을 연립하면 $x=160$, $y=240$이다.
따라서 4월 여성 고객의 개통 건수는 $1.15y=276$건이다.

17

정답 ④

다과비 50,000원으로 세 종류의 스낵을 가장 많이 살 수 있는 개수를 구하기 위해서는 가장 저렴한 스낵을 기준으로 구매하면 된다. A, B, C스낵을 1개씩 구매한 금액은 1,000+1,500+2,000=4,500원이며, 나머지 금액은 50,000−4,500=45,500원이다. 또한 A, C스낵은 천 원 단위이므로 백 원 단위가 있는 B스낵을 하나 더 사야 하고, 남은 금액은 모두 가장 저렴한 A스낵을 44,000÷1,000=44개 구매한다.
따라서 A스낵 44+1=45개, B스낵 2개, C스낵 1개를 구입하여 최대 45+2+1=48개의 스낵을 구입할 수 있다.

18

정답 ①

현재 B의 나이를 x세라고 하면, A의 나이는 $2x$세이다. 8년 후 A와 B의 나이는 각각 $(2x+8)$세, $(x+8)$세가 되므로
$(2x+8):(x+8)=6:4 \rightarrow 6(x+8)=4(2x+8)$
∴ $x=8$
따라서 현재 A의 나이는 2×8=16세, B의 나이는 8세이다.

19

정답 ④

매년 호랑이가 x마리씩 일정하게 증가한다고 하면, (2020년과 2024년의 호랑이의 수)=(2019년과 2023년의 호랑이의 수)+$2x$이다.
$30+2x=36$ ∴ $x=3$
(2023년 호랑이의 수)=(2019년 호랑이의 수)+3×4이고, 2019년과 2023년 호랑이 수의 합이 30마리이므로, 2019년 호랑이의 수는 9마리이다.
따라서 2026년 호랑이의 수는 9+3×7=30마리이다.

20

정답 ①

가족의 평균 나이는 $132 \div 4 = 33$세이므로 어머니의 나이는 $33+10=43$세이다.
현수, 동생, 아버지의 나이를 각각 x세, y세, z세라고 하면
$x+y=41 \cdots$ ㉠
$z=2y+10 \cdots$ ㉡
$z=2x+4 \cdots$ ㉢
㉡, ㉢을 연립하면
$x-y=3 \cdots$ ㉣
㉠, ㉣을 연립하면 $x=22$, $y=19$이다.
따라서 동생의 나이는 19세이다.

21

정답 ②

경수의 나이를 x세라고 하면, 경진이의 나이는 $(x-2)$세이다.
$x^2=(x-2)^2 \times 3-2 \rightarrow x^2=3x^2-12x+12-2 \rightarrow 2x^2-12x+10=0 \rightarrow x^2-6x+5=0 \rightarrow (x-1)(x-5)=0$
$\therefore x=5 (\because x-2>0)$
따라서 경수의 나이는 5세이다.

22

정답 ③

C고등학교의 재작년 학생 수를 x명이라고 하면, 작년 학생 수는 $1.1x$명이다. 55명은 작년 학생 수의 10%이므로
$0.1 \times 1.1x = 55$
$\therefore x = 500$
따라서 재작년 C고등학교의 학생 수는 500명이다.

23

정답 ④

$\dfrac{25 \times 38 - 52 + 27}{25} + 1 = 38$
따라서 내년 S공사 A부서의 평균 나이는 38세이다.

24

정답 ②

처음 참석한 사람의 수를 x명이라고 하자.
- $8x < 17 \times 10 \rightarrow x < \dfrac{170}{8} = 21.25$
- $9x > 17 \times 10 \rightarrow x > \dfrac{170}{9} ≒ 18.9$
- $8(x+9) < 10 \times (17+6) \rightarrow x < \dfrac{230}{8} - 9 = 19.75$

세 가지 식을 모두 만족해야 하므로 H공사의 사우회 참석자 수는 19명이다.

25

정답 ①

상품의 원가를 x원이라 하면 처음 판매가격은 $1.23x$원이다. 여기서 1,300원을 할인하여 판매했을 때 얻은 이익은 원가의 10%이므로,
$(1.23x-1,300)-x=0.1x \rightarrow 0.13x=1,300$
$\therefore x=10,000$
따라서 상품의 원가는 10,000원이다.

26
정답 ④

작년 교통비를 x만 원, 숙박비를 y만 원이라고 하면 다음과 같은 식이 성립한다.
$1.15x+1.24y=1.2(x+y)$ … ㉠
$x+y=36$ … ㉡
㉠과 ㉡을 연립하면 $x=16$, $y=20$이다.
따라서 올해 숙박비는 $20\times1.24=24.8$만 원이다.

27
정답 ④

아이스크림 1개당 원가를 a원이라 하면
- 아이스크림 1개당 정가 : $a\left(1+\dfrac{20}{100}\right)=1.2a$원
- 아이스크림 1개당 판매가 : $(1.2a-500)$원
- 아이스크림 1개당 이익 : $(1.2a-500)-a=700 \rightarrow 0.2a=1,200$
∴ $a=6,000$
따라서 아이스크림 1개당 원가는 6,000원이다.

28
정답 ③

각자가 낸 돈을 x원이라고 하면, 총금액은 $8x$원이다.
숙박비는 $8x\times0.3=2.4x$원, 외식비는 $2.4x\times0.4=0.96x$원, 남은 경비는 92,800원이므로
$8x-(2.4x+0.96x)=92,800 \rightarrow 4.64x=92,800$
∴ $x=20,000$
따라서 이번 여행에서 각자 낸 금액은 20,000원이다.

29
정답 ②

- 이벤트 이전 가격 : $8,000\times46=368,000$원
- 이벤트 가격 : $8,000\times0.8\times40+8,000\times6=304,000$원

따라서 G고등학교 1학년 2반 학생들이 이벤트로 할인받을 수 있는 금액은 $368,000-304,000=64,000$원이다.

30
정답 ①

해당 문제는 모래시계를 뒤집을 수 있다는 점을 파악하여야 한다. 30분을 측정하는 과정은 다음과 같다.
ⅰ) 처음 두 모래시계를 동시에 사용을 한다.
ⅱ) 14분짜리 모래시계의 모래가 모두 가라앉았을 때, 14분짜리 모래시계를 뒤집는다.
　　이때, 시간은 14분이 걸렸다.
ⅲ) 22분짜리 모래시계의 모래가 모두 가라앉았을 때, 14분짜리 모래시계를 다시 뒤집는다.
　　이때, 시간은 총 22분이 걸렸으며, 14분짜리 모래시계는 8분만큼의 모래가 밑으로 가라앉았다. 해당 모래시계를 뒤집었기 때문에, 이후 14분짜리 모래시계는 8분을 측정하게 된다.
ⅳ) 14분짜리의 모래시계의 모래가 모두 가라앉을 때 30분이 된다.
따라서 두 모래시계를 사용하여 정확히 30분으로 30분을 잴 수 있다.

31

정답 ①

두 사람이 프로젝트를 진행하는 데 걸리는 기간을 x일이라 하고, 프로젝트를 진행하는 일의 양을 1이라고 하면, A대리가 하루에 진행하는 프로젝트 업무의 양은 $\frac{1}{16}$, B사원이 하루에 진행하는 프로젝트 업무의 양은 $\frac{1}{48}$이므로

$\left(\frac{1}{16}+\frac{1}{48}\right)x=1$

$\therefore x=12$

따라서 두 사람이 함께 프로젝트를 진행하는 데 소요되는 기간은 12일이다.

32

정답 ①

갑과 을이 1시간 동안 만들 수 있는 곰 인형의 수는 각각 $\frac{100}{6}=\frac{50}{3}$개, $\frac{25}{4}$개이다.

함께 곰 인형 100개를 만드는 데 걸리는 시간을 x시간이라고 하면

$\left(\frac{50}{3}\times 0.8+\frac{25}{4}\times 0.8\right)x=100$

→ $(40+15)x=300$

$\therefore x=\frac{300}{55}=5.4545\cdots$

따라서 최소 6시간이 걸린다.

33

정답 ②

- 물통의 부피 : $5\times 4\times 11=220\text{cm}^3$
- 물통에 물이 차는 속도 : $15-3=12\text{mL/s}$

따라서 물통에 물이 가득 차는 데 걸리는 시간은 $\frac{220}{12}=\frac{55}{3}$초이다.

34

정답 ③

갑의 1시간 동안 작업량을 x개라고 하면, 을과 병의 1시간 동안 작업량은 각각 $1.2x$개, $0.7x$개이므로

$6\times(x+1.2x+0.7x)=435$

→ $17.4x=435$

$\therefore x=25$

따라서 갑이 1시간 동안 조립하는 볼펜은 총 25개이다.

35

정답 ②

D의 수학점수를 x점이라고 하자. 네 사람의 평균이 105점이므로

$\frac{101+105+108+x}{4}=105$

→ $x+314=420$

$\therefore x=106$

따라서 D의 수학점수는 106점이다.

36 정답 ④

합격자 수를 x명이라고 하면, 불합격자 수는 $(100-x)$명이다.
전체 응시자의 점수의 합은 $64 \times 100 = 6,400$점이고, 이는 합격자 점수와 불합격자 점수의 합과 같다.
$80x + 60(100-x) = 6,400 \rightarrow 20x = 400$
$\therefore x = 20$

따라서 합격률은 $\dfrac{20}{100} \times 10 = 20\%$이다.

37 정답 ②

국어, 영어, 수학 점수를 각각 a점, b점, c점이라고 하면
$\dfrac{c+b}{2} = 85 \rightarrow b+c = 170 \cdots \text{㉠}$

$\dfrac{c+a}{2} = 91 \rightarrow a+c = 182 \cdots \text{㉡}$

㉡-㉠을 하면 $a-b=12$이다.
따라서 영어와 국어 점수의 차이는 12점이다.

38 정답 ①

평균 점수는 $\dfrac{(\text{총득점})}{(\text{인원수})}$이므로 A, B부서 10명의 총득점은 $84 \times 10 = 840$점이다.

마찬가지로 A부서의 총득점은 $81 \times 4 = 324$점이므로, B부서의 총득점은 $840 - 324 = 516$점이다.

따라서 B부서의 평균 점수는 $\dfrac{516}{6} = 86$점이다.

39 정답 ④

응시자 전체의 평균 점수를 m점이라 하자.
불합격한 사람 20명의 평균 점수는 $(m-9)$점이고 합격한 사람 10명의 평균 점수는 $2\{(m-9)-33\}$점이다.
$\dfrac{10\{2(m-9)-33\} + 20(m-9)}{30} = m \rightarrow 20m - 180 - 330 + 20m - 180 = 30m \rightarrow 10m = 690$
$\therefore m = 69$
따라서 전체 평균 점수는 69점이다.

40 정답 ④

처음 소금물의 양이 500g이고 농도가 10%이므로 소금의 양은 $\dfrac{10}{100} \times 500 = 50$g이다.

이 소금물을 끓여 증발시킨 물의 양을 xg이라고 하면, 증발시킨 후 소금물의 양은 $(500-x)$g이고 소금의 양은 변하지 않으므로 50g이다. 더 넣은 소금물의 양이 250g이고 농도가 2%이므로 더 넣은 소금의 양은 $\dfrac{2}{100} \times 250 = 5$g이다.

소금물의 양이 $(750-x)$g이고 소금의 양이 $50+5=55$g일 때 농도가 8%이므로 다음과 같은 식이 성립한다.

$\dfrac{55}{750-x} \times 100 = 8$

$\rightarrow 5,500 = 6,000 - 8x$

$\therefore x = \dfrac{500}{8} = 62.5$

따라서 증발시킨 물의 양은 62.5g이다.

41

정답 ②

처음 퍼낸 소금물의 양을 xg이라고 하자.
소금 20g과 순수한 물 80g을 섞은 소금물의 농도를 구하면 다음과 같다.

$$\frac{(600-x) \times \frac{8}{100} + 20}{600-x+80+20} \times 100 = 10$$

→ $\{(600-x) \times 0.08 + 20\} \times 100 = 10 \times (600-x+80+20)$
→ $(600-x) \times 8 + 2{,}000 = 7{,}000 - 10x$
→ $6{,}800 - 8x = 7{,}000 - 10x$
→ $2x = 200$
∴ $x = 100$

따라서 처음 퍼낸 소금물의 양은 100g이다.

42

정답 ①

처음의 소금물의 양을 xg이라고 하면

$$\frac{A}{100}x = \frac{4}{100}(x+200)$$

→ $Ax = 4x + 800$

∴ $x = \frac{800}{A-4}$

따라서 처음 소금물의 양은 $\frac{800}{A-4}$g이다.

43

정답 ①

처음 퍼낸 소금물의 양을 xg이라고 하면 200g의 소금물에서 xg을 퍼낸 후의 소금의 양은 $\frac{8}{100}(200-x)$g이므로

$$\frac{8}{100}(200-x) + 50 = \frac{24}{100} \times 250$$

→ $8(200-x) + 5{,}000 = 6{,}000$
→ $8x = 600$
∴ $x = 75$

따라서 처음 퍼낸 소금물의 양은 75g이다.

44

정답 ③

오염물질의 양은 $\frac{3}{100} \times 30 = 0.9$L이고, 여기에 깨끗한 물을 xL 더 넣는다고 하면

$$\frac{0.9}{30+x} \times 100 = 3 - 0.5$$

→ $2.5(30+x) = 90$
∴ $x = 6$

따라서 넣어야 하는 깨끗한 물의 양은 6L이다.

45

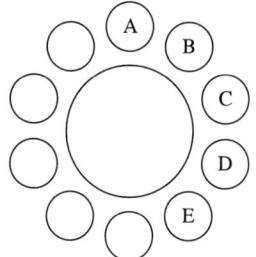

A~E에 앉을 수 있는 경우의 수는 각각 10가지, 8가지, 6가지, 4가지, 2가지이고, 회전하여 같아지는 경우는 10가지이다.
따라서 구하고자 하는 경우의 수는 $\frac{10 \times 8 \times 6 \times 4 \times 2}{10} = 384$가지이다.

46

부서당 최소 12개의 의자가 필요하다고 하였으므로 필요한 의자는 12×8=96개이고, 남는 의자는 4개이다. 의자는 12개씩 똑같이 배분되므로 남는 의자 4개에 대한 경우의 수를 구하면 다음과 같다.
• 의자 4개를 한 부서에서 가져가는 경우의 수 : $_8C_1 = 8$가지
• 의자 3개와 1개를 두 부서에서 가져가는 경우의 수 : $_8C_1 \times _7C_1 = 56$가지
• 의자를 2개씩 두 부서에서 가져가는 경우의 수 : $_8C_2 = 28$가지
• 의자 2개, 1개, 1개씩 세 부서에서 가져가는 경우의 수 : $_8C_1 \times _7C_2 = 168$가지
• 의자를 1개씩 네 부서에서 가져가는 경우의 수 : $_8C_4 = 70$가지
따라서 의자를 나눠 갖는 경우의 수는 8+56+28+168+70=330가지이다.

47

A반과 B반 모두 2번의 경기를 거쳐 결승에서 만나는 경우는 다음과 같다.

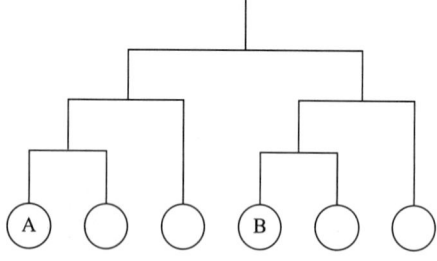

이때 남은 4개의 학급을 배치할 때마다 모두 다른 경기가 진행된다.
따라서 구하고자 하는 경우의 수는 4!=24가지이다.

48

(1, 2, 3이 적힌 카드를 하나 이상 뽑을 확률)=1-(세 번 모두 4~10이 적힌 카드를 뽑을 확률)
세 번 모두 4~10이 적힌 카드를 뽑을 확률은 $\frac{7}{10} \times \frac{6}{9} \times \frac{5}{8} = \frac{7}{24}$이다.
따라서 1, 2, 3이 적힌 카드 중 하나 이상을 뽑을 확률은 $1 - \frac{7}{24} = \frac{17}{24}$이다.

49

정답 ④

- 흰 구슬을 먼저 뽑고, 검은 구슬을 뽑을 확률 : $\frac{4}{10} \times \frac{6}{9} = \frac{4}{15}$
- 검은 구슬을 먼저 뽑고, 흰 구슬을 뽑을 확률 : $\frac{6}{10} \times \frac{4}{9} = \frac{4}{15}$

따라서 구하고자 하는 확률은 $\frac{4}{15} + \frac{4}{15} = \frac{8}{15}$ 이다.

50

정답 ④

- A만 문제를 풀 확률 : $\frac{1}{4} \times \frac{2}{3} \times \frac{1}{2} = \frac{2}{24}$
- B만 문제를 풀 확률 : $\frac{3}{4} \times \frac{1}{3} \times \frac{1}{2} = \frac{3}{24}$
- C만 문제를 풀 확률 : $\frac{3}{4} \times \frac{2}{3} \times \frac{1}{2} = \frac{6}{24}$

따라서 한 사람만 문제를 풀 확률은 $\frac{2}{24} + \frac{3}{24} + \frac{6}{24} = \frac{11}{24}$ 이다.

51

정답 ③

데스크탑 PC와 노트북의 전년 대비 2024년 판매량 증감률은 각각 다음과 같다.

- 데스크탑 PC : $\frac{4,700 - 5,000}{5,000} \times 100 = \frac{-300}{5,000} \times 100 = -6\%$
- 노트북 : $\frac{2,400 - 2,000}{2,000} \times 100 = \frac{400}{2,000} \times 100 = 20\%$

따라서 데스크탑 PC와 노트북의 전년 대비 2024년 판매량 증감률은 각각 -6%, 20%이다.

52

정답 ②

연도별 직장가입자 및 지역가입자의 건강보험금 징수율은 다음과 같다.

- 2021년
  - 직장가입자 : $\frac{6,698,187}{6,706,712} \times 100 ≒ 99.87\%$
  - 지역가입자 : $\frac{886,396}{923,663} \times 100 ≒ 95.97\%$
- 2022년
  - 직장가입자 : $\frac{4,898,775}{5,087,163} \times 100 ≒ 96.3\%$
  - 지역가입자 : $\frac{973,681}{1,003,637} \times 100 ≒ 97.02\%$
- 2023년
  - 직장가입자 : $\frac{7,536,187}{7,763,135} \times 100 ≒ 97.08\%$
  - 지역가입자 : $\frac{1,138,763}{1,256,137} \times 100 ≒ 90.66\%$
- 2024년
  - 직장가입자 : $\frac{8,368,972}{8,376,138} \times 100 ≒ 99.91\%$
  - 지역가입자 : $\frac{1,058,943}{1,178,572} \times 100 ≒ 89.85\%$

따라서 직장가입자 건강보험금 징수율이 가장 높은 해는 2024년, 지역가입자 건강보험금 징수율이 가장 높은 해는 2022년이다.

53

정답 ①

일평균 총 200잔이 팔린다면, 카페라테는 전체 판매량의 25%, 에스프레소는 6%이므로 각각 50잔, 12잔이 판매된다.
따라서 카페라테는 에스프레소보다 50−12=38잔이 더 팔린다.

54
정답 ③

오늘 판매된 커피 180잔 중 아메리카노는 50%로 90잔이 판매되었고, 매출은 90×2,000=180,000원이다.

55
정답 ④

1974년 대비 1984년의 도시 인구수 증가율과 1974년 대비 1984년의 농촌 인구수 감소율은 각각 다음과 같다.

- 1974년 대비 1984년의 도시 인구수 증가율 : $\frac{16,573-6,816}{6,816} \times 100 ≒ 143\%$

- 1974년 대비 1984년의 농촌 인구수 감소율 : $\frac{28,368-18,831}{28,368} \times 100 ≒ 34\%$

따라서 1974년 대비 1984년 도시 인구수는 100% 이상 증가하였고, 농촌 인구수는 25% 이상 감소하였다.

[오답분석]
① 6,816×4=27,264<28,368이므로 1974년의 농촌 인구수는 도시 인구수의 4배 이상이다.
② 2014년 대비 2024년의 도시 인구수는 감소하였고, 농촌 인구수는 증가하였다.
③ 조사 연도별 전체 인구수는 다음과 같다.
  - 1974년 : 6,816+28,368=35,184천 명
  - 1984년 : 16,573+18,831=35,404천 명
  - 1994년 : 32,250+14,596=46,846천 명
  - 2004년 : 35,802+12,763=48,565천 명
  - 2014년 : 36,784+12,402=49,186천 명
  - 2024년 : 33,561+12,415=45,976천 명

따라서 전체 인구수는 1984년부터 2014년까지 증가하였고, 2024년에 감소하였다.

56
정답 ③

논 면적이 가장 많이 감소한 해는 213-193=20ha 감소한 2016년이지만, 20kg당 쌀값이 가장 비싼 해는 2023년이다.

[오답분석]
① 조사 기간 동안 논 면적은 매년 감소하고 있다.
② 2019~2023년 5년 연속으로 20kg당 쌀값이 상승하였다.
④ 2015년과 2020년의 전체 쌀값이 A원으로 같다면 논 1ha당 수확한 쌀의 무게는 $\frac{20A}{(논 면적) \times (20kg당 쌀값)}$ kg이다.

- 2015년 : $\frac{20A}{213 \times 44,000} = \frac{A}{468,600}$ kg/ha
- 2020년 : $\frac{20A}{173 \times 45,000} = \frac{A}{389,250}$ kg/ha

따라서 1ha당 수확한 쌀의 양은 2020년이 더 많다.

57
정답 ④

연도별 전체 비용에 대한 발굴조사 비용의 비율은 다음과 같으므로 2022년에 가장 높다.

- 2020년 : $\frac{2,509}{2,591} \times 100 ≒ 96.8\%$
- 2021년 : $\frac{2,378}{2,470} \times 100 ≒ 96.3\%$
- 2022년 : $\frac{2,300}{2,371} \times 100 ≒ 97.0\%$
- 2023년 : $\frac{2,438}{2,515} \times 100 ≒ 96.9\%$
- 2024년 : $\frac{2,735}{2,840} \times 100 ≒ 96.3\%$

> [오답분석]

① 연도별 전체 조사의 평균 건당 비용은 다음과 같으며, 2024년에는 전년 대비 증가하였다.

- 2020년 : $\frac{2,591}{3,462} \times 100 ≒ 75\%$
- 2021년 : $\frac{2,470}{3,500} \times 100 ≒ 71\%$
- 2022년 : $\frac{2,371}{3,651} \times 100 ≒ 65\%$
- 2023년 : $\frac{2,515}{3,841} \times 100 ≒ 65\%$
- 2024년 : $\frac{2,840}{4,294} \times 100 ≒ 66\%$

② 2022년과 2023년은 발굴조사의 평균 건당 비용이 1억 원 이하이다.
③ 전체 건수에 대한 발굴조사 건수의 비율은 2021년이 2023년보다 더 높다.

- 2021년 : $\frac{2,364}{3,500} \times 100 ≒ 67.5\%$
- 2023년 : $\frac{2,442}{3,841} \times 100 ≒ 63.6\%$

58

정답 ②

국가채무 중 일반회계의 비율은 2020년이 2023년보다 작다.

- 2020년 : $\frac{148.6}{445.2} \times 100 ≒ 33.4\%$
- 2023년 : $\frac{166.5}{481.2} \times 100 ≒ 34.6\%$

> [오답분석]

① 국민주택기금은 5년간 순차적으로 감소하였다.
③ GDP에 채무 비율을 곱한 값이 국가채무이므로, 2020년의 GDP는 445.2÷0.34≒1309.4조 원이며 2024년의 GDP는 487.5÷0.283≒1722.6조 원이므로, GDP는 413조 원 이상 증가하였다.
④ 연도별 국가채무 중 국민주택기금의 비율은 다음과 같다.

- 2020년 : $\frac{48.9}{445.2} \times 100 ≒ 11.0\%$
- 2021년 : $\frac{46.7}{464.6} \times 100 ≒ 10.1\%$
- 2022년 : $\frac{42.6}{470.6} \times 100 ≒ 9.1\%$
- 2023년 : $\frac{39.5}{481.2} \times 100 ≒ 8.2\%$
- 2024년 : $\frac{37.8}{487.5} \times 100 ≒ 7.8\%$

또한 2020년 이후 국가채무는 증가하였고 국민주택기금은 감소하였다. 따라서 2020년의 국민주택기금 비율이 가장 높다.

59

정답 ④

2020년과 2024년에는 출생아 수와 사망자 수의 차이가 20만 명이 되지 않는다.

60

정답 ①

2021년 인구성장률은 0.63%, 2024년 인구성장률은 0.39%이다. 따라서 2024년 인구성장률은 2021년 인구성장률에서 40% 감소한 값인 0.63×(1-0.4)=0.378%보다 값이 크므로 40% 미만 감소하였다.

> [오답분석]

② 2021년 이후 인구성장률이 매년 감소하고 있다.
③ 2019년부터 2024년까지 인구성장률이 가장 낮았던 연도는 2024년이며, 합계출산율도 2024년에 가장 낮았다.
④ 인구성장률과 합계출산율은 모두 2020년에는 전년 대비 감소하고, 2021년에는 전년 대비 증가하였다.

61

정답 ④

㉠ 영어 관광통역 안내사 자격증 취득자 수는 2022년 대비 2023년에 감소하였으며, 스페인어 관광통역 안내사 자격증 취득자 수는 2022년 대비 2023년에 불변, 2023년 대비 2024년에 감소하였다.

㉢ 2021 ~ 2023년까지 태국어 관광통역 안내사 자격증 취득자 수 대비 베트남어 관광통역 안내사 자격증 취득자 수 비율은 다음과 같다.

- 2021년 : $\frac{4}{8} \times 100 = 50.0\%$
- 2022년 : $\frac{15}{35} \times 100 ≒ 42.9\%$
- 2023년 : $\frac{5}{17} \times 100 ≒ 29.4\%$

따라서 2021 ~ 2023년까지 태국어 관광통역 안내사 자격증 취득자 수 대비 베트남어 관광통역 안내사 자격증 취득자 수 비율은 매년 감소하였다.

㉣ 2022년에 불어 관광통역 안내사 자격증 취득자 수는 전년 대비 불변인 반면, 스페인어 관광통역 안내사 자격증 취득자 수는 전년 대비 증가하였다.

오답분석

㉡ 2022 ~ 2024년의 일어 관광통역 안내사 자격증 취득자 수의 8배는 각각 266×8=2,128명, 137×8=1,096명, 153×8=1,224명이고, 중국어 관광통역 안내사 자격증 취득자 수는 각각 2,468명, 1,963명, 1,418명이다. 따라서 8배 이상이다.

62

정답 ①

2023년 총연봉은 2024년 총연봉의 전년 대비 증가율 그래프의 수치로 구할 수 있다.

- A팀 : $\frac{15}{1+0.5} = 10$억 원
- E팀 : $\frac{24}{1+0.5} = 16$억 원

따라서 2023년 총연봉은 E팀이 A팀보다 더 많다.

오답분석

(단위 : 명, 억 원)

구분	선수 인원수		총연봉		2024년 선수 한 명당 평균 연봉
	2023년	2024년	2023년	2024년	
A팀	$\frac{5}{1+0.25}=4$	5	$\frac{15}{1+0.5}=10$	15	$\frac{15}{5}=3$
B팀	$\frac{10}{1+1}=5$	10	$\frac{25}{1+1.5}=10$	25	$\frac{25}{10}=2.5$
C팀	$\frac{10}{1+0.25}=8$	10	$\frac{24}{1+0.2}=20$	24	$\frac{24}{10}=2.4$
D팀	$\frac{6}{1+0.5}=4$	6	$\frac{30}{1+0.2}=25$	30	$\frac{30}{6}=5$
E팀	$\frac{6}{1+0.2}=5$	6	$\frac{24}{1+0.5}=16$	24	$\frac{24}{6}=4$

② 2024년 테니스 팀 선수당 평균 연봉은 D팀이 5억 원으로 가장 많다.
③ 2024년 A팀의 팀 선수 평균 연봉은 2022년 2.5억 원에서 3억 원으로 증가하였다.
④ 2024년 전년 대비 증가한 선수 인원수는 C팀과 D팀이 2명으로 동일하다.

63

2024년 10월 K국의 전체 자동차 월매출액 총액을 x억 원이라 하고, J자동차의 10월 월매출액과 시장점유율을 이용해 10월 전체 자동차 월매출 총액을 구하면

$\frac{27}{x} \times 100 = 0.8 \rightarrow x = 2,700 \div 0.8 = 3,375$

따라서 2024년 10월 K국의 전체 자동차 월매출액 총액은 3,375억 원으로 4,000억 원 미만이다.

오답분석

① 2024년 9월 C자동차의 월매출액을 a억 원(단, $a \neq 0$)이라고 하면, 2024년 10월 C자동차의 월매출액은 285억 원이고, 전월 대비 증가율은 50%이므로
$a(1+0.5) = 285$
$\therefore a = 190$
따라서 2024년 9월 C자동차의 월매출액은 200억 원 미만이다.

② 2024년 10월 월매출액 상위 6개 자동차의 9월 월매출액을 구하면 다음과 같다.
- A자동차 : $1,139 \div (1+0.6) \fallingdotseq 711.88$억 원
- B자동차 : $1,097 \div (1+0.4) \fallingdotseq 783.57$억 원
- C자동차 : $285 \div (1+0.5) = 190$억 원
- D자동차 : $196 \div (1+0.5) \fallingdotseq 130.67$억 원
- E자동차 : $154 \div (1+0.4) = 110$억 원
- F자동차 : $149 \div (1+0.2) \fallingdotseq 124.17$억 원

따라서 2024년 9월 월매출액 상위 5개 자동차의 순위는 B자동차 - A자동차 - C자동차 - D자동차 - F자동차 - E자동차이므로 전월과 동일하지 않다.

③ 2024년 I자동차 누적매출액 자료를 살펴보면 I자동차의 1월부터 5월까지 누적매출액을 알 수 없으므로 6월 월매출액은 정확히 구할 수 없다. 다만, 6월 누적매출액을 살펴보았을 때, 6월 매출액의 범위는 0원≤(6월 월매출액)≤5억 원임을 알 수 있다.
2024년 I자동차의 7~9월 월매출액을 구하면 다음과 같다.
- 7월 월매출액 : $9-5=4$억 원
- 8월 월매출액 : $24-9=15$억 원
- 9월 월매출액 : $36-24=12$억 원

따라서 2024년 6~9월 중 I자동차의 월매출액이 가장 큰 달은 8월이다.

64

- 수도권에서 경기가 차지하는 비중 : 93,252(서울)+16,915(인천)+68,124(경기)=178,291천 명

  $\rightarrow \frac{68,124}{178,291} \times 100 \fallingdotseq 38.21\%$

- 수도권에서 인천이 차지하는 비중 : $\frac{16,915}{178,291} \times 100 \fallingdotseq 9.49\%$

$9.49 \times 4 = 37.96\% < 38.21\%$
따라서 수도권에서 경기가 차지하는 비중은 인천이 차지하는 비중의 4배 이상이다.

오답분석

① 의료인력이 수도권 특히 서울, 경기에 편중되어 있으므로 불균형상태를 보이고 있다.
② 제시된 자료에 의료인력별 수치가 나와 있지 않으므로 의료인력 수가 많을수록 의료인력 비중이 고르다고 말할 수는 없다.
④ 서울과 경기를 제외한 나머지 지역 중 의료인력 수가 가장 많은 지역은 부산(28,871천 명)이고, 가장 적은 지역은 세종(575천 명)이다. 부산과 세종의 의료인력의 차는 28,296천 명으로, 이는 경남(21,212천 명)보다 크다.

65

정답 ④

ⓒ 미국의 한국발 크루즈 탑승객 수는 미국의 크루즈 방한객 수 대비 $\frac{14,376}{15,462} \times 100 ≒ 93.0\%$이다.

ⓔ 영국의 한국발 크루즈 탑승객 수는 일본의 한국발 크루즈 탑승객 수의 $\frac{7,976}{54,273} \times 100 ≒ 14.7\%$이므로 20% 미만이다.

[오답분석]

ⓐ 전체 크루즈 방한객의 수의 순위는 중국, 필리핀, 일본 순서지만, 한국발 크루즈 탑승객 수의 국가별 순위는 중국, 일본, 미국 순서이다.

ⓒ 필리핀의 한국발 크루즈 탑승객의 수는 기타로 분류되어 있다. 따라서 최대로 많아야 7,976명인 영국보다 1명이 적은 7,975명이다. 따라서 필리핀의 크루즈 방한객 수는 필리핀의 한국발 크루즈 탑승객 수의 최소 $\frac{60,861}{7,975} ≒ 7.63$배이다. 필리핀의 한국발 크루즈 탑승객의 수가 7,975명보다 작을수록 그 배수는 더 높아질 것이므로, 최소 7.63배 이상임을 알 수 있다.

66

정답 ②

변환된 그래프의 단위는 백만 주이고, 제시된 자료의 단위는 억 주이므로 이를 주의하여 연도별 종목당 평균 주식 수를 구하면 다음과 같다.

구분	2014년	2015년	2016년	2017년	2018년	2019년	2020년	2021년	2022년	2023년	2024년
종목당 평균 주식 수 (백만 주)	9.39	12.32	21.07	21.73	22.17	30.78	27.69	27.73	27.04	28.25	31.13

이를 토대로 연도별 전년 대비 증감 추세를 나타내면 다음과 같다.

구분	2014년	2015년	2016년	2017년	2018년	2019년	2020년	2021년	2022년	2023년	2024년
전년 대비 변동 추이	-	증가	증가	증가	증가	증가	감소	증가	감소	증가	증가

이와 동일한 추세를 보이는 그래프는 ②이다.

67

정답 ①

ⓐ 연도별 전체 헌혈 중 단체헌혈이 차지하는 비율은 다음과 같다.

- 2019년 : $\frac{962}{962+1,951} \times 100 ≒ 33.0\%$
- 2020년 : $\frac{965}{965+2,088} \times 100 ≒ 31.6\%$
- 2021년 : $\frac{940}{940+2,143} \times 100 ≒ 30.5\%$
- 2022년 : $\frac{953}{953+1,913} \times 100 ≒ 33.3\%$
- 2023년 : $\frac{954}{954+1,975} \times 100 ≒ 32.6\%$
- 2024년 : $\frac{900}{900+1,983} \times 100 ≒ 31.2\%$

따라서 전체 조사 기간 동안 매년 20%를 초과한다.

ⓑ 연도별 단체헌혈의 전년 대비 증감률은 다음과 같다.

- 2020년 : $\frac{965-962}{962} \times 100 ≒ 0.3\%$
- 2021년 : $\frac{940-965}{965} \times 100 ≒ -2.6\%$
- 2022년 : $\frac{953-940}{940} \times 100 ≒ 1.4\%$
- 2023년 : $\frac{954-953}{953} \times 100 ≒ 0.1\%$

따라서 2020년부터 2023년까지의 기간 동안 단체헌혈 증감률의 절댓값이 가장 큰 해는 2021년이다.

[오답분석]

ⓒ 2021년 대비 2022년 개인헌혈의 증감률은 $\frac{1,913-2,143}{2,143} \times 100 ≒ -10.7\%$이다. 따라서 감소율은 10.7%로 25% 미만이다.

ⓔ 2022년부터 2024년까지의 기간 동안 헌혈률의 증감 추이는 감소-증가-감소이고, 개인헌혈은 감소-증가-증가이다.

68

정답 ③

ⓒ 2023년, 2024년 모두 30대 이상의 여성이 남성보다 비중이 높다.
ⓒ 2024년 40대 남성의 비중은 22.1%로, 다른 나이대보다 비중이 높다.

[오답분석]

㉠ 2023년에는 20대 남성이 30대 남성보다 1인 가구 비중이 더 높았지만, 2024년에는 20대 남성이 30대 남성보다 1인 가구의 비중이 더 낮았다. 따라서 20대 남성이 30대 남성보다 1인 가구의 비중이 더 높은지는 알 수 없다.
㉢ 2년 이내 1인 생활을 종료를 예상하는 1인 가구의 비중은 2023년에는 증가하였으나, 2024년에는 감소하였다.

69

정답 ①

[오답분석]

② 2022년 연구 인력의 평균 연령 수치는 41.2세이다.
③ 2023년 지원 인력의 평균 연령 수치는 47.1세이다.
④ 범주가 바뀌었다.

70

정답 ①

연도별 냉장고 화재발생 비율은 각각 다음과 같다.

(단위 : %)

구분	2020년	2021년	2022년	2023년	2024년
김치냉장고 비율	47.7	59.3	45.4	59.4	56.6
일반냉장고 비율	52.3	40.7	54.6	40.6	43.4

따라서 제시된 자료를 참고하여 작성한 그래프로 옳은 것은 ①이다.

CHAPTER 03 추리능력검사

01 논리·추론

01	02	03	04	05	06	07	08	09	10	11	12	13	14	15	16	17	18	19	20
④	③	①	②	③	②	④	①	④	③	③	②	③	①	②	②	②	③	③	④

01 정답 ④

홍보팀은 1 : 0으로 승리하였으므로 골을 넣은 사람은 1명임을 알 수 있다.
- A의 진술이 참인 경우 : 골을 넣은 사람이 C와 D 2명이 되므로 성립하지 않는다.
- B의 진술이 참인 경우 : B, C, D 3명의 진술이 참이 되므로 성립하지 않는다.
- C의 진술이 참인 경우 : 골을 넣은 사람은 D이다.
- D의 진술이 참인 경우 : A와 D 또는 C와 D 2명의 진술이 참이 되므로 성립하지 않는다.

따라서 C의 진술이 참이며, 골을 넣은 사람은 D이다.

02 정답 ③

두 번째 조건에 따라 회장실의 위치를 기준으로 각 팀의 위치를 정리하면 다음과 같다.
ⅰ) A에 회장실이 있을 때
   세 번째 조건에 의해 회장실 맞은편인 E는 응접실이다. 네 번째 조건에 의해 B는 재무회계팀이고, F는 홍보팀이다. 다섯 번째 조건에 의해 G는 법무팀이고 일곱 번째 조건에 의해 C는 탕비실이다. 여섯 번째 조건에 의해 H는 연구개발팀이므로 남은 D가 인사팀이다.
ⅱ) E에 회장실이 있을 때
   세 번째 조건에 의해 회장실 맞은편인 A는 응접실이다. 네 번째 조건에 의해 F는 재무회계팀이고, B는 홍보팀이다. 다섯 번째 조건에 의해 C는 법무팀이고 일곱 번째 조건에 의해 G는 탕비실이다. 여섯 번째 조건에 의해 H는 연구개발팀이므로 남은 D가 인사팀이다.

따라서 인사팀의 위치는 항상 D이다.

03 정답 ①

다음의 논리 순서를 따라 제시된 조건을 정리하면 쉽게 접근할 수 있다.
- 마지막 조건 : 1층에 경영지원실이 위치한다.
- 첫 번째 조건 : 1층에 경영지원실이 위치하므로 4층에 기획조정실이 위치한다.
- 두 번째 조건 : 2층에 보험급여실이 위치한다.
- 세 번째, 네 번째 조건 : 3층에 급여관리실, 5층에 빅데이터운영실이 위치한다.

따라서 1층부터 순서대로 '경영지원실 – 보험급여실 – 급여관리실 – 기획조정실 – 빅데이터운영실'이 위치하므로 5층에 있는 부서는 빅데이터운영실이다.

04

다음의 논리 순서를 따라 제시된 조건을 정리하면 쉽게 접근할 수 있다.
- 첫 번째, 마지막 조건 : A는 반드시 F와 함께 외근을 나간다.
- 두 번째, 세 번째 조건 : F는 A와 외근을 나가므로 B는 반드시 D와 함께 외근을 나가고, C는 E와 함께 외근을 나간다.

따라서 A와 F, B와 D, C와 E가 함께 외근을 나간다.

05

B가 말한 두 번째 문장 "C가 나침반을 갖고 있어."와 C가 말한 두 번째 문장 "나는 나침반을 갖고 있지 않아."가 상반된 내용이므로, 둘 중 하나는 참, 다른 하나는 거짓이다.
- B가 말한 두 번째 문장이 참, C가 말한 두 번째 문장이 거짓인 경우
  C가 나침반을 갖고 있으며, 각 사람이 말한 2개의 문장 중 적어도 1개는 참이므로, C가 말한 첫 번째 문장인 "B가 지도를 갖고 있어."는 참이다. 그런데 A가 말한 문장을 살펴보면, 첫 번째 문장도 거짓, 두 번째 문장도 거짓이 되므로 각 사람이 말한 2개의 문장 중 적어도 1개는 참이라는 조건에 부합하지 않는다. 그러므로 B가 말한 두 번째 문장이 거짓, C가 말한 두 번째 문장이 참이다.
- B가 말한 두 번째 문장이 거짓, C가 말한 두 번째 문장이 참인 경우
  C는 나침반을 갖고 있지 않고, B가 말한 첫 번째 문장은 참이므로 A는 지도를 갖고 있지 않다.
  - A가 나침반을 갖고 있는 경우
    A가 말한 두 번째 문장은 거짓이므로 첫 번째 문장이 참이 되어 D가 지도를 갖고 있는 것이 된다. 그러면 D가 말한 두 문장이 모두 거짓이 되므로 조건에 맞지 않는다.
  - D가 나침반을 갖고 있는 경우 : D가 말한 첫 번째 문장은 거짓, 두 번째 문장은 참이 되므로 C가 지도를 갖고 있는 것이 된다. 그러면 A가 말한 두 문장이 모두 거짓이 되므로 조건에 맞지 않는다.
  - B가 나침반을 갖고 있는 경우 : C나 D 중에 1명이 지도를 갖고 있는데, 만약 D가 지도를 갖고 있다면 D가 말한 두 문장은 모두 거짓이 되므로 조건에 맞지 않는다.

따라서 지도를 갖고 있는 사람은 C이다. 이때 참 / 거짓 여부를 정리하면 다음과 같으므로, 모든 조건이 성립한다.

구분	첫 번째 문장	두 번째 문장
A	×	○
B	○	×
C	×	○
D	○	○

06

제시된 조건을 논리 기호화하면 다음과 같다.
- 첫 번째 조건 : ~B → A ⇒ ~A → B
- 두 번째 조건 : B → ~D ⇒ D → ~B
- 세 번째 조건 : A → ~C ⇒ C → ~A
- 네 번째 조건 : ~C → E ⇒ ~E → C

이를 하나로 연결하면, D → ~B → A → ~C → E이다.
명제가 참일 경우 그 대우도 참이므로 ~E → C → ~A → B → ~D도 참이다. 이때, 마지막 조건에 따라 E병원은 공휴일에 진료를 하지 않으므로 위의 정리를 참고하면 B병원과 C병원만이 진료를 하게 된다. 따라서 공휴일에 진료를 하는 병원은 2곳이다.

07

가격이 비싼 것부터 나열하면 데스크탑 - 노트북 - 만년필 - 손목시계 순이다.

08 정답 ①

'늦잠을 잔다.'를 p, '부지런하다.'를 q, '건강하다.'를 r, '비타민을 챙겨 먹는다.'를 s라고 하여 제시된 명제를 논리 기호화하면 다음과 같다.
- 첫 번째 명제 : $\sim p \rightarrow q$
- 두 번째 명제 : $p \rightarrow \sim r$
- 세 번째 명제 : $s \rightarrow r$

어떤 명제가 참이면 그 대우도 참이므로, 첫 번째·세 번째 명제와 두 번째 명제의 대우를 연결하면 '$s \rightarrow r \rightarrow \sim p \rightarrow q$'가 된다. 따라서 '비타민을 챙겨 먹으면 부지런하다.'는 참이다.

09 정답 ④

제시된 명제에 따라 수진, 지은, 혜진, 정은이의 수면 시간을 정리하면 다음과 같다.
- 수진 : 22:00 ~ 07:00 → 9시간
- 지은 : 22:30 ~ 06:50 → 8시간 20분
- 혜진 : 21:00 ~ 05:00 → 8시간
- 정은 : 22:10 ~ 05:30 → 7시간 20분

따라서 수진이의 수면 시간이 가장 긴 것을 알 수 있다.

10 정답 ③

- 적극적임 → 활동량이 많음 → 잘 다침
- 적극적임 → 활동량이 많음 → 면역력이 강화됨
- 활동량이 많지 않음 → 적극적이지 않음 → 영양제를 챙겨먹음

따라서 ③은 추론할 수 없다.

오답분석
① 첫 번째 명제와 두 번째 명제의 대우를 통해 추론할 수 있다.
② 첫 번째 명제와 세 번째 명제를 통해 추론할 수 있다.
④ 두 번째 명제와 첫 번째 명제의 대우 그리고 마지막 명제를 통해 추론할 수 있다.

11 정답 ③

8조각으로 나누어져 있는 피자 3판을 6명이 같은 양만큼 나누어 먹으려면 한 사람당 8×3÷6=4조각씩 먹어야 한다. A, B, E는 같은 양을 먹었으므로 A, B, E가 1조각, 2조각, 3조각, 4조각을 먹었을 때로 나누어볼 수 있다.
- A, B, E가 1조각을 먹었을 때
  A, B, E를 제외한 나머지는 모두 먹은 양이 달랐으므로 D, F, C는 각각 4, 3, 2조각을 먹었을 것이다. 하지만 6조각이 남았다고 했으므로 24−6=18조각을 먹었어야 하는데 총 1+1+1+4+3+2=12조각이므로 옳지 않다.
- A, B, E가 2조각을 먹었을 때
  2+2+2+4+3+1=14조각이므로 옳지 않다.
- A, B, E가 3조각을 먹었을 때
  3+3+3+4+2+1=16조각이므로 옳지 않다.
- A, B, E가 4조각을 먹었을 때
  4+4+4+3+2+1=18조각이므로 A, B, E는 4조각씩 먹었음을 알 수 있다.

F는 D보다 적게 먹었으며, C보다는 많이 먹었다고 하였으므로 C가 1조각, F가 2조각, D가 3조각을 먹었다.
따라서 2조각을 더 먹어야 하는 사람은 현재 2조각을 먹은 F이다.

12

정답 ②

머리가 긴 순서대로 나열하면 슬기 – 민경이 – 경애 – 정서 – 수영이 순이다. 따라서 머리가 가장 긴 사람은 슬기이다.

13

정답 ③

제시문의 환자는 상대방의 잘못을 들추어 서로 낫고 못함이 없다고 주장하여 자신의 잘못을 정당화하는 피장파장의 오류를 범하고 있으므로 이와 동일한 오류를 보이는 것은 ③이다.

[오답분석]
① 성급한 일반화의 오류
② 부적절한 권위에 호소하는 오류
④ 무지에 호소하는 오류

14

정답 ①

제시문에서 B는 A가 지적한 내용에 대하여 말하는 것이 아닌 A의 직업을 트집 잡아 비판하는 인신공격의 오류를 범하고 있으므로 ①이 가장 적절하다.

[오답분석]
② 논점 일탈의 오류 : 실제로는 연관성이 없는 전제를 근거로 하여 어떤 결론을 도출하는 오류
③ 의도 확대의 오류 : 의도하지 않은 결과에 대해 원래부터 어떤 의도가 있었다고 확대 해석하는 오류
④ 성급한 일반화의 오류 : 제한된 정보, 부적합한 증거, 대표성을 결여한 사례를 근거로 일반화하는 오류

15

정답 ②

군중에 호소하는 오류
군중 심리를 자극하여 자기 논지를 받아들이게 하는 오류를 말하며, 이때 그 주장은 합리적인 근거가 없기 때문에 이 주장을 대중의 감정이나 편견, 열광하는 심리 등에 호소해 동의를 얻어 내고자 한다.

16

정답 ②

㉠ 홍길순씨가 뇌물 사건에 연루된 인물인 것은 사실이지만, 고소득자의 세금 부담을 경감하자는 법안의 취지와 뇌물 사건은 아무런 연관이 없다. 이는 홍길순씨가 처한 상황(뇌물 사건에 연루된 인물)이라는 정황적 논거를 통해 추론하고 있는 정황에 호소하는 오류에 해당한다.
㉢ 박길수씨가 음주운전 사고로 물의를 일으킨 것은 사실이지만, 음주운전 사고와 도난 사건의 용의자를 지목하는 것은 아무런 연관이 없다. 이는 정황적 논거를 통해 추론하고 있는 정황에 호소하는 오류에 해당한다.

[오답분석]
㉡ 김갑수씨의 무능함을 부정적으로 언급하여 추론하는 인신공격의 오류에 해당한다.
㉣ 새 시장의 선출은 버스 전복 사고, 교량 붕괴, 대형 건물 화재 발생의 원인이 아니다. 이는 사고의 원인을 새 시장의 선발로 혼동한 거짓원인의 오류에 해당한다. 거짓원인의 오류는 어떤 사건이나 사물의 원인이 아닌 것을 그것의 원인으로 여기는 오류이다.

17

정답 ②

제시문과 ②는 명확한 기준 없이 자신의 주관대로 평가하고 있다.

18
정답 ③

갑은 자신과 상관없이 이루어지는 사건을 자신과 연결시켜 생각하는 개인화의 오류를 범하고 있다.

오답분석
① 독심술적 사고에 대한 설명이다.
② 예언자적 사고에 대한 설명이다.
④ 과잉 일반화에 대한 설명이다.

19
정답 ③

제시문에서 A씨는 사람과 많은 접촉을 시도하고 있다는 제한된 정보를 바탕으로 실속 있는 대인관계를 가졌다고 성급하게 일반화하고 있다. 즉, 일반화의 오류를 보이고 있는데, 이와 같은 유형의 논리적 오류를 보이고 있는 것은 ③이다.

오답분석
① 인과적 오류 : 어떤 두 사건이 우연히 일치할 때, 한 사건이 다른 사건의 원인이라고 주장하거나, 한 사건이 다른 사건보다 앞서 발생했다고 해서 전자가 후자의 원인이라고 잘못 추론하는 오류(철수는 IQ 외에 다른 이유로 대학에 갔을 수도 있음)
② 의도 확대의 오류 : 의도하지 않은 결과를 원래 의도가 있었다고 판단하여 생기는 오류
④ 순환 논증의 오류 : 결론에서 주장하고자 하는 바(아인슈타인의 창의적 사고는 세계에서 가장 뛰어나다.)를 전제(아인슈타인은 세계에서 가장 똑똑한 천재이다.)로 제시하는 오류

20
정답 ④

자가당착의 오류에 대한 예시이다.

오답분석
① 순환 논증의 오류 : 결론에서 주장하고자 하는 바를 전제로 제시하는 오류
② 전건 부정의 오류 : 전건을 부정하여 후건을 부정한 것을 결론으로 도출하는 데서 발생하는 오류
③ 후건 긍정의 오류 : 후건을 긍정하여 전건을 긍정한 것을 결론으로 도출하는 데서 발생하는 오류

02 수·문자 추리

01	02	03	04	05	06	07	08	09	10	11	12	13	14	15	16	17	18	19	20
④	③	③	④	④	①	④	②	③	①	①	②	③	①	③	①	②	④	①	④
21	22	23	24	25	26	27	28	29	30	31	32	33	34	35					
④	④	②	②	②	①	④	④	②	③	②	①	④	①	③					

01
정답 ④

앞의 항에 +3, +5, +7, +9, …인 수열이다.
따라서 ( )=97+21=118이다.

02
정답 ③

앞의 항에 +6인 수열이다.
따라서 ( )=20+6=26이다.

03 정답 ③

앞의 항에 −16, +15, −14, +13, −12, …인 수열이다.
따라서 ( )=250+15=265이다.

04 정답 ④

앞의 항에 −4, +4, ×4, ÷4가 반복되는 수열이다.
따라서 ( )=4×4=16이다.

05 정답 ④

앞의 항에 ×2, −7이 반복되는 수열이다.
따라서 ( )=−41×2=−82이다.

06 정답 ①

앞의 항에 ×3+2, ×2−3이 반복되는 수열이다.
따라서 ( )=−101×3+2=−301이다.

07 정답 ④

홀수 항은 ×3−1, 짝수 항은 $+\frac{5}{6}$인 수열이다.
따라서 ( )=$-\frac{5}{2}\times3-1=-\frac{17}{2}$이다.

08 정답 ②

나열된 수를 각각 A, B, C라고 하면
$\underline{A\ B\ C} \to B-A=C$
따라서 ( )=−27+23=−4이다.

09 정답 ③

나열된 수를 각각 A, B, C라고 하면
$\underline{A\ B\ C} \to (A+B)\times2=C$
따라서 ( )=(2+4)×2=12이다.

10 정답 ①

나열된 수를 각각 A, B, C라고 하면
$\underline{A\ B\ C} \to B=A+C$
따라서 ( )=−14+16=2이다.

11

정답 ①

- $a_1 = 200 \times \dfrac{80}{100} + 20 = 180$
- $a_2 = 180 \times \dfrac{80}{100} + 20 = 164$
- $a_3 = 164 \times \dfrac{80}{100} + 20 = 151.2$

따라서 $a_3 = 151.2$이다.

12

정답 ②

책을 세 번째로 적게 받은 사원의 책의 수는 $\dfrac{60}{5} = 12$권이므로 공차를 d라고 하고 받은 책의 수가 적은 순서대로 나열하면 $(12-2d)$권, $(12-d)$권, 12권, $(12+d)$권, $(12+2d)$권이다.

책을 가장 적게 받은 사원의 책의 수와 그다음으로 적게 받은 사원의 책의 수의 합은 나머지 책의 수의 합의 $\dfrac{1}{3}$과 같으므로

$(12-2d) + (12-d) = \dfrac{1}{3}\{12 + (12+d) + (12+2d)\} \rightarrow 24 - 3d = 12 + d$

$\therefore d = 3$

따라서 책을 가장 많이 받은 사원의 책의 수는 $12 + 2 \times 3 = 18$권이다.

13

정답 ③

$a_1 = 3$, $a_2 = 3+2 = 5$, $a_3 = 5+2 = 7$, $a_4 = 7+3 = 10$, $a_5 = 10+3 = 13$, $\cdots$

홀수 번째 수는 계차가 4, 6, 8, $\cdots$로 증가한다.

홀수 번째 수를 b_m이라고 할 때, 다음과 같은 식이 성립한다.

$b_{m+1} - b_m = 2m + 2$

$b_{m+1} - b_1 = 2\sum_{k=1}^{m} k + 2m = m(m+1) + 2m$

$\therefore b_m = b_1 + (m-1)m + 2(m-1) = 3 + m^2 + m - 2 = m^2 + m + 1$

따라서 $a_{2023} = a_{2 \times 1012 - 1}$이므로 $a_{2023} = b_{1012} = 1,012^2 + 1,012 + 1 = 1,012^2 + 1,013$이다.

14

정답 ①

한글 자음과 알파벳을 번갈아 나열하며, 앞의 항에 +2인 수열이다.

ㄴ	D	ㅂ	H	ㅊ	L	ㅎ	(P)
2	4	6	8	10	12	14	16

따라서 빈칸에 들어갈 문자는 'P'이다.

15

정답 ③

앞의 항에 +6, -3이 반복되는 수열이다.

A	G	D	J	G	M	J	P	(M)
1	7	4	10	7	13	10	16	13

따라서 빈칸에 들어갈 문자는 'M'이다.

16

정답 ①

앞의 항에 −1, −2, −3, …인 수열이다.

Z	Y	W	T	P	K	(E)
26	25	23	20	16	11	(5)

따라서 빈칸에 들어갈 문자는 'E'이다.

17

정답 ②

숫자와 한글 자음을 번갈아 나열하며, 홀수 항은 +1, 짝수 항은 −1인 수열이다.

10	ㅈ	11	ㅇ	12	ㅅ	13	(ㅂ)
10	9	11	8	12	7	13	(6)

따라서 빈칸에 들어갈 문자는 'ㅂ'이다.

18

정답 ④

영어 대문자, 한글 자음, 아라비아 숫자, 한자를 번갈아 나열하며, 1, 2, 3, 4, …인 수열이다.

A	ㄴ	3	(四)	E	ㅂ	7	八
1	2	3	(4)	5	6	7	8

따라서 빈칸에 들어갈 문자는 '四'이다.

19

정답 ①

1, 2, 2, 3, 3, 3, 4, 4, 4, 4, …인 수열이다.

A	ㄴ	B	三	ㄷ	C	iv	四	(ㄹ)	D
1	2	2	3	3	3	4	4	(4)	4

따라서 빈칸에 들어갈 문자는 'ㄹ'이다.

20

정답 ④

홀수 항은 +2, 짝수 항은 ×4인 수열이다.

c	A	(e)	D	g	P
3	1	(5)	4	7	16

따라서 빈칸에 들어갈 문자는 'e'이다.

21

정답 ④

영어 소문자와 숫자를 번갈아 나열하며, 앞의 두 항의 합이 다음 항이 되는 피보나치 수열이다.

a	2	c	5	h	13	(u)	34
1	2	3	5	8	13	(21)	34

따라서 빈칸에 들어갈 문자는 'u'이다.

22

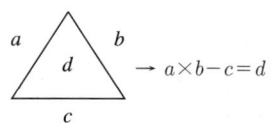 → $a \times b - c = d$

따라서 ( )=12×4−28=20이다.

23

가로 또는 세로의 네 숫자를 더하면 20이 된다.
따라서 ( )=20−{(−8)+11+5}=12이다.

24

A	B	C	D	E	F	G	H	I	J	K	L	M
1	2	3	4	5	6	7	8	9	10	11	12	13
N	O	P	Q	R	S	T	U	V	W	X	Y	Z
14	15	16	17	18	19	20	21	22	23	24	25	26

각 행은 인접한 두 수의 차이가 일정한 수열이다.
• 1행 : 왼쪽 항에 ×2인 수열로, A(=1) → B(=2) → D(=4) → H(=8)이다.
• 2행 : 왼쪽 항에 +3인 수열로, B(=2) → E(=5) → H(=8) → K(=11)이다.
• 3행 : 왼쪽 항에 ×2인 수열로, C(=3) → F(=6) → L(=12) → X(=24)이다.
• 4행 : 왼쪽 항에 +3인 수열로, D(=4) → G(=7) → J(=10) → M(=13)이다.
따라서 빈칸에 들어갈 문자는 'G'이다.

25

a	b	c
d		e

→ $a+b=d$, $b+c=e$이다.

F(=6)	D(=4)	O(=15)
J(=10)		S(=19)

H(=8)	C(=3)	W(=23)
㉠ K(=11)		Z(=26)

R(=18)	㉡ G(=7)	Q(=17)
Y(=25)		X(=24)

∴ ㉠+㉡=K+G=11+7=18=R

26

JLMP → LMPJ → NORL
　　　○　　　　□

27 정답 ④

DRFT → FTHV → VHTF
   □   ☆

28 정답 ④

F752 → 257F → 479H → 388I
   ☆   □   △

29 정답 ②

ㅍㅗㄷ3 → ㄷㅗㅍ3 → ㄷㅗㅍ → ㅗㅍㄷ
   △   ▼   ▲

30 정답 ③

x⊥ㅅso → x⊥Oso → x⊥Os → Yx⊥Os
   =   ▼   ▽

31 정답 ②

ㄱㅂㅛ|ㅈ → ㄱㅂㅛ| → ㅂㅛ|ㄱ → |ㅛㅂㄱ
   ▼   ▲   △

32 정답 ①

[오답분석]
② · ③ · ④ 앞 문자에 −3, +3, +3으로 나열한 것이다.

33 정답 ④

[오답분석]
① · ② · ③ 앞 문자에 ×2, ×1, ×2로 나열한 것이다.

34 정답 ①

[오답분석]
② · ③ · ④ 앞 문자에 +4로 나열한 것이다.

35 정답 ③

[오답분석]
① · ② · ④ 앞 문자에 +0, +2, +3으로 나열한 것이다.

CHAPTER 04 지각능력검사

01 공간능력

01	02	03	04	05	06	07	08	09	10	11	12	13	14	15	16	17	18	19	20
④	③	①	②	④	④	④	④	④	④	②	①	④	①	④	④	①	③	①	④

01 정답 ④

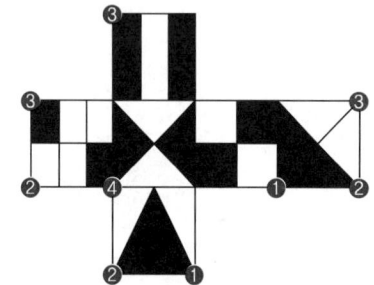

02 정답 ③

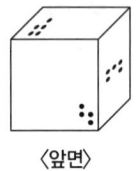 

〈앞면〉   〈뒷면〉

03 정답 ①

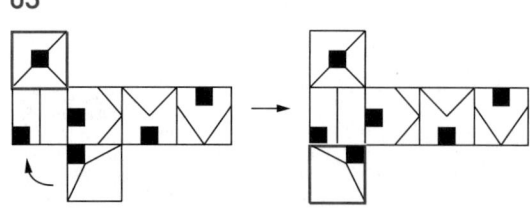

04  정답 ②

05  정답 ④

06  정답 ④

07 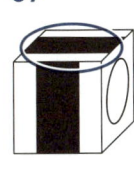 정답 ④

08  정답 ④

09  정답 ④

10   정답 ④

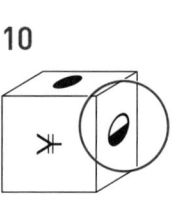

11   정답 ②

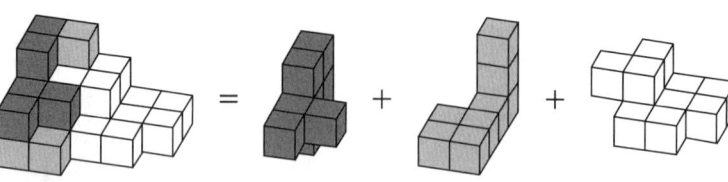

12   정답 ①

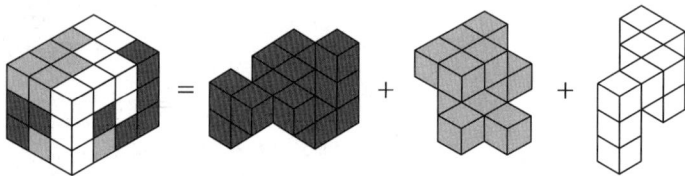

13   정답 ④

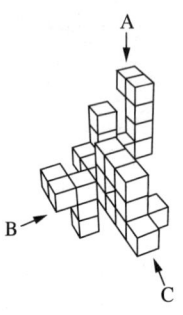

14   정답 ①

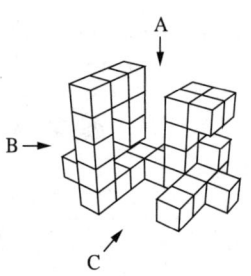

15 정답 ④

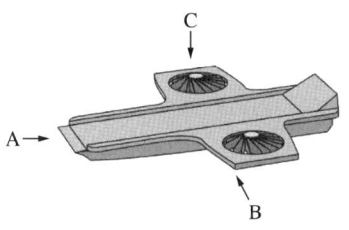

16 정답 ④

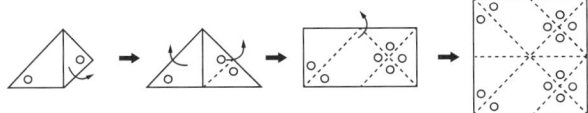

17 정답 ①

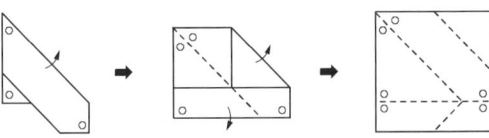

18 정답 ③

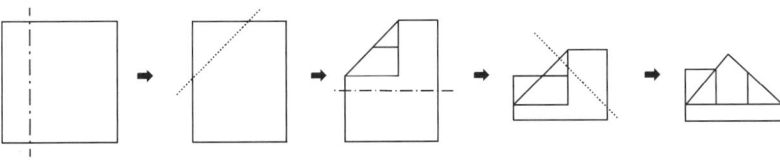

19 정답 ①

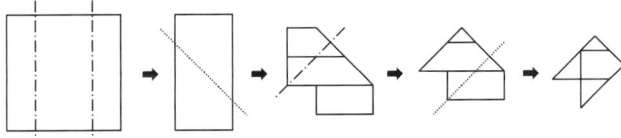

20

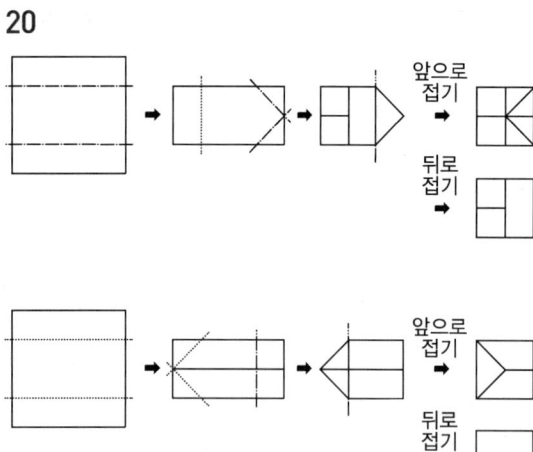

02 지각능력

01	02	03	04	05	06	07	08	09	10	11	12	13	14	15	16	17	18	19	20
②	①	②	①	③	①	②	③	①	②	④	①	③	②	①	④	④	③	③	③
21	22	23	24	25	26	27	28	29	30	31	32	33	34	35					
③	③	②	②	①	②	③	③	③	③	④	②	④	④	④					

01   정답 ②

!*$^◇;&^_-#$@! - !*$^◇;&^_=#$@!

02   정답 ①

좌우 문자열 같음

03   정답 ②

강약중약약강강중약강중 - 강약중약약강강중약강중

04   정답 ①

좌우 문자열 같음

05   정답 ③

さしどべぴゆよりれうちぐ

06
정답 ①

bk<u>q</u>wqavyumnz

07
정답 ②

〉〈@[%^$()=+

08
정답 ③

d^2f(x)<u>:</u>dx^2=f^(2)(x)

09
정답 ①

서울 강동구 <u>입</u>원동 355-14

10
정답 ②

1119를 기호로 변환하면 '☆△'가 되어야 하므로 옳지 않다.

11
정답 ④

[오답분석]
① $◎을 숫자로 변환하면 '2834'가 되어야 하므로 옳지 않다.
② %★을 숫자로 변환하면 '0131'이 되어야 하므로 옳지 않다.
③ @◇을 숫자로 변환하면 '0724'가 되어야 하므로 옳지 않다.

12
정답 ①

제시된 문자를 오름차순으로 나열하면 'J-L-P-T-U-W'이므로 5번째에 오는 문자는 'U'이다.

13
정답 ③

제시된 문자를 내림차순으로 나열하면 'Y-W-R-Q-P-F'이므로 3번째에 오는 문자는 'R'이다.

14
정답 ②

제시된 문자를 오름차순으로 나열하면 '나-라-마-자-파-하'이므로 3번째에 오는 문자는 '마'이다.

15
정답 ①

제시된 문자를 내림차순으로 나열하면 'ㅡ-ㅠ-ㅗ-ㅓ-ㅑ-ㅏ'이므로 4번째에 오는 문자는 'ㅓ'이다.

16
오답분석
① ② ③

정답 ④

17
오답분석
① ② ③

정답 ④

18
오답분석
① ② ④

정답 ③

19
오답분석
① ② ④

정답 ③

20 정답 ③

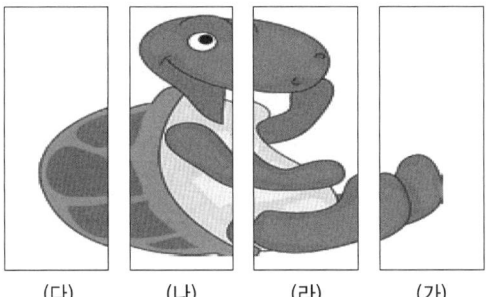

(다) (나) (라) (가)

21 정답 ③

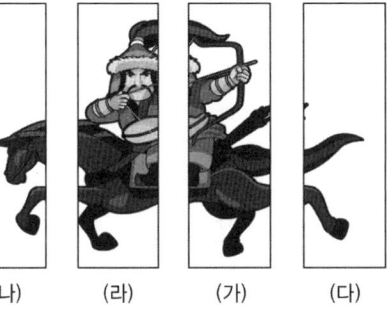

(나) (라) (가) (다)

22 정답 ③

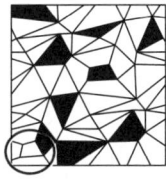

23 정답 ②

24 　　　　　　　　　　　　　　　　　　　정답 ②

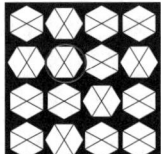

25 　　　　　　　　　　　　　　　　　　　정답 ①

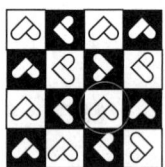

26 　　　　　　　　　　　　　　　　　　　정답 ②

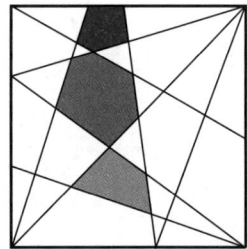

27 　　　　　　　　　　　　　　　　　　　정답 ③

28 정답 ③

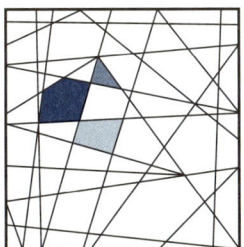

29 정답 ③

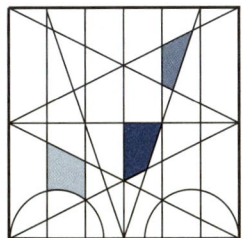

30 정답 ③

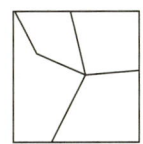

31 정답 ④

32 정답 ②

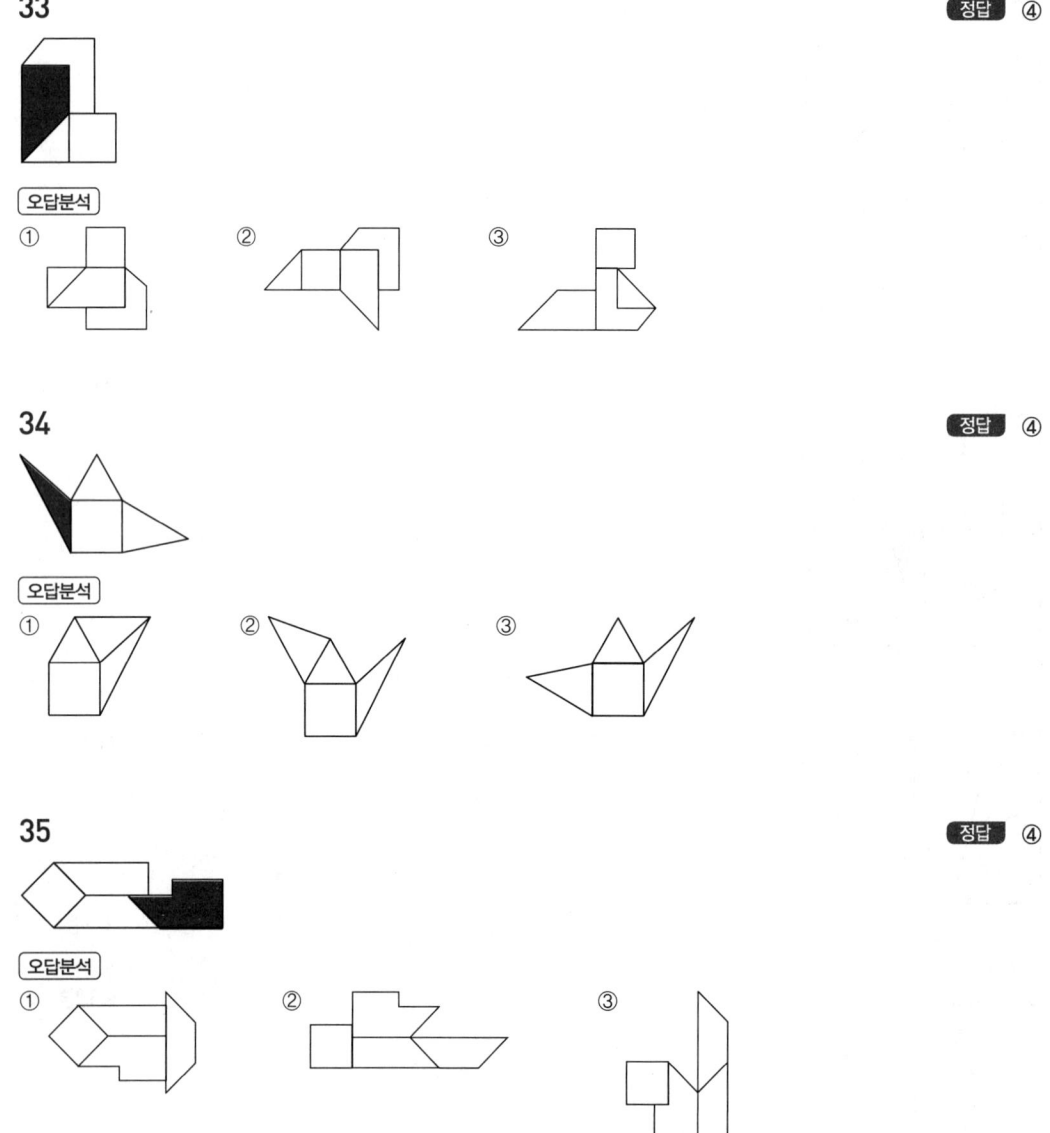

PART 2
상식

- **CHAPTER 01** 일반상식
- **CHAPTER 02** 역사상식
- **CHAPTER 03** 경제 · 경영상식
- **CHAPTER 04** 과학 · IT · 공학상식

CHAPTER

일반상식 적중예상문제

01	02	03	04	05	06	07	08	09	10	11	12	13	14	15	16	17	18	19	20
④	②	③	④	①	①	②	④	③	②	②	③	④	②	②	①	①	②	①	①
21	22	23	24	25	26	27	28	29	30	31	32	33	34	35	36	37	38	39	40
②	②	①	④	④	④	②	④	①	③	①	④	③	④	③	②	④	③	④	④
41	42	43	44	45															
④	①	①	①	①															

01 정답 ④

2028년 하계올림픽은 미국의 로스앤젤레스에서 개최될 예정이다. 이는 1996 애틀랜타 올림픽 이후 32년 만에 미국에서 개최되는 하계 올림픽이며, 동계올림픽까지 포함할 경우 2002 솔트레이크시티 올림픽 이후 26년 만에 개최되는 올림픽이다. 2028 로스앤젤레스 올림픽은 미국에서 5번째로 개최되는 하계 올림픽임과 동시에 동계올림픽까지 포함할 경우 미국에서 9번째로 열리는 올림픽으로, 세계 최다 개최 기록에 해당한다.

02 정답 ②

부르카(Burqah)는 머리부터 발목을 덮는 이슬람 여성의 전통 의상이다.

[오답분석]
① 히잡(Hijab) : 머리와 상반신만 가리는 의복
③ 아바야(Abayah) : 얼굴, 손발을 제외하고 온몸을 가리는 망토 형태 의복
④ 차도르(Chaddor) : 모자가 달린 망토 형태 의복

03 정답 ③

팔길이 원칙(Arm's Length Principle)은 정부가 공공정책이나 특정 기관에 어느 정도 거리를 두고 지원은 하되, 그 운영에는 간섭하지 않아 자율권을 보장하는 방안이다. 문화산업 육성의 중요원칙으로 정부가 예술활동을 지원하되 간섭하지 않도록 팔길이만큼 거리를 둔다는 의미이다. 정치권력으로부터 예술의 독립을 보장하기 위해 1945년 영국에서 '예술평의회(Arts Council)'를 창설하며 처음 고안됐다.

04 정답 ④

지출통제예산제도는 항목별 구분을 없애고 총액에 대한 통제를 통해 집행부의 자율적 예산집행을 최대한 보장하려는 제도이다.

05 정답 ①

피딩족(FEEDing族)은 경제적(Financial)으로 여유가 있고, 육아를 즐기며(Enjoy), 활동적(Energetic)이고, 헌신적(Devoted)인 장년층 이상을 가리키는 용어이다. 손주를 위해 서슴없이 비싼 선물을 사주는 경제력 있는 노년층을 뜻하기도 한다.

[오답분석]
② 노노족(No老族) : 나이는 노년층이지만 건강을 유지하며 젊은이들처럼 왕성하게 활동을 하는 사람들을 가리키는 용어. 의학의 발전, 평균수명의 연장, 건강에 대한 사회적 관심의 증가 등으로 인한 노노족의 증가는 이들을 겨냥한 실버산업의 호재로 이어짐
③ 코쿤족(Cocoon族) : 외부 세계로 나가기보다는 자신만의 안락한 공간에서 자신의 생활을 즐기려는 사람들을 가리키는 용어
④ 슬로비족(Slobbie族) : 'Slower but Better working people', 즉 천천히 그러나 훌륭하게 일하는 사람들을 가리키는 용어. 급변하는 현대 생활의 속도를 조금 늦춰 여유롭게 살아가려는 사람들로, 물질보다는 마음을, 출세보다는 자녀를 중시하는 경향이 있음

06   정답 ①

맨아워(Man-hour)는 노동자 한 사람이 한 시간 동안 생산할 수 있는 노동력 단위를 의미한다. 기업에서 특정한 프로젝트나 업무에 노동력과 비용이 얼마나 들어가는지 정확히 산출하기 위해 사용한다.

[오답분석]
② 피크 아워(Peak Hour) : 일정 기간(보통 하루)에 있어 특정한 시간 간격마다의 교통량이 최대를 나타내는 시간
③ 골든아워(Golden Hour) : 라디오나 텔레비전 방송에서 청취율이나 시청률이 가장 높은 시간(보통 오후 7 ~ 10시)
④ 제로아워(Zero Hour) : 근무 시간, 근로 조건 등을 사전에 정하지 않고 고용주가 요청할 때만 일하는 비정규직 계약의 일종. 고용주는 성수기 또는 비성수기에 맞춰 인력을 조정할 수 있지만 노동자는 자신의 근무 시간과 임금을 예측할 수 없어 안정성이 떨어지기 때문에 불리한 계약이므로, 영국 등 유럽의 여러 나라는 파견근로자를 보호하기 위해 제로아워 계약을 인정하지 않음

07   정답 ②

파킨슨병(Parkinson's Disease)은 만성 진행 신경퇴행성 질환이다. 도파민을 분비하는 신경세포가 서서히 소실되어 가는 질환으로, 서동증(운동 느림), 안정 시 떨림, 근육 강직, 자세 불안정 등의 증상이 발생한다. 연령이 증가할수록 이 병에 걸릴 위험이 점점 커져 노년층에서 많이 발생한다.

08   정답 ④

윤리적 소비(Ethical Consumption)란 소비자가 상품이나 서비스를 구매할 때 윤리적 가치 판단, 도덕적인 믿음에 근거해 의식적인 소비 선택을 하는 것을 의미한다. 윤리적 소비의 주요 시장은 '공정무역, 친환경 농식품, 로컬푸드, 유기농 생활용품' 등이며, 대안적 소비 활동으로 '지속 가능한 가치 실천'을 목표로 한다. 따라서 환경을 생각하는 구매운동뿐만 아니라 해로운 제품 불매, 로컬소비나 공동체화폐 사용하기 등이 윤리적 소비의 대표적인 사례이다.

09   정답 ③

치킨게임(Chicken Game)은 어느 한쪽이 양보하지 않을 경우 양쪽 모두 파국으로 치닫게 되는 극단적인 상황을 설명하는 게임이론으로, 1950 ~ 1970년대 미국과 소련 사이의 극심한 군비경쟁을 꼬집는 용어로 사용되면서 국제정치학 용어로 정착되었다.

[오답분석]
① 로그롤링(Log Rolling) : 정치세력이 자기의 이익을 위해 경쟁세력의 요구를 수용하거나 암묵적으로 동의하는 정치적 행위
② 필리버스터(Filibuster) : 의회에서 다수당이 수적 우세를 이용해 법안이나 정책을 통과시키는 상황을 막기 위해 소수당이 법률이 정한 범위 내에서 의사 진행을 방해하는 행위
④ 패스트트랙(Fast Track) : 국회에서 발의된 안건을 신속하게 처리하기 위한 제도

10   정답 ②

마그누스 효과(Magnus Effect)는 일정한 방향으로 회전하는 물체가 기체나 액체 등 유체를 통과할 때 압력이 높은 쪽에서 낮은 쪽으로 휘어지며 경로도 그에 따라 달라지는 현상이다. 이는 물체를 둘러싼 유체의 압력 차이 때문에 발생하는 현상으로, 야구의 변화구나 축구의 바나나킥을 설명하는 원리가 된다.

11 정답 ②

미국의 과학철학자 토마스 쿤은 과학혁명을 설명하기 위해 '패러다임'이라는 새로운 개념을 고안해 냈다. 패러다임이란 특정 시대 사람들의 견해나 사고를 지배하는 이론적 틀이나 개념의 집합체를 말하는데, 그는 과학의 발전이 패러다임의 교체에 의해 혁명적으로 이루어진다고 주장했다. 주요 저서로 『과학혁명의 구조』(1962)가 있다.

12 정답 ③

화이트 스완(White Swan)에 대한 설명이다. 화이트 워싱(White Washing)은 원래 '더러운 곳을 드러내지 않게 하는 행위, 세탁' 등을 뜻하지만, 원작 소설이나 만화에서 백인이 아닌 캐릭터를 백인 배우가 연기하는 할리우드의 관행을 뜻하기도 한다.

13 정답 ④

인식 시차는 정책 당국이 경제상태를 인식하는 데까지 걸리는 시간이고, 실행 시차는 경제상태를 인식한 후 정책을 마련·집행할 때까지 걸리는 시차이다. 그리고 인식 시차와 실행 시차를 합하여 내부 시차라고 한다. 따라서 정책의 필요성이 발생한 시점과 당국이 정책을 입안해 확정하기까지의 시차는 내부 시차이며, 외부 시차는 정책 당국이 실행한 정책이 실제로 효과를 나타낼 때까지 걸리는 시차이다.

14 정답 ②

레드존(Red Zone)은 유해 환경으로부터 청소년을 보호하기 위해서 청소년의 통행을 제한한 구역이다. 놀이공원은 이에 포함되지 않는다.

15 정답 ②

환태평양조산대(Circum-Pacific Belt)는 '불의 고리'라고도 불리며 지구상에서 발생하는 지진의 90%, 화산 활동의 75%가 발생하는 영역이다. 태평양판을 말발굽 형태로 둘러싼 판들이 구조 운동을 하며 지질 현상을 일으킨다. 남아메리카 남쪽부터 아메리카 대륙 서쪽 해안을 따라 알류산·쿠릴·일본열도를 지나 말레이시아와 뉴질랜드까지 이어진다. 대부분이 판들이 마주 보고 섭입 및 충돌하는 수렴형 경계를 이루고 있다.

16 정답 ①

카무플라주(Camouflage)에 대한 설명이다. 위나니미슴(Unanimisme)은 20세기 초 프랑스에서 문학가인 쥘 로맹이 주창한 문학 경향으로, 문학은 인간의 개인적 의지나 감정을 초월해 집단이나 사회 전체의 일체적 의지나 감정을 표현해야 한다는 것이다.

17 정답 ①

제시문의 '이것'은 서리이다. 따라서 이와 가장 관련이 깊은 절기는 서리가 내리는 시기를 의미하는 상강(霜降)이다.

18 정답 ②

제노포비아(Xenophobia)는 국가, 민족, 문화 등의 공동체 요소가 다른 외부인에 대한 공포감·혐오를 가리킨다. 현대에는 이주노동자로 인해 경제권과 주거권에 위협을 받는 하류층에게서 자주 관찰된다.

오답분석
① 호모포비아(Homophobia) : 동성애 또는 동성애자를 병적으로 싫어하고 미워하는 생각이나 심리
③ 노모포비아(Nomophobia) : 'No Mobile-phone Phobia', 즉 휴대전화가 없으면 불안을 느끼는 금단 증세
④ 케모포비아(Chemophobia) : 'Chemical Phobia', 즉 화학 물질에 대한 근거 없는 공포 심리

19
정답 ①

유교의 사서오경(四書五經)
『논어』, 『맹자』, 『대학』, 『중용』을 사서라 한다. 『서경』, 『시경』, 『주역』의 삼경에 『춘추』, 『예기』를 더해 오경이라 한다.

20
정답 ①

광합성 과정에서는 산소가 배출된다. 광합성은 빛과 물, 이산화탄소를 이용해 포도당을 만들고 수소와 포도당을 결합시켜 저장한다.

오답분석
② 잠수부가 사용하는 산소통에 질소를 주입하면 인체에 치명적인 공기 색전증을 유발할 수 있기 때문에 이를 예방하기 위한 대체 호흡용 가스로 헬륨이 사용되고 있다.
③ 불소는 반응성이 높기 때문에 다른 물질을 침식하는 작용을 한다. 이 때문에 다이아몬드를 가공하거나 자를 때 사용한다.
④ 방사성 탄소 연대 측정법은 방사성 탄소 – 14의 붕괴를 이용하여 물질의 연대를 측정하는 방법이다. 생물이 죽으면 이산화탄소의 결합이 끊겨 사체 속의 탄소 – 14가 일정한 반감기로 계속 줄어들기 때문에 시료 속의 탄소 – 14의 양을 근거로 그 생물이 살았던 연대를 추정할 수 있다.

21
정답 ②

선(先)캄브리아기는 현생누대 이전의 지질시대, 즉 명왕누대 → 시생누대 → 원생누대를 부르는 이름이다. 약 46억 년 전 지구가 형성된 때부터 시작하여 약 5억 7천만 년 전 고생대 캄브리아기(Cambrian Period)가 시작하기 전까지를 이른다. '캄브리아기의 대폭발'은 이 시기에 다양한 종류의 동물화석이 갑작스럽게 출현한 지질학적 사건을 뜻한다. '캄브리아'라는 명칭은 영국 웨일스 지방의 산악지역의 이름에서 유래하였으며 1832년에 명명되었다.

22
정답 ②

게젤샤프트(Gesellschaft)는 독일의 사회학자 퇴니에스(F. Tönnies)가 주장한 사회 유형 중 하나로, 인위적으로 계약되어 이해타산적 관계에 얽혀 이루어진 '이익사회'를 일컫는다. 회사나 조합, 정당 같은 계약·조약으로 구성된 사회가 게젤샤프트이다.

오답분석
① 자일샤프트(Seilschaft) : 등산을 할 때 한 밧줄에 묶고 올라가는 등반대에서 비롯된 말로, 정치·경제 분야에서는 함께 일하는 '협력 그룹'을 가리킴
③ 게노센샤프트(Genossenschaft) : 구성원의 협동을 기초로 하여 인위적으로 형성된 '협동사회'로, '공동사회'와 '이익사회'를 종합한 개념
④ 게마인샤프트(Gemeinschaft) : 인간에게 본래 갖추어져 있는 본질 의사에 의하여 결합된 유기적 통일체로서의 사회로, 가족, 친족, 마을, 촌락 등의 '공동사회'를 의미함

23
정답 ①

블루수소는 대체에너지로 꼽히는 수소를 생산하는 방식 중 하나로, 천연가스와 이산화탄소 포집설비를 이용해 생산하는 수소이다. 이산화탄소를 포집해 저장하므로 탄소배출량이 적어 친환경적이며 경제적이라는 장점이 있다.

오답분석
② 그린수소 : 태양광이나 풍력 등 재생에너지에서 나온 전기로 물을 전기분해하여 생산한 수소
③ 브라운수소 : 석탄·갈탄을 태워 생산하는 개질(改質) 수소. 여기서 개질이란 열이나 촉매의 작용에 의하여 탄화수소의 구조를 변화시켜 가솔린의 품질을 높이는 조작을 말하는데, 이는 석유 정제 공정의 하나로서 옥탄값이 낮은 가솔린의 내폭성을 높이는 것을 가리킴
④ 그레이수소 : 천연가스를 고압·고온 수증기와 반응시키는 개질 수소와 석유화학 공정에서 발생하는 부생(副生) 수소. 여기서 부생이란 기존의 공정 과정에서 파생되는 물질을 연료로 만든 것을 뜻함

24 정답 ④

광년(Light Year)은 천문학에서 거리를 나타내는 단위로 약어로는 'ly'로 적는다. 광년은 빛이 1년 동안 진행하는 거리를 뜻하는데, 빛의 속도와 1년의 시간을 곱해 계산하면 1광년은 대략 1조 km로 볼 수 있다.
다른 별까지의 거리를 나타내는 다른 주된 단위로는 파섹(Parsec)이 있는데, 이는 별의 공전운동(연주운동)과 그 연주시차를 이용해 거리를 측정하는 방법으로, 다른 별까지의 거리를 좀 더 정밀하게 측정할 수 있다.

25 정답 ①

[오답분석]
② 모럴 헤저드(Moarl Hazard) : 도덕적 해이를 뜻하며, 사회 각계에서 도덕적 관념이 해이해지는 것을 지칭할 때 쓰임
③ 오프 더 레코드(Off The Record) : 기록에 남기지 않는 비공식 발언이라는 뜻으로, 취재원이 오프 더 레코드를 요구하는 경우에 기자는 그 발언을 공표하지 않겠다고 약속하든지 이를 거부하든지 결정을 해야 함
④ 온 백그라운드(On Background) : 말이 기사화되지만 사전에 합의된 익명의 출처를 사용하는 것

26 정답 ④

밸푸어 선언은 1917년 11월 영국의 외무장관인 아서 제임스 밸푸어가 제1차 세계대전 당시 유태계 영국인이자 시오니즘을 재정적으로 후원한 로스차일드 경에게 보낸 서한에서 유태인들이 팔레스타인에 '민족적 고향'을 건설하는 것을 지지한다고 밝힌 선언이다.

[오답분석]
① 드라고 선언 : 1902년 아르헨티나의 외무장관 드라고(Drago)는 영국·독일·이탈리아가 공동으로 베네수엘라에 군사 개입을 통해 부채를 강제로 징수하려던 것에 반대해 나라 사이의 채무불이행이 무력 간섭이나 영토 점령의 이유가 될 수 없다고 발표한 선언
② 맥마흔 선언 : 1915년 이집트에 있는 영국 대사관의 고등 판무관 맥마흔(Mc-Mahon)이 오스만 제국 치하의 아랍인에게 독립을 약속한 선언으로, 전후에 이 선언이 실행되지 않아서 뒷날에 팔레스타인을 둘러싼 혼란을 초래하였음
③ 카라한 선언 : 1919년과 1920년 두 차례에 걸쳐 소련이 외무인민위원장 대리인 카라한의 이름으로 발표한 대(對)중국 선언으로, 제정 러시아 시대에 중국과 맺은 불평등 조약을 폐지하고 중국에서 확보했던 모든 권익을 포기한다는 내용

27 정답 ②

프리젠티즘(Presenteeism)은 조직원의 결근으로 인한 생산성 저하를 뜻하는 앱센티즘(Absenteeism)과 달리, 출근은 했더라도 질병이나 심한 업무 스트레스 등 비정상적인 컨디션으로 인해 업무의 성과가 현저히 떨어지는 현상을 뜻한다.

28 정답 ④

옴의 법칙은 독일 물리학자 옴이 발견한 것으로, 전류의 세기를 I, 전압의 크기를 V, 저항을 R이라 할 때, $V=I \times R$의 관계가 성립한다. 즉, 전류는 전압의 크기에 비례하고 저항에 반비례한다. 예를 들어 전압이 2배가 되면 전류의 양도 2배 늘어나고, 저항이 3배가 되면 전류의 양은 3분의 1로 줄어든다.

29 정답 ①

전가의 보도는 원래 집안 대대로 내려오는 보검을 뜻하는 말로, 전가지보(傳家之寶) 또는 더 줄여서 가보(家寶)로 사용되는 말이다. 요즘에는 부정적인 뜻으로 상투적인 해결책, 핑곗거리 등 다양한 의미로 사용된다.

30 정답 ③

미국의 제퍼슨 대통령은 견제와 비판을 숙명으로 삼은 언론의 중요성을 강조하면서 언론 없는 사회의 위험성을 경고하기 위해 "나는 신문 없는 정부보다 정부 없는 신문을 택하겠다."라고 말했다.

31

정답 ①

가스라이팅(Gaslighting)은 타인의 심리나 상황을 조작해 그 사람이 스스로 의심하게 만듦으로써 자존감과 판단력을 잃게 해 타인에 대한 지배력을 강화하는 것이다. 즉, 조종자가 피조종자를 위한다는 명분으로 어떻게 생각하고 행동할지를 결정하고 이를 수용하도록 강제하는 것이다. 위력에 의한 성폭력이나 데이트 폭력 등을 가스라이팅의 대표적인 사례로 볼 수 있다.

오답분석

② 원 라이팅(One Writing) : 전표나 문서 등 최초의 1매를 기록하면 동일 항목이 동시에 다량으로 복사되는 것으로, 자료 기입 항목이나 그 모양 등을 사전에 통일해 작성하며, 옮겨 적기로 인한 오기를 방지하고 기입 작업의 중복을 막음으로써 사무 처리의 합리화를 높일 수 있음
③ 언더라이팅(Underwriting) : 보험자가 위험, 피보험 목적, 조건, 보험료율 등을 종합적으로 판단해 계약의 인수를 결정하는 것으로, 보험자가 피보험자의 손실을 담보하는 의미로 요약할 수 있음
④ 브레인 라이팅(Brain Writing) : 큰 집단을 4 ~ 5명의 작은 집단으로 세분해 회의 안건이 적혀 있는 용지에 참여자들이 돌아가며 아이디어를 적어 제출하는 아이디어 창출 방법으로, 회의는 참가자들의 아이디어가 고갈될 때까지 계속되며, 완료된 후에는 모든 참가자가 아이디어를 공유함

32

정답 ④

카피레프트(Copyleft)는 지적재산권을 의미하는 카피라이트(Copyright)와 반대되는 개념으로, 창작물에 대한 권리를 모든 사람이 공유할 수 있도록 하는 것을 의미한다.

33

정답 ③

휘슬블로어(Whistle-blower)는 부정행위를 봐주지 않고 호루라기를 불어 지적한다는 것에서 유래한 것으로, '내부고발자'를 의미한다. 우리나라는 휘슬블로어를 보호하기 위한 법률로 2011년 공익신고자보호법을 제정하였다.

34

정답 ④

제노비스 증후군(Genovese Syndrome)은 주위에 사람들이 많을수록 어려움에 처한 사람을 돕지 않게 되는 현상을 뜻하는 심리학 용어이다. 대중적 무관심, 방관자 효과, 구경꾼 효과라고도 한다.

오답분석

① 라이 증후군(Reye Syndrome) : 간의 지방변성과 뇌의 급성부종이 특징적으로 나타나는 질환
② 리마 증후군(Lima Syndrome) : 인질범이 포로나 인질에게 갖는 동정심
③ 리플리 증후군(Ripley Syndrome) : 현실을 부정하고 허구의 세계를 진실이라 믿으며 거짓된 말과 행동을 반복하는 반사회적 인격 장애

35

정답 ③

골리즘(Gaullism)에 대한 설명이다. 멘셰비즘(Menshevizm)은 러시아 사회 민주 노동당의 온건파인 멘셰비키('소수파'라는 뜻)의 정치적 사상 및 이론을 뜻하며, 마르크스주의를 수정한 것으로 자유주의적 성향이 강하다.

36

정답 ②

비오톱(Biotope)은 특정한 식물과 동물이 하나의 생활공동체를 이루어 지표상에서 다른 곳과 명확히 구분되는 생물서식지이다. 비오톱은 약 100년 전에 독일의 생물학자 에른스트 헤켈에 의해서 제창되었다. 자연 생태계와 동일한 의미로도 쓰이나, 자연 생태계보다 구체적인 지역과 생물군으로 성립된 생태계라고 할 수 있다.

37
정답 ④

2009년 10월 13일 신안 가거초 해양과학기지가 이어도 해양과학기지에 이어 두 번째 해양과학기지로 준공됐다. 이는 전남 가거도 서쪽에 있는 가거초의 수심 15m 아래에 건설된 해양과학기지로, 기상·해양·대기환경 등을 관측하는 임무를 수행하고 있다.

[오답분석]
① 2002년 4월 준공. 국내 최초 북극 과학기지
② 2003년 6월 준공
③ 2014년 10월 준공

38
정답 ③

안드로이드 법칙은 스마트폰 시장에서 구글의 안드로이드 운영체제를 장착한 스마트폰의 주기가 점차 빨라지면서 나온 법칙이다. 과거 인텔사의 공동창립자 고든 무어가 만든, 18개월 간격으로 컴퓨터의 칩 밀도가 두 배씩 증가한다는 '무어의 법칙'을 따서 만들어졌다.

39
정답 ④

[오답분석]
① 스미싱(Smishing) : SMS와 피싱(Phishing)의 합성어로, 문자 메세지를 이용한 새로운 휴대폰 해킹 수법
② 피싱(Phising) : 불특정 다수에게 메일을 발송해 위장된 홈페이지로 접속하도록 한 뒤 인터넷 이용자들의 금융정보를 빼내는 사기 수법
③ 스푸핑(Spoofing) : 임의로 구성된 웹사이트를 통하여 이용자의 정보를 빼가는 해킹 수법의 하나

40
정답 ④

방아쇠 효과란 생태계에 있어서 평형이 유지되고 있는 상태에서 하나의 평형이 깨지면 다른 평형까지 연쇄적으로 무너지는 현상을 의미한다. 이런 방아쇠 효과는 주로 자연 상태가 아닌 인위적인 개입 때문에 발생한다.

41
정답 ④

인구가 젊고 생산적인 시기는 인구보너스기, 인구고령화로 인해 인구가 경제성장에 부담으로 작용하는 시기는 인구오너스기라고 한다.

42
정답 ①

세계 3대 시민혁명으로 불리는 것은 영국 명예혁명(1688년), 프랑스 대혁명(1789~1799년), 미국 독립혁명(18세기 중엽)이다. 영국의 의회 민주주의의 단초가 된 명예혁명은 그 과정에서 피 한 방울 흘리지 않았다는 의미로 명명됐다. 프랑스 대혁명은 절대왕정을 타파하고 앙시앙 레짐 체제를 무너뜨린 혁명이며, 미국 독립혁명은 북미의 13개 영국 식민지가 민주주의 국가인 미국으로 독립한 혁명이다.

43
정답 ①

공매도(空賣渡, Short Stock Selling)는 주식이나 채권을 가지고 있지 않은 상태에서 행사하는 매도 주문이다. 향후 주가 하락이 예상되는 종목의 주식을 빌려서 판 뒤 실제로 주가가 내려가면 싼 값에 다시 사들여 빌린 주식을 갚아 시세 차익을 남기는 투자 기법이다. 투기성이 짙은 데다 주가를 떨어뜨리는 방향으로 시장 조작이 이뤄질 가능성이 커 국가별로 엄격한 제한을 두는 경우가 많다.

44

정답 ①

'분홍 물결'이라는 뜻의 핑크타이드(Pink tide)는 남미 국가에서 온건 성향의 좌파 정권이 연이어 들어서는 것을 이르는 말이다. 1990년 베네수엘라의 차베스 정권이 들어선 것을 시작으로 약 20년간 이어졌으나 정책 실패로 불황이 이어지면서 잠시 주춤했었다. 그러나 2020년부터 볼리비아와 온두라스, 콜롬비아, 브라질 등에서 다시 좌파 세력이 정권을 잡으면서 부활 조짐을 보였다.

45

정답 ①

오답분석
② 네스팅족 : 가정의 화목을 돈, 명예, 일보다 더 중요하게 생각하는 사람들
③ 네가홀리즘 : 부정적인 사고방식으로 행동하는 부정 중독증
④ 공소증후군 : 사회 활동을 하지 않는 중년의 주부들이 느끼는 공허함

CHAPTER 02 역사상식
적중예상문제

01	02	03	04	05	06	07	08	09	10	11	12	13	14	15	16	17	18	19	20
④	①	③	①	③	①	①	④	③	③	③	④	④	②	③	④	④	①	①	④
21	22	23	24	25	26	27	28	29	30	31	32	33	34	35	36	37	38	39	40
④	①	②	①	③	②	③	④	③	④	③	②	①	④	④	①	③	④	①	②
41	42	43	44	45															
①	②	①	④	②															

01 정답 ④
고인돌은 청동기 시대의 대표적인 무덤이자 기념물이다. 큰 바위를 사용하여 만든 고인돌은 축조 시 많은 노동력이 필요로 하고 비파형 동검 등 지배계급의 부장품이 발견된 것으로 보아 청동기 시대가 계급사회임을 알 수 있다. 한반도에는 약 3만여 기가 존재하며 세계에서 가장 많은 수의 고인돌을 보유하고 있다.

02 정답 ①
가락바퀴(방추차)는 실을 뽑아 감는 기구로, 뼈바늘(골침)과 함께 직조술이 이루어졌음을 알 수 있는 신석기 시대의 유물이다.

03 정답 ③
청동기 시대의 대표적인 유물에는 비파형 동검, 민무늬 토기, 반달 돌칼, 고인돌, 거친무늬 거울 등이 있는데 거푸집으로 비파형 동검을 제작하면서 독자적인 청동기 문화를 형성하였다. 또한 청동기 시대에는 벼농사의 시작으로 농업 생산력이 향상되어 이에 따른 인구 증가와 경제 발달로 사유 재산과 계급이 발생하였으며, 부족을 대표하는 족장의 등장은 고인돌과 돌널무덤을 통해 확인할 수 있다.

04 정답 ①
반구대 암각화는 1971년 발견된 한반도 신석기 시대에서 청동기 시대의 암각화이다. 다양한 해양 동물과 육상 동물, 그것들의 수렵 방법을 대략적으로 묘사한 그림들이 바위에 그려져 있다. 1965년 지어진 사연댐 안에 자리 잡고 있어 발견되기 전까지 훼손이 진행되었고 이후 사연댐의 처리에 대한 논란이 계속되었다.

05 정답 ③
삼한 사회는 철기 문화를 바탕으로 한 농경 사회로, 경제생활의 대부분을 농업이 차지하고 있었다.

06 정답 ①
발해는 여진족이 아닌 거란족의 세력 확대와 내분 때문에 국력이 약해졌으며, 926년 거란족(요나라)의 침입으로 멸망했다.

07
정답 ①

제시문은 고구려의 동맹에 대한 사료로, 동맹은 동명이라고도 한다. 이때 전 부족이 한자리에 모여 국정을 의논하고 시조인 주몽신 등을 모시는 제천의식을 한다. 다른 삼국시대 이전 국가의 제천행사에는 동예의 무천, 부여의 영고, 삼한의 수릿날·계절제 등이 있다.

08
정답 ④

고려 경종 때 처음 시행된 시정 전시과는 관직 복무와 직역의 대가로 토지를 나눠 주는 제도였다. 인품과 총 18등급으로 나눈 관등에 따라 곡물을 수취할 수 있는 전지와 땔감을 얻을 수 있는 시지를 주었고, 수급자들은 지급된 토지에 대해 수조권만 가졌다. 이후 목종 때의 개정 전시과는 인품에 관계없이 관등을 기준으로 지급하였고, 문종 때의 경정 전시과는 현직 관리에게만 지급하는 등 지급 기준이 점차 정비됐다.

09
정답 ③

5소경은 사신이 관할하였으며, 장관이나 군주(총관, 도독)가 행정을 관할하도록 한 곳은 9주였다.

10
정답 ③

ⓒ 고창 전투는 고려의 왕건과 후백제의 견훤 사이에 일어난 전투였다. 고창 전투의 승리를 계기로 고려가 후삼국의 주도권을 장악하게 되었다(930).
㉠ 고려 태조, 왕건은 신라를 공격한 후백제를 막아 내어 신망을 얻었고, 이를 바탕으로 경순왕의 항복을 받아 신라를 고려에 통합할 수 있었다(935).
ⓒ 일리천 전투는 왕건의 고려군과 신검의 후백제군 간의 전투로, 왕건이 전투에서 승리하여 백제를 멸하고 삼국을 통일하게 되었다(936).

11
정답 ③

고려의 독자적인 기구인 도병마사에 대한 내용이다. 도병마사는 변경의 군사 문제를 의논해 결정하는 것이었으나 무신정변 이후 도당이라 불리며 국사 전반에 걸쳐 권한이 확대되었다. 원 간섭기에는 도평의사사로 개칭되고 국가의 모든 중대사를 회의해 결정하는 기관으로 변질되었다.

[오답분석]
① 비변사 : 조선 시대 군국기무를 관장한 문무합의기구로, 1517년 중종 때 설치하였고 변방에 중대한 사건이 있을 때만 활동하였다. 임진왜란 이후 권한이 크게 확대되어 조선 후기에는 국정의 전반을 비변사회의에서 토의·결정하였다.
② 식목도감 : 고려 시대의 독자적인 법제회의기관으로, 대내적인 법제와 격식을 관장하였다.
④ 중서문하성 : 고려 시대 최고 중앙정치기구로, '재부'라고도 한다. 992년 성종 때 내사문하성을 설치하였고, 1061년 문종 때 이를 중서문하성으로 개칭하였다.

12
정답 ④

발해는 당나라의 제도를 영향을 받아 독자적인 중앙제도인 3성 6부제를 운영하였다.

[오답분석]
① 국자감은 고려의 교육기관이다. 발해는 주자감을 두었다.
② 9주 5소경은 통일신라의 지방 제도이다. 발해는 5경 15부 62주의 지방 제도를 운영하였다.
③ 9서당 10정은 통일신라의 군사제도이다. 발해는 중앙군으로 10위를 운영하였다.

13
정답 ④

(가) 고려를 건국한 태조 왕건은 지방 호족을 견제하고 중앙 집권 체제를 확립하기 위해 사심관 제도를 시행하였다. 고려에 항복한 신라의 마지막 왕인 경순왕을 경주의 사심관으로 삼고 그 지방의 자치를 감독하게 하였다. 여러 공신을 각각 출신 주의 사심관으로 임명해 부호장 이하의 향직을 다스리게 하였다.
(나) 고려를 건국한 태조 왕건은 지방 호족의 자제를 일정 기간 수도에 머물게 하는 기인 제도를 시행하여 호족 세력을 견제하였다. 고려 시대의 사심관 제도와 기인 제도는 중앙에서 지방 세력을 통제하기 위해 시행되었다.

14
정답 ②

노비안검법은 고려 광종 때 양인이었다가 노비가 된 사람을 조사하여 다시 양인이 될 수 있도록 조처한 법이다. 제시문에 해당하는 왕인 성종은 이때 해방된 노비를 다시 노비로 되돌리기 위해 노비환천법을 시행하였다.

15
정답 ③

주현공부법은 고려 광종 때 실시한 조세 제도로, 지방의 주·현을 단위로 해마다 공물과 부역의 액수를 법률로 정하였다.

[오답분석]
① 흑창은 태조 때 설치된 진휼기관으로, 곡식을 빌려주고 추수기에 상환할 수 있도록 하였다.
② 사심관 제도는 호족 중 중앙관리로 임명된 사람을 출신 지역의 사심관(책임을 지고 관리하는 사람)으로 임명하여 그 지역을 책임지게 한 제도로, 태조 때 호족을 견제하기 위해 시행하였다.
④ 사성정책은 지방의 유력한 호족에게 왕건의 왕씨 성을 하사하여 왕족으로 신분을 높여주고, 관직이나 토지를 주어 그들을 우대해 주는 정책으로 태조 때 시행하였다.

16
정답 ④

제시문은 고려 충숙왕 때에 작성된 것으로, 고려 원 간섭기에 고려 국왕은 원의 공주와 혼인하여 원 황제의 부마가 되었고, 왕실의 호칭과 관제도 격하되었다. 일본 원정 때 원에서 설치한 정동행성은 내정 간섭 기구로 유지되었으며, 지배층을 중심으로 몽골의 풍습인 변발과 호복이 유행하였다.

17
정답 ④

강감찬은 거란의 소배압이 이끄는 10만 대군에 맞서 귀주에서 대승을 거두었다(1019). 이후 고려는 개경에 나성을 쌓아 도성 주변 수비를 강화하고, 압록강에서 동해안 도련포에 이르는 천리장성을 쌓아 거란과 여진의 침략에 대비하였다.

18
정답 ①

『직지심체요절』은 청주 흥덕사에서 간행되었다(1377). 현재 원본은 프랑스 파리 국립도서관에 보관되어 있다.

19
정답 ①

고려는 북송 시대에 산둥반도의 등주(덩저우)에 도착하는 북선항로를 이용한 무역을 하였으며, 송이 금(金)의 침입을 받아 남쪽으로 천도한 뒤에는 명주(밍저우)에 도착하는 남선항로를 이용하여 남송과 무역을 계속하였다.

[오답분석]
② 일본과 정식 국교를 맺지 않은 것은 사실이나, 민간상인들이 수은·유황 등을 가지고 와서 하사품을 받아 가는 형태의 무역이 이루어졌다.
③ 벽란도는 대동강 하류가 아닌 예성강 하류에 있었던 수도 개성의 무역항이었다.
④ 아라비아 상인들은 송을 거쳐서 고려와 거래하였다.

20 정답 ④
신진사대부는 부정부패를 저지르는 권문세족을 비판하고, 이성계와 함께 조선을 건국하였다.

[오답분석]
① 호족 : 주로 지방의 토착세력으로 신라 말에 등장하였으며, 일정한 지역에서 독자적 군사력을 보유하였고, 신라의 골품체제로부터 벗어나려는 경향이 강했다. 고려를 건국한 왕건도 호족 출신이다.
② 권문세족 : 고려 후기 대몽 항쟁 이후 형성된 지배세력을 칭하는 말로 주로 친원파이다.
③ 문벌귀족 : 고려 전기의 지배세력이다. 이들은 5품 이상의 관리로 음서 제도, 공음전 등의 특권이 있었으며, 왕실과의 혼인을 통해 권력을 유지하였으나, 무신정변으로 몰락하였다.

21 정답 ④
사료는 신돈이 권력을 잡은 후 죽는 내용으로, 밑줄 친 왕은 고려 공민왕이다. 국자감을 성균관으로 개편한 것은 충렬왕 때이다.

[오답분석]
① 1352년 무신 정권기에 설치된 정방을 폐지하였다.
② 1356년 원의 고려 내정 간섭 기구인 정동행성 중서성 이문소를 폐지하였다.
③ 1356년 무력으로 원에 빼앗겼던 쌍성총관부를 수복하였다.

22 정답 ①
순청자는 11세기에 주를 이루던 청자이고, 12세기 중엽에 전성기를 이룬 청자는 상감청자이다. 상감청자는 원재료 일부를 파내고 그 자리를 다른 재료로 메워 무늬를 나타내는 고려의 독창적 기법으로, 12세기 전반기에 발생하여 12세기 중엽에 전성기를 이루었다.

23 정답 ②
소금 전매제는 충선왕 때 시행되었다.

[오답분석]
① 흥왕사의 변은 권문세족과 결탁한 김용이 공민왕을 죽이려고 흥왕사 행궁을 침범한 변으로 최영 등이 진압하였다.
③ 공민왕은 고려 정치를 간섭하는 정동행성 이문소를 폐지하고, 쌍성총관부를 공격하여 되찾았다.
④ 공민왕은 원의 연호를 폐지하고 명의 연호를 사용하였으며, 명에 사신을 보내는 등 친명 정책을 표방하였다.

24 정답 ①
세종은 의정부 서사제를 시행하여 왕의 권한은 줄이고 재상 중심의 정치체제를 운영하였다.

[오답분석]
② 태종은 건국의 주도 세력을 제거하고 6조 직계제를 시행하여 왕권을 강화했다.
④ 세조는 왕권을 강화하기 위해 의정부 서사제에서 6조 직계제로의 변화, 유향소 폐지, 집현전 폐지 등의 정책을 시행하였다.

25 정답 ③
제시문의 '조선의 실정에 맞는 농법'을 소개한 이 농서는 세종 때 간행된 『농사직설』이다. 성현이 『악학궤범』을 편찬한 때는 성종 때의 일이다.

오답분석
① 1441년(세종 23년) 서운관에서 측우기가 제작되었고, 다음 해인 1442년 5월에 측우에 대한 제도를 신설하고 한양과 각 도의 군현에 설치하였다.
② 세종은 훈민정음을 반포한 이후 훈민정음을 이용한 서적들을 편찬하기 시작하였는데, 대표적인 것이 바로 『용비어천가』, 『석보상절』, 『월인천강지곡』 등이다.
④ 세종 때 만들어진 새로운 역법인 『칠정산』 내·외편에 대한 설명이다.

26 정답 ②
세조 6년(1460) 7월에 먼저 재정·경제의 기본이 되는 「호전」을 완성했고, 이듬해 7월에는 「형전」을 완성해 공포·시행했다.

27 정답 ③
ⓒ 1444년(세종 26) 전분6등법
ⓔ 1466년(세조 12) 직전법
㉠ 1635년(인조 13) 영정법
㉡ 1752년(영조 28) 결작

28 정답 ④
제시문은 조선 초 재상 중심의 정치를 주장한 정도전의 글이다. 의정부 서사제는 의정부에서 정책을 심의하는 정치체제로 국왕의 권한을 의정부에 많이 넘겨 주고, 훌륭한 재상들을 등용하여 정치를 맡기는 재상 중심의 정치 제도이다.
오답분석
①·② 태종의 왕권 강화정책의 일환이었다. 태종은 언론기관인 사간원을 독립시켜 대신들을 견제하게 하였다.
③ 집현전은 세종 때 설치된 것으로 정책 연구와 문물 연구를 통해 문헌을 편찬하는 학술기관이었다.

29 정답 ③
성리학은 주로 서원을 중심으로 연구가 심화되는 양상을 띠었다.
오답분석
① '사람이 곧 하늘이다.'라는 인내천 사상은 동학의 교리이다.
② 백운동 서원은 정몽주를 기리기 위해서가 아니라 안향을 기리기 위해 세운 것이다.
④ 이기이원론을 주장하고 이상주의적인 경향을 띤 학자는 이황이다.

30 정답 ④
도산서원은 퇴계 이황을 기리기 위해 건립되었다. 퇴계 이황은 조선 중기의 대표적인 유학자로, 성리학 발전에 큰 기여를 하였으며 군주의 도를 도식으로 설명한 『성학십도』를 저술하였다.
오답분석
① 백운동 서원은 조선 중종 38년(1543)에 주세붕이 경북 영주의 백운동에 세운 우리나라 최초의 서원으로, 뒤에 소수 서원으로 고쳤다.
② 『성호사설』은 조선 영조 때에 이익이 평소에 지은 글을 모아 엮은 책으로서, 천지(天地)·만물(萬物)·인사(人事)·경사(經史)·시문(詩文) 등의 부문으로 나누었으며, 부문마다 고증을 덧붙였다.
③ 「동호문답」은 조선 선조 2년(1569)에 율곡 이이가 왕도 정치의 이상을 문답의 형식으로 서술하여 왕에게 올린 글이다.

31

정답 ③

제시문은 임진왜란(1592) 당시 선조가 의주로 피난을 간 것에 대한 글이다(의주몽진). 이후 조선은 1953년 침입한 왜군을 물리치기 위하여 군사제도를 재정비・재편성하여 삼수병(포수, 살수, 사수)을 중심으로 하는 훈련도감을 설치하였다.

오답분석

① 별무반 : 고려 숙종시기 여진 정벌에 대비하여 만든 군사 조직으로, 신기군(기병), 항마군(승병), 신보군(보병) 등으로 편성됨
② 장용영 : 조선 후기 정조가 왕권 강화를 위해 설치한 군영으로, 국왕의 호위를 위해 편성된 친위부대
④ 군무아문 : 1894년 고종시기 갑오개혁 이후 편제된 8개의 중앙행정부서(8아문) 중 군사에 관한 일을 담당한 부서

32

정답 ②

흥선대원군은 임진왜란 때 불탄 이후 폐허가 된 경복궁을 재건하여 왕실의 위엄을 높이려 하였으나, 그 과정에서 강제 노동과 원납전 징수 등으로 백성의 원성이 높았으며, 국가 재정을 악화시키기도 하였다.

오답분석

① 흥선대원군은 서구와의 교류보다는 나라 안의 안정이 먼저라고 생각하고 쇄국정책을 시행하였다.
③ 당시 서원은 많은 혜택을 누렸으며, 서원의 폐단으로 인해 백성들의 원성이 높았다. 이에 흥선대원군은 전국 서원 중 47개소만 남기고 전부 철폐하였다.
④ 흥선대원군은 오랫동안 세도정치를 했던 안동 김씨 일가를 완전히 몰아내고 세도정치를 척결하였다.

33

정답 ①

조선 후기에는 실학이 발달하고 문화 인식의 폭이 넓어짐에 따라 백과사전류의 저서가 많이 편찬되었다. 이 방면의 효시가 된 책은 이수광의 『지봉유설』이며, 그 뒤를 이어 이익의 『성호사설』, 이덕무의 『청장관전서』가 편찬되었다.

34

정답 ④

제시된 자료는 운요호 사건이다. 일본은 1876년 무력을 앞세워 운요호 사건을 벌이고, 조선과 강화도 조약을 맺어 강제로 문호를 개방하도록 강요했다. 이 조약에는 부산・원산・인천 등 3개 항구를 개항하는 조항, 해안측량권과 치외법권을 허용하는 불평등 조항이 포함되었다.

오답분석

① 조선 후기 숙종 때는 금위영의 설치로 5군영(훈련도감・총융청・수어청・어영청・금위영) 체제가 갖추어졌다.
② 흥선대원군은 척화비를 세우는 등 통상 수교 거부 정책을 펼쳤다(1871).
③ 조선은 일본 에도 막부의 요청에 따라 통신사라는 이름의 외교 사절을 일본으로 보냈다.

35

정답 ④

(가)는 병인양요로 1866년, (나)는 척화비 건립으로 1871년이다. 제너럴셔먼호 사건을 빌미로 미국이 강화도에 침범한 신미양요는 1871년으로 프랑스와 미국과의 전투에서 이긴 흥선대원군은 서울의 전국에 척화비를 건립하였다.

오답분석

① 1884년
② 1896년
③ 1876년

36

정답 ①

3・1 운동 이후 일제는 이른바 문화 통치를 표방하여 가혹한 식민 통치를 은폐하려고 하였다.

37 정답 ③

1904년 2월 8일에 시작된 전쟁은 러·일 전쟁이다. 러·일 전쟁은 러시아 제국과 일본 제국이 한반도에서 주도권을 쟁취하기 위한 무력 충돌이었으며, 일본은 전쟁에서 승리함에 따라 제국주의가 가속화되는 계기가 되었고, 동시에 대한제국은 독립을 유지하기 어렵게 되는 결과를 낳았다.

38 정답 ④

제시문은 안중근 의사가 옥중에서 집필한 『동양평화론』에 대한 것이다. 안중근 의사는 동양평화 실현을 위해 『동양평화론』을 집필하기 시작하였으나, 완성되기 전 사형이 집행되어 미완성의 논책으로 남아 있다.

[오답분석]
① 이병도에 대한 설명이다.
② 사회경제사학에 대한 설명이다. 대표적 학자로는 백남운, 이청원, 박극채 등이 있다.
③ 신채호에 대한 설명이다.

39 정답 ①

제시문은 임오군란(1882)의 전개 과정을 나타낸 『승정원일기』의 일부이다. 임오군란의 결과 청은 흥선대원군을 군란의 책임자로 압송하였다. 더불어 정치고문으로 마젠창, 묄렌도르프를 조선에 파견하였고, 외교고문으로 위안스카이를 파견하여 조선의 내정에 간섭하였다. 또한, 일본은 조선과 제물포 조약을 체결하여 일본의 공사관에 경비병을 주둔시켰다. 그리고 수호 조규 속약을 맺어 거류지 제한 규정을 100리로 확대하였고, 1883년에는 조·일 통상 장정을 맺어 관세부과 규정과 방곡령 시행규정 그리고 최혜국 대우를 규정함으로써 치외법권을 인정받게 되었다.

[오답분석]
ⓒ 청·일 전쟁에서 승리한 일본이 시모노세키 조약으로 차지한 요동 반도를 청에 반환하도록 한 삼국 간섭(1895)에 대한 설명이다.
ⓔ 갑신정변의 결과이다.

40 정답 ②

제1차 경제개발 5개년 계획(1962) - 국민건강보험 실시(1977) - 남북한 유엔 동시 가입(1991) - IMF 외환위기(1997)

41 정답 ①

이승만 대통령은 반민법 개정을 요구하였고, 일부 의원이 공산당과 내통했다는 구실로 반민 특위 위원들을 구속했다. 또한 경찰을 동원하여 반민 특위 산하 특경대를 강제로 해산시켰다. 따라서 친일파 청산은 이승만 정부의 적극적인 협조로 진행되지 않았다.

42 정답 ②

제시문은 1972년 남북 간 정치적 대화통로와 한반도 평화정착 계기를 마련하기 위해 발표한 남북한 당사자 간의 최초의 합의문서인 7·4 남북공동성명이다. 이는 고위급 정치회담을 통하여 공동성명을 합의 발표함과 동시에 상호 방문을 통하여 쌍방의 당국 최고책임자를 만나 남북문제를 논의하였다는 데 의의가 있지만, 공동성명에도 불구하고 남북한은 서로의 실체를 인정하지 않아 남한은 유신체제, 북한은 유일체제(주체사상)가 등장하였다. 10월 유신으로 박정희 정권은 통일주체국민회의를 수립하고 대의원을 통한 간접선거로 대통령을 선출하였다. 따라서 성명 이후에 발생한 사건으로 옳은 것은 ②이다.

[오답분석]
① 1960년 4·19 혁명
③ 1954년 사사오입개헌
④ 1948년 남북연석회의

43   정답 ①

6·25 전쟁은 소련의 북한 남침 계획 승인 및 지원 약속, 한·미 상호 방위 원조 협정이 체결되었으나 애치슨 라인에서 한국이 제외된 것이 배경이 되었다.

44   정답 ④

1987년에 박종철 고문 사망 사건과 4·13 호헌 조치로 직선제 개헌과 민주 헌법 제정을 요구하는 시위가 확산되었다. 시위 도중 연세대 재학생 이한열이 사망하자 시위는 더욱 격화되어 전국적으로 확대되었다. 정부는 결국 국민의 민주화 요구를 수용하여 6·29 민주화 선언을 통해 5년 단임의 대통령 직선제를 골자로 하는 개헌을 단행하였다.

45   정답 ②

대한민국 임시 정부는 1920년대 중엽을 고비로 활동에 어려움을 겪게 되었다. 일제의 집요한 감시와 탄압으로 연통제와 교통국의 조직이 철저하게 파괴되었고, 이로 인해 국내로부터의 지원이 대폭 줄어들어 자금난과 인력난을 겪게 되었다. 또한 사회주의 사상이 유입되면서 이념의 갈등이 증폭되었고 투쟁 방법에 있어서도 무장 투쟁론, 외교 독립론, 실력 양성론 등으로 대립되었다. 이를 극복하기 위하여 상하이에서 국민대표회의(1923)가 열렸으나, 창조파와 개조파로 갈라져 대립이 심화되었다.

CHAPTER 03 경제·경영상식 적중예상문제

01	02	03	04	05	06	07	08	09	10	11	12	13	14	15	16	17	18	19	20
②	①	④	④	④	②	④	③	③	③	③	①	④	④	④	①	②	④	②	①
21	22	23	24	25	26	27	28	29	30	31	32	33	34	35	36	37	38	39	40
①	②	④	①	①	②	③	①	①	③	③	③	②	②	②	③	④	④	②	④
41	42	43	44	45															
④	③	③	④	③															

01   정답 ②

다보스포럼은 스위스의 유서 깊은 휴양도시인 다보스에서 매년 1월 말에 열리는 국제적인 경제 포럼으로, 정확한 명칭은 세계경제포럼(WEF; World Economic Forum)이다. 본부는 스위스 제네바에 있다. 1971년 비영리재단으로 창설되어 '유럽인 경영 심포지엄'으로 출발했으나, 1973년에 전 세계로 넓혀져 정치인으로까지 참여가 확대됐다. 독립된 비영리단체로 세계 각국의 정상과 장관, 재계 및 금융계 최고경영자들이 모여 각종 정보를 교환하고, 세계경제 발전 방안 등에 대해 논의한다.

02   정답 ①

슬로플레이션(Slowflation)은 경기 회복 속도가 둔화되는 상황 속에서도 물가상승이 나타나는 현상으로, 경기 회복이 느려진다는 뜻의 'Slow'와 물가상승을 의미하는 '인플레이션(Inflation)'의 조합어이다. 슬로플레이션에 대한 우려는 글로벌 공급망 대란에 따른 원자재 가격 폭등에서 비롯된 것으로, 스태그플레이션보다는 덜 심각한 상황이지만 경제 전반에는 이 역시 상당한 충격을 끼친다.

03   정답 ④

GDP(Gross Domestic Product, 국내총생산)는 한 나라의 영역 내에서 가계, 기업, 정부 등 모든 경제주체가 일정 기간 생산한 재화·서비스의 부가가치를 시장가격으로 평가한 것으로, 비거주자가 제공한 노동, 자본 등 생산 요소에 의하여 창출된 것도 포함된다. 물가 상승분이 반영된 명목GDP와 생산량 변동만을 반영한 실질GDP가 있다. 한 국가의 국민이 일정 기간 생산한 재화와 서비스를 모두 합한 것은 GNP이다.

04   정답 ④

회색 코뿔소는 세계정책연구소의 대표 이사 미셸 부커가 2013년 다보스포럼에서 처음 발표한 개념으로, 모두가 알고 있지만 마땅한 해결 방법이 없어 간과하게 되는 위험 요인을 가리킨다. 이러한 위험 요인에는 결국 아무런 대처도 할 수 없으며, 오히려 중요한 판단의 시기에 간과하게 되는 경향이 있다. 코뿔소는 덩치가 커서 멀리서도 잘 보이기 때문에 사람들은 적정 거리만 유지하면 안전할 것이라고 생각하지만, 정작 코뿔소가 빠른 속도로 달려와 공격하면 사람들은 공포 때문에 아무것도 하지 못하고 당할 수밖에 없다는 데서 유래했다.

05 정답 ④

규모의 경제(Economy of Scale)는 기업이 생산하는 규모가 증가할 때 생산량 증가가 노동과 자본 등 생산요소의 증가보다 더 크게 나타나는 것을 뜻한다. 생산량이 늘어나면서 그 평균 소요비용은 점차 낮아지는 것이다. 철도나 고속도로처럼 초기 투자비용은 높지만, 손익분기점을 돌파한 후에는 영업이익이 계속 이어지게 된다.

06 정답 ②

완전고용국민소득이 수준 이상의 수요가 있게 되면 물가상승의 요인이 되는데, 이를 인플레이션 갭이라고 한다.

07 정답 ④

조세부과의 경우 가격은 조세부과 액수보다 적게 상승하게 되므로 소비자와 생산자가 동시에 조세부담을 하게 된다. 소비자와 생산자의 조세부담은 수요・공급의 가격탄력도의 크기에 따라 상대적 부담이 다르게 된다.

08 정답 ③

잠재적 실업은 원하는 직업에 종사하지 못하여 부득이하게 조건이 낮은 다른 직업에 종사하는 것을 이른다. 즉, 노동자가 지닌 생산력을 충분히 발휘하지 못하여 수입이 낮고, 그 결과 완전한 생활을 영위하지 못하는 반(半)실업상태라고 볼 수 있다.

[오답분석]
① 구조적 실업
② 마찰적 실업
④ 계절적 실업

09 정답 ③

재고자산 단위당 구입원가는 기업 측에서는 통제 불가능한 변수이므로 가정할 수가 없는 내용이다.

10 정답 ③

인구절벽은 한 국가의 미래 성장을 예측하게 하는 인구 지표에서 생산가능인구인 만 15 ~ 64세 비율이 줄어들어 경기가 둔화하는 현상을 가리킨다. 이는 경제 예측 전문가인 해리 덴트의 저서 『인구절벽(Demographic Cliff)』에서 처음 사용됐다. 인구절벽이 발생하면 의료 서비스의 수요가 늘어나며 개인의 공공지출 부담이 증가한다. 또한 국가 차원에서는 노동력 감소, 소비 위축, 생산 감소 등의 현상이 동반돼 경제에 큰 타격을 받는다.

11 정답 ③

실업급여 중 구직급여는 퇴직 다음 날로부터 12개월이 경과하면 소정급여일수가 남았어도 더 이상 지급받을 수 없다.

[오답분석]
① 지급 기간은 보통 50세 미만의 경우 120 ~ 240일이며, 50세 이상 및 장애인의 경우 120 ~ 270일이다.
② 형법 또는 법률위반으로 금고 이상의 형을 선고받거나 막대한 재산상의 손해를 끼쳐 해고되는 등 본인의 중대한 귀책 사유로 해고된 경우에는 구직급여를 받을 수 없다.
④ 구직급여를 지급받기 위해서는 이직일 이전 18개월(초단시간 근로자의 경우 24개월) 동안 피보험단위 기간이 통산하여 180일 이상이어야 한다.

12 정답 ①

기펜재는 가격이 오를수록 소비량이 상승하는 열등재(소득의 변화에 따라 소비가 반대 방향으로 변하는 재화)로, 쌀값이 오르면 사람들이 고기 소비량을 줄이고 쌀을 더 먹게 되는 현상에서 기인한 것이다.

[오답분석]
② 열등재 : 어떤 소비자의 소득이 증가하였는데 반대로 소비는 줄어드는 것처럼 소득의 변화에 따라 소비가 반대 방향으로 변하는 재화
③ 보완재 : 서로 보완 관계에 있는 재화, 즉 함께 소요되는 경향이 있는 재화
④ 경험재 : 직접 사용해 보아야만 품질이나 특징 등을 알 수 있는 재화

13 정답 ④

그린 론(Green Loan)은 친환경 사업 자금으로 용도가 정해진 대출제도이다. 이를 통해 기업이 사회적 책임을 다한다는 긍정적 이미지를 형성할 수 있으며, 본드(Bond)와 달리 분할 인출이 가능하여 상황에 따라 자금을 관리할 수 있다. 우리나라에서는 SK이노베이션이 국내 최초로 그린 론 계약을 체결하였고, 뒤를 이어 LG화학 등의 기업들도 그린 론을 통해 자금을 조달하였다.

14 정답 ④

재무상태표의 작성목적에 대한 설명이다.

15 정답 ④

휴대전화와 충전 장치의 연결 방식을 한 가지 형식으로 통일한 것(㉠)은 표준화(다), 음료수의 생산 과정을 줄인 것(㉡)은 작업 절차를 간소하게 한 것이므로 단순화(나), 자동차 바퀴의 조립 작업을 한 사람에서 두 사람으로 분업화한 것(㉢)은 전문화(가)라고 한다.

16 정답 ①

신산업・신기술 분야에 기업들이 참여할 것을 유도하고, 시장 초기에 참여한 기업의 매출 안정성을 확보해 주기 위해 정부는 종종 새로운 산업 분야에서 기존 규제들을 없애거나 규제 신설을 유예하는 정책을 취한다. 이를 규제 샌드박스라 한다. 모래 위에서 자유롭게 놀게 해 준다는 의미에서 샌드박스라는 이름이 붙었으며, 특정 지역을 지정해 규제를 푸는 규제 프리존보다 더 적극적인 규제 완화 조치이다.

17 정답 ②

- 시장수요함수 $Q_d = 10,000 \times (12 - 2P)$
- 시장공급함수 $Q_s = 1,000 \times (20P)$

따라서 균형가격과 균형수급량은 $120,000 - 20,000P = 20,000P$이므로 $P=3$, $Q=60,000$이다.

18 정답 ④

㉡・㉢ 역선택은 시장에서 거래를 할 때 주체 간 정보 비대칭으로 인해 부족한 정보를 가지고 있는 쪽이 불리한 선택을 하게 되어 경제적 비효율이 발생하는 상황이다.

[오답분석]
㉠・㉣ 도덕적 해이와 관련된 사례이다. 도덕적 해이는 감추어진 행동이 문제가 되는 상황에서 정보를 가진 측이 정보를 가지지 못한 측의 이익에 반하는 행동을 취하는 경향이다. 역선택이 거래 이전에 발생하는 문제라면, 도덕적 해이는 거래가 발생한 후 정보를 더 많이 가지고 있는 사람이 바람직하지 않은 행위를 하는 것을 이른다.

19 정답 ②

생산요소의 한계생산물 가치가 생산요소의 가격을 초과할 때, 생산요소의 고용량을 증가시키면 한계생산물 가치가 작아져서 생산요소 가격과 한계생산물 가치가 일치하게 된다.

20 정답 ①

마케팅믹스는 성공적인 목표 달성을 위해 마케팅에서 사용되는 여러 가지 방법들을 전체적으로 균형 있게 조정·구성하는 것을 이른다. 마케팅믹스에는 판매자(기업)의 관점에서 마케팅을 펼치는 4P와 구매자(고객)의 입장에서 생각하는 4C가 있다. 이 4C에 해당하는 핵심 전략에는 Customer Value(고객 가치), Customer Cost(구매 비용), Convenience(고객 편의성), Communication(고객과의 소통)이 있다.

21 정답 ①

피보팅(Pivoting)은 유행이나 사회적 분위기 같은 외부 환경의 변화에 따라서 사업 방향을 바꾸는 것을 의미한다. 기존 아이템을 기준에 두고 소비자의 요구에 유연하게 대처하기 위해 사업 전략의 방향을 전환하는 것이다. 또한 피보팅은 몸의 중심축을 한쪽 발에서 다른 쪽 발로 옮기는 것을 뜻하는 체육 용어이기도 하다.

22 정답 ②

파레토의 법칙은 전체 결과의 80%가 전체 원인의 20%에서 일어나는 현상을 가리킨다.

오답분석
④ 롱테일의 법칙 : 전체 제품의 하위 80%에 해당하는 다수가 상위 20%보다 더 뛰어난 가치를 창출한다는 법칙

23 정답 ④

윔블던 효과는 국내 시장에서 외국 기업이 자국 기업보다 잘나가는 현상이다. 영국의 유명 테니스대회인 '윔블던 대회'가 외국 선수에게 문호를 개방한 이후 대회 자체의 명성은 높아졌지만 영국인 우승자를 배출하는 것이 어려워진 것에 빗댄 것으로, 시장을 개방하고 나서 외국계 기업이나 자본이 자국 기업이나 자본을 누르고 경쟁에서 우위를 차지하는 현상이다.

24 정답 ①

메기 효과는 정어리를 운반할 때 수족관에 천적인 메기를 넣으면 정어리가 생존을 위해 꾸준히 움직여 항구에 도착할 때까지 살아남는다는 것이다. 이는 치열한 경쟁 환경이 오히려 개인과 조직 전체의 발전에 도움이 되는 것으로, 조직 내 적절한 자극제가 있어야 기업의 경쟁력을 높일 수 있다는 의미이다.

오답분석
② 바넘 효과(Barnum Effect) : 사람들이 보편적으로 가지고 있는 성격이나 심리적 특징을 자신만의 특성으로 여기는 심리적 경향
③ 분수 효과(Trickle-up Effect) : 저소득층의 소비 증대가 생산과 투자의 활성화로 이어져 경기가 부양되는 효과
④ 낙수 효과(Trickle-down Effect) : 대기업의 성장을 촉진하면 중소기업과 소비자에게도 혜택이 돌아가 총체적으로 경기가 활성화된다는 경제 이론

25 정답 ①

경영이념이란 경영자가 기업을 영위하는 데 있어 지침이 되는 기본적인 의식으로, 경영신조·경영철학이라고도 한다. 즉, 기업이 사회적 존재 이유를 표시하고 경영활동을 방향 짓게 하는 기업의 신조이다. 경영이념은 기업의 신조인 동시에 경영자의 이념이기 때문에 경영목적의 달성을 위해 구체화할 수 있는 현실적 지침이 되는 것으로, 구체적으로는 사시(社是)·사훈(社訓) 등으로 표현된다.

26 정답 ②

코즈 마케팅(Cause Marketing)은 기업의 경영 활동과 사회적 이슈를 연계시키는 마케팅으로, 기업과 소비자의 관계를 통해 기업이 추구하는 사익(私益)과 사회가 추구하는 공익(公益)을 동시에 얻는 것을 목표로 한다.

[오답분석]
① 뉴로 마케팅(Neuro Marketing) : 뇌 속에서 정보를 전달하는 신경인 뉴런(Neuron)과 마케팅을 결합한 용어로, 소비자의 무의식에서 나오는 상품에 대한 감정, 구매 행위를 분석해 기업의 마케팅 전략에 효과적으로 적용하는 기법
③ 앰부시 마케팅(Ambush Marketing) : 게릴라 작전처럼 기습적으로 행해지며 교묘히 규제를 피해 가는 마케팅 기법
④ 감성 마케팅(Emotional Marketing) : 고객의 기분과 정서에 영향을 미치는 감성적인 것을 통해 브랜드와 고객 간의 유대 관계를 강화하는 마케팅 기법

27 정답 ③

IS곡선이란 투자와 저축의 약자로, 실물시장의 균형[(투자)=(저축)]을 나타내는 이자율과 국민소득과의 관계곡선이다.

28 정답 ①

[오답분석]
② 순투자 : 기업이 고정자산을 구매하거나, 유효수명이 당회계연도를 초과하는 기존의 고정자산 투자에 돈을 사용하는 것
③ 재고투자 : 기업의 투자활동 중 재고품을 증가시키는 투자활동 또는 증가분
④ 민간투자 : 사기업에 의해서 이루어지는 투자로, 사적투자라고도 함

29 정답 ①

자유무역협정(FTA)은 체결국 간 경제통합 심화 정도에 따라 크게 자유무역협정, 관세동맹, 공동시장, 완전경제통합 4단계로 구분된다. 자유무역협정은 회원국 간 무역 자유화를 위해 관세를 포함하여 각종 무역 제한 조치를 철폐하는 것으로, 북미 자유무역협정(NAFTA) 등이 있다.

[오답분석]
② 공동시장 단계에서 가능하다.
③ 관세동맹 단계에서 가능하다.
④ 완전경제통합 단계에서 가능하다.

30 정답 ③

므두셀라 증후군(Methuselah Syndrome)은 추억을 아름답게 포장하거나 나쁜 기억은 지우고 좋은 기억만 남겨두려는 심리로, 기억 왜곡을 동반한 일종의 도피심리를 의미한다.

[오답분석]
① 리마 증후군(Lima Syndrome) : 인질범이 포로나 인질에게 강자로서 약자에게 갖는 동정심
② 순교자 증후군(Martyr Syndrome) : 과거의 일에 대해 부정적으로 기억하고 나쁜 감정만 떠올리는 심리
④ 스마일 마스크 증후군(Smile Mask Syndrome) : 밝은 모습을 유지해야 한다는 강박에 슬픔과 분노 같은 감정을 제대로 발산하지 못해 심리적으로 불안정한 상태

31 정답 ③

교역조건이란 수출품 1단위와 교환되는 수입품 1단위의 교환비율을 말하며, 이를 상품의 교역조건 또는 순교역조건이라고 한다.

32 정답 ③

지니계수의 값이 0이면 완전평등 상태이고, 1이면 완전불평등한 상태이다. 소득이 어느 한 사람에게 집중되어 있는 것은 완전불평등한 상태를 의미하므로 지니계수의 값은 1이다.

33 정답 ②

총효용과 한계효용의 관계
- 재화의 한계효용이 0보다 클 때 : 총효용은 증가한다.
- 재화의 한계효용이 0일 때 : 총효용은 극대화된다.
- 재화의 한계효용이 0보다 작을 때 : 총효용은 감소한다.

34 정답 ②

경제성장률은 측정기간 동안의 실질 GDP(국내총생산) 증가율로 측정한다.

35 정답 ②

MBO(Management By Objectives)란 목표에 의한 관리 방법으로, 경영자와 조직의 구성원들이 공동으로 목표를 설정함으로써 협동적 관계를 형성하고 목표를 보다 구체화하여 조직의 목표 달성과 효율성을 높인다.

36 정답 ③

신용판매의 결정변수로는 신용기준, 신용기간, 현금할인, 신용한도, 수금정책 등이 있다.

37 정답 ④

수레바퀴형은 커뮤니케이션에서 특정 개인의 중심도가 가장 높은 네트워크 형태이다.

38 정답 ④

카페테리아식 복리후생제도는 종업원들이 기업에서 제공하는 복리후생제도나 시설 중에서 원하는 것을 선택함으로써 자신의 복리후생을 원하는 대로 설계하는 것이다.

39 정답 ②

퀀텀 점프(Quantum Jump)는 어떤 일이 연속적·점진적으로 발전하는 것이 아니라 계단을 뛰어오르듯이 비약적으로 다음 단계로 올라가는 것으로, 경제학에서는 이러한 개념을 끌어들여 기업이 사업 구조나 사업 방식 등의 혁신을 통해 단기간에 비약적으로 성장하는 경우에 사용한다. '압축 성장'이라고 부르기도 한다.

오답분석

① 샤프 파워(Sharp Power) : 막강한 경제력과 시장을 무기로 강압, 회유 등을 통해 기업 또는 다른 국가에 위협을 가하며 자국의 영향력을 음성적으로 확대하는 것으로, 군사적 영향력 같은 하드 파워, 문화적 영향력 같은 소프트 파워와 달리 비밀스럽게 행사됨
③ 어닝 쇼크(Earning Shock) : 기업이 시장에서 예상했던 것보다 저조한 실적을 발표해 주가에 영향을 미치는 현상
④ 슈퍼 사이클(Super Cycle) : 원자재 등의 가격이 20년 이상 장기적으로 상승하는 추세

40
정답 ④

범위의 경제란 결합생산의 이점으로 두 재화를 동시에 생산할 경우 비용이 더 적게 드는 경우를 의미한다. 따라서 유사한 생산기술이 여러 생산물에 적용될 때 발생할 가능성이 높다.

41
정답 ④

정부지출을 증가시키면 실물 부문에서 국민소득이 증가하나, 국민소득 증가에 따른 화폐수요가 증가하여 이자율이 상승하고 민간의 투자수요가 감소하는 구축효과가 발생하여 국민소득의 증가가 상쇄된다.

42
정답 ③

펠리컨 경제는 부리 주머니에 먹이를 담아 새끼에게 주는 펠리컨처럼 대기업과 중소기업이 협력해 발전시키는 경제로서, 한국의 소재, 부품, 장비 산업의 자립도를 높이는 것을 의미한다. 이와 반대로 '가마우지 경제'는 한국 경제의 구조적 취약점을 뜻한다.

43
정답 ③

과정자문법은 의사소통, 집단문제해결, 집단규범 등을 개선하고자 하는 방법이다.

44
정답 ④

리플레이션(Reflation)에 대한 설명이다. 모네 플랜(Monnet Plan)은 제2차 세계대전 후 프랑스 경제를 부흥하기 위해 경제학자 장 모네의 제안으로 시작된 산업 부흥 4개년 계획으로, 1975년까지 6차에 걸쳐 실시돼 고용 증대와 생활수준 향상 등 상당한 성과를 거두었다.

45
정답 ③

전사적 자원관리(ERP; Enterprise Resource Planning)의 특징
- 기업의 서로 다른 부서 간의 정보 공유를 가능하게 한다.
- 의사결정권자와 사용자가 실시간으로 정보를 공유하게 한다.
- 보다 신속한 의사결정, 보다 효율적인 자원 관리를 가능하게 한다.

[오답분석]
① JIT(Just In Time, 적기 공급 생산) : 과잉 생산이나 대기 시간 등의 낭비를 줄이고 재고를 최소화해 비용 절감과 품질 향상을 달성하는 생산 시스템
② MRP(Material Requirement Planning, 자재 소요 계획) : 최종 제품의 제조 과정에 필요한 원자재 등의 종속 수요 품목을 관리하는 재고 관리 기법
④ APP(Aggregate Production Planning, 총괄 생산 계획) : 제품군별로 향후 약 1년 동안의 수요 예측에 따른 월별 생산 목표를 결정하는 중기 계획

CHAPTER 04 과학·IT·공학상식 적중예상문제

01	02	03	04	05	06	07	08	09	10	11	12	13	14	15	16	17	18	19	20
④	②	③	①	①	②	②	④	④	③	①	②	③	③	②	②	②	④	④	①
21	22	23	24	25	26	27	28	29	30	31	32	33	34	35	36	37	38	39	40
②	①	③	③	④	①	③	③	②	②	③	②	①	①	④	①	②	②	①	④
41	42	43	44	45															
④	②	①	④	②															

01

정답 ④

CCS(Carbon Capture & Storage)는 이산화탄소 포집과 저장 기술을 뜻하는 용어이다. 이산화탄소가 배출되기 전에 고농도가 되도록 모은 후, 압축하고 수송해 저장하는 기술 전반을 뜻한다.

오답분석

① PGII(Partnership for Global Infrastructure and Investment) : 2022년 6월 G7 정상들이 출범을 공식 선언한 글로벌 인프라·투자 파트너십을 가리킨다. 이를 통해 2027년까지 개발도상국 인프라 사업에 6000억 달러를 투자할 계획이다. 또한 중국의 일대일로에 대항하는 성격이 짙은 것으로 평가된다.
② CBAM(Carbon Border Adjustment Mechanism) : 탄소 국경 조정 제도를 뜻한다. 탄소세가 존재하는 수입국에서 수출국의 탄소 비용을 고려하여 관세를 부과하는 제도 또는 그 관세(탄소 국경세)를 가리킨다. 유럽연합(EU)은 EU로 수입되는 제품에 포함된 탄소 배출량에 EU 탄소 배출권 거래제 등과 연동된 탄소가격을 부과해 징수하는 조치를 취하고 있다.
③ BIPV(Partnership for Global Infrastructure and Investment) : 태양광 에너지로 전기를 생산하여 소비자에게 공급하는 것 외에 건물 일체형 태양광 모듈을 건축물 외장재로 사용하는 태양광 발전 시스템을 가리킨다.

02

정답 ②

엔트로피는 에너지의 무작위 전파량(열 손실)이다. 열역학 제2법칙에 따라 그 값은 항상 증가한다. 발전 과정에서 엔트로피가 높으면 효율이 떨어지는 것이다.

03

정답 ③

㉠ 우주에는 중력이 없기 때문에 밀봉한 음료를 빨대를 통해 섭취해야 한다.
㉢ 지구에서는 촛불을 켜면 기다란 모양의 불꽃이 나타나지만, 우주에서는 불꽃이 시발점으로부터 모든 방향으로 동일하게 뻗어나가므로 둥근 공 모양을 띠게 된다.

오답분석

㉡ 무중력 상태에서는 자연 대류가 존재하지 않으므로 인체의 열기가 피부 밖으로 나오지 못하게 된다. 따라서 인간은 자신의 몸을 식히기 위해 끊임없이 땀을 배출하게 되는데 이때 땀은 흐르거나 증발하지 않고 계속 쌓이게 된다.
㉢ 포물선운동은 중력의 작용 때문에 나타나는 현상인데 우주는 중력이 거의 없는 상태이므로 이러한 현상이 나타나지 않는다.

04
정답 ①

빛의 분산은 빛이 다른 매질로 옮겨갈 때 파장에 따라 굴절률이 바뀌어 분리되는 현상이다. 이는 프리즘의 원리이기도 하다. 프리즘을 통과한 빛 중 파장이 낮은 푸른빛은 심하게 굴절되고 파장이 높은 붉은빛은 조금 굴절되어 빛이 분리되어 보이는 것이다. 빛은 입자의 성질과 파동의 성질을 동시에 갖는다. 아인슈타인은 이를 광양자라고 정의하였다.

05
정답 ①

관성의 법칙이란 물체에 작용하는 힘의 총합이 0일 때, 현재 운동의 상태를 유지하려는 경향이다. 예컨대 버스가 출발할 때 승객이 뒤로 쏠리는 현상, 멈출 때 앞으로 쏠리는 현상 등이 모두 관성으로 인해 발생하는 현상들이다.

오답분석
② 에너지 보존의 법칙 : 에너지가 다른 에너지로 전환될 때, 전환 전후의 에너지 총합은 항상 일정하게 보존된다.
③ 가속도의 법칙 : 힘이 가해졌을 때 물체가 얻는 가속도는 가해지는 힘에 비례하고 물체의 질량에 반비례한다.
④ 작용 – 반작용의 법칙 : 두 물체 간의 작용과 반작용은 방향은 반대이지만 크기는 같다.

06
정답 ②

사이다에 녹아있는 기체는 이산화탄소이다. 한편, 식물의 광합성 결과로 나오는 기체는 산소이다.

오답분석
①·③·④ 이산화탄소에 대한 설명이다.

07
정답 ②

오답분석
ⓒ·ⓒ 물리작용에 의한 현상이다. 물리작용은 물질의 물리적 변화를 일으키는 작용으로, 어떤 물질의 조성(組成)을 바꾸지 않고, 모양이나 생김새가 바뀌어 달라진 것을 이른다.

08
정답 ④

구글의 '제미나이(Google Gemini)'는 구글이 2023년 말 공개한 차세대 인공지능(AI) 모델이다. 이전까지 구글의 대표 AI 모델은 PaLM(파람) 계열이었는데, 이를 넘어서는 새로운 멀티모달(multimodal) AI로 개발된 것이 '제미나이'이다.

09
정답 ④

BOD(생화학적 산소요구량)는 생물(주로 박테리아)이 수중의 유기물을 이용하면서 소모하는 산소의 양을 말하며, 물의 오염을 확인하는 하나의 지표이다.

10
정답 ③

오답분석
① 중화가 되면 이온의 수가 감소하므로 전류값은 감소한다.
② 신맛이 나는 것은 산성이다.
④ 중화 반응은 발열 반응이다.

11 정답 ①

적조 현상은 바다, 강, 호수의 플랑크톤이 갑자기 과다 증식하여 물의 색깔이 달라지는 현상이다. 대체로 붉은빛을 띠기 때문에 적조(赤潮)라고 부르는데 수중의 산소 농도를 낮춰 어패류를 질식시키고, 독성을 띠는 경우도 있어 수중 생태계에 치명적이다. 갯벌 간척 사업의 영향으로 발생하기도 한다.

12 정답 ②

캡차(CAPTCHA)는 'Completely Automated Public Turing test to tell Computers and Humans Apart'의 약자로, 정보 이용자가 사람인지 컴퓨터(프로그램)인지 구별해 주는 보안 기술이다. 일종의 테스트 기술인데, 컴퓨터는 인식할 수 없도록 인위적으로 찌그러진 문자를 보여 주고 그대로 입력하게 하는 식이다. 악의적 프로그램인 '봇(Bot)'의 접속과 활동을 막도록 개발되었다.

13 정답 ③

기존의 전산 방식의 계산을 양자역학을 이용한 계산 방식으로 바꾸어 현재 슈퍼컴퓨터의 수억 배의 계산속도를 낼 수 있다고 예상되는 미래의 컴퓨터를 양자컴퓨터라고 한다. 이러한 양자컴퓨터를 구현하기 위해서는 원자를 고정시켜 신호를 저장할 수 있어야 하는데, 이렇게 만들어진 양자 정보를 퀀텀비트라 한다.

14 정답 ③

멘델레예프는 원자량에 따라 원소들을 배열하였다.

15 정답 ②

LCD는 액정 셀을 조절하여 색 필터로 들어가는 빛의 세기를 조절하고, 빛의 합성을 이용하여 다양한 색을 만들 수 있게 한다.

16 정답 ②

람사르 협약은 세계자연보전연맹(IUCN)과 국제수금류·습지조사국(IWRB), 조류 보호를 위한 국제협의회(ICBP) 등이 습지 훼손 저지의 필요성을 인식하고, 습지를 보호하기 위한 일환으로 1971년 이란의 람사르에서 체결한 협약이다.

17 정답 ②

북극 진동(Arctic Oscillation)은 성층권의 제트 기류가 주기적으로 강약을 되풀이하는 현상이다. 제트 기류를 한랭와(寒冷渦, Cold Vortex), 극와류(極渦流, Polar Vortex)라고 부르는데, 극지방의 추운 공기를 가둬 두는 역할을 한다. 지구 온난화로 인해 북극 지방의 해수 온도가 상승하면서 차가운 공기 소용돌이인 한랭와가 남쪽으로 밀려 내려오는 현상인 북극 진동이 나타나며, 이로 인해 폭설 등의 피해가 일어난다.

18 정답 ④

증강현실(AR)이란 현실의 이미지나 배경에 3차원 가상 이미지를 겹쳐서 하나의 영상으로 보여 주는 기술을 뜻한다. 인공적으로 만들어 냈지만 현실과 비슷한, 공간을 체험할 수 있는 IT 기술은 가상현실(VR)이다.

19
정답 ④

[오답분석]
① 빌딩풍해 현상에 대한 설명이다.
② 열섬 현상에 대한 설명이다.
③ 라니냐 현상에 대한 설명이다.

20
정답 ①

그래핀과 유사한 2차원 물질인 SC-TMD(반도체성 전이금속 디칼코게나이드)는 우수한 물리화학적 특성과 반도체적 특성이 있어 미래에 반도체 산업에서 실리콘을 대체할 물질로 기대되는 이황화텅스텐, 이황화몰리브덴 등을 가리킨다.

21
정답 ②

바륨은 납, 텅스텐, 비스무트, 안티모니 등과 함께 대표적인 방사선 차폐 원소이다. 바륨의 경우 이를 다량 함유한 점토로 벽을 만들어 각종 방사선 노출 시설을 감싸 방사선을 차폐하는 데 사용한다.

22
정답 ①

셰일가스(Shale Gas)는 탄화수소가 풍부한 셰일층(근원암)에서 개발, 생산하는 천연가스이다. 셰일이란 우리말로 혈암(頁岩)이라고 하며, 입자 크기가 작은 진흙이 뭉쳐져서 형성된 퇴적암의 일종으로, 셰일가스는 이 혈암에서 추출되는 가스를 이른다. 전통적인 가스전과는 다른 암반층으로부터 채취하기 때문에 비전통 천연가스로 불린다.

23
정답 ③

도플러 효과(현상)와 적색편이
- 도플러 효과(현상) : 파원과 관측자가 상대 운동하고 있을 때 상대속도에 의해 진동수가 변하는 현상이다.
- 적색편이 : 천체의 스펙트럼선이 원래의 파장에서 파장이 약간 긴 쪽으로 치우쳐 나타나는 현상으로 후퇴하는 천체들에서 도플러 효과에 의해 나타난다.

[오답분석]
㉣ 음향측심기는 음파(초음파)가 반사되어 돌아오는 시간을 측정하여 수심을 구하는 장치이다. 도플러를 통한 수심측정은 수심이 얕은 바다(200m 이내)에서만 가능하며, 도플러 효과는 음향측심기보다는 유속측정기에서 주로 사용한다.

24
정답 ③

유비쿼터스(Ubiquitous)는 라틴어로 '언제, 어디에나 있는'을 의미하며, 사용자가 시공간의 제약 없이 자유롭게 네트워크에 접속할 수 있는 환경이다.

25
정답 ④

스트라이샌드 효과(Streisand Effect)란 정보를 검열하거나 삭제하려다가 오히려 그 정보가 더 공공연히 확산되는 인터넷 현상이다. 이러한 정보 차단의 시도로는 사진과 숫자, 파일 또는 웹사이트를 예로 들 수 있다. 정보는 억제되는 대신에 광범위하게 알려지게 되고, 종종 인터넷의 미러나 파일 공유 네트워크를 통해 퍼지게 된다.

26
정답 ①

리튬, 니켈, 코발트, 망가니즈, 텅스텐은 4차 산업시대의 필수 광물자원인 5대 희토류로 꼽힌다. 희토류는 란타넘, 세륨, 프라세오디뮴, 네오디뮴, 프로메튬, 사마륨, 유로퓸, 가돌리늄, 터븀, 디스프로슘, 홀뮴, 어븀, 툴륨, 이터븀, 루테튬(이상 원자번호 57~71), 스칸듐(원자번호 21), 이트륨(원자번호 39) 등의 17개 원소를 통틀어 이른다. 희토류는 화학적 성질이 비슷하여 보통의 화학 분석 조작으로는 분리하기 어렵고, 천연으로 서로 섞이어 산출되며 양이 아주 적다.

27
정답 ③

열섬 현상은 인구의 증가, 각종 인공 시설물의 증가, 콘크리트 피복의 증가, 자동차 통행의 증가, 인공열의 방출, 온실효과 등의 영향으로 도시 중심부의 기온이 주변 지역보다 현저하게 높게 나타나는 현상이다.

28
정답 ③

크리스퍼 가위는 인간을 포함한 동물이나 식물의 세포에서 특정 유전자만 골라 잘라 내는 3세대 유전자 편집 기술이다.

29
정답 ②

싱귤래리티(Singularity)는 '특이성'을 의미하는 영어 단어로, 미래학자이자 발명가인 레이 커즈와일은 '인공지능이 인류의 지능을 넘어서는 기점'을 싱귤래리티로 정의하였다.

30
정답 ②

[오답분석]
① 핀펫(Fin Field Effect Transistor) : 얇은 지느러미 모양의 전계 효과 트랜지스터
③ 키젠(Keygen) : 소프트웨어 프로그램용 키나 콤팩트디스크(CD) 키를 만드는 데 사용되는 프로그램
④ 어플라이언스(Appliance) : 운영체제(OS)나 응용 소프트웨어의 설치, 설정 등을 행하지 않고 구입해서 전원을 접속하면 곧 사용할 수 있는 정보 기기

31
정답 ③

스스로 빛을 내는 현상을 이용한 디스플레이는 OLED(Organic Light Emitting Diodes)이다.

> **RFID(Radio Frequency Identification)**
> 생산에서 판매에 이르는 전 과정의 정보를 극소형 IC칩에 내장시켜 이를 무선 주파수로 추적할 수 있도록 함으로써 다양한 정보를 관리하는 인식 기술이다. 실시간으로 사물의 정보와 유통 경로, 재고 현황까지 파악할 수 있어 바코드를 대체하는 기술로 평가받는다.

32 정답 ②

기계공학에서 사용되며 전자계산기의 내부 표현 방식으로 도입된 16진법은 10진법에서의 9 다음에 A(10), B(11), C(12), D(13), E(14), F(15)까지 센 뒤 다음 자리로 넘어가는 진법이다. 따라서 10진법에서의 16은 16진법에서는 '10'으로 표현되며, 25는 '19'로, 26은 '1A'로 표현된다.

10진법	1	2	3	4	5	6	7	8	9	10
16진법	1	2	3	4	5	6	7	8	9	A
10진법	11	12	13	14	15	16	17	18	19	20
16진법	B	C	D	E	F	10	11	12	13	14
10진법	21	22	23	24	25	26	27	28	29	30
16진법	15	16	17	18	19	1A	1B	1C	1D	1E
10진법	31	32	33	34	35	36	37	38	39	40
16진법	1F	20	21	22	23	24	25	26	27	28
10진법	41	42	43	44	45	46	47	48	49	50
16진법	29	2A	2B	2C	2D	2E	2F	30	32	32

33 정답 ①

백야 현상은 보통 고위도 지방에서 한여름에 발생하며, 길게 나타날 경우 최장 6개월 동안 해가 지지 않는다.

[오답분석]
② 오로라 현상 : 지구 밖에서 입사하는 대전 입자가 지구 대기권 상층부의 기체와 마찰하여 빛을 내는 현상
③ 식 현상 : 천문학에서 한 천체가 다른 천체를 가리거나 그 그림자에 들어가는 현상으로, 개기 또는 개기식이라고도 하며 일반적으로 월식, 일식 등으로 사용됨
④ 일면 통과 현상 : 지구에서 보았을 때 내행성이 태양면을 통과하는 현상으로, 수성과 금성의 일면 통과를 관찰할 수 있음

34 정답 ①

라돈은 주기율표 제88번 원소인 라듐이 알파 붕괴할 때 생기는 기체 상태의 방사성 비활성 원소이다. 프랑스의 퀴리 부부가 우라늄 광석에서 발견했으며, 공업용으로 많이 쓰인다.

35 정답 ④

요소수는 요소 성분을 포함하고 있는 물이라는 뜻으로, 차량에 연료와 별도로 주입하는 촉매제이다. 주로 경유 차에서 나오는 유해한 질소산화물(NO_x)을 물과 질소로 분해해 매연을 줄이는 기능을 한다. 또한 배기가스 중에는 질소산화물 외에도 일산화탄소(CO), 이산화탄소(CO_2), 탄화수소(HC), 황산화물(SO_x), 황화수소(H_2S), 암모니아(NH_3), 오존(O_3) 등이 포함된다.

36 정답 ①

N스크린은 스마트폰·PC·태블릿PC 등 다양한 기기들에 공통의 운영체제(OS)를 적용해 하나의 콘텐츠를 공유할 수 있는 차세대 기술이다.

37 정답 ②

파스타(PaaS-TA)는 과학기술정보통신부와 한국정보화진흥원이 함께 개발한 개방형 클라우드 플랫폼으로, 'PaaS에 올라타.' 또는 'PaaS야, 고마워(Thank You).'라는 의미를 지닌다.

38 정답 ②

스마트 계약이란 블록체인을 기반으로 프로그래밍된 조건이 모두 충족되면 자동으로 계약을 이행하는 자동화 계약 시스템으로, 금융거래, 부동산 계약 등 다양한 형태의 계약이 가능하다.

39 정답 ①

탄소 섬유를 강화제로 쓴 섬유강화플라스틱은 골프 샤프트, 테니스 라켓 등의 스포츠 용품에 사용된다. 또한 탄소 섬유는 내열성이 뛰어나 스페이스셔틀(우주왕복선)의 표면 재료로도 활용된다.

오답분석

② 세라믹 섬유 : 내열성·내식성(耐蝕性)·내마찰성이 뛰어난 세라믹계 물질로 만든 섬유로, 주로 건축에 사용됨
③ 유리 섬유 : 세라믹 섬유의 하나로, 유리질을 섬유화시킨 것. 내화직물이나 전기 절연재료 등의 용도로 널리 쓰이며, 건축 관계에서는 보온·보냉재(保冷材), 흡음·방음재, 공기 여과 등에 사용됨
④ 아라미드 섬유 : 열에 강하고 튼튼한 방향족 폴리아마이드 섬유로, 항공·우주 분야나 군사용으로 많이 사용됨

40 정답 ④

빅데이터의 공통적 속성(3V) 즉 데이터의 양(Volume), 데이터의 생성속도(Velocity), 데이터의 다양성(Variety) 외에 새로운 V에는 정확성(Veracity), 가변성(Variability), 시각화(Visualization)가 있다.

오답분석

① 데이터의 양(Volume) : 빅데이터의 가장 기본적인 특징으로, 단순 저장되는 물리적 데이터의 양
② 데이터의 생성속도(Velocity) : 데이터의 고도화된 실시간 처리
③ 데이터의 다양성(Variety) : 사진, 오디오, 비디오, 소셜 미디어 데이터, 로그 파일 등 다양한 형태의 데이터

41 정답 ④

스마트 팩토리(Smart Factory)란 정보통신기술이 융합되어 제품을 생산하고 유통하는 전 과정이 자동으로 이루어지는 공장을 의미한다. 공장 내 모든 설비와 장치가 연결되어 실시간으로 모든 공정을 모니터링하고 분석할 수 있다.

42 정답 ②

아마존 고(Amazon Go)는 미국의 기업인 아마존(Amazon)이 운영하는 세계 최초의 무인 마트로, 계산대와 계산원 없이 인공지능(AI), 머신러닝, 컴퓨터 비전 등 첨단기술이 활용되고 있어 소비자가 계산대에 줄을 서지 않고도 제품을 구입할 수 있다.

43 정답 ①

양자컴퓨터는 기본 단위로 큐비트(Qubit, Quantum Bit)를 사용한다. 0과 1이 양자물리학적으로 중첩된 상태를 양자비트 또는 큐비트라 한다.

오답분석

② 존비트(Zone Bit) : 숫자를 이진 부호로 밀도 높게 표현할 때 사용되는 상위 네 개의 비트로, 왼쪽의 두 비트는 알파벳이나 특수 문자를 나타내기 위해 숫자 비트와 관련지어 쓰일 수 있음
③ 링크비트(Link Bit) : 누산기 등의 레지스터에서 오버플로 여부를 보여 줄 수 있는 1비트짜리 진단 레지스터로, 이 비트는 프로그램을 제어하며 테스트할 수 있음
④ 캐리비트(Carry Bit) : 어떤 연산을 수행하였을 때, 최상위 자리에서 올림이 발생하였는지를 나타내는 비트

44

정답 ④

NFT(Non-Fungible Token)는 '대체 불가능한 토큰'이라는 뜻으로, 희소한 디지털 자산을 대표하는 토큰이다. 블록체인 기술이 활용되는 NFT는 디지털 자산에 별도의 고유한 인식 값을 부여하기 때문에 교환·대체가 불가능하다. 예컨대, 1만 원권 지폐는 언제나 가치가 같기 때문에 교환이 가능하지만, NFT는 각각의 토큰이 모두 다르며 가치도 저마다 다르기 때문에 가격 또한 다르게 매길 수 있다. 블록체인 기술로 자산에 고유 번호를 부여해 복제·위조·변조를 막을 수 있기 때문에 진위 여부와 소유권 입증이 중요한 음악·그림·영상 등의 콘텐츠 분야에서 NFT 기술이 큰 관심을 끌고 있다.

45

정답 ②

㉠ 온도가 올라가면 공기의 밀도가 낮아지므로 대기압도 낮아진다.
㉡ 대기압은 대기에 작용하는 중력에 의해 지표에 생기는 압력이다.
㉢ 기압은 공기의 무게 때문에 생기는 공기의 압력이라 할 수 있으므로 공기의 무게가 커질수록 기압은 오르게 된다.

[오답분석]
㉣ 고도가 높아질수록 지구의 중력은 약해지므로 공기의 밀도는 희박해진다. 공기의 밀도가 낮아지면 대기압 역시 낮아지므로, 대기압은 고도가 높아짐에 따라 감소하게 된다.

2026 최신판 시대에듀
공사공단 인·적성검사 핵심통합서

개정18판1쇄 발행	2025년 10월 20일 (인쇄 2025년 09월 09일)
초 판 발 행	2006년 12월 15일 (인쇄 2006년 11월 15일)
발 행 인	박영일
책 임 편 집	이해욱
편 저	SDC(Sidae Data Center)
편 집 진 행	여연주·김내원
표지디자인	조혜령
편집디자인	김경원·장성복
발 행 처	(주)시대고시기획
출 판 등 록	제10-1521호
주 소	서울시 마포구 큰우물로 75 [도화동 538 성지 B/D] 9F
전 화	1600-3600
팩 스	02-701-8823
홈 페 이 지	www.sdedu.co.kr
I S B N	979-11-383-9997-5 (13320)
정 가	28,000원

※ 이 책은 저작권법의 보호를 받는 저작물이므로 동영상 제작 및 무단전재와 배포를 금합니다.
※ 잘못된 책은 구입하신 서점에서 바꾸어 드립니다.

공사공단
인·적성검사
핵심통합서

기업별 맞춤 학습 "기본서" 시리즈

공기업 취업의 기초부터 심화까지! 합격의 문을 여는 **Hidden Key!**

기업별 시험 직전 마무리 "모의고사" 시리즈

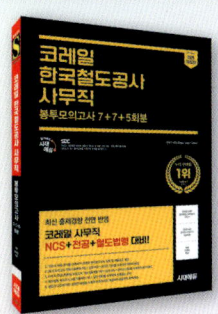   

실제 시험과 동일하게 마무리! 합격을 향한 **Last Spurt!**

※ **기업별 시리즈** : HUG 주택도시보증공사/LH 한국토지주택공사/강원랜드/건강보험심사평가원/국가철도공단/국민건강보험공단/국민연금공단/근로복지공단/발전회사/부산교통공사/서울교통공사/인천국제공항공사/코레일 한국철도공사/한국농어촌공사/한국도로공사/한국산업인력공단/한국수력원자력/한국수자원공사/한국전력공사/한전KPS/항만공사 등

※도서의 이미지 및 구성은 변동될 수 있습니다.

NEXT STEP

시대에듀가 합격을 준비하는
당신에게 제안합니다.

성공의 기회
시대에듀를 잡으십시오.

시대에듀

기회란 포착되어 활용되기 전에는 기회인지조차 알 수 없는 것이다.
- 마크 트웨인 -